新时代中国法学系列教材

总主编 王轶 黄文艺

中国婚姻家庭法学与继承法学

王雷 著

中国人民大学出版社
·北京·

本书为2023年度教育部哲学社会科学研究重大课题攻关项目“推进法学教育和法学院校改革研究”（批准号：23JZD024）的阶段性成果。

作者简介

王雷：中国人民大学民商事法律科学研究中心研究员，中国人民大学法学院教授、博士研究生导师，中国人民大学吴玉章青年学者。兼任中国法学会民法学研究会理事兼副秘书长，中国法学会法学期刊研究会理事，北京市法学会妇女法学研究会副会长。

作者简介

总　序

王　轶

习近平2016年5月17日在哲学社会科学工作座谈会上指出："要抓好教材体系建设，形成适应中国特色社会主义发展要求、立足国际学术前沿、门类齐全的哲学社会科学教材体系。"① 法学教材是法学知识体系的载体，是青年学子步入法学殿堂的阶梯，是培育法治共同体的重要素材。撰写承载中国自主法学知识体系的系列教材，是实现新时代中国法学教育使命的必由之路。

中国人民大学法学院的前身中国人民大学法律系成立于1950年，是新中国诞生后创立的第一所新型正规高等法学教育机构，被誉为中国法学教育的"工作母机"和"法学家的摇篮"。自成立伊始，中国人民大学法律系便承担着创建新中国法学学科的重任，并通过设立专门编译组、教材编写委员会，多措并举推进新中国的法学教材建设。到了1960年代初，在前辈法学家的不懈努力下，新中国法学教材从无到有，一个能够基本满足教学需要的法学教材体系初步形成。

在1980年代，中国人民大学法学院全面参与司法部、教育部组织的统编试用教材的编写工作，参编教材21种，主编、参编31人次。这些统编教材受到政法院校/系师生的一致认可，对于提高法学教育质量发挥了重要作用。1998年，中国人民大学法学院依托学科优势启动编写的"21世纪法学系列教材"，是当时全国法学院校编写出版的教材中品种最多、规模最大、影响最广的一套法学教材，以"原理—案例—资料—习题"四位一体为鲜明特色，其中涉法学专业14门核心课程的教材全部获评"教育部全国普通高等学校优秀教材（一等奖）"。

进入新时代，中国人民大学法学院积极参与马克思主义理论研究和建设工程重点教材编写工作，有36位教师入选马克思主义理论研究和建设工程课题组首席专家和主要成员，这在全国法学院校中位居首位。经过人大法律人70余年的接续努力，形成了以马克思主义理论研究和建设工程重点教材为龙头，以"21世纪法学系列教材"为主干，涵盖"中国法"项目教材、高职高专教材、律师实训教材、中小学普法教材的完整教材体系，建立起了具有中国特色、与时俱进的新型法治人才培养教材体系。中国人民大学法学院的教材建设始终坚持走在时代前列，发挥引领作用。2021年在首届全国教材建设奖评选中，中国人民大学法学院获得"全国教材建设先进集体"荣誉称号。

---

① 习近平：《在哲学社会科学工作座谈会上的讲话》，人民出版社2016年版，第24页。

为贯彻习近平2022年4月25日到中国人民大学考察调研时重要讲话的精神，落实中共中央办公厅、国务院办公厅印发的《关于加强新时代法学教育和法学理论研究的意见》，坚持以习近平法治思想为统领，通过抓好核心教材、编好主干教材、开发新形态教材等，构建中国特色法学教材体系，中国人民大学法学院决定启动“新时代中国法学系列教材”编写工作。这套教材积极应对新一轮科技革命和产业变革对法学教育的挑战，科学应变、主动求变，旨在推进中国法学教育的改革创新，充分反映全面依法治国发展成就。为适应新时代的教学需求，本系列教材采用新技术手段，配以网络教学指导、教学辅助，重点推进课程配套数字资源建设。相信本系列教材的出版，定能为培养造就更多具有坚定理想信念、强烈家国情怀、扎实法学根底的新型法治人才发挥积极作用。

是为序。

2023年11月

前言　建构中国婚姻家庭法学与继承法学自主知识体系的三个维度

2020 年 5 月 29 日，习近平在中共十九届中央政治局第二十次集体学习时指出，要“加强对民事法律制度的理论研究，尽快构建体现我国社会主义性质，具有鲜明中国特色、实践特色、时代特色的民法理论体系和话语体系”①。2022 年 4 月 25 日，习近平在中国人民大学考察调研时强调，“加快构建中国特色哲学社会科学，归根结底是建构中国自主的知识体系”②。以中国婚姻家庭法学自主知识体系为例，婚姻家庭法律制度是民法典的组成部分，婚姻家庭法学知识体系是民法学知识体系中不可或缺又独具特色的组成部分。建构中国婚姻家庭法学自主知识体系，要结合我国婚姻家庭立法和司法，直面婚姻家庭关系的特殊性及时代挑战，面向历史、理论、实践等维度展开。

历史维度：婚姻家庭法律制度的回归和再体系化

新中国成立后很长一段时间里，受苏联民法学的影响，我国婚姻家庭法律制度被人为地从民法中分立出去。1950 年《婚姻法》是新中国成立后制定的第一部法律，意味着婚姻法与民法二元并立体制的开始。1986 年颁布的《民法通则》对民法调整对象采“平等关系说”，将平等主体之间的财产关系和人身关系一并纳入民法的调整范围。这就解决了婚姻家庭法的体系归属问题，维护了传统民法的制度体系，开启了婚姻家庭法向民法形式上的回归。但民事单行法时代的婚姻家庭法，仍呈现多层次、多元化的特点，存在分散、混乱的弊端。

2020 年《民法典》的通过，意味着婚姻家庭法向民法形式上回归的完成。随着《民法典》的施行，作为单行法的《婚姻法》被废止。体系化是《民法典》的生命，《民法典》婚姻家庭编推动了婚姻家庭法的体系化。在立法层面，由于婚姻家庭法属于身份法，故婚姻家庭编成为民法典的有机组成部分，意味着身份法完成了向民法形式意义上的回归。将婚姻家庭法纳入民法体系，并不会因此使得婚姻家庭关系具有商品经济关系的性质。当然，这并不妨碍平等和私法自治这两项重要的民法基本原则在婚姻家庭法领域的适用。

回顾婚姻家庭法和民法的分合，我们可以梳理出婚姻家庭法学自主知识体系的历史

---

① 习近平：《习近平著作选读》（第 2 卷），人民出版社 2023 年版，第 317 页。

② 《坚持党的领导传承红色基因扎根中国大地 走出一条建设中国特色世界一流大学新路》，载《人民日报》2022 年 4 月 26 日，第 1 版。

逻辑，锚定婚姻家庭法律制度再出发的起点。展望婚姻家庭法律制度在民法典背景下的再体系化，我们能够勾画出婚姻家庭法学自主知识体系推动婚姻家庭法律制度发展的使命任务。可以说，《民法典》婚姻家庭编成为构建婚姻家庭法学理论体系的起点和基础。在此意义上，《民法典》婚姻家庭编不是婚姻家庭法体系化的终点，而是再体系化的起点。在法律适用和理论体系层面，身份法还需要实现向民法实质意义上的回归，即实现身份法与财产法的体系融贯，同时充分尊重身份法的特殊性。

理论维度：婚姻家庭法学知识体系的两条红线和一个难题

建构中国婚姻家庭法学自主知识体系，要重视对身份法律行为和身份权利的研究。身份法律行为和身份权利是身份法逻辑规范体系展开的两条红线。建构婚姻家庭法学自主知识体系，就是要从民法学科体系、学术体系、话语体系和法律适用角度，实现身份法律行为和民事法律行为、身份权利和民事权利的体系融贯，使得身份法无论从形式上还是从实质上都不再游离于民法之外，实现婚姻家庭法向民法的实质回归。

身份法律行为是贯通婚姻家庭法的重要理论工具，有助于保障私法自治在结婚自由、离婚自由、遗嘱自由、家事自治等领域的实现。通过身份法律行为这一概念，婚姻家庭法和民法其他部门法在法理基础和法律适用上能够进行有效的沟通和有益的对比。身份法律行为在“事物本质”方面有特殊性和一般性，婚姻家庭领域浓厚的伦理感情底色和家庭共同体特点使身份法律行为区别于财产法律行为。身份行为的法律行为属性又使得我们不得不思考民事法律行为规则在身份法律行为中的适用空间，这很大程度上涉及《民法典》婚姻家庭编和总则编的关系问题。

身份法律关系的核心内容是身份权利。身份权利是民事主体基于血缘、婚姻、收养等特定身份关系而依法享有的以身份利益为客体的民事权利。我国现行法上的身份权利主要包括配偶权、监护权和其他亲属身份权。婚姻家庭领域浓厚的伦理感情底色和家庭共同体特点同样使得身份权利既有民事权利的一般性又有自身的特殊性。身份权利并非典型的绝对权，其在对外关系上具有绝对权的性质，在对内关系上具有相对权的性质，故身份权利人的请求权只能向身份义务人主张。身份权利与人格权在同属于绝对权这一点上具有相似性，但身份权利在对内关系上的相对权品格使其具有特殊性。

婚姻家庭法的特殊性何在？这是建构中国婚姻家庭法学自主知识体系需要回答的一个经典难题。婚姻家庭法作为身份法的特殊性主要表现在其调整对象——婚姻家庭关系的共同体性和伦理性，婚姻家庭关系的共同体性带来了婚姻家庭法平衡整体利益和个体利益的难题，婚姻家庭关系的伦理性带来了婚姻家庭法平衡法律与伦理道德之关系的难题。调整对象的特殊性也要求婚姻家庭法相应规范具有强行性。调整对象的特殊性塑造了婚姻家庭法的独特性。婚姻家庭是一个伦理共同体，这是婚姻家庭鲜明的中国特色。

实践维度：加强家庭家教家风建设的法治保障

习近平指出：“家庭是社会的基本细胞，是人生的第一所学校。不论时代发生多大变化，不论生活格局发生多大变化，我们都要重视家庭建设，注重家庭、注重家教、注重家风……”① 党的二十大报告要求，“提高全社会文明程度。实施公民道德建设工程，

---

① 习近平：《在二〇一五年春节团拜会上的讲话》（2015 年 2 月 17 日），载《人民日报》2015 年 2 月 18 日。

弘扬中华传统美德，加强家庭家教家风建设”。家庭文明是社会文明的重要内容，加强家庭文明建设是提高全社会文明程度的必然要求。建构中国婚姻家庭法学自主知识体系，就要从法学角度深度诠释“家和万事兴”的家庭生活思维和家事法治思维，助力家庭家教家风发挥在基层治理中的重要作用。

加强家庭家教家风建设，加强家庭文明建设，需要德法共治、多法共治。婚姻家庭法学知识体系要诠释家庭文明的新时代内涵，发挥法治在加强家庭家教家风建设中的保障作用，厚植家庭文明建设的法治土壤。平等、敬爱、忠实、团结等是家庭文明的核心内涵和基本“法理”。《民法典》从夫妻关系以及其他家庭成员关系的不同角度对家庭文明的内涵作出具体规定：“夫妻应当互相忠实，互相尊重，互相关爱；家庭成员应当敬老爱幼，互相帮助，维护平等、和睦、文明的婚姻家庭关系”。重视家庭文明建设有利于预防和化解家庭矛盾，促进家庭稳定、和谐。婚姻家庭法的主要立法宗旨是促进家庭稳定、和谐。婚姻家庭受国家保护和重视家庭文明建设是婚姻家庭法学价值体系的基点。

习近平要求：“认真研究家庭领域出现的新情况新问题，把推进家庭工作作为一项长期任务抓实抓好。”[①]《民法典》婚姻家庭法律制度积极回应人民群众对家庭文明建设的新期盼新需求，婚姻家庭法律制度是建设好家庭、涵养好家教、弘扬好家风的重要制度接口，是提高基层治理法治化、专业化水平的重要环节。当前，我国家庭文明建设领域展现了一些鲜明的时代特色，也面临一些新的时代挑战，如结婚率下降、人口出生率低、离婚率上升、人口老龄化、独居成趋势、市场经济财产法思维过度渗透等。婚姻家庭法学知识体系应该重视探讨应对家庭伦理共同体新挑战的系统法律举措和具体方案。

家庭的社会功能、文明作用都是不可替代的。家庭稳定是社会稳定的重要基础，家庭制度属于重要的社会制度内容。家庭塑造着中国人的思维，中国文化、中国哲学源于家庭，差序格局从家庭开始往外延展，家国天下以家庭为起点。依法治国应当重视家庭，重视家教，重视家风，重视家庭文明建设。婚姻家庭法律制度和中国婚姻家庭法学自主知识体系要坚定《民法典》的基本立场，展现中国人对婚姻家庭关系的基本态度：婚姻家庭是一个具有法的意义的伦理爱的温馨港湾，是一个有福同享、有难同当的亲情和财产的身份共同体、伦理共同体和财产共同体，是一个平等和睦、休戚与共、志同道合、忠实互让、敬老爱幼、团结协作的具有人身信赖关系的紧密结合型团体。

类似地，建构中国继承法学自主知识体系也要面向历史、理论、实践等维度展开。第一，历史维度：继承法也经历了从单行法向民法典的回归。《民法典》继承编是继承法再体系化的起点，需要在法典化、体系化思维下研究《民法典》继承编与《民法典》其他各编以及民商事特别法的交叉融合、适用衔接，实现继承法在民法典内部和外部的双重体系化。第二，理论维度：法定继承和遗嘱继承是继承法体系展开的两大支柱。继承法作为身份法的特殊性主要表现在其调整对象——继承关系中法定继承的身份性和遗嘱继承的死因性。继承法具有鲜明的财产法和身份法结合的特点，可以被界定为身份财

---

① 《在同全国妇联新一届领导班子成员集体谈话时的讲话》（2018 年 11 月 2 日），载中共中央党史和文献研究院编：《习近平关于注重家庭家教家风建设论述摘编》，中央文献出版社 2021 年版，第 6 页。

产法，属于广义的身份法。我们要重视对继承法作为身份财产法的特殊性和一般性的研究，在充分尊重继承法的特殊性的基础上实现继承法与财产法的体系融贯，推动继承法完成向民法的实质回归。第三，实践维度：继承法的立法宗旨是保障家庭财富传承。未雨绸缪即通过遗嘱妥当安排身后之事，有助于定分止争，促进家庭和谐。遗嘱在家庭财富传承中的重要性日益被认可，作用越来越大，遗嘱发挥作用的领域开始超出继承法的调整范围，实践中形成了广义遗嘱观。

目　录

婚姻家庭法学

第一章　婚姻、家庭、婚姻家庭法与婚姻家庭法学概述

第五章 家庭关系

第六章 离婚制度

第十章 法定继承

第十一章 遗嘱继承和遗赠

第十二章 遗产的处理

婚姻家庭法学

第一章 婚姻、家庭、婚姻家庭法与婚姻家庭法学概述

本章重点知识

1. 婚姻的本质是基于夫妻之间的特殊身份关系通过身份法律行为等法律事实所产生的身份权利义务关系。婚姻是为法律所认可的男女双方以合意追求终身共同生活为目的的结合。结婚须有男女合意，但合意不当然意味着婚姻即契约或者特殊契约。《民法典》第 464 条第 2 款不意味着法律对婚姻契约性质的认可。纯粹身份法律行为不同于身份关系协议。

2. 家庭是由一定范围的近亲属组成的情感和财产的生活共同体。婚姻家庭具有自然属性、社会属性、伦理属性、团体属性和法律属性。家庭的社会功能有实现人口的再生产、承担养老育幼、实施家庭教育、组织经济生活等。

3. 亲属的范围大于近亲属，近亲属的范围大于家庭成员。亲属包括配偶、血亲和姻亲。配偶、父母、子女、兄弟姐妹、祖父母、外祖父母、孙子女、外孙子女为近亲属。家庭成员由配偶、父母、子女和其他共同生活的近亲属组成，配偶、父母、子女是当然的近亲属，不论是否共同生活，兄弟姐妹、祖父母、外祖父母、孙子女、外孙子女等其他近亲属是否为家庭成员取决于是否共同生活。

4. “家和万事兴”是家庭生活思维和家事法治思维，重视家庭文明建设有利于家庭稳定和谐。婚姻家庭法的主要立法宗旨是促进家庭和谐。

婚姻家庭法所调整的婚姻家庭民事关系具有类型法定和内容法定的特点。《民法典》对婚姻家庭民事关系的调整方法主要包括家事自治原则（方法）与对妇女、儿童和老人合法权益倾斜保护的原则（方法）。

5. 婚姻家庭法的法律渊源并不局限于《民法典》婚姻家庭编，《民法典》其他各编以及相关单行法律法规中也存在婚姻家庭法律规范。婚姻家庭编不可避免地存在与《民法典》其他各编的关联交叉、融合衔接，婚姻家庭编适用过程中的最大难题是妥当协调与其他各编的关系。

6.《民法典》婚姻家庭编和继承编在立法技术层面实现了形式回归民法体系，身份法回归民法，身份法律行为和身份权利是身份法体系展开的两条重要红线。需要实现身份法律行为和民事法律行为、身份权利和民事权利的体系融贯，实现身份法向民法的实质回归。

本章知识逻辑图

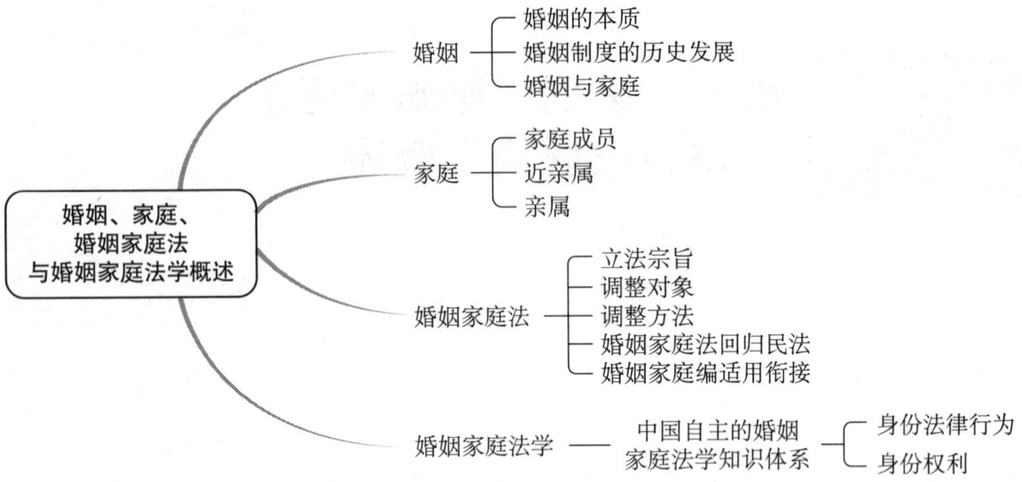

第一节　婚姻的本质与婚姻制度的历史发展

一、婚姻的本质

民事法律行为在财产法领域普遍存在，具体化为财产法律行为。与之对应，身份法律行为在婚姻家庭领域是否一枝独秀？这与婚姻家庭的“事物本质”有关，这里着重从婚姻的本质进行说明。婚姻的本质是讨论身份法律行为和婚姻情谊行为的前提。

如果坚持契约说，认为婚姻为男女之间的契约，则婚姻行为中的契约法律行为就会占据主导地位，对当事人在缔结、维持、终止婚姻过程中的恋爱协议等也就可能从合同法律行为的角度进行理解，经常有学者从婚姻本质的契约说出发证成此类协议的法律约束力。

如果坚持伦理说或者爱情说，认为婚姻为一种以伦理或者爱情为基础的行为时，则伦理和爱情原则上不为法律所调整，对当事人之间的协议原则上可以推定为情谊行为。

对婚姻的本质，存在契约说、伦理说、爱情说、制度说、关系说、生殖抚育子女说、身份说、关系契约说等等。

第一，契约说源于康德，康德认为“婚姻就是两个不同性别的人，为了终身互相占有对方的性官能而产生的结合体。……它是依据人性法则产生其必要性的一种契约”①。

---

① ［德］康德:《法的形而上学原理——权利的科学》，沈叔平译，商务印书馆 1991 年版，第 95 - 96 页。在本书第 89 页，康德还认为“通过两个人联合意志的行为，把属于一个人的东西转移给另一个人，这就构成契约（合同）”。

契约说也为欧美乃至我国很多婚姻家庭法学者所接受。[①]“从法律性质而言，普通法婚姻实际是一种依双方意思表示而签订的非要式民事契约，当然该契约极为特殊，当事人仅在缔结方面意思自治，具体权利义务、履行期限和解除方式等均由法律强制规定。……普通法婚姻似乎蕴含了‘个人选择’的因子。它将婚姻作为一种特殊契约的观念，触及某些关于选择的实质内容：婚姻依赖于一对男女个体的合意选择和决定，家庭、国家、教会均是局外旁观者。在自由选择的层面，普通法婚姻不经意间契合了上帝对人类婚姻的理想预设：婚姻的基础是爱，而不是任何其他。”[②] 契约说也是为恩格斯所批判的资产阶级婚姻观：“按照资产阶级的理解，婚姻是一种契约，是一种法律行为，而且是一种最重要的法律行为，因为它决定了两个人终身的肉体和精神的命运。”[③]

第二，伦理说创始于黑格尔，此种学说认为“婚姻作为直接伦理关系首先包括自然生活的环节，……婚姻是精神的统一，……（自然性别的统一）在自我意识中转变为精神的统一，自我意识的爱，……具有法的意义的伦理的爱……（婚姻）实质是伦理关系”[④]。黑格尔认为，婚姻是有法的意义的伦理性的爱。婚姻首先包括自然生活的环节。但婚姻实质上是伦理关系。爱是一种感觉，是主观的东西。婚姻含有感觉的环节，所以它不是绝对的，而是不稳定的，且其自身含有离异的可能性。立法必须尽量使这一离异可能性难以实现，以维护伦理的法来反对任性，从而消除婚姻中的反复无常。婚姻不是契约关系，而是双方人格的同一化，是伦理精神的统一。[⑤]

第三，爱情说发源于恩格斯在《家庭、私有制和国家的起源》一文中对资产阶级婚姻进行批判时的那段名言：“当事人双方的相互爱慕应当高于其他一切而成为婚姻基础的事情，在统治阶级的实践中是自古以来都没有的。至多只是在浪漫事迹中，或者在不受重视的被压迫阶级中，才有这样的事情。”[⑥] 我国有学者在此基础上进一步阐发社会主义婚姻的基础（本质）是爱情，爱情是社会主义婚姻建立、存续发展和解除的基本

---

① 参见 Gillian Douglas, *An Introduction to Family Law*, Oxford University Press 2001, p. 13; Mary Ann Glendon, *The Transformation of Family Law*, University Of Chicago Press 1989, from Alison Diduck, Felicity Kaganas, *Family Law, Gender and the State: Text, Cases and Materials*, Hart Publishing Oxford-Portland 2002, p. 58;［美］哈里·D. 格劳斯：《美国家庭法精要》，陈苇等译，西南政法大学外国家庭法及妇女理论研究中心内部资料，2005 年 8 月，第 56 页。我国学者婚姻契约说的代表性论述，请参见夏凤英：《论婚姻是一种契约》，载《法学家》2001 年第 2 期；杨立新：《婚姻家庭与继承法》，法律出版社 2021 年版，第 42 页；李永军主编：《中国民法学》（第 4 卷·婚姻继承），中国民主法制出版社 2022 年版，第 5－8 页（金眉教授执笔）。

② ［美］劳伦斯·弗里德曼：《私人生活：家庭、个人与法律》，赵彩凤译，商务印书馆 2022 年版，译者导语。

③ ［德］恩格斯：《家庭、私有制和国家的起源》，载《马克思恩格斯选集》（第 4 卷），人民出版社 1972 年版，第 76 页。

④ ［德］黑格尔：《法哲学原理》，范扬、张企泰译，商务印书馆 1961 年版，第 176－177 页。

⑤ 参见［德］黑格尔：《法哲学原理》，范扬、张企泰译，商务印书馆 1961 年版，第 176－180 页。

⑥ ［德］恩格斯：《家庭、私有制和国家的起源》，载《马克思恩格斯选集》（第 4 卷），人民出版社 1972 年版，第 75 页。亚里士多德对婚姻则持基于友爱的共同生活需要说。亚里士多德认为：“一切友爱，如已说过的，都意味着某种共同体的存在。……丈夫同妻子的友爱似乎是出于自然的。与城邦相比，人更需要配偶。家庭先于城邦且更为必需。繁衍后代是动物的普遍特性。其他动物的异性共同体只是为了繁衍后代，人的此种共同体则不只是为生育，也为提供满足生活的需要。男子与妇女在活动上有明显的不同：男子的作用与妇女的总是相互区别。所以他们相互帮助，把自己的独特作用投入到共同的生活中。”［古希腊］亚里士多德：《尼各马可伦理学》，廖申白译注，商务印书馆 2003 年版，第 251、253 页。

依据。[①]

第四，持制度说的学者则认为“婚姻不是一种契约而是一种制度”[②]。

第五，持关系说的学者主张婚姻是“男女两性间确立的一种特殊的社会关系”[③]。

第六，费孝通先生坚持婚姻本质是生殖抚育子女的观点，他认为“婚姻是社会为孩子们确定父母的手段。……婚姻与生育的关系重于与两性的关系。……婚姻的意义，依我以上的说法，是在确立双系抚育”[④]。《礼记·昏义》中记载：“昏礼者，将合二姓之好，上以事宗庙，而下以继后世也。故君子重之。”林语堂指出：“单是男女之间的关系还嫌不够。这种关系必须生出婴孩，否则便不能称为完备。”[⑤]

第七，身份说是我国学者在婚姻本质这个问题上的通说。身份说主张婚姻关系本质上是一种身份关系，婚姻双方在财产上的权利义务是附随于人身上的，创设这种关系的婚姻行为，是一种身份法的行为。[⑥]

第八，坚持关系契约说的学者主张借鉴关系契约理论的成果来分析婚姻的本质[⑦]，认为“在关系契约视野下，婚姻是两个平等当事人为提高其共同福利而自愿结合、互为伴侣、彼此提供性的满足和经济上的帮助以及生儿育女的长期契约”[⑧]。

笔者认为，婚姻的本质，属于纯粹民法学问题中的解释选择问题。“法律是一个带有许多大厅、房间、凹角、拐角的大厦，在同一时间里想用一盏探照灯照亮每一间房间、凹角和拐角是极为困难的，尤其当技术知识和经验受到局限的情况下，照明系统不适当或至少不完备时，情形就更是如此了。”[⑨] 有关婚姻本质的诸种学说也是如此，它们都是从不同角度照亮婚姻本质的一盏盏明灯，很大程度上它们都具有部分和有限的真理。

关系说过于概括，没有向我们指引婚姻区别于其他社会关系的更本质要素。生殖抚育子女说侧重从婚姻的社会功能角度进行分析，然而当今继续用生殖抚育子女说来概括婚姻的本质恐尚显不周，毕竟客观上存在很多不以生殖和抚育子女为目的的婚姻结合。人不是实现目的的手段，而是目的本身。类似地，婚姻不是实现目的的手段，而是目的本身。伦理说和爱情说均从伦理道德层面出发分析婚姻的本质，“恋爱在某种程度上可

① 参见任国钧：《社会主义婚姻不是以爱情为基础吗?》，载《北京政法学院学报》1982 年第 3 期。

② 张悦：《婚姻：契约？制度?》，载《引进与咨询》2001 年第 5 期。制度说为很多法国学者所倡，是法国学界之有力说，详请参见史尚宽：《亲属法论》，中国政法大学出版社 2000 年版，第 105－106 页。

③ 熊英：《亲属法学——婚姻、家庭、继承与法律》，学苑出版社 2000 年版，第 33 页。另参见杨大文主编：《婚姻家庭法》（第 4 版），中国人民大学出版社 2008 年版，第 5－7 页。

④ 费孝通：《乡土中国 生育制度》，北京大学出版社 1998 年版，第 125、126、129 页。

⑤ 林语堂：《家庭之乐》，载林语堂：《生活的艺术》，群言出版社 2009 年版，第 115 页。

⑥ 参见王利明主编：《中国民法典学者建议稿及立法理由（人格权编·婚姻家庭编·继承编）》，法律出版社 2005 年版，第 214 页。另参见杨大文主编：《亲属法》，法律出版社 1997 年版，第 68 页。

⑦ 参见［美］Lan·R. 麦克尼尔：《新社会契约论》，雷喜宁、潘勤译，中国政法大学出版社 2004 年版，第 5 页。在本书该页中麦克尼尔指出：“契约是规划将来交换过程的各种关系，所谓契约不再是法解释学中的个别的、孤立的意思表示，而是包括了当事人及其协议内容的内在性社会关系的社会经济概念，并且使法律规范与社会规范在契约关系中水乳交融，未来准确把握契约关系，不能囿于就法论法的概念诠释，有必要导入社会学的研究方法。”

⑧ 康娜：《关系契约视野下的婚姻和婚姻立法》，西南政法大学 2008 年博士学位论文，第 194 页。

⑨ ［美］E. 博登海默：《法理学——法哲学与法律方法》，邓正来译，中国政法大学出版社 1998 年版，第 198 页。

能成为结婚的基础”①，“如果说只有以爱情为基础的婚姻才是合乎道德的，那末（那么）也只有继续保持爱情的婚姻才合乎道德”②。然而爱情的温度是相爱之人冷暖自知之事，爱情的有无或深浅始终无法成为法律关注婚姻的实然视角，有爱之婚和无爱之婚都无法抛开夫妻间具体身份法律行为和身份法律关系。伦理说指出了婚姻乃至家庭生活的伦理底色，提醒我们法律之外的其他社会规范在调整婚姻关系中的作用，然而仍未给我们更本质、具体的指引。契约说的适用范围是有限度的，其可以用来解释婚姻自由乃至家庭自治，但无法解释法律对婚姻的诸多强制，而且契约说混淆了婚姻身份行为、合同财产行为与身份关系协议，身份关系协议可以参照适用《民法典》合同编的有关规定，但不意味着婚姻就属于合同，另外“婚姻中的很多（权利义务）条款也非当事人自由磋商的，而且也不能经由当事人的协议所免除”③，婚姻契约说还不利于对婚姻弱势女方的保护。④ 制度说虽然能够告诉我们婚姻是一定社会经济条件决定下的法律制度，而且能够提示我们注意法律对婚姻生活施加了诸多强制，但是它仍只不过是对婚姻契约说的有限补充。关系契约说在提示我们注意婚姻的社会经济等条件之外还揭示了婚姻是当事人之间未来性、长期性、系列性的契约，然而关系契约说仍仅属对婚姻契约说的有限补充。

笔者认为，在民法学视野中，婚姻的本质是基于夫妻之间的特殊身份关系通过身份法律行为等法律事实所产生的身份权利义务关系。结婚是一种身份法律行为，结婚形成婚姻这种身份法律关系。结婚须有男女合意，但合意不当然意味着婚姻即契约或者特殊契约。《民法典》第 464 条第 2 款不意味着法律对婚姻契约性质的认可。纯粹身份法律行为不同于身份关系协议。婚姻既可以是身份法律行为，也可以是身份法律关系。家庭的法律本质是基于家庭成员间特殊身份通过家庭身份法律行为等法律事实所产生的家庭身份权利义务关系，这种家庭身份权利义务关系形成了夫妻家庭共同生活的内容。史尚宽先生就曾指出：“婚姻以夫妻之共同生活关系为目的，从而婚姻生活一般为精神的生活共同（互亲互爱、精神的结合）、性的生活共同（肉体的结合）及经济的生活共同（家计共有）。”⑤

二、婚姻制度的历史发展

“认识到家庭单位在中国经济和社会中所占的特殊地位，才有可能想象一个与现代西方不同的中国的过去与未来。”⑥ 恩格斯指出：“一定历史时代和一定地区内的人们生

---

① ［德］恩格斯：《家庭、私有制和国家的起源》，载《马克思恩格斯选集》（第 4 卷），人民出版社 1972 年版，第 66 页。

② ［德］恩格斯：《家庭、私有制和国家的起源》，载《马克思恩格斯选集》（第 4 卷），人民出版社 1972 年版，第 78－79 页。

③ Alison Diduck，Felicity Kaganas，*Family Law*，*Gender and the State*：*Text*，*Cases and Materials*，Hart Publishing Oxford-Portland 2002，p. 57.

④ See Alison Diduck，Felicity Kaganas，*Family Law*，*Gender and the State*：*Text*，*Cases and Materials*，Hart Publishing Oxford-Portland 2002，p. 58.

⑤ 史尚宽：《亲属法论》，中国政法大学出版社 2000 年版，第 98 页。

⑥ 黄宗智：《中国过去和现在的基本经济单位：家庭还是个人?》，载《人民论坛·学术前沿》2012 年第 1 期。

活于其下的社会制度，受着两种生产的制约：一方面受劳动的发展阶段的制约，另一方面受家庭的发展阶段的制约。”① 婚姻家庭制度有着动态发展的过程，如摩尔根所说：“家庭是一个能动的要素；它从来不是静止不动的，而是随着社会从较低阶段向较高阶段的发展，从较低的形式进到较高的形式。反之，亲属制度却是被动的；它只是把家庭经过一个长久时期所发生的进步记录下来，并且只是在家庭已经根本变化了的时候，它才发生根本的变化。”②

婚姻制度迄今经历了群婚制、对偶婚制到专偶制的发展。恩格斯总结：“这样，我们便有了三种主要的婚姻形式，这三种婚姻形式大体上与人类发展的三个主要阶段相适应。群婚制是与蒙昧时代相适应的，对偶婚制是与野蛮时代相适应的，以通奸和卖淫为补充的专偶制是与文明时代相适应的。在野蛮时代高级阶段，在对偶制和专偶制之间，插入了男子对女奴隶的统治和多妻制。”③ 涂尔干曾描述道：“我们虽然不能说得很精确，但至少在大体上可以证明：在家庭的历史中，有一段时期是不存在婚姻的。性关系来去自由，双方都不受法律的约束。”④ 专偶制是由于经济的原因而产生的：“专偶制的产生是由于，大量财富集中于一人之手，也就是男子之手，而且这种财富必须传给这一男子的子女，而不是传给其他人的子女。”⑤ 黑格尔也曾指出：“人们有时甚至根据男女人口比数的物质关系来替一夫一妻制找外在的根据。”⑥

林语堂曾说：“依我看来，不论哪一种文明，它的最后测验即是它能产生何种形式的夫妻父母。”⑦ 中国古代法律的基本特征之一是“维护家庭亲情，培育集体意识”，“中国传统社会，以血缘、婚姻为纽带的家庭在社会生活中发挥重要作用。法律注重强化伦理关系，维护家庭亲情，通过家庭家族，使得每一个体各安其位，各得其所，进而助力国家稳定社会秩序”⑧。中国古代法律儒家化过程完成以后，家族主义及阶级概念始终是其基本精神和主要特征。《礼记·昏义》中记载：“昏礼者，将合二姓之好，上以事宗庙，而下以继后世也。故君子重之。”可见，中国古代婚姻的目的是家族导向而非个人导向的，婚姻只在于宗族的延续及祖先的祭祀。从宗法关系的角度看，婚姻乃合二姓之好，同姓不婚以厚别及防“其生不蕃”。婚礼的仪式主要包括成妻之礼和成妇之礼。对成妻之礼，《礼记·昏义》记载：“是以昏礼纳采、问名、纳吉、纳征、请期，皆主人筵

---

① ［德］恩格斯：《家庭、私有制和国家的起源》，载《马克思恩格斯选集》（第2版第4卷），人民出版社1995年版，第2页。

② 转引自［德］恩格斯：《家庭、私有制和国家的起源》，载《马克思恩格斯选集》（第2版第4卷），人民出版社1995年版，第26页。

③ ［德］恩格斯：《家庭、私有制和国家的起源》，载《马克思恩格斯选集》（第2版第4卷），人民出版社1995年版，第73页。

④ ［法］埃米尔·涂尔干：《社会分工论》，渠东译，生活·读书·新知三联书店2000年版，第22页。

⑤ ［德］恩格斯：《家庭、私有制和国家的起源》，载《马克思恩格斯选集》（第2版第4卷），人民出版社1995年版，第73页。

⑥ ［德］黑格尔：《法哲学原理》，范扬、张企泰译，商务印书馆1961年版，第184页。

⑦ 林语堂：《家庭之乐》，载林语堂：《生活的艺术》，群言出版社2009年版，第114页。

⑧ 朱勇：《中华法系的形成与特征》，2022年9月2日十三届全国人大常委会专题讲座第三十讲，中国人大网http：//www.npc.gov.cn/npc/c30834/202209/923ddf68bdda4894b234b50c30a1d526.shtml，最后访问时间：2022年9月3日。

几于庙，而拜迎于门外……”六礼已备，夫妇关系就已成立，但还须觐见舅姑和庙见以获得在家族中的子妇地位。“通常所谓六礼，实是士以上的婚礼，对于不能备礼的庶人是不能不力求简便的，不要求他们遵守这些礼仪。”[①] 就婚姻的阶级性特征，“我们可以得这样的结论：婚姻是有阶级限制的，除天子不能自为婚姻须与诸侯通婚外，通常以同一阶级相嫁娶为原则，而容许上下一级的差异。但这种差异，只能在特权阶级中可以通融。至于特权阶级与非特权阶级间的婚姻，是绝不可能的。所以卿大夫可以偶于诸侯，而士庶却不能高攀卿大夫”[②]。就婚姻的解除，七出和义绝为法定离婚条件，“所不同者，七出为可以作为夫方要求离婚的条件，离不离，其权在于夫，而义绝则为当然离婚条件，有犯必须强制离异，其权在法律。前者是单方面的，后者则是双方的”[③]。三不去是七出的例外限制。此外，双方同意离婚仍是法律所承认的，即使并无七出或义绝条件。

新中国成立以来，随着社会的发展变迁和立法的完善，在婚姻家庭制度方面，在不同时代有为人们关注的不同热点。20 世纪 50 年代时，人们辩论的核心内容是年轻人自由恋爱的权利；20 世纪 60 年代和 70 年代是集体化时代，国家鼓励青年人与传统的父权等观念作斗争，在社会主义运动中，传统家庭制度被逐渐打破；到 20 世纪 80 年代，未婚夫妻争论的核心变成了婚前性生活是否道德[④]；20 世纪 90 年代非集体化和市场经济发展，公共生活衰退，人们关注的是抚养教育成本的不断上升等民生问题；21 世纪初，伴随着《婚姻法》的修正，对婚外情等现象的婚姻法规制成为人们热议的话题；2010 年代，《最高人民法院关于适用〈中华人民共和国婚姻法〉若干问题的解释（三）》（以下简称《婚姻法司法解释三》）又促使人们更多反思、讨论结婚和离婚过程中的财产问题。

第二节　婚姻、家庭、家庭成员、近亲属与亲属

一、婚姻与家庭

婚姻是家庭的重要基础，是家庭产生的重要前提，家庭通常是婚姻的结果，但家庭也不必然与婚姻关联。婚姻双方构成了最初的家庭关系，婚姻当事人通过生育扩展家庭关系，通过生育产生父母子女、兄弟姐妹等其他家庭成员关系。

婚姻是为法律所认可的男女双方以合意追求终身共同生活为目的的结合。婚姻具有如下特点：第一，婚姻是当事人自然的本质的永久的全面的结合。第二，婚姻为异性男女的结合。第三，婚姻须男女有互为配偶的合意。第四，婚姻具有法定性，须为法律所认可。“在法治社会中，婚姻并不是某种中性的、与法律无关的结合，合法性是婚姻的

---

① 瞿同祖：《中国法律与中国社会》，中华书局 2007 年版，第 190 页。

② 瞿同祖：《中国封建社会》，上海世纪出版集团 2005 年版，第 159 页。

③ 瞿同祖：《中国法律与中国社会》，中华书局 2007 年版，第 141 页。

④ 对 20 世纪 50 年代和 80 年代婚姻家庭热点问题的两项概括，参见阎云翔：《私人生活的变革：一个中国村庄里的爱情、家庭与亲密关系（1949—1999）》，龚小夏译，上海人民出版社 2017 年版，第 248 页。

本质特征。”[①] 第五，婚姻本身不是合同。有学者总结，一夫一妻的个体婚结构在功能上集中体现于三个方面：性爱功能、生育功能和扶助功能。[②]

家庭是由一定范围的近亲属组成的情感和财产的生活共同体。家庭具有如下特点：第一，家庭是一个有弹性的概念，个体家庭的范围可以扩大延续，也可能收缩消亡。第二，一定范围的近亲属构成家庭成员，家庭成员的概念具有法定性。第三，家庭成员间有婚姻、血缘、法律拟制等多种纽带相联结。有学者认为：“婚姻是形成家庭的唯一基础。”[③] 实际上，家庭不必然与婚姻关联。法律拟制作为家庭成员的纽带对应收养关系，根据《民法典》第1111条第1款，收养可以成为家庭关系的发生根据。第四，家庭成员同财共居，是一个情感和财产的生活共同体。

婚姻家庭具有自然属性、社会属性、伦理属性、团体属性和法律属性，这些都是我们观察婚姻家庭的重要视角。具体分析如下：

第一，婚姻是男女两性的结合，血缘关系会基于出生而发生，两性结合和血缘联系都体现了婚姻家庭的自然属性。“人与人之间的、特别是两性之间的感情关系，是自从有人类以来就存在的。”[④]

第二，婚姻家庭不能脱离所处的社会而孤立存在，不同时代背景下的婚姻家庭形态会有差别，同一时代不同社会中的婚姻家庭形态也不见得完全相同，婚姻家庭具有历史性、时代性和社会性特点。“婚姻家庭的本质只能取决于它的社会属性，而不能取决于它的自然属性。……社会性是人类的根本属性，也是婚姻家庭的根本属性。”[⑤] “家庭法似乎是最不可能在国家间相互借鉴或传播的法律分支。家庭结构、家庭关系、性别和性的问题——这些都深植于不同的文化之中，一个国家似乎不太可能从他国借用关于该主题的法律。……家庭法的确深深植根于民族文化之中。但民族文化不是一成不变的，而是会随着时间的推移而发生巨变。”[⑥] 当前我国的婚姻家庭有鲜明的时代特征和变革发展特点。

第三，婚姻家庭具有伦理性，婚姻家庭以爱为底色，包括爱情之爱和亲情之爱。《民法典》中“爱”这个字出现两次，都是集中在婚姻家庭编，第1043条第2款要求夫妻应当互相关爱，家庭成员应当敬老爱幼。“中国人特重家庭伦理，蔚成家族制度，虽相沿自古，但各时各地亦有变化不同。”[⑦] “家文化是我国传统文化的核心内容，重家庭、重人伦、重亲情至今仍是中国人特有的民族性格和心理习惯。”[⑧] 我们要加强对婚恋观、家庭观的正向引导。

---

① 杨大文、龙翼飞主编：《婚姻家庭法》（第8版），中国人民大学出版社2020年版，第3页（杨大文教授执笔）。

② 参见杨大文、龙翼飞主编：《婚姻家庭法》（第8版），中国人民大学出版社2020年版，第106-107页（曹诗权教授执笔）。

③ 马起：《中华人民共和国婚姻法概论》，湖北人民出版社1957年版，第1页。

④ ［德］恩格斯：《路德维希·费尔巴哈和德国古典哲学的终结》，载《马克思恩格斯选集》（第2版第4卷），人民出版社1995年版，第233页。

⑤ 杨大文、龙翼飞主编：《婚姻家庭法》（第8版），中国人民大学出版社2020年版，第5页（杨大文教授执笔）。

⑥ ［美］劳伦斯·弗里德曼：《私人生活：家庭、个人与法律》，赵彩凤译，商务印书馆2022年版，中文版序言。

⑦ 梁漱溟：《中国文化要义》，上海人民出版社2005年版，第29页。

⑧ 钟贝：《用心做好家事审判 促进家庭社会和谐》，载《人民法院报》2022年12月27日，第2版。

第四，婚姻家庭具有团体性。婚姻家庭是一个生活共同体，是感情和财产的共同体。维护婚姻家庭身份秩序的稳定性，妥当平衡婚姻家庭共同利益增进和个体自由全面发展，都是婚姻家庭团体性的要求。“夫妻团体构成现代家庭的主轴。”[①]“‘夫妻团体主义’与‘个人主义’之间的张力构成婚姻家庭财产制度的一对基本矛盾。”[②]“社会关系的第一纽带存在于夫妻之间，然后是父母与子女，再以后是家庭。”[③]

第五，婚姻家庭具有法律性。婚姻家庭的法律性须充分尊重自然性、社会性和伦理性。法定婚龄制度、禁婚亲制度都是婚姻家庭自然性基础上法律性的体现。拟制血亲制度、离婚冷静期制度是婚姻家庭社会性和法律性的体现。《民法典》第1043条第1款家庭文明建设条款体现了婚姻家庭的伦理性和法律性，体现了婚姻家庭的“德法共治”特点，该款规定：“家庭应当树立优良家风，弘扬家庭美德，重视家庭文明建设。”

二、家庭与家庭成员

（一）家庭的社会功能

“广义上的家庭关系包括了婚姻关系（夫妻关系）。所以，家庭的社会功能实际上就是婚姻家庭的社会功能。”[④] 家庭的社会功能是不可替代的。“……无论时代如何变化，无论经济社会如何发展，对一个社会来说，家庭的生活依托都不可替代，家庭的社会功能都不可替代，家庭的文明作用都不可替代。”[⑤] 如果将家庭法完全奠基于个体主义之上，使其成为赤裸裸的个体法，而不再作为社会的细胞被建构，那么“家庭法则永不能够满足其伟大的社会任务，即维持并固定社会实体中的基本单元”[⑥]。“家庭在中国人生活里关系特见重要，尽人皆知。”[⑦] 家庭的社会功能有实现人口的再生产、承担敬老育幼、实施家庭教育、组织经济生活等。

第一，家庭具有人口再生产功能。婚姻家庭与生育密切联系。“生产本身又有两种。一方面是生活资料即食物、衣服、住房以及为此所必需的工具的生产；另一方面是人自身的生产，即种的蕃衍。一定历史时代和一定地区内的人们生活于其下的社会制度，受着两种生产的制约：一方面受劳动的发展阶段的制约，另一方面受家庭的发展阶段的制约。”[⑧] 人口再生产是家庭和社会发展、延续的必要条件。家庭人口再生产功能是家庭自然属性和社会属性的体现。《婚姻法》第2条第3款曾规定：“实行计划生育。”《民法典》

---

① 冉克平：《夫妻团体法：法理与规范》，北京大学出版社2022年版，前言第1页。

② 冉克平：《夫妻团体法：法理与规范》，北京大学出版社2022年版，前言第2页。

③ 赵玉：《司法视域下夫妻财产制的价值转向》，载《中国法学》2016年第1期，第227页。

④ 杨大文、龙翼飞主编：《婚姻家庭法》（第8版），中国人民大学出版社2020年版，第6页（杨大文教授执笔）。

⑤ 《注重家庭，注重家教，注重家风》（2016年12月12日习近平在会见第一届全国文明家庭代表时讲话的一部分），载《习近平谈治国理政》（第2卷），外文出版社2017年版，第353页。

⑥ ［德］奥托·基尔克：《私法的社会任务：基尔克法学文选》，张志阳、张小丹译，中国法制出版社2017年版，第47页。

⑦ 梁漱溟：《中国文化要义》，上海人民出版社2005年版，第27页。

⑧ ［德］恩格斯：《家庭、私有制和国家的起源》，载《马克思恩格斯选集》（第2版第4卷），人民出版社1995年版，第2页。

不再将实行计划生育作为基本原则。

第二，家庭具有敬老育幼功能。中国家庭不是单向“接力模式”，而是双向“反馈模式”，父母子女之间养老育幼关联互动。根据《民法典》第1059条、第1067条、第1068条等规定，夫妻有相互扶养的义务，父母对未成年子女有抚养、教育、保护的义务，成年子女对父母有赡养义务。《民法典》第1074条和第1075条还延展规定祖孙之间的抚养、赡养义务，第1075条规定兄弟姐妹们之间的扶养义务。赡养法律制度有助于保障老年人老有所养。监护法律制度有助于未成年人幼有所抚，避免“生而不认”“生而不养”“养而不教”。

第三，家庭具有教育功能。《家庭教育促进法》第2条规定：“本法所称家庭教育，是指父母或者其他监护人为促进未成年人全面健康成长，对其实施的道德品质、身体素质、生活技能、文化修养、行为习惯等方面的培育、引导和影响。”家庭教育以立德树人为根本任务，家庭教育在教育体系中有特殊地位和重要作用。家庭教育关乎未成年人的健康成长和国家民族的长远发展，要避免“教而不当”。家庭教育不同于学校教育或者社会教育，要推动完善家校社衔接配合机制，形成家庭学校社会协同育人有效模式。“家庭是人生的第一个课堂，父母是孩子的第一任老师。孩子们从牙牙学语起就开始接受家教，有什么样的家教，就有什么样的人。家庭教育涉及很多方面，但最重要的是品德教育，是如何做人的教育。也就是古人说的‘爱子，教之以义方’，‘爱之不以道，适所以害之也’。”① 家庭教育应当关注未成年人的生理、心理、智力发展状况。《家庭教育促进法》第14条规定：“父母或者其他监护人应当树立家庭是第一个课堂、家长是第一任老师的责任意识，承担对未成年人实施家庭教育的主体责任，用正确思想、方法和行为教育未成年人养成良好思想、品行和习惯。”“共同生活的具有完全民事行为能力的其他家庭成员应当协助和配合未成年人的父母或者其他监护人实施家庭教育。”

第四，家庭具有组织经济生活的功能。组织经济生活是家庭的常见功能，包括组织生产、组织消费等。有学者认为：“家庭，是以婚姻、血缘关系和共同经济为纽带而组成的亲属团体。”② 加里·贝克尔开创新家庭经济学，认为家庭是一个有效率的经济单位。家庭的经济效能在于，家庭不仅是社会中的消费单位，更重要的是一个生产单位。夫妻双方对婚姻的劳动与时间投入是家庭生产的过程，夫妻双方各自发挥比较优势投入家庭生产，以谋求家庭整体利益最大化，同时，婚姻收益由双方共享。③ 家庭有组织生产的功能，如农村承包经营户、个体工商户。家庭通常具有共同消费功能。在共同财产制下，同居共财是家庭生活的本质要素。“同居共财对中国人来讲，总是一种纠缠不止的宿命的关系，与其说它是‘家族生活的常态’，不如说它就是家族生活。”④《中国家族

---

① 《注重家庭，注重家教，注重家风》(2016年12月12日习近平在会见第一届全国文明家庭代表时讲话的一部分)，载《习近平谈治国理政》(第2卷)，外文出版社2017年版，第354页。

② 杨大文、龙翼飞主编：《婚姻家庭法》(第8版)，中国人民大学出版社2020年版，第2页（杨大文教授执笔）。

③ 参见王玮玲：《新家庭经济学下离婚补偿制度的适用规则》，载《政法论坛》2021年第6期，第111-112、121页。

④ ［日］滋贺秀三：《中国家族法原理》，张建国、李力译，商务印书馆2013年版，第63页。

法原理》一书研究家的法律关系，“换句话说也就是关于在同居共财这样的财产关系上家族中每个人应有的权利”①。“所谓同居共财，是收入、消费以及保有资产等等涉及各方面的共同计算关系，即以每个人的勤劳所得和由共同资产所得的收益为收入、支出每个人的生活万端——死者的葬祭也作为重要的一项包括在内——的费用、若有剩余则作为共同的资产加以贮存、如果出现不足则坐吃资产以保全生命的那样一种维持共同会计的关系。”② 但组织经济并非家庭的必要条件，共同经济并非家庭或者家庭成员间的必要纽带。如采取分别财产制的夫妻间可以共居不同财。

（二）家庭成员的范围

家庭是人的共同体，由家庭成员组成。并非所有的近亲属都能成为家庭成员。并非所有的亲属都能成为家庭成员。家庭成员、近亲属和亲属呈现出差序格局。

家庭成员由配偶、父母、子女和其他共同生活的近亲属组成。配偶、父母、子女是当然的近亲属，不论是否共同生活。兄弟姐妹、祖父母、外祖父母、孙子女、外孙子女等其他近亲属是否为家庭成员取决于是否共同生活。家庭成员身份具有法定性和安定性要求，家庭成员身份的界定关涉到成员彼此之间的义务和权利。《民法典》第 1045 条规定：“亲属包括配偶、血亲和姻亲。”“配偶、父母、子女、兄弟姐妹、祖父母、外祖父母、孙子女、外孙子女为近亲属。”“配偶、父母、子女和其他共同生活的近亲属为家庭成员。”该条第 3 款的“共同生活”是指“长久的同居在一起的共同生活，而不是短期的、临时性的共同生活”③。家是由人组成的身份共同体，由财产组成的财产共同体。“在狭义上，将共同维持家计的生活共同体称为家。”④

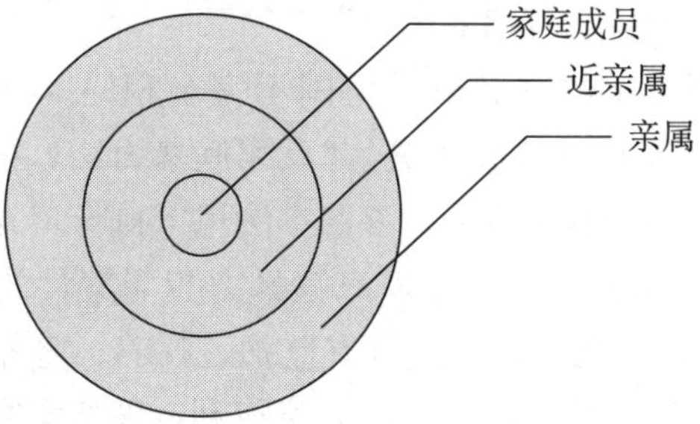

家庭成员的身份具有特殊性：

第一，家庭成员的身份会存在交叉叠加。如一个人在原生家庭中作为子女，与他人缔结婚姻后互为配偶组成新生家庭，在新生家庭中生育子女后又可以作为父母。原生家庭成员和新生家庭成员可以共同生活。

第二，家庭成员的身份具有相对性。父母子女、夫妻、兄弟姐妹的称谓都具有相对性，父母相对于子女而言，夫相对于妻而言，兄姐相对于弟妹而言。

---

① ［日］滋贺秀三：《中国家族法原理》，张建国、李力译，商务印书馆 2013 年版，第 64 页。
② ［日］滋贺秀三：《中国家族法原理》，张建国、李力译，商务印书馆 2013 年版，第 85 页。
③ 黄薇主编：《中华人民共和国民法典婚姻家庭编释义》，法律出版社 2020 年版，第 26 页。
④ ［日］滋贺秀三：《中国家族法原理》，张建国、李力译，商务印书馆 2013 年版，第 59 页。

第三，不同自然人的家庭成员范围会有差别。对新生家庭中的配偶而言，其家庭成员范围大，但配偶的家庭成员范围和自己子女的家庭成员范围会有不同。如果祖父母、外祖父母不与孙子女、外孙子女共同生活，则他们彼此不属于《民法典》第1045条第32款意义上的家庭成员。无血缘关系、无扶养关系的继兄弟姐妹虽然共同生活，也不属于《民法典》第1045条第32款意义上的家庭成员。丧偶儿媳与公婆共同生活但未尽主要赡养义务，丧偶女婿与岳父母共同生活但未尽主要赡养义务，也不属于《民法典》第1045条第32款意义上的家庭成员。“拥有将复杂的甚至相当疏远的亲属关系表达出来的丰富的语汇的确是中国话的特色，这些正可看作在中国的社会生活中亲属关系这类事具有非常大的比重的反映。”①

第四，家庭成员身份以法定为原则，以约定为例外。《民法典》第1045条第3款对应家庭成员身份的法定性。《民法典》第1050条对应家庭成员身份的约定性，该条规定：“登记结婚后，按照男女双方约定，女方可以成为男方家庭的成员，男方可以成为女方家庭的成员。”需要注意的是，“在婚姻家庭法上，约定家庭成员身份并不产生法定家庭成员身份应有的相同效力或同等效力”②。

身份关系法定性原则还延伸到民事诉讼程序中。例如，《民事诉讼法司法解释》第92条第2款规定：“对于涉及身份关系、国家利益、社会公共利益等应当由人民法院依职权调查的事实，不适用前款自认的规定。”第143条规定：“适用特别程序、督促程序、公示催告程序的案件，婚姻等身份关系确认案件以及其他根据案件性质不能进行调解的案件，不得调解。”第355条第1款规定：“当事人申请司法确认调解协议，有下列情形之一的，人民法院裁定不予受理：……（三）申请确认婚姻关系、亲子关系、收养关系等身份关系无效、有效或者解除的……”

第五，民法和刑法所界定的家庭成员范围不完全相同。《民法典》第1045条和第1050条对家庭成员作了清晰的法定化界分。《反家庭暴力法》第37条规定：“家庭成员以外共同生活的人之间实施的暴力行为，参照本法规定执行。”《最高人民法院、最高人民检察院、公安部、司法部关于依法办理家庭暴力犯罪案件的意见》（法发〔2015〕4号）指出：“发生在家庭成员之间，以及具有监护、扶养、寄养、同居等关系的共同生活人员之间的家庭暴力犯罪，严重侵害公民人身权利，破坏家庭关系，影响社会和谐稳定。”公安部等印发的《关于加强家庭暴力告诫制度贯彻实施的意见》（公通字〔2024〕34号）第24条规定：“家庭成员以外共同生活的人之间实施的暴力行为，参照本意见规定执行。‘家庭成员以外共同生活的人’一般包括共同生活的儿媳、女婿、公婆、岳父母以及其他有监护、扶养、寄养、同居等关系的人。”《刑法》第260条规定：“虐待家庭成员，情节恶劣的，处二年以下有期徒刑、拘役或者管制。”“犯前款罪，致使被害人重伤、死亡的，处二年以上七年以下有期徒刑。”“第一款罪，告诉的才处理，但被害人没有能力告诉，或者因受到强制、威吓无法告诉的除外。”在“被告人牟某翰涉嫌犯虐

---

① ［日］滋贺秀三：《中国家族法原理》，张建国、李力译，商务印书馆2013年版，第29页。

② 蒋月：《论家庭成员身份的法定与约定——以〈民法典〉第1045条和第1050条为中心》，载《中华女子学院学报》2020年第4期，第26页。

待罪刑事附带民事诉讼案”中，法院认为：被告人与被害人之间的共同居住等行为构成了具有实质性家庭成员关系的共同生活基础事实，二人属于有亲密关系并负有一定扶助义务的共同生活人员，二人的婚前同居关系应认定为虐待罪中的家庭成员关系，被告人符合虐待罪的犯罪主体要件。被告人对被害人反复、高频、长时间、持续施加精神暴力，虐待与其共同生活的同居女友，情节恶劣，且致使被害人死亡，被告人的虐待行为与被害人的自杀身亡这一危害后果具有刑法上的因果关系，被告人的行为构成虐待罪。[①]本案所理解的虐待罪保护的“家庭成员”范围不同于《民法典》第1045条第3款，本案扩张解释了“家庭成员”的范围，将类婚姻关系中共同生活的男女纳入其中，本案更侧重对“共同生活”要件的实质解释。与“实质性家庭成员关系”类似，法院在虐待罪案件中还创生“事实上的家庭成员关系”来界定同居所形成的共同生活关系。[②]“未登记结婚但在同一住宅共同生活的，即使没有达到事实婚姻的程度，也应认定为家庭成员。实践中存在雇主虐待家庭雇员（如保姆）情节恶劣但又不构成伤害罪的案件，如果能够将雇员评价为事实上的家庭成员的，可以本罪论处。”[③] 立法论上，有学者建议应将《刑法》中的“虐待罪”保护范围从家庭成员进一步扩大到“监护、照顾、管理的其他人”。《刑法》第260条之一增加规定虐待被监护、看护人罪：“对未成年人、老年人、患病的人、残疾人等负有监护、看护职责的人虐待被监护、看护的人，情节恶劣的，处三年以下有期徒刑或者拘役。”

三、亲属与近亲属

家庭成员由一定范围的近亲属组成。家庭成员都是近亲属，但并非所有的亲属都是近亲属，并非所有的亲属都是家庭成员，并非所有的近亲属都是家庭成员。亲属的范围大于近亲属，近亲属的范围大于家庭成员。并非所有的亲属间都存在身份法上的法定权利、法定义务，如女婿与岳父、儿媳与婆婆。

（一）亲属的范围

亲属关系基于婚姻、血缘、收养而发生，亲属包括配偶、血亲和姻亲。《民法典》第1045条第1款对亲属采取三分法：“亲属包括配偶、血亲和姻亲。”

亲属中的血亲包括自然血亲和拟制血亲。自然血亲包括直系血亲和旁系血亲。根据《民法典》第1072条第2款和1111条第1款，拟制血亲包括养父母养子女、继父母与受其抚养教育的继子女，养子女与养父母的血亲之间也形成拟制血亲关系。

---

① 参见《被告人牟某翰虐待案一审宣判》，海淀区人民法院2023年6月15日发布，https：//bjhdfy.bjcourt.gov.cn/article/detail/2023/06/id/7343818.shtml。北京市第一中级人民法院2023年7月25日依法对牟某翰虐待刑事附带民事上诉一案公开宣判，裁定驳回上诉，维持原判。该案被评为2023年度人民法院十大案件。

② 参见“被告人刘某坤虐待、重婚案——虐待共同生活的哺乳期妇女和未成年人，坚决依法惩处”，2024年11月25日最高人民法院与中华全国妇女联合会联合发布的5件反家庭暴力犯罪典型案例之四。

③ 张明楷：《刑法学》（第6版下册），法律出版社2021年版，第1190页。

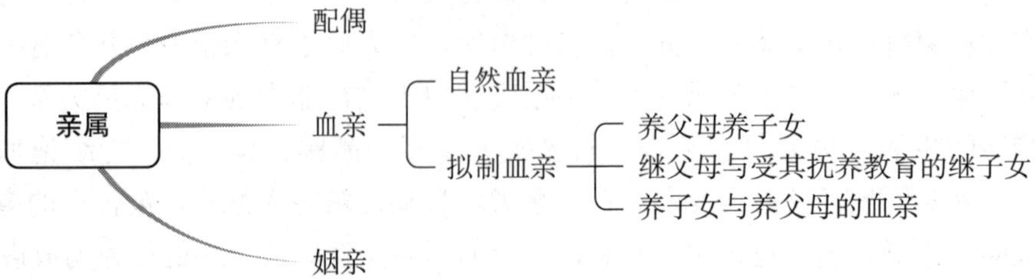

（二）亲属关系的变动及效力

自然血亲关系发生的唯一原因是出生这一事件。配偶关系发生的唯一原因是结婚这一民事法律行为。结婚还可以引发姻亲关系的发生。收养法律行为会引发拟制血亲关系的发生。继父母对继子女的抚养教育也会引发拟制血亲关系的发生。亲属关系发生基于客观事实，例如在自然血亲关系中，入族谱登载血亲关系时仅将血缘关系作为问题，不因个人的贵贱贤愚善恶而取舍。

亲属关系可能因为离婚、解除收养而消除。夫妻是后天的、人为的、社会的结合。离婚可以消除配偶关系、消除姻亲关系①，姻亲关系具有附从性特点，姻亲关系附从于婚姻关系和血亲关系。解除收养可以消除养父母养子女关系。

死亡会导致自然血亲关系或者拟制血亲关系的终止。父母子女、兄弟姐妹是先天的、自然的、非人为的血缘结合，血缘亲属关系具有自然属性，无法人为消除，但血缘亲属之间的法定权利义务关系可以消除，如《民法典》第 1111 条第 2 款规定："养子女与生父母以及其他近亲属间的权利义务关系，因收养关系的成立而消除。"养子女与生父母的权利义务关系会因收养关系的成立而消除，但养子女和生父母的自然血亲关系仍然存在。

亲属关系的法律效力主要表现为近亲属间的法定民事权利义务关系。

（三）近亲属的范围及近亲属间的法定民事权利义务

近亲属间互享法定权利，互负法定义务。《民法典》第 1045 条第 2 款规定："配偶、父母、子女、兄弟姐妹、祖父母、外祖父母、孙子女、外孙子女为近亲属。"近亲属范围中的"兄弟姐妹"是指亲兄弟姐妹，不包括堂兄弟姐妹或者表兄弟姐妹。亲属中的"血亲"包括直系血亲和旁系血亲，包括自然血亲和拟制血亲，禁止近亲结婚中的血亲限于"直系血亲或者三代以内的旁系血亲"。

婚姻家庭法属于身份法，婚姻家庭领域的权利义务首先是身份关系方面的权利义务，财产方面的权利义务也是发生在特定身份关系人之间的，是从属于身份关系的。

第一，近亲属之间存在抚养义务、教育义务、保护义务、扶养义务、赡养义务、扶

---

① 如《最高人民法院关于适用〈中华人民共和国民法典〉婚姻家庭编的解释（二）》（法释〔2025〕1 号，以下简称《民法典婚姻家庭编司法解释二》）第 19 条第 1 款规定："生父与继母或者生母与继父离婚后，当事人主张继父或者继母和曾受其抚养教育的继子女之间的权利义务关系不再适用民法典关于父母子女关系规定的，人民法院应予支持，但继父或者继母与继子女存在依法成立的收养关系或者继子女仍与继父或者继母共同生活的除外。"该款前一部分规定了生父与继母或者生母与继父离婚后，继父母子女拟制血亲关系的法定自动解除。

助义务等法定义务。根据《民法典》第 26 条、第 1059 条、第 1067 条、第 1068 条、第 1074 条、第 1075 条等规定，家庭养老育幼功能主要发生在近亲属之间。夫妻有相互扶养的义务，父母对未成年子女有抚养、教育、保护的义务，父母对未成年子女的侵权行为承担替代责任，成年子女对父母有赡养义务，祖孙之间在法定情形下有抚养、赡养义务，兄弟姐妹们之间在法定情形下[①]有扶养义务。

成年子女对父母有赡养义务，成年子女的配偶应该协助履行此种赡养义务，但协助义务不是赡养义务。例如，儿媳的协助赡养义务不等于赡养义务，丧偶儿媳对婆婆是否有继续赡养的义务？随着婚姻关系终止，儿媳协助丈夫履行赡养义务的义务也自然终止。[②]《老年人权益保障法》第 14 条规定："赡养人应当履行对老年人经济上供养、生活上照料和精神上慰藉的义务，照顾老年人的特殊需要。""赡养人是指老年人的子女以及其他依法负有赡养义务的人。""赡养人的配偶应当协助赡养人履行赡养义务。"本着权利义务协调统一的原则，《民法典》第 1129 条规定："丧偶儿媳对公婆，丧偶女婿对岳父母，尽了主要赡养义务的，作为第一顺序继承人。"第 1129 条所规定的丧偶儿媳对公婆，丧偶女婿对岳父母的"主要赡养义务"属于《民法典》第 985 条规定的"道德义务"，而非法律义务，且聚焦于物质赡养。丧偶儿媳对公婆，丧偶女婿对岳父母，尽了主要赡养义务，构成情谊行为。丧偶儿媳与丧偶女婿继承权符合民事权利、义务、责任协调统一的公平原则，体现了法律鼓励的调整方法，是单向继承权，该权利不受其是否再婚的影响，也不影响其子女的代位继承。子女的代位继承和丧偶儿媳与丧偶女婿继承权可以并用。丧偶儿媳对公婆，丧偶女婿对岳父母，尽了主要赡养义务的，其取得的继承权为固有权利，而非"妻承夫分""按支继承"，且视为通过默示方式与公婆、岳父母达成了遗赠扶养协议，公婆、岳父母不能排斥其继承权。

第二，近亲属之间存在法定继承权等法定权利。根据《民法典》第 1070 条、第 1127 条、第 1128 条第 1 款等的规定，父母和子女有相互继承遗产的权利，配偶、子女、父母作为第一顺位法定继承人，兄弟姐妹、祖父母、外祖父母作为第二顺位法定继承人，孙子女、外孙子女享有代位继承权。将父母作为第一顺位的法定继承人是我国孝道文化的体现。有扶养关系的继父母、继子女适用父母子女关系的规定，属于近亲属，彼此享有法定继承权。根据《民法典》第 1062 条，除另有约定外，夫妻实行婚后所得共同制。

《民法典》第 1127 条第 1 款法定继承人范围中没有规定孙子女、外孙子女，法定继承人范围窄于第 1045 条第 2 款规定的近亲属。孙子女、外孙子女法定继承祖父母、外祖父母遗产的方式是第 1128 条规定的代位继承。

值得进一步思考的是：《民法典》第 1127 条第 3～5 款规定的子女、父母和兄弟姐妹

---

① 《民法典》第 1075 条规定："有负担能力的兄、姐，对于父母已经死亡或者父母无力抚养的未成年弟、妹，有扶养的义务。""由兄、姐扶养长大的有负担能力的弟、妹，对于缺乏劳动能力又缺乏生活来源的兄、姐，有扶养的义务。"兄、姐对未成年弟、妹的扶养义务，成年弟、妹对兄、姐的扶养义务，构成跨时空的对待给付义务，是民事权利义务责任协调统一法治思维的体现。

② 参见"丧偶儿媳照料婆婆追索赡养费案——张某与周某 1、周某 2 赡养费纠纷上诉案"，北京市第二中级人民法院 2023 年 3 月 29 日发布的社会主义核心价值观融入裁判文书释法说理典型案例一。

的范围是否仅仅适用于该条所在的继承编“本编”?① 能否对第 1045 条第 2 款和第 3 款中的子女、父母、兄弟姐妹作同等解释?

死者人格利益保护问题上，死者的近亲属享有侵权请求权。《民法典》第 994 条规定：“死者的姓名、肖像、名誉、荣誉、隐私、遗体等受到侵害的，其配偶、子女、父母有权依法请求行为人承担民事责任；死者没有配偶、子女且父母已经死亡的，其他近亲属有权依法请求行为人承担民事责任。”

第三，近亲属之外的其他亲属之间也可能享有法定权利、负担法定义务，但不属于常态，而是例外。《民法典》第 1127 条规定有扶养关系的继兄弟姐妹彼此享有法定继承权，但他们并不属于近亲属，法律没有规定他们适用兄弟姐妹的规定。《民法典》第 1128 条第 2 款规定侄子女、甥子女享有代位继承权，使该权利不限于近亲属范围。有学者认为：“在婚姻家庭法和继承法领域，近亲属是确定彼此之间禁止结婚、承担扶养义务和确定法定继承人范围的依据。”② 禁止结婚的亲属不局限于近亲属范围。《民法典》第 1048 条规定直系血亲或者三代以内的旁系血亲禁止结婚，使该义务不限于近亲属范围。

《民事诉讼法司法解释》第 85 条对能够担任当事人诉讼代理人的近亲属范围作了不同于《民法典》的规定。《民事诉讼法司法解释》第 85 条规定法定诉讼代理人的范围：“根据民事诉讼法第五十八条第二款第二项规定，与当事人有夫妻、直系血亲、三代以内旁系血亲、近姻亲关系以及其他有抚养、赡养关系的亲属，可以当事人近亲属的名义作为诉讼代理人。”该条“近亲属”的范围大于《民法典》第 1045 条第 2 款中近亲属的范围。此外，《刑事诉讼法》第 108 条规定：“本法下列用语的含意是：……（六）‘近亲属’是指夫、妻、父、母、子、女、同胞兄弟姊妹。”

四、亲系与亲等

（一）亲系

亲系是指亲属之间联络的系别。血亲和姻亲都有一定的亲系。

自然血亲包括直系血亲和旁系血亲，立法不区分父系亲和母系亲。直系血亲是指生育自己的和自己生育的有直接血缘联系的上下各代亲属，包括直系尊血亲和直系卑血亲。直系血亲以外的血亲是旁系血亲，是指在血缘上有同源关系的非直系血亲，如同胞兄弟姐妹、堂兄弟姐妹、表兄弟姐妹、伯叔姑舅姨与侄甥。

拟制血亲包括养父母养子女、继父母与受其抚养教育的继子女、养子女与养父母的血亲。养子女与养父母的姻亲之间属于拟制姻亲关系。

---

① 《民法典》第 1127 条规定：“遗产按照下列顺序继承：（一）第一顺序：配偶、子女、父母；（二）第二顺序：兄弟姐妹、祖父母、外祖父母。”“继承开始后，由第一顺序继承人继承，第二顺序继承人不继承；没有第一顺序继承人继承的，由第二顺序继承人继承。”“本编所称子女，包括婚生子女、非婚生子女、养子女和有扶养关系的继子女。”“本编所称父母，包括生父母、养父母和有扶养关系的继父母。”“本编所称兄弟姐妹，包括同父母的兄弟姐妹、同父异母或者同母异父的兄弟姐妹、养兄弟姐妹、有扶养关系的继兄弟姐妹。”

② 李永军主编：《中国民法学》（第 4 卷・婚姻继承），中国民主法制出版社 2022 年版，第 51 页（金眉教授执笔）。

姻亲是指因婚姻而产生的亲属关系，包括血亲的配偶（如儿媳、女婿、孙媳、孙女婿、外孙媳、外孙女婿、兄嫂、弟媳、姑夫、姨夫、舅母）、配偶的血亲（如公婆、岳父母、丈夫的兄弟姐妹、妻子的兄弟姐妹）、配偶的血亲的配偶（如妯娌、连襟）、血亲的配偶的血亲（亲家）。“在无抚养关系的继父母与继子女的关系中，继父或继母和继子或继女亦互为直系姻亲。”①

（二）亲等

亲属关系有差序格局，有亲疏远近之别，亲等是衡量亲属关系远近的方法。亲等越小，表示亲属关系越近。亲等越大，表示亲属关系越远。在中国古代，衡量亲属关系远近的制度是服制。

《民法典》第 1048 条规定：“直系血亲或者三代以内的旁系血亲禁止结婚。”我国立法采取“代”（世代）计算血亲亲属关系的亲疏远近，姻亲亲等计算准用血亲亲等计算方法，“姻亲从血亲”。

直系血亲的亲等从自己算起为一代，往上一代算一代，如父母为二代，祖父母、外祖父母为三代；往下一代算一代，如子女为二代，孙子女、外孙子女为三代。

旁系血亲的亲等先找到最近的同源直系血亲，按照直系血亲的世代计算方法，从两边分别往上数到该同源直系血亲，两边世代相等的，以此世代数为准；两边世代数不同的，以世代数大的一边为准。例如，自己与兄弟姐妹为两代以内的旁系血亲，自己与堂兄弟姐妹为三代以内的旁系血亲，自己与表兄弟姐妹为三代以内的旁系血亲，自己与伯叔姑舅姨为三代以内的旁系血亲。自己与伯母、婶、姑夫、姨夫、舅妈为三代以内的旁系姻亲。

三代以内的旁系血亲是指与自己同源于祖父母、外祖父母的旁系血亲，包括自己的兄弟姐妹、堂兄弟姐妹、表兄弟姐妹、伯叔姑舅姨、侄子女、甥子女。自己与堂兄弟姐妹的子女或者表兄弟姐妹的子女为四代以内的旁系血亲。世代计算法简便易行，但不够准确，自己与伯叔姑舅姨、堂兄弟姐妹、表兄弟姐妹都属于三代以内的旁系血亲，但实际上自己与伯叔姑舅姨的血缘关系更近。

亲属关系有可能重复，如叔侄间成立收养关系后，拟制直系血亲关系和三代以内旁系血亲并存，此时法律适用采“从近从重”原则，适用亲属关系近、权利义务重的法律规定，因此应适用养父母子女关系的法律规定，停止亲属关系远、权利义务轻的叔侄关系亲属效力。

五、《民法典》如何看待婚姻家庭

债权和物权是财产法和财产权体系的重要组成部分。债是一把“法锁”，锁住了债权人和债务人的幸福。冤有头，债有主。谁欠谁的债，谁就欠了谁的幸福。掌握妥当方法基础上，越努力的债权人越幸福。债权人也在努力奔跑，债权人也是追梦人。物权是一座古典的城堡，物权法定是城堡的大门，物权请求权是坚固的城墙，侵权损害赔偿请

① 杨大文、龙翼飞主编：《婚姻家庭法》（第 8 版），中国人民大学出版社 2020 年版，第 71 页（曹诗权教授执笔）。

求权是护城河，所有权、用益物权和担保物权是城堡的三大支柱，城堡中始终高扬着自由的旌旗。

与财产法相对应，民法典如何看待家庭和国家？“家庭的重要性在任何时候都不能被淡化。”① “天下之本在国，国之本在家，家之本在身。”家是最小国，国是千万家。家和万事兴。《民法典》第 1041 条第 1 款规定：“婚姻家庭受国家保护。”在婚姻家庭领域，国家尤其通过立法贯彻弱式意义上平等对待，实现对妇女、未成年人、老年人、残疾人的倾斜保护。

《民法典》婚姻家庭编对夫妻关系和婚姻制度的原则性描述是“婚姻自由、一夫一妻、男女平等”。平等的基本要求是相互尊重，而在家庭关系中，弱势一方获得尊重的需求会更高。对亲子关系，“儿童利益最大化”是联合国《儿童权利公约》提出的一项保障儿童权利的原则。《民法典》第 1084 条规定“最有利于未成年子女的原则”，《未成年人保护法》第 4 条规定“最有利于未成年人的原则”，要求“给予未成年人特殊、优先保护”。较之儿童利益最大化，最有利于未成年人原则适用范围更广、保护力度更大。应将孩子的利益放在首位，但由于未成年人心智发育尚未成熟，自我表达意识及控制行为的能力有限，父母及其他监护人也应主动进行价值判断，思考如何正确地实现最有利于未成年子女的原则，“父母之爱子，则为之计深远”。不能坚持用“打骂儿女”等简单粗暴方式解决家庭矛盾的传统观念。对赡养关系，应发掘“孝”在新时代的含义。《礼记》中提道，“孝子之养也，乐其心，不违其志”。“孝”不是法律的真空，成年子女要主动适应“强弱”关系转化，承担家庭责任。要“发扬尊老爱幼、男女平等、夫妻和睦、勤俭持家、邻里团结等中华民族传统美德”②。

通过将重视家庭文明建设增列为《民法典》婚姻家庭编的基本价值取向，通过具体规则贯彻弱式意义上平等对待，民法典展现了看待“家”、“协调人与家之间关系”的基本立场，展现中国人对夫妻关系乃至婚姻家庭关系的基本态度：婚姻家庭是一个具有法的意义的伦理爱的温馨港湾，是一个有福同享、有难同当的亲情和财产的身份共同体、伦理共同体和财产共同体，家庭成员特别是夫妻间侧重整体协同，这是平等和睦、休戚与共、志同道合、忠实互让、敬老爱幼、团结协作的具有人身信赖关系的紧密结合型团体。③

第三节　身份法律行为与身份情谊行为

一、身份法律行为

在大陆法系民事立法和民法学理论体系之下，婚姻法、继承法是民法的有机组成部

---

① ［德］奥托·基尔克：《私法的社会使命》，杨若濛译，商务印书馆 2021 年版，第 45 页。

② 宋鱼水：《法治视野下的新时代家庭文化建设》，载《中国妇女报》2019 年 5 月 11 日，第 1 版。

③ 参见王雷：《家庭文明建设在民法典中的体现》，载《山东大学学报（哲学社会科学版）》2021 年第 3 期，第 91 页。

分，我国学者多将此统称为婚姻家庭法或者亲属法，欧美学者多将此统称为家庭法。将婚姻家庭关系纳入民法体系的逻辑基础在于，其与财产关系一样，同属于民法调整的民事法律关系。不同的是民事法律关系在区分婚姻家庭中的身份关系和财产法中的财产关系时遵循了不同的标准：身份关系是以当事人相互之间具有联系的、类似的生活事实为基础，财产关系是以当事人之间法律后果层面上的相似性为基础。[①]

虽然英国学者梅因在1861年出版的《古代法》一书中早有论断："所有进步社会的运动，到目前为止，是一个'从身份到契约'的运动"[②]。但是这不足以构成否定婚姻家庭领域中身份法律行为的论证理由。原因如下：

第一，梅因论断中的"身份"和我们身份权中所指的"身份"并不相同，不能通过简单的文义解释即作比较法理上的概念等同。正如其所说"在'人法'中所提到的一切形式的'身份'都起源于古代属于'家族'所有的权利和特权"[③]，可见梅因心目中所致力推翻的身份主要是一种家族的、不平等的对人的权利能力或者行为能力构成不合理限制的支配依附关系。[④] 我们在"身份权"中所讲的身份完全是一种客观中性的对当事人之间婚姻、血缘或收养等特殊关系的概念指称，并不含有不平等等价值判断上的评价。

第二，梅因论断中有一个时间状语的限制，即"到目前为止（hitherto）"，即其论断是对过去的总结，而非对未来的预见[⑤]，不能脱离对论断的整体体系解释和文化解释而孤立地古为今用。

第三，梅因论断侧重对人们身份平等的恢复和对不合理限制的打破，契约对当事人平等性和自由性的要求正是体现。该论断在当今婚姻法婚姻自由问题上仍不过时，然而在作更大范围的扩张时尚需谨慎，毕竟契约理念没法贯通婚姻家庭全领域，即使婚姻当事人基于"合同法律人"的风险防范意识签订了恋爱协议、婚约、忠诚协议、家务协议、香火协议等[⑥]，这些类型的协议也不当然产生法律效力。

身份法律行为足以作为贯通婚姻家庭法的重要理论工具，有助于保障私法自治在结婚自由、离婚自由、遗嘱自由等领域的实现。在身份法律行为的概念之下，婚姻家庭法和民法其他部门法在法理基础和法律适用上也能够作有效的沟通和有益的对比。此外，身份法律行为和身份法律关系中的"身份"一词除了承载"从身份到契约""从团体本位到个人本位"的价值变迁，其在现代民法中还起到了推动实质平等的作用，通过对妇女、老人、儿童等特殊身份之民事主体的倾斜保护，来实现合理的差别对待。

---

① Dieter Medicus，*Allgemeiner Teil des BGB*，9. neu bearbeitete Auflage，2006；C. F. Müller Verlag Heidelberg，S. 10－11.

② ［英］梅因：《古代法》，沈景一译，商务印书馆1984年版，第96页。

③ ［英］梅因：《古代法》，沈景一译，商务印书馆1984年版，第97页。

④ 中国古代社会是身份社会，人际关系普遍"身份化"，身份的不平等意识高度发达，财产关系常与各种家族权、身份权纠结在一起，这也导致了财产观念的不发达乃至私法的缺位。实际上，在任何一个推重身份的社会里，私法的作用都是微乎其微的，它的发达与完备也就无从谈起。参见梁治平：《"从身份到契约"：社会关系的革命——读梅因〈古代法〉随想》，载《读书》1986年第6期。

⑤ 参见姚辉：《从身份到契约了吗》，http：//www. civillaw. com. cn/article/default. asp? id＝12652，最后访问时间：2011年1月20日。

⑥ 参见王雷：《对企业法务问题和合同法律人作用的认识》，http：//www. lawyerstudy. com. cn/article/default. asp? id＝1829，最后访问时间：2011年1月20日。

民法学教材中长期缺乏对财产法律行为和人身法律行为的类型划分。财产法律行为和人身法律行为并列，身份法律行为是人身法律行为的子类型。身份法律行为是指引发当事人之间身份法律关系发生、变更、消灭的民事法律行为，如结婚、夫妻财产约定、离婚、离婚财产分割协议、收养、解除收养、监护协议、遗嘱、遗赠扶养协议等等。身份法律行为包括纯粹的身份法律行为和以身份为基础的财产法律行为，后者的核心是身份关系协议和遗嘱。身份法律行为属于引发婚姻、家庭、家庭成员、近亲属与亲属等身份法律关系变动的重要身份法律事实。身份法律行为具有法定性、要式性、持续性等特点，身份法律行为通常不得附条件或者代理。“民法总则中的相关条款原则上亦可适用于这些人身法上的行为。但鉴于诸此法律行为强烈的效力，并从法律安定性和法律清晰性出发，人身法上的法律行为大多受特别规则的调整。人身法上的法律行为的典型特征是严格的形式要求、不可附条件性、高度人身性以及效力的持续性。”①

二、身份情谊行为

民法以及婚姻家庭法关注的是身份法律行为，然而民法学不能在实定法之后亦步亦趋。结合伦理说及爱情说的观点，婚姻家庭领域伦理感情的底色客观上使身份情谊行为的存在更具普遍性，也成为其存在的基础。相比于普通的情谊行为乃至财产法律行为，身份情谊行为的特色在于：第一，身份法律行为所影响的往往是法律上的权利义务关系或者疑似的法律上权利义务关系。而且既有财产方面的，如恋爱合同中的青春补偿费、忠诚协议中的违约金、同居协议中的分手费②；又有人身方面的，如香火协议中的生育权等。第二，从财产法律行为角度认定前述协议无效与认定前述协议属于情谊行为所带来的后果也是不同的：无效认定及其不当得利返还等后果仍在法律调整的范围之内，而情谊行为的定性则会使前述行为交由婚姻家庭道德调整。可见在法律是否介入上是不同的。“婚姻家庭并非法律调整的结果，法律只调整部分婚姻家庭关系。”③

在民法学视野中，对身份情谊行为可以作以下两种分类：第一，从身份情谊行为在人类婚姻家庭生活中可能自然产生的前后顺序看，可以分为恋爱阶段的恋爱协议、婚姻缔结阶段的婚约、婚姻成立后的忠诚协议、婚姻生育阶段的香火协议、其他家庭生活领域的家务合同等等。第二，从身份情谊行为可能包含的核心内容来看，可以分为以人身权益方面约定为主的情谊行为和以财产权益方面约定为主的情谊行为，对此可以分别简称以人身权益为主的身份情谊行为和以财产权益为主的身份情谊行为。第二种分类抽象化程度更高，也更有助于我们对比身份情谊行为（特别是其中的以财产权益为主的身份情谊行为）和民事法律行为（包括财产法律行为和身份法律行为）的关系、深化对身份情谊行为的民法理论研究。

---

① ［德］赫尔穆特·科勒：《德国民法总论》（第44版），刘洋译，北京大学出版社2022年版，第63页。

② 参见《中年男女签同居协议 分手费从同居当天开始算》，载浙江在线，2016年1月2日。

③ 徐涤宇、张家勇主编：《〈中华人民共和国民法典〉评注》（精要版），中国人民大学出版社2022年版，第1079页（刘征峰教授执笔）。

一方面，婚姻家庭生活的当事人经常会通过协议的形式对彼此的人身权益作出一定的限制。比如恋爱中的男女约定不许分手、永不背离，恋爱中或者婚姻生活中的男女约定一方或双方服用避孕药，夫妻之间约定不许离婚、约定晚上几点前必须回家睡觉、约定不许丈夫单独参加社交聚会等，家庭成员间约定生育子女的香火协议，父母与子女之间约定断绝关系等等。这些类型的协议都涉及当事人的人身权益，笔者认为以人身权益为主的身份合同仅属情谊行为，是处于法律调整范围之外的纯粹生活事实，适合交由家庭自治以及婚恋道德等来解决，“没有足够充分且正当理由的情况下，应该肯定（推定）身份协议（身份行为）的情谊行为属性，否定民事法律行为规则适用的可能性”①。

另一方面，当事人在婚姻家庭生活中往往会通过协议对财产权益作出安排，当然这些财产协议大都与身份权密不可分，只是更加侧重通过对财产的约定来更好地实现一定身份关系的建立、维持或者增进。此类协议常有如下表现：恋爱合同中对分手时青春补偿费或者分手费的约定②、婚姻缔结过程中通过婚约对彩礼的约定、夫妻共同生活中通过忠诚协议或者空床费等形式对违反忠实义务或者同居义务情况下损害赔偿责任的约定、家庭生活中通过家务合同的形式鼓励孩子积极做家务的约定等等。当然，以财产权益为主的身份合同不限于此，比如夫妻财产约定、遗赠扶养协议等等，对这些实定法明确肯定的身份合同，理论上并无争议，笔者不再赘述，这里仅主要就我国实定法上没有明文规定但司法实务中特别常见并争议很大的前述几类身份协议展开讨论。

“法律也没有被排斥在亲密的个人关系之外。甚至在家庭中，以爱的方式去处理许多问题都要依靠法律……爱需要法律。”③ 但婚姻家庭法较其他民法规范更具有身份法属性的固有特点④，基于浓厚的伦理感情底色，婚姻家庭领域的很多身份行为都处于事实与规范之间、处于规范的自治与管制之间。⑤ 在没有足够充分且正当理由的情况下，应该将婚姻家庭领域的身份行为特别是身份协议推定为情谊行为，从而否定民事法律行为规则适用的可能。正如柏拉图所指出的那样：“如果立法者屈尊去对家务管理发布大量琐碎的指令，……那么立法者会显得缺乏尊严。”⑥ 有学者也从伦理学的角度指出：“伦理关系始于家庭，……伦理关系，即是情谊关系，……伦理首重家庭。”⑦ “家族法那样的被认为与法相比不如说情谊更容易支配的领域。”⑧

以人身权益为主的身份情谊行为和以财产权益为主的身份情谊行为，均发生在特定

① 王雷：《民法学视野中的情谊行为》，北京大学出版社 2014 年版，第 119 页。

② 参见于珑：《拿 2 份“爱情保证书”状告前女友》，载《都市晨报》2013 年 6 月 28 日，http://www.bjdcfy.com/qita/aqbzs/2015-10/97792.html，最后访问时间：2022 年 8 月 31 日。另参见《爱情保证书》，《今日说法》2013 年 6 月 25 日。

③ [美] 伯尔曼：《法律与宗教》，梁治平译，中国政法大学出版社 2003 年版，第 77、79 页。

④ 参见杨大文、马忆南：《新中国婚姻家庭法学的发展及我们的思考》，载《中国法学》1998 年第 6 期。

⑤ 参见王雷：《民法规范的性质——游走在自治和管制之间》，载《法学杂志》2009 年第 12 期。

⑥ [古希腊] 柏拉图：《法篇》，王晓朝译，载《柏拉图全集》（第 3 卷），人民出版社 2003 年版，第 565 页。

⑦ 梁漱溟：《中国文化的命运》，中信出版社 2010 年版，第 134 页。

⑧ [日] 滋贺秀三：《中国家族法原理》，张建国、李力译，商务印书馆 2013 年版，第 20 页。

身份关系人之间。常见典型的身份情谊行为有恋爱合同、香火协议、青春损失费协议[①]、婚约、空床费、忠诚协议、爱情保证书等等，这些往往都反映了身份权人用财产法律行为特别是合同的思维来建立、维持或者增进配偶权、亲权等关系的努力。这恰恰也提示我们需要加强对婚姻家庭法学的相关研究，并在此基础上做好对大众的普法宣传。

"是否把家庭法特别是有关父母孩子关系的法律和有关交易的法律基于相同的原理，这是一个很大的问题。"[②] 婚姻家庭法学理论对身份情谊行为的惯性思维判断是认定相关身份协议违背善良风俗原则而无效。殊不知，无效可能导致财产返还等法律后果；而在情谊行为的定性下，排除不当得利返还请求权，也排除给付请求权，当事人之间的身份关系也就交由家庭自治和道德习俗来调整了。可见，无效说和情谊行为说是对身份协议定性问题上的价值判断争论，不同的定性会直接导致对当事人之间利益安排的差别，不可不察。

顾某与冒某恋爱五年，顾某先后53次给女友转账汇款累计达21万元；分手后，他以借款为由要求对方返还。法院经审理认为：顾某提交的证据，能证明他曾经转给冒某21万元。可冒某在短信中使用的都是"给我钱""需要钱"等语句，并没有与他约定借款金额、还款时间的意思，结合双方在此期间处于恋爱关系这一特定背景，且本案汇款笔数高达53次，多数汇款的金额在500元至5 000元之间，如此长期、连续、密集、琐碎的汇款行为与生活经验、交易习惯显然有违。在原告无法提供有效证据证明双方存在借贷合意的情况下，法院难以确认双方之间系民间借贷关系，遂判决驳回顾某的全部诉讼请求。本案承办法官介绍说：恋爱期间的大额赠与，尤其是短时间内赠与大量财物，不属于恋人之间日常消费的内容，是否能追要，要注意赠与的目的。如果两人明确约定赠与是以结婚为目的，或者尽管没有特殊情况和特别约定，但有证据表明一方大量给付另一方财物，是为了缔结婚姻，赠与会被视为附加了结婚这一条件。若是双方最终分手、未能结婚，赠与财产的目的也就随之落空，接受财物的一方应根据实际情况适当返还。这样做既符合日常生活经验和善良风俗，也遵循了民事活动自愿、公平、诚信原则。但需要注意的是，恋人之间的一方以增进私人情谊为目的，或者基于良好的道德风尚，无偿为另一方提供物质或服务，这种时候，人们无意设定法律上的权利义务关系，所以恋爱期间的好意施惠不在法律调整的范围内，分手时难以追讨。[③]

笔者认为：（1）顾某只有转账凭证和短信记录，没有借款合同成立对应的证据形式，顾某主张借款合同返还请求权是不能成立的。当然，恋爱中的财物给予并非均不能要求返还，顾某提供的是一种请求原因，还可能有另一种，即彩礼返还请求权，但本案中当事人没有作此主张，也不存在这种请求权发生的要件事实。（2）在顾某以借款合同

---

① 有法院在判决中将青春损失费协议认定为赠与合同，使得赠与人在赠与财产的权利转移之前可以撤销赠与。参见王开艳、董晶晶：《青春损失费协议的法律效力》，载北京法院网2013年6月26日，http：//bjgy. bjcourt. gov. cn/article/detail/2013/06/id/1018087. shtml，最后访问时间：2022年8月31日。有法院则直接认定青春损失费的约定无效。参见孙书灵、高魁、潘龙峰：《夫妻忠诚协议的效力》，载《人民司法·案例》2009年第22期。

② ［日］星野英一：《民法是什么？——研究的一二》，载［日］星野英一：《现代民法基本问题》，段匡、杨永庄译，上海三联书店2012年版，第50页。

③ 参见古林、芦霞：《恋人分手，为什么转给女友的钱难要回?》，载《人民法院报》2016年7月30日，第3版。

返还请求权作为请求原因时，冒某可以以该案件事实仅属于纯粹的情谊行为作为抗辩，这种抗辩也构成顾某权利妨碍的要件事实。当然，冒某也可以以本案属于赠与合同作为抗辩。这两种解释方法之别属于纯粹民法学问题中的解释选择问题。本案中，在财物给予不构成彩礼的情况下，纯粹的情谊行为是妥当的定性。即使认定构成合同法上的赠与合同，也属于法律约束力稀薄的情谊合同，没有赠与合同法定撤销权情形存在时，顾某不能要求返还。(3) 如果当事人之间只有银行转账凭证，没有借款合同，如何分配举证责任?《最高人民法院关于审理民间借贷案件适用法律若干问题的规定》第 16 条规定："原告仅依据金融机构的转账凭证提起民间借贷诉讼，被告抗辩转账系偿还双方之前借款或者其他债务的，被告应当对其主张提供证据证明。被告提供相应证据证明其主张后，原告仍应就借贷关系的成立承担举证责任。"该规定言犹未尽，并未回答原告仅依据金融机构的转账凭证提起民间借贷诉讼，被告抗辩转账系偿还双方之前借款或其他债务，但被告并未尽到对相应抗辩事实的举证责任时，相应案件的裁判方法。对此，杜万华法官在答记者问时指出："被告应当对其抗辩的主张提出相应的证据加以证明，而不能仅仅一辩了之。如果被告提不出相应的证据，或者提供的证据不足以证明其主张的，则一般要认定借贷关系已经发生。"可见，借款合同纠纷中，双方当事人在提供证据证明自己的事实主张，提出反证反驳对方的事实主张的过程中，主观证明责任会在双方当事人之间发生转移。(4) 在原告只有银行转账凭证，没有借款合同时，如果遇到自始至终"一言不发"的被告怎么办? 法官在审理案件中应当予以释明。当然，在本案报道中，我们看不出冒某是否作出以及如何作出抗辩，重要案情缺省，但即使根据现有的报道，根据顾某的转账凭证和短信记录，结合当事人之间的恋爱关系等事实，也可以认定当事人之间就财物给予构成情谊行为（合同），顾某不能要求返还财产。

第四节　婚姻家庭法的立法宗旨、调整对象与调整方法

一、婚姻家庭法的立法宗旨是促进家庭和谐

《民法典》第 1043 条规定："家庭应当树立优良家风，弘扬家庭美德，重视家庭文明建设。""夫妻应当互相忠实，互相尊重，互相关爱；家庭成员应当敬老爱幼，互相帮助，维护平等、和睦、文明的婚姻家庭关系。"据此，结合婚姻家庭的本质和特点，笔者认为，"家和万事兴"是家庭生活思维和家事法治思维，重视家庭文明建设有利于家庭稳定和谐。婚姻家庭法的主要立法宗旨是促进家庭和谐。具体包括：

第一，身份法律关系的安定性（稳定性）。任何文明社会都会认为家庭具有独立于且高于爱情的价值，家庭稳定就成为立法者的首要任务。婚姻立法既要保证婚姻自由，但又要保证家庭稳定。[①]"在现代社会中，尽管婚姻的观念和家庭的形式发生了巨大的变

---

① 参见强世功：《司法能动下的中国家庭——从最高法院关于〈婚姻法〉的司法解释谈起》，载《文化纵横》2011 年 2 月。

化，但婚姻家庭仍然是社会的基础，婚姻家庭关系的稳定不仅涉及婚姻当事人和子女的利益，而且涉及社会的稳定和发展。因而，亲属法的规定大多关系公共秩序及善良风俗之公益性质，权利义务的内容大部分为强行法性质，不能任由当事人自由决定，意思自治的原则不能适用。”① 家庭稳定也是社会稳定的重要基础，家庭制度属于重要的社会制度内容。习近平强调：“要聚焦民法典总则编和各分编需要把握好的核心要义和重点问题，阐释好民法典关于民事活动平等、自愿、公平、诚信等基本原则，阐释好民法典关于坚持主体平等、保护财产权利、便利交易流转、维护人格尊严、促进家庭和谐、追究侵权责任等基本要求，阐释好民法典一系列新规定新概念新精神。”② 促进家庭和谐是民法典婚姻家庭编的基本要求和立法宗旨。“妥善审理婚姻家庭案件，依法保护婚姻当事人的合法权益，维护家庭关系的和睦与稳定。要充分认识到审理好婚姻家庭案件对于维护社会稳定的重要意义，切实执行好婚姻法及其相关司法解释。”③ 罗素就曾指出：“任何社会，无论是古代的或现代的，都有两种密切相联的主要成分：一种是经济制度，另一种是家庭制度。目前，存在着两种有影响的思想学派，一种认为任何事物都是源于经济的，另一种则认为任何事物都是源于性或家庭的。前者是马克思的学派，后者是弗洛伊德的学派。”④

第二，身份关系的接续性或反馈性（反哺性）。费孝通先生指出：中西家庭模式可以分别概括为“反馈模式”与“接力模式”。如果把西方人的一生划分为三个时期，第一期是被抚育期，和父母构成一个生活单位；第二期是抚育期，和未成年子女构成一个生活单位；子女成年之后，进入抚育空白期，老夫妇构成一个生活单位，也就是所谓“空巢期”。而如果把中国人的一生也划分为三个时期，则第一期是被抚育期，第二期是抚育子女期，第三期是赡养父母期。其中第二期和第三期可能有相当大的重合，也就是人到中年都要经历的既要抚育子女，又要赡养老人的“上有老、下有小”的吃重期，从自己养育儿女的无微不至中体会父母养育自己又何尝不是无微不至，从而把生物性的抚育和文化性的赡养在伦理层面上统一起来，所谓“养儿方知父母恩”。⑤ 无人抚养的留守儿童、无人赡养的空巢老人，都是家庭功能不彰的表现。

就我国家庭身份关系的反馈性（反哺性）立法宗旨，具体展开如下：

一方面，从以人身权益为主的身份关系角度看，身份关系法须一定程度上顺应中国人传统观念中的身份关系接续性要求。人的出生并不当然意味着其会健康顺利地生存，新个体的产生也不能当然意味着种族就得到了绵续或者社会就得到了延展。人要获得健康顺利地生存，在其出生之后还需要较长的哺乳期，以获取营养，即使是在断乳之后，其仍然需要一个很长的时期来学习社会生活中所需要的生活经验和行为方式。可见，生殖会带来新生命的出生，生理性的抚养会使新生命获得营养上的供给，社会性的教育则

---

① 马俊驹、余延满：《民法原论》（第4版），法律出版社2010年版，第778页。

② 习近平：《充分认识颁布实施民法典重要意义 依法更好保障人民合法权益》，载《求是》2020年第12期。这是习近平2020年5月29日在十九届中央政治局第二十次集体学习时的讲话。

③ 《最高人民法院关于当前形势下加强民事审判切实保障民生若干问题的通知》（法〔2012〕40号）第7条。

④ ［英］罗素：《婚姻革命》，靳建国译，东方出版社1988年版，第1页。

⑤ 参见费孝通：《家庭结构变动中的老年赡养问题：再论中国家庭结构的变动》，载《北京大学学报》1983年第3期。

会使其获得社会生活知识的传递，如此人才能获得健全的生活，才能实现种族的绵续乃至社会的延展。① 有学者甚至指出："婚姻是社会为孩子们确定父母的手段。"② "婚姻的目的是在确定社会性的父亲，对于生物性的父亲的确定，倒还属于次要。……自己妻子和外遇所生的子女和自己虽没有生物关系，亦须经过法律手续才能否认父子关系。"③ 较长的抚养和教育期是人类特有的需要，父母对未成年子女的监护制度将抚养、教育等活动法律化，以保障人类种族的绵续。《民法典》第26条第1款规定："父母对未成年子女负有抚养、教育和保护的义务。"

另一方面，从以财产权益为主的身份关系角度看，按照费孝通先生的说法，中西家庭模式可以分别概括为"反馈模式"与"接力模式"。用法律术语说，前者的抚养与赡养是双向的，父母子女之间的财产相互传递；后者只有父母对子女的抚养义务，而子女对父母无赡养义务。《民法典》第26条第2款规定："成年子女对父母负有赡养、扶助和保护的义务。"

二、婚姻家庭法的调整对象与调整方法

"婚姻家庭制度是规范夫妻关系和家庭关系的基本准则。"④ 就婚姻法的调整对象，《民法典》第1040条规定："本编调整因婚姻家庭产生的民事关系。"婚姻家庭法调整因婚姻家庭产生的民事关系。我们可以对《民法典》第1040条进行解释论展开。何谓"因婚姻家庭产生的民事关系"?《民法典》对"因婚姻家庭产生的民事关系"采取何种调整方法?

（一）因婚姻家庭产生的民事关系

"因婚姻家庭产生的民事关系"也可被称为婚姻家庭民事关系，婚姻家庭法所调整的婚姻家庭民事关系具有类型法定和内容法定的特点，对婚姻家庭民事关系可以再作类型细化：

第一，"因婚姻家庭产生的民事关系"包括婚姻关系和家庭关系，婚姻关系包括结婚关系和离婚关系，家庭关系包括夫妻关系、父母子女关系、其他近亲属关系、收养关系。婚姻关系与家庭关系密切关联，"婚姻关系是家庭关系的前提，家庭关系是婚姻关系的结果"⑤。

婚姻家庭关系具有普遍性，林语堂曾指出："人类之中，百分之九十有夫妻关系，百分之百是人子，而婚姻和家庭确是人类生活中最亲密的部分，所以能产生优良夫妻父母的文明，实造成一种较快乐的人类生活，因此也就是一种较高级的文明。……我们既

① 参见费孝通：《乡土中国 生育制度》，北京大学出版社1998年版，第105-107页。

② 费孝通：《乡土中国 生育制度》，北京大学出版社1998年版，第125页。

③ 费孝通：《乡土中国 生育制度》，北京大学出版社1998年版，第127页。

④ 王晨：《关于〈中华人民共和国民法典（草案）〉的说明——2020年5月22日在第十三届全国人民代表大会第三次会议上》，http://www.npc.gov.cn/npc/c30834/202005/50c0b507ad32464aba87c2ea65bea00d.shtml。

⑤ 夏吟兰主编：《婚姻家庭继承法》，中国政法大学出版社2012年版，第19页。

是生物，自不能逃避出生、吃母奶、婚嫁和生育等事。”[①] 婚姻家庭法调整的不是夫妻感情或亲属感情本身，而是婚姻家庭关系。

第二，婚姻家庭法调整的“因婚姻家庭产生的民事关系”既有人身关系的内容，又有财产关系的内容。婚姻家庭法调整的人身关系因结婚、血缘、收养等法律事实而发生，因离婚、死亡、解除收养等法律事实而消灭。婚姻家庭法调整的财产关系以特定人身关系的存在为前提。“其中人身关系占据主导地位，财产关系以人身关系为先决条件，居于从属依附地位。所以婚姻家庭法在性质上应认定为身份法而非财产法；它所调整的对象是基于婚姻家庭而产生的人身关系以及与此相联系的财产关系。”[②] “传统理论的观点将婚姻家庭继承法称为‘身份法’，是因其主要调整的是亲属间的身份关系，具有明显的身份法性质，虽然也具有相应的财产内容，但其财产关系只是人身关系所引起的相应的法律后果，不具有独立存在的属性，而带有明显的依附性，即财产关系依附于人身关系。”[③] 在婚姻家庭领域，要避免财产关系反客为主。[④]

第三，从《民法典》婚姻家庭编章节安排看，“因婚姻家庭产生的民事关系”包括婚姻家庭编第二章结婚关系、第三章家庭关系、第四章离婚关系、第五章收养关系，第三章“家庭关系”又具体包括第一节“夫妻关系”、第二节“父母子女关系和其他近亲属关系”。收养是形成父母子女家庭关系的特殊方式。

（二）《民法典》对婚姻家庭民事关系的调整方法

道德和法律共同调整着婚姻家庭关系，孟德斯鸠曾经说过：“婚姻是人类一切行动中最使社会感兴趣的，所以又很有必要由民法加以规定。”[⑤]《民法典》对婚姻家庭民事关系的调整方法主要包括：

第一，家事自治原则（方法）。“法律也没有被排斥在亲密的个人关系之外。甚至在家庭中，以爱的方式去处理许多问题都要依靠法律……爱需要法律。”[⑥] 马克思也曾经说：“谁也不是被迫结婚的，但是任何人只要结了婚，那他就得服从婚姻法。”[⑦] 但婚姻家庭法较其他民法规范更具有身份法属性的固有特点[⑧]，基于浓厚的伦理感情底色，婚姻家庭领域的很多身份行为都处于事实与规范之间、处于规范的自治与管制之间。[⑨] 在没有足够充分且正当理由的情况下，应该将婚姻家庭领域的身份行为特别是身份协议推定为情谊行为，从而否定民事法律行为规则适用的可能。正如柏拉图所指出的那样：“如果立法者屈尊去对家务管理发布大量琐碎的指令，……那么立法者会显得缺乏尊严。”[⑩] 家

---

① 林语堂：《家庭之乐》，载林语堂：《生活的艺术》，群言出版社 2009 年版，第 115 页。
② 孟令志、曹诗权、麻昌华：《婚姻家庭与继承法》，北京大学出版社 2012 年版，第 30 页。
③ 张伟主编：《婚姻家庭继承法学》，法律出版社 2021 年版，第 23 页（张伟教授执笔）。
④ 参见李明舜：《新时代家庭观与儿童家庭保护》，载《中华女子学院学报》2021 年第 1 期。
⑤ ［法］孟德斯鸠：《论法的精神》，张雁深译，商务印书馆 1976 年版，第 326 页。
⑥ ［美］伯尔曼：《法律与宗教》，梁治平译，中国政法大学出版社 2003 年版，第 77、79 页。
⑦ ［德］马克思：《论离婚法草案》，载《马克思恩格斯全集》（第 2 版第 1 卷），人民出版社 1995 年版，第 347 页。
⑧ 参见杨大文、马忆南：《新中国婚姻家庭法学的发展及我们的思考》，载《中国法学》1998 年第 6 期。
⑨ 参见王雷：《民法规范的性质——游走在自治和管制之间》，载《法学杂志》2009 年第 12 期。
⑩ ［古希腊］柏拉图：《法篇》，王晓朝译，载《柏拉图全集》（第 3 卷），人民出版社 2003 年版，第 565 页。

事自治原则既是婚姻家庭法调整对象身份平等性的要求，也是调整内容伦理性的要求。

第二，对妇女、未成年人、老年人和残疾人合法权益倾斜保护的原则（方法）。法律对身份法律关系调整过程中既要避免不平等的特权等级对身份的侵蚀，又要顾及婚姻家庭领域相对弱势群体的存在现实；既做到《民法典》第1041条第2款所规定的男女平等，又要注意根据《民法典》第1041条第3款的规定，“保护妇女、未成年人、老年人、残疾人的合法权益”。有学者还指出：“为了有效地保护公民在婚姻家庭方面的合法权益和维护社会利益，婚姻家庭法中的规定大多是强制性规范。当一定的法律事实如结婚、离婚、出生、死亡、收养等发生之后，主体之间就产生了一定的权利义务。这种法律后果是由法律预先指明、严格规定的，当事人不得自行改变或通过约定加以改变。”① 这在形成身份关系和保护弱者权益问题上表现明显。

此外，还要正视婚姻家庭民事关系的特殊性，避免简单运用财产法的思维和方法来解决婚姻家庭纠纷，“把市场逻辑引入婚姻家庭法中，最终摧毁的无疑是家庭本身”②。马克思和恩格斯在《共产党宣言》中就曾批评资产阶级的金钱婚姻观：“资产阶级撕下了罩在家庭关系上的温情脉脉的面纱，把这种关系变成了纯粹的金钱关系。”“现代的、资产阶级的家庭是建立在什么基础上的呢？是建立在资本上面，建立在私人发财上面的。”③ 中国人自古至今一直实行的是“同居共财”的家庭财产制，这一点，1950年《婚姻法》的表述是正确的。1980年《婚姻法》采用“夫妻共同财产”的法律表述，并不能涵盖家庭财产制的全部内容。④ 在我国婚姻家庭生活领域，当事人法律意识逐渐提高，已经习惯以签订“忠诚协议”等“合同”的方式来约定双方的感情，这就是力图给双方婚姻和情感多一层保护的手段。夫妻“忠诚协议”是市场经济交易思维在婚姻情感生活中的反映。⑤

（三）婚姻家庭法的名称选择

民事单行法时代，婚姻家庭法被称为“婚姻法”，立法对应的也是《婚姻法》。《民法典》时代，立法对应的是婚姻家庭编。婚姻家庭法的名称之争，总体上属于纯粹民法学问题中的解释选择问题。

划分部门法的首要标准是调整对象，辅助标准是调整方法。《民法典》第1040条规定：“本编调整因婚姻家庭产生的民事关系。”调整因婚姻家庭产生的民事关系的法律规范的总和，可以被称为“婚姻家庭法”。学理上也有人将婚姻家庭法和继承法合称为

---

① 孟令志、曹诗权、麻昌华：《婚姻家庭与继承法》，北京大学出版社2012年版，第32页。另参见夏吟兰主编：《婚姻家庭继承法》，中国政法大学出版社2012年版，第20页；[日] 我妻荣、有泉亨著、远藤浩补订：《日本民法·亲属法》，夏玉芝译，工商出版社1996年版，第5页。

② 强世功：《司法能动下的中国家庭——从最高法院关于〈婚姻法〉的司法解释谈起》，载《文化纵横》2011年2月刊。

③ [德] 马克思、恩格斯：《共产党宣言》，载《马克思恩格斯选集》（第2版第1卷），人民出版社1995年版，第275、289页。

④ 参见赵晓力：《中国家庭资本主义化的号角》，载《文化纵横》2011年第1期。

⑤ 参见辛戈等：《山西沁源县法院：丈夫出轨妻子凭“忠诚协议”成功索赔10万》，载《山西晚报》2013年5月10日。

"家事法"。

较之婚姻法，婚姻家庭法的称谓更契合《民法典》第 1040 条对调整对象的完整表达。婚姻关系不代表婚姻家庭法调整对象的全部，父母子女关系和其他近亲属关系也属于婚姻家庭法的调整范围。针对《婚姻法》，有学者指出："我国婚姻法中既有调整婚姻关系的规范，又有调整家庭关系的规范，以婚姻法命名是不足以概括其全部内容的。"① "婚姻法虽为形式意义的婚姻法，但却是实质意义的婚姻家庭法，其既调整婚姻关系，也调整家庭关系。"②

较之亲属法，婚姻家庭法的称谓更契合新中国成立以来我国《婚姻法》的立法传统，结合《民法典》第 1045 条对亲属、近亲属和家庭成员的界定，婚姻家庭法的调整对象聚焦于近亲属关系，而非全部亲属关系。

较之身份法，婚姻家庭法的称谓更能凸显"身份"所处的具体语境——婚姻家庭之中，婚姻家庭法的称谓更加形象具体。

第五节　婚姻家庭法与民商法其他部门法之间的关系

德国学者施塔姆勒指出："一旦有人适用一部法典的一个条文，他就是在适用整个法典。"③ 卡尔·拉伦茨也认为："法律中的诸多法条，其彼此并不只是单纯并列，而是以多种方式相互指涉，只有透过它们的彼此交织及相互合作才能产生一个规整（Regelung）。"④ "适用某一法律规范，实际上就是适用整个法秩序。"⑤ 婚姻家庭法与民商法其他部门法之间的关系既包括婚姻家庭编与《民法典》内部其他各编的关系，也包括婚姻家庭编与《民法典》外部其他民商事单行法的关系。以身份法律行为和身份权利为切口研究婚姻家庭编的适用衔接，推动婚姻家庭法向民法的实质回归，实现婚姻家庭法在民法典内部和外部的双重体系化。"婚姻家庭法是民法的重要组成部分之一，与其他民事法律的关系则属于同一法律部门中的内部关系。"⑥ "婚姻家庭法以其所调整的亲属之间的法律关系为特点，并以此区别于人格权法、物权法和合同法等民法部门法。"⑦ "虽然家庭法在形式上回归了民法，但相对于民法典其他各编，其地位究竟如何，不无疑问。"⑧

婚姻家庭编成为民法典的一编，婚姻家庭法形式上回归了民法。婚姻家庭编与民法典其他各编的适用衔接，愈发重要。学界尚缺乏对婚姻家庭编与民法典其他各编乃至相关单行法律法规适用衔接问题的系统全面研究。法典化就是体系化，"民法法源论不限

---

① 夏吟兰、龙翼飞、曹思捷、姚邢、赫欣：《中国民法典释评·婚姻家庭编》，中国人民大学出版社 2020 年版，第 4 页。

② 王歌雅：《民法典婚姻家庭编的价值阐释与制度修为》，载《东方法学》2020 年第 4 期，第 171 页。

③ 转引自［德］卡尔·恩吉施：《法律思维导论》，郑永流译，法律出版社 2004 年版，第 73 页。

④ ［德］卡尔·拉伦茨：《法学方法论》，陈爱娥译，商务印书馆 2003 年版，第 144 页。

⑤ ［德］罗尔夫·旺克：《法律解释》，蒋毅、季红明译，北京大学出版社 2020 年版，第 110 页。

⑥ 《民法典》编写组编：《民法学》，高等教育出版社 2019 年版，第 341 页（王卫国教授执笔）。

⑦ 杨立新：《婚姻家庭与继承法》，法律出版社 2021 年版，第 9 页。

⑧ 刘征峰：《民法典中身份关系法律适用的原则与例外》，载《中国法律评论》2022 年第 4 期，第 75 页。

于考察静态的法源表现形式，还要及于动态的法源冲突协调，形成动态法源观”[①]。婚姻家庭编提升了婚姻家庭法的体系化，也带来了婚姻家庭法的开放法源。婚姻家庭法的法律渊源并不局限于《民法典》婚姻家庭编，《民法典》其他各编以及相关单行法律法规中也存在婚姻家庭法律规范。法典化给婚姻家庭法带来开放法源，法典化也带来婚姻家庭编适用衔接的动态法源。开放法源是动态法源的前提，开放多样法源的适用衔接以发挥体系效益、避免体系违反就成为动态法源的任务。婚姻家庭编不可避免地存在与《民法典》其他各编的关联交叉、融合衔接，婚姻家庭编适用过程中的最大难题是妥当协调与其他各编的关系。辩证看待其他各编的体系溢出效益和婚姻家庭编调整对象和调整方法的特殊性，有助于实现婚姻家庭编向民法典实质意义上的回归。“婚姻家庭法入典后，已经与民法典其他编构成一个完整的逻辑体系，这在客观上也需要实现法律思维的转变，即从单行法思维转变为法典化思维。必须以体系化视野，准确适用《民法典》婚姻家庭编。”[②]“一方面，在法典效应下，婚姻家庭编规范应当兼顾规范的一体化，减少与其他《民法典》规范间的解释矛盾；另一方面，婚姻家庭法特殊的伦理性、身份性等特征，使其确有保持一定的解释独立性的必要。”[③]

《民法典》总则编与婚姻家庭编不是抽象与具体、总则与分则、一般与特别关系可以简单概括的。

《民法典》物权编、合同编，公司法与婚姻家庭编不是财产法的一般法与特别法可以简单概括的。“婚姻法回归民法的过程，很大程度上是婚姻法与物权法、合同法、侵权法等财产法相互协调的过程。”[④]

《民法典》人格权编与婚姻家庭编、侵权责任编与婚姻家庭编不是人身权利保护的一般法与特别法可以简单概括的。

家事审判过程中，人民法院也关注《民法典》与单行立法的融贯：“在审判实践中加强对《民法典》与社会法的衔接适用，如抚养子女一方教育方式不当，另一方同时能否依据《中华人民共和国家庭教育促进法》的规定请求变更抚养关系？《中华人民共和国反家庭暴力法》中家庭成员的范围是否与《民法典》第一千零四十五条第三款一致？以及《中华人民共和国妇女权益保障法》第四十八条关于离婚时夫妻共有房屋分割的原则性规定如何在离婚案件中落实等。”[⑤] 有学者也认为：“对民事主体婚姻家庭权益的保护，除适用民法典婚姻家庭编的基本规范外，根据主体及其权益保护的路径、程序、方法和措施等不同，尚需适用相关社会法规范，以维护特定群体的婚姻家庭权益，保障其基本社会权利。”[⑥]

---

① 王雷：《民法典适用衔接问题研究：动态法源观的提出》，载《中外法学》2021年第1期，第101页。

② 王利明：《体系化视野下〈民法典〉婚姻家庭编的适用——兼论婚姻家庭编与其他各编的适用关系》，载《当代法学》2023年第1期，第3页。

③ 申晨：《〈民法典〉婚姻家庭编与各分编衔接解释论》，载《荆楚法学》2022年第4期，第36页。

④ 贺剑：《论婚姻法回归民法的基本思路：以法定夫妻财产制为重点》，载《中外法学》2014年第6期，第1521页。

⑤ 北京市第一中级人民法院：“家事审判贯彻实施民法典”线上新闻发布会，2022年6月28日，https://mp.weixin.qq.com/s/hypkRmoMeZNNYV7j9xye5w。

⑥ 王歌雅：《民法典婚姻家庭编的价值阐释与制度修为》，载《东方法学》2020年第4期，第179页。

《民法典》颁布后，民法典适用衔接问题引起理论和实务界的热烈关注，民法典适用衔接一度成为学界研究热点。随着《最高人民法院关于适用〈中华人民共和国民法典〉时间效力的若干规定》于2021年1月1日起施行，民法典适用衔接问题的研究热度在降低。《最高人民法院关于适用〈中华人民共和国民法典〉时间效力的若干规定》主要解决民法典溯及适用问题，该规定仅第22条和第26条直接涉及《民法典》第1079条第5款和第1052条第2款的溯及力问题。编纂式立法背景下，对《民法典》婚姻家庭编适用衔接，时间效力规则过于简单，要拓宽《民法典》婚姻家庭编适用衔接问题的实践和理论视野，将之不局限于该编相关规定的溯及力。[①]

优先适用婚姻家庭编、补充适用总则编的传统观点存在解释力、涵括力的不周，身份法律事实和身份法律关系具有特殊性。在婚姻家庭编适用衔接问题上，要在动态法源观的指导下区分优先适用、补充适用、参照适用、类推适用的顺序。婚姻家庭编的实施不局限于协调与总则编的关系，还涉及与其他各编的关系，形成开放法源、动态法源。要重新定位婚姻家庭编与总则编的关系、身份财产法与一般财产法的关系、身份权利保护特别法与一般法的关系。

一、婚姻家庭编与总则编的关系

“家事法没有特别规定的事项，是否可以和应否适用民法总则的规定呢?”[②]

《民法典》总则编与婚姻家庭编存在抽象与具体关系，如第1043条规定：“家庭应当树立优良家风，弘扬家庭美德，重视家庭文明建设。”“夫妻应当互相忠实，互相尊重，互相关爱；家庭成员应当敬老爱幼，互相帮助，维护平等、和睦、文明的婚姻家庭关系。”第1043条对婚姻家庭编基本原则的规定，实际上是总则编（第4条至第8条）民法基本原则的具体化。

《民法典》总则编与婚姻家庭编存在总则与分则关系，对婚姻家庭法律关系，总则编有可能居于补充适用地位。例如，第1065条夫妻财产制约定可以和第158条组成完全法条，形成附条件的夫妻财产制协议——夫妻对婚姻关系存续期间所得的财产以及婚前财产的约定，可以附条件，附生效条件的财产协议在所附条件成就时生效。又如，第1113条使得民事法律行为无效规定可以统领收养行为无效，第1113条规定：“有本法第一编关于民事法律行为无效规定情形或者违反本编规定的收养行为无效。”“无效的收养行为自始没有法律约束力。”不过，应该斟酌违反婚姻家庭编规定的收养行为是否一概无效，应该妥当区分收养行为的不成立和无效。

《民法典》总则编与婚姻家庭编存在一般与特别、原则与例外关系，对婚姻家庭法律关系，总则编有可能被排除适用。如第1054条规定：“无效的或者被撤销的婚姻自始没有法律约束力，当事人不具有夫妻的权利和义务。同居期间所得的财产，由当事人协议处理；协议不成的，由人民法院根据照顾无过错方的原则判决。对重婚导致的无效婚

① 参见王雷：《民法典适用衔接问题研究：动态法源观的提出》，载《中外法学》2021年第1期，第89页。
② 郭明瑞：《家事法通义》，商务印书馆2022年版，第10页。

姻的财产处理，不得侵害合法婚姻当事人的财产权益。当事人所生的子女，适用本法关于父母子女的规定。”“婚姻无效或者被撤销的，无过错方有权请求损害赔偿。”该条对婚姻无效或者被撤销后果的规定不同于《民法典》第 157 条。类似地，根据《民法典婚姻家庭编司法解释一》第 19 条第 2 款，受胁迫或者被非法限制人身自由的当事人请求撤销婚姻的，不适用《民法典》第 152 条第 2 款的规定。但不能用原则和例外关系来概括《民法典》总则编与婚姻家庭编关系的全部，否则就会放大例外、忽略原则，陷入“白马非马”之弊。

《民法典》总则编与婚姻家庭编还存在参照适用关系。《最高人民法院关于适用〈中华人民共和国民法典〉总则编若干问题的解释》（法释〔2022〕6 号，以下简称《民法典总则编司法解释》）第 1 条第 1 款规定：“民法典第二编至第七编对民事关系有规定的，人民法院直接适用该规定；民法典第二编至第七编没有规定的，适用民法典第一编的规定，但是根据其性质不能适用的除外。”该款后一分句采取与《民法典》第 468 条后一分句相同的立法技术，都属于实质意义上的参照适用条款。

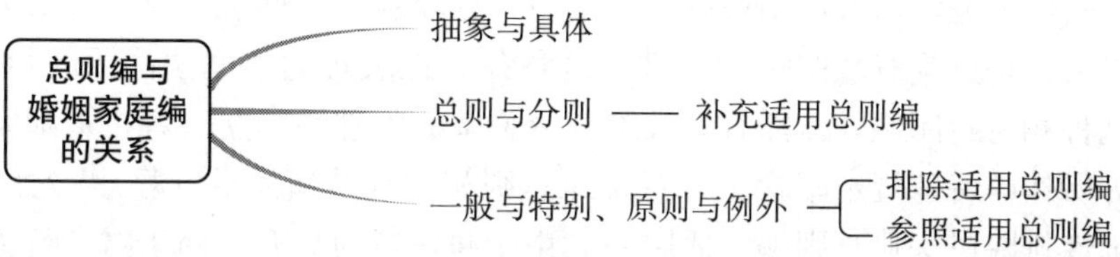

男女之间通过合意（契约说称此种“合意”为“合同”或者“契约”）形成婚姻这一具有社会伦理色彩的“本质的社会结合关系”[①]。婚姻家庭领域浓厚的伦理感情底色和家庭共同体特点使其区别于财产法律行为，而身份行为的法律行为属性使得我们不得不思考民事法律行为规则在身份法律行为中的适用空间，这很大程度上涉及《民法典》婚姻家庭编和总则编的关系问题。我国学者对此观点如下：

第一，婚姻家庭法回归民法说。家庭的经济职能日益增强，与家庭生活和经济生活无关的旧理论最终被抛弃，亲属法应属于民法的组成部分。[②]

第二，身份法律行为回归民事法律行为说。在总则编中作为公因式被提取出的民事法律行为是以财产行为为典型，其多大程度上能适用于身份行为，尚需检讨，然而身份行为仍可统辖于民事法律行为之下。[③] 有学者认为，当《民法典》其他分编规则需要适用于婚姻家庭领域时，要着重去考察其立法目的，即其是否和调整婚姻家庭关系的法律需求相一致。例如，有一定认知能力和自理能力的智力障碍者或者精神障碍者等限制民事行为能力人具有结婚能力，不能适用《民法典》第 22 条，需要重点考虑《民法典》

---

① 陈棋炎、黄宗乐、郭振恭：《民法亲属新论》（修订十四版），三民书局股份有限公司 2018 年版，第 3 页。这是一种与“目的的社会结合关系”相对的自然的、必然的、本质的、全面的结合。

② 参见梁慧星主编：《中国民法典草案建议稿附理由·亲属编》，法律出版社 2006 年版，第 1 页。另参见杨宗仁：《婚姻家庭法应纳入民法体系》，载《学术交流》1992 年第 5 期；曹诗权：《中国婚姻法的基础性重构》，载《法学研究》1996 年第 3 期；薛宁兰：《中国婚姻法的走向——立法模式与结构》，载夏吟兰、蒋月、薛宁兰：《21 世纪婚姻家庭关系新规制：新婚姻法解说与研究》，中国检察出版社 2001 年版。

③ 参见朱庆育：《法典理性与民法总则——以中国大陆民法典编纂为思考对象》，载《中外法学》2010 年第 4 期。

第 22 条限制民事行为能力人制度的立法目的——保护限制行为能力人因心智障碍而遭受不利，在此种目的下，让其有能力缔结婚姻有利于其利益保护。在规范解释的基础上，还要有一些配套的制度构造，如对于限制民事行为能力人适用特殊的结婚登记程序，在登记程序中对其内心意思进行审查、对法定代理人意思进行严格审查。婚后需要公权力部门对限制民事行为能力人的这种特殊婚姻进行备案和事后监督。①

第三，亲属财产关系回归《民法典》总则编说。《民法典》总则编实际上是一个财产法总则，基本不能适用于亲属身份法；亲属财产关系虽常以亲属身份关系为媒介，但其本身仍然主要受财产法规范，《民法典》总则编对亲属财产关系自然能够适用。②

第四，婚姻家庭法作为独立法律部门说。婚姻家庭是人与人全面合作的伦理实体，婚姻家庭关系具有强烈的伦理性，其调整方法也与一般民事关系迥异，并不随着市场经济的建立而发生本质改变。婚姻家庭法独立于民法是法学史的进步。突出婚姻家庭法的伦理性，维护婚姻家庭的稳定，保持并发展婚姻家庭法独立部门法传统，符合婚姻家庭关系调整的内在需要。③

第五，婚姻家庭法形式回归民法，实质仍具有较强独立性说。有学者认为家庭法回归民法典之后，仍然具有较强的独立性。这种独立性表现为家庭法法源的相对封闭性。只有维持这种相对封闭性，才能有效维护身份关系的伦理性。立法者在婚姻家庭编就身份法律行为所作的特殊规定暗含了有意排斥总则相应规范适用的立场。④ 对纯粹的身份关系，原则性排除民法典总则编的适用。⑤ "由于身份行为具有不同于财产行为的诸多特征，故法律行为的规则，主要适用于物权行为与债权行为。"⑥ "总则规范之形式统摄力原则上仅针对身份财产关系。……家庭法内在体系的相对独立性使得家庭法内部续造原则上优先于外部准用和续造。……家庭法的价值体系或者意义脉络有其相对独立性，家庭法在一定程度上突破了民法体系的融贯。"⑦

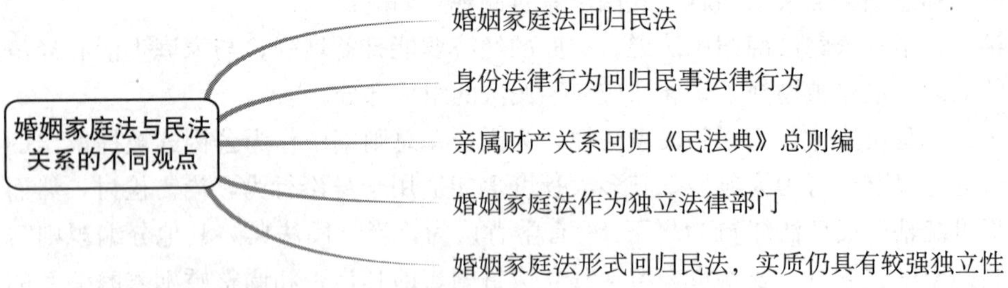

① 参见申晨：《民法典婚姻家庭编与其他分编的衔接解释》，载微信公众号"与民法典同行"2022 年 6 月 17 日。

② 参见余延满：《亲属法原论》，法律出版社 2007 年版，第 45－48 页。另参见冉克平：《民法典总则的存废论——以民法典总则与亲属法的关系为视野》，载《私法》第 8 辑第 1 卷。

③ 参见巫若枝：《三十年来中国婚姻法"回归民法"的反思——兼论保持与发展婚姻法独立部门法传统》，载《法制与社会发展》2009 年第 4 期。

④ 参见刘征峰：《民法典中身份关系法律适用的原则与例外》，载《中国法律评论》2022 年第 4 期，第 74 页。

⑤ 参见刘征峰：《民法典中身份关系法律适用的原则与例外》，载《中国法律评论》2022 年第 4 期，第 78－80 页。

⑥ 尹田：《民法典总则与民法典立法体系模式》，载《法学研究》2006 年第 6 期。

⑦ 刘征峰：《家庭关系民法适用和续造的顺序》，载《法学研究》2024 年第 1 期，第 72 页、第 91 页。

大陆法系其他国家或地区学者对婚姻家庭编和总则编关系问题的看法与我国学者的相关争论大致相同。[①] 笔者认为，身份法律行为与财产法律行为、婚姻家庭法与民法（特别是《民法典》总则编）既紧密关联又相对独立。身份法律行为属于民事法律行为的重要组成部分，存在适用《民法典》总则编民事法律行为制度的可能。然而基于身份法律行为在“事物本质”方面的特殊性，其又具有相对独立的要求，应具有众多的例外特殊规则。身份法律行为在“事物本质”方面的特殊性包括但不限于要式性、伦理性、安定性、继续性等等。因此，婚姻家庭法回归民法，《民法典》婚姻家庭编要受总则编的统领，但总则编也要尊重婚姻家庭关系的特殊性，避免不合宜的等量齐观。“对婚姻家庭继承法中未作特别规定的事项是否可以适用总则的规定？……应当分别情况、区别对待。总则中有悖于身份行为、身份关系性质的规定，是不应当适用的，可类推适用亲属法中的有关规定。如无上述情形即可适用或者变通适用。”[②] 总则编不是一概处于补充适用地位，婚姻家庭关系优先适用婚姻家庭编的特殊规定，当婚姻家庭编没有规定时，身份关系协议可以根据其性质参照适用合同编规定，因婚姻家庭关系等产生的身份权利的保护可以根据其性质参照适用人格权编人格权保护的有关规定，其他婚姻家庭关系参照适用总则编的规定，但是根据其性质不能适用的除外。

笔者的此观点具有实定法基础，《民法通则》第 2 条在民法的调整对象上接纳了人身关系，我国《合同法》第 2 条第 2 款将身份关系的协议排除在其调整范围之外，我国《民法典》并未规定身份财产行为可以直接补充适用总则编有关规定，也未简单规定将身份关系协议排除适用合同编。《民法典》第 464 条第 2 款规定：“婚姻、收养、监护等有关身份关系的协议，适用有关该身份关系的法律规定；没有规定的，可以根据其性质参照适用本编规定。”《民法典》第 1001 条规定：“对自然人因婚姻家庭关系等产生的身份权利的保护，适用本法第一编、第五编和其他法律的相关规定；没有规定的，可以根据其性质参照适用本编人格权保护的有关规定。”《民法典总则编司法解释》第 1 条第 1 款规定：“民法典第二编至第七编对民事关系有规定的，人民法院直接适用该规定；民法典第二编至第七编没有规定的，适用民法典第一编的规定，但是根据其性质不能适用的除外。”

二、婚姻家庭编与物权编的关系

《民法典》第 464 条第 2 款明确处理了婚姻家庭编和合同编的适用衔接关系，《民法典总则编司法解释》第 1 条第 1 款明确处理了婚姻家庭编和总则编的适用衔接关系。如何协调婚姻家庭编和物权编的适用衔接关系？立法和司法解释未予明示。

“《解释三》（《婚姻法司法解释三》——引者注）出台后，婚姻法与物权法的衔接成为众矢之的。”[③] 有学者认为物权法个人财产制入侵婚姻法，这是一种以市场化手段解决

---

① 参见史尚宽：《亲属法论》，中国政法大学出版社 2000 年版，第 11－12 页。

② 张伟主编：《婚姻家庭继承法学》，法律出版社 2021 年版，第 20 页（张伟教授执笔）。

③ 孙若军：《论夫妻财产制的定位及存在的误区——以〈婚姻法〉司法解释（三）第 7 条为视角》，载《法律适用》2013 年第 4 期。

家庭问题的思维定式，“婚姻家庭财产关系是不能根据一般财产法规则处理的。……《婚姻法解释三》是用一般社会关系的原理去解释家庭内部关系，用调整市场关系的规则去调整家庭关系，当然是不妥的，必然引起民众的争议”①。

对于《婚姻法》和《物权法》及其他民事财产法的关系，有学者概括指出：“婚姻法对于夫妻财产的规定属财产法的特别法，其适用可凌驾于一般财产法之上，但夫妻财产法并不是与一般财产法平行的法律规范，而是与一般财产法配套适用的特别法，当婚姻法有特别规定时，适用婚姻法，当婚姻法没有特别规定时，适用一般财产法。”② “物权法是调整家庭财产关系的基础性法律。”③ “在婚姻法司法解释三中有关夫妻共同财产的规则上，体现的是《物权法》规定的调整物权法律关系的规则与《婚姻法》规定的夫妻共同财产规则的一致性、统一性。夫妻共同财产是共有财产，……必须贯彻《物权法》规定的共有规则，不符合共有规则的做法都应当统一到《物权法》确定的共有规则上。”④

《婚姻法司法解释三》主要解决 2007 年 9 月《物权法》实施后，有关法条与《婚姻法》未能衔接的问题。⑤ 如《婚姻法司法解释三》第 7、10 条确认了物权法上的不动产登记效力，不动产的登记效力将不会因为婚姻关系的变动而发生变化。《婚姻法司法解释三》第 11 条确认了物权法上不动产善意取得制度在夫妻共同共有房屋无权处分情形下的适用。实际上，《婚姻法司法解释三》适用民事财产法的规则并不意味着就是简单运用市场经济规则调整婚姻家庭关系。《婚姻法司法解释三》第 7、10 条并非调整婚姻家庭领域的交易关系，其与登记制度相衔接，以此作为确认赠与人意思表示的一种方式或者作为确认按揭房屋所有权归属问题的规则。《婚姻法司法解释三》第 11 条虽然可能导致夫妻共同共有财产形态的转化，但也并非像有学者所指出的那样会违背家庭伦理和与之相应的家产制。⑥ 何况家产制与家庭关系稳定的正相关性也尚须严密论证。⑦

《婚姻法司法解释三》第 7 条曾规定：“婚后由一方父母出资为子女购买的不动产，产权登记在出资人子女名下的，可按照婚姻法第十八条第（三）项的规定，视为只对自己子女一方的赠与，该不动产应认定为夫妻一方的个人财产。”“由双方父母出资购买的不动产，产权登记在一方子女名下的，该不动产可认定为双方按照各自父母的出资份额按份共有，但当事人另有约定的除外。”该条文力图与物权法中的不动产物权变动规则和共有规则对标，忽略了婚后所得共有制的特殊性。该条的具体价值判断结论在《民法典婚姻家庭编司法解释一》中未被保留。有学者认为：《婚姻法司法解释三》第 7 条

① 马忆南：《〈婚姻法解释三〉的价值困境》，载《中国社会科学报》2011 年 8 月 30 日，第 A11 版。

② 孙若军：《论夫妻财产制的定位及存在的误区——以〈婚姻法〉司法解释（三）第 7 条为视角》，载《法律适用》2013 年第 4 期。

③ 龙翼飞：《我国〈物权法〉对家庭财产关系的影响》，载《浙江工商大学学报》2008 年第 6 期。

④ 杨立新：《最高人民法院〈关于适用婚姻法若干问题的解释（三）〉的民法基础》，载《法律适用》2011 年第 10 期。

⑤ 参见王涌：《法律不应离间婚恋》，载《新世纪》2011 年第 33 期。

⑥ 参见赵晓力：《中国家庭资本主义化的号角》，载《文化纵横》2011 年第 1 期。

⑦ 参见孙若军：《论夫妻财产制的定位及存在的误区——以〈婚姻法〉司法解释（三）第 7 条为视角》，载《法律适用》2013 年第 4 期。

"过分强调与物权法不动产物权变动登记的公示效力规定相衔接，但忽视了婚姻法关于'婚后所得财产共有制'的原则（约定除外），弱化了婚姻关系的身份性和特殊性以及以夫妻生活共同体为伦理基础"[①]。《民法典婚姻家庭编司法解释一》第 29 条第 2 款规定："当事人结婚后，父母为双方购置房屋出资的，依照约定处理；没有约定或者约定不明确的，按照民法典第一千零六十二条第一款第四项规定的原则处理。"

当然，不可否认的是，《婚姻法》与《物权法》在调整夫妻财产问题上的特别与一般关系也的确源于《婚姻法》所调整之财产关系的特殊性。如《婚姻法》只调整自然人之间的婚姻家庭财产关系，而物权主体则具有广泛性。《婚姻法》调整的财产关系内容更广，其不限于有体物。《婚姻法》在调整相关财产关系时还具有倾斜保护妇女、儿童和老人的鲜明特点。[②]"在审理婚姻家庭案件中，应当在整体上全面准确地理解和把握婚姻法及其相关司法解释的精神，不能机械理解，孤立适用。在涉及财产权属的认定、共同财产的分割等问题上，要按照婚姻法及有关司法解释规定，依法保护当事人特别是妇女、儿童和老人的合法权益。"[③]

《婚姻法司法解释三》带来的婚姻家庭法和物权法适用衔接问题，在民法典时代仍然延续。"物权法、合同法关于财产变动的规则不能完全适用于以身份关系为基础的财产关系。所谓'法不入家门'，从民事上讲，就是指物权法、合同法规则不入家门。夫妻之间、亲属间的财产关系属于家庭这个团体内部的财产关系，应适用家事法的特别规定。例如，夫妻间关于财产归属的约定自约定生效之日起即在当事人间发生效力，而不能适用物权法规定的不动产物权和动产物权的物权变动规则，只有在对第三人关系上才适用物权法规定的物权变动规则。……夫妻之间关于财产归属以及赠与的约定不能对抗善意第三人。"[④] 身份关系协议存在参照适用合同法的空间，身份关系协议还可能变通适用物权变动公示制度、强制执行顺位制度等。应该区分身份关系协议所引发物权变动的内部效力与外部效力，物权变动公示制度在身份关系协议的内部效力判断上宜秉持适当的谦抑性，从而适用债权意思主义的物权变动模式。因夫妻身份关系协议，导致物权设立、变更、转让或者消灭的，自该协议生效时起在身份关系当事人之间发生物权变动效力，未经法定公示方法，不得对抗善意第三人。基于身份关系协议的物权变动对《民法典》物权编中的物权变动公示制度是"参照适用"而非"直接适用"或者"补充适用"。

立法论上，《民法典》婚姻家庭编一般规定中宜包含由夫妻身份关系协议引发的物权变动规定——债权意思主义＋公示对抗主义的物权变动模式：夫妻内部物权变动关系适用身份法规则，夫妻外部物权变动关系适用财产法规则。因夫妻财产约定、离婚协议等身份关系协议，导致物权设立、变更、转让或者消灭的，自该协议生效时起在当事人之间发生物权变动效力，未经法定公示方法，不得对抗善意第三人。[⑤]

---

① 张伟主编：《婚姻家庭继承法学》，法律出版社 2021 年版，第 16 页（张伟教授执笔）。

② 参见辛焕平：《物权法与婚姻法的关系及适用中的衔接问题探讨》，载《中华女子学院学报》2009 年第 4 期。

③ 《最高人民法院关于当前形势下加强民事审判切实保障民生若干问题的通知》（法〔2012〕40 号）第 7 条。

④ 郭明瑞：《家事法通义》，商务印书馆 2022 年版，第 12－13 页。

⑤ 参见"唐某诉李某某、唐某乙法定继承纠纷案"，北京市第三中级人民法院（2014）三中民终字第 9467 号民事判决书，载《最高人民法院公报》2014 年第 12 期。

此外，夫妻共同债务问题上，也存在婚姻家庭编与物权编的衔接适用问题。最高人民法院民一庭（2015）民一他字第9号《关于夫妻一方对外担保之债能否认定为夫妻共同债务的复函》指出："夫妻一方对外担保之债不应当适用《最高人民法院关于适用〈中华人民共和国婚姻法〉若干问题的解释（二）》第二十四条的规定认定为夫妻共同债务。"夫妻一方对外担保之债不应当认定为夫妻共同债务，而应认定为担保人的个人债务，除非债权人能够证明符合《民法典》第1064条规定的情形。若丈夫以个人名义将登记在自己名下的夫妻共同所有的房产为他人债务提供抵押，并办理了抵押权登记，债务人届期不偿还债务，债权人请求实现房产抵押权时，认定丈夫的对外担保之债不构成夫妻共同债务，还是参照适用《民法典》第311条第1款和第2款、类推适用《民法典婚姻家庭编司法解释一》第28条认定抵押权人构成善意取得？这是值得思考的婚姻家庭编与物权编适用衔接疑难问题。

三、婚姻家庭编与合同编的关系

《婚姻法司法解释三》还提出了婚姻法与合同法衔接适用的难题。《婚姻法司法解释三》有关夫妻身份关系及财产关系中，贯彻了合同法的一般规则，体现了夫妻双方对有关身份关系和财产关系的协议所具有的合意性质，必须按照合同法的规则处理，以保证夫妻在这些问题上的平等性。事实上，在婚姻关系中应当更重视合同法规则的适用。在亲属关系中，有很多亲属关系都是依亲属法律行为而缔结，即通过合意建立亲属关系。例如，缔结婚姻关系的基础是双方当事人的合意，离婚当然也是合意解除婚姻关系，收养、送养以及撤销收养的基础都是合意。虽然这些都需要进行登记，但法律关系发生的基础都是当事人的合意。在亲属财产关系上更应当重视当事人的合意。既然如此，合同法规则在婚姻亲属关系领域中的适用就具有重要的意义。在这方面，《婚姻法司法解释三》作出了一个很好的榜样，应当充分肯定。[①] 例如，《婚姻法司法解释三》第6条在婚前或者婚后房产赠与问题上就按照《合同法》第186条对赠与人任意撤销权的规定处理，实现了《婚姻法》与《合同法》的有机衔接。当然，《合同法》第186条也存在一定的法律漏洞，比如该条规定，对于"经过公证的赠与合同"赠与人不得撤销，根据举轻以明重的民法解释方法，对当事人之间的赠与合同人民法院经审查确认后所制作的民事调解书，其效力高于经过公证的赠与合同，赠与人更不得撤销。

从《合同法》的角度来说，《合同法》第2条第2款规定："婚姻、收养、监护等有关身份关系的协议，适用其他法律的规定。"婚姻、收养、监护等有关身份关系并不属于交易关系，相关协议不应受以调整交易关系为主要任务的《合同法》调整，例如离婚协议应由《婚姻法》调整，一方违反该协议，另一方亦不得基于合同法的规定而请求承担违约责任。"目前许多学者都认为，《合同法》第2条第2款排除的身份合同，仅指没有财产内容的身份合同，夫妻之间关于财产问题的约定以财产关系为内容，仍然属于

---

① 参见杨立新：《最高人民法院〈关于适用婚姻法若干问题的解释（三）〉的民法基础》，载《法律适用》2011年第10期。

《合同法》的调整范围，不过应当优先适用《婚姻法》等有关法律，这些法律没有规定时才可适用《合同法》和《民法通则》。婚姻法司法解释（三）有关夫妻之间赠与房产的规定，也是因为《婚姻法》缺乏具体的规定，而依照《合同法》赠与一章的有关规定的精神处理比较公平。婚姻法司法解释（三）的起草理念就是，准确适用《婚姻法》，在其缺乏具体规定时，参照有关《物权法》《合同法》等的规定的精神，尽量增强解释的可操作性，统一执法标准。”① 《民法典婚姻家庭编司法解释一》第 32 条规定：“婚前或者婚姻关系存续期间，当事人约定将一方所有的房产赠与另一方或者共有，赠与方在赠与房产变更登记之前撤销赠与，另一方请求判令继续履行的，人民法院可以按照民法典第六百五十八条的规定处理。”就身份关系协议的法律适用方法，《民法典》第 464 条第 2 款协调婚姻家庭编和合同编的关系，确立了合同编对身份关系协议的参照适用地位。该款规定：“婚姻、收养、监护等有关身份关系的协议，适用有关该身份关系的法律规定；没有规定的，可以根据其性质参照适用本编规定。”婚姻、收养、监护等有关身份关系的协议存在“参照适用”《民法典》合同编的空间。“身份关系协议的性质”是身份法律行为及相应身份权利义务关系所展现出的身份共同体特点，也是“参照适用”《民法典》合同编时对被引用法条限制或者修正变通的判断标准和解释依归。“身份关系协议的性质”具体包括契合婚姻家庭伦理、鼓励缔结婚姻、维护夫妻等身份关系和谐安定、实现夫妻乃至家庭共同利益、养老育幼、未成年子女利益最大化等价值追求。应该区分不同类型的身份关系协议，区分同一类型身份关系协议中不同内容约款，区分身份关系协议的内部效力与外部效力，分别讨论“参照适用”的空间。理解《民法典》第 464 条第 2 款后一分句的关键是“根据其性质”，这展现了身份法的本质，具体表现为如下类型：第一，身份共同体的特点使得身份关系协议原则上属于不可分之债，是作为一个整体存在的。第二，鼓励结婚，维持婚姻等身份关系的安定性特点使得身份关系协议原则上属于继续性之债，而非一时性之债。第三，（未成年）子女利益最大化特点，使得身份关系协议不得作任何减损对未成年子女法定扶养义务的约定。第四，知恩图报的特点使得身份关系当事人特别是父母子女之间存在“回馈”关系，而非简单的“接续”关系。家庭育幼和养老的功能具有长时段性。②

目前，在我国婚姻家庭实践中，当事人往往倾向于采取合同的方式规范彼此的权利义务关系，甚至对忠诚协议等情有独钟。“种种婚姻攻略在坊间流传，其中爱情和亲情都成为制胜的工具。……他们签订契约，种种事先或者事后订立的成文或者不成文的契约，或许的确可以缓解战争的危机，但它显然并不能带来稳定的秩序。”③ 有学者也认为：“婚姻法回归民法的基本思路可以归结为一个字：债。即主要依赖债权性质的法律手段去调整夫妻间的财产关系。”④ 《民法典》第 464 条第 2 款显示，合同法在婚姻家庭

---

① 张先明：《起草理念 利益衡量 农村女性特殊保护——专家学者就〈婚姻法解释（三）〉有关问题答记者问》，载《人民法院报》2011 年 9 月 6 日。此为杨立新教授的观点。

② 参见王雷：《论身份关系协议对民法典合同编的参照适用》，载《法学家》2020 年第 1 期，第 32 - 46 页。

③ 《文化纵横》编辑部：《幸福的家庭是相似的》，载《文化纵横》2011 年第 2 期。

④ 贺剑：《论婚姻法回归民法的基本思路：以法定夫妻财产制为重点》，载《中外法学》2014 年第 6 期，第 1521 页。

纠纷处理过程中的作用是有限的，婚姻不是合同，不能以法律中心主义特别是财产法中心主义的思维对以身份合同约束夫妻感情抱太高期望。

四、婚姻家庭编与人格权编的关系

人格权编对因婚姻家庭等产生的身份权利乃至人身权利的兜底保护将该编的“雄心壮志”显露无遗。《民法典》第1001条规定：“对自然人因婚姻家庭关系等产生的身份权利的保护，适用本法第一编、第五编和其他法律的相关规定；没有规定的，可以根据其性质参照适用本编人格权保护的有关规定。”根据《民法典》第1001条，我们结合人身权利在身份共同体中所表现出民事权利的特殊性质，发现因婚姻家庭关系等产生的人身权利的本质，通过参照适用技术释放人格权编的体系效益，在坚持以人为本、保护个体平等自由的同时，保护婚姻家庭、重视家庭文明、维护婚姻家庭团结和睦、着力亲情维持修复与增进，避免个体主义方法论的过度渗透。

因婚姻家庭关系等产生的身份权利保护是否参照适用、何时参照适用、如何参照适用人格权编，均取决于《民法典》第1001条第二分句的“根据其性质”，即身份权利性质。[①] 婚姻家庭是一个休戚与共、利害攸关的身份共同体，身份关系的场景决定身份权利的内容和属性的特殊之所在。具体而言：

第一，身份共同体下的配偶权、监护权等身份权不属于支配权，而在身份关系当事人之间具有鲜明的请求权、相对权、专属权等品格；对外关系上这些身份权则具有绝对权属性，可以参照适用人格权保护的有关规定，体现了“婚姻家庭受国家保护”的基本价值。

第二，身份共同体下的人格权保护不能坚持个体主义思维，而要在身份共同体中克服个体主义的缺陷[②]，要凸显在身份关系当事人之间人格权的相互性、整体性特点。例如，生育权具有相对权属性，鉴于生育负担的偏在性，对女方生育权应倾斜、优先保护。《妇女权益保障法》第51条第1款规定：“妇女有按照国家有关规定生育子女的权利，也有不生育的自由。”《民法典婚姻家庭编司法解释一》第23条规定：“夫以妻擅自中止妊娠侵犯其生育权为由请求损害赔偿的，人民法院不予支持；夫妻双方因是否生育发生纠纷，致使感情确已破裂，一方请求离婚的，人民法院经调解无效，应依照民法典第一千零七十九条第三款第五项的规定处理。”个人信息、隐私权在婚姻家庭关系中受到必要的克减限制、变通调适。

婚姻家庭编存在和人格权编衔接的不足。例如，《民法典》第1110条规定：“收养人、送养人要求保守收养秘密的，其他人应当尊重其意愿，不得泄露。”本条注意保护收养人和送养人的隐私权，但忽略了被收养人（养子女）对自己真实身份信息的知情权，应该妥当保护被收养人知悉其生父母身份信息的权利。《民法典》第1073条第2款

---

① 参见王雷：《民法典人格权编中的参照适用法律技术》，载《当代法学》2022年第4期，第116－127页。

② 参见王雷：《家庭文明建设在民法典中的体现》，载《山东大学学报（哲学社会科学版）》2021年第3期，第98页。

规定："对亲子关系有异议且有正当理由的，成年子女可以向人民法院提起诉讼，请求确认亲子关系。"对亲子关系有异议且有正当理由的，成年养子女可以向人民法院提起诉讼，请求确认亲子关系，以满足养子女对其生父母身份信息的知情权。①

五、婚姻家庭编与继承编的关系

《民法典》婚姻家庭编和继承编共同组成身份法，婚姻家庭编有 79 个条文，继承编有 45 个条文，合计 124 个条文，约占《民法典》条文数量的 10%。处理身份法纠纷时，法律适用者经常需要目光往返流转于婚姻家庭法与继承法之间。《中国家族法原理》一书的一个基本立场是："就是将中国家族法在家族共产上所展开的场景作为继承法来加以把握。"②

"爱与死，乃是对人提出的最为深刻的问题。"③ 爱与死也是《民法典》婚姻家庭编和继承编关注的终极话题。继承法依赖于婚姻家庭法。"婚姻家庭法确定的亲属身份是继承法规定和调整继承关系的基本依据，婚姻家庭法关于亲属继承权的原则性规定在继承法中得到更加明确、系统的反映。"④

例如，《民法典》婚姻家庭编对近亲属之间相互继承遗产权利的规定并不完整，须结合继承编第二章法定继承等制度组成完全法条以获得制度全貌。《民法典》第 1061 条规定："夫妻有相互继承遗产的权利。"第 1070 条规定："父母和子女有相互继承遗产的权利。"第 1072 条第 2 款规定："继父或者继母和受其抚养教育的继子女间的权利义务关系，适用本法关于父母子女关系的规定。"有学者认为第 1061 条"是不完全法条中的引用性法条，适用的法律前提和法律效果均需参照继承编的规定"⑤。此种观点混淆了参照适用与直接适用。夫妻之间、父母子女之间都有相互继承遗产的权利。夫妻相互继承权不是参照适用继承编的规定，而是直接适用继承编的规定。其他家庭成员、近亲属或者亲属之间是否也有相互继承遗产的权利？婚姻家庭编未予规定，需要根据继承编第二章等加以确定。

又如，继承法属于身份财产法，对法定继承人范围的厘清离不开《民法典》婚姻家庭编的相关规定。我国《民法典》第 1127 条第 3 款、第 4 款和第 5 款分别规定："本编所称子女，包括婚生子女、非婚生子女、养子女和有扶养关系的继子女。""本编所称父母，包括生父母、养父母和有扶养关系的继父母。""本编所称兄弟姐妹，包括同父母的兄弟姐妹、同父异母或者同母异父的兄弟姐妹、养兄弟姐妹、有扶养关系的继兄弟姐妹。"何谓"有扶养关系的"继子女、继父母？《民法典》第 1072 条第 2 款作出了回答："继父或者继母和受其抚养教育的继子女间的权利义务关系，适用本法关于父母子女关

---

① 《瑞士民法典》第 268 条 c 第 1 款规定："被收养人年满 18 周岁后可以获得其生父母的身份信息。18 周岁前，被收养人主张受保护的合法利益时也得获得上述身份信息。"

② ［日］滋贺秀三：《中国家族法原理》，张建国、李力译，商务印书馆 2013 年版，第 13 页。

③ ［日］星野英一：《私法中的人》，王闯译，中国法制出版社 2004 年版，第 2 页。

④ 杨大文、龙翼飞主编：《婚姻家庭法》，中国人民大学出版社 2020 年第 8 版，第 50 页（曹诗权教授执笔）。

⑤ 薛宁兰、谢鸿飞主编：《民法典评注·婚姻家庭编》，中国法制出版社 2020 年版，第 165 页（刘征峰教授执笔）。

系的规定。”“有扶养关系的”继子女、继父母，对应的是单向扶养，而非双向扶养，只要继父母抚养教育继子女即可在继父母和继子女之间产生第1070条规定的相互继承遗产的权利。受继父母抚养教育的继子女与继父母之间的权利义务适用父母子女关系的规定，因此，受继父母抚养教育的继子女对继父母有赡养义务。①《民法典婚姻家庭编司法解释二》第18条规定：“对民法典第一千零七十二条中继子女受继父或者继母抚养教育的事实，人民法院应当以共同生活时间长短为基础，综合考虑共同生活期间继父母是否实际进行生活照料、是否履行家庭教育职责、是否承担抚养费等因素予以认定。”如果受继父母抚养教育的继子女对继父母不履行赡养义务，则适用《民法典》第1130条第4款规定：“扶养能力和有扶养条件的继承人，不尽扶养义务的，分配遗产时，应当不分或者少分。”未受继父母抚养教育，而对继父母进行赡养、扶助的继子女，不能成为第1127条规定的第一顺序法定继承人，但可以根据第1131条享有酌情分得适当遗产的权利，第1131条规定：“对继承人以外的依靠被继承人扶养的人，或者继承人以外的对被继承人扶养较多的人，可以分给适当的遗产。”

六、婚姻家庭编与侵权责任编的关系

我国《侵权责任法》第2条第2款将婚姻自主权、继承权等列为该法所保护的民事权益范围。实际上，在夫妻等家庭成员之间或者在家庭成员与其外的第三人之间也可能发生侵权行为。虽俗话说“家丑不可外扬”，但从民法角度看，婚姻家庭领域内的侵权行为有必要诉诸婚姻家庭法及侵权责任法等予以救济。

例如，夫妻婚内侵权就涉及婚姻家庭编和侵权责任编的适用衔接。所谓夫妻婚内侵权之诉是指“受害的夫妻一方，就对方于婚姻关系存续期间实施的侵犯人身权利的行为，在不请求离婚的前提下，请求对方承担侵权责任的诉讼”②。该定义主要描述夫妻婚内人身侵权之诉，未能涵盖夫妻婚内财产侵权之诉。据此，夫妻婚内侵权之诉是指受害的夫妻一方，就对方于婚姻关系存续期间实施的侵犯人身权利或者财产权利的行为，在不请求离婚的前提下，请求对方承担侵权责任的诉讼。

19世纪60年代至20世纪早期，英美法系国家或地区提出了禁止夫妻人身侵权之诉的立法理由。综合考察，这些理由主要有：准许此类侵权之诉会导致家庭和谐受到破坏，准许它会导致夫妻相互勾结欺诈保险公司，准许它会导致过多或过小的诉讼，替代制度已经足够，准许它会导致侵权方受益，准许它会导致保费增加。在法律改革过程中，上述立法理由受到了否定。从1914年起，英美法系国家或地区开始陆续准许夫妻相互提起人身侵权之诉。③ 在我国婚姻法理论及司法实践中，影响夫妻婚姻侵权之诉的

① 参见最高人民法院新闻局：《最高法发布老年人权益保护典型案例》，2024年12月31日，https://www.court.gov.cn/zixun/xiangqing/451591.html，案例4“受继父母抚养教育继子女应当给付养老生活费——柳某诉延甲、延乙等赡养纠纷案”。

② 张学军：《夫妻之间适用侵权行为法的比较考察》，载《社会科学战线》2008年第8期。

③ 参见张学军：《论夫妻适用一般侵权行为法的立法理由——以英美法系为视野》，载《江海学刊》2009年第2期。

理由主要是此类诉讼容易导致夫妻矛盾激化、不利于婚姻家庭的稳定，婚姻存续期间不存在对夫妻之间发生的损害进行婚内赔偿的前提条件和物质基础。[①] 2001 年 1 月 5 日，湖北省汉阳市人民法院曾作出判决认定夫妻之间婚内名誉权侵权责任成立，侵权人除赔礼道歉外，还应赔偿被侵权人精神抚慰金 5 000 元。[②] 1998 年 8 月 31 日海南省海口市中级人民法院作出判决否定夫妻婚内侵权责任的成立，认为："石某与邓某芬对财产并无约定，邓某芬除对夫妻共同财产享有平等的占有、处理权外，没有个人财产，这就决定了邓某芬不存在对夫妻之间发生的损害进行赔偿的前提条件和物质基础。"[③]

婚姻家庭法领域内的侵权行为主要包括在夫妻等家庭成员之间的侵权行为（如夫妻之间婚内侵权）和在家庭成员与其外的第三人之间的侵权行为（如第三人干扰婚姻关系）。夫妻婚内侵权行为主要包括如下典型类型：夫妻之间家庭暴力（domestic violence）、婚内强奸（marital rape）、错误陈述亲子关系（tortious misrepresentation of paternity）、配偶之间传播性疾病（tortious transmission of disease）等行为。[④] 实际上，《婚姻法》第 46 条、第 47 条，《民法典》第 1091 条、第 1092 条所规定的具体情形即属于夫妻婚内人身侵权行为或者财产侵权行为。只是我国《婚姻法司法解释一》第 29 条否定了夫妻婚内侵权行为的可救济性，该条第 2 款和第 3 款分别规定："人民法院判决不准离婚的案件，对于当事人基于婚姻法第四十六条提出的损害赔偿请求，不予支持。""在婚姻关系存续期间，当事人不起诉离婚而单独依据该条规定提起损害赔偿请求的，人民法院不予受理。"《民法典婚姻家庭编司法解释一》第 87 条规定："承担民法典第一千零九十一条规定的损害赔偿责任的主体，为离婚诉讼当事人中无过错方的配偶。""人民法院判决不准离婚的案件，对于当事人基于民法典第一千零九十一条提出的损害赔偿请求，不予支持。""在婚姻关系存续期间，当事人不起诉离婚而单独依据民法典第一千零九十一条提起损害赔偿请求的，人民法院不予受理。"我国现行法不支持夫妻婚内侵权之诉。

笔者认为，离婚损害赔偿与婚内侵权损害赔偿责任并不互斥，否定夫妻婚内侵权责任（非财产责任并不存在此问题）可救济性的最强有力理由是婚姻存续期间不存在对夫妻之间发生的损害进行婚内赔偿的前提条件和物质基础。对此，有学者就从立法论上指出："共同财产制并非婚内损害赔偿不可逾越的鸿沟，以此为理由排斥婚内损害赔偿请求权不能成立。域外立法例中的非常财产制和我国执行程序中的债权凭证制度为该问题提供了解决途径。"[⑤] 当然，不论何种财产制下，夫妻会各自拥有一定的法定或者约定的个人财产，这也成为其财产责任执行的首选。

《民法典》如何保护配偶权，第三人干扰婚姻关系案件中，配偶无过错方是否有权要求第三人承担侵权责任？第三人干扰婚姻关系案件中，配偶无过错方有权要求第三人和配偶一方承担侵权责任。要求第三人和配偶一方承担连带责任，有请求权规范基础，

---

① 参见范李瑛：《婚内损害赔偿与夫妻共同财产制的冲突与协调》，载《烟台大学学报（哲学社会科学版）》2006 年第 3 期。

② 参见龚平：《怀疑丈夫婚外恋 妻子被强行送进精神病院》，载《新快报》2001 年 1 月 25 日。

③ "石某诉邓某芬人身损害赔偿案"，载《最高人民法院公报》2000 年第 2 期。

④ 参见夏吟兰、罗满景：《夫妻之间婚内侵权行为的中美法比较》，载《比较法研究》2012 年第 3 期。

⑤ 范李瑛：《婚内损害赔偿与夫妻共同财产制的冲突与协调》，载《烟台大学学报（哲学社会科学版）》2006 年第 3 期。

这不单纯是规范分析和逻辑分析，更重要的是法律价值判断，是基于“婚姻家庭受国家保护”对“夫妻应当互相忠实”的具体化。鉴于婚姻家庭编和人格权编均未规定配偶无过错方能否请求第三人赔偿，笔者认为可以补充适用《民法典》第1168条和第1183条第1款，配偶无过错方有权要求第三人和配偶过错方承担共同侵权连带责任和精神损害赔偿责任。《民法典》第1183条第1款未将精神损害赔偿制度保护的权利范围局限于人格权，或者限缩为侵害身体健康、名誉或者自由之情形，而是对应“自然人人身权益”，将配偶权纳入其中，不存在制度障碍，补充适用侵权责任编即可解决，不必在法学方法论上大费周章。《民法典婚姻家庭编司法解释一》第87条第1款只是限制离婚损害赔偿责任主体范围，不能据此否定第三人承担普通侵权责任的可能。第三人干扰婚姻关系案件中的精神损害赔偿责任的正当性毋庸置疑。

《民法典》第1001条规定：“对自然人因婚姻家庭关系等产生的身份权利的保护，适用本法第一编、第五编和其他法律的相关规定；没有规定的，可以根据其性质参照适用本编人格权保护的有关规定。”第1001条第一分句的优先适用和第二分句的参照适用范围能否包括侵权责任编？“是否将家庭法中的某些权利作为绝对权利纳入侵权法体系的保护一直是家庭法续造的热点问题。”① 侵权责任编在身份关系领域并非简单直接适用或者优先适用。

从文义解释看，第1001条第一分句“适用本法第一编、第五编和其他法律的相关规定”不包括第七编侵权责任编。笔者认为，对自然人因婚姻家庭等产生的人身权利保护，侵权责任编不应被优先适用，而是在优先适用、参照适用之后可被补充适用。理由如下：第一，在人身权利及其他各种绝对权保护问题上，侵权责任编是权利保护的一般规定，人格权编属于特别规定，如果将侵权责任编列为优先适用的范围，反倒是向一般规定逃避，有悖先特别规定后一般规定的法律适用方法。第二，自然人因婚姻家庭等产生的人身权利保护，属于人身权利保护的特别事实，应该根据人身权利在婚姻家庭领域表现出的特殊性质参照适用人格权编人格权保护的有关规定。对身份权利乃至人身权利保护时，“身份关系性质”即身份法律行为及相应身份权利义务关系所展现出的身份共同体特点，成为“参照适用”时对被引用法条限制或者修正变通的判断标准和解释依归。第三，自然人因婚姻家庭等产生的人身权利保护，参照适用人格权编有关规定仍然不足解决时，方可补充适用侵权责任编规定，这属于第1001条的未尽之言。例如，就人格权请求权，《民法典》第995条规定不适用诉讼时效，但未规定人格权请求权的具体构成要件，对此，可以补充适用《民法典》第1167条等规定。

七、婚姻家庭编与公司法的关系

对以夫妻共同财产作为出资或者对价取得的股权，如果登记在夫妻一方名下，如何处理股权收益和行使问题，涉及《民法典》婚姻家庭编和《公司法》的适用衔接，涉及

① 刘征峰：《论民法教义体系与家庭法的对立与融合：现代家庭法的谱系生成》，法律出版社2018年版，第238页。

对公司法中商事外观主义原则解释力边界的认识。

根据《民法典》第 1062 条第 1 款第 2 项，夫妻共同所有财产中包括“生产、经营、投资的收益”，立法并未简单规定股权作为夫妻共同所有财产。股权属于综合性权益，兼具人身权和财产权特点，不宜“一刀切”规定股权为夫妻共同所有财产。应该秉持区分原则，登记在夫妻一方名下股权中的表决权等身份权益不能被共有。股权上的公司盈余分配请求权，“则依据夫妻共同财产制度在夫妻内部进行分配”①。

《民法典》第 1062 条第 2 款规定：“夫妻对共同财产，有平等的处理权。”据此，登记在夫妻一方名下的股权，夫妻另一方是否有权共同管理？“从立法论上，登记在夫妻一方名下的有限公司股权，应当由夫妻一方单独管理，但夫妻一方对配偶负担信义义务。也就是说，如果登记一方未经同意擅自处分、擅自表决，侵害夫妻共同财产利益的，那么，在内部关系上，登记一方要对配偶承担赔偿责任。在这种模式下，登记的夫妻一方单独行使表决权，转让股权构成有权处分。”② “夫妻股权中的财产权益和身份权益，应以‘实际出资来源’判断财产权益是否为夫妻共同所有，以股东名册和工商登记判断夫妻股权身份权益归属。……在默示委托范围内，登记股东独立从事生产经营活动，与股权登记外观表象一致。”③ 笔者认为，登记在夫妻一方名下的股权，登记名义人有权单方行使表决权等股东人身权，这符合《民法典》第 65 条的规定和股权登记的外观主义法理，夫妻另一方未被登记为股权权利人则不得对抗善意相对人。夫妻在婚姻关系存续期间所得的“生产、经营、投资的收益”属于夫妻共同所有财产，登记在夫妻一方名下的股权，登记名义人单方对外转让，处分股东财产权，构成无权处分，股权转让合同不因无权处分而无效。④ 解释论上，在《公司法司法解释三》第 25 条股权善意取得背景下，对交易相对人可以参照适用善意取得制度。⑤ 当然，股权善意取得制度并非对登记名义人单方处分股权问题的唯一解决之道，类推适用《民法典》第 1064 条也能达到殊途同归的效果，此种法律适用方法可以跳出无权处分、有权处分之争。类推适用《民法典》第 1064 条对夫妻共同债务的认定标准，若此种股权转让行为符合正常生产经营情形，则是有权处分；若此种股权转让行为以无偿或者明显不合理的低价方式实施，则受让人不构成善意相对人。

以夫妻共同财产投资有限责任公司，夫妻二人均登记为股东，双方对该部分夫妻共同财产没有约定归各自所有的，离婚时，一方请求按照企业登记的持股比例分割的，人民法院不予支持，而应依照《民法典》第 1087 条处理。

---

① 李非易、张懿珺：《夫妻公司股权权属的分辨》，载《人民司法（案例）》2024 年第 14 期，第 64 - 68 页。

② 缪宇：《夫妻共有股权的管理》，载微信公众号“与民法典同行”2022 年 6 月 17 日。另参见缪宇：《夫妻共有股权：形成、管理和处分》，载《社会科学研究》2022 年第 6 期，第 54 页。

③ 赵玉：《夫妻股权归属及其单方处分效力的认定》，载《环球法律评论》2022 年第 3 期，第 131 页。

④ 《民法典婚姻家庭编司法解释二》第 9 条规定：“夫妻一方转让用夫妻共同财产出资但登记在自己名下的有限责任公司股权，另一方以未经其同意侵害夫妻共同财产利益为由请求确认股权转让合同无效的，人民法院不予支持，但有证据证明转让人与受让人恶意串通损害另一方合法权益的除外。”

⑤ 《公司法司法解释三》第 25 条规定：“名义股东将登记于其名下的股权转让、质押或者以其他方式处分，实际出资人以其对于股权享有实际权利为由，请求认定处分股权行为无效的，人民法院可以参照民法典第三百一十一条的规定处理。”“名义股东处分股权造成实际出资人损失，实际出资人请求名义股东承担赔偿责任的，人民法院应予支持。”

夫妻财产的共同性、团体性与有限责任公司人合性之间存在张力。登记在夫妻一方名下的有限责任公司股权向夫妻另一方转让时，公司其他股东有同等条件下的优先购买权，以维持有限责任公司的人合性特点。这就不同于《民法典》第726条第1款房屋承租人优先购买权的但书条款："出租人出卖租赁房屋的，应当在出卖之前的合理期限内通知承租人，承租人享有以同等条件优先购买的权利；但是，房屋按份共有人行使优先购买权或者出租人将房屋出卖给近亲属的除外。"《民法典婚姻家庭编司法解释一》第73条规定："人民法院审理离婚案件，涉及分割夫妻共同财产中以一方名义在有限责任公司的出资额，另一方不是该公司股东的，按以下情形分别处理：（一）夫妻双方协商一致将出资额部分或者全部转让给该股东的配偶，其他股东过半数同意，并且其他股东均明确表示放弃优先购买权的，该股东的配偶可以成为该公司股东；（二）夫妻双方就出资额转让份额和转让价格等事项协商一致后，其他股东半数以上不同意转让，但愿意以同等条件购买该出资额的，人民法院可以对转让出资所得财产进行分割。其他股东半数以上不同意转让，也不愿意以同等条件购买该出资额的，视为其同意转让，该股东的配偶可以成为该公司股东。""用于证明前款规定的股东同意的证据，可以是股东会议材料，也可以是当事人通过其他合法途径取得的股东的书面声明材料。"在《民法典婚姻家庭编司法解释一》第73条离婚股权合意分割规则背景下，离婚股权分割中常见股权财产利益共有说、股权共有说、股权渐进式分层共有说、信义义务说（信托说），很大程度上均属于纯粹民法学问题中的解释选择问题，均须通过其他股东同等条件下优先购买权来维持有限责任公司的人合性特点。

司法实践中，夫妻二人公司有被认定为实质意义上一人公司的风险。一人有限责任公司，是指只有一个自然人股东或者一个法人股东的有限责任公司。夫妻二人出资成立公司，注册资本来源于夫妻共同财产，公司的全部股权属于夫妻股东二人共同共有，股权主体具有利益的一致性和实质的单一性。综合公司股东、管理人员、经营业务、款项支付等具体情况，若夫妻股东与公司财产混同、夫妻过度支配与控制公司等，夫妻二人公司与一人有限责任公司在主体构成和规范适用上具有高度相似性，系实质意义上的一人有限责任公司。基于此，应参照《公司法》第23条第3款，将公司财产独立于股东自身财产的举证责任分配给作为股东的夫妻二人。《公司法》第23条第3款规定："只有一个股东的公司，股东不能证明公司财产独立于股东自己的财产的，应当对公司债务承担连带责任。"由此，公司债权人有初步证据证明夫妻股东与公司存在财产混同的，即有权请求夫妻公司、丈夫、妻子对公司债务承担连带责任，除非夫妻股东能够证明公司财产独立于股东自己的财产。

第六节　婚姻家庭法的发展趋势与基本立场

一、婚姻家庭法回归民法

新中国成立后很长时间里，受苏联民法学的影响，婚姻家庭关系被人为地从民法中分立出去。20世纪80年代初，随着佟柔先生所力主的“商品关系说”日益获得肯定，婚姻家庭关系继续被排除于民法调整对象之外。[①] 随后，金平先生提出“平等关系说”，认为民法除了调整商品关系，也调整其他具有平等属性的社会关系尤其是人身关系，从而维护传统民法制度的完整性。[②] 民法调整对象的“平等关系说”将平等主体之间的财产关系和人身关系纳入民法的调整范围，这就从根本上解决了婚姻家庭法、继承法的归属问题，维护了传统民法的体系。《民法通则》第2条所规定的平等主体之间的人身关系，除人格关系之外，还包括发生在家庭领域内的亲属关系。《民法通则》在立法层面上宣告婚姻家庭法是民法的有机组成部分。

2002年以来的婚姻家庭法学研究也一直致力于探讨修订《婚姻法》，使之成为民法典婚姻家庭编。[③] 仍有少数学者虽然从实然意义上承认“30年来中国婚姻法定位的变迁，可以概括为：从独立部门法到‘回归民法’”，但从应然层面上反对婚姻法“回归民法”，以期由此改变家事领域自由泛滥的局面，主张有必要保持并发展家庭法独立部门法的传统。[④]

学习婚姻家庭法学和继承法学有助于民法学知识体系的完整性，民法不单是“市场经济的基本法”，也是伦理家庭生活的基本法，由此民法才堪当“社会生活的百科全书”。民法具有突出的财产法中心主义、合同法中心主义特点。学习婚姻家庭法学和继承法学有助于总结反思财产法的优势和弱点。学习婚姻家庭法学和继承法学的出发点是正视婚姻家庭关系自身的特殊性——婚姻家庭是一个身份共同体、伦理共同体和财产共同体。人身关系法中的人是家庭文明的伦理人[⑤]，不同于财产法中的理性经济人。婚姻家庭法在民法体系中具有相对独立性，但婚姻家庭法并不因此成为一个独立的法律部门。[⑥] 将婚姻家庭法纳入民法体系中，并不会因此使得婚姻家庭关系具有商品经济关系的性质；婚姻家庭领域的财产关系不具有自愿、等价有偿等特点，这也仅展示婚姻家庭关系的相对特殊性，并不妨碍平等和私法自治这两项重要的民法基本原则在婚姻家庭法领域的可适用性。“婚姻家庭法是民法的重要组成部分，既具有民法的共性，也具有婚姻家庭法的个性。大民法的理念要求，婚姻家庭编的内容要在民法基本原则的基础上尊重个性。”[⑦] “民法调整家庭法并非因为它与财产法具有同样的体系逻辑，而主要是因为

---

① 参见佟柔：《佟柔文集》，中国政法大学出版社1996年版，第55-62页。

② 参见金平：《论我国民法的调整对象》，载陶希晋主编：《民法文集》，陕西人民出版社1985年版。

③ 有学者指出，三十年来，婚姻法学研究大致经历了三个阶段：从1978年到1995年12月，婚姻法学者的研究重心是“普及”1980年《婚姻法》；从1996年1月到2002年8月，研究重心转移到婚姻法的修改上来；从2002年9月至今，研究重心转移到探讨修订《婚姻法》，使之成为民法典婚姻家庭编。参见张学军：《婚姻法学研究三十年》，载《法学杂志》2009年第2期。

④ 参见巫若枝：《三十年来中国婚姻法定位变迁的反思——兼论保持与发展独立部门法传统》，载《法制与社会发展》2009年第2期。

⑤ 参见王雷：《民法典中的人》，中国法制出版社2024年版，第20-21页。

⑥ 参见雷春红：《关于婚姻法定位问题的讨论》，载柳经纬主编：《共和国六十年法学论争实录》，厦门大学出版社2009年版，第338-353页。

⑦ 龙翼飞：《编纂民法典婚姻家庭编的法理思考与立法建议》，载《法制与社会发展》2020年第2期，第40页。

民法作为市民社会基本法的地位。”[①]

《民法典》婚姻家庭编和继承编在立法技术层面实现了形式回归民法体系，身份法回归民法，婚姻法、继承法不再是单行、独立的法律部门。身份法律行为和身份权利是身份法体系展开的两条重要红线。从民法学科体系、学术体系、话语体系和法律适用角度，需要实现身份法律行为和民事法律行为、身份权利和民事权利的体系融贯，使身份法无论从形式上还是从实质上都不再游离于民法之外，实现身份法向民法的实质回归。

二、婚姻家庭法的发展趋势

习近平要求，“认真研究家庭领域出现的新情况新问题，把推进家庭工作作为一项长期任务抓实抓好”[②]。《中共中央、国务院关于加强基层治理体系和治理能力现代化建设的意见》要求“注重发挥家庭家教家风在基层治理中的重要作用”。《民法典》婚姻家庭法律制度积极回应人民群众对家庭建设的新期盼新需求，婚姻家庭编是建设好家庭、涵养好家教、弘扬好家风的重要制度接口，是提高基层治理法治化、专业化水平的重要环节。

当前，我国家庭伦理共同体理念展现出一些鲜明的时代特色、也面临一些新的时代挑战，例如结婚率下降、晚婚（初婚年龄增大）、离婚率上升、婚姻短期化、低生育率（低人口出生率）、流动儿童与留守儿童照护、人口老龄化、独居成趋势等等。[③] 家庭共同体在新时代面临新挑战，应该重视探讨婚姻家庭法应对家庭共同体新挑战的系统举措和具体方案。

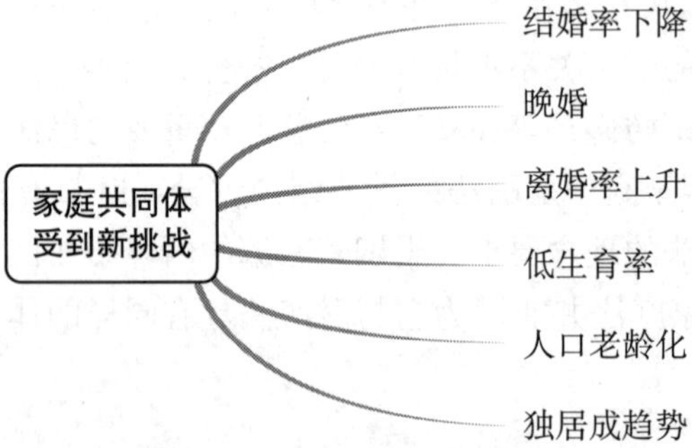

有学者认为，“家事法”是一个广泛的范畴，它既包括婚姻家庭法、继承法，也包括未成年人保护类的法律、妇女权益保障法律、老年人权益保障类法律，还有儿童福利方面的法律、老人福利方面的法律。民事诉讼法中的家事审判程序、人民调解制度等也纳入“家事法”的范围。还有国际私法的相关内容也纳入进来，就形成了大“家事法”。

① 谢鸿飞：《民法典与特别民法关系的建构：体制中立与新民事自然法》，载《中国社会科学》2013 年第 2 期。

② 《在同全国妇联新一届领导班子成员集体谈话时的讲话》（2018 年 11 月 2 日），载中共中央党史和文献研究院编：《习近平关于注重家庭家教家风建设论述摘编》，中央文献出版社 2021 年版，第 6 页。

③ 2025 年 2 月 28 日，国家统计局发布《中华人民共和国 2024 年国民经济和社会发展统计公报》：2024 年年末人口较 2023 年年末，减少 139 万人；2024 年全年出生人口为 954 万人，出生率为 6.77‰；死亡人口为 1 093 万人，死亡率为 7.76‰；自然增长率为－0.99‰。https：//www.stats.gov.cn/sj/zxfb/202502/t20250228_1958817.html。

婚姻家庭法学习所要攻克的几大重点理论问题：第一，结婚制度如何应对当代多元化的婚姻观，应该建立类婚姻制度还是扩大传统婚姻概念的包容度？第二，夫妻关系制度如何才能在个人权益与家庭价值之间保持平衡？婚姻家庭的财产是否完全服从于财产法规则？第三，离婚制度应不应该、能不能负载维护家庭稳定的职能？如果是，该如何在法律规则中体现？第四，家事法如何应对少子化问题？亲子关系是否会成为将来家庭法的重点调整对象？家事法领域的亲子关系制度如何与社会法层面的儿童保护机制相衔接？第五，家事法如何应对老龄化社会问题？家庭法如何应对计划生育政策转变？第六，家事法中的两性关系如何？这反映在夫妻财产制、离婚救济、配偶地位等方面。第七，家庭自治与国家干预的边界何在？①

三、婚姻家庭法的基本立场

第一，婚姻家庭法属于私法，而非公法或者社会法。“整个家庭法都是私法。但是，假如是按照罗马法个人主义至上模式建构起来的家庭法，是被特定的对他权利以及机械地连接起来的物权和债权所撕裂的家庭法，或者是仅仅作为纠结的个人法律，而非社会法律的胚细胞被组织起来的家庭法，那么它根本无法实现其维护和巩固社会基本单元的重大使命。”②

第二，婚姻家庭法的基本立场不纯粹是个体主义的，还有鲜明的团体主义特点。个人本位和家本位在婚姻家庭法领域存在冲突和融合。“我们也需要一部私法，即使在神圣不可侵犯的个人领域中，共同体的思想也能够生存和活动。更确切地说：在我们的公法中必须吹进一丝自然法之自由空间的气息，在我们的私法中则必须滴上一滴社会主义的润滑油！”③“我们的私法应当是社会性（sozial）的，否则就什么也不是。或许只有在遥远的未来，这一点才能得到承认。”④“我们的婚姻法，包括婚姻财产权利，应当建立在统一性和共同性（Einheit und Gemeinsamkeit）的思想之上，由此出发，双方在保留各自特别权利的情况下，在婚姻共同体领域中融为团结一致的夫妻；……我们的父母与子女法则应当以家庭的团结和共同生活为基础而建立；它应当强化而非松动这最真挚的、最生机勃勃和带着强大羁绊的联结——在所有冲击之下，它仍然应当是社会中最坚固的阵地。”⑤“个人主义取向和家庭主义取向并非绝对对立，而是矛盾性地相互纠缠。”⑥“家庭所有方面渐趋于同一个方向：个人选择至上，孩子的利益至上。……家庭法演变为去家长权威化、尊重个人权利和意志的现代法；教育、宗教和媒体等也日益被要求支

① 2019年9月11日，北大“法学阶梯入门讲座”系列第十五讲“如何学习婚姻家庭继承法学”拉开序幕，北京大学法学院马忆南教授主讲，并提出本段所述观点，https：//mp. weixin. qq. com/s/xhTnVrWNyy2d6xYZx4G5Iw。

② ［德］奥托·基尔克：《私法的社会使命》，杨若濛译，商务印书馆2021年版，第43页。

③ ［德］奥托·基尔克：《私法的社会使命》，杨若濛译，商务印书馆2021年版，第17-18页。

④ ［德］奥托·基尔克：《私法的社会使命》，杨若濛译，商务印书馆2021年版，第53页。

⑤ ［德］奥托·基尔克：《私法的社会使命》，杨若濛译，商务印书馆2021年版，第44-45页。

⑥ 肖瑛：《“家”作为方法：中国社会理论的一种尝试》，载《中国社会科学》2020年第11期。

持有利于孩子最大利益和个人自由选择的新型法律文化。”①

第三，婚姻家庭法所调整的婚姻家庭民事法律关系不纯粹是一时性法律关系，还有更普遍存在的继续性法律关系，这种法律关系更重视身份关系的安定性。“私法不仅仅包括个体人格以及对外保持其完整的独特性，另外还涉及持续性的人身关系，个体在其中得以熔化为其生存状态的一部分。在这里，罗马法观念与日耳曼法观念的对立、个人主义与社会秩序的对立体现得更加尖锐！”②

第四，婚姻家庭法属于身份法，而非财产法。有学者认为：“现代身份法 80%的内容还是财产法，身份法不是非财产法，而比较接近特殊身份者之间的特殊财产法。”③“把准婚姻家庭法的身份法属性，在法律规范的具体适用和解释中不能简单套用财产法规则，而要兼顾实现婚姻家庭整体和当事人、第三人及权益相关者的利益衡平。”④ 婚姻家庭成员间的财产关系是人身关系的延伸。婚姻家庭中的人身关系具有法定性特点，婚姻家庭中的财产关系如身份关系协议、遗嘱等则存在私法自治的空间。婚姻家庭法的本质是身份法，而非财产法。大陆法系民法典总则编“贯穿整个民法，但它原则上仅适用于财产法（物权法、债权法）关系，因为身份关系（亲族法、继承法）含有与财产关系不同的要素，其本身也是应当接受独立的法观念所支配的领域”⑤。

第五，婚姻家庭法作为身份法的特殊性主要表现在其调整对象——婚姻家庭关系的共同体性和伦理性特点，调整对象的这些特殊性也要求相应婚姻家庭法规范的强行性。共同体性带来婚姻家庭法平衡团体和个体利益的难题，伦理性带来婚姻家庭法平衡法律与道德关系的难题。调整对象的特殊性塑造了婚姻家庭法的独特性。有学者认为：“应由人伦秩序说明亲属的身份法关系。”⑥ “婚姻实质上是伦理关系。……婚姻是具有法的意义的伦理性的爱，这样就可以消除爱中一切倏忽即逝的、反复无常的和赤裸裸主观的因素。”⑦ “通过婚姻而组成了新的家庭，这个家庭对它所由来的宗族和家族来说，是一个自为的独立体。它同这些宗族和家族的联系是以自然血统为基础的，但是它本身是以伦理性的爱为基础的。”⑧ “民法典婚姻家庭编的特殊之处就在于，该编所调整的婚姻家庭关系具有人伦的本质，这种家庭伦理注重尊重家庭的整体性，关注家庭成员之间的情感与自律，强调权利和义务的双向性，要求该编的法律规范应当充满法律温暖的人文关怀。”⑨ “身份关系法的本质——伦理性。”⑩ “爱制造矛盾并解决矛盾。作为矛盾的解决，爱就是伦理性的统一。”⑪ “伦理的核心在于利他主义。”⑫ 萨维尼指出，在家庭关系的自

① ［美］劳伦斯·弗里德曼：《私人生活：家庭、个人与法律》，赵彩凤译，商务印书馆 2022 年版，译者导语。
② ［德］奥托·基尔克：《私法的社会使命》，杨若濛译，商务印书馆 2021 年版，第 43 页。
③ 苏永钦：《寻找新民法》，北京大学出版社 2012 年版，第 73 页。
④ 杨大文、龙翼飞主编：《婚姻家庭法》（第 8 版），中国人民大学出版社 2020 年版，第 53 页（曹诗权教授执笔）。
⑤ ［日］近江幸治：《民法讲义Ⅰ·民法总则》（第 6 版补订），渠涛等译，北京大学出版社 2015 年版，第 28 页。
⑥ 陈棋炎、黄宗乐、郭振恭：《民法亲属新论》（修订十四版），三民书局股份有限公司 2018 年版，陈序第 7 页。
⑦ ［德］黑格尔：《法哲学原理》，范扬、张企泰译，商务印书馆 1961 年版，第 177 页。
⑧ ［德］黑格尔：《法哲学原理》，范扬、张企泰译，商务印书馆 1961 年版，第 186 页。
⑨ 龙翼飞：《编纂民法典婚姻家庭编的法理思考与立法建议》，载《法制与社会发展》2020 年第 2 期，第 40 页。
⑩ 刘征峰：《民法典中身份关系法律适用的原则与例外》，载《中国法律评论》2022 年第 4 期，第 75 页。
⑪ ［德］黑格尔：《法哲学原理》，范扬、张企泰译，商务印书馆 1961 年版，第 175 页。
⑫ 赵玉：《家庭财产功能主义的法律范式》，载《中国社会科学》2022 年第 8 期，第 90 页。

然形态、道德形态和法形态中，法形态是最不重要的。[①]

第七节　婚姻家庭法学的内容体系

婚姻家庭法学要结合婚姻家庭立法和婚姻家庭司法，形成调整婚姻家庭关系的中国特色法学学科体系、学术体系、话语体系。我们要加快建构中国自主的婚姻家庭法学知识体系。建构中国婚姻家庭法学自主知识体系，要结合我国婚姻家庭立法和司法，直面婚姻家庭关系的特殊性及时代挑战，面向历史、理论、实践等维度展开。[②]

建构中国自主的婚姻家庭法学知识体系的历史逻辑是婚姻家庭法律制度的回归和再体系化。在立法层面，婚姻家庭编成为民法典的有机组成部分，婚姻家庭法属于身份法，身份法完成了向民法形式意义上的回归。《民法典》婚姻家庭编不是婚姻家庭法体系化的终点，而是再体系化的起点。婚姻家庭法完成向《民法典》形式上的回归。《民法典》婚姻家庭编是构建婚姻家庭法学理论体系的起点和基础。在法律适用和理论体系层面，身份法还需要实现向民法实质意义上的回归，即实现身份法与财产法体系相融贯，同时充分尊重身份法的特殊性。

建构中国自主的婚姻家庭法学知识体系的理论逻辑是婚姻家庭法学知识体系的两条红线和一个难题。建构中国自主的婚姻家庭法学知识体系，要重视对身份法律行为和身份权利的研究。身份法律行为和身份权利是身份法逻辑规范体系展开的两条红线。婚姻家庭法的特殊性何在，这是建构中国自主的婚姻家庭法学知识体系需要回答的一个经典难题。我们要重视对身份法律行为和身份权利的研究，研究身份法律行为的特殊性与民事法律行为的一般性、身份权利的特殊性与民事权利的一般性，实现身份法律行为和民事法律行为、身份权利和民事权利的体系融贯，推动婚姻家庭法完成向民法的实质回归。“一个更深层次的主题乃是婚姻家庭法向民法的回归方式。家庭关系的特殊性决定了这种回归并非简单地对民事规范的套用，如何在婚姻家庭法自身的特殊性与民法体系的自洽性之间找到平衡点，将是未来不可回避的理论难题。”[③] 有学者认为：法律行为理论多大程度上能适用到婚姻身份关系，夫妻财产制的构建，可谓婚姻法回归民法的“任督二脉”。婚姻法回归民法的基本思路可以归结为债，即主要依赖债权性质的法律手段去调整夫妻间的财产关系，在调整夫妻财产关系时宜采用债权手段。[④]

建构中国自主的婚姻家庭法学知识体系的实践逻辑是加强家庭家教家风建设的法治保障。建构中国自主的婚姻家庭法学知识体系，就要从法学角度深度诠释“家和万事

---

① 参见［德］萨维尼：《当代罗马法体系》（第1卷），朱虎译，中国法制出版社2010年版，第268页。

② 参见王雷：《建构中国婚姻家庭法学知识体系的三个维度》，载《光明日报》2023年11月10日，第11版。

③ 李贝：《〈民法典〉时代隔代探望纠纷的裁判思路——从权利进路向义务进路的转向》，载《法商研究》2022年第4期，第145页。

④ 参见贺剑：《论婚姻法回归民法的基本思路：以法定夫妻财产制为重点》，载《中外法学》2014年第6期，第1500－1501页、第1521页；贺剑：《意思自治在假结婚、假离婚中能走多远？——一个公私法交叉研究》，载《华东政法大学学报》2022年第5期，第20页。

兴”的家庭生活思维和家事法治思维，助力发挥家庭家教家风在基层治理中的重要作用。婚姻家庭法学知识体系要诠释家庭文明的新时代内涵，发挥法治在加强家庭家教家风建设中的保障作用，厚植家庭文明的法治土壤。平等、敬爱、忠实、团结等是家庭文明的核心内涵和基本“法理”。婚姻家庭法学知识体系应该重视探讨应对家庭伦理共同体新挑战的系统法律举措和具体方案。

诚如杨大文教授所言，我国婚姻家庭法的理论研究现状是基础理论研究薄弱，研究方法单一，主要的研究方法还是注释和比较研究。① 婚姻家庭法学者需要坚持以中国特色社会主义法治理论为指导，立足我国国情和实际，加强对婚姻家庭法律制度的基础理论和方法论研究，尽快构建体现我国社会主义性质，具有鲜明中国特色、实践特色、时代特色的婚姻家庭法学理论体系和话语体系。②

婚姻家庭法学者还需要加大对婚姻家庭法与民商法其他部门法之间交叉融合和适用衔接的研究。例如，要想理解夫妻人身关系，就需要以对人格权法的深刻理解为基础；要想深入理解夫妻共同财产制，就需要深刻理解物权法上的所有权制度；要想深入研究离婚损害赔偿制度，就必须深刻理解侵权责任制度。

本章司法裁判 案例节选

唐某诉李某某、唐某乙法定继承纠纷案

基本案情：唐某甲与被告李某某系夫妻关系，二人生育一子唐某乙。唐某甲与前妻曾生育一女唐某，离婚后由其前妻抚养。唐某甲父母均早已去世。唐某甲于 2011 年 9 月 16 日突发疾病死亡，未留下遗嘱。2010 年 10 月 2 日，唐某甲与被告李某某签订“分居协议书”，双方约定唐某甲、李某某的感情已经破裂，决定分居，采取离异不离家的方式解决感情破裂的问题。双方财产作如下切割：房产 1 和房产 2 归李某某所有。房产 3 和房产 4 归唐某甲所有。关于房产 1，2002 年 12 月 16 日，唐某甲作为买受人购买，截至唐某甲去世时间点，该房屋仍登记在唐某甲名下，尚欠银行房贷未偿还。

裁判摘要：夫妻之间达成的婚内财产分割协议是双方通过订立契约对采取何种夫妻财产制所作的约定，是双方协商一致对家庭财产进行内部分配的结果，在不涉及婚姻家庭以外第三人利益的情况下，应当尊重夫妻之间的真实意思表示，按照双方达成的婚内财产分割协议履行，优先保护事实物权人，不宜以产权登记作为确认不动产权属的唯一依据。

争议焦点：房产 1 的权属问题以及其应否作为唐某甲的遗产予以继承。

裁判结论：房产 1 归李某某所有，并由李某某偿还剩余贷款。

---

① 参见［英］安东尼·W. 丹尼斯、罗伯特·罗森：《结婚与离婚的法经济学分析》，王世贤译，法律出版社 2005 年版，中译本杨大文序。

② 习近平要求：“加强我国民事法律制度理论研究。改革开放以来，我国民法理论研究和话语体系建设取得了明显成效，但同日新月异的民法实践相比还不完全适应。要坚持以中国特色社会主义法治理论为指导，立足我国国情和实际，加强对民事法律制度的理论研究，尽快构建体现我国社会主义性质，具有鲜明中国特色、实践特色、时代特色的民法理论体系和话语体系，为有效实施民法典、发展我国民事法律制度提供理论支撑。”习近平：《充分认识颁布实施民法典重大意义 依法更好保障人民合法权益》，载《求是》2020 年第 12 期。这是习近平 2020 年 5 月 29 日在十九届中央政治局第二十次集体学习时的讲话。

裁判理由：唐某甲与李某某签订的“分居协议书”是婚内财产分割协议，而非离婚财产分割协议，是双方通过订立契约对采取何种夫妻财产制所作的约定。就物权法与婚姻法在调整本案所涉及婚姻家庭领域内财产关系时的衔接与适用问题，应以优先适用婚姻法的相关规定处理为宜。在调整夫妻财产关系领域，物权法应当保持谦抑性，对婚姻法的适用空间和规制功能予以尊重，尤其是夫妻之间关于具体财产制度的约定不宜由物权法过度调整，应当由婚姻法去规范评价。物权法上的不动产登记公示原则在夫妻财产领域中没有强制适用的效力。唐某甲与李某某所签“分居协议书”已经确定房产 1 归李某某一人所有，虽仍登记在唐某甲名下，并不影响双方对上述房屋内部处分的效力。当夫妻婚后共同取得的不动产物权归属发生争议时，不宜以产权登记作为确认不动产权属的唯一依据，只要有充分证据足以确定该不动产的权属状况，且不涉及第三人利益，就应当尊重夫妻之间的真实意思表示，按照双方达成的婚内财产分割协议履行。对于夫妻家庭关系内的财产问题，应当优先适用婚姻法的相关规定。虽然房产 1 登记在唐某甲名下，双方因房屋贷款之故没有办理产权过户登记手续，但物权法的不动产登记原则不应影响婚内财产分割协议关于房屋权属约定的效力。且结合唐某甲与李某某已依据“分居协议书”各自占有、使用、管理相应房产之情形，应当将房产 1 认定为李某某的个人财产，而非唐某甲之遗产予以法定继承。①

教学评析：本案裁判结论值得赞同。但裁判理由中认为夫妻之间的约定财产制应纳入非依法律行为即可发生物权变动效力范畴的观点，值得商榷。夫妻约定财产制属于身份法律行为中的身份关系协议。基于身份关系协议引发物权变动，如何协调《民法典》婚姻家庭编与物权编的适用关系，是理论和实践难题。

本章深度阅读

1. 恩格斯．家庭、私有制和国家的起源//马克思恩格斯选集：第 4 卷．北京：人民出版社，1972.

2. 费孝通．乡土中国 生育制度．北京：北京大学出版社，1998.

3. 滋贺秀三．中国家族法原理．张建国，李力，译．北京：商务印书馆，2013：第一章，第二章。

4. 王利明．体系化视野下《民法典》婚姻家庭编的适用：兼论婚姻家庭编与其他各编的适用关系．当代法学，2023（1).

5. 冉克平．夫妻团体法：法理与规范．北京：北京大学出版社，2022.

6. 王雷．家庭文明建设在民法典中的体现．山东大学学报（哲学社会科学版），2021（3).

7. 贺剑．论婚姻法回归民法的基本思路：以法定夫妻财产制为重点．中外法学，2014（6).

8. 申晨．《民法典》婚姻家庭编与各分编衔接解释论．荆楚法学，2022（4).

9. 王雷．《民法典》婚姻家庭编适用衔接问题研究．法学杂志，2023（6).

---

① 载《最高人民法院公报》2014 年第 12 期。

10. 唐某诉李某某、唐某乙法定继承纠纷案．最高人民法院公报，2014（12）.
11. 石某诉邓某芬人身损害赔偿案．最高人民法院公报，2000（2）.

本章问题与思考

1. 中国法学会2013年6月发布的《中国法治建设年度报告》（2012）指出："2012年，各级人民法院审结各类一审民事案件7 206 331件，标的额12 696.91亿元。其中，合同纠纷案件占51.62%，婚姻家庭、继承纠纷案件占22.86%，侵权、权属等方面的纠纷案件占25.52%。"中国法学会2012年7月发布的《中国法治建设年度报告》（2011）指出："人民法院坚持能动司法理念，依法促进经济平稳较快发展，切实保障人民群众合法权益。2011年，各级法院共审结各类一审民商事案件6 558 621件，标的额10 156.59亿元。其中，合同纠纷案件占50.12%，婚姻家庭、继承纠纷案件占24.54%，侵权、权属等方面的纠纷案件占25.34%。"可见，婚姻家庭、继承纠纷案件在民事案件中占据非常重要的比重。

参考以上数据资料，请分析是否幸福的婚姻不需要婚姻家庭法，不幸的婚姻才需要婚姻家庭法。

答题指引：分析法律规范和非法律规范在维护婚姻关系稳定性上的不同作用。

2. 2021年三八妇女节当天，@丽人丽妆翁某华在微博上以一个全职太太的身份，公开喊话@丽人丽妆黄某，"想联系到他，想让他回归家庭"。截至2021年3月10日收盘，丽人丽妆股价跌8%，报27.65元/股。受该事件影响，两个交易日，丽人丽妆最高时市值跌去约30亿元。

请结合该事例思考婚姻家庭法和公司法的关系。

答题指引：婚后所得登记在夫妻一方名下的股权，区分股权的不同内容讨论婚姻家庭法与公司法的适用衔接。

3. 有学者认为，对婚姻家庭关系，《民法典》婚姻家庭编"内部适用当然大于内部续造，内部续造大于民总适用，民总适用大于其他编的适用，在此之后才是法律设置的两个准用，之后才是对其他编的一个类推适用的问题"①。有学者认为："身份法的规定自成一个范畴，应优先适用。如果其中没有明文规定，则应类推适用身份法其他规定；若实在没有规定，才回到民法总则中寻找规定，但民法总则的规定，不得抵触身份法的特质。"②

请结合婚姻家庭关系的特殊性，对上段中的这些法律适用方法作评析。

答题指引：协调好婚姻家庭编与《民法典》其他各编的适用衔接关系，是婚姻家庭法实质回归民法的必由之路，婚姻家庭关系的特殊性则是在适用衔接过程中选取不同法律适用方法的决定性因素。

4. 有学者认为："总则编与婚姻家庭编的关系是一般与例外的关系，具体表现为：婚姻家庭编有特别规定的，应优先适用婚姻家庭编的特别规定，即排除《民法典》总则

---

① 刘征峰：《民法典体系中家庭关系法律适用和续造的顺序》，载微信公众号"与民法典同行"2022年6月17日。
② 张伟主编：《婚姻家庭继承法学》，法律出版社2021年版，第15页（张伟教授执笔）。

编的适用。婚姻家庭编无特别规定的，在不违反亲属身份行为特性的前提下，可以适用《民法典》总则编的规定，必要时可以作扩张或限缩解释。完全适用《民法典》总则编的情形：《民法典》总则编关于权利能力、宣告失踪与死亡、代理、民事责任、诉讼时效等一般性规定，均可以适用于婚姻家庭法领域。”[①]

请结合婚姻家庭编和总则编的关系，对上段中的法律适用方法作评析。

答题指引：结合总则编的不同制度讨论对婚姻家庭编中不同问题的适用方法。

5. 婚姻家庭法和继承法调整因婚姻家庭、继承产生的民事关系，包括亲属间的人身关系和财产关系，为什么婚姻家庭法和继承法却常被称为“身份法”?

答题指引：分析亲属间人身关系和财产关系的关联，明晰婚姻家庭法和继承法调整对象矛盾的主要方面。

6. 有学者认为：“亲属法上规定，大半具有强行法性质，即不应适用私法自治之原则。”[②] “婚姻家庭法中的规范大部分是强制性规范。”[③] “《民法典》婚姻家庭编以强制性规范为主。”[④] “虽然在家庭法的总体演进中，意思自治的空间得到扩展，但家庭法以强制性规范为主的特征未发生根本变化。”[⑤]

请分析《民法典》婚姻家庭编法律规范的任意性和强行性品格。

答题指引：思考如果婚姻家庭编法律规范以强制性为主，是否有悖民法私法品格。

7. （考研真题改编）甲乙是一对夫妻，后二者协议离婚，儿子由丈夫抚养，但该协议约定：男方在孩子未成年期间离开本来居住地点。

问：根据民法中民事法律行为生效的要件，该协议是否具有拘束力?

答题指引：分析身份关系协议如何适用民事法律行为的一般规定，附条件民事法律行为制度对身份关系协议是否具有可适用性。

---

① 李永军主编：《中国民法学》（第4卷・婚姻继承），中国民主法制出版社2022年版，第15页（金眉教授执笔）。

② 陈棋炎、黄宗乐、郭振恭：《民法亲属新论》（修订十四版），三民书局股份有限公司2018年版，第18页。

③ 魏振瀛主编：《民法》（第8版），北京大学出版社2021年版，第628页（郭明瑞教授执笔）。

④ 谭启平主编：《中国民法学》（第3版），法律出版社2021年版，第652页（朱凡教授执笔）。

⑤ 刘征峰：《民法典中身份关系法律适用的原则与例外》，载《中国法律评论》2022年第4期，第81页。

第二章　婚姻家庭法的立法变迁

本章重点知识

1. 1950 年 5 月 1 日起施行的《婚姻法》是新中国成立后第一部法律，1980 年通过的《婚姻法》，于 2001 年被修正。民事单行法时代的婚姻家庭法呈现出多层次多元化的特点和分散混乱的弊端，需借助民法典加以体系化。

2. 1950 年《婚姻法》意味着婚姻法与民法二元并立体制的开始。1986 年《民法通则》第 2 条实际上宣布婚姻家庭法向民法形式上回归的开始。2020 年《民法典》宣布婚姻家庭法向民法形式上回归的完成。《民法典》婚姻家庭编推动婚姻家庭法的体系化。

3. 《民法典》婚姻家庭编是形式意义上的婚姻家庭法，但不等于婚姻家庭法的全部，婚姻家庭法还包括其他实质意义上的婚姻家庭法，其他实质意义上的婚姻家庭法对应《民法典》之外调整婚姻家庭关系的单行法律法规等。我们需要协调形式意义上婚姻家庭法和其他实质意义上婚姻家庭法的适用关系。

4. 我们要聚焦《民法典》婚姻家庭编需要把握好核心要义和重点问题，阐释好民法典基本原则在婚姻家庭编的具体化，阐释好婚姻家庭编关于促进家庭和谐的基本要求和立法宗旨，阐释好婚姻家庭编的一系列新规定新概念新精神。《民法典》婚姻家庭编的立法重点问题体现在《关于〈中华人民共和国民法典（草案）〉的说明》所对应的婚姻家庭编的主要内容。

婚姻家庭法的立法宗旨是促进家庭和谐。婚姻家庭受国家保护和重视家庭文明建设是婚姻家庭法学价值体系展开的红线。

5. 《民法典》关乎感情的建立、维持和增进。爱需要法律，法律在规制爱的过程中需要与其他社会规范相协调。《民法典》是感情的试金石。《民法典》是友情、爱情和亲情的试金石。

本章知识逻辑图

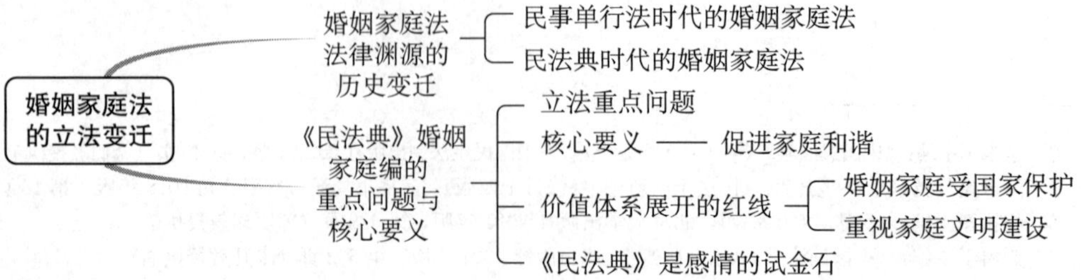

第一节 婚姻家庭法法律渊源的历史变迁

一、民事单行法时代的婚姻家庭法

从司法的角度看，狭义的民法法源不包括宪法在内，不能直接适用宪法解决民事纠纷，宪法上规定的公民基本权利等条款需要通过民法的概括条款或者不确定法律概念来间接适用于民法领域。宪法在法律适用的合宪性解释环节也能够得到间接的适用。从立法上看，民事立法当然需要以宪法为依据，我国《民法通则》第1条、《物权法》第1条等均有“根据宪法”的立法权源条款。1982年《宪法》第25条规定：“国家推行计划生育，使人口的增长同经济和社会发展计划相适应。”第49条规定：“婚姻、家庭、母亲和儿童受国家的保护。”“夫妻双方有实行计划生育的义务。”“父母有抚养教育未成年子女的义务，成年子女有赡养扶助父母的义务。”“禁止破坏婚姻自由，禁止虐待老人、妇女和儿童。”《宪法》的这些规定都成为婚姻家庭法的立法依据和合宪性解释的根据。

1950年5月1日起施行的《婚姻法》是新中国成立后第一部法律，先于1954年《宪法》及其他各部门法而颁行。黑格尔曾经指出：“婚姻制度被称为神的或英雄的建国事业中的环节之一。”[①] 1950年《婚姻法》不是“离婚法”、“妇女法”或者“拆家法”，而是批评封建的婚姻关系和家庭关系，宣传“夫妻互敬互爱、团结生产”的新型婚姻关系和家庭关系的法律。1950年《婚姻法》废除封建主义婚姻制度，实行男女婚姻自由、一夫一妻、男女权利平等、保护妇女和子女合法利益的新民主主义婚姻制度，建立民主和睦、团结幸福的家庭。1950年《婚姻法》一开始遭到部分男子、父母、公婆的抵制与曲解。[②] 1953年3月至5月，中央曾在全国范围内组织开展贯彻婚姻法运动[③]，对婚姻法的普法宣传策略逐渐从“阶级斗争”到“思想斗争”。

1980年《婚姻法》立法中争议较大的问题是法定婚龄和离婚标准。1980年通过的《婚姻法》，于2001年被修正。有学者将这个立法变迁过程概括为“两部婚姻法 三个里程碑”[④]。根据《婚姻法》第1条，《婚姻法》是调整婚姻家庭关系的基本准则。实质意义上的婚姻家庭法则主要包括1980年《婚姻法》、1991年《收养法》这两部直接调整婚姻家庭关系的专门性法律，和1991年《未成年人保护法》、1992年《妇女权益保障法》、1994年《母婴保健法》、1996年《老年人权益保障法》、2001年《人口与计划生育法》等法律中涉及婚姻家庭关系的条款。此外，婚姻家庭法的法律渊源还包括《婚姻登记条例》《中国公民收养子女登记办法》等行政法规，《婚姻法司法解释一》《婚姻法司法解

① ［德］黑格尔：《法哲学原理》，范扬、张企泰译，商务印书馆1961年版，第184页。

② 参见林子：《与谁相干：1950年〈婚姻法〉宣传的策略转向与话语建构》，载《开放时代》2022年第4期，第179页。

③ 参见政务院：《关于贯彻婚姻法的指示》，1953年2月1日发布；刘景范：《中央贯彻婚姻法运动委员会关于贯彻婚姻法运动的总结报告（一九五三年十一月十一日）》，载《党的文献》2010年第3期，第19-22页。

④ 杨大文：《两部婚姻法 三个里程碑》，载《光明日报》2011年3月4日。

释二》《婚姻法司法解释三》等司法解释。婚姻家庭法既调整婚姻关系，又调整家庭关系；既规范亲属人身关系，又规范亲属财产关系。

民事单行法时代的婚姻家庭法呈现出多层次多元化的特点和分散混乱的弊端，需借助民法典加以体系化。例如，1991 年《收养法》成为 1980 年《婚姻法》之外的特别法。"就逻辑而论，由于收养只是亲权发生的一种事实根据，收养法也只能作为婚姻家庭法的一个组成部分而存在，而不能游离于婚姻家庭法之外，成为与婚姻家庭法并列的法律。因此，在制定我国民法典时，绝不应当将'收养法'作为与'婚姻家庭法'并列的一编，而应当将其纳入'婚姻家庭编'中规定。"①

二、民法典时代的婚姻家庭法

（一）婚姻家庭编推动婚姻家庭法的体系化

1950 年《婚姻法》意味着婚姻法与民法二元并立体制的开始。1986 年《民法通则》第 2 条实际上宣布婚姻家庭法向民法形式上回归的开始。有学者认为，《民法通则》第 2 条、第 103 条和第 104 条"这些规定宣告了婚姻家庭法的民法归属，开启了学界重新认识婚姻家庭法与民法关系的学术之旅"②。

2020 年《民法典》宣布婚姻家庭法向民法形式上回归的完成，人身关系法的拼图也由此完整。《民法典》作为"社会生活的百科全书"名副其实，市场经济生活和伦理家庭生活都离不开《民法典》。

婚姻家庭法与民法，分久必合，从分立到回归，婚姻家庭编最终成为《民法典》的一编，推动婚姻家庭法的体系化。婚姻家庭法与民法的关系也完成从白马非马的认识到白马亦马的定位。

《民法典》婚姻家庭编推动婚姻家庭法的体系化，婚姻家庭法的体系化还离不开妥当协调与其他编的关系，妥当界定婚姻家庭编的时间效力以协调与《婚姻法》的关系。

例如，以结婚为条件的房产赠与合同，结婚后，丈夫如约将房产过户登记给妻子，该房屋属于妻子婚后所得的个人财产还是共同财产？从物权编角度看，妻子是婚后取得的房产物权。但根据结婚赠与合同的约定和房产登记信息，可以确定该房产符合《民法典》第 1063 条第 3 项对应的情形——"遗嘱或者赠与合同中确定只归一方的财产"。

又如，《民法典》第 1067 条第 2 款规定："成年子女不履行赡养义务的，缺乏劳动能力或者生活困难的父母，有要求成年子女给付赡养费的权利。"第 1075 条第 2 款规定："由兄、姐扶养长大的有负担能力的弟、妹，对于缺乏劳动能力又缺乏生活来源的兄、姐，有扶养的义务。"第 1118 条第 1 款第一句规定："收养关系解除后，经养父母抚养的成年养子女，对缺乏劳动能力又缺乏生活来源的养父母，应当给付生活费。"第 1130 条

---

① 李开国：《评〈民法草案〉的体系结构》，载《现代法学》2004 年第 4 期。

② 薛宁兰：《与立法相伴前行：七十年来的婚姻家庭法学研究》，载《暨南学报（哲学社会科学版）》2019 年第 10 期，第 15 页。

第 2 款规定："对生活有特殊困难又缺乏劳动能力的继承人，分配遗产时，应当予以照顾。"第 1141 条规定："遗嘱应当为缺乏劳动能力又没有生活来源的继承人保留必要的遗产份额。"第 1159 条规定："分割遗产，应当清偿被继承人依法应当缴纳的税款和债务；但是，应当为缺乏劳动能力又没有生活来源的继承人保留必要的遗产。"结合这一组条文作整体类推适用，可以发现《民法典》第 1067 条第 2 款存在法律漏洞，应该将该款中的"缺乏劳动能力或者生活困难的父母"修改为"缺乏劳动能力又缺乏生活来源的父母"。此外，"缺乏生活来源"与"没有生活来源"在价值判断上也有差别。

再如，《婚姻法》第 10 条规定："有下列情形之一的，婚姻无效：……（三）婚前患有医学上认为不应当结婚的疾病，婚后尚未治愈的……"《民法典》不再把"患有医学上认为不应当结婚的疾病"的婚姻认定为无效，而是通过第 1053 条告知义务和可撤销婚姻解决。《民法典》施行前"患有医学上认为不应当结婚的疾病"的婚姻效力应当认定为无效还是可撤销？如何协调《民法典》和《婚姻法》的时间效力？《最高人民法院关于适用〈中华人民共和国民法典〉时间效力的若干规定》第 3 条规定："民法典施行前的法律事实引起的民事纠纷案件，当时的法律、司法解释没有规定而民法典有规定的，可以适用民法典的规定，但是明显减损当事人合法权益、增加当事人法定义务或者背离当事人合理预期的除外。"并类推适用《最高人民法院关于适用〈中华人民共和国民法典〉时间效力的若干规定》第 8 条规定："民法典施行前成立的合同，适用当时的法律、司法解释的规定合同无效而适用民法典的规定合同有效的，适用民法典的相关规定。"《民法典》施行前"患有医学上认为不应当结婚的疾病"的婚姻效力认定为可撤销，更有利于维持身份关系的安定性。

（二）《民法典》之外婚姻家庭法的体系化

《民法典》婚姻家庭编是形式意义上的婚姻家庭法，但不等于婚姻家庭法的全部，婚姻家庭法还包括其他实质意义上的婚姻家庭法，其他实质意义上的婚姻家庭法对应《民法典》之外调整婚姻家庭关系的单行法律法规等，如《民法典婚姻家庭编司法解释一》《民法典婚姻家庭编司法解释二》《母婴保健法》《人口与计划生育法》《妇女权益保障法》《未成年人保护法》《家庭教育促进法》《老年人权益保障法》《残疾人保障法》《反家庭暴力法》《婚姻登记条例》等等。《民法典婚姻家庭编司法解释一》有 91 个条文，《民法典婚姻家庭编司法解释二》有 23 个条文，《民法典》婚姻家庭编只有 79 个条文。我们需要协调形式意义上婚姻家庭法和其他实质意义上婚姻家庭法的适用关系。

（1）婚前医学检查证明是否为结婚登记所必需？《婚姻登记条例》与《母婴保健法》规定不一致，何者应被修改？这涉及《民法典》《母婴保健法》《婚姻登记条例》的体系化和适用衔接问题。

1994 年《婚姻登记管理条例》（已失效）第 9 条第 3 款曾规定："在实行婚前健康检查的地方，申请结婚登记的当事人，必须到指定的医疗保健机构进行婚前健康检查，向婚姻登记管理机关提交婚前健康检查证明。"《母婴保健法》（2017 年修正）第 12 条是强制婚检的法律依据，该条规定："男女双方在结婚登记时，应当持有婚前医学检查证明或者医学鉴定证明。"

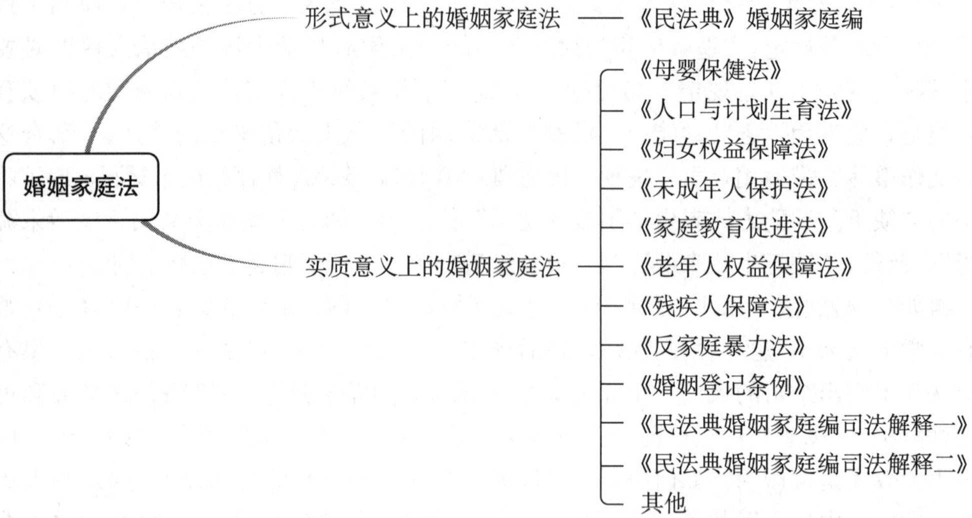

就婚前医学检查的范围，《母婴保健法》第8条第1款规定：“婚前医学检查包括对下列疾病的检查：（一）严重遗传性疾病；（二）指定传染病；（三）有关精神病。”针对不同的疾病，《母婴保健法》第9条规定暂缓结婚的法律后果：“经婚前医学检查，对患指定传染病在传染期内或者有关精神病在发病期内的，医师应当提出医学意见；准备结婚的男女双方应当暂缓结婚。”第10条规定不生育方可结婚的法律后果：“经婚前医学检查，对诊断患医学上认为不宜生育的严重遗传性疾病的，医师应当向男女双方说明情况，提出医学意见；经男女双方同意，采取长效避孕措施或者施行结扎手术后不生育的，可以结婚。但《中华人民共和国婚姻法》规定禁止结婚的除外。”第38条规定：“本法下列用语的含义：指定传染病，是指《中华人民共和国传染病防治法》中规定的艾滋病、淋病、梅毒、麻疯病以及医学上认为影响结婚和生育的其他传染病。严重遗传性疾病，是指由于遗传因素先天形成，患者全部或者部分丧失自主生活能力，后代再现风险高，医学上认为不宜生育的遗传性疾病。有关精神病，是指精神分裂症、躁狂抑郁型精神病以及其他重型精神病。产前诊断，是指对胎儿进行先天性缺陷和遗传性疾病的诊断。”

婚前医学检查应当鼓励，倡导婚检，但须坚持婚检自愿原则，不必也不宜实施强制婚检。强制婚检制度无益于“优生优育”。婚检结果涉及自然人隐私，婚姻自主权属于民事权利，强制婚检属于立法保留事项，政府不应过度介入，公权力不应干涉婚姻自由。2003年《婚姻登记条例》第5条第1款规定：“办理结婚登记的内地居民应当出具下列证件和证明材料：（一）本人的户口簿、身份证；（二）本人无配偶以及与对方当事人没有直系血亲和三代以内旁系血亲关系的签字声明。”2003年《婚姻登记条例》不再强制婚检，结婚登记不再需要提交“婚前医学检查证明”。

《母婴保健法》第12条和2003年《婚姻登记条例》第5条存在实质矛盾，《民法典》第1053条可以为此种法律实质冲突破题。《民法典》第1053条规定：“一方患有重大疾病的，应当在结婚登记前如实告知另一方；不如实告知的，另一方可以向人民法院请求撤销婚姻。”“请求撤销婚姻的，应当自知道或者应当知道撤销事由之日起一年内提出。”

《民法典》规定一方患有重大疾病的，应当在结婚登记前如实告知另一方，否则婚姻可撤销。《民法典》第 1053 条第 1 款“已经修改了《母婴保健法》关于强制性婚检的相关规定”[①]。“重大疾病在结婚中仍是有法律意义的事项。但其规范目的在于，维护诚实守信，不可欺诈。”[②]

2021 年 12 月 21 日《全国人民代表大会常务委员会法制工作委员会关于 2021 年备案审查工作情况的报告》指出：“国务院《婚姻登记条例》规定的办理结婚登记应出具的证明材料中，不包括婚前医学检查证明。有公民对此规定提出审查建议，认为该规定与母婴保健法关于结婚登记应当持有婚前医学检查证明的规定不一致。我们审查认为，自 2003 年 10 月《婚姻登记条例》实施以来，婚前医学检查事实上已成为公民的自愿行为；2021 年 1 月实施的《民法典》规定了婚前重大疾病的告知义务，将一方隐瞒重大疾病作为另一方可以请求撤销婚姻的情形予以规定，没有再将‘患有医学上认为不应当结婚的疾病’规定为禁止结婚的情形。我们与国务院有关部门沟通，推动根据民法典精神适时统筹修改完善有关法律法规制度。”有学者认为：“应按照民法典精神的方向去解释宪法第 49 条所保障的婚姻自由：国家应当更加尊重婚姻的个人自由属性，而不是站在社会本位的立场去认识婚姻自由。”“婚前医学检查交由结婚双方主体自主决定，国家加以适当引导（宣传教育、规范服务、免费婚检等），应是可行的改革方向。这也是《母婴保健法》应有的修法方向。”[③]《妇女权益保障法》第 62 条规定：“国家鼓励男女双方在结婚登记前，共同进行医学检查或者相关健康体检。”

（2）永城“女友婚检疑似艾滋”事件中，如何保护妻子（结婚登记前为女友）的隐私权和丈夫（结婚登记前为男友）的知情权？这涉及《民法典》《母婴保健法》《艾滋病防治条例》的体系化和适用衔接问题，也涉及《民法典》内部人格权编、婚姻家庭编和侵权责任编的适用衔接。

妻子隐瞒艾滋病史，婚前体检时永城市妇幼保健院医生对丈夫称“一切正常”，夫妻登记结婚，随后该市疾控中心通知妻子已经确诊为 HIV 阳性，随后丈夫也被确诊感染，丈夫得悉真相后质问医院。对方最后无奈地告知：“你老婆当时就已经被诊断出患有艾滋病了，我们也给出了建议不适合结婚。之所以没当面告知你，是因为国家对艾滋病患者有特殊的保密协议。患者不愿意公开，我们就没有权利标明。”丈夫以妇幼保健院在婚前体检时没有及时告知结果为由起诉做体检的这家医院。经过法院调查发现，其妻与其结婚前早就已经被确诊了。

《母婴保健法》《艾滋病防治条例》都没有规定婚检医疗机构对医学上认为影响结婚和生育的艾滋病病毒感染者的配偶（或未来的配偶）的告知义务。《艾滋病防治条例》第 39 条第 2 款还规定：“未经本人或者其监护人同意，任何单位或者个人不得公开艾滋病病毒感染者、艾滋病病人及其家属的姓名、住址、工作单位、肖像、病史资料以及其他可能推断出其具体身份的信息。”但卫生部 2002 年《婚前保健工作规范（修订）》在

① 王利明：《论〈民法典〉实施中的思维转化——从单行法思维到法典化思维》，载《中国社会科学》2022 年第 3 期，第 14 页。

② 王贵松：《强制婚检制该何去何从》，载微信公众号“中国民商法律网”2022 年 1 月 25 日。

③ 王贵松：《强制婚检制该何去何从》，载微信公众号“中国民商法律网”2022 年 1 月 25 日。

婚前医学检查第 4 条要求，发现指定传染病在传染期内、有关精神病在发病期内或其他医学上认为应暂缓结婚的疾病时，婚前医学检查单位应向接受婚前医学检查的当事人出具“婚前医学检查证明”，并在“医学意见”栏内注明“建议暂缓结婚”。如此既可以保护患者的隐私权，又能契合婚检目的，保护患者配偶的知情权。有学者认为，此种情形下，医疗机构告知义务的确定，应当考虑专家的特殊身份，结合相关法律法规的规定，综合考虑各方当事人的利益，妥当确定。医疗机构应该注明婚检的结论是“暂缓结婚”，但并不必告知具体的理由。[①] 医疗机构违反法定告知义务，违反诊疗规范的规定，根据《民法典》第 1222 条，医疗机构有过错，类推适用《民法典》第 1198 条，医疗机构应该承担相应的补充责任。

《艾滋病防治条例》第 38 条规定艾滋病病毒感染者和艾滋病病人的法定作为义务，包括及时如实告知义务和采取必要的防护措施义务。《艾滋病防治条例》第 38 条规定：“艾滋病病毒感染者和艾滋病病人应当履行下列义务：（一）接受疾病预防控制机构或者出入境检验检疫机构的流行病学调查和指导；（二）将感染或者发病的事实及时告知与其有性关系者；（三）就医时，将感染或者发病的事实如实告知接诊医生；（四）采取必要的防护措施，防止感染他人。”“艾滋病病毒感染者和艾滋病病人不得以任何方式故意传播艾滋病。”妻子作为艾滋病病毒感染者，未向丈夫履行及时如实告知义务和采取必要的防护措施义务，根据《民法典》第 1165 条第 1 款，妻子构成不作为侵权，应当承担侵权责任。丈夫请求妻子承担侵权责任，是否受《民法典》第 1091 条离婚过错损害赔偿制度的限制？笔者认为，《民法典》第 1091 条和《民法典婚姻家庭编司法解释一》第 87 条不应成为丈夫在不离婚的情形下请求妻子承担侵权责任的法律障碍，此时的请求权基础可以不选第 1091 条，而选择第 1165 条第 1 款。无论夫妻采取分别财产制还是共同财产制，妻子对丈夫的侵权损害赔偿构成丈夫的婚内个人财产，符合《民法典》第 1063 条第 2、5 项的规定。离婚损害赔偿制度当然须以离婚为必要，但夫妻婚内侵权的请求权基础不局限于《民法典》第 1091 条，如果不支持夫妻婚内侵权之诉，而认为夫妻侵权之诉均以离婚为必要，反倒不利于身份关系的安定性和亲情修复。不支持夫妻婚内侵权之诉，只能使得此种侵权损害赔偿请求权适用《民法典》第 194 条诉讼时效中止制度或者类推适用《民法典总则编司法解释》第 37 条诉讼时效延后起算制度。

第二节　《民法典》婚姻家庭编的重点问题与核心要义

习近平强调：“要聚焦民法典总则编和各分编需要把握好的核心要义和重点问题，阐释好民法典关于民事活动平等、自愿、公平、诚信等基本原则，阐释好民法典关于坚持主体平等、保护财产权利、便利交易流转、维护人格尊严、促进家庭和谐、追究侵权

① 参见周友军：《河南永城婚检事件的民法分析》，载微信公众号“中国民商法律网”2016 年 1 月 14 日；任江、邵杨琦：《隐瞒重大疾病婚姻撤销权解释论》，载《温州大学学报（社会科学版）》2022 年第 4 期，第 12－21 页。

责任等基本要求，阐释好民法典一系列新规定新概念新精神。”[①] 我们要聚焦《民法典》婚姻家庭编需要把握好核心要义和重点问题，阐释好民法典基本原则在婚姻家庭编的具体化，阐释好婚姻家庭编关于促进家庭和谐的基本要求和立法宗旨，阐释好婚姻家庭编的一系列新规定新概念新精神。

一、婚姻家庭编的重点问题

《民法典》婚姻家庭编的立法重点问题体现在《关于〈中华人民共和国民法典（草案）〉的说明》所对应的婚姻家庭编的主要内容[②]，尤其是在《婚姻法》基础上有发展变化之处，包括家庭文明建设条款，最有利于被收养人原则，亲属、近亲属、家庭成员的范围界定，可撤销婚姻，夫妻共同债务的认定标准，亲子关系确认和否认之诉，离婚冷静期制度，分居满一年后再诉离婚制度，离婚后子女抚养，离婚经济补偿制度，离婚损害赔偿制度，被收养人的范围，收养人的条件，收养评估等。

有法官认为：“关于涉及身份关系协议的效力、履行、违约责任等如何参照适用合同编以及可以参照适用合同编的哪些规定，则有待审判实践去探索。”“将疾病婚从无效婚姻转变为可撤销婚姻。……存在重大疾病但又有结婚意愿的自然人享有缔结婚姻的自由。”“放宽了请求撤销胁迫婚姻的起算时间。”“赋予无效婚姻或者被撤销婚姻中，无过错方请求损害赔偿的权利。”“明确了夫妻共同财产的范围。”“共同财产的认定中，易产生争议的是婚姻关系存续期间，夫妻一方婚前财产投资收益的认定问题。……婚姻法司法解释二第五条规定，夫妻一方个人财产在婚后产生的收益，除孳息和自然增值外，应当认定为夫妻共同财产。根据司法解释精神的延续，‘投资收益’使用的是狭义的概念。”“夫妻对共同财产‘共同所有’并非物权编所规定的共同共有。……夫妻关系存续期间夫妻一方对于夫妻共同财产的处分，应该严格适用财产法的规范。”“对夫妻共同债务认定标准的系统化。”“增加婚姻关系存续期间特定情形也可以分割共同财产的规定。”“规范亲子关系确认和否认之诉。”“增加协议离婚的冷静期制度。”“增设应当准予离婚的情形。”“明确离婚子女抚养权的归属。”“对婚姻中无过错方加大了保护力度。”“扩大了离婚经济补偿的适用范围。”[③]

全国人大常委会法制工作委员会 2018 年 3 月 15 日《中华人民共和国民法典各分编（草案）》（征求意见稿）婚姻家庭编第 11 条第 4 项还曾规定婚姻无效的一种情形：“以伪造、变造、冒用证件等方式骗取婚姻登记的。”2018 年 9 月 5 日《民法典各分编（草案）》第 828 条第 4 项、2019 年 7 月 5 日《民法典婚姻家庭编（草案）》（二次审议稿）第 828 条第 4 项表述为：“以伪造、变造、冒用证件等方式骗取结婚登记的。”2019 年 10 月 31 日《民法典婚姻家庭编（草案）》（三次审议稿）第 828 条第 4 项删掉二次审议稿该

---

① 习近平：《充分认识颁布实施民法典重要意义 依法更好保障人民合法权益》，载《求是》2020 年第 12 期。这是习近平 2020 年 5 月 29 日在十九届中央政治局第二十次集体学习时的讲话。

② 参见王晨：《关于〈中华人民共和国民法典（草案）〉的说明——2020 年 5 月 22 日在第十三届全国人民代表大会第三次会议上》，http：//www.npc.gov.cn/npc/c30834/202005/50c0b507ad32464aba87c2ea65bea00d.shtml。

③ 余冬爱：《婚姻家庭编主要制度及对审判实践的影响》，载《人民法院报》2020 年 7 月 31 日，第 5 版。

项中“的”字。2021 年 12 月 28 日《民法典（草案）》第 1051 条规定：“有下列情形之一的，婚姻无效：（一）重婚；（二）有禁止结婚的亲属关系；（三）未到法定婚龄。”以伪造、变造、冒用证件等方式骗取结婚登记，相关婚姻效力如何？立法未予回应，仍须我们作类型化分析。

二、婚姻家庭编的核心要义

婚姻家庭编回归《民法典》。婚姻家庭编强调婚姻家庭受国家保护。家庭应当树立优良家风，弘扬家庭美德，重视家庭文明建设。这也是我国婚姻家庭鲜明的实践特色。婚姻家庭关系中注重尊重未成年子女的真实意愿。婚姻家庭法的核心要义/立法宗旨是促进家庭和谐。婚姻家庭受国家保护和重视家庭文明建设是婚姻家庭法学价值体系展开的红线。

《民法典》第 464 条第 2 款规定：“婚姻、收养、监护等有关身份关系的协议，适用有关该身份关系的法律规定；没有规定的，可以根据其性质参照适用本编规定。”法院目前倾向于不予受理忠诚协议问题。就夫妻忠诚协议的效力认定，可以结合第 1065 条和第 158 条，认定有些忠诚协议为附生效条件的夫妻财产约定。不能将忠诚协议与离婚财产分割协议混同。子女抚养费违约金可以参照适用合同编违约金调整规则。

离婚财产分割协议约定登记在一方名下的夫妻共同所有的房产归夫妻另一方所有，但随后未办理转移登记手续。离婚后，该房产因为登记名义人的个人债务被强制执行时，离婚财产分割新协议关于房屋产权的约定能否排除强制执行？如果申请执行人是房产的买受人，离婚协议中的房产归属约定未经公示无法对抗该买受人。如果申请执行人是房产的抵押权人，公示方法赋予其债权优先效力。如果申请执行人只是普通债权人，离婚协议约定时间在法院查封房产之前，夫妻不存在恶意逃债的情形，应当支持实际权利人阻却执行。①

婚姻家庭编具体界定亲属、近亲属和家庭成员的范围。第 1045 条：“亲属包括配偶、血亲和姻亲。”“配偶、父母、子女、兄弟姐妹、祖父母、外祖父母、孙子女、外孙子女为近亲属。”“配偶、父母、子女和其他共同生活的近亲属为家庭成员。”

第 1053 条规定重大疾病婚前告知义务：“一方患有重大疾病的，应当在结婚登记前如实告知另一方；不如实告知的，另一方可以向人民法院请求撤销婚姻。”“请求撤销婚姻的，应当自知道或者应当知道撤销事由之日起一年内提出。”婚姻家庭编“从禁止结婚的条件中删除了疾病婚，改为可撤销婚，更好地尊重和保护当事人的婚姻自主权及知情同意权”②。疾病婚由无效改为可撤销，将决定权交给婚姻关系的当事人。隐瞒同性恋偏好，而与异性结婚的，相关婚姻不适用《民法典》第 1053 条规定。③ 第 1054 条第 2

① 参见吴晓芳：《民法典婚姻家庭编修改部分及审判实践中的疑难问题》，载微信公众号“法言峰语”2020 年 9 月 14 日。

② 夏吟兰：《民法典时代的婚姻家庭编》，2020 年 7 月 14 日中国政法大学民商经济法学院“大师论典”民法典系列讲座第 6 讲暨“名家大讲堂”第 29 讲。

③ 参见《浙江女子崩溃：结婚十年发现老公喜欢男的！被骗生娃，还被净身出户》，载《潇湘晨报》2020 年 11 月 8 日。

款规定："婚姻无效或者被撤销的，无过错方有权请求损害赔偿。"

第 1062 条规定夫妻共同财产（共同所有）的范围。家和万事兴。中式快餐连锁品牌"真功夫"家庭式创业，婚姻瓦解后内忧开始，股东间明争暗斗，刑民交叉，互不相让，没有赢家。当当同样向我们展示中国式夫妻店的成与败，李某庆、俞某之间的争执焦点是对当当网系列公司的控制权。不论一方目前持有公司多高比例的股权，一旦夫妻离异，股权也面临重新分配的命运，这是夫妻经营公司的尴尬。

第 1060 条规定夫妻日常家事代理权："夫妻一方因家庭日常生活需要而实施的民事法律行为，对夫妻双方发生效力，但是夫妻一方与相对人另有约定的除外。""夫妻之间对一方可以实施的民事法律行为范围的限制，不得对抗善意相对人。"第 1062 条第 2 款规定夫妻对共同财产的平等处理权："夫妻对共同财产，有平等的处理权。"夫妻一方擅自将共同财产赠与婚外同居者，该赠与行为无效。

第 1064 条规定夫妻共同债务的认定标准："夫妻双方共同签名或者夫妻一方事后追认等共同意思表示所负的债务，以及夫妻一方在婚姻关系存续期间以个人名义为家庭日常生活需要所负的债务，属于夫妻共同债务。""夫妻一方在婚姻关系存续期间以个人名义超出家庭日常生活需要所负的债务，不属于夫妻共同债务；但是，债权人能够证明该债务用于夫妻共同生活、共同生产经营或者基于夫妻双方共同意思表示的除外。"

第 1065 条规定夫妻财产约定："男女双方可以约定婚姻关系存续期间所得的财产以及婚前财产归各自所有、共同所有或者部分各自所有、部分共同所有。约定应当采用书面形式。没有约定或者约定不明确的，适用本法第一千零六十二条、第一千零六十三条的规定。""夫妻对婚姻关系存续期间所得的财产以及婚前财产的约定，对双方具有法律约束力。""夫妻对婚姻关系存续期间所得的财产约定归各自所有，夫或者妻一方对外所负的债务，相对人知道该约定的，以夫或者妻一方的个人财产清偿。"《民法典婚姻家庭编司法解释一》第 32 条规定夫妻之间的赠与："婚前或者婚姻关系存续期间，当事人约定将一方所有的房产赠与另一方或者共有，赠与方在赠与房产变更登记之前撤销赠与，另一方请求判令继续履行的，人民法院可以按照民法典第六百五十八条的规定处理。"如何区分夫妻财产制约定和夫妻间的房产赠与？夫妻财产制约定可否不针对整体财产，而只针对夫妻某项财产如房产？丈夫将婚前房产变更登记到妻子名下，这属于夫妻财产约定，该房产应该作为妻子的个人财产，不能作为夫妻共同财产。

第 1066 条规定非常夫妻财产制："婚姻关系存续期间，有下列情形之一的，夫妻一方可以向人民法院请求分割共同财产：（一）一方有隐藏、转移、变卖、毁损、挥霍夫妻共同财产或者伪造夫妻共同债务等严重损害夫妻共同财产利益的行为；（二）一方负有法定扶养义务的人患重大疾病需要医治，另一方不同意支付相关医疗费用。"

第 1073 条规定亲子关系否认之诉和确认之诉："对亲子关系有异议且有正当理由的，父或者母可以向人民法院提起诉讼，请求确认或者否认亲子关系。""对亲子关系有异议且有正当理由的，成年子女可以向人民法院提起诉讼，请求确认亲子关系。"亲子关系否认之诉可能延伸出欺诈性抚养关系问题。"成年子女仅可以向法院提起确认亲子关系之诉，而不能提起否认之诉，其立法目的是防止成年子女逃避对养育其长大的老年父母的赡养义务。”[①]“将子女（包括未成年子女和成年子女）排除在亲子身份否认权人之外，与当代子女本位的亲子法理念相左。”[②]

父母以未成年子女房产设定抵押，相关抵押合同效力如何？《民法典》第35条规定：“监护人应当按照最有利于被监护人的原则履行监护职责。监护人除为维护被监护人利益外，不得处分被监护人的财产。”“未成年人的监护人履行监护职责，在作出与被监护人利益有关的决定时，应当根据被监护人的年龄和智力状况，尊重被监护人的真实意愿。”“成年人的监护人履行监护职责，应当最大程度地尊重被监护人的真实意愿，保障并协助被监护人实施与其智力、精神健康状况相适应的民事法律行为。对被监护人有能力独立处理的事务，监护人不得干涉。”如何确定“为维护被监护人利益”，如何“根据被监护人的年龄和智力状况，尊重被监护人的真实意愿”，须结合“被监护人的财产”的来源、处分的用途、处分形态的不同，作具体分析。监护人法定代理存在规则供应不足时，可以类推适用委托代理中狭义无权代理和表见代理规则，但因为涉及被监护人利益保护，相对人的审查注意义务应当更高。此外，《江苏省高级人民法院关于执行疑难问题的解答》也要求：“对于被执行人未成年子女名下与其收入明显不相称的较大数额存款，登记在被执行人未成年子女单方名下的房产、车辆或者登记在被执行人和其未成年子女名下的房产等，执行法院可以执行。”这就采取了实质主义的执行判断标准。

第1077条规定协议离婚冷静期制度：“自婚姻登记机关收到离婚登记申请之日起三十日内，任何一方不愿意离婚的，可以向婚姻登记机关撤回离婚登记申请。”“前款规定期限届满后三十日内，双方应当亲自到婚姻登记机关申请发给离婚证；未申请的，视为撤回离婚登记申请。”

针对离婚诉讼中的“久调不判”现象，第1079条第5款规定：“经人民法院判决不准离婚后，双方又分居满一年，一方再次提起离婚诉讼的，应当准予离婚。”

第1084条第3款规定：“离婚后，不满两周岁的子女，以由母亲直接抚养为原则。已满两周岁的子女，父母双方对抚养问题协议不成的，由人民法院根据双方的具体情况，按照最有利于未成年子女的原则判决。子女已满八周岁的，应当尊重其真实意愿。”隔代探望权未形成共识，故《民法典》未予规定。

第1087条规定离婚分割夫妻共同财产时照顾无过错一方：“离婚时，夫妻的共同财产由双方协议处理；协议不成的，由人民法院根据财产的具体情况，按照照顾子女、女方和无过错方权益的原则判决。”“对夫或者妻在家庭土地承包经营中享有的权益等，应当依法予以保护。”

第1091条对离婚无过错方加强保护，增加离婚损害赔偿的兜底性规定：“有下列情形之一，导致离婚的，无过错方有权请求损害赔偿：（一）重婚；（二）与他人同居；（三）实施家庭暴力；（四）虐待、遗弃家庭成员；（五）有其他重大过错。”《民法典婚姻家庭编司法解释一》第2条规定：“民法典第一千零四十二条、第一千零七十九条、第一千零九十一条规定的‘与他人同居’的情形，是指有配偶者与婚外异性，不以夫妻

① 夏吟兰：《婚姻家庭编的创新和发展》，载《中国法学》2020年第4期，第85页。
② 薛宁兰：《自然血亲亲子身份的法律推定》，载《清华法学》2023年第1期，第56－57页。

名义，持续、稳定地共同居住。”《刑法》第 258 条规定：“有配偶而重婚的，或者明知他人有配偶而与之结婚的，处二年以下有期徒刑或者拘役。”

第 1088 条规定离婚家务劳动补偿制度，取消了该制度的适用前提，离婚家务劳动补偿请求权不再以夫妻约定适用分别财产制度为前提条件，体现了公平原则：“夫妻一方因抚育子女、照料老年人、协助另一方工作等负担较多义务的，离婚时有权向另一方请求补偿，另一方应当给予补偿。具体办法由双方协议；协议不成的，由人民法院判决。”

第 1090 条规定离婚经济帮助制度：“离婚时，如果一方生活困难，有负担能力的另一方应当给予适当帮助。具体办法由双方协议；协议不成的，由人民法院判决。”第 366 条规定：“居住权人有权按照合同约定，对他人的住宅享有占有、使用的用益物权，以满足生活居住的需要。”

第 1093 条规定：“下列未成年人，可以被收养：（一）丧失父母的孤儿；（二）查找不到生父母的未成年人；（三）生父母有特殊困难无力抚养的子女。”第 1102 条规定：“无配偶者收养异性子女的，收养人与被收养人的年龄应当相差四十周岁以上。”第 1113 条规定：“有本法第一编关于民事法律行为无效规定情形或者违反本编规定的收养行为无效。”“无效的收养行为自始没有法律约束力。”

2020 年 4 月，媒体报道鲍某某性侵“养女”事件，引起社会极大关注。2020 年 9 月 17 日，最高人民检察院、公安部联合督导组通报“鲍某某涉嫌性侵韩某某案”调查情况：2015 年 10 月 10 日，鲍某某到南京与韩某某及其母亲见面，两人以“收养”名义开始交往并发展为两性关系。在两人交往过程中，鲍某某不知道韩某某真实年龄。经向民政部门了解，两人不符合法定收养条件，未办理收养手续，不存在收养关系。综合本案查证情况，鲍某某和韩某某存在同居行为和两性关系，但现有证据不能证实鲍某某违背韩某某意志，采用暴力、胁迫或者其他手段强行与其发生性关系，不能认定鲍某某的行为构成强奸罪。鲍某某明知其本人和韩某某的情况都不符合相关法律规定的收养和被收养条件，且在自认为韩某某系未成年人的情况下，仍以“收养”为名与韩某某交往且与其发生性关系，严重违背社会伦理道德和公序良俗，应当受到社会谴责。①

因婚姻家庭关系等产生的身份权利保护，婚姻家庭编有法律漏洞时，如何填补？第 1001 条规定：“对自然人因婚姻家庭关系等产生的身份权利的保护，适用本法第一编、第五编和其他法律的相关规定；没有规定的，可以根据其性质参照适用本编人格权保护的有关规定。”

三、《民法典》是感情的试金石

《民法典》是“社会生活的百科全书”。《民法典》是感情的试金石。中国是一个情谊大国、礼仪之邦。《民法典》如何纾解我们在友情、爱情和亲情中的懊恼和愁苦，以增进我们的欢喜和快乐？

---

① 参见《最高人民检察院、公安部联合督导组通报鲍某某涉嫌性侵案调查情况》，https：//www. spp. gov. cn/spp/qwfb/202009/t20200917_480227. shtml。

“家庭和私有财产这两个原始根基，仍然是适合现代社会之若干制度的源泉。家庭虽在变小，却会连续存在。我们发现，关于夫妇成家立业、传宗接代和财产继承的制度始终充满生机；至于私有财产，关于地产管理、农庄开发的制度也很发达。正是这些基础性的社会制度，支配着我们为人处世的态度。”① 德谟克利特说：“一个人的品质是他最好的守护神。”波塔利斯指出：“家庭是良好品性的圣殿：正是在其中，私德逐步培养为公德。”② 耶林在《为权利而斗争》一文中明确提出：“不是公法而是私法才是各民族政治教育的真正学校。”③ 情谊行为是人际友爱互助的体现，也是友善价值观的具体化。“民法学视野中的情谊行为是指行为人以建立、维持或者增进与他人相互关切、爱护的感情为目的，不具有受法律约束意思的，后果直接无偿利他的行为。”④ 纯粹的情谊行为不属于民事法律行为，而是处于法律调整范围之外的纯粹生活事实，法律不应当过度介入这一社会生活层面的关系，否则将使得社会生活规则被破坏殆尽。无偿合同可以归入情谊合同之下，情谊行为也可能构成情谊无因管理，情谊行为实施过程中还可能转化成情谊侵权行为，这些都已属于民事法律事实。中国特色情谊行为理论类型包括纯粹的情谊行为、情谊合同、情谊无因管理、情谊侵权行为、身份情谊行为，这些共同构成广义的情谊行为。情谊行为具有无偿性、无私利他性、不具有受法律约束的意思性等特征，情谊行为的施惠者欠缺受法律约束的意思是情谊行为的实质特征。《民法典》是友情、爱情和亲情的试金石。

(一)《民法典》是友情的试金石

通过意定监护，可以相托余生。《民法典》第 33 条规定意定监护制度：“具有完全民事行为能力的成年人，可以与其近亲属、其他愿意担任监护人的个人或者组织事先协商，以书面形式确定自己的监护人，在自己丧失或者部分丧失民事行为能力时，由该监护人履行监护职责。”

立法规定见义勇为救助者的损害救济机制，避免“英雄流血又流泪”。《民法典》第 183 条规定：“因保护他人民事权益使自己受到损害的，由侵权人承担民事责任，受益人可以给予适当补偿。没有侵权人、侵权人逃逸或者无力承担民事责任，受害人请求补偿的，受益人应当给予适当补偿。”

宽容无私利他行为，一定程度上宽容“好心办坏事”现象。《民法典》第 658 条规定：“赠与人在赠与财产的权利转移之前可以撤销赠与。”“经过公证的赠与合同或者依法不得撤销的具有救灾、扶贫、助残等公益、道德义务性质的赠与合同，不适用前款规定。”第 184 条规定：“因自愿实施紧急救助行为造成受助人损害的，救助人不承担民事责任。”

确立文体活动自甘冒险规则。《民法典》第 1176 条规定：“自愿参加具有一定风险的文体活动，因其他参加者的行为受到损害的，受害人不得请求其他参加者承担侵权责任；但是，其他参加者对损害的发生有故意或者重大过失的除外。”“活动组织者的责任

---

① ［法］莫里斯·奥里乌：《法源：权力、秩序和自由》，鲁仁译，商务印书馆 2015 年版，第 138 页。

② 转引自王利明：《民法典：国家治理体系现代化的保障》，载《中外法学》2020 年第 4 期，第 860 页。

③ ［德］鲁道夫·冯·耶林：《为权利而斗争》，郑永流译，法律出版社 2007 年版，第 17 页。

④ 王雷：《情谊行为、法外空间与民法对现实生活的介入》，载《法律科学》2014 年第 6 期，第 43 页。

适用本法第一千一百九十八条至第一千二百零一条的规定。”

引导宽容好意同乘，鼓励好事办到底。《民法典》第1217条规定：“非营运机动车发生交通事故造成无偿搭乘人损害，属于该机动车一方责任的，应当减轻其赔偿责任，但是机动车使用人有故意或者重大过失的除外。”

（二）《民法典》是爱情的试金石

《民法典》引导家庭树立优良家风，弘扬家庭美德，重视家庭文明建设。第1043条规定：“家庭应当树立优良家风，弘扬家庭美德，重视家庭文明建设。”“夫妻应当互相忠实，互相尊重，互相关爱；家庭成员应当敬老爱幼，互相帮助，维护平等、和睦、文明的婚姻家庭关系。”夫妻相处之道、夫妻爱情的经营之道是互相忠实，互相尊重，互相关爱。

《民法典》推进男女平等，第1047条规定：“结婚年龄，男不得早于二十二周岁，女不得早于二十周岁。”

《民法典》重视家庭文明建设。第1048条规定：“直系血亲或者三代以内的旁系血亲禁止结婚。”第1053条规定：“一方患有重大疾病的，应当在结婚登记前如实告知另一方；不如实告知的，另一方可以向人民法院请求撤销婚姻。”“请求撤销婚姻的，应当自知道或者应当知道撤销事由之日起一年内提出。”

2020年10月，杨某与表妹马某订立婚约，杨某付给马某彩礼14万元，同年11月双方在民政局登记结婚。2021年1月双方因生活琐事发生矛盾，马某遂回到娘家，杨某虽多次叫其回家，但遭到拒绝，马某还声称坚决要离婚。无奈杨某提起诉讼，要求离婚，并由马某返还其彩礼及其他财物合计16万元。案件审理中查明双方系表兄妹关系，两人明知三代以内的旁系血亲禁止结婚，但为了能够领取结婚证向民政部门隐瞒了表兄妹关系。宁夏回族自治区西吉县人民法院家事法官走访了双方父母并调取户籍信息后确定了表兄妹关系的事实，依据《民法典》关于三代以内的旁系血亲禁止结婚的规定，判决杨某与马某的婚姻无效，并对双方恶意规避法律禁止性规定的行为，给予严肃的批评教育。在返还彩礼问题上，办案法官将双方的家人请到法庭上，释法理情，调解促成双方达成协议，由马某当场返还杨某彩礼10万元。2021年4月10日，西吉县人民法院官方公众号对此案进行了通报。①

《民法典》要求夫妻应当互相忠实，互相忠实义务是广义的，包括人身关系上的互相忠实，也包括财产关系上的互相忠实。第1065条规定：“男女双方可以约定婚姻关系存续期间所得的财产以及婚前财产归各自所有、共同所有或者部分各自所有、部分共同所有。约定应当采用书面形式。没有约定或者约定不明确的，适用本法第一千零六十二条、第一千零六十三条的规定。”“夫妻对婚姻关系存续期间所得的财产以及婚前财产的约定，对双方具有法律约束力。”“夫妻对婚姻关系存续期间所得的财产约定归各自所有，夫或者妻一方对外所负的债务，相对人知道该约定的，以夫或者妻一方的个人财产

① 参见《表兄妹隐瞒关系领证结婚，三个月后闹离婚！法院判决婚姻无效，返还10万彩礼》，https：//www.sohu.com/a/460161710_120914498? spm=smpc.home.top-news6.4.1618187142508H23AY2U。

清偿。”第 1073 条规定：“对亲子关系有异议且有正当理由的，父或者母可以向人民法院提起诉讼，请求确认或者否认亲子关系。”“对亲子关系有异议且有正当理由的，成年子女可以向人民法院提起诉讼，请求确认亲子关系。”

《民法典》促进家庭和谐，第 1077 条离婚冷静期制度努力给夫妻修复感情的机会：“自婚姻登记机关收到离婚登记申请之日起三十日内，任何一方不愿意离婚的，可以向婚姻登记机关撤回离婚登记申请。”“前款规定期限届满后三十日内，双方应当亲自到婚姻登记机关申请发给离婚证；未申请的，视为撤回离婚登记申请。”

（三）《民法典》是亲情的试金石

遗嘱托孤，幼有所抚。《民法典》第 29 条规定：“被监护人的父母担任监护人的，可以通过遗嘱指定监护人。”

立法尊重未成年人的真实意愿，保障家事司法和其他涉未成年子女利益情形下未成年子女意见表达权，《民法典》第 31 条、第 35 条、第 38 条和第 1084 条等均有体现。《民法典》第 35 条第 2 款规定：“未成年人的监护人履行监护职责，在作出与被监护人利益有关的决定时，应当根据被监护人的年龄和智力状况，尊重被监护人的真实意愿。”第 1084 条第 3 款规定：“离婚后，不满两周岁的子女，以由母亲直接抚养为原则。已满两周岁的子女，父母双方对抚养问题协议不成的，由人民法院根据双方的具体情况，按照最有利于未成年子女的原则判决。子女已满八周岁的，应当尊重其真实意愿。”家事司法中与未成年子女的抚养、监护、探望等有关事项，法官可以直接询问、听取未成年子女的意见，也可以委托家事调查员了解未成年子女的意见。不是未成年子女的意愿而是未成年子女的权益才是至上的。“实现未成年子女利益最大化是家事司法未成年子女意见表达权保障的根本原因。”①

住有所居、居有所安。《民法典》第 366 条规定：“居住权人有权按照合同约定，对他人的住宅享有占有、使用的用益物权，以满足生活居住的需要。”

老有所养，晚年幸福。《民法典》第 1158 条规定：“自然人可以与继承人以外的组织或者个人签订遗赠扶养协议。按照协议，该组织或者个人承担该自然人生养死葬的义务，享有受遗赠的权利。”

代位继承、亲情相续。《民法典》第 1128 条规定：“被继承人的子女先于被继承人死亡的，由被继承人的子女的直系晚辈血亲代位继承。”“被继承人的兄弟姐妹先于被继承人死亡的，由被继承人的兄弟姐妹的子女代位继承。”“代位继承人一般只能继承被代位继承人有权继承的遗产份额。”

危急情况、口头遗嘱，保障财富传承。《民法典》第 1138 条规定：“遗嘱人在危急情况下，可以立口头遗嘱。口头遗嘱应当有两个以上见证人在场见证。危急情况消除后，遗嘱人能够以书面或者录音录像形式立遗嘱的，所立的口头遗嘱无效。”

孝思追忆、死者为大。民间习惯中的报丧也成为一种法定义务。《民法典》第 1150 条规定：“继承开始后，知道被继承人死亡的继承人应当及时通知其他继承人和遗嘱执行人。

---

① 刘敏：《家事司法中未成年子女意见表达权之保障》，载《人权》2023 年第 6 期，第 124 页。

继承人中无人知道被继承人死亡或者知道被继承人死亡而不能通知的，由被继承人生前所在单位或者住所地的居民委员会、村民委员会负责通知。”第10条规定：“处理民事纠纷，应当依照法律；法律没有规定的，可以适用习惯，但是不得违背公序良俗。”

（四）《民法典》关乎感情的建立、维持和增进

亚里士多德认为法律是没有感情的智慧，“法律恰正是全没有感情的。”[①] 对此论断应该结合语境作辩证理解。笔者认为，亚里士多德所谓“法律是没有感情的智慧”是相对于人治的主观恣意而言的。亚里士多德此论断正是在回答“由最好的一人或由最好的法律统治哪一方面较为有利？”[②] 过程中提出来的。亚里士多德认为虽然不能期望完全按照成文法的“周详细致”的通则来统治，但法律的通则式规定有利于避免个人感情用事的毛病，“只在法律所不能包括而失其权威的问题上才可让个人运用其理智”[③]。“法律恰正是全没有感情的”是针对通过法律尽力减少人治主观恣意而有损公正而言的，并不意味着法律无关于感情。

笔者认为：“法律并不以取爱而代之的办法，而是通过创造爱在其中得以生长的土壤来服务于爱。”[④] “如果从生活中排除掉亲爱和情谊，那么生活也就会失去一切乐趣。”[⑤] “法律也没有被排斥在亲密的个人关系之外。甚至在家庭中，以爱的方式去处理许多问题都要依靠法律……爱需要法律。”[⑥] “作为精神的直接实体性的家庭，以爱为其规定，而爱是精神对自身统一的感觉。因此，在家庭中，人们的情绪就是意识到自己是在这种统一中、即在自在自为地存在的实质中能够的个体性，从而使自己在其中不是一个独立的人，而成为一个成员。”[⑦] 爱需要法律，法律在规制爱的过程中也需要与伦理道德等其他社会规范相协调，以妥当界定“法外空间”与“法内空间”，防止法律对社会生活的过度“殖民化”。“法律规范以外其他社会生活规范之要求如何与法律规范之义务相互衔接，系值得探讨之关键问题。”[⑧] 人在法中，法不远人。法由人立，法为人立。《民法典》是“社会生活的百科全书”。《民法典》是感情的试金石。《民法典》始终包含对世道人心的温柔注视，我们每一个人始终生活在民法温柔的目光里。《民法典》的任务就是纾解人们的懊恼和愁苦，增进人们的欢喜和快乐。《民法典》是人法，《民法典》是“以人为本”的法，《民法典》的大道初心是人文关怀理念与自由之精神。

本章深度阅读

1. 王晨．关于《中华人民共和国民法典（草案）》的说明：2020年5月22日在第十

---

① ［古希腊］亚里士多德：《政治学》，吴寿彭译，商务印书馆1965年版，第166页。
② ［古希腊］亚里士多德：《政治学》，吴寿彭译，商务印书馆1965年版，第165页。
③ ［古希腊］亚里士多德：《政治学》，吴寿彭译，商务印书馆1965年版，第166页。
④ ［美］伯尔曼：《法律与宗教》，梁治平译，中国政法大学出版社2003年版，第80页。
⑤ ［古罗马］西塞罗：《论友谊》，载西塞罗：《西塞罗文集》（政治学卷），王焕生译，中央编译出版社2010年版，第318页。
⑥ ［美］伯尔曼：《法律与宗教》，梁治平译，中国政法大学出版社2003年版，第77、79页。
⑦ ［德］黑格尔：《法哲学原理》，范扬、张企泰译，商务印书馆1961年版，第175页。
⑧ 曾世雄：《损害赔偿法原理》，中国政法大学出版社2001年版，第64页。

三届全国人民代表大会第三次会议上．http：//www.npc.gov.cn/npc/c30834/202005/50c0b507ad32464aba87c2ea65bea00d.shtml.

2. 刘景范．中央贯彻婚姻法运动委员会关于贯彻婚姻法运动的总结报告（一九五三年十一月十一日）．党的文献，2010（3）.

3. 黑格尔．法哲学原理．范扬，张企泰，译．北京：商务印书馆，1961/1982：第三编“伦理”第一章“家庭”。

4. 王利明．论《民法典》实施中的思维转化：从单行法思维到法典化思维．中国社会科学，2022（3）.

5. 夏吟兰．婚姻家庭编的创新和发展．中国法学，2020（4）.

6. 王雷．情谊行为、法外空间与民法对现实生活的介入．法律科学，2014（6）.

本章问题与思考

1. 婚姻家庭法回归《民法典》，这是否意味着婚姻家庭法体系化的完成？

答题指引：《民法典》婚姻家庭编推动婚姻家庭法的体系化。《民法典》婚姻家庭编不是婚姻家庭法体系化的终点，而是婚姻家庭法再体系化的起点。我们需要协调《民法典》婚姻家庭编与其他各编的适用衔接关系，协调形式意义上婚姻家庭法和其他实质意义上婚姻家庭法的适用衔接关系，以提高婚姻家庭法的体系化。

2. 婚姻家庭法调整的不是夫妻感情或亲属感情本身，而是婚姻家庭关系。那为什么还说《民法典》是感情的试金石？

答题指引：婚姻家庭关系以爱为底色，爱需要法律。如伯尔曼所言：“法律并不以取爱而代之的办法，而是通过创造爱在其中得以生长的土壤来服务于爱。”《民法典》关乎感情的建立、维持和增进。《民法典》是友情、爱情和亲情的试金石。

3. 《民法典》第1043条规定：“家庭应当树立优良家风，弘扬家庭美德，重视家庭文明建设。”“夫妻应当互相忠实，互相尊重，互相关爱；家庭成员应当敬老爱幼，互相帮助，维护平等、和睦、文明的婚姻家庭关系。”

《民法典》第1043条教给我们夫妻何种相处之道，家庭成员何种相处之道？

答题指引：夫妻的相处之道是互相忠实，互相尊重，互相关爱；家庭成员的相处之道是敬老爱幼，互相帮助。由此才能维护平等、和睦、文明的婚姻家庭关系。

第三章 婚姻家庭法的基本原则与重视家庭文明建设

本章重点知识

1.《民法典》婚姻家庭编第一章为“一般规定”，其中第1041条至第1044条规定了婚姻家庭法的基本原则。婚姻家庭法的基本原则是民法基本原则在婚姻家庭领域的具体化。在婚姻家庭法领域，自愿原则/私法自治原则更是具体化为家庭自治。在婚姻生活领域，诚信原则以夫妻互相忠实原则的面目出现，并通过忠实义务等来具体落实，这是民法诚信原则在婚姻关系领域的具体要求。

2. 从我国《民法典》第1041条至第1044条共计10款的规定可以看出，婚姻家庭法中诚信原则和公序良俗原则的比重最大，共有5款。由此也可以看出，婚姻家庭领域的伦理性突出，婚姻家庭领域的基本原则以道德法律化规定为主。

自由及其限制是婚姻家庭法的核心价值判断问题。婚姻家庭法回归民法。自愿原则是民法的基本原则，自愿原则也是婚姻家庭法的基本原则。自愿原则在婚姻家庭法中适用限度不同于财产法。婚姻家庭法中的自愿原则会受到更多法定限制，但这不妨碍自愿原则作为婚姻家庭法的基本原则。

3.《民法典》第1043条第1款规定：“家庭应当树立优良家风，弘扬家庭美德，重视家庭文明建设。”该款属于新增条款，家庭文明建设从政策话语进入《民法典》立法用语体系，重视家庭文明建设成为《民法典》婚姻家庭编的基本价值取向。重视家庭文明建设是社会主义核心价值观和公序良俗原则在婚姻家庭领域的具体化，体现了婚姻家庭“德法共治”的要求，是婚姻家庭法内在价值体系的源头活水。家庭文明的新时代内涵包括平等、敬爱、忠实、团结等，并通过婚姻家庭法律规则加以具体化。家庭文明建设并不反对自由，而是为了在身份共同体中克服个体主义的缺陷，从而更充分实现每个家庭成员的自由全面发展。

本章知识逻辑图

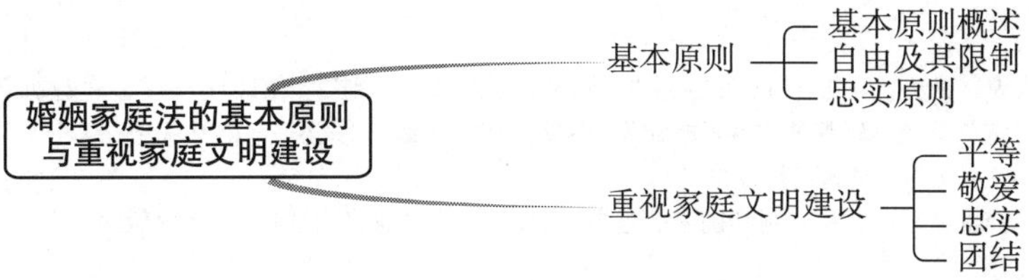

第一节　婚姻家庭法的基本原则

一、婚姻家庭法的基本原则概述

引起身份法律关系变动的法律事实主要是身份法律行为（简称身份行为）。身份法律行为和财产法律行为一样，共享民法平等、自愿、公平、诚实信用、公序良俗等基本原则。《民法典》婚姻家庭编第一章“一般规定”，其中第 1041 条至第 1044 条规定了婚姻家庭法的基本原则。[①] 婚姻家庭法的基本原则是民法基本原则在婚姻家庭领域的具体化。婚姻家庭法的基本原则也要体现民法基本原则的效力贯穿始终性特点。等价有偿和保护交易安全并非民法的基本原则，也并非婚姻家庭法的基本原则。婚姻家庭法的基本原则主要包括男女平等原则、保护弱势群体合法权益原则、婚姻自由原则、忠实原则、公序良俗原则。

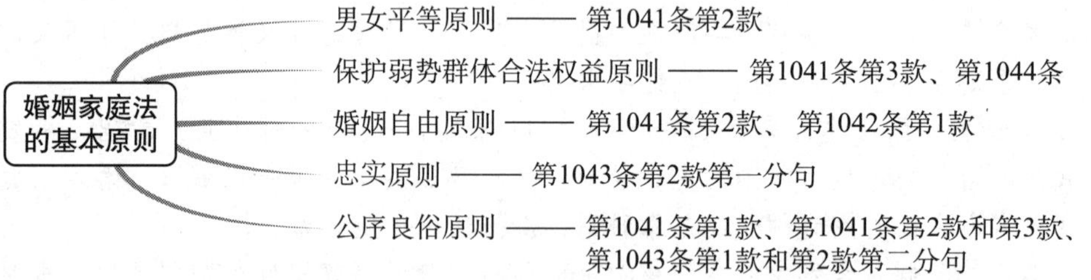

《民法典》第 1041 条第 2 款规定：“实行婚姻自由、一夫一妻、男女平等的婚姻制度。”该款实际上是民法平等原则、自愿原则、公序良俗原则在婚姻领域的体现，并具体化为男女平等、婚姻自由、一夫一妻。婚姻家庭法中的男女平等体现在结婚、离婚、家庭关系、收养关系等各个环节。婚姻自由原则包括结婚自由和离婚自由，二者缺一不可。婚姻自由原则保护自然人的婚姻自主权。结婚自由原则包括结婚自由、不结婚自由、再婚自由。《妇女权益保障法》第 44 条规定：“国家保护妇女的婚姻自主权。禁止干涉妇女的结婚、离婚自由。”就婚姻自由原则和男女平等原则，恩格斯曾经指出：“现代各文明国家的法律体系越来越承认，第一，为了使婚姻有效，它必须是一种双方自愿缔结的契约；第二，在结婚同居期间，双方在相互关系上必须具有平等的权利和义务。如果这两种要求都能彻底实现，那么妇女就有了她们所能希望的一切了。”[②]

《民法典》第 1041 条第 3 款规定：“保护妇女、未成年人、老年人、残疾人的合法权益。”该款要求对身份法律关系中处于弱势地位的妇女、未成年人、老年人、残疾人进

① 有学者认为《民法典》第 1041 条规定“婚姻家庭编的基本原则”，第 1042 条规定“婚姻家庭编的禁止性规定”，第 1043 条规定“婚姻家庭编的倡导性规定”。参见王利明主编：《民法》（第 9 版下册），中国人民大学出版社 2022 年版，第 393－403 页（龙翼飞教授执笔）。

② ［德］恩格斯：《家庭、私有制和国家的起源》，载《马克思恩格斯选集》（第 3 版第 4 卷），人民出版社 2012 年版，第 83 页。

行倾斜保护，这是弱式意义上平等对待的体现。对婚姻家庭关系中弱势群体的特殊关爱，有助于实现实质平等，也是民法人文关怀理念的具体要求。保护残疾人合法权益原则是《民法典》婚姻家庭编新增加的。《民法典》第 1044 条还特别增加规定了最有利于被收养人原则："收养应当遵循最有利于被收养人的原则，保障被收养人和收养人的合法权益。""禁止借收养名义买卖未成年人。"在对女性进行倾斜保护问题上，女权主义法学反对条文主义（形式主义）法律观，而注重具有女性特征的"关心的伦理"。权利的伦理对应着形式主义的法律风格；而关心的伦理对应着语境化、个人化、裁量化的法律风格，其强调对弱者的同情。①

在婚姻家庭法领域，自愿原则/私法自治原则更是具体化为家庭自治。《民法典》第 1042 条第 1 款规定："禁止包办、买卖婚姻和其他干涉婚姻自由的行为。禁止借婚姻索取财物。"该款主要是从反面强化了婚姻自由原则。"包办婚姻是指婚姻关系以外的第三人（包括父母）违反婚姻自由原则，在完全违背婚姻当事人意愿的情况下，强迫其缔结的婚姻。"② "买卖婚姻是指婚姻关系以外的第三人（包括父母）以索取大量财物为目的，包办、强迫他人缔结的婚姻。"③ "借婚姻索取财物，主要是指婚姻当事人一方向对方索要一定的财物，以此作为结婚条件的行为。"④ 包办婚姻、买卖婚姻违背当事人的意愿，当事人缺乏结婚意思，相应婚姻不成立、可撤销还是无效？值得思考。包办婚姻和买卖婚姻的"不同之处在于是否以索取大量财物为目的"⑤。其他干涉婚姻自由的行为侵害他人的婚姻自主权，阻碍他人的结婚自由或者离婚自由。《刑法》第 257 条规定暴力干涉婚姻自由罪："以暴力干涉他人婚姻自由的，处二年以下有期徒刑或者拘役。""犯前款罪，致使被害人死亡的，处二年以上七年以下有期徒刑。""第一款罪，告诉的才处理。"催婚或者生活中的劝和不劝离，不当然干涉他人的婚姻自由。"借婚姻索取财物与买卖婚姻不同，前者基本是自主婚姻，当事人有结婚意愿，没有强迫和不自愿的情形。"⑥ 借婚姻索取财物的主体一般是婚姻当事人一方，而买卖婚姻的主体是婚姻关系当事人以外的第三人。借婚姻索取财物，应受否定性评价，相关婚姻的效力原则上不受影响，但所索取的财物是否构成不当得利，如何区分借婚姻索取财物与彩礼赠与，如何区分借婚姻索取财物与借婚姻骗取财物，值得思考。

《民法典》第 1069 条规定子女应当尊重父母的婚姻自由，以保护父母的婚姻自主权。该条规定："子女应当尊重父母的婚姻权利，不得干涉父母离婚、再婚以及婚后的生活。子女对父母的赡养义务，不因父母的婚姻关系变化而终止。"

《民法典》第 1043 条第 2 款前一分句规定："夫妻应当互相忠实，互相尊重，互相关爱。"该款是民法诚信原则在婚姻家庭领域的体现。传统民法学理论习惯上将诚信原则作为交易领域最低限度道德要求的法律化，在婚姻生活领域，诚信原则以夫妻互相忠实

---

① 参见［美］理查德·A. 波斯纳：《法律与文学》（增订版），李国庆译，中国政法大学出版社 2002 年版，第 162-168 页。

② 杨大文、龙翼飞主编：《婚姻家庭法》（第 8 版），中国人民大学出版社 2020 年版，第 53 页（曹诗权教授执笔）。

③ 杨大文、龙翼飞主编：《婚姻家庭法》（第 8 版），中国人民大学出版社 2020 年版，第 53 页（曹诗权教授执笔）。

④ 杨大文、龙翼飞主编：《婚姻家庭法》（第 8 版），中国人民大学出版社 2020 年版，第 54 页（曹诗权教授执笔）。

⑤ 李永军主编：《中国民法学》（第 4 卷·婚姻继承），中国民主法制出版社 2022 年版，第 39 页（金眉教授执笔）。

⑥ 李永军主编：《中国民法学》（第 4 卷·婚姻继承），中国民主法制出版社 2022 年版，第 39 页（金眉教授执笔）。

原则的面目出现，并通过忠实义务等来具体落实。有配偶者与他人通奸，违反夫妻应当互相忠实原则。

《宪法》第 49 条第 1 款规定：“婚姻、家庭、母亲和儿童受国家的保护。”《民法典》第 1041 条第 1 款新增规定：“婚姻家庭受国家保护。”《民法典》第 1041 条第 1 款是公序良俗原则从国家角度所要求的公共秩序的体现，也是《宪法》第 49 条第 1 款的具体化。一夫一妻是公序良俗原则在婚姻领域的具体体现，“一夫一妻制既是男女平等的要求，又是实现男女平等的保障”[①]。“婚姻本质上是一夫一妻制，因为置身在这个关系中并委身于这个关系的，乃是人格，是直接的排他的单一性。因此，只有从这种人格全心全意的相互委身中，才能产生婚姻关系的真理性和真挚性（实体性的主观形式）。”[②] 要注意区分民法上的重婚与刑法上重婚罪中的重婚，注意区分有配偶者与他人同居、事实重婚与重婚，注意区分有配偶者与他人同居、同性同居、非婚同居。《民法典》第 1042 条第 2 款和第 3 款分别规定：“禁止重婚。禁止有配偶者与他人同居。”“禁止家庭暴力。禁止家庭成员间的虐待和遗弃。”《民法典》第 1043 条规定：“家庭应当树立优良家风，弘扬家庭美德，重视家庭文明建设。”“……家庭成员应当敬老爱幼，互相帮助，维护平等、和睦、文明的婚姻家庭关系。”这均为公序良俗原则中从社会角度所要求的善良风俗的体现，该条第 1 款家庭文明建设条款是立法新增规定，体现了婚姻家庭法鲜明的伦理性特点。公共秩序和善良风俗合称为公序良俗原则，其与诚信原则在婚姻家庭生活中所具体化的忠实原则均为婚姻家庭领域非交易道德的法律化。

从我国《民法典》第 1041 条至第 1044 条共计 10 款的规定可以看出，婚姻家庭法中诚信原则和公序良俗原则的比重最大，共有 5 款。由此也可以看出，婚姻家庭领域的伦理性突出，婚姻家庭领域的基本原则以道德法律化规定为主。第 1042 条配置保障婚姻家庭法基本原则的禁止性规定，使婚姻家庭编基本原则中既令行、又禁止，既有强行性规范、又有禁止性规范。这是婚姻家庭编第一章立法技术上的特色。

二、婚姻家庭法中的自由及其限制

单位曾是人们生活的中轴，在向市场体制过渡的过程中，单位社会逐渐地被消解，“单位人”开始向“社会人”转变。这一过程的实质是，人们的生活空间、行为模式、利益格局、思想方式等方面都面临着巨大的挑战和转变的压力，也就意味着迥异于单位社会的后单位社会的来临。[③] 在单位社会消解的过程中，单位对民事主体婚姻自由的限制也日趋薄弱。恩格斯曾经说：“在婚姻问题上，即使是最进步的法律，只要当事人让人把他们出于自愿一事正式记录在案，也就十分满足了。至于法律幕后的现实生活发生了什么事，这种自愿是怎样造成的，关于这些，法律和法学家都可以置之不问。”[④]

---

① 杨大文、龙翼飞主编：《婚姻家庭法》（第 8 版），中国人民大学出版社 2020 年版，第 56 页（曹诗权教授执笔）。

② ［德］黑格尔：《法哲学原理》，范扬、张企泰译，商务印书馆 1961 年版，第 183 页。

③ 参见姜地忠、王国伟：《单位社会的消解及社会建设的难题》，载《湖北经济学院学报》2006 年第 5 期。

④ ［德］恩格斯：《家庭、私有制和国家的起源》，载《马克思恩格斯选集》（第 2 版第 4 卷），人民出版社 1995 年版，第 71 页。

我国有学者指出："自治与管制、自由与限制历来是婚姻家庭领域最受关注的、争议最大的问题。婚姻法的发展史就是自由与限制、自治与管制的分野和博弈的历史。……1980年《婚姻法》和2001年修正的《婚姻法》都是以不断扩大公民的私法自治权利、保障公民的意思自治原则为立法理念的。……婚姻法对意思自治的体现是有节制的，适度的干预是维护婚姻家庭关系稳定与和谐的必要手段。……《婚姻法》由当事人的充分自治和国家与社会的必要管制构成，而自由和自治业已成为婚姻法的主旋律。"①

根据已经被废止的1994年2月1日起施行的《婚姻登记管理条例》第9条的规定，当事人申请结婚登记时应当持"所在单位、村民委员会或者居民委员会出具的婚姻状况证明"。该条例第14条还规定，当事人申请离婚时应当持"所在单位、村民委员会或者居民委员会出具的介绍信"。而2003年10月1日起施行的《婚姻登记条例》第5条规定，办理结婚登记的内地居民应当出具"本人无配偶以及与对方当事人没有直系血亲和三代以内旁系血亲关系的签字声明"。该条例第11条规定，办理离婚登记的内地居民应当出具"双方当事人共同签署的离婚协议书"。可见，从《婚姻登记管理条例》到《婚姻登记条例》，婚姻自由原则获得更大的发展空间。

我国《母婴保健法》第12条规定："男女双方在结婚登记时，应当持有婚前医学检查证明或者医学鉴定证明。"《北京市实施〈中华人民共和国母婴保健法〉办法》第10条规定："男女双方在结婚登记时，必须持有婚前医学检查证明。经婚前医学检查认为不宜生育的，男女双方同意采取长效避孕措施或者施行结扎手术后，方可办理结婚登记。"《黑龙江省母婴保健条例》第8条第4款规定："准备结婚的男女双方，应当接受婚前医学检查和婚前健康教育，凭婚前医学检查证明，到婚姻登记机关办理结婚登记。"2005年6月黑龙江省第十届人民代表大会常务委员会第十五次会议对修改后的《黑龙江省母婴保健条例》进行了审议，于6月24日通过，并予以公布施行，强制婚检制度得到保留。而全国范围内自2001年《婚姻法》修正及2003年《婚姻登记条例》实施后，由"强制婚检"变为"自愿婚检"。结婚和生育是人生的两个阶段，不能简单地因为结婚可能会引发传染、生育等方面的问题就剥夺当事人结婚的权利。婚前医学检查属于婚前保健服务的内容之一，应当鼓励，但不能成为作出婚姻登记具体行政行为的前提。

自由及其限制是婚姻家庭法的核心价值判断问题。婚姻家庭法回归民法。自愿原则是民法的基本原则，自愿原则也是婚姻家庭法的基本原则。自愿原则在婚姻家庭法中适用限度不同于财产法。婚姻家庭法中的自愿原则会受到更多法定限制，但这不妨碍自愿原则作为婚姻家庭法的基本原则。自由及其限制在财产法领域同样存在，对自由的限制在民法不同部门法中只是程度有差异。"自愿原则在婚姻家庭领域适用范围广泛，如夫妻关系的成立、终止，收养关系的成立、终止，夫妻财产约定等，但自愿原则在婚姻家庭领域也存在不能适用的情形，这是因为夫妻之间、父母子女之间的权利义务常常是法定的，不允许当事人通过意思自治改变其权利义务关系，也不允许违反公序良俗原则。比如，父母对未成年子女的抚养义务不能约定放弃，父母基于子女出生的事实承担抚养

① 巫昌祯、夏吟兰：《改革开放三十年中国婚姻立法之嬗变》，载《改革开放三十年（1978～2008）中国婚姻家庭继承法研究之回顾与展望》，中国政法大学出版社2010年版，第7-9页。

义务，夫妻双方也不得约定放弃互负的扶养义务；同理，子女也不能约定放弃赡养父母的义务。因此，意思自治原则在婚姻家庭领域的适用有一定的限制，不能违反婚姻家庭的基本价值。”①

三、婚姻家庭法的忠实原则

婚姻家庭法的忠实原则要求夫妻应当互相忠实，这是民法诚信原则在婚姻关系领域的具体要求。恩格斯也曾经指出：“性爱按其本性来说就是排他的。”②“既然性爱按其本性来说就是排他的……那么，以性爱为基础的婚姻，按其本性来说就是个体婚姻。”③ 卢梭也指出：“婚姻的结合要求夫妇双方都要忠实，忠实是一切权利中最神圣的权利。”④“婚姻制度的许多内涵，比如忠诚义务或者贞操观念，都同时具有限制性竞争和促进生育的双重功能。”⑤ 至于夫妻之间能否在《民法典》第1091条离婚损害赔偿制度之外创设违反忠实义务的损害赔偿责任等法律后果，这会涉及忠诚协议及其效力问题。

（一）忠实原则并非倡导性规范

有学者主张忠实原则仅属倡导性规范。⑥ 笔者不认为忠实原则仅属于没有强制力的倡导性规范，虽然法律也没法要求当事人积极实现婚姻生活中的忠实原则，但却也像婚姻家庭法上的公序良俗原则那样派生禁止性规范，要求当事人消极不违反，否则即可强加法律责任。这和财产法律行为中民法对当事人积极实现诚信原则的要求并不相同。就忠实原则及其派生的夫妻之间忠实义务来说，我国《民法典》第1043条第2款前一分句并非倡导性条款，原因如下：

第一，适用法条要从整部法律乃至法体系中去找寻，我国《民法典》第1091条规定了因重婚或者有配偶者与他人同居等重大过错而导致离婚时，无过错方对有过错的配偶享有离婚损害赔偿请求权。

第二，《民法典婚姻家庭编司法解释一》第4条规定：“当事人仅以民法典第一千零四十三条为依据提起诉讼的，人民法院不予受理；已经受理的，裁定驳回起诉。”对该条进行当然解释和反面解释的结论是，当事人可以协同其他具体条文共同作为请求权基础⑦，只是不能单纯以《民法典》第1043条（忠实原则）作为请求权基础。实际上，夫

---

① 李永军主编：《中国民法学》（第4卷·婚姻继承），中国民主法制出版社2022年版，第36页（金眉教授执笔）。

② ［德］恩格斯：《家庭、私有制和国家的起源》，载《马克思恩格斯选集》（第2版第4卷），人民出版社1995年版，第80页。

③ ［德］恩格斯：《家庭、私有制和国家的起源》，载《马克思恩格斯选集》（第2版第4卷），人民出版社1995年版，第80页。

④ ［法］卢梭：《爱弥儿：论教育》（下卷），李平沤译，商务印书馆1978年版，第735页。

⑤ 桑本谦：《法律简史》，生活·读书·新知三联书店2022年版，第195页。

⑥ 参见余延满：《亲属法》，法律出版社2007年版，第240页；最高人民法院民事审判第一庭：《婚姻法司法解释的理解和适用》，法律出版社2002年版，第18页；吴晓芳：《关于“婚姻契约”问题的思考——兼与陈甦研究员商榷》，载《人民法院报》2007年2月8日，第5版。

⑦ 参见唐德华：《关于适用〈婚姻法〉若干新规定的探讨》，载《法律适用》2002年第3期。

妻之间保持专一、互守贞操的忠实义务也是从这些具体的请求权基础中被抽象总结出来的。

第三，《民法典婚姻家庭编司法解释二》第7条规定，夫妻一方违反忠实义务作出的夫妻共同财产赠与行为无效；第14条规定，父母一方有重婚、与他人同居或者其他严重违反夫妻忠实义务情形的，离婚时已满2周岁的未成年子女优先考虑由另一方直接抚养。

夫妻应当互相忠实，互相忠实义务的内涵是广义的，并不局限于夫妻之间保持专一、互守贞操的人身关系上的互相忠实，也包括财产关系上的互相忠实，如任何一方不得有隐藏、转移、变卖、毁损、挥霍夫妻共同财产或者伪造夫妻共同债务等损害夫妻共同财产利益的行为。

（二）对忠诚协议的法律评价

"我们这个时代的一个最让人吃惊的趋势，就是市场的扩张和以市场为导向的推理方式，进入那些传统上是由非市场的规范所统领的生活领域。"① 忠诚协议是市场经济思维渗透到伦理家庭生活领域的鲜明体现。夫妻共同生活中的空床费约定等忠诚协议实际上是对违反配偶权中的同居义务和忠实义务作出的损害赔偿约定，这是我国夫妻关系法律领域出现的新情况新问题，"在今后一段时间内，这些新情况新问题仍然会是今后夫妻关系法学研究的热点和难点问题"②。

《民法典》并未对夫妻同居义务作出规定，学界通说主张同居的权利和义务是配偶权的应有之义，也是婚姻人身效力的基本表现。③ 夫妻之间就一方不履行同居义务而作出的空床费协议效力如何？2004年我国出现首例夫妻空床费协议纠纷案件：夫妻双方约定如果丈夫晚上12时至凌晨7时不回家居住，每一小时支付空床费100元，事后由于丈夫不回家居住，丈夫共计向妻子出具了欠其空床费4 000元的欠条。该案一审法院认为空床费约定属于精神损害赔偿④，二审法院则认为"该笔费用是指原告与被告在婚姻关系期间，一方不尽陪伴义务，另一方给予一定补偿的费用，名为空床费，实为补偿费，该约定系双方当事人真实意思表示，且不违背法律规定，应属有效约定"⑤。笔者认为，空床费约定属于夫妻之间维持乃至增进夫妻感情的情谊行为，理由在于：第一，当事人之间虽有形式上的合意，但对此合意并无受法律约束的意思，不构成民法上的意思表示；第二，妻子对空床费也不具有受法律保护的信赖利益等利益类型；第三，若支持空床费约定则会对丈夫的人身自由构成不合理的限制，毕竟何时回家、何时同居不应该成为由法律强制的内容；第四，即使是如一审判决所示精神损害赔偿或者如二审所认定未尽陪伴义务的补偿，这些也不能由当事人事先约定，否则就不符合损害填补的本意；第

---

① ［美］迈克尔·桑德尔：《公正：该如何做是好?》（第2版），朱慧玲译，中信出版社2012年版，第302页。

② 陈苇、陈思琴：《改革开放三十年中国夫妻关系法研究之回顾与展望》，载陈苇主编《改革开放三十年（1978—2008）中国婚姻家庭继承法研究之回顾与展望》，中国政法大学出版社2010年版，第184、188页。

③ 参见余延满：《亲属法》，法律出版社2007年版，第225-227页。

④ 参见"刘某与熊某华离婚纠纷案"，重庆市九龙坡区人民法院（2004）九民初字第2307号民事判决书。

⑤ "刘某与熊某华离婚上诉案"，重庆市第一中级人民法院（2004）渝一中民终字第3442号民事判决书。

五，支持空床费的客观社会效果会是夫妻情感的贬值，法律保护婚姻，但并不能通过认可空床费的形式来保护夫妻感情。[①] 基于上述利益衡量，法律不应该赋予空床费约定强制执行力，空床费约定仅属情谊行为。

夫妻之间就同居义务所作的空床费约定间接指向忠实义务，即通过约定同居义务来防止对方从事违反忠实义务的行为。对夫妻之间忠实的维护，很多夫妻还通过正面直接订立忠诚协议的方式来实现，即约定一方若违反忠实义务即应该给予对方一定数额的损害赔偿。2002 年上海市闵行区人民法院判决了我国首例忠诚协议案件，法院认定夫妻之间的忠诚协议是对忠实义务的具体化，是合法有效的。[②] 对夫妻忠诚协议的法律效力，理论上形成肯定说、否定说和折中说三种观点。

夫妻忠诚协议法律效力肯定说所持理由大致有：（1）忠诚协议是对忠实原则、忠实义务的具体化，弥补我国相关原则性规定的不足，完全符合婚姻法的原则和精神。（2）法律就离婚损害赔偿所规定的"有配偶者与他人同居"并不包括不构成法律意义上"同居"的一般的婚外情[③]，对此可以通过目的性扩张解释来扩大其适用范围，忠诚协议是符合此种解释的妥当结论。（3）只要双方是自愿签订协议的，符合民事法律行为的实质要件，不违反法律的禁止性规定，就应该在法律层面上得到保护。[④]（4）夫妻一方违反忠实义务的行为不会由法院依职权调查取证，也就不会使公权力陷入"尴尬而危险"的侵害他人隐私的举证困境中，而应该坚持谁主张谁举证的规则。[⑤]

夫妻忠诚协议法律效力否定说所依据的理由大致有：（1）忠实原则属于倡导性规范[⑥]，只是要求夫妻应当忠实而非必须忠实，是对道德义务而非法律义务的规定，夫妻之间的忠实问题属于道德范畴而非法律范畴。（2）忠诚协议不具有可执行性，会使法院陷入查证当事人是否有违反忠实义务行为的尴尬危险的困境之中，夫妻一方的查证和举证也可能将对方和第三者的隐私暴露于他人眼前。[⑦]（3）夫妻之间的忠实等人身权法定，不能由当事人通过合同来调整，忠诚协议会限制一方的人身自由。[⑧]（4）当事人之间缔结忠诚协议的行为也不具有建立法律关系的意图，不能产生法律效力。

夫妻忠诚协议法律效力折中说认为对忠诚协议的效力应该分类型讨论：单纯忠诚协

---

① 参见陈甦：《婚内情感协议得否拥有强制执行力》，载《人民法院报》2007 年 1 月 11 日，第 5 版。

② 参见尚法：《全国首例：道德协议法庭予以认可 丈夫不忠赔妻二十五万》，载《工人日报》2003 年 2 月 15 日。另参见徐寿松：《法律能干预婚外情吗——一起"夫妻不忠赔偿案"引发的思考》，载《人民法院报》2003 年 1 月 11 日。

③ 《民法典婚姻家庭编司法解释一》第 2 条规定："民法典第一千零四十二条、第一千零七十九条、第一千零九十一条规定的'与他人同居'的情形，是指有配偶者与婚外异性，不以夫妻名义，持续、稳定地共同居住。"

④ 参见吴晓芳：《关于"婚姻契约"问题的思考——兼与陈甦研究员商榷》，载《人民法院报》2007 年 2 月 8 日，第 5 版；杨晋玲：《夫妻"忠实协议"——一个不应成为问题的法律话题——兼论最高人民法院〈关于适用中华人民共和国婚姻法若干问题的解释（三）〉（征求意见稿）第 4 条的设置》，载《云南大学学报（法学版）》2010 年第 6 期。另参见崔建远：《合同法总论》（第 2 版上卷），中国人民大学出版社 2011 年版，第 313 - 315 页。

⑤ 参见吴晓芳：《当前婚姻家庭案件的疑难问题探析》，载《人民司法·应用》2010 年第 1 期。

⑥ 参见陈鑫：《浅论夫妻忠实义务》，http://www.civillaw.com.cn/article/default.asp?id=35474，最后访问时间：2011 年 1 月 23 日；马雅清主编：《新婚姻法条文精释》，中国检察出版社 2001 年版，第 18 页。

⑦ 参见陈旺：《不能赋予"忠诚协议"强制执行力》，载《人民法院报》2003 年 1 月 10 日。

⑧ 参见朱凡：《夫妻"忠诚协议"效力研究》，载陈苇主编：《家事法研究》（2005 年卷），群众出版社 2006 年版，第 76 - 87 页。

议应属有效；涉及不得离婚等特定人身关系时，无效；违反忠实义务的赔偿属于精神损害赔偿；违反忠实义务时共同财产全归一方的约定属于违约责任，应有效。[①]

笔者认为：夫妻忠诚协议虽未被法律明确禁止，但是法无明文规定并不意味着当事人的约定就一定能产生法律约束力。夫妻互相忠实原则并非倡导性规范，忠实义务是夫妻之间的法定义务，有些忠诚协议并无受法律约束的意思，不能产生法律约束力。夫妻之间的忠实感情问题适合交由婚姻自治和婚姻家庭道德来解决，除非违反忠实义务符合我国《民法典》第1091条等所规定的情形。至于忠诚协议所涉及的举证问题，涉及个人隐私的证据材料应该属于当事人可以申请人民法院调查收集的证据，查证虽有困难，但并非否定忠诚协议效力的足够充分且正当的理由。综合来看，忠诚协议总体上属于夫妻之间的情谊行为[②]，法律对爱情的强制是不现实的，诚如卢梭所说“婚姻的结合要求夫妇双方都要忠实，忠实是一切权利中最神圣的权利；不过，一要求忠实就必然会使一方把对方管束得过严的。强制和爱情是不能融合在一起的，要命令一方给予快乐是办不到的”[③]。

并非所有的忠诚协议均属于情谊行为。忠诚协议是一个法律现象，需要结合忠诚协议的内容来定性和分析其效力，透过现象看本质。剥夺对方探望权的忠诚协议、约定空床费的忠诚协议，都涉及侵害对方的人身权益而无效。约定出轨方净身出户的忠诚协议，有违《民法典》第1065条夫妻财产约定制度，过犹不及，也属无效。约定出轨方赔偿的忠诚协议，不符合《民法典》第1091条离婚损害赔偿制度的法定性，但根据第1087条，在离婚财产分割时可以照顾无过错方。如何签订忠诚协议？可以考虑根据《民法典》第658条第2款签订经公证的赠与合同，或者根据第158条和第1065条签订附生效条件的夫妻财产约定。[④]

第二节　家庭文明建设在《民法典》中的体现

《民法典》第1041条第1款规定：“婚姻家庭受国家保护。”从条文位置上看，婚姻家庭受国家保护原则居于婚姻家庭法基本原则的首位，婚姻家庭受国家保护原则是《宪法》第49条第1款的具体化，显示了婚姻家庭法公私法交叉的特点和地位。

《民法典》第1043条第1款规定：“家庭应当树立优良家风，弘扬家庭美德，重视家庭文明建设。”该款属于新增条款，家庭文明建设从政策话语进入《民法典》立法用语体系，重视家庭文明建设成为《民法典》婚姻家庭编的基本价值取向。重视家庭文明建设是社会主义核心价值观和公序良俗原则在婚姻家庭领域的具体化，体现了婚姻家庭

---

① 参见范书伟：《夫妻之间忠诚协议效力的判断——宋振州诉宋湘敏离婚纠纷案》，载《人民法院案例选》2009年第5辑，第48-54页。

② 相同的观点请参见余延满：《亲属法》，法律出版社2007年版，第13-14页。

③ ［法］卢梭：《爱弥儿》，李平沤译，商务印书馆1978年版，第735页。

④ 相关更多论述，参见本书第五章“家庭关系”第三节“夫妻财产关系”二“夫妻约定财产制”（四）“有些忠诚协议构成附生效条件的夫妻财产约定”。

“德法共治”的要求，是婚姻家庭法内在价值体系的源头活水。家庭文明建设条款一方面被《民法典》第1043条第2款具体化，另一方面又向《民法典》第1条弘扬社会主义核心价值观条款开放。

从民法解释论角度，我们需要结合家庭文明建设条款的入法过程，透过婚姻家庭具体制度，澄清家庭文明的具体内涵、具体法理，发现家庭文明建设条款的规范解释力，使家庭文明与婚姻家庭编、继承编的基本原则（基本价值取向）融洽无间，实现《民法典》婚姻家庭编、继承编内在价值体系融贯并有效贯彻于外在规则体系之中。家庭文明的新时代内涵包括平等、敬爱、忠实、团结等，并通过婚姻家庭法律规则加以具体化。家庭文明建设并不反对自由，而是为了在身份共同体中克服个体主义的缺陷，从而更充分实现每个家庭成员的自由全面发展。

任何一种民法制度总是有意无意地仰赖一种民法哲学，重视家庭文明建设被增列为《民法典》婚姻家庭编的基本价值取向，家庭文明建设条款及其具体化能够展现我国《民法典》看待“家”、“协调人与家之间关系”的民法哲学立场，展现中国人对夫妻关系乃至婚姻家庭关系的基本态度。

一、重视家庭文明建设成为婚姻家庭编的基本价值取向

“重视家庭文明建设”是《民法典婚姻家庭编（草案）》（三次审议稿）新增加的内容。2019年10月21日，十三届全国人大常委会第十四次会议举行第一次全体会议，全国人大宪法和法律委员会副主任委员沈春耀作《关于〈民法典婚姻家庭编（草案）〉修改情况的汇报》，指出：“草案二次审议稿第八百二十一条规定，应当维护平等、和睦、文明的婚姻家庭关系，明确夫妻应当互相忠实，互相尊重。有的常委委员、专家学者提出，为了更好地弘扬家庭美德，体现社会主义核心价值观，贯彻落实习近平总书记关于加强家庭文明建设的讲话精神，建议增加有关树立优良家风，弘扬家庭美德，重视家庭文明建设的规定。有的常委委员提出，夫妻之间除应互相忠实、互相尊重外，还应当互相关爱。宪法和法律委员会经研究，建议采纳上述意见，在这一条中增加一款规定：家庭应当树立优良家风，弘扬家庭美德，重视家庭文明建设。同时，在该条第二款中增加夫妻之间应当互相关爱的规定。（草案三次审议稿第八百二十一条）”2019年10月28日《中华人民共和国民法典（草案）》第1043条坚持了前述修改，第1043条规定：“家庭应当树立优良家风，弘扬家庭美德，重视家庭文明建设。”“夫妻应当互相忠实，互相尊重，互相关爱；家庭成员应当敬老爱幼，互相帮助，维护平等、和睦、文明的婚姻家庭关系。”整个《民法典》中“爱”字出现两次，都集中在第1043条。“法律也没有被排斥在亲密的个人关系之外。甚至在家庭中，以爱的方式去处理许多问题都要依靠法律……爱需要法律。……法律并不以取爱而代之的办法，而是通过创造爱在其中得以生长的土壤来服务于爱。”① “重视家庭文明建设”也是《民法典》第1条所规定的“弘扬社会主义核心价值观”的具体化，但“重视家庭文明建设”中的“文明”一词的含义要

① ［美］伯尔曼：《法律与宗教》，梁治平译，中国政法大学出版社2003年版，第77、79、80页。

广于社会主义核心价值观中的“文明”。“文明”是指人类社会进步开化的状态，相对于野蛮而言。重视家庭文明建设必须把弘扬社会主义核心价值观作为主要内容。重视家庭文明建设成为《民法典》婚姻家庭编的基本价值取向。

法不远人。“家是人最完整的存在尺度。”① “再没有什么图画比家庭这幅图画更动人的了，但是，只要其中少画了那么一笔，也就把整个图画弄糟了。”“我的心对它所爱的事物是十分依恋的；它长期以来都是只有在同我的家人一起的时候才是一颗完整的心。”② “大雁南飞头朝西……”“为什么大雁南飞要头朝着西呢？草原上的人说这是依恋故土。”河北民歌：“八月十五雁门开，孤雁头上带霜来……”“孤雁头上带霜来”，这写得多美呀！③ 法律应当重视家庭，重视家教，重视家风，重视家庭文明建设。“天下之本在国，国之本在家，家之本在身。”家是最小国，国是千万家。家和万事兴。有学者甚至认为：“西方文明源于宗教，中国文化源于家庭。东西方文化差异的节点就在于家庭。西方法治文明抹不掉宗教的印记，而中国的法治建设也不能无视‘家’文化与实践，因此探索属于中国的法治之路不能离开‘家’，‘家’应该成为构建中国法治主体性的重要资源。”④ 无论是告别家庭还是回归家庭的价值分立，都掩盖不了绝大多数人始终生活在家庭之中的事实。“构成中国人重要的生活意义的不是个体，而是家庭。”⑤ “在成为一种社会存在之前，在进入社会变成其中的‘个人’之前，人类都首先只能是一个人家的部分，是一部分家存在。”⑥ 我们要珍惜亲情，经营维护好亲情，“无论时代如何变化，无论经济社会如何发展，对一个社会来说，家庭的生活依托都不可替代，家庭的社会功能都不可替代，家庭的文明作用都不可替代”。“我们要重视家庭文明建设”，“家庭文明则社会文明”。“基础不牢，地动山摇”。“家庭是人生的第一个课堂，父母是孩子的第一任老师。孩子们从牙牙学语起就开始接受家教，有什么样的家教，就有什么样的人。家庭教育涉及很多方面，但最重要的是品德教育，是如何做人的教育。也就是古人说的‘爱子，教之以义方’，‘爱之不以道，适所以害之也’。”“家风是一个家庭的精神内核”，“家风是社会风气的重要组成部分。家庭不只是人们身体的住处，更是人们心灵的归宿”⑦。“家庭是社会的基本细胞，是人生的第一所学校。不论时代发生多大变化，不论生活格局发生多大变化，我们都要重视家庭建设，注重家庭、注重家教、注重家风……”⑧ “领导干部的家风，不是个人小事、家庭私事，而是领导干部作风的重要表现。”⑨ 2021 年 4 月 28 日《中共中央、国务院关于加强基层治理体系和治理能力现代化建设的意见》指出“基层治理是国家治理的基石，统筹推进乡镇（街道）和城乡社区治

---

① 张龑：《论我国法律体系中的家与个体自由原则》，载《中外法学》2013 年第 4 期，第 705 页。

② ［法］卢梭：《爱弥儿：论教育》，李平沤译，商务印书馆 1978 年版，第 26、770 页。

③ 参见汪曾祺：《人间草木》，人民文学出版社 2020 年版，第 293 页。

④ 李拥军：《“家”视野下的法治模式的中国面相》，载《环球法律评论》2019 年第 6 期，第 87 页。

⑤ 张龑：《何为我们看重的生活意义——家作为法学的一个基本范畴》，载《清华法学》2016 年第 1 期，第 5 页。

⑥ 笑思：《家哲学——西方人的盲点》，商务印书馆 2010 年版，第 617 页。

⑦ 《注重家庭，注重家教，注重家风》（2016 年 12 月 12 日习近平在会见第一届全国文明家庭代表时讲话的一部分），载《习近平谈治国理政》（第 2 卷），外文出版社 2017 年版，第 355 页。

⑧ 习近平在 2015 年春节团拜会上的讲话（2015 年 2 月 17 日）。

⑨ 2015 年 2 月 27 日，习近平在主持召开中央全面深化改革领导小组第十次会议时强调。

理，是实现国家治理体系和治理能力现代化的基础工程"，要求"推进基层法治和德治建设"，"注重发挥家庭家教家风在基层治理中的重要作用"。2021 年 7 月，中宣部、中央文明办、中央纪委机关、中组部、国家监委、教育部、全国妇联印发《关于进一步加强家庭家教家风建设的实施意见》。党的二十大报告指出："提高全社会文明程度。实施公民道德建设工程，弘扬中华传统美德，加强家庭家教家风建设，加强和改进未成年人思想道德建设，推动明大德、守公德、严私德，提高人民道德水准和文明素养。"① 家庭文明是全社会文明的重要内容，加强家庭文明建设是提高全社会文明程度的必然要求。加强家庭家教家风建设需要德法共治，对应立法表达为"家庭应当树立优良家风，弘扬家庭美德，重视家庭文明建设"。我们要诠释家庭文明的新时代内涵，发挥法治在加强家庭家教家风建设中的保障作用。《民法典》确立了以家庭监护为原则、以社会监护为补充和以国家监护为兜底的三元监护体制，也从法律制度架构上体现出家庭的不可替代性。父母的爱对孩子的成长不可缺少。② 家庭监护不可或缺。

二、家庭文明的具体内涵及在《民法典》中的体现

家庭文明建设从政策话语进入《民法典》立法用语体系，我们需要澄清家庭文明的具体内涵、具体法理，并使家庭文明与婚姻家庭法、继承法的既有基本原则（基本价值取向）融洽无间。家庭文明建设包括弘扬敬老爱幼、男女平等、夫妻和睦、忠实互让、勤俭持家、邻里团结等中华民族家庭美德，树立优良家风，抵制歪风邪气，远离假丑恶，弘扬清风正气，以清正和睦的家风塑造良好的社会风气，推动形成社会主义家庭文明新风尚。"家庭生活的乐趣是抵抗坏风气的毒害的最好良剂。"③ 结合婚姻家庭立法和司法实践，新时代家庭文明的核心内涵可以被凝练为平等、敬爱、忠实和团结等。作为基本价值取向，家庭文明的抽象程度高于基本原则，家庭文明通过《民法典》的基本原则和具体规则得到具体化。

（一）平等

平等是社会主义核心价值观之一，平等也是《民法典》规定的基本原则之一，平等还是家庭文明的首要内涵。家庭文明视野下的平等强调男女平等。"男女平等是社会主义平等观在家庭领域的体现。"④《民法典》第 1041 条第 2 款规定实行男女平等的婚姻制度。第 1043 条第 2 款后一分句强调维护平等的婚姻家庭关系，该款规定的"互相尊重"也是男女平等原则的必然要求。第 1055 条规定："夫妻在婚姻家庭关系中地位平等。"第 1062 条第 2 款规定："夫妻对共同财产，有平等的处理权。"第 1126 条规定："继承权

---

① 习近平：《高举中国特色社会主义伟大旗帜 为全面建设社会主义现代化国家而团结奋斗：在中国共产党第二十次全国代表大会上的报告》，人民出版社 2022 年版，第 44 页。

② 参见［英］罗素：《婚姻革命》，靳建国译，东方出版社 1988 年版，第 126 页。

③ ［法］卢梭：《爱弥儿：论教育》（上卷），李平沤译，商务印书馆 1978 年版，第 21 页。

④ 张文显：《家事法的核心法理》，载张文显：《法理泛在——法理主题致辞集》，法律出版社 2020 年版，第 343 页。

男女平等。”第 1130 条第 1 款规定：“同一顺序继承人继承遗产的份额，一般应当均等。”有学者还认为，婚后所得共同制也“体现了男女财产关系上的平等”[①]，“在特有的传统思维下，中国人往往把平均取得父母财产视为自己天经地义的权利。如果父母不坚持这样的原则，则往往被视为违背常理的行为。在赡养和债务上也是如此”[②]。

《婚姻法司法解释一》第 17 条规定：“婚姻法第十七条关于‘夫或妻对夫妻共同所有的财产，有平等的处理权’的规定，应当理解为：（一）夫或妻在处理夫妻共同财产上的权利是平等的。因日常生活需要而处理夫妻共同财产的，任何一方均有权决定。（二）夫或妻非因日常生活需要对夫妻共同财产做重要处理决定，夫妻双方应当平等协商，取得一致意见。他人有理由相信其为夫妻双方共同意思表示的，另一方不得以不同意或不知道为由对抗善意第三人。”例如，夫妻一方违反忠实义务向婚外异性大额转款的行为无效，配偶可主张全额返还。“婚姻关系存续期间，夫妻一方（转出方）违背忠诚义务，在未经对方同意超出日常生活需要的范围向婚外异性（受让方）转账大额款项，系违背公序良俗的行为，属于无效民事法律行为。夫妻另一方可向上述款项受让人主张全额返还。如转出方并未在诉讼中主张返还款项的，法院不得超过当事人诉讼请求范围裁判受让方向转出方返款。”[③]

（二）敬爱

敬爱，即敬老爱幼，养老育幼（老有所养、幼有所依），敬爱并不简单等同于赡养老人和抚养未成年人。在赡养之外，还要强调“敬”；在抚养之外，还要强调“教”。

中国古人所向往的“大道之行也，天下为公，选贤与能，讲信修睦”的大同社会，其理想状态就是“故人不独亲其亲，不独子其子，使老有所终，壮有所用，幼有所长，矜、寡、孤、独、废疾者皆有所养”。敬老爱幼、养老育幼也是基于弱式意义上的平等对待对老年人和未成年人进行倾斜保护。[④]《民法典》第 128 条系统规定了弱式意义上的平等对待，丰富了平等原则的内涵，通过对弱势群体的倾斜保护实现更实质的平等和弱势群体更充分的自由，传递民法典的柔性和温度，彰显民法典人文关怀理念。

2019 年 7 月 5 日《民法典婚姻家庭编（草案）》（二次审议稿）第 864 条规定：“祖父母、外祖父母探望孙子女、外孙子女，如果其尽了抚养义务或者孙子女、外孙子女的父母一方死亡的，可以参照适用前条规定。”2019 年 10 月，十三届全国人大常委会第十四次会议审议婚姻家庭编草案时，有的意见提出，草案二次审议稿这样规定对隔代探望的限制，没有必要；也有的意见提出，隔代探望权范围过大，容易引发矛盾，影响未成年人和直接抚养子女一方的正常生活；还有的意见提出，法律不宜赋予祖父母、外祖父母单独的探望权，建议删除这一规定。宪法和法律委员会经研究认为，鉴于目前各方面

---

① 马新彦：《民法典家事财产法制的教育功能——以社会主义核心价值观为价值理念的研究》，载《当代法学》2020 年第 1 期，第 8 页。

② 李拥军：《“家”视野下的法治模式的中国面相》，载《环球法律评论》2019 年第 6 期，第 89 页。

③ “罗某与何某美、周某确认合同无效纠纷案”，重庆市第一中级人民法院（2019）渝 01 民终 10429 号民事判决书。此类案件中，夫妻一方有权要求受赠人返还全部受赠财产，而非一半的受赠财产。

④ 参见王轶：《民法价值判断问题的实体性论证规则》，载王轶：《民法原理与民法学方法》，法律出版社 2009 年版，第 48 - 54 页。

对此尚未形成共识，可以考虑暂不在民法典中规定，祖父母、外祖父母进行隔代探望，如与直接抚养子女的一方不能协商一致，可以通过诉讼由人民法院根据具体情况加以解决。笔者认为，《民法典婚姻家庭编（草案）》（三次审议稿）删掉对隔代探望“一刀切”式的限制规定，交由法院在个案中弹性判断，更妥当。《民法典婚姻家庭编（草案）》（二次审议稿）第 864 条的限制规定不符合敬老孝老理念，基于血缘亲属身份关系，即便祖父母、外祖父母因为自身能力所限没有对孙子女、外孙子女尽抚养义务，也不宜当然否定隔代探望的必要性和妥当性，父母离婚终止姻亲关系，但割不断的是血亲关系和所维系着的血缘亲情。通过隔代探望，实现亲情传递和维系、情感交流和慰藉，有利于未成年人身心健康。

《诗经》有云：“哀哀父母，生我劬劳。”子游问孝，子曰：“今之孝者，是谓能养。至于犬马，皆能有养；不敬，何以别乎?”我国《民法典》第 1043 条就使用“敬老爱幼”而非“尊老爱幼”“养老爱幼”等，这就弘扬了儒家传统孝道文化中“敬”的内核，“孝”是中国传统家文化的核心，“敬”和“养”共同构成了“孝”的内涵，这些都是家庭文明建设的宝贵精神财富。《增广贤文》有言：“羊有跪乳之恩，鸦有反哺之义。”我国婚姻家庭身份关系具有接续性或反馈性（反哺性）。费孝通先生指出：中西家庭模式可以分别概括为“反馈模式”与“接力模式”。如果把中国人的一生也划分为三个时期，则第一期是被抚育期，第二期是抚育子女期，第三期是赡养父母期。其中第二期和第三期可能有相当大的重合，也就是人到中年都要经历的既要抚育子女、又要赡养老人的“上有老、下有小”的吃重期，从自己养育儿女的无微不至中体会父母养育自己又何尝不是无微不至，从而把生物性的抚育和文化性的赡养在伦理层面上统一起来，所谓“养儿方知父母恩”。[①]《老年人权益保障法》第 18 条规定的精神赡养更是敬老美德的法律化：“家庭成员应当关心老年人的精神需求，不得忽视、冷落老年人。”“与老年人分开居住的家庭成员，应当经常看望或者问候老年人。”“用人单位应当按照国家有关规定保障赡养人探亲休假的权利。”针对物质赡养中的赡养费请求权，《民法典》第 196 条第 3 项更是将之连同抚养费请求权、扶养费请求权等一并规定不适用诉讼时效，有利于亲情修复和维护家庭和睦团结。诉讼时效排除适用的此种特殊规定也展现了民法典认可家是社会交往的特殊领域，家庭成员彼此之间享有的抚养费、赡养费、扶养费请求权关涉家庭生活中弱者权益的保护，关涉家的存续与运转。[②]《民法典》继承编还从孝敬理念出发，从遗产取得方面对继承人进行激励或者抑制，如第 1125 条继承权丧失制度，第 1130 条第 3 款和第 4 款法定继承人多分、不分或者少分制度等。

孝敬父母、重视亲情，是中国社会传承几千年的重要家庭伦理道德，是中华民族孝亲敬老传统美德。父母为子女含辛茹苦，将子女培养成人，子女长大后理应善待父母，为他们营造安定的生活环境。

“抚育孩子不是一件个人可以随意取舍的私事，而是有关社会生存和安全的工作。”[③]

---

① 参见费孝通：《家庭结构变动中的老年赡养问题：再论中国家庭结构的变动》，载《北京大学学报》1983 年第 3 期，第 7 页。

② 参见王轶、关淑芳：《论民法总则的基本立场》，载《国家行政学院学报》2018 年第 1 期，第 106 页。

③ 费孝通：《乡土中国 生育制度》，北京大学出版社 1998 年版，第 133 页。

“养不教，父之过”。养而不敬，不为孝。养而不教，不成爱。“父母所给予的恩惠是最大的。他们不仅生养、哺育了子女，而且还是子女的教师。”① “家庭是人生的第一个课堂，父母是孩子的第一任老师。”笔者认为，甚至可以说，父母是孩子最好的老师。“世界上最用不上意志，同时在生活上又是影响最大的决定，就是谁是你的父母。”“我们要了解个人，自不能不从家庭生活入手。”② 生育本身就包含生殖和抚育二义。父母对未成年子女有抚养、教育和保护的义务，这也是与“孝”相对应的“慈”，父慈子孝双向互动③，形成中国家庭的“反馈模式”，共同构成了“齐家”的核心要义。抚养和教育都应该讲究具体的方式，应该顺应被监护人不同年龄阶段身心发展的不同特点，并以有利于被监护人健康成长、全面发展和顺利社会化为判断标准。未成年子女造成他人损害的，父母应当承担监护责任。《民法典》第1068条规定：“父母有教育、保护未成年子女的权利和义务。未成年子女造成他人损害的，父母应当依法承担民事责任。”

此外，最有利于未成年人也应当成为家庭文明中“爱幼”理念的应有内涵，《民法典》第35条第2款强调“根据被监护人的年龄和智力状况，尊重被监护人的真实意愿”。根据《未成年人保护法》第4条，应当给予未成年人特殊、优先保护，听取未成年人的意见，适应未成年人身心健康发展的规律和特点。《民法典》第1044条、第1084条在收养原则和离婚子女抚养问题上均强调“最有利于被收养人/未成年子女的原则”。未成年人身心发展特点的最重要判断标准就是年龄和智力状况，这契合循序渐进的自然教育理念。卢梭自然教育思想就主张对儿童进行适应自然发展过程的教育，要服从自然的永恒法则，听任人的身心的自由发展，避免揠苗助长。卢梭反复强调：“按照孩子的成长和人心的自然的发展而进行教育。”④

孝慈、敬爱是家庭文明建设的传统美德支撑，它们内涵丰富但也存在概念的不确定性，所以适合作为家庭文明的具体“法理”，但在制度落地上则主要依赖具体规则或者司法裁判中的公序良俗原则。⑤ 有学者就指出，司法实践中普遍将孝道理念置于公序良俗原则的涵摄之下，由法院在具体案件中通过公序良俗原则来把握孝道理念的实现尺度。⑥

（三）忠实

忠实，强调和睦文明、忠实互让、互尊互爱、夫妻一体、休戚与共。“清官难断家务事”“不吵架不成夫妇”。“要在家庭中培育和践行社会主义核心价值观”，夫妻忠实义务是诚信价值观的具体化。“家庭里多的是迁就，谦让，少的是争斗。”“人间从没有过

---

① ［古希腊］亚里士多德：《尼各马可伦理学》，廖申白译注，商务印书馆2003年版，第252页。

② 费孝通：《乡土中国 生育制度》，北京大学出版社1998年版，第69、187页。

③ 有学者从法社会学的角度分析父慈子孝，肯定父母子女之间存在一个养老育幼的双务合同，包含对待给付和先履行抗辩权。参见苏力：《大国宪制：历史中国的制度构成》，北京大学出版社2018年版，第132－133页。

④ ［法］卢梭：《爱弥儿：论教育》（上卷），李平沤译，商务印书馆1978年版，第29页。

⑤ 参见李菁、胡明冬：《因矛盾外孙起诉外婆立即搬离房屋，法院：驳回，不符传统美德》，载澎湃新闻2022年7月25日，https：//www.thepaper.cn/newsDetail_forward_19169269；《六旬女儿要求86岁母亲迁出住房，因违背公序良俗被法院驳回》，https：//www.thepaper.cn/newsDetail_forward_26712294。

⑥ 参见朱晓峰：《孝道理念与民法典编纂》，载《法律科学》2019年第1期，第84页。

一个永远快乐的家庭。”[①] 在《生育制度》中，费孝通先生基于功能主义视角，特别强调婚姻和家庭对子女抚育的功能，人类通过生养抚育完成社会新陈代谢和世代更替，维持社会结构完整。笔者认为，从社会学功能主义的视角看，婚姻和家庭都具有多元功能，在生育子女并帮助子女社会化之外，还当然包括孝敬老人、情感陪伴、经济合作等。

夫妻婚姻关系领域道德和法律交织，忠实是婚姻关系的道德底线，也需要将之法律化。“专偶制是与文明时代相适应的”，“当事人双方的相互爱慕应当高于其他一切而成为婚姻基础的事情”，“性爱按其本性来说就是排他的”[②]。“婚姻的结合要求夫妇双方都要忠实，忠实是一切权利中最神圣的权利。”[③] 《婚姻法》第 4 条、《民法典》第 1043 条第 2 款属于婚姻家庭法的基本原则之一，司法裁判“禁止向一般条款逃逸”，婚姻法司法解释的起草者认为《婚姻法》第 4 条是“关于婚姻家庭道德规范的法律化”，夫妻应当互相忠实、互相尊重“作为倡导性条款”，“不是一项法定的权利义务”[④]，不能单独以该条为裁判规范。《婚姻法司法解释一》第 3 条规定：“当事人仅以婚姻法第四条为依据提起诉讼的，人民法院不予受理；已经受理的，裁定驳回起诉。”对该条进行当然解释和反面解释的结论是，当事人可以协同规范具体行为的其他条文共同作为请求权基础[⑤]，只是不能单纯以《婚姻法》第 4 条（忠实原则）作为请求权基础规范。《民法典婚姻家庭编司法解释一》第 4 条延续了该规定。实际上，夫妻之间保持专一、互守贞操的忠实义务也是从这系列的请求权基础规范中派生出来的。

《民法典》对婚姻忠实理念和忠实义务作了进一步的加强：《婚姻法》第 46 条只列举规定了四种适用离婚损害赔偿的情形，《民法典》第 1091 条完善了离婚损害赔偿制度，增加了离婚损害赔偿的兜底条款，立法技术上改为例示规定加兜底条款，不再封闭列举，从而使得一些确实给无过错方造成严重损害的“其他重大过错”情形被纳入离婚损害赔偿的适用范围。此种立法变化的规范目的是更好地发挥离婚损害赔偿制度的预防、制裁作用，促进婚姻关系的稳定。例如，《婚姻法》第 46 条第 2 项规定的“有配偶者与他人同居”的情形，是指有配偶者与婚外异性，不以夫妻名义，持续、稳定地共同居住。有配偶者与婚外异性，以夫妻名义，持续、稳定地共同居住，则会构成《婚姻法》第 46 条第 1 项规定的重婚。然而重婚和有配偶者与他人同居并不足以概括不忠实于婚姻的全部情形，故《民法典》增加兜底条款，可以将其他婚内出轨的情形纳入，更有利于维护夫妻互相忠实。

不仅可以通过离婚损害赔偿等对受害方予以事后法定救济，还可以通过夫妻事前约定来预防和避免不忠实于婚姻的情形。有些忠诚协议构成附生效条件的夫妻财产约定，如夫妻之间约定一方出轨或者实施家庭暴力等即产生婚后共同所得以及该方婚前某些个

---

① 费孝通：《乡土中国 生育制度》，北京大学出版社 1998 年版，第 217、133 页。

② ［德］恩格斯：《家庭、私有制和国家的起源》，载《马克思恩格斯选集》（第 2 版第 4 卷），人民出版社 1995 年版，第 73、77、80 页。

③ ［法］卢梭：《爱弥儿：论教育》（下卷），李平沤译，商务印书馆 1978 年版，第 735 页。

④ 最高人民法院民事审判第一庭著：《婚姻法司法解释的理解与适用》，中国法制出版社 2002 年版，第 18－19 页。此种司法态度仍在延续，参见最高人民法院民法典贯彻实施工作领导小组主编：《中华人民共和国民法典婚姻家庭编继承编理解与适用》，人民法院出版社 2020 年版，第 34－36 页。

⑤ 参见唐德华：《关于适用〈婚姻法〉若干新规定的探讨》，载《法律适用》2002 年第 3 期。

人财产转移归受害方所有。① 司法实践中也存在将一些忠诚协议认定为夫妻财产约定的趋势。婚姻家庭生活中常见的“忠诚协议”，目的是保证夫妻双方在婚姻关系存续期间不违反忠实义务，在责任形式上往往课以违约金、赔偿金或者财产倾斜分配、“净身出户”等内容，这些与财产处置相关的约定在实质上也属于夫妻财产约定。实践中较为常见的忠诚协议、离婚补偿协议，其中涉及财产的内容亦属于夫妻财产约定的范畴，对双方具有法律约束力。②

互相忠实是夫妻互相尊重、互相关爱的基础，也是婚姻家庭关系得以平等、和睦、文明的基础。忠实从夫妻关系层面体现家庭情感陪伴的功能，为永恒的爱情提供制度保障，将婚姻刻画为一个爱情共同体。在家庭文明视角下，强化忠实理念和忠实义务，可以增强人们对婚姻稳定的预期，增强对爱情和婚姻制度的信心，有利于鼓励缔结婚姻。

（四）团结

家庭文明视野下的团结，致力于维护身份关系和谐安定、实现家庭共同利益。

当前中国社会离婚对数高、结婚对数低，离结对数比高，闪结闪离、轻率离婚现象严重。《民法典》婚姻家庭编鼓励缔结婚姻，反对轻率离婚，维护婚姻等身份关系和谐安定。“长期的夫妇关系是抚育子女所必需的条件。为了双系抚育，人造下了这样多的花样。”③《民法典》第 1077 条规定登记离婚冷静期制度：“自婚姻登记机关收到离婚登记申请之日起三十日内，任何一方不愿意离婚的，可以向婚姻登记机关撤回离婚登记申请。”“前款规定期间届满后三十日内，双方应当亲自到婚姻登记机关申请发给离婚证；未申请的，视为撤回离婚登记申请。”2018 年 9 月 5 日《民法典各分编（草案）》第 854 条增加离婚冷静期的规定。立法机关在《关于〈民法典各分编（草案）〉的说明》中指出：“实践中，由于离婚登记手续过于简便，轻率离婚的现象增多，不利于家庭稳定。为此，草案规定了一个月的离婚冷静期，在此期间，任何一方可以向登记机关撤回离婚申请。”

《民法典》第 1073 条规定：“对亲子关系有异议且有正当理由的，父或者母可以向人民法院提起诉讼，请求确认或者否认亲子关系。”“对亲子关系有异议且有正当理由的，成年子女可以向人民法院提起诉讼，请求确认亲子关系。”《婚姻法司法解释三》第 2 条只是从夫或者妻的角度规定亲子关系确认之诉和否认之诉，缺乏对子女特别是成年子女能否提起此类诉讼的规定，存在开放漏洞。④《民法典》第 1073 条规定父母可以提起亲子关系确认之诉和否认之诉，成年子女则只能提起亲子关系确认之诉、不能提起亲子关系否认之诉。2018 年 9 月 5 日《民法典各分编（草案）》第 850 条规定：“对亲子关系有异议的，父、母或者成年子女可以向人民法院提起诉讼，请求确认或者否认亲子关系。”此后，立法逐渐收紧成年子女可以提起的亲子关系之诉的类型和条件，将之限于亲子关系确认之诉，而非否认之诉，且须有正当理由，《民法典婚姻家庭编（草案）》

---

① 参见王雷：《民法典中的参照适用条款研究》，中国法制出版社 2024 年版，第 161－163 页。

② 2020 年 2 月 27 日，北京市第三中级人民法院通过新浪微博平台召开线上新闻通报会，对涉夫妻财产约定相关法律问题进行了风险提示，此为本次通报会观点。

③ 费孝通：《乡土中国 生育制度》，北京大学出版社 1998 年版，第 132 页。

④ 参见王雷：《〈婚姻法〉中的亲子关系推定》，载《中国青年政治学院学报》2014 年第 4 期，第 32 页。

(二次审议稿)第850条、《民法典婚姻家庭编(草案)》(三次审议稿)第850条均坚持此立法立场,并为民法典草案所延续。全国人民代表大会宪法和法律委员会针对二次审议稿第850条,在修改情况汇报中说明:“建议进一步提高此类诉讼的门槛,明确当事人需要有正当理由才能提起,以更好地维护家庭关系和亲子关系的和谐稳定。有的地方、部门和专家学者提出,允许成年子女提起亲子关系否认之诉,可能会导致其逃避对父母的赡养义务,建议对成年子女提起此种诉讼予以限制。宪法和法律委员会经研究,建议采纳上述意见。”结合亲子关系否认之诉适用范围的立法收紧过程,通过历史解释可见,“维护家庭关系和亲子关系的和谐稳定”成为家庭文明建设的应有之义。

团结就是力量。家庭成员间应当互谅互让、和睦团结。《民法典》第1043条第2款要求家庭成员互相帮助。“家庭是个合作的团体,一切合作的团体都有着反抗破裂的潜在力。”[①]“家庭被经常部分地定义为一群人为追求经济目的而合作所形成的经济单位。……在现代社会,大多数生产性活动在家庭之外进行,但是,家庭仍然是经济活动的重要单位。”[②] 个体工商户、农村承包经营户的债务性质识别都强调“户”的团体性、经济合作、同进同退、休戚与共特点。家庭成员之间全面合作,致力于增进家庭共同利益、整体利益,避免功利算计。家庭生活也注重家庭成员之间的共建共治共享。有学者把共建共享作为家事法的核心法理之一,认为“共建共享不单是责任共担和利益共享,更是指家庭成员之间互为目的”[③]。《民法典》第56条使得“户”的民法地位和团体性品格得到充分肯定,《民法典》不会淡化家庭成员与“户”之间的紧密联系,“民法出”并不会导致“忠孝亡”。“户”还具有参与民主自治的功能,《村民委员会组织法》第22条村民会议组织机制中户代表制度,第25条村民代表会议组织机制中户推选村民代表制度,都是以“户”为单位组织基层民主自治的体现。《居民委员会组织法》中也存在类似的户代表基层自治机制。在个体工商户、农村承包经营户之外,家庭并未被作为独立的民事主体看待,但家庭身份共同体特点和家庭共同利益均被立法作为重要的价值依归,甚至构成《民法典》第464条第2款身份关系协议性质的重要组成部分。

夫妻作为一个有福同享、有难同当的亲情和财产的共同体,凸显家庭的整体性和身份共同体特征。在现代社会,随着企业等经济组织体的产生和壮大,“家庭的主要经济行为已由生产转为了消费。以家庭为单位,它们进行着最主要的购买消费,如购买房屋、汽车、电视等”[④]。《民法典》第1064条规定:“夫妻双方共同签字或者夫妻一方事后追认等共同意思表示所负的债务,以及夫妻一方在婚姻关系存续期间以个人名义为家庭日常生活需要所负的债务,属于夫妻共同债务。”“夫妻一方在婚姻关系存续期间以个人名义超出家庭日常生活需要所负的债务,不属于夫妻共同债务;但是,债权人能够证明该债务用于夫妻共同生活、共同生产经营或者基于夫妻双方共同意思表示的除外。”

---

① 费孝通:《乡土中国 生育制度》,北京大学出版社1998年版,第221页。

② [美] 戴维·波普诺:《社会学》,李强等译,中国人民大学出版社2007年版,第427页。

③ 张文显:《家事法的核心法理》,载张文显:《法理泛在——法理主题致辞集》,法律出版社2020年版,第345页。

④ [美] 戴维·波普诺:《社会学》,李强等译,中国人民大学出版社2007年版,第427页。类似观点,另参见 [德] G. 拉德布鲁赫:《法哲学》,王朴译,法律出版社2005年版,第151页。

共债共签仅仅构成夫妻共同债务的情形之一，还要注意基于为家庭日常生活需要和超出家庭日常生活需要但用于夫妻共同生活或者共同生产经营①的“共同用途论”，这也符合权利义务相一致原则，正所谓有福同享、有难同当。

无论是“两户”债务还是夫妻共同债务，都体现了婚姻家庭在组织经济生活中的团结协作。需要注意的是，《民法典》第56条第1款个体工商户债务拟制规则和第1064条夫妻共同债务推定规则可能发生情境混同，为了避免体系违反，防止法律适用上避开第1064条，径行向第56条第1款逃逸，适用第56条第1款拟制为“以家庭财产”承担的个体工商户债务的前提是，“债权人仍须证明系争债务事实上用于了个体工商户的经营，只是无法区分个人经营还是家庭经营”②。

综上，家庭文明中的团结，包括鼓励缔结婚姻，维护夫妻、父母子女等身份关系和谐安定，通过家庭成员团结协作实现家庭经济合作功能，通过夫妻等身份共同体成员整体协同实现家庭共同利益。虽然民法典没有将“户”的主体地位扩展到所有家庭③，但家庭团结的理念已经深入家事法的骨髓，家庭成员在互相团结中互相依存，同进退、共荣辱，并共同将“家”作为心灵的归宿。家庭团结并非在家庭文明建设中横空出世，团结隐身于家庭生活和家事法律中，需要我们去发现、去弘扬。“团结在民法中可以通过公序良俗等原则得到贯彻，无须添加额外的义务。”④

三、从重视家庭文明建设角度发现《民法典》如何看待家

在中国社会生活和法律规定中，家均是一个极有弹性的概念，不限于核心家庭，家庭的功能具有伸缩性和多重性，亲属也具有层次扩展性。“亲属称呼甚至可用到没有亲属关系的人身上。我们写信给朋友时总是称兄道弟，见了父亲的朋友来时，恭恭敬敬叫声‘老伯’。原因其实是在‘叫得亲热一些’。”⑤ 由此，也能感受到家、亲属对中国人由内及外影响至深，家塑造着中国人的思维，差序格局从家庭开始往外延展，家国天下以家为起点。家庭具有敬老育幼、情感陪伴、经济合作等多重功能，家庭成员之间的合作是全面合作。“人从家而生，自由对应的只是成年阶段，而家涵盖了人生命的完整阶段，

---

① “金燕与建银文化产业股权投资基金（天津）有限公司合同纠纷案”中，小马奔腾创始人兼实际控制人之一李明去世后，其和建银文化产业股权投资基金（天津）有限公司签订的“增资及转股协议”因未能履约，其遗孀金燕被建银文化产业股权投资基金（天津）有限公司诉至法院要求承担2亿元股权回购债务连带责任。一审法院2017年10月根据《婚姻法司法解释二》第24条判金燕败诉。二审期间夫妻共同债务专项司法解释出台，该案中的股权回购债务是否属共同债务引关注。北京市高级人民法院2019年10月二审维持了一审判决，认为金燕对于案涉协议约定的股权回购义务是明知的，其参与了公司的共同经营，金燕现在经营的公司仍然享用小马奔腾所产生的溢出效应，案涉债务属于夫妻共同经营所产生的债务。

② 王雷：《〈民法典〉婚姻家庭编夫妻共同债务制度的举证责任配置》，载《当代法学》2020年第3期，第29页。

③ 有学者建议：“未来民法典要扩张家庭法的宪法功能，可考虑将‘户’的主体地位从个体工商户、承包经营户扩大到所有家庭，承认家庭的主体地位。”谢鸿飞：《中国民法典的宪法功能——超越宪法施行法与民法帝国主义》，载《国家检察官学院学报》2016年第6期。

④ 王晖：《法律中的团结观与基本义务》，载《清华法学》2015年第3期，第13页。

⑤ 费孝通：《乡土中国 生育制度》，北京大学出版社1998年版，第269页。

是对自由否定之否定的扬弃。”[①] 家涵盖了人生命的完整阶段，在家庭中，每个家庭成员的自由全面发展是一切家庭成员的自由全面发展的条件。

“在成文法的法律传统之下，民法典常常包含着一个民族的精神密码，表达了一个民族对一系列关键问题的基本立场。”[②] 通过将重视家庭文明建设增列为《民法典》婚姻家庭编的基本价值取向，在财产法中心主义的笼罩下，《民法典》日益找回迷失的“家”，《民法典》真正堪当起“社会生活的百科全书”，而不仅是“市场经济的基本法”。“成员间的人伦关系无法精确以权利义务计算。……民法典纳入家庭法……主要是因为民法典作为市场经济与家庭生活基本法的地位。”[③] 家庭文明建设并不反对自由，而是为了在身份共同体中克服个体主义的缺陷，从而更充分实现每个家庭成员的自由全面发展。家庭文明成为《民法典》婚姻家庭编、继承编内在价值体系的源头活水。平等、敬爱、忠实、团结是家庭文明的具体内涵和具体“法理”。平等是平等价值观和民法平等原则在家庭文明建设中的当然要求和具体化，忠实是诚信价值观和民法诚信原则在夫妻关系中的当然要求和具体化。敬爱既可以作为弱势意义上的平等对待，丰富平等原则的内涵，也可以作为公序良俗原则在家庭文明建设中的具体化，以加强弱者保护。团结乃至维护身份关系和谐安定、实现家庭共同利益同样可以作为公序良俗原则在家庭文明建设中的具体化。而公序良俗原则本身则是文明价值观的民法表达。在民法基本原则的价值体系中，公序良俗原则素有价值蓄水池的功能，家庭文明建设对应的新时代优良家风和家庭美德都可以为公序良俗原则这个价值蓄水池所容纳。家庭文明的新内涵越来越重要且越来越成为人们共识，家庭文明从公序良俗原则中独立出来，与公序良俗原则并身而立。作为民法基本原则的绿色原则实际上也是从公序良俗原则中独立出来的。

从民法典具体制度中总结提炼家庭文明的核心内涵——平等、敬爱、忠实、团结，可以展现民法典看待“家”、“协调人与家之间关系”的基本立场，展现我们中国人对夫妻关系乃至婚姻家庭关系的基本态度。

本章司法裁判 案例节选

刘某妤诉刘某勇、周某容共有房屋分割案

基本案情：父母为购房支付了大部分房款，并从子女利益考虑，让女儿占有房屋产权90%的份额。但作为女儿，原告刘某妤以二被告未经原告同意，擅自对该房进行装修，损害了原告的合法权利为由，请求依法分割共有房屋，判决该房屋中属于二被告的10%的房屋产权部分分割归原告所有，由原告补偿二被告2.8万元；二被告赔偿其擅自装修给原告造成的损失5 000元。

裁判摘要：父母出资购房将产权登记在子女名下，具有赠与性质。子女不仅应在物质上赡养父母，也应在精神上慰藉父母，努力让父母安宁、愉快地生活。子女对父母赠与的房屋依《物权法》分则行使物权，要求父母将所占房屋份额转让于己的诉求与善良

① 张龑：《论我国法律体系中的家与个体自由原则》，载《中外法学》2013年第4期，第699页。
② 王轶、关淑芳：《论民法总则的基本立场》，载《国家行政学院学报》2018年第1期，第103页。
③ 谢鸿飞：《民法典与特别民法关系的建构》，载《中国社会科学》2013年第2期，第114页。

风俗、传统美德不符，将损害父母生活，人民法院可依《物权法》总则的规定不予支持。①

教学评析：父母为子女含辛茹苦，将子女培养成人，子女长大后理应善待父母，为他们营造安定的生活环境。本案有助于我们理解本章第二节家庭文明具体内涵中的敬老。对女儿刘某好的诉请，在解释论上存在如下进路：

首先，《民法典》第 301 条的处分我们通常理解主要是对外转让，刘某好决定把父母的 10%份额转让给自己，侵害了父母的按份共有所有权，因为是否转让应当由父母自己决定。

其次，按照《民法典》第 303 条，本案中父母擅自装修房屋可以认定构成有重大事由需要分割共有物，刘某好主张的是作价分割，自己货币补偿父母，这样就不再适用第 301 条对外转让规则，但仍不符合第 303 条第一句的适用条件“共有人约定不得分割共有的不动产或者动产，以维持共有关系的”。

最后，根据《民法典》第 303 条，“按份共有人可以随时请求分割”。根据《民法典》第 304 条第 1 款，共有人就分割方式达不成协议，又难以实物分割时，“应当对折价或者拍卖、变卖取得的价款予以分割”。本案刘某好的诉请即为折价分割，即便其诉请从具体规则角度于法有据，但仍有违敬老爱老的公序良俗原则。

本章深度阅读

1. 注重家庭，注重家教，注重家风（2016 年 12 月 12 日习近平在会见第一届全国文明家庭代表时讲话的一部分）//习近平谈治国理政：第 2 卷．北京：外文出版社，2017.

2. 费孝通．家庭结构变动中的老年赡养问题：再论中国家庭结构的变动．北京大学学报，1983（3）.

3. 卢梭．爱弥儿：论教育：上卷．李平沤，译．北京：商务印书馆，1978.

4. 巫昌祯，夏吟兰．改革开放三十年中国婚姻立法之嬗变//改革开放三十年（1978～2008）中国婚姻家庭继承法研究之回顾与展望．北京：中国政法大学出版社，2010.

5. 张龑．何为我们看重的生活意义：家作为法学的一个基本范畴．清华法学，2016（1）.

6. 王雷．家庭文明建设在民法典中的体现．山东大学学报（哲学社会科学版），2021（3）.

7. 刘某好诉刘某勇、周某容共有房屋分割案．最高人民法院公报，2016（7）.

本章问题与思考

1.《民法典》第 1041 条第 1 款规定：“婚姻家庭受国家保护。”请分析该款是否属于

① 载《最高人民法院公报》2016 年第 7 期；载《人民法院案例选》（2017 年第 1 辑），人民法院出版社 2017 年版。本案还是最高人民法院 2016 年 3 月 10 日公布的 10 起弘扬社会主义核心价值观典型案例之一，参见《最高人民法院公布 10 起弘扬社会主义核心价值观典型案例》，载《人民法院报》2016 年 3 月 10 日，第 3 版。

婚姻家庭法的基本原则。

答题指引：《民法典》第1041条第1款属于新增规定，该款是公序良俗原则从国家角度所要求的公共秩序的体现，也是《宪法》第49条第1款的具体化。

2. 夫妻双方约定，发生婚外情赔精神损失费，这是忠诚协议中最常见的。还有要求违背忠诚的一方赔“空床费”的，要求跪8小时的，要求不能探望子女的……在婚姻法领域，忠诚协议一直是所谓“同案不同判”最典型的例子。

2003年，全国第一份支持忠诚协议的判决在上海市闵行区人民法院诞生。在那个著名案件中，当事人贾某和曾某签订协议约定，如果一方出现背叛另一方的不道德行为，必须赔偿对方名誉损失及精神损失费30万元。协议签订后不久，贾某就发现丈夫与其他异性有染。之后的离婚诉讼中，贾某以曾某违反夫妻忠诚协议为由，要求上海市闵行区人民法院判令曾某支付违约金30万元，得到了法院的支持。两年后，上海市高级人民法院发布内部司法解答意见，规定类似诉讼法院不予受理，表明了和上海市闵行区人民法院不同的态度。

同年，重庆市九龙坡区人民法院审理了一桩引发更大争议的“空床费案”，给法学界带来更新鲜的素材。该案中，夫妻双方约定，如果丈夫在午夜零时至清晨七时不归宿，按每小时100元的标准支付空床费给妻子。在后来的诉讼中，法院支持了妻子这一请求。

有律师还曾办过这样的案件：夫妻签订协议约定丈夫如果出轨，必须给妻子8万块钱，到杭州的武林广场跪8个小时。法院最后回避了这个忠诚条款，8万块钱也没有支持。①

请结合上述材料谈一谈你对忠诚协议的看法。

答题指引：须区分忠诚协议的不同类型，结合婚姻家庭编具体规则作规范分析讨论其法律效力，不能简单结合忠实原则作价值分析。

3. 有学者认为：“中国的婚姻法一直被认为是女权本位的法律，有评论者戏称，说白了婚姻法就是妇女权益保护法。”②

请谈一谈你对这种观点的看法。

答题指引：婚姻家庭法侧重保护妇女的合法权益，也注意利益平衡。妇女权益保护是婚姻家庭法的重要任务，但非全部任务，不能将婚姻家庭法简单等同于妇女权益保护法。

4. 《民法典》第1043条第2款前一分句规定：“夫妻应当互相忠实，互相尊重，互相关爱。”夫妻互相忠实属于法律义务还是道德要求？属于婚姻家庭法的基本原则还是具体规则？属于倡导性规定还是强制性规定？

答题指引：夫妻互相忠实属于法律义务，也是道德要求，是道德法律化。夫妻互相忠实属于婚姻家庭法的基本原则之一，但也有相应具体规则对之进一步落实。不能将夫妻互相忠实简单定位为倡导性规定，夫妻互相忠实属于强制性规定。

---

① 参见赵蕾、钱小敏：《夫妻“忠诚协议”：无效戏言or有效承诺》，载《南方周末》2010年9月25日。

② 赵蕾、钱小敏：《夫妻“忠诚协议”：无效戏言or有效承诺》，载《南方周末》2010年9月25日。

5.《民法典》第 1042 条规定："禁止包办、买卖婚姻和其他干涉婚姻自由的行为。禁止借婚姻索取财物。""禁止重婚。禁止有配偶者与他人同居。""禁止家庭暴力。禁止家庭成员间的虐待和遗弃。"

结合该法条回答如下问题：

(1) 第 1042 条在立法技术上有什么特点？该条是否属于婚姻家庭法的基本原则？

(2) 包办婚姻、买卖婚姻对应的是婚姻不成立、可撤销还是无效？

(3) 借婚姻索取财物是否构成不当得利？

(4) 如何区分借婚姻索取财物与彩礼赠与？

答题指引：《民法典》第 1042 条属于禁止性规定，是婚姻自由原则和公序良俗原则的具体内容。包办婚姻、买卖婚姻违背当事人的意愿，当事人缺乏结婚意思，相应婚姻不成立、可撤销还是无效须作类型化分析。借婚姻索取财物，应受否定性评价，相关婚姻的效力原则上不受影响，但对所索取的财物是否构成不当得利，如何区分借婚姻索取财物与彩礼赠与，如何区分借婚姻索取财物与借婚姻骗取财物，须作类型化分析。

6. 请论述公序良俗原则在婚姻家庭法中的体现。

答题指引：第 1041 条第 1 款、第 1041 条第 2 款和第 3 款、第 1043 条第 1 款和第 2 款后一分句公序良俗原则在婚姻家庭法基本原则层面的体现。

7.《民法典》第 1043 条规定："家庭应当树立优良家风，弘扬家庭美德，重视家庭文明建设。""夫妻应当互相忠实，互相尊重，互相关爱；家庭成员应当敬老爱幼，互相帮助，维护平等、和睦、文明的婚姻家庭关系。"有学者认为，第 1043 条属于"婚姻家庭法的倡导性规定"[①]，你如何看待这一观点？

答题指引：第 1043 条属于婚姻家庭法的基本原则，有价值倡导，更有规范强制。

8. 百年好合、白头到老、家和万事兴等婚姻家庭领域的中华优秀传统文化在我国《民法典》中有何创造性转化和创新性发展？

答题指引：《民法典》以促进家庭和谐为立法宗旨，这是家和万事兴思维的法律体现。百年好合、白头到老等婚姻家庭领域的中华优秀传统文化在我国《民法典》中表现为维护婚姻家庭关系的稳定性、夫妻互相忠实原则等。

9.（考研真题改编）孙某与江某于 2004 年 8 月 8 日登记结婚，婚后二人签订了一份夫妻忠诚协议，约定：婚后各方应以家庭为重，互相忠实；任何一方背叛对方，背叛方必须同意离婚，且夫妻共同财产全部归无过错方所有。随着女儿的降生，2006 年年初，二人又补充了忠诚协议的内容：如一方违反忠诚协议，离婚后女儿归无过错方抚养，过错方必须放弃对女儿的监护权。

2009 年 9 月，江某得知孙某与其上学时期的恋人邹某重温旧情，气愤不已，但因孙某一再保证以后不再与邹某联系，故江某原谅了孙某。

2010 年 4 月，江某发现孙某仍然与邹某保持着联系，且经常互发暧昧短信，接触频繁，孙、江二人感情因此出现危机。同年 7 月起，孙某与邹某在外租房同居。江某对孙

① 杨大文、龙翼飞主编：《婚姻家庭法》(第 8 版)，中国人民大学出版社 2020 年版，第 61 - 63 页（曹诗权教授执笔)。

某的出轨行为忍无可忍，提出离婚，并要求孙某履行夫妻忠诚协议。

请根据上述事实回答以下问题：

(1) 孙某与江某的夫妻忠诚协议是否适用我国合同法？为什么？

(2) 对本案中的夫妻忠诚协议，法官甲认为全部无效，而法官乙认为部分无效。请选择您较为认同的观点（只能选择一种观点），并阐释理由。

答题指引：分析夫妻忠诚协议是否属于身份关系协议，能否参照适用《民法典》合同编有关规定。区分夫妻忠诚协议的不同内容，分别讨论其效力。

10.（考研真题改编）法律是以道德为基础的，比如禁止偷盗等即属于道德演化而来。请结合中国部门法的规定论述法律的道德性。

答题指引：法律是最低限度的道德，道德是最高的法律。道德包括义务道德和愿望道德，义务道德对应法律中最低限度的道德。但愿望道德也并非完全不能法律化。例如，《民法典》第1043条规定家庭成员应当“互相帮助”，这不见得一定对应着家庭成员间的法定义务，在法定义务之外，至少还是一种价值倡导。

第四章 结婚制度

本章重点知识

1. 结婚，又称为婚姻的成立或婚姻的缔结，是指一男一女依照法律规定的条件和程序，合意以成立家庭、建立夫妻一体永久共同生活为目的的民事法律行为。爱情与婚姻密不可分，婚姻是具有法的意义的伦理的爱。

2.《民法典》中结婚的法定条件包括：男女双方完全自愿、男女双方必须达到法定婚龄、男女双方具有结婚行为能力、结婚是一男一女异性结合。

结婚属于要式法律行为，结婚登记是结婚的法定必经程序和公示方法，未经结婚登记的婚姻不成立。《婚姻登记条例》规定结婚登记的法定程序。

3. 婚约不具有强制执行性。婚约不具有法律约束力，不能强制履行，不得强制婚约当事人缔结婚约；婚约只能自愿履行，不属于预约合同。

已经给付的以缔结婚姻为目的的彩礼属于附解除条件的赠与。如果约定一旦结婚即兑现彩礼之承诺，则此种约定就属于附延缓条件的赠与。对已经给付的彩礼在婚姻不能缔结这一解除条件成就时，接受彩礼的一方应该返还彩礼。

事实婚姻不符合婚姻的要式性特点，并非《民法典》认可的婚姻。当事人因非婚同居期间财产分割或者子女抚养纠纷提起诉讼的，属于人民法院受理范围。当事人提起诉讼仅请求解除同居关系的，不属于人民法院受理范围。

婚姻自主权是指自然人可以根据自己的意志自主决定自己婚姻的缔结和解除，不受他人强迫或干涉的一种具体人格权。婚姻自主权属于人格权，不属于身份权，其并不是基于血缘或者亲缘关系发生的权利。

4.《民法典》中禁止结婚的情形主要包括：未到法定结婚年龄；男女双方并非完全自愿；一方或者双方已有配偶；直系血亲或者三代以内旁系血亲。

无效婚姻是指虽然已经成立但是因为违反法定公益要件而不受法律保护，自始不能产生法律效力的婚姻。无效婚姻以婚姻的成立为前提。重婚的，后一婚姻无效。有禁止结婚的亲属关系的婚姻无效。未到法定婚龄的婚姻无效。

婚姻可撤销与婚姻无效都属于婚姻效力瑕疵。婚姻可撤销情形和无效情形都具有法定性。婚姻可撤销情形和无效情形的范围都窄于《民法典》总则编民事法律行为可撤销和无效制度。

因胁迫而缔结的婚姻可撤销。结婚登记前隐瞒患有严重疾病的婚姻可撤销。

5. 一方弄虚作假利用假身份缔结的婚姻无效。以冒名方式办理结婚登记的婚姻无效。

本章知识逻辑图

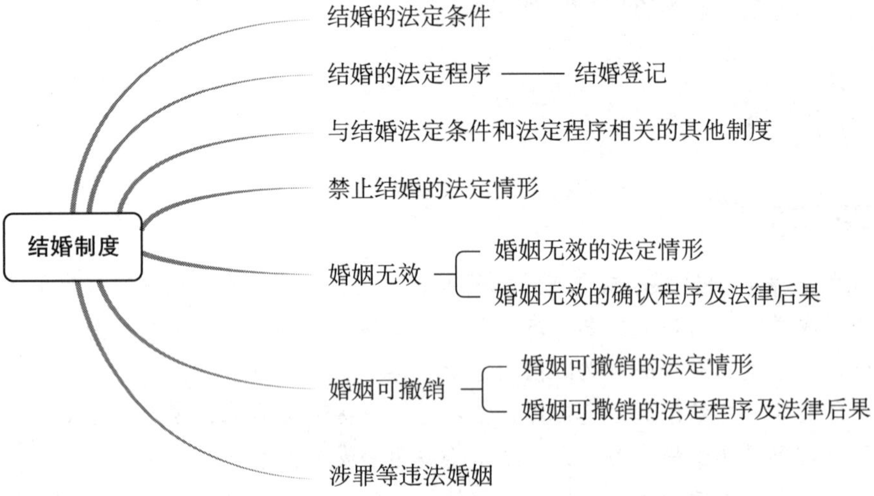

第一节　结婚的法定条件

一、结婚的定义与法律特征

结婚，又称为婚姻的成立或婚姻的缔结，是指一男一女依照法律规定的条件和程序，合意以成立家庭、建立夫妻一体永久共同生活为目的的民事法律行为。

结婚的法律特征主要包括：

第一，结婚是一男一女的结合，而不是同性结合。

第二，结婚是男女双方达成结婚意思表示一致的双方法律行为。

第三，结婚属于身份法律行为，结婚是以成立家庭、建立夫妻一体生活为目的的永久结合，而非男女两性感情上的朝秦暮楚。

第四，结婚属于要式法律行为。结婚并非《民法典》第 142 条第 2 款无相对人的意思表示，不能根据意思主义原则探求确定行为人的真实意思。通谋虚假结婚不应当补充适用《民法典》第 146 条，不存在所谓的假结婚，基于身份关系的严肃性和安定性，应该坚持结婚的要式性特点；也不能在《民法典》第 1052 条和第 1053 条之外补充适用第 148 条和第 149 条等可撤销民事法律行为规则。要注意民事法律行为规则在婚姻领域的适用边界，避免不加变通调适地过度渗透，不要受合同法中心主义的影响，不能用合同法思维处理婚姻效力问题。

第五，结婚不适用意定代理或者法定代理，不得附条件或者附期限。要求结婚的男女双方应当亲自到婚姻登记机关申请结婚登记。要求结婚的男女双方未亲自到婚姻登记机关办理结婚登记，而是由他人代办结婚登记的，相关婚姻不成立。[①]

2021年，被确诊身患癌症的孙某，为感念前妻林某的照顾，想要与其复婚，并向当地民政局申请了上门办理结婚登记。于是民政局派工作人员到孙某的病房，在孙某亲戚、朋友的共同见证下，为两人办理了结婚登记，但第二天孙某因病情恶化去世。儿子小孙起诉到法院，要求撤销亡父的结婚登记。法院审理后认为，孙某和林某自愿复婚，且婚姻登记机关为特殊人群提供上门服务并无不当，因此判决驳回小孙的诉讼请求。[②]

第六，要区分婚姻的一般成立要件和特别成立要件。结婚的法定条件对应婚姻一般成立要件，结婚的法定程序对应婚姻特别成立要件。

第七，要区分婚姻的成立与婚姻的效力。婚姻属于要式身份法律行为，如果男女只举办婚礼仪式，未办理结婚登记，不符合婚姻的要式性特点，则婚姻不成立。结婚的法定条件和法定程序都满足，婚姻方能成立。依法成立的婚姻，对婚姻当事人具有法律约束力，受法律保护。无效或者被撤销的婚姻自始没有法律约束力。

二、婚姻是具有法的意义的伦理性的爱

爱情与婚姻密不可分，婚姻是具有法的意义的伦理性的爱。法律和伦理德法共治，协同维护婚姻关系的稳定性，努力消除婚姻关系中的不确定性。

选择结婚的对象很重要。卢梭认为："一个人的婚姻可以决定一个人一生的命运，所以必须用充分的时间去考虑它。再也没有什么事情比选择一个好男人更难的了，如果说真有比选择好男人更难的事情的话，那就是选择一个好女人了。"[③]

如何选好结婚的对象？西塞罗曾经指出："真正的朋友就像另一个自我。……对一个人应该先判断，然后爱，而不要先爱，然后再判断。然而正如我们在许多事情上因疏忽而受惩罚一样，若选择朋友和与朋友相处中发生疏忽，尤其应该受惩罚。要知道，我们这是谋虑在后，本末倒置，违背了古训。"[④]"婚姻是否能取得最大的幸福，在很多方面要取决于男女双方是不是相配，不过，要想在各个方面都相配的话，那是十分愚蠢的。所以，我们只能首先注意到在主要的方面是不是相配，如果在其他方面也相配，那当然是更好，如果不相配，那也没有关系。"[⑤]

爱情是婚姻的基础。恩格斯说："当事人双方的相互爱慕应当高于其他一切而成为婚姻基础的事情，在统治阶级的实践中是自古以来都没有的。至多只是在浪漫故事中，

---

① 参见张伟主编：《婚姻家庭继承法学》，法律出版社2021年版，第94-95页（郝佳教授执笔）。

② 参见"儿子申请撤销亡父婚姻登记 法院判决不支持"，载光明网2022年7月6日，https://m.gmw.cn/toutiao/2022-07/06/content_1303031592.htm。

③ ［法］卢梭：《爱弥儿：论教育》（下卷），李平沤译，商务印书馆1978年版，第600页。

④ ［古罗马］西塞罗：《论友谊》，载［古罗马］西塞罗：《西塞罗文集》（政治学卷），王焕生译，中央编译出版社2010年版，第310-312页。

⑤ ［法］卢梭：《爱弥儿：论教育》（上卷），李平沤译，商务印书馆1978年版，第600页。

或者在不受重视的被压迫阶级中，才有这样的事情。”[①] 而就爱情在婚姻维系过程中的作用，恩格斯进一步指出：“如果说只有以爱情为基础的婚姻才是合乎道德的，那么也只有继续保持爱情的婚姻才合乎道德。……如果感情确实已经消失或者已经被新的热烈的爱情所排挤，那就会使离婚无论对于双方或对于社会都成为幸事。只是要使人们免于陷入离婚诉讼的无益的泥潭才好。”[②]

爱情是排他的，要求互相忠实。“爱情是排他的，是希图对方偏爱自己的。……爱情是向对方提出了多少要求，而自己也给予对方多少东西，它本身是一种充满了公平之心的情感。”[③]

爱情靠缘分，也要靠经营。有人说，婚姻是爱情的坟墓，婚姻由姻缘或命运决定。张爱玲所解释的爱情是：于千万人之中遇见你所遇见的人，于千万年之中，时间的无涯的荒野里，没有早一步，也没有晚一步，刚巧赶上了，这就是缘分。婚姻注定如人生一样充满了不完美，“生命是一袭华美的袍，爬满了蚤子”。[④]

婚姻是具有法的意义的伦理性的爱。黑格尔的婚姻爱情观值得研究。黑格尔认为：“婚姻是具有法的意义的伦理性的爱，这样就可以消除爱中一切倏忽即逝的、反复无常的和赤裸裸主观的因素。”[⑤] 黑格尔认为将婚姻仅仅建立在爱的基础上的观念是应该受到唾弃的，“爱既是感觉，所以在一切方面都容许偶然性，而这正是伦理性的东西所不应采取的形态”[⑥]。爱是精神对自身统一的感觉，“爱的第一个环节，就是我不欲成为独立的、孤单的人，我如果是这样的人，就会觉得自己残缺不全。至于第二个环节是，我在别一个人身上找到了自己，即获得了他人对自己的承认，而别一个人反过来对我亦同”[⑦]。“爱是一种最不可思议的矛盾，绝非理智所能解决的，因为没有一种东西能比被否定了的、而我却仍应作为肯定的东西而具有的这一种严格的自我意识更为顽强的了。爱制造矛盾并解决矛盾。作为矛盾的解决，爱就是伦理性的统一。”[⑧]

爱情是人类永恒的话题。恩格斯指出：“人与人之间的、特别是两性之间的感情关系，是自从有人类以来就存在的。”[⑨]“世上决没有无缘无故的爱，也没有无缘无故的恨。至于所谓‘人类之爱’，自从人类分化成为阶级以后，就没有过这种统一的爱。……真正的人类之爱是会有的，那是在全世界消灭了阶级之后。”[⑩] 单相思无法成就互动式的爱

---

① ［德］恩格斯：《家庭、私有制和国家的起源》，载《马克思恩格斯选集》（第 2 版第 4 卷），人民出版社 1995 年版，第 77 页。

② ［德］恩格斯：《家庭、私有制和国家的起源》，载《马克思恩格斯选集》（第 2 版第 4 卷），人民出版社 1995 年版，第 81 页。

③ ［法］卢梭：《爱弥儿：论教育》（下卷），李平沤译，商务印书馆 1978 年版，第 654 页。

④ 转引自张贞元编著：《张爱玲传》，中国工人出版社 2012 年版，第 78 页。

⑤ ［德］黑格尔：《法哲学原理》，范扬、张企泰译，商务印书馆 1961 年版，第 177 页。

⑥ ［德］黑格尔：《法哲学原理》，范扬、张企泰译，商务印书馆 1961 年版，第 177 页。

⑦ ［德］黑格尔：《法哲学原理》，范扬、张企泰译，商务印书馆 1961 年版，第 175 页。

⑧ ［德］黑格尔：《法哲学原理》，范扬、张企泰译，商务印书馆 1961 年版，第 175 页。

⑨ ［德］恩格斯：《路德维希·费尔巴哈和德国古典哲学的终结》，载《马克思恩格斯选集》（第 2 版第 4 卷），人民出版社 1995 年版，第 233 页。

⑩ 毛泽东：《在延安文艺座谈会上的讲话》，载《毛泽东选集》（第 2 版第 3 卷），人民出版社 1991 年版，第 871 页。

情[①]，而单有爱情也可能并不足以成就婚姻，在情投意合、两情相悦之外，人们还可能自我附加很多其他的外在要求，如志同道合、门当户对[②]、郎才女貌、才子佳人、性格合同等等，甚至可以说爱情伊始一定程度上就与这些所谓的“外在要求”纠合在一起。婚姻承载了人们太多的情感、物质等方面的寄托。

三、《民法典》中结婚的法定条件

单有爱情可能并不足以成就婚姻，法律为婚姻男女双方爱情的建立、维持和增进提供制度保障。婚姻具有自然属性和社会属性。我国《民法典》中结婚的法定条件包括：

（一）男女双方完全自愿

结婚应当男女双方完全自愿。《民法典》第1046条规定：“结婚应当男女双方完全自愿，禁止任何一方对另一方加以强迫，禁止任何组织或者个人加以干涉。”这是《民法典》第1041条所规定婚姻自由原则的具体体现。

《民法典》第110条明确规定婚姻自主权为自然人的具体人格权。《民法典》第1046条也能派生出婚姻自主权这一人格权的具体类型。

男女双方结婚自由须经由达成结婚的意思表示一致以实现。结婚的成立，须有婚意。“合法性并不是婚姻的本质属性，近、现代法上婚姻的本质属性为设权的意思表示性，这是婚姻自由原则所决定的。”[③] 结婚的意思表示一致应采用一定的表示行为以为外界所知晓。《民法典》第1049条第一句规定：“要求结婚的男女双方应当亲自到婚姻登记机关申请结婚登记。”可见，结婚的意思表示须由男女双方亲自到婚姻登记机关通过登记的方式公示。不通过结婚登记公示婚意，只通过以夫妻名义共同居住等事实行为进行婚意表示的，不构成法律意义上婚姻的成立。《德国民法典》第1311条为此还规定：“结婚当事人双方必须亲自和在同时在场的情况下做出第1310条第1款所规定的表示。这些表示不得附条件或期限而做出。”

（二）男女双方必须达到法定婚龄

男女双方必须达到法定婚龄。法定婚龄不是必须结婚的年龄[④]，也不一定是人们结婚的最佳年龄，达到法定婚龄意味着行为人具备了结婚的生理条件，并不一定意味着行

① “落花有意，流水无情”；“山有木兮木有枝，心悦君兮君不知”。

② 魏晋南北朝时士庶不婚，使得“门当户对”成为人们根深蒂固的观念。北魏之后法律上禁止良贱通婚。《唐律·户令》规定：“当色为婚。”

③ 余延满：《试论近、现代法上婚姻的本质属性——关于婚姻概念的反思》，载《法学评论》2002年第3期。

④ 古代战乱之后，国家往往会鼓励生育，努力增加人口，采取强制性的婚龄，越王勾践为了对吴国复仇，鼓励生育，对结婚年龄作了严格规定，《国语·越语上》记载：“凡男二十，女十七不嫁娶者，罪其父母。”此外，《汉书·惠帝纪》记载：“女子十五以上至三十不嫁，五算。”随着社会和平发展，国家对法定婚龄越来越采取授权性而非强制性规定。

为人具备了结婚的心理条件和组成家庭的充分物质条件。[①]《民法典》第1047条规定："结婚年龄，男不得早于二十二周岁，女不得早于二十周岁。"本着男女平等原则，男女法定婚龄不宜差别对待，男女法定婚龄差异不具有足够充分且正当的理由。根据《未成年人保护法》第17条第9项的规定，未成年人的父母或者其他监护人不得允许、迫使未成年人结婚或者为未成年人订立婚约。

《婚姻法》曾规定"晚婚晚育应予鼓励"。2003年9月1日起施行的《北京市人口与计划生育条例》第16条第2款曾规定："女年满二十三周岁、男年满二十五周岁初婚的为晚婚。已婚妇女年满二十四周岁初育的为晚育。"晚婚年龄与法定婚龄不同，它不是强制性的，而只是鼓励性、倡导性的结婚年龄。[②]《民法典》未调整法定婚龄制度，未降低法定婚龄，未实现男女法定婚龄相同，但取消了"晚婚晚育应予鼓励"的规定。国家提倡适龄婚育、优生优育。

《婚姻法》第50条规定："民族自治地方的人民代表大会有权结合当地民族婚姻家庭的具体情况，制定变通规定。自治州、自治县制定的变通规定，报省、自治区、直辖市人民代表大会常务委员会批准后生效。自治区制定的变通规定，报全国人民代表大会常务委员会批准后生效。"据此，第一，1981年《宁夏回族自治区执行〈中华人民共和国婚姻法〉的补充规定》第2条规定："回族男女的结婚年龄，男不得早于二十周岁，女不得早于十八周岁。"第二，《新疆维吾尔自治区执行中华人民共和国婚姻法的补充规定》（1988年修正）第2条规定："少数民族公民的结婚年龄，男不得早于二十周岁，女不得早于十八周岁。"第三，《西藏自治区施行〈中华人民共和国婚姻法〉的变通条例》（2004年修正）第1条规定："结婚年龄，男不得早于二十周岁，女不得早于十八周岁。"第四，《内蒙古自治区执行〈中华人民共和国婚姻法〉》的补充规定（2003年修改，已失效）第3条规定："结婚年龄，男不得早于二十周岁，女不得早于十八周岁。""汉族男女同蒙古族和其他少数民族男女结婚的，汉族一方年龄按《中华人民共和国婚姻法》的规定执行。"

《婚姻法》被废止后，自治区的变通规定仍有授权立法依据，《立法法》第85条规定："民族自治地方的人民代表大会有权依照当地民族的政治、经济和文化的特点，制定自治条例和单行条例。自治区的自治条例和单行条例，报全国人民代表大会常务委员会批准后生效。自治州、自治县的自治条例和单行条例，报省、自治区、直辖市的人民代表大会常务委员会批准后生效。""自治条例和单行条例可以依照当地民族的特点，对

---

① "中国女郎达到二十二岁而尚未出嫁或者定亲时，也常要感到一些恐惧。岁月很忍心地按部就班地消逝，一刻不肯停留。女人常怕被岁月所遗弃，如在公园晚间园门关时不及出去而被关闭在里边一般。因此常有人说，女人一生中最长的一年是二十九岁，直可以延长到三四年之久而依然是二十九岁。但除了这种情形以外，隐瞒年龄便属毫无意思。"林语堂：《家庭之乐》，载林语堂：《生活的艺术》，群言出版社2009年版，第133页。

② "预期寿命的提高，使生育问题不再是威胁人类种族能否延续的主要问题了，早婚因此失去了其必要性。由于现代社会劳动分工日益细密和复杂，各类工作队劳动者的文化和专业技术要求都更高了，人们必须花费更多时间获取专业技能和文化知识，因此，人们的婚龄从总体上而言就正在推迟。早恋、早婚、早育反而不利于社会发展的需求了，此类习惯成了正在现代化的社会必须解决的重要问题之一。……这意味着任何制度的合理性都属于一定的社会历史范畴。"苏力：《制度变迁中的行动者》，载苏力：《法律与文学——以中国传统戏剧为材料》，生活·读书·新知三联书店2006年版，第107页。

法律和行政法规的规定作出变通规定，但不得违背法律或者行政法规的基本原则，不得对宪法和民族区域自治法的规定以及其他有关法律、行政法规专门就民族自治地方所作的规定作出变通规定。”

（三）男女双方具有结婚行为能力

已满法定婚龄的自然人仍有可能是无民事行为能力人或者限制民事行为能力人。已满法定婚龄的无民事行为能力人或者限制民事行为能力人缔结的婚姻效力如何？“不具有缔结婚姻的行为能力既包括当事人因为未达法定婚龄而不具备缔结婚姻的行为能力，也包括当事人虽然达到法定婚龄仍不具备缔结婚姻的行为能力的情形。”① 未达法定婚龄的当事人缔结的婚姻无效，虽然达到法定婚龄仍不具备缔结婚姻的行为能力的当事人缔结的婚姻也应无效。我国《民法典》对结婚行为能力的要求高于对完全民事行为能力的要求。完全民事行为能力人未满法定婚龄，仍不具有结婚行为能力。未成年人民事行为能力不完全，更不会具备结婚行为能力。

无民事行为能力人缔结的婚姻无效。《民法典》第 144 条规定：“无民事行为能力人实施的民事法律行为无效。”有学者认为：“结婚登记时已经患有精神疾病，这样的婚姻关系因当事人不具备民事行为能力，不能正常表达意愿，应认定婚姻无效。”“被拐卖妇女缔结的婚姻，绝大多数在法律上属于未成立的婚姻。”②

针对“丰县生育八孩女子”事件，2022 年 1 月 30 日江苏省徐州市丰县发布《关于网民反映“生育八孩女子”情况的调查通报》，智障或者精神障碍患者与人结婚登记，相关婚姻效力及结婚登记行政行为的效力均存疑。2022 年 2 月 23 日江苏省委省政府调查组发布《关于“丰县生育八孩女子”事件调查处理情况的通报》，该通报回避了杨某侠与董某民之间的婚姻效力问题。通报中指出：“2 月 22 日，丰县人民检察院经依法审查认为犯罪嫌疑人董某民虐待家庭成员情节恶劣，以涉嫌虐待罪依法批准逮捕。公安机关将对涉案犯罪事实，包括涉嫌收买被拐卖妇女等犯罪开展侦查取证工作。”杨某侠与董某民是《刑法》第 260 条第 1 款所指的“家庭成员”吗？该条中的“家庭成员”与《民法典》第 1045 条第 3 款的“家庭成员”是否同解？

精神障碍患者是否可以结婚？1950 年《婚姻法》第 5 条曾禁止精神障碍者结婚：“男女有下列情形之一者，禁止结婚：一、为直系血亲，或为同胞的兄弟姊妹和同父异母或同母异父的兄弟姊妹者；其他五代内的旁系血亲间禁止结婚的问题，从习惯。二、有生理缺陷不能发生性行为者。三、患花柳病或精神失常未经治愈，患麻风或其他在医学上认为不应结婚之疾病者。”根据《民法典》第 145 条，限制民事行为能力人实施的纯获利益的民事法律行为或者与其年龄、智力、精神健康状况相适应的民事法律行为有效。限制民事行为能力人无论是结婚还是离婚都由其自行决定，因为其并未完全丧失辨认能力和控制能力。

间歇性精神病人精神正常时所实施的民事法律行为能否被认定为有效？间歇性精神

---

① 李昊、王文娜：《婚姻缔结行为的效力瑕疵——兼评民法典婚姻家庭编草案的相关规定》，载《法学研究》2019 年第 4 期，第 109 页。

② 冉克平：《被拐卖妇女婚姻的效力分析》，载微信公众号“珞珈私法学术坊”2022 年 2 月 20 日。

病人，如果没有被宣布为无民事行为能力人，在他精神正常时应当认定为具有民事行为能力，所实施的民事法律行为不会因为行为能力不健全而致效力瑕疵。不过，间歇性精神病人情况复杂，往往比较难以判断他在什么时候精神正常，什么时候精神病发作，其所实施的民事法律行为效力如何，常须经过大量调查研究取得充分证据才能认定。有学者认为："以监护人的同意作为结婚的要件，更有利于保护限制民事行为能力人的人格尊严。"① 笔者认为，结婚行为不适用法定代理或者意定代理制度，在结婚行为能力问题上不存在通过法定代理人补全的可能。为了避免事后不必要的麻烦，最好的办法是在间歇性精神病人实施民事法律行为时由公证机关公证或者取得医疗机构的证明，以证明其精神正常、神志清楚、具有民事行为能力。② 间歇性精神病人即便已经被法院宣告为限制民事行为能力人，与他人缔结的婚姻也不一定无效，仍然取决于缔结婚姻之时是否处于发病期。"申请确认婚姻无效一方未提供证据证明在登记结婚时，患有精神疾病一方处于发病期，不具有相应的民事行为能力。故应认定婚姻有效。"③

当然，一方患有精神疾病或者间歇性精神疾病均属于根据《民法典》第 1053 条需要在结婚登记前如实告知结婚另一方的重大疾病。

但根据《婚姻登记条例》第 14 条，申请离婚登记的当事人属于无民事行为能力人或者限制民事行为能力人情形的，婚姻登记机关不予受理。"男女双方携带户口簿、身份证、结婚证、离婚协议等材料申请离婚时，民政局的工作人员审核了相关资料、进行了询问，并在双方自愿签署离婚登记声明书的情形下，颁发了离婚证书。事后经鉴定，民政局在办理离婚登记时女方系限制民事行为能力人，但因民政局并非专业的民事行为能力鉴定机构，且已对男女双方提交的相关资料进行了审查，故可认定民政局已履行了合理审查义务，其作出的离婚登记行为无过错。但鉴于法院已经判决宣告女方离婚时为限制民事行为能力人，故基于事实认定错误的婚姻登记行为应当依法撤销。"④

（四）结婚是一男一女异性结合

从《民法典》第 1046 条和第 1047 条的规定中还可以解释出结婚法律行为的当事人须为异性，即一男一女，在此主要结合同性婚姻和变性人婚姻加以说明。

一方面，从公序良俗的角度，我国传统婚姻家庭观念强调婚姻的传宗接代、家族传承功能，正所谓"不孝有三，无后为大"，在这种观念影响下同性婚姻受到排斥。当前我国社会对同性恋和同性婚姻并未普遍认同，在此种社会一般观念支持下我国《婚姻法》和《民法典》均只接受一男一女的婚姻结合，同性伴侣婚姻未获法律认可。我国当前有关婚姻本质是生殖抚育子女的观念仍然颇为流行，"考虑到世界各国关于婚姻立法

---

① 冉克平：《被拐卖妇女婚姻的效力分析》，载微信公众号"珞珈私法学术坊"2022 年 2 月 20 日。

② 参见刘春茂主编：《中国民法学·财产继承》，中国人民公安大学出版社 1990 年版，第 342 页。

③ "张某宝与晏某瑶婚姻无效纠纷案"，重庆市万州区人民法院（2016）渝 0101 民初 4840 号民事判决书；"周某某与董某某婚姻无效纠纷案"，山东省济南市槐荫区人民法院（2014）槐民初字第 1390 号民事判决书；"刘某与沈某甲离婚纠纷案"，浙江省杭州市中级人民法院（2015）浙杭民终字第 1794 号民事判决书。

④ "蔡某媚诉瑞安市民政局民政行政登记案"，浙江省瑞安市人民法院（2015）温瑞行初字第 1 号民事判决书，载《人民司法·案例》2016 年第 23 期。类似案例，另参见许小程：《离婚无效！他们的离婚证被撤销!》，载《东南早报》2022 年 1 月 11 日。

的通例，我国公众在意识上和道德观念上难以接受同性恋婚姻，而且为了保证孩子在正常的婚姻关系中被抚养和健康成长，我国仍不允许同性结婚”①。同性恋者最后大多选择了社会文化所接纳的异性婚姻，正如有学者所言：“中国文化特别看重婚姻和家庭价值，特别强调传宗接代，因此在人人都要结婚这一行为规范上特别地整齐划一。”② 同性恋者隐瞒自己的性取向与异性结婚，这样的婚姻关系在现有法律中并未涉及，司法实践中涉及同性婚姻的诉讼主要有两类：一是相婚方发现对方系同性恋，要求法院判决离婚；二是相婚方不要求离婚，而是基于对方系同性恋要求撤销这段婚姻，如果法院判决撤销婚姻，双方婚姻状况将会恢复为未婚，而不是离异。③ 同性婚姻的合法性涉及对婚姻本质是异性主体结合还是两个个体结合的不同认识，是一个社会对婚姻政策的价值判断问题，对其合法性与否的法律论证需要首先区分同性婚姻的问题定性，即其属于主要与个人相关联的个性部分，还是主要与社会相关联的社会性的面向。社会只应该规范个人行为中会伤害他人的那个部分，而在仅仅关涉自身的那些领域，个人便是自己的主宰。④

另一方面，变性人在变性之前的婚姻是合法有效的。2002 年 8 月 6 日，民政部办公厅就湖南省民政厅关于婚姻当事人双方因男方实施性别矫正（男性变女性）手术，申请撤销婚姻关系应如何处理的请示，印发了《关于婚姻当事人一方变性后如何解除婚姻关系问题的答复》（民办函〔2002〕127 号）。答复指出：在办理结婚登记手续时符合结婚的实质要件和形式要件，婚姻登记合法有效，当事人要求登记机关撤销婚姻关系的请求不应支持。如果双方对财产问题没有争议，登记机关可以参照协议离婚处理，离婚的效力自婚姻关系解除之日起算。双方因财产分割发生争议起诉至人民法院的，人民法院在解除当事人婚姻关系的同时一并解决财产问题。

第二节　结婚登记是结婚的法定程序

一、结婚是要式法律行为

乡土社会的一大特色是亲朋邻里关系，于此，婚丧嫁娶甚至家长里短一定程度上都很难说是一家人的事，乡土社会婚礼环节非常重要，“结婚绝对不是两个人的事情，而是两个社会关系群的事情，起码是两个家族的事情”⑤。我国各地婚礼中有不同的仪式。

---

① 陈苇主编：《结婚与婚姻无效纠纷的处置》，法律出版社 2001 年版，第 56 页。

② 李银河：《同性恋亚文化》，内蒙古大学出版社 2009 年版，第 225 页。

③ 参见张景华：《这类婚姻撤婚可行吗?》，载《光明日报》2013 年 1 月 15 日。另参见佳木江南：《“同志”娶妻是否构成骗婚?》，载《民主与法制》2013 年 2 月第 4 期；李海夫：《女博士因丈夫是同性恋跳楼，其父母向女婿索赔 63 万余元败诉 法院：同性恋丈夫不是骗婚》，载《成都商报》2013 年 1 月 7 日。

④ 参见［英］约翰·斯图亚特·密尔：《论自由》，于庆生译，中国法制出版社 2009 年版，代译序第 13 页、第 114 页。

⑤ 翟现坤：《2008 年，我协办婚礼——河南周口的婚礼规范》，载高其才主编：《当代中国婚姻家庭习惯法》，法律出版社 2012 年版，第 209 页。

“闹喜是中式传统婚礼中必不可少的环节，它是婚礼的高潮，也是最有趣的压轴节目，应该多选择一些文明、高雅的婚礼形式。”①

结婚属于要式法律行为，结婚登记是结婚的法定必经程序和公示方法，未经结婚登记的婚姻不成立。德国学者拉伦茨指出：“在亲属法领域发生效果的法律行为，主要有结婚……，这些亲属方面的法律行为，由于对当事人具有特别重要的意义，而且它们通常还涉及公共利益或第三人的利益，因此都需要具备某种形式。”② 我国《民法典》第1049条规定：“要求结婚的男女双方应当亲自到婚姻登记机关申请结婚登记。符合本法规定的，予以登记，发给结婚证。完成结婚登记，即确立婚姻关系。未办理结婚登记的，应当补办登记。”结婚登记是婚姻成立的唯一形式要件，我国采取登记婚而非仪式婚的形式婚主义。至于当事人是否存在共同生活的事实，是否举办婚礼仪式，则对成立法律婚没有任何影响。

传统的婚嫁仪式，在不妨害婚姻自由原则的前提下，应予尊重。结婚、离婚必须履行登记手续。禁止利用宗教干涉婚姻家庭。1981年《宁夏回族自治区执行〈中华人民共和国婚姻法〉的补充规定》第4条规定：“禁止用宗教仪式代替法定的结婚登记。信奉伊斯兰教的男女结婚，自愿举行宗教仪式的，只能在领取结婚证后进行。”

二、《婚姻登记条例》规定了结婚登记的法定程序

2003年《婚姻登记条例》第4条第1款规定：“内地居民结婚，男女双方应当共同到一方当事人常住户口所在地的婚姻登记机关办理结婚登记。”第2款规定：“中国公民同外国人在中国内地结婚的，内地居民同香港居民、澳门居民、台湾居民、华侨在中国内地结婚的，男女双方应当共同到内地居民常住户口所在地的婚姻登记机关办理结婚登记。”根据该条例第5条的规定，办理结婚登记的内地居民应当出具“本人无配偶以及与对方当事人没有直系血亲和三代以内旁系血亲关系的签字声明”，而不再需要“持所在单位、村民委员会或者居民委员会出具的婚姻状况证明”。2025年修订后的《婚姻登记条例》第2条规定：“内地居民办理婚姻登记的机关是县级人民政府民政部门或者省、自治区、直辖市人民政府按照便民原则确定的乡（镇）人民政府。”“中国公民同外国人，内地居民同香港特别行政区居民（以下简称香港居民）、澳门特别行政区居民（以下简称澳门居民）、台湾地区居民（以下简称台湾居民）、华侨办理婚姻登记的机关是省、自治区、直辖市人民政府民政部门或者省、自治区、直辖市人民政府民政部门确定的机关。”第7条第1款规定：“内地居民结婚，男女双方应当亲自到婚姻登记机关共同申请结婚登记。”我国已经实现婚姻登记“全国通办”，当事人办理婚姻登记不再受常住户口所在地限制。

---

① 段建强：《好兄弟洞房里“打新郎”被打新郎隔几天进病房》，载《生活晨报》2013年3月19日。

② ［德］卡尔·拉伦茨：《德国民法通论》（下册），王晓晔等译，法律出版社2003年版，第434-435页。

2003 年《婚姻登记条例》第 5 条第 1 款规定：“办理结婚登记的内地居民应当出具下列证件和证明材料：（一）本人的户口簿、身份证；（二）本人无配偶以及与对方当事人没有直系血亲和三代以内旁系血亲关系的签字声明。”2023 年 6 月 27 日，有网友在民政部网站留言“关于婚姻登记必须提供户口簿的不合理的意见”：根据《中华人民共和国民法典》《婚姻登记条例》《婚姻登记工作规范》办理结婚登记的要求，“内地居民应当出具：‘（一）本人的户口簿、身份证；’”。我们觉得这一条不合理，身份证与户口簿本质上是一样的，而且都由公安机构颁发，具有同等效力。为什么提供了身份证还必须要提供户口簿？要知道，很多年轻人自由自愿结婚，但往往因为父母粗暴干涉这桩婚姻而拿不出户口簿，从而导致结不了婚。这不仅与《宪法》规定“结婚自由”的原则相违背，也破坏了多少桩美好的姻缘，也因此引出了多少悲剧。这跟旧社会子女结婚需要“父母之命”，又有什么区别？因此，我们强烈要求这一项应修订为：“内地居民应当出具：‘（一）本人的户口簿或身份证；’”。2023 年 7 月 6 日，民政部社会事务司答复：“您好！您的建议我们将予以关注，感谢您对民政工作的关心与支持，谢谢！”① 2025 年 4 月 6 日修订的《婚姻登记案例》作出修改，办理结婚登记、申请离婚登记的内地居民应当出具本人的居民身份证，不再需要出具本人户口簿。

2003 年《婚姻登记条例》实施后，由“强制婚检”变为“自愿婚检”，男女双方在结婚登记时，不再须“持有婚前医学检查证明或者医学鉴定证明”。

《民法典婚姻家庭编司法解释一》第 17 条第 2 款规定：“当事人以结婚登记程序存在瑕疵为由提起民事诉讼，主张撤销结婚登记的，告知其可以依法申请行政复议或者提起行政诉讼。”

当前，婚姻家庭法面对结婚率下降的社会背景。一纸结婚证无法成为婚姻幸福的保证和维系婚姻的保险。爱情靠缘分，也须努力经营。根据民政部 2025 年 2 月 8 日《2024 年 4 季度民政统计数据》，2024 年全国结婚登记 610.6 万对，离婚登记 262.1 万对，离结对数比为 42.92%。② 我国将完成新中国成立以来婚姻登记数据库建设，建立婚姻登记与公安、司法、住建等部门的信息共享机制。③

婚姻登记属于自然人身份信息登记，不同于不动产权属登记，不同于市场主体登记。婚姻登记信息属于隐私，不对公众公开查询。《民法典》第 218 条规定：“权利人、利害关系人可以申请查询、复制不动产登记资料，登记机构应当提供。”《不动产登记暂行条例》第 27 条规定：“权利人、利害关系人可以依法查询、复制不动产登记资料，不动产登记机构应当提供。”“有关国家机关可以依照法律、行政法规的规定查询、复制与调查处理事项有关的不动产登记资料。”2025 年修订后的《婚姻登记条例》第 6 条第 4 款规定：“婚姻登记机关及其工作人员应当对在婚姻登记工作中知悉的个人隐私、个人信息予以保密，不得泄露或者向他人非法提供。”

---

① https：//legal. gmw. cn/2023－07/10/content_36686248. htm，最后访问时间：2024 年 8 月 19 日。

② https：//www. mca. gov. cn/mzsj/tjsj/2024/2024dssjdtjsj. htm。

③ 参见闫欣雨：《婚姻登记信息将多部门联网》，载《新京报》2013 年 7 月 6 日。

第三节　与结婚法定条件和法定程序相关的其他制度

一、婚介服务合同

恩格斯曾经总结："在整个古代，婚姻都是由父母为当事人缔结的，当事人则安心顺从。古代所仅有的那一点夫妇之爱，并不是主观的爱好，而是客观的义务；不是婚姻的基础，而是婚姻的附加物。"[①]《诗经》上说："娶妻如何？匪媒不得。"《孟子·滕文公章句下》："不待父母之命，媒妁之言，钻穴隙相窥，逾墙相从，则父母国人皆贱之。"《唐律·户婚》规定："为婚之法，必有行媒。"《唐律·名例》规定："嫁娶有媒，买卖有保。"制定法和习惯法上的每一种制度都有其特定的生存必然，不能脱离制度的存在环境去对其加以评价。卢梭曾指出："我们不能把在野蛮的状态下是自然的事情，和在文明的状态下是自然的事情混为一谈。"卢梭还用此种理论来分析政府形式的好坏："人们常常争论哪一种形式的政府是最好的，而没有想到每一种形式的政府都可以在某种情况下成为最好的政府，而在另外一种情况下又成为最坏的政府。"[②] 类似地，苏力教授认为："包办婚姻和媒妁之言在传统农耕社会成了择偶的主要制度，功能就是增加信息渠道，节省交易费用。在农耕社会中，其作用总体说来——尽管并不总是——是积极的，具有无以替代的制度正当性。……这是生物选择的结果。制度并不是道德的产物，制度是生存的产物。"[③]

现代婚姻缔结过程中，婚姻媒介居间并非必经程序。随着工业化、城市化和由此而来的人员流动，包办婚姻和媒妁之言作为主要的婚姻制度的正当性和实际操作可行性都大大降低了，人们同陌生人之间的交往急剧增加，古代社会或小农社会中婚配信息的稀缺问题发生了重大的甚至是根本性的转变。[④] 但是，基于婚恋方面信息不对称等问题，现代婚姻缔结仍时时需借助婚介服务，司法实践中也常存在对婚介服务合同的定性和法律适用困难。对婚介服务合同这种"服务合同纠纷"，在法律适用过程中法院多类推适用居间合同或委托合同的法律规定。如有法院在判决中根据委托合同的有关规定，认可委托人对婚介服务合同的任意解除权，并要求婚介公司根据其已经提供的服务情况扣除相应费用后，退还消费者服务费。[⑤] 有的法院将婚介服务合同定性为居间合同。[⑥] 也有的

---

① [德]恩格斯：《家庭、私有制和国家的起源》，载《马克思恩格斯选集》(第3版第4卷)，人民出版社2012年版，第87页。

② [法]卢梭：《爱弥儿：论教育》(下卷)，李平沤译，商务印书馆1978年版，第611、716页。

③ 苏力：《制度变迁中的行动者》，载苏力：《法律与文学——以中国传统戏剧为材料》，生活·读书·新知三联书店2006年版，第99页。

④ 参见苏力：《制度变迁中的行动者》，载苏力：《法律与文学——以中国传统戏剧为材料》，生活·读书·新知三联书店2006年版，第107-108页。

⑤ 参见郝笛：《婚介服务纠纷：当心"玫瑰陷阱"》，http://www.ce.cn/xwzx/fazhi/201010/29/t20101029_21929381.shtml，最后访问时间：2013年4月17日。

⑥ 参见李永胜：《未提供客户真实信息　婚介所被判返还服务费》，http://old.chinacourt.org/html/article/200807/07/310743.shtml，最后访问时间：2013年4月17日。

法院在判决中不对婚介服务合同作正面定性，只认定婚介服务机构负担会员资料的审核监管义务，并根据婚介服务机构是否尽到了相应的审核监管义务来认定其法律责任的承担。①

笔者认为，从严格文义解释的角度看，婚介服务合同不符合《民法典》第961条中介合同的法律定义，因为婚姻的缔结不同于合同的订立，婚介服务合同不属于中介合同。婚介服务合同也不同于处理委托人事务的委托合同，不能为《民法典》第919条所涵括。但从婚介服务合同中婚介服务机构的主给付义务上看，婚介服务机构在婚介服务过程中负担谨慎审查及核实登记义务、个人信息资料的保密义务、如实告知义务等。从这些合同义务上看，婚介服务合同又非常类似于中介合同，因此婚介服务合同作为非典型合同可以参照适用《民法典》中介合同的相关规定。

鉴于中介合同也属于当事人以特定的社会技能提供服务的合同，可以归类为委托合同，《民法典》第966条规定："本章没有规定的，参照适用委托合同的有关规定。"故在中介合同法律纠纷中法院可以参照适用委托合同的相关法律规定，婚介服务合同亦然。

二、婚约

婚约和彩礼均非结婚的必经程序，但在我国民众日常生活中属于重要的婚俗习惯。《礼记·坊记》记载："男女无媒不交，无帛不相见。"《礼记·曲礼》上说："非受币，不交不亲。"有学者指出："1950年的《婚姻法》禁止通过婚姻索要金钱或者实物，还禁止纳妾和童养媳；这个禁令在1980年的《婚姻法》中又得到了重申。虽然新婚姻法给予年轻人择偶自由和自主权，但是在限制婚姻交换方面却收效甚微。"②

司法实践中经常会出现婚约财产纠纷案件，如男方和女方彼此许诺结婚，基于此许诺，男方给女方结婚聘金若干元。若给付结婚聘金的行为发生在结婚前，则可以认定为是附解除条件的赠与；若约定一旦结婚就给付聘金，则此种约定就属于附延缓条件的赠与。③ 有观点认为"订立婚约不属于民事法律行为……对婚约虽不禁止但不承认其有法律约束力"④。单纯看婚约确属当事人之间缔结婚姻的一致意思表示，但是并不能强制执行，并不属于民事法律行为，其仅为纯粹的情谊行为，当其与给付结婚聘金的行为相结合时，缔结婚姻就成为给付聘金行为的条件，共同组成附条件的赠与。此时即使当事人之间并无附条件的明确意思表示，也可以从法律角度认定条件的存在。

---

① 参见《网友诉世纪佳缘案终审落幕 诉求被驳回》，http：//news. itxinwen. com/internet/inland/2011/1219/381489. html，最后访问时间：2013年4月17日。

② 阎云翔：《个体能动性与彩礼的演变》，载阎云翔：《中国社会的个体化》，陆洋等译，上海译文出版社2012年版，第223页。

③ 参见"杨某坚诉周某妹、周某皮返还聘金纠纷案"，载《最高人民法院公报》2002年第3期。一审法院在本案判决书中认为给付结婚聘金的行为属于附生效（延缓）条件赠与，笔者认为此种观点并不妥当，附解除条件赠与的定性在本案中方为合适。

④ "杨某坚诉周某妹、周某皮返还聘金纠纷案"，载《最高人民法院公报》2002年第3期。此为该案一审法院法官的观点。

（一）婚约的定性与法律效力

婚约属于当事人之间就婚姻缔结所作出的纯粹的情谊行为。婚约的男女双方彼此承诺于未来结婚。“婚约即缔结婚姻的预约，又称订婚或定婚，是指未婚男女准备将来结婚的事先约定。婚约成立后，男女双方即能产生未婚夫妻身份。”[①] 未成年人的父母或者其他监护人不得为未成年人订立婚约。

大陆法系民法学通说认为婚约实际上是“男女互相作出的、将来缔结婚姻的承诺”[②]，英美法系家庭法学通说也主张“以‘将来时’的语态出现的合同内容，例如婚约，只有完婚以后才会产生婚姻效力”[③]。而即使缔结婚约的当事人均具有受承诺约束的意愿，当事人也不得根据婚约而诉请缔结婚姻，法院不能作出缔结婚姻的判决。即使法院作出判决，认为当事人负有结婚义务，该判决也无法执行。

鉴于婚约的履行涉及结婚自由这一重大而基本的人身自由，此承诺不具有可诉性或者可强制执行性，从利益衡量的角度来看，笔者主张将婚约界定为以将来缔结婚姻为目的的纯粹的情谊行为。《德国民法典》第 1297 条第 1 款规定：“婚约当事人不得以婚约申请结婚。”笔者认为这就是对婚约情谊行为法律后果所作出的合理的直接规定。根据有学者所作的考证，“直到 18 世纪晚期，德国法中婚约的可执行性（Vollstreckbarkeit）和可诉性（Klagbarkeit）才逐渐消失”，而法制史上长期对婚约作此种法律行为定性的做法实际上是出于保护妇女利益的考虑，“因为在以前的社会中，多数妇女的生活水平和社会地位取决于对婚姻和配偶的选择，而‘品行端正’又是找到‘好对象’的前提，所以男方的结婚承诺对女方的生活具有重大的转折意义；若订婚后最终没有结婚，女方对婚姻信赖的失望可能会造成灾难性后果”[④]。而当今，缔结婚约女方的此种信赖利益不再存在，能够支持此种信赖利益的社会基础也不存在，对女方的保护需要也随着妇女工作条件和社会地位不断提高以及性道德的转变而降低。

从婚约的不可强制执行性特征、保护妇女结婚自由这一基本人身自由、当今缔结婚姻之女方的信赖利益及其社会基础不再存在这一系列利益衡量要素来看，适合将婚约定性为纯粹的情谊行为。

当然，也可以将婚约认定为一项身份关系协议，当事人双方承诺将来缔结婚姻。婚约属于身份法律行为，虽然我国《民法典》未对婚约作直接规定，但是《最高人民法院关于审理涉彩礼纠纷案件适用法律若干问题的规定》（法释〔2024〕1 号）提及了婚约，婚约可以归入《民法典》第 464 条第 2 款所规定的“有关身份关系的协议”。

根据我国《民法典》的规定，婚约或者订婚不是结婚的必经程序，也非要式行为。婚约当事人须具备完全民事行为能力，但可以未满法定婚龄。有学者持更严格态度：

---

① 杨怀英主编：《婚姻法》，四川省社会科学院出版社 1986 年版，第 140 页（胡平执笔）。

② ［德］迪特尔·施瓦布：《德国家庭法》（第十七版），王葆莳译，法律出版社 2010 年版，第 28 页。

③ ［美］哈里·D. 格劳斯：《美国家庭法精要》，陈苇等译，西南政法大学外国家庭法及妇女理论研究中心内部资料，2005 年 8 月，第 38 页。

④ ［德］迪特尔·施瓦布：《德国家庭法》（第十七版），王葆莳译，法律出版社 2010 年版，第 29 页。

"婚约当事人双方不得有法定的婚姻障碍。"[①] 未成年人不能订立婚约，未成年人的监护人也不能替未成年人订立婚约。

婚约具有特殊性，"然而，其与普通合同的不同之处在于，当事人不得请求强制执行该合同，即他们并不能通过诉讼主张另一方与其结婚"[②]。"法律不要求婚约必须履行，在当事人任何一方不履行婚约时，另一方不得请求法院强制其履行。附加在婚约上的任何违约条款，也都不具有法律上的效力。婚约不能被强制执行，不得基于婚约诉请结婚是各国立法的通例。"[③] 如《奥地利普通民法典》第 45 条、《德国民法典》第 1297 条。《德国民法典》第 1297 条规定："婚约当事人不得以婚约申请结婚。""当事人约定不履行婚约时，应支付违约金者，其约定无效。"

婚约本身不是婚姻，不形成夫妻共同体，不产生夫妻共同共有关系。根据《民法典》第 308 条，婚约当事人形成的共同财产，属于非婚同居的共同财产，视为按份共有。婚约或者非婚同居均不属于《民法典》第 308 条"家庭关系等"对应能够形成共同共有的基础关系。根据《民法典》第 309 条，婚约解除或者非婚同居结束后，对所形成的按份共有财产，能够确定份额的，按照各自的份额分割，不能确定各自份额的，视为等额享有。婚约或者非婚同居期间形成共同财产的归属不同于被确认无效或者被撤销的婚姻当事人同居期间所得财产的归属，后者规定在《民法典婚姻家庭编司法解释一》第 22 条。

无论是将婚约界定为情谊行为，还是身份关系协议，都不影响对婚约不可强制执行性等法律属性的共性认识。从这一点上看，婚约的此种定性争议就属于纯粹民法学问题中的解释选择问题。

（二）违反婚约的缔约过失责任

基于婚姻自由的考虑，婚约不具有法律约束力，不能强制履行，不得强制婚约当事人缔结婚约，婚约只能自愿履行，婚约仅属于纯粹的情谊行为，婚约当事人不具有缔结婚姻的法定义务，婚约的合意也不产生约定结婚义务或者忠实义务，婚约不属于预约合同，不能参照适用《民法典》第 495 条预约制度，但可以参照适用《民法典》第 500 条缔约过失责任。违反婚约的一方不承担违约损害赔偿等违约责任。翻悔的婚约一方仅须通知对方即可，不需征得对方同意。

基于婚约形成同居关系的，当事人一方或者双方可以随时解除婚约，仅诉请解除同居关系的，可以直接适用《民法典婚姻家庭编司法解释一》第 3 条："当事人提起诉讼仅请求解除同居关系的，人民法院不予受理；已经受理的，裁定驳回起诉。""当事人因同居期间财产分割或者子女抚养纠纷提起诉讼的，人民法院应当受理。"

当事人因订立婚约而给付彩礼的，如果婚约解除，可以直接适用《民法典婚姻家庭编司法解释一》第 5 条："当事人请求返还按照习俗给付的彩礼的，如果查明属于

---

① 杨大文、龙翼飞主编：《婚姻家庭法》（第 8 版），中国人民大学出版社 2020 年版，第 84 页（孙若军教授执笔）。

② ［奥］伽布里菈・库齐奥、海尔穆特・库齐奥：《奥地利民法概论——与德国法相比较》，张玉东译，北京大学出版社 2019 年版，第 103 页。

③ 杨大文、龙翼飞主编：《婚姻家庭法》（第 8 版），中国人民大学出版社 2020 年版，第 84 页（孙若军教授执笔）。

以下情形，人民法院应当予以支持：（一）双方未办理结婚登记手续；（二）双方办理结婚登记手续但确未共同生活；（三）婚前给付并导致给付人生活困难。”“适用前款第二项、第三项的规定，应当以双方离婚为条件。”

有学者认为，婚约引起损害赔偿的法律性质相当于侵权责任，即由于过错而侵害了对方的财产权。[①] 有学者认为：“婚约期间，一方或双方支出的费用及负担的债务，以及在财产上、精神上受到的损害等，在婚约解除后，能否要求对方给予赔偿？有些国家的法律基于婚约为契约的理论，规定了过错一方负一定损害赔偿责任。我国法律对此不予支持。”[②] 笔者认为，根据《民法典》第464条第2款的指引，违反婚约的缔约过失责任可以参照适用《民法典》第500条。“若一方当事人无正当理由而解除婚约或给另一方当事人以解除婚约的理由，则另一方当事人可主张因信赖本可缔结婚姻而遭受的损失，如与婚姻仪式相关的费用或于其后的派对产生的相关费用。然而，其中并不包括精神损害赔偿。”[③] 比较法上的立法例可以参考《奥地利普通民法典》第46条、《德国民法典》第1298条。《德国民法典》第1298条规定：“婚约当事人之一方解除婚约者，对于他方及其父母或居于父母地位之第三人，就其因预期结婚而开支或负债所受之损害，应予赔偿；对于他方就其因预期结婚，而采取有关财产或职业上其他处置所生之损害，亦应予赔偿。”“前款损害之赔偿，以费用之支出、债务之负担及其他处置，按其情形，属于适当者为限。”“有重大理由而解除婚约者，不负赔偿义务。”

“婚约在我国《民法典》上没有规定，其效力在学说上存在模糊性。应参照适用合同法认定其效力，但不得强制结婚，仅仅在狭窄的范围内认有缔约过失责任。婚约也不具有一般合同（如买卖合同）意义上‘预约’的性质和效力。”[④]

“婚姻缔结过程中法律所科加当事人的注意义务及当事人之间的信赖程度均高于合同。《民法典》第1054条第2款新增的损害赔偿规定只是结婚中缔约过失责任的一种类型，通过适用《民法典》第157条并准用第500条的规定，亦可将其他类型纳入。在制度功能协调和分工上，婚姻效力瑕疵规范以及婚姻自主权规范用以处理结婚中的精神自由保护问题，而缔约过失规范用以处理相关的财产损害问题。缔约过失规范是否适用及所涉损害的确定与立法体例对既存生活事实的评价以及对当事人善意的评价层次密切相关。在婚姻因效力瑕疵而被否定情形中，当事人可请求赔偿的履行利益包括作为婚姻效果的利益以及双方以配偶身份为基础通过协议延伸所形成的其他利益，但不包括离婚所得利益以及继承所得利益。在确定履行利益时，根据损益相抵原则，应将当事人通过法律对生活事实评价所获利益予以扣除。在婚姻不成立时，当事人仅能请求信赖利益赔偿。”[⑤]

---

① 参见杨立新：《婚姻家庭与继承法》，法律出版社2021年版，第47页。

② 杨大文、龙翼飞主编：《婚姻家庭法》（第8版），中国人民大学出版社2020年版，第85页（孙若军教授执笔）。

③ ［奥］伽布里菈·库齐奥、海尔穆特·库齐奥：《奥地利民法概论——与德国法相比较》，张玉东译，北京大学出版社2019年版，第103页

④ 李永军：《婚姻属性的民法典体系解释》，载《环球法律评论》2021年第5期，第102页。

⑤ 刘征峰：《结婚中的缔约过失责任》，载《政法论坛》2021年第3期。

三、彩礼

婚约和给付彩礼的约定有可能分开，有可能只具其一，也有可能合二为一。法院审理彩礼纠纷案件的案由是“婚约财产纠纷”。

（一）彩礼给付的目的是缔结婚姻

对婚约中以结婚为目的给付彩礼不能仍一概认定为情谊行为，彩礼的重大财产性要求我们对其性质另加分析。《最高人民法院关于审理涉彩礼纠纷案件适用法律若干问题的规定》第 3 条明确区分彩礼与恋爱期间的一般赠与：“人民法院在审理涉彩礼纠纷案件中，可以根据一方给付财物的目的，综合考虑双方当地习俗、给付的时间和方式、财物价值、给付人及接收人等事实，认定彩礼范围。”“下列情形给付的财物，不属于彩礼：（一）一方在节日、生日等有特殊纪念意义时点给付的价值不大的礼物、礼金；（二）一方为表达或者增进感情的日常消费性支出；（三）其他价值不大的财物。”为增进感情的一般性赠与，不属于彩礼，在婚约解除或者离婚时，可以不予返还。以缔结婚姻为目的是彩礼最重要的特征。结合《最高人民法院关于审理涉彩礼纠纷案件适用法律若干问题的规定》第 3 条的规定，男女双方在谈婚论嫁阶段、有双方父母或者介绍人商谈下给付的价值较大财物，可以认定为彩礼。

对请求彩礼之给付的行为不能简单认定为陋习①、借婚姻索取财物的行为或者买卖婚姻之行为②，毕竟彩礼很大程度上已经是我国民俗中的习惯法，法律应该尊重社会生活。“国家制定法如果不欲成为空洞的教条，就必须考虑习惯法所维持的社会秩序。”③亚里士多德曾说：“积习所成的不成文法比成文法实际上还更有权威，所涉及的事情也更为重要。”④ 卢梭也曾指出：“风俗习惯是一切制定法之外的最重要的法律。”⑤ 在婚约彩礼问题上更是如此。

彩礼源于我国古代婚姻习俗中的“六礼”。“古代彩礼是男家送给女家的，是对女家出嫁女儿后劳动力的一种补偿。”⑥ “而现代彩礼则更多是归女方所有或夫妻共有了。结合彩礼的来源就可发现，在很大程度上，彩礼的支付实际上是男方父母的财产向小夫妻

---

① “乔某治之子乔某民与郭某河之女郭某贞婚后，乔某民死亡，乔某治诉郭某贞、郭某河返还婚约财产案”，https：//vpn. bfsu. edu. cn/newlaw2002/slc/，DanaInfo＝vip. chinalawinfo. com＋slc. asp？ db＝fnl&gid＝117465441，最后访问时间：2011 年 1 月 23 日。有法官在对该案的评析中认为大额财物给付的彩礼属于陋习。

② “宋某立诉郭某香同意解除婚约返还订立婚约时给付的财物案”，https：//vpn. bfsu. edu. cn/newlaw2002/slc/，DanaInfo＝vip. chinalawinfo. com＋slc. asp？ db＝fnl&gid＝117463484，最后访问时间：2011 年 1 月 23 日。有法官在该案裁判的评析中对彩礼持借婚姻索取财物的观点。

③ 梁治平：《清代习惯法：国家与社会》，中国政法大学出版社 1996 年版，第 129 页。

④ 高其才主编：《当代中国婚姻家庭习惯法》，法律出版社 2012 年版，总序第 1 页。

⑤ ［法］卢梭：《社会契约论》，何兆武译，商务印书馆 1980 年版，第 73 页。

⑥ 李霞：《民间习俗中的彩礼及其流变》，载《民俗研究》2008 年第 3 期。另参见费孝通：《江村经济——中国农村的生活》，商务印书馆 2001 年版，第 54 页。

转移的过程。”[①] 有学者也通过实证分析总结，年轻姑娘索要高额彩礼的真正目的是为将来的小家庭积聚更多财富，新郎新娘小夫妻的利益推动了他们去索要更高的彩礼和嫁妆。“彩礼不再是两个家庭之间礼节性的礼物交换或者支付手段，而是财富从上一代往下一代转移的新途径。”[②] 婚约财产纠纷中，接受彩礼的婚约方父母可作为共同被告。[③]《最高人民法院关于审理涉彩礼纠纷案件适用法律若干问题的规定》第 4 条明确涉彩礼纠纷的诉讼主体：“婚约财产纠纷中，婚约一方及其实际给付彩礼的父母可以作为共同原告；婚约另一方及其实际接收彩礼的父母可以作为共同被告。”“离婚纠纷中，一方提出返还彩礼诉讼请求的，当事人仍为夫妻双方。”彩礼的实际给付人和实际接收人并非仅限于男女双方，还可能包括男女双方的父母，这些人均可成为返还彩礼诉讼的当事人。婚约财产纠纷案件中，将诉讼主体由婚约当事人扩大到其实际给付和实际接收彩礼的父母，符合彩礼习俗。

有学者从法社会学角度提出彩礼是“一个关于婚姻的期权合同”[④]。笔者认为期权合同说客观指明了彩礼的社会经济功能，但却并不能为我们设置彩礼的民事法律规范提供更多的有益指引。

婚姻不是物质交换，高额彩礼背离了爱情的初衷和婚姻的本质，反对买卖婚姻和借婚姻索取财物，引导人民群众树立正确的婚恋观、生育观、家庭观。[⑤] 笔者认为，彩礼属于目的性赠与。给付彩礼的目的是缔结婚姻以长期共同生活。如果约定一旦结婚即兑现彩礼之承诺，则此种约定就属于附延缓条件的赠与。当然，生效条件成就后一方能否请求法院强制对方给付所承诺的彩礼，这在司法实务中尚无相关案例，笔者对此持否定意见，总体上仍倾向于将此类附延缓条件的彩礼赠与认定为情谊行为。“《民法典》合同编中的赠与合同规范不宜直接类推适用至彩礼协议。”[⑥] 彩礼给付以办理结婚登记为目的。但没有办理结婚登记手续并非产生彩礼返还请求权的唯一情形。

（二）已经给付的彩礼的返还

对已经给付的彩礼在婚姻不能缔结这一解除条件成就时，接受彩礼的一方应该返还

---

① 康娜：《婚约彩礼习惯与制定法的冲突与协调——以山东省为例》，载《民俗研究》2013 年第 1 期。还有学者指出，在计划生育前的农村多子女家庭，彩礼还具有家长为降低儿子打光棍的风险，强迫女儿早婚来准备儿子结婚时所需高额支付的代内剥削之异化功能。参见陶自祥：《高额彩礼：理解农村代内剥削现象的一种视角——性别视角下农村女性早婚的思考》，载《民俗研究》2011 年第 3 期。

② 阎云翔：《私人生活的变革：一个中国村庄里的爱情、家庭与亲密关系（1949—1999）》，龚小夏译，上海书店出版社 2006 年版，第 173－175 页；阎云翔：《个体能动性与彩礼的演变》，载阎云翔：《中国社会的个体化》，陆洋等译，上海译文出版社 2012 年版，第 201－233 页；关立新、丁铁生：《女儿告赢父母讨回彩礼钱》，载《现代快报》2014 年 8 月 4 日。

③ 参见“张某某与赵某某、赵某、王某婚约财产纠纷案”，人民法院涉彩礼纠纷典型案例之四，https：//www. court. gov. cn/zixun/xiangqing/419922. html。

④ 苏力：《婚姻中的彩礼》，中国人民大学“法理论坛”第 73 讲暨多元化纠纷解决论坛第 3 期，2010 年 12 月 13 日；山东大学法学院学术报告，2010 年 11 月 28 日；四川大学法学院学术报告，2010 年 5 月 21 日。另参见苏力：《坚硬的软法——彩礼的制度功能新探讨》，北京大学法律经济学研究中心主办的“法律经济学与中国”学术研讨会，2010 年 11 月 1 日。

⑤ 参见《相关负责人就推进移风易俗，治理高额彩礼问题答记者问》，最高人民法院新闻局 2023 年 12 月 11 日发布，https：//www. court. gov. cn/zixun/xiangqing/419862. html。

⑥ 李鼎熙：《家庭协议适用合同法规范的路径与意义》，载《法学》2023 年第 10 期，第 122 页。

彩礼。《民法典婚姻家庭编司法解释一》第 5 条将彩礼返还区分为未办理结婚登记和已办理结婚登记的不同情况进行规定："当事人请求返还按照习俗给付的彩礼的，如果查明属于以下情形，人民法院应当予以支持：（一）双方未办理结婚登记手续；（二）双方办理结婚登记手续但确未共同生活；（三）婚前给付并导致给付人生活困难。""适用前款第二项、第三项的规定，应当以双方离婚为条件。"类似地，如果办理结婚登记手续但婚姻无效或者被撤销，无过错的彩礼给付方有权请求返还按照习俗给付的彩礼。《民法典婚姻家庭编司法解释一》第 5 条仍然存在漏洞，无法涵盖已经办理结婚登记但共同生活时间较短、未办理结婚登记但共同生活等情形。

彩礼返还实质上属于不当得利返还。① 就返还的具体数额，笔者认为我国司法实务中通行的酌情适当返还是应予坚持的合理习惯做法②，应被酌情考量的因素有双方未办理结婚登记手续的原因、双方办理结婚登记手续的时间长短、双方是否有过错及程度、是否实际已经共同生活及程度、未共同生活的原因、是否怀孕生育、彩礼的价值大小及性质、财产使用情况、双方经济状况、当地风俗习惯、是否举办婚礼仪式、是否在置办婚礼中已经作合理支出等等。

一般情况下，双方已办理结婚登记手续并共同生活，离婚时一方请求返还按照习俗给付的彩礼的，人民法院不予支持。双方未办理结婚登记的，原则上彩礼应当予以返还。现实生活中涉及彩礼返还纠纷比较多的还有两种：一种是"闪离"的情况——已办理结婚登记但共同生活时间较短；还有一种是未办理结婚登记但已经共同生活的情况——未办理结婚登记却按照当地习俗举办婚礼并共同生活，不应当忽略共同生活的"夫妻之实"。对这两种情况无法简单适用《民法典婚姻家庭编司法解释一》第 5 条，彩礼是否返还以及如何返还成为难点，彩礼返还规则仍须完善。给付彩礼的目的除了办理结婚登记这一法定形式要件，更重要的是双方长期共同生活。共同生活时间长短应当作为确定彩礼是否返还以及返还比例的重要考量因素，否则在"闪离"的情况下如果完全不支持返还彩礼的诉讼请求，会使双方利益明显失衡，此时返还部分彩礼对彩礼给付方是公平的。③

给付彩礼的目的除了办理结婚登记这一法定形式要件，更重要的是双方长期共同生活，《最高人民法院关于审理涉彩礼纠纷案件适用法律若干问题的规定》第 5 条将共同生活时间长短作为确定彩礼是否返还以及返还比例的重要考量因素。《最高人民法院关

---

① 《德国民法典》第 1301 条规定："婚姻不缔结的，订婚人任何一方可以依关于返还不当得利的规定，向另一方请求返还所赠的一切或作为婚约标志所给的一切。婚约因订婚人一方死亡而被解除的，有疑义时，必须认为返还的请求应予排除。"

② "乔某治之子乔某民与郭某河之女郭某贞婚后，乔某民死亡，乔某治诉郭某贞、郭某河返还婚约财产案"，https：//vpn. bfsu. edu. cn/newlaw2002/slc/，DanaInfo＝vip. chinalawinfo. com＋slc. asp？ db＝fnl&gid＝117465441，最后访问时间：2011 年 1 月 23 日；"代某龙与汤某华同居关系析产纠纷上诉案"，黑龙江省齐齐哈尔市中级人民法院（2010）齐民一终字第 587 号民事判决书；"杜某飞与李某飞等婚约财产纠纷上诉案"，河南省洛阳市中级人民法院（2010）洛民终字第 215 号民事判决书；"韩某蕊与周某婚约财产纠纷上诉案"，河南省驻马店市中级人民法院（2010）驻民三终字第 358 号民事判决书；"黄某龙与张某等婚约财产纠纷上诉案"，黑龙江省齐齐哈尔市中级人民法院（2010）齐民二终字第 472 号民事判决书。另参见赵红旗、张翼、陈柯铭：《婚后两月流产离婚 相应彩礼部分退还》，载《法治日报》2023 年 11 月 12 日第6 版。

③ 参见《相关负责人就推进移风易俗，治理高额彩礼问题答记者问》，最高人民法院新闻局 2023 年 12 月 11 日发布，https：//www. court. gov. cn/zixun/xiangqing/419862. html。

于审理涉彩礼纠纷案件适用法律若干问题的规定》第5条规定已办理结婚登记并共同生活时彩礼返还的条件："双方已办理结婚登记且共同生活，离婚时一方请求返还按照习俗给付的彩礼的，人民法院一般不予支持。但是，如果共同生活时间较短且彩礼数额过高的，人民法院可以根据彩礼实际使用及嫁妆情况，综合考虑彩礼数额、共同生活及孕育情况、双方过错等事实，结合当地习俗，确定是否返还以及返还的具体比例。""人民法院认定彩礼数额是否过高，应当综合考虑彩礼给付方所在地居民人均可支配收入、给付方家庭经济情况以及当地习俗等因素。"

未办理结婚登记却共同生活，彩礼返还时不应当忽略共同生活的"夫妻之实"，不能机械适用《民法典婚姻家庭编司法解释一》第5条。《最高人民法院关于审理涉彩礼纠纷案件适用法律若干问题的规定》第6条规定未办理结婚登记但共同生活时彩礼返还的条件："双方未办理结婚登记但已共同生活，一方请求返还按照习俗给付的彩礼的，人民法院应当根据彩礼实际使用及嫁妆情况，综合考虑共同生活及孕育情况、双方过错等事实，结合当地习俗，确定是否返还以及返还的具体比例。"

已办理结婚登记但共同生活时间较短，离婚时应当根据共同生活时间、孕育情况等事实对数额过高的彩礼酌情返还。① 男女双方举行结婚仪式后共同生活较长时间且已育有子女，一般不支持返还彩礼。② 已办理结婚登记，仅有短暂同居经历尚未形成稳定共同生活的，应扣除共同消费等费用后返还部分彩礼。③ 彩礼返还纠纷中，共同生活情况不仅包括共同生活时间，还包括孕育情况（包括孕育子女，也包括终止妊娠）、双方过错等事实。

四、事实婚姻、非婚同居与重婚罪

（一）事实婚姻的法律规定变迁

事实婚姻不符合婚姻的要式性特点，并非《民法典》认可的婚姻。

1979年2月2日最高人民法院在《关于贯彻执行民事政策法律的意见》（已失效）中规定："事实婚姻是指男女未进行结婚登记，以夫妻关系同居生活，群众也认为是夫妻关系的。"有学者认为："事实婚的构成不应当以双方当事人没有配偶为成立要件。……事实婚最根本性的内部特征是男女双方在未经登记的情况下以夫妻相待，共同生活；其外部特征则是对外以夫妻名义，群众公认。"④

最高人民法院1989年12月13日发布的《关于人民法院审理未办结婚登记而以夫妻名义同居生活案件的若干意见》第2条规定："1986年3月15日《婚姻登记办法》施行之后，未办结婚登记手续即以夫妻名义同居生活，群众也认为是夫妻关系的，一方向人

① 参见"王某某与李某某离婚纠纷案"，人民法院涉彩礼纠纷典型案例之一，https：//www.court.gov.cn/zixun/xiangqing/419922.html。

② 参见"张某与赵某婚约财产纠纷案"，人民法院涉彩礼纠纷典型案例之二，https：//www.court.gov.cn/zixun/xiangqing/419922.html。

③ 参见"刘某与朱某婚约财产纠纷案"，人民法院涉彩礼纠纷典型案例之三，https：//www.court.gov.cn/zixun/xiangqing/419922.html。

④ 余延满：《亲属法原论》，法律出版社2007年版，第151页。

民法院起诉‘离婚’，如同居时双方均符合结婚的法定条件，可认定为事实婚姻关系；如同居时一方或双方不符合结婚的法定条件，应认定为非法同居关系。”

最高人民法院2001年12月27日起施行的《婚姻法司法解释一》第5条规定：“未按婚姻法第八条规定办理结婚登记而以夫妻名义共同生活的男女，起诉到人民法院要求离婚的，应当区别对待：（一）1994年2月1日民政部《婚姻登记管理条例》公布实施以前，男女双方已经符合结婚实质要件的，按事实婚姻处理；（二）1994年2月1日民政部《婚姻登记管理条例》公布实施以后，男女双方符合结婚实质要件的，人民法院应当告知其在案件受理前补办结婚登记；未补办结婚登记的，按解除同居关系处理。”一定程度上，婚姻存在事实先行性，无论法律承认与否，这些身份关系都已存在，因此，和其他的法律领域相比，身份法律关系是相当尊重身份事实的。①

（二）事实婚姻和非婚同居的联系与区别

事实婚姻是非婚同居的表现形式之一，二者均欠缺结婚登记这一形式要件。“非婚同居是不符合传统婚姻要求但具有相对稳定性的自愿组成的共同生活伴侣关系。……事实婚姻，对当事人而言，就是‘婚姻’，……而非婚同居，对当事人而言，选择该形式，就是因为其不同于婚姻，当事人之间没有达成相互一致的结婚意愿，所以两者应该没有从属关系。但是，如果把非婚同居，理解为除所有法律婚以外的同居形式，则事实婚姻为非婚同居的形式之一。”②《民法典》并未规定非婚同居关系。“虽然随着社会观念的更新和开放，同居逐渐为一部分地区、一部分人所接受或者默许，但在整个社会中仍远未形成共识，肯定同居制度任意对现行婚姻登记制度造成较大冲击。现阶段同居的情形、原因也比较复杂，在法律中对同居问题作出统一的规定很难，也不一定有利于保护当事人的合法权益。而且同居涉及诸多法律问题，在大多数问题上各方面意见还很不统一，在法律中作出规定的条件还很不成熟。”③

事实婚姻和事实婚姻之外的非婚同居的法律效果不同。第一，事实婚姻也是法律认可的婚姻，具有婚姻的效力。非婚同居当事人之间不存在婚姻。第二，事实婚姻的当事人有权提起离婚之诉。当事人提起诉讼仅请求解除同居关系的，人民法院不予受理。第三，“事实婚姻与经过登记的婚姻一样，如双方没有财产约定，婚姻关系存续期间取得的财产应能被认定为夫妻共同财产。”④ 非婚同居期间取得的财产，当事人之间以按份共有为原则，非婚同居并不构成《民法典》第308条规定的“家庭关系等”。第四，“合法的结婚行为是婚姻关系借以成立，夫妻间的身份和权利、义务赖以产生的基础。”⑤ 事实婚姻的当事人属于法律上的配偶，彼此享有第一顺位的法定继承权等法定权利。非婚同居当事人之间不享有法定继承权等夫妻间的法定权利。

---

① 参见林菊枝：《日本婚姻法上之内缘关系》，五南图书出版有限公司1997年版，第405-406页。

② 蒋月：《婚姻家庭法前沿导论》，科学出版社2007年版，第272-273页。

③ 黄薇主编：《中华人民共和国民法典婚姻家庭编释义》，法律出版社2020年版，第36页。

④ 杨大文、龙翼飞主编：《婚姻家庭法》（第8版），中国人民大学出版社2020年版，第93页（孙若军教授执笔）。

⑤ 杨大文、龙翼飞主编：《婚姻家庭法》（第8版），中国人民大学出版社2020年版，第93页（孙若军教授执笔）。

当事人因非婚同居期间财产分割或者子女抚养纠纷提起诉讼的，属于人民法院受理范围。当事人提起诉讼仅请求解除同居关系的，不属于人民法院受理范围。罗素认为："所有不包括孩子的性关系都应视为是私人的事情。如果男女同居而没有孩子，那这完全是他们自己的事情，而不是其他人的事情。"[①]《民法典婚姻家庭编司法解释一》第3条规定："当事人提起诉讼仅请求解除同居关系的，人民法院不予受理；已经受理的，裁定驳回起诉。""当事人因同居期间财产分割或者子女抚养纠纷提起诉讼的，人民法院应当受理。"

同居关系不同于婚姻关系，双方均无配偶的同居关系不同于共同共有对应的婚姻等家庭关系。法律对同居关系和婚姻家庭关系的保护力度不同。与离婚关系不同，同居析产纠纷不能参照适用《民法典》第1087条离婚财产分割规则，不能参照适用第1088条离婚经济补偿制度。双方均无配偶的同居关系析产纠纷中，同居生活期间取得的财产由双方协议处理；不能达成协议的，本质上适用按份共有分割规则，各自所得、各自所有，分割无法区分的财产时，出资比例为析产时首要考量因素。《民法典婚姻家庭编司法解释二》第4条规定："双方均无配偶的同居关系析产纠纷案件中，对同居期间所得的财产，有约定的，按照约定处理；没有约定且协商不成的，人民法院按照以下情形分别处理：（一）各自所得的工资、奖金、劳务报酬、知识产权收益，各自继承或者受赠的财产以及单独生产、经营、投资的收益等，归各自所有；（二）共同出资购置的财产或者共同生产、经营、投资的收益以及其他无法区分的财产，以各自出资比例为基础，综合考虑共同生活情况、有无共同子女、对财产的贡献大小等因素进行分割。"

（三）重婚罪中的重婚包括事实婚姻

《民法典》不认可事实婚姻。《刑法》第258条重婚罪中的重婚包括事实婚姻。我国《刑法》第258条规定："有配偶而重婚的，或者明知他人有配偶而与之结婚的，处二年以下有期徒刑或者拘役。"重婚罪所规定的重婚行为具体包括重婚者又和第三者登记结婚，或者相婚者明知他人有配偶而与之登记结婚，重婚者又和第三者建立事实婚姻，或者相婚者明知他人有配偶而与之建立事实婚姻（可称之为事实重婚）。[②] 重复登记结婚的可能性越来越小，事实婚姻在重婚案件中占比最高。[③] 重婚罪中的事实婚姻是指在婚姻关系存续期间，与他人未按《民法典》规定办理结婚登记而以夫妻名义共同生活的男女。重婚罪中的事实婚姻并不简单等同于《婚姻法司法解释一》第5条规定的事实婚姻。例如，华融公司原董事长赖某民"有配偶而长期与他人以夫妻名义共同生活"，构成重婚罪。又如，"被告人刘某坤虐待、重婚案"中，被告人刘某坤于2011年9月6日与他人登记结婚。在婚姻存续期间，又隐瞒已婚身份，于2019年与被害人郭某某以夫妻名义共同生活，郭某某之女岳某某（被害人，时年8岁）随郭某某与刘某坤共同生

---

① ［英］罗素：《婚姻革命》，靳建国译，东方出版社1988年版，第110－111页。

② 参见张明楷：《刑法学》（第6版），法律出版社2021年版，第1208页。

③ 参见王语琤、杜玉全：《已婚女子与00后生子被判重婚罪，网友热议，律师这样说》，载红星新闻2022年9月10日。

活，与刘某坤以父女相称。刘某坤与郭某某于 2021 年 1 月 30 日生育一子。2021 年 1 月至 7 月间，刘某坤在家中多次采用拳打脚踢或用钥匙割划身体等方式殴打岳某某及正处于哺乳期的郭某某，致二人全身多处受伤。刘某坤还多次辱骂、恐吓岳某某和郭某某，将岳某某的衣物剪坏、丢弃，对岳某某、郭某某施以精神摧残。后郭某某报警，刘某坤被公安机关抓获。经诊断，岳某某为抑郁状态、创伤后应激障碍。法院生效裁判认为：被告人刘某坤与被害母女共同生活期间，长期多次采取殴打、辱骂、恐吓等手段对未成年女童及哺乳期妇女的身心予以摧残、折磨，情节恶劣，其行为已构成虐待罪；刘某坤在婚姻存续期间又与他人以夫妻名义同居生活，其行为已构成重婚罪，应依法并罚。虽然法律对此同居关系予以否定评价，但并不影响其与被害母女形成事实上的家庭成员关系，不影响对其构成虐待罪的认定与处罚。①

前婚是当事人通过冒名顶替或者弄虚作假办理的婚姻登记，前婚一方当事人在前婚被撤销前又与他人另办后婚结婚登记，该他人对前婚违法登记情形明知，后婚的两方当事人是否构成重婚？值得思考。

2021 年，福建省安溪县男子郑隆（化名）认识了比她小三岁的女子黄静（化名），并选择结婚。但 3 个月左右，两人的关系出现裂痕，郑隆向当地公安投案并反映了妻子身上的“秘密”：黄静此前伪造户籍，早已跟远在四川省安岳县的易某某登记结了婚。但让郑隆意外的是，除了妻子因重婚罪获刑，他也被判重婚罪，获刑 6 个月。法院一审判决认为：郑隆明知黄静（另案处理）于 2007 年以易某某之父（另案处理）为其伪造的“吉某某”的户籍，已与易某某登记结婚且育有三孩后，又于 2021 年 5 月 20 日与黄静在安溪县民政局登记结婚。郑隆明知他人有配偶而与之结婚，行为已构成重婚罪，判处其有期徒刑 6 个月，同时，黄静也因犯重婚罪被判处有期徒刑 6 个月，并且因犯伪造身份证件罪，被判处拘役 4 个月，并处罚金人民币 1000 元。2024 年 7 月 11 日，四川省安岳县民政局撤销了易某某与黄静冒用吉某某的身份于 2014 年 6 月 19 日补领的结婚登记证。案外有律师认为：“黄静冒用吉某某的身份与易某某补领结婚登记证的行为，没有形成合法的、受法律保护的婚姻关系，且该补领的结婚登记证现已被依法撤销。”2024 年 2 月，福建省高级人民法院作出再审决定，指令安溪县人民法院对该案进行再审。安溪县人民法院于 2024 年 10 月撤销一审判决，改判郑隆无罪。福建省泉州市中级人民法院判决确认郑隆与黄静的婚姻无效。郑隆告诉记者，当初在认识黄静时，知道她曾结过婚，还有 3 个孩子。结婚后，他也知道了妻子曾冒用名为“吉某某”的身份，在 2014 年与四川省安岳县的易某某登记结婚，他跟黄静去补办结婚证的时候，她是没有领过证的，（之前）是冒用别人的身份证去领的结婚证。黄静在安岳县的婚姻并不合法、合规，所以郑隆、黄静自认为重婚的登记行为并未侵犯受重婚罪保护的法益，两人并不构成重婚罪。②

需要注意的是，从民法上看无论前婚是合法婚姻还是违法婚姻，都不影响后婚构成

---

① 参见“被告人刘某坤虐待、重婚案——虐待共同生活的哺乳期妇女和未成年人，坚决依法惩处”，2024 年 11 月 25 日最高人民法院与中华全国妇女联合会联合发布的 5 件反家庭暴力犯罪典型案例之四。

② 参见宋潇：《福建一男子因“重婚罪”获刑后改判无罪 一审法院登报公开道歉》，载封面新闻 2024 年 11 月 20 日，https：//www. 163. com/dy/article_v3/JHFDUIB80514D3UH. html＃fr＝email。

重婚。“即使先前的婚姻关系并不合法（如采用欺骗手段与 16 周岁的人登记结婚），但在没有解除该婚姻关系期间又与他人结婚的，仍然构成重婚罪。”① 因为“法律规定一夫一妻制的原则，并禁止重婚，绝对不仅仅是因为重婚侵犯了合法的婚姻关系，而主要是为了维护公共秩序和善良风俗。……为了落实一夫一妻制原则，所谓重婚是指某一自然人先后或同时成立了两个或两个以上的婚姻关系。至于已成立的两个或两个以上的婚姻关系是否有效对构成重婚没有影响，重婚的婚姻亦包括无效婚姻”②。事实婚姻终止后，再与他人登记结婚，不构成重婚罪。事实婚姻存续期间，又与他人登记结婚，构成重婚罪。同时存在两个或者两个以上事实婚姻，构成重婚罪。假离婚后，再与他人登记结婚，不构成重婚罪。

五、婚姻自主权

《婚姻法》第 5 条规定：“结婚必须男女双方完全自愿，不许任何一方对他方加以强迫或任何第三者加以干涉。”这是《婚姻法》第 2 条所规定的婚姻自由原则的具体体现，《婚姻法》第 5 条能派生出婚姻自主权这一人格权的具体类型。《民法通则》第 103 条也规定：“公民享有婚姻自主权，禁止买卖、包办婚姻和其他干涉婚姻自由的行为。”《民法典》第 110 条将婚姻自主权作为自然人的具体人格权加以规定。

所谓婚姻自主权，是指自然人可以根据自己的意志自主决定自己婚姻的缔结和解除，不受他人强迫或干涉的一种具体人格权。婚姻自主权属于人格权，不属于身份权，其并不是基于血缘或者亲缘关系发生的权利。婚姻自主权的客体是权利人在缔结或者解除婚姻问题上的选择自由，包括是否结婚、何时结婚、与谁结婚、禁止他人对自己婚姻选择自由的干涉等等。婚姻自主权的客体属于人格利益，而非身份利益。婚姻自主权含有自由权的属性，但不是自由权本身，婚姻自主权与人身自由权同属于具体人格权。侵犯婚姻自主权的行为主要有包办婚姻、买卖婚姻及其他干涉婚姻自由的行为等。侵犯婚姻自主权的侵权责任方式主要有停止侵害、赔偿损失等，侵害婚姻自主权情节严重构成犯罪的，还会构成暴力干涉婚姻自由罪等刑事犯罪。③

婚姻自主权的实现不仅仅是法律制度的产物，而且与社会生活变迁密不可分。改革开放以来，民事主体婚姻自主权越来越获得实效，一定程度上，“这一变化的主要原因不在于 1950 年的新婚姻法与政府推动的家庭改革，而在于新出现的社会空间，这样的空间使得青年男女能够有机会相处”④。

---

① 张明楷：《刑法学》（第 6 版），法律出版社 2021 年版，第 1209 页。

② 余延满：《论婚姻的成立》，载《法学评论》2004 年第 5 期。

③ 我国《刑法》第 257 条规定暴力干涉婚姻自由罪，以规制以暴力手段干涉他人结婚和离婚自由的行为。参见“肉孜暴力干涉婚姻自由案”，新疆维吾尔自治区伽师县人民法院（2005）刑初字第 93 号刑事判决书。

④ 阎云翔：《私人生活的变革：一个中国村庄里的爱情、家庭与亲密关系（1949—1999）》，龚小夏译，上海书店出版社 2006 年版，第 70 页。

六、贞操权（性自主权）

“性关系到每个人是因为性是人的最基本的本能之一（‘食、色，性也’），因此，传统上属于形而上的‘人性’范畴。这种生物本能往往只能在社会互动中才能实现（例如恋爱、婚姻、生育等），因此性可能以各种方式给他人乃至社会带来种种有时甚至是非常巨大的影响。这是一个有巨大的潜在社会影响的领域，有巨大的外在性。……也正因此，自古以来，在一切社会，性都是，也必定永远是——尽管方式则可能变化——法律规制的一个重要领域。”[①] 贞操权是法律规制和保护的自然人的一种具体人格权益。

贞操权是自然人所享有的对自己性的利益进行自主支配并排斥他人侵害的权利。贞操权的客体是权利人对自己性利益的自主决定。“以性利益为特定内容，也正是其与身体自由权、婚姻自主权等近似权利的主要区别。……性自主权的核心内容是性的自由与纯洁，这不可能简单地由身体利益、健康利益、自由利益、名誉利益等所涵盖。”[②] 作为纯粹民法学问题中的解释选择问题，民法学理论上还存在对贞操权与性自主权之概念选择的争论。“贞操乃传统用语，实指‘性行为的自主决定’而言，即个人对于其是否及与何人发生性行为，有自主决定的权利。”[③]

《德国民法典》第 253 条规定：“仅在法律所规定的情形下，才能因非财产损害而请求金钱赔偿。”“因侵害身体、健康、自由或性的自主决定而须赔偿损害的，也可以因非财产损害而请求公平的金钱赔偿。”贞操权为一切男女皆有，侵害贞操（chastity）者，指违反他人的自主意思（性自主决定，sexuelle Selbstbestimmung）采用暴力[④]、胁迫、欺诈[⑤]等故意违背善良风俗的方法而为性行为。鉴于贞操权尚不属于我国民事实定法上的权利类型，侵害贞操权的请求权基础即为《民法典》第 1183 条第 1 款[⑥]，解释论上，贞操权属于该款规定中的“人身权益”。解释论上，也可以对《民法典》第 990 条第 2 款“其他人格权益”作扩张解释，或者对第 1010 条作举轻以明重解释，以实现对性自主权的法律救济。

民法理论上和实务中有对配偶间能否成立侵害贞操权乃至构成婚内强奸的讨论。笔者认为，立法论上看，夫妻之间互负同居义务，不宜轻易认定夫妻之间存在侵害对方贞操权的情形，但是情形严重者，如经常以暴力为之或者构成虐待，受害一方得基于《民

---

① 苏力：《从禁忌到理性——〈性与理性〉译序》，载［美］理查德·A. 波斯纳：《性与理性》，苏力译，中国政法大学出版社 2002 年版。

② 姚辉：《人格权法论》，中国人民大学出版社 2011 年版，第 204 页。

③ 王泽鉴：《人格权法》，三民书局 2012 年版，第 131 页。

④ 参见“张某诉刘某生人身损害赔偿案”，转引自《我国首宗“贞操权”案在深圳判决 受害者获赔 8 万》，载《法制日报》2001 年 4 月 22 日。

⑤ 参见《女子遭已婚男子骗色被判获赔 1 元钱 保护“贞操权”》，载《海峡导报》2013 年 2 月 19 日；龚萍：《东莞男子骗下属同居怀孕 法院认定其侵害女方贞操权》，载《信息时报》2007 年 4 月 17 日；颖子：《女编导告赢“性权利”案》，载《民主与法制》2013 年 4 月 27 日。

⑥ 《民法典》第 1183 条第 1 款规定：“侵害自然人人身权益造成严重精神损害的，被侵权人有权请求精神损害赔偿。”

法典》第1079条和第1091条诉请离婚并得行使离婚损害赔偿请求权。还有的学者认为，对婚内强奸责任应该限定在夫妻因感情不和长期分居期间或者在夫妻离婚诉讼分居过程中。[①]

第四节　禁止结婚的法定情形

一、禁止结婚的法定情形概述

《民法典》第1047条规定："结婚年龄，男不得早于二十二周岁，女不得早于二十周岁。"第1048条规定："直系血亲或者三代以内的旁系血亲禁止结婚。"《婚姻登记条例》第9条规定："申请结婚登记的当事人有下列情形之一的，婚姻登记机关不予登记：（一）未到法定结婚年龄的；（二）非男女双方完全自愿的；（三）一方或者双方已有配偶的；（四）属于直系血亲或者三代以内旁系血亲的。"禁止结婚的情形属于婚姻登记机关不予登记中的重要类型。婚姻并非单纯男女私人之间的事情，其还涉及社会公共利益，立法可以对婚姻自由进行必要的限制，法定禁止结婚的情形等就是这种限制的具体体现。

《民法典》中禁止结婚的情形主要包括：未到法定结婚年龄；男女双方并非完全自愿；一方或者双方已有配偶；直系血亲或者三代以内旁系血亲。

婚姻具有自然属性和社会属性：从自然属性角度看，婚姻通常是繁衍后代的前提；从社会属性角度看，婚姻关系的建立意味着以男女双方为中心的一系列法律姻亲乃至血亲伦理关系的建立。禁止一定范围内的亲属之间通婚，其依据一方面是优生学原理，防止血缘关系太近的男女结婚，它们易将生理上和精神上的疾病和缺陷遗传给子女后代，《左传》即有"男女同姓，其生不蕃"的说法，《国语》中也曾记载"同姓不昏，惧不殖也"；另一方面禁止一定范围内的亲属通婚也是社会一般伦理观念的要求，正所谓"取于异姓，所以附远厚别也"。黑格尔也曾指出："婚姻是由于本身无限独特的这两性人格的自由委身而产生的，……因此婚姻必须相反地在疏远的家庭间和异宗的人格间缔结。血亲间通婚是违背婚姻的概念的，从而违背真实的自然的感觉的，因为按照婚姻的概念，婚姻是自由的伦理性的行动，而不是建立在直接天性及其冲动上的结合。"[②] 其他禁止结婚情形的法理依据也都可以从婚姻的自然属性和社会属性两个方面出发加以分析。禁止结婚情形的法理依据一定程度上又与婚姻的本质关联在一起。

就《婚姻法》第7条所规定的"患有医学上认为不应当结婚的疾病"，我国《母婴保健法》第9条进一步规定："经婚前医学检查，对患指定传染病在传染期内或者有关精神病在发病期内的，医师应当提出医学意见；准备结婚的男女双方应当暂缓结婚。"第10条规定："经婚前医学检查，对诊断患医学上认为不宜生育的严重遗传性疾病的，医师应当向男女双方说明情况，提出医学意见；经男女双方同意，采取长效避孕措施或

① 参见王利明：《人格权法研究》（第2版），中国人民大学出版社2012年版，第579－580页。

② ［德］黑格尔：《法哲学原理》，范扬、张企泰译，商务印书馆1961年版，第184页。

者施行结扎手术后不生育的，可以结婚。但《中华人民共和国婚姻法》规定禁止结婚的除外。”第 38 条规定：“指定传染病，是指《中华人民共和国传染病防治法》中规定的艾滋病、淋病、梅毒、麻疯病以及医学上认为影响结婚和生育的其他传染病。”“严重遗传性疾病，是指由于遗传因素先天形成，患者全部或者部分丧失自主生活能力，后代再现风险高，医学上认为不宜生育的遗传性疾病。”“有关精神病，是指精神分裂症、躁狂抑郁型精神病以及其他重型精神病。”然而，《民法典》不再将“患有医学上认为不应当结婚的疾病”作为禁止结婚的情形。

二、禁止近亲结婚条款的解释论

《民法典》第 1048 条规定：“直系血亲或者三代以内的旁系血亲禁止结婚。”立法禁止近亲属结婚更多是从优生学考虑的，而没有系统考虑伦理学因素，例如立法没有规定禁止前姻亲之间结婚。从解释论上，拟制直系血亲之间是否禁止结婚？拟制旁系血亲之间是否禁止结婚？前直系姻亲之间是否禁止结婚？从立法论上，还可以思考三代以内的旁系血亲是否均应禁止结婚。

第一，拟制直系血亲之间禁止结婚。

禁止拟制直系血亲之间结婚主要是基于伦理的要求，“基于我国的伦理道德，为了避免亲属关系的混乱，我国法律应明令禁止拟制直系血亲间通婚”[①]。此外，《民法典》第 1111 条规定：“自收养关系成立之日起，养父母与养子女间的权利义务关系，适用本法关于父母子女关系的规定；养子女与养父母的近亲属间的权利义务关系，适用本法关于子女与父母的近亲属关系的规定。”“养子女与生父母以及其他近亲属间的权利义务关系，因收养关系的成立而消除。”将《民法典》第 1111 条与第 1048 条作文义解释和体系解释，可以直接得出拟制直系血亲之间禁止结婚的结论。即便养子女与养父母的拟制直系血亲关系解除，仍然属于禁止结婚的范围。

第二，养子女与生父母、同胞兄弟姐妹以及其他近亲属之间禁止结婚。

养子女与生父母以及其他近亲属间的权利义务关系，即便因收养关系的成立而消除，仍须遵循直系血亲或者三代以内的旁系血亲禁止结婚的规定。

虽然《民法典》第 1111 条第 2 款规定，“养子女与生父母以及其他近亲属间的权利义务关系，因收养关系的成立而消除”，但养子女与生父母以及其他近亲属间的自然血亲关系不会随着法律上权利义务关系的消除而消除。如果允许养子女与生父母、同胞兄弟姐妹以及其他近亲属间结婚，则有违《民法典》第 1048 条的立法目的。

第三，不具有自然血亲关系的拟制旁系血亲（同辈养兄弟姐妹）之间可以结婚。

禁止不具有自然血亲关系的拟制旁系血亲如养兄弟姐妹之间通婚是否必要？一方面，禁止养子女与生父母、同胞兄弟姐妹以及其他近亲属间结婚是对《民法典》第 1048 条作目的解释的结论，因为收养并不会改变养子女与生父母、同胞兄弟姐妹以及其他近亲属间的自然血亲关系，基于优生学的考虑，应该禁止养子女与生父母、同胞兄弟姐

---

① 余延满：《亲属法原论》，法律出版社 2007 年版，第 168 页。

妹以及其他近亲属间结婚。另一方面，我国社会生活中长期存在不具有自然血亲关系的养兄弟姐妹通婚的习惯，且不具有自然血亲关系的同辈养兄弟姐妹之间通婚也不违反优生学原理。故不具有自然血亲关系的拟制旁系血亲（同辈养兄弟姐妹）之间可以结婚。

第四，有抚养教育关系的继父母继子女之间禁止结婚。

禁止有抚养教育关系的继父母继子女之间结婚也主要是基于伦理的要求。《民法典》第 1072 条第 2 款规定："继父或者继母和受其抚养教育的继子女间的权利义务关系，适用本法关于父母子女关系的规定。"

第五，前直系姻亲之间禁止结婚。

前直系姻亲之间是否禁止结婚？我国现行《民法典》对此无明确禁止规定，但从禁止一定范围内的亲属之间通婚的伦理依据出发作目的解释，应禁止直系姻亲之间结婚。直系姻亲之间结婚虽然不存在优生学上的不利后果，但为了避免亲属关系的混乱，保持亲属身份关系的安定，从社会一般伦理观念出发，应该禁止直系姻亲之间结婚。例如，前公公与前儿媳结婚，从婚姻家庭法基本原则的角度看，有悖伦理，不符合公序良俗原则的要求。[①] 最高人民法院中南分院于 1953 年 7 月 14 日发布的《关于"公公与媳妇""继母与儿子"等可否结婚问题的复函》[（53）法行字第 487 号] 规定："关于没有婚姻关系存在的"公公与媳妇""继母与儿子""叔母与侄""子与父妾""女婿与岳母""养子与养母""养女与养父"等可否结婚问题……婚姻法对于这些人之间虽然无禁止结婚的明文规定，为了照顾群众影响，以及防止群众思想不通，因而引起意外事件的发生，最好尽量说服他们之间不要结婚；但如果双方态度异常坚决，经说服无效时，为免发生意外，当地政府也可斟酌具体情况适当处理（如劝令他们迁居等）。"[②]

直系姻亲禁止结婚是中国伦理的需要，也是现在绝大多数国家的规定[③]，有其合理性。现在社会中如为了拆迁利益等，前公公和前儿媳结婚、前丈母娘和前女婿结婚，不仅冲击伦理，也极大冲击社会底线，如果民政部门仍然予以结婚登记，有违社会主义核心价值观。[④]

"旁系姻亲，包括异父异母的兄弟姐妹，只要他们相互之间没有禁止结婚的血缘关系，则应准予结婚。"[⑤]

---

① 参见孙宪忠主编：《民法总论》，社会科学文献出版社 2004 年版，第 52－53 页；潘瑞锴：《59 岁公公娶了 33 岁前儿媳》，载《南京晨报》2005 年 8 月 2 日；姜栋、叶萌茗：《公公为多拿拆迁款与儿媳结婚 称被政策逼迫》，载《现代金报》2013 年 3 月 22 日；曾慕雪：《津巴布韦女子与亲生儿子相恋三年 申请结婚》，载环球网 2013 年 9 月 12 日。

② 最高人民法院中南分院 1953 年 7 月 14 日发布的《关于"公公与媳妇""继母与儿子"等可否结婚问题的复函》[（53）法行字第 487 号] 已经被《最高人民法院关于废止 1979 年底以前发布的部分司法解释和司法解释性质文件（第八批）的决定》（法释〔2012〕13 号）废止，废止理由是："社会形势发生变化，不再适用。"

③ 《日本民法典》第 735 条规定："直系姻亲间，不得结婚。姻亲关系依第七百二十八条或第八百一十七条之九之规定终止后，亦同。"

④ 有学者认为，特殊情况下，如双方配偶死亡，且没有后代，允许直系姻亲结婚，不会导致家庭内部亲属关系的混乱，国家基于最大限度人权的保护，在不损害公序良俗的情况下，允许其批准后结婚。

⑤ 杨大文、龙翼飞主编：《婚姻家庭法》（第 8 版），中国人民大学出版社 2020 年版，第 88 页（孙若军教授执笔）。

第六，三代以内的旁系血亲之间禁止结婚。

三代以内的旁系血亲是否均应禁止结婚?《民法典》禁止三代以内的旁系血亲结婚，主要意义在于禁止中表婚（表兄弟姐妹之间的婚姻）。[①] “凡出自同一祖父母、外祖父母的血亲（除直系血亲外，都是三代以内的旁系血亲），禁止通婚。三代以内旁系血亲包括：（1）兄弟姐妹，含同父同母的全血缘的兄弟姐妹、同父异母或同母异父的半血缘的兄弟姐妹。（2）伯、叔、姑与侄、侄女，舅、姨与外甥、外甥女。（3）堂兄弟姐妹、表兄弟姐妹。”[②]

通说观点主张三代以内旁系血亲禁止结婚的法理依据是优生学原理，然而以优生学为理由禁止表兄弟姐妹结婚，有误解结婚的目的之嫌。[③] 且倘若纯粹基于优生学原理，则表兄妹为结婚做绝育手术[④]或者只婚不育[⑤]仍被拒绝结婚登记就存在目的解释方面的障碍。2001 年《婚姻法》修正过程中，有学者就提出：“三代以内的旁系血亲采取绝育手术的可以结婚。”[⑥] 一旦允许三代以内的旁系血亲结婚，则将丧失对生育的控制权，通过对近亲婚姻的无效规定来瓦解婚姻世界所必需的信任，以实现优生的目标。[⑦]《民法典》第 1048 条和第 1051 条第 2 项分别构成对禁婚亲的事前和事后控制，单纯依靠前者，尚不足够，我国《婚姻登记条例》第 8 条第 1 款就规定：“申请结婚登记的内地居民应当出具下列证件和书面材料：（一）本人的居民身份证；（二）本人无配偶以及与对方当事人没有直系血亲和三代以内旁系血亲关系的签字声明。”单纯的无禁婚亲关系的签字声明容易出现当事人欺骗婚姻登记机关的情形，通过禁婚亲婚姻无效制度的事后控制就能够较为周全地实现禁婚亲的法律政策。

第五节　婚姻无效制度

一、婚姻无效的法定情形

无效婚姻是指虽然已经成立但是因为违反法定公益要件而不受法律保护，自始不能产生法律效力的婚姻。无效婚姻以婚姻的成立为前提[⑧]，如果婚姻没有成立，也就根本

---

① 参见杨大文主编：《婚姻法学》，北京大学出版社 1991 年版，第 99 页。

② 杨大文、龙翼飞主编：《婚姻家庭法》（第 8 版），中国人民大学出版社 2020 年版，第 87 页（孙若军教授执笔）。

③ 参见郭振恭：《无效婚之研究》，载陈棋炎先生六秩华诞祝贺论文集《身分法之理论与实用》，转引自余延满：《亲属法原论》，法律出版社 2007 年版，第 167 页注［122］。

④ 参见刘广超、张昊：《表兄妹为结婚做绝育手术仍被拒 状告民政部败诉》，载《大河报》2008 年 11 月 12 日。

⑤ 参见孙慧丽、李力：《父亲与表姑结婚　女儿主张婚姻无效》，载《人民日报》2003 年 10 月 29 日。

⑥ 王胜明、孙礼海主编：《〈中华人民共和国婚姻法〉修改立法资料》，法律出版社 2001 年版，第 31、47、103 页。

⑦ 参见黄忠：《通过私法的社会控制——以近亲婚姻的无效为例》，载《法制与社会发展》2010 年第 2 期。

⑧ 参见李世武：《同居男友办假结婚证 分手后要求返还彩礼钱》，载《山东商报》2013 年 4 月 19 日；徐颖等：《年轻情侣办假结婚证自我安慰》，载《楚天都市报》2007 年 8 月 30 日。

不存在婚姻是否无效的问题。

无效婚姻与无婚不同：首先，法律性质及原因不同。无效婚姻是已经成立的婚姻，只是因为欠缺法定有效要件，不能产生有效婚姻的法律效力；而无婚因为欠缺婚姻的成立要件，在当事人之间根本不存在婚姻关系。其次，可否转换不同。无效婚姻可以因为法定条件的具备而转换为有效婚姻；而无婚属于婚姻关系根本不存在，无转换为有效婚姻的前提条件。最后，法律后果不同。无效婚姻不能在夫妻之间产生法定权利义务关系，但并不意味着不能产生任何法律后果，而是会有无效对应的法律后果；无婚则为婚姻关系不存在，不具有任何法律意义。[①]

就婚姻无效情形，《婚姻法》第 7 条规定："有下列情形之一的，禁止结婚：（一）直系血亲和三代以内的旁系血亲；（二）患有医学上认为不应当结婚的疾病。"第 10 条规定："有下列情形之一的，婚姻无效：（一）重婚的；（二）有禁止结婚的亲属关系的；（三）婚前患有医学上认为不应当结婚的疾病，婚后尚未治愈的；（四）未到法定婚龄的。"[②]

《民法典》第 1051 条限缩了婚姻无效情形的范围："有下列情形之一的，婚姻无效：（一）重婚；（二）有禁止结婚的亲属关系；（三）未到法定婚龄。"

（一）重婚

重婚包括法律上的重婚和事实上的重婚。法律上的重婚是指有配偶者又与他人登记结婚。事实上的重婚是指有配偶者与他人以夫妻名义同居生活但未登记结婚。我国实行一夫一妻的婚姻制度，重婚行为不但侵犯无过错方的配偶权，也严重破坏婚姻家庭关系的稳定。对重婚行为人依法追究刑事责任的同时，还可以依据《民法典》的规定，判令其向无过错方承担损害赔偿责任。重婚情形下后婚姻关系无效。[③] 结合《民法典》第 1051 条的规定，重婚的婚姻无效，而非先前合法的婚姻无效。[④]

重婚不同于有配偶者与他人同居，《民法典婚姻家庭编司法解释一》第 2 条规定："民法典第一千零四十二条、第一千零七十九条、第一千零九十一条规定的'与他人同居'的情形，是指有配偶者与婚外异性，不以夫妻名义，持续、稳定地共同居住。"有配偶者与他人同居也常被称为姘居。

重婚不同于通奸。"通奸是指男女双方或者一方已有配偶，而又与他人秘密地、临

---

① 参见余延满：《论婚姻的成立》，载《法学评论》2004 年第 5 期。

② 韩炜："《申请宣告婚姻无效案件相关问题——赵某申请宣告赵某某与葛某婚姻无效案法律问题探讨》，载北京市高级人民法院编：《婚姻家庭新型疑难案例判解》，法律出版社 2007 年版，第 4－13 页。另参见奚婉婷、赵璐璐：《男子婚后三年发现妻是堂妹 法院判婚姻无效》，载中国新闻网 2013 年 7 月 10 日；季动、胡来欢：《外地坠入情网回乡办理结婚证 不料两人竟是亲姑侄》，载《楚天金报》2007 年 5 月 14 日；刘林等：《男女相爱 5 年领证后方知是表兄妹 法院判婚姻无效》，载《安徽商报》2013 年 10 月 22 日；张莹等：《结婚近两年打算生子才发现是兄妹》，载《潇湘晨报》2013 年 11 月 21 日；《湖南"兄妹"相恋欲结婚 惊被告知父母均曾出轨》，载《潇湘晨报》2014 年 1 月 28 日；《为给父亲办户口，女儿与父亲登记结婚》，载《成都商报》2014 年 2 月 16 日。

③ 参见"赵某诉王某离婚纠纷案"，天津市高级人民法院发布的贯彻实施民法典家事审判典型案例之六，载天津市高级人民法院微信公众号"天津高法"2021 年 11 月 7 日。

④ 参见陈雯雯、赵振华：《用虚假身份证明进行婚姻登记的法律救济》，载《人民法院报》2014 年 10 月 1 日，第 7 版。

时性地、自愿地发生两性关系却无长期共同生活的行为。”①

重婚的法律后果有：第一，后一婚姻当事人有权根据《民法典》1051 条向人民法院申请宣告重婚的婚姻无效。第二，合法婚姻当事人有权向人民法院起诉离婚，根据《民法典》第 1079 条，调解无效的，人民法院应当准予离婚。第三，因重婚而导致离婚的，无过错方有权根据第 1091 条请求损害赔偿。第四，有重婚故意并重婚的，还可能构成重婚罪、破坏军婚罪等。《刑法》第 258 条规定：“有配偶而重婚的，或者明知他人有配偶而与之结婚的，处二年以下有期徒刑或者拘役。”第 259 条第 1 款规定：“明知是现役军人的配偶而与之同居或者结婚的，处三年以下有期徒刑或者拘役。”重婚不当然构成重婚罪。

《民法典》第 51 条规定：“被宣告死亡的人的婚姻关系，自死亡宣告之日起消除。死亡宣告被撤销的，婚姻关系自撤销死亡宣告之日起自行恢复。但是，其配偶再婚或者向婚姻登记机关书面声明不愿意恢复的除外。”如果婚姻关系的一方当事人被宣告死亡，其婚姻关系自死亡宣告之日起消除，婚姻关系另一方当事人可以再婚。即使被宣告死亡的人再出现，死亡宣告被撤销，其配偶的再婚也不构成重婚。其配偶的再婚行为阻断原婚姻关系的自行恢复。

（二）有禁止结婚的亲属关系

《民法典》第 1048 条规定：“直系血亲或者三代以内的旁系血亲禁止结婚。”例如，表兄妹结婚的，相关婚姻无效，所生子女为非婚生子女。

《婚姻登记条例》第 8 条第 1 款规定：“申请结婚登记的内地居民应当出具下列证件和书面材料：（一）本人的居民身份证；（二）本人无配偶以及与对方当事人没有直系血亲和三代以内旁系血亲关系的签字声明。”婚姻登记机关的系统无法直接显示登记双方是否有三代以内旁系血亲关系，因而更多的是事先告知和形式审查。

（三）未到法定婚龄

未到法定婚龄的婚姻无效。例如，男女双方结婚时，因男方未到法定结婚年龄，男方便拿着自己哥哥的身份证去和女方登记。双方以欺骗的手段领取了结婚证，该婚姻无效。②

（四）违背公序良俗原则

婚姻无效则更多涉及公共利益维护。根据《民法典婚姻家庭编司法解释一》第 17 条，婚姻无效限于《民法典》第 1051 条列举规定的三种情形。《民法典婚姻家庭编司法解释一》第 17 条第 1 款规定：“当事人以民法典第一千零五十一条规定的三种无效婚姻以外的情形请求确认婚姻无效的，人民法院应当判决驳回当事人的诉讼请求。”能否对该款作反面解释，认为婚姻无效事由具有法定性、封闭性特点？鉴于该司法解释是对婚

---

① 张伟主编：《婚姻家庭继承法学》，法律出版社 2021 年版，第 70 页（张伟教授执笔）。

② 参见《四川绵阳：共同生活 28 年 与自己领证的竟是丈夫亲哥哥》，载腾讯网，https://new.qq.com/omn/20211108/20211108A03HJX00.html。

姻家庭编的解释，可以认为婚姻家庭编中不存在第 1051 条之外的其他婚姻无效事由，但不意味着总则编也不存在。

没有婚姻关系存在的公公与媳妇、继母与儿子、叔母与侄、女婿与岳母、养子与养母、养女与养父等可否结婚，本质上涉及姻亲关系是否因为离婚或者配偶一方死亡而终止。“以因违反公序良俗而无效作为弹性条款以补充我国无效婚姻制度限制性规定的不足应是可行的。”① 笔者认为，即便姻亲关系因为离婚或者配偶一方死亡而终止，即便养父母子女关系因收养解除而终止，为维持固有伦常观念，应禁止没有婚姻关系存在的公公与媳妇、继母与儿子、叔母与侄、女婿与岳母、养子与养母、养女与养父结婚。《民法典》第 153 条规定：“违反法律、行政法规的强制性规定的民事法律行为无效。但是，该强制性规定不导致该民事法律行为无效的除外。”“违背公序良俗的民事法律行为无效。”

《日本民法典》第 728 条规定直系姻亲不得结婚，即使姻亲关系终止后也不得结婚：“（一）姻亲关系因离婚而终止。”“（二）夫妻一方死亡，生存配偶表示姻亲关系的意思时，亦与前款同。”第 734 条规定：“直系血亲或三亲等内的旁系血亲间，不得结婚。但是，养子女与养方的旁系血亲间，不在此限。”第 735 条规定：“直系姻亲，不得结婚。即使在姻亲关系依第七百二十八条规定终止后，亦同。”《日本民法典》第 736 条禁止养亲关系人之间的婚姻：“养子女及其配偶、养子女的直系卑亲属及其配偶，与养父母及其直系尊亲属，即使在亲属关系依第七百二十九条规定终止后，亦不得结婚。”②

二、婚姻无效的确认之诉及法律后果

（一）婚姻无效的确认之诉

有权请求人民法院确认婚姻无效的主体范围广泛，相关司法解释有细化规定。《民法典婚姻家庭编司法解释一》第 9 条规定：“有权依据民法典第一千零五十一条规定向人民法院就已办理结婚登记的婚姻请求确认婚姻无效的主体，包括婚姻当事人及利害关系人。其中，利害关系人包括：（一）以重婚为由的，为当事人的近亲属及基层组织；（二）以未到法定婚龄为由的，为未到法定婚龄者的近亲属；（三）以有禁止结婚的亲属关系为由的，为当事人的近亲属。”《民法典婚姻家庭编司法解释一》第 14 条规定：“夫妻一方或者双方死亡后，生存一方或者利害关系人依据民法典第一千零五十一条的规定请求确认婚姻无效的，人民法院应当受理。”③《民法典婚姻家庭编司法解释一》第 15 条规定：“利害关系人依据民法典第一千零五十一条的规定，请求人民法院确认婚姻无效的，利害关系人为原告，婚姻关系当事人双方为被告。”“夫妻一方死亡的，生存一方为

---

① 杨晋玲：《民法典总则编与亲属编的关系问题——以法律行为与身份行为的关系为视角》，载《中华女子学院学报》2017 年第 1 期，第 43 页。

② 《德国民法典》不禁止直系或者旁系姻亲结婚。

③ 无效婚姻的当事人一方已死亡，他人以婚姻双方为三代以内旁系血亲为由向法院申请判定婚姻无效，法院应当支持申请人的请求。

被告。”第16条规定：“人民法院审理重婚导致的无效婚姻案件时，涉及财产处理的，应当准许合法婚姻当事人作为有独立请求权的第三人参加诉讼。”对弄虚作假缔结婚姻、冒名顶替缔结婚姻、精神障碍患者缔结婚姻、收买方与被拐卖妇女缔结婚姻，请求确认无效之诉的主体不宜局限于第9条的情形，还应该基于弱者保护和公共秩序维护，赋予检察机关法定职责，提起民事公益诉讼。

为了维持婚姻关系的安定性，认定婚姻无效只能由人民法院通过确认之诉解决，婚姻登记机关或者仲裁机构均无此职权。这不同于《民法典》总则编第147～151条的规定。

对于婚姻无效确认之诉的具体审理程序，《民法典婚姻家庭编司法解释一》第11条规定：“人民法院受理请求确认婚姻无效案件后，原告申请撤诉的，不予准许。”“对婚姻效力的审理不适用调解，应当依法作出判决。”“涉及财产分割和子女抚养的，可以调解。调解达成协议的，另行制作调解书；未达成调解协议的，应当一并作出判决。”第12条规定：“人民法院受理离婚案件后，经审理确属无效婚姻的，应当将婚姻无效的情形告知当事人，并依法作出确认婚姻无效的判决。”第13条规定：“人民法院就同一婚姻关系分别受理了离婚和请求确认婚姻无效案件的，对于离婚案件的审理，应当待请求确认婚姻无效案件作出判决后进行。”确认婚姻无效案件为民事诉讼案件，而非特别程序案件①，当事人之间就缔结婚姻的效力具有讼争性。《民事诉讼法》第十五章“特别程序”案件不包括确认婚姻无效案件。法院对婚姻无效程序的开启和进展采取职权主义的进路。

（二）婚姻无效的法律后果

无效婚姻存在转化为有效的可能。《民法典婚姻家庭编司法解释一》第10条规定：“当事人依据民法典第一千零五十一条规定向人民法院请求确认婚姻无效，法定的无效婚姻情形在提起诉讼时已经消失的，人民法院不予支持。”该条主要针对《民法典》第1051条第3项未到法定婚龄的情况。《民法典》第1051条第1项和第2项对应情形不适用无效婚姻效力补正制度。《民法典》第1051条第1项“重婚”导致婚姻无效情形下，不能以提起诉讼时合法婚姻当事人已经离婚或者配偶已经死亡为由主张后一婚姻有效，也不会仅因为另一方的善意就使重婚行为合法化。《民法典婚姻家庭编司法解释二》第1条规定：“当事人依据民法典第一千零五十一条第一项规定请求确认重婚的婚姻无效，提起诉讼时合法婚姻当事人已经离婚或者配偶已经死亡，被告以此为由抗辩后一婚姻自以上情形发生时转为有效的，人民法院不予支持。”《民法典》第1051条第2项“有禁止结婚的亲属关系”也不存在当事人请求确认婚姻无效时该种无效原因已经消失的可能。

婚姻无效后，夫妻之间的结婚行为自始没有法律约束力，但不影响所生育子女对应的法律关系。当事人所生育的子女，适用《民法典》关于父母子女的规定。婚姻无效后

---

① 有学者则认为：“宣告婚姻无效案件适用特别程序，实行一审终审。”张伟主编：《婚姻家庭继承法学》，法律出版社2021年版，第99页（郝佳教授执笔）。

的溯及力受到部分限制。“第 1054 条应被解释为，原则上，婚姻被确认无效或被撤销后，无效效力溯及既往地发生，例外情形下，即在当事人间的财产关系和父母子女关系问题上，无效效力仅面向将来发生。”①

无效的或者被撤销的婚姻当事人同居期间所得的财产，由当事人协议处理；协议不成的，由人民法院根据照顾无过错方的原则判决。对重婚导致的无效婚姻的财产处理，不得侵害合法婚姻当事人的财产权益。被确认无效或者被撤销的婚姻，当事人同居期间所得的财产，按共同共有处理，但有证据证明为当事人一方所有的除外。

婚姻无效后，非婚生子女享有与婚生子女同等的权利。在处理无效婚姻中的未成年子女直接抚养权归属问题时，类推适用《民法典》第 1084 条离婚未成年子女直接抚养权判决标准：一般是先由当事人协调，法院也会组织调解，调解不成的，按照最有利于未成年子女的原则判决。

婚姻无效的，本人不具有婚姻无效情形且善意相信婚姻有效的无过错方有权请求损害赔偿，可以是财产损害赔偿，也可以是精神损害赔偿。这体现了对无过错方的保护。“婚姻无效时的损害赔偿，仅适用于因一方当事人的行为导致婚姻无效的情形，如婚姻因一方重婚而被人民法院确认无效。双方当事人均系重婚导致婚姻被确认无效的，不存在损害赔偿的问题。”②《民法典》第 1054 条第 2 款规定：“婚姻无效或者被撤销的，无过错方有权请求损害赔偿。”

第六节　婚姻可撤销制度

一、婚姻可撤销和婚姻无效的联系与区别

可撤销婚姻是指虽然已经成立但是因为违反结婚法定私益要件（意思表示自由、真实）而赋予一方撤销权的婚姻。婚姻可撤销与婚姻无效都属于婚姻效力瑕疵。婚姻可撤销情形和无效情形都具有法定性。婚姻可撤销情形和无效情形的范围都窄于《民法典》总则编民事法律行为可撤销和无效制度。“《民法典》婚姻家庭编中关于婚姻效力瑕疵的规定应该解释为具有封闭性。”③“除婚姻家庭编规定的可撤销情形外，不能适用总则法律行为可撤销的一般性规定。……就身份行为无效规则而言，立法者的此种倾向更为明显。”④婚姻无效和可撤销都须经人民法院在诉讼中作出判决加以确定，婚姻登记机关或者仲裁机构均无权处理。婚姻无效和可撤销的法律后果还具有相似性，无效的或者被撤

① 李昊、王文娜：《〈民法典〉婚姻无效和婚姻可撤销规则的解释与适用》，载《云南社会科学》2021 年第 2 期，第 12 页。

② 李永军主编：《中国民法学》（第 4 卷・婚姻继承），中国民主法制出版社 2022 年版，第 86 页（缪宇教授执笔）。

③ 龙俊：《〈民法典〉中婚姻效力瑕疵的封闭性》，载《社会科学辑刊》2022 年第 4 期，第 68 页。

④ 刘征峰：《民法典中身份关系法律适用的原则与例外》，载《中国法律评论》2022 年第 4 期，第 79 页。

销的婚姻自始没有法律约束力①，当事人不具有夫妻的权利和义务。无效或者被撤销婚姻当事人所生的子女，适用父母子女的规定。婚姻无效或者被撤销的，无过错方有权请求损害赔偿。

可撤销婚姻与无效婚姻也有所不同，具体如下：

第一，瑕疵程度不同。相对比于无效婚姻，可撤销婚姻效力瑕疵程度更低。

第二，具体事由不同。根据《民法典》第 1052 条和第 1053 条，可撤销婚姻主要是对结婚私益要件（意思表示自由、真实）的违反，制度目的是保护当事人缔结婚姻的自由意志；根据《民法典》第 1051 条，无效婚姻主要是对结婚公益要件的违反，制度目的是保护婚姻家庭秩序。

第三，能否转化为有效不同。《民法典婚姻家庭编司法解释一》第 10 条规定无效婚姻转化为有效的可能："当事人依据民法典第一千零五十一条规定向人民法院请求确认婚姻无效，法定的无效婚姻情形在提起诉讼时已经消失的，人民法院不予支持。"针对该规定，有学者认为："为了维护婚姻关系的稳定，保护未成年子女的合法权益，对于那些在婚姻成立时已存在，但在申请宣告婚姻无效时已经消失的情形，不构成婚姻无效的事由。"②

第四，是否受到期间限制不同。根据《民法典》第 1052 条和第 1053 条，当事人请求撤销婚姻的，受一年除斥期间的限制。当事人提起无效婚姻确认之诉不受期间限制。

第五，启动主体不同。有权请求人民法院撤销婚姻的主体只能是意思表示存在瑕疵的婚姻一方当事人。有权请求确认婚姻无效的主体，包括婚姻当事人及利害关系人。

第六，人民法院能否依职权撤销婚姻或者确认婚姻无效不同。在撤销权人向人民法院请求撤销婚姻前，人民法院不得依职权主动撤销婚姻。人民法院受理离婚案件后，经审理确属无效婚姻的，应当将婚姻无效的情形告知当事人，并依法作出确认婚姻无效的判决。

二、婚姻可撤销的法定情形

（一）因胁迫结婚

"身份的法律行为必须尊重本人的真实意思，所以原则上无意思即为无效。由此可以认为这里采取的是唯意思主义。"③ 因胁迫而结婚的，受胁迫一方的意思表示不自由，影响相应婚姻的法律效力。《婚姻法》第 11 条曾就规定："因胁迫结婚的，受胁迫的一

---

① 《民法典婚姻家庭编司法解释一》第 20 条规定："民法典第一千零五十四条所规定的'自始没有法律约束力'，是指无效婚姻或者可撤销婚姻在依法被确认无效或者被撤销时，才确定该婚姻自始不受法律保护。"第 21 条规定："人民法院根据当事人的请求，依法确认婚姻无效或者撤销婚姻的，应当收缴双方的结婚证书并将生效的判决书寄送当地婚姻登记管理机关。"

② 张伟主编：《婚姻家庭继承法学》，法律出版社 2021 年版，第 98 页（郝佳教授执笔）。

③ ［日］我妻荣、有泉亨著、远藤浩补订：《日本民法·亲属法》，夏玉芝译，工商出版社 1996 年版，第 10 页。

方可以向婚姻登记机关或人民法院请求撤销该婚姻。受胁迫的一方撤销婚姻的请求，应当自结婚登记之日起一年内提出。被非法限制人身自由的当事人请求撤销婚姻的，应当自恢复人身自由之日起一年内提出。”[①]《婚姻法司法解释一》第10条曾规定：“婚姻法第十一条所称的‘胁迫’，是指行为人以给另一方当事人或者其近亲属的生命、身体健康、名誉、财产等方面造成损害为要挟，迫使另一方当事人违背真实意愿结婚的情况。”“因受胁迫而请求撤销婚姻的，只能是受胁迫一方的婚姻关系当事人本人。”胁迫人不限于婚姻的一方当事人，第三人对婚姻一方当事人实施胁迫行为时，通说认为不以婚姻另一方当事人善意为该婚姻可撤销的条件。

“我国《婚姻法》仅规定胁迫为可撤销的原因，是当今世界各国或地区立法中最为狭窄的一种立法例。”[②] 我国《婚姻法》采取此种立法规定，“主要是考虑胁迫是一种严重违背当事人婚姻意愿的行为，而因欺诈、重大误解而缔结的婚姻，考虑到婚姻行为的复杂性和特殊性，受欺诈或发生重大误解的一方当事人从其内心讲还是自愿结婚的，而且欺诈、重大误解在司法实践中也不好掌握”。

《民法典》第1052条规定：“因胁迫结婚的，受胁迫的一方可以向人民法院请求撤销婚姻。”“请求撤销婚姻的，应当自胁迫行为终止之日起一年内提出。”“被非法限制人身自由的当事人请求撤销婚姻的，应当自恢复人身自由之日起一年内提出。”第1052条因胁迫结婚中的“胁迫”既有可能是一方对另一方的胁迫，也有可能是第三方对婚姻一方或者双方的胁迫，如包办婚姻中存在第三人对婚姻当事人的胁迫。[③] 第1052条中的胁迫行为须具有违法性，若以合法行为相要挟，则不构成民法上的胁迫。《民法典婚姻家庭编司法解释一》第18条规定：“行为人以给另一方当事人或者其近亲属的生命、身体、健康、名誉、财产等方面造成损害为要挟，迫使另一方当事人违背真实意愿结婚的，可以认定为民法典第一千零五十二条所称的‘胁迫’。”“因受胁迫而请求撤销婚姻的，只能是受胁迫一方的婚姻关系当事人本人。”《民法典总则编司法解释》第22条规定：“以给自然人及其近亲属等的人身权利、财产权利以及其他合法权益造成损害或者以给法人、非法人组织的名誉、荣誉、财产权益等造成损害为要挟，迫使其基于恐惧心理作出意思表示的，人民法院可以认定为民法典第一百五十条规定的胁迫。”《最高人民法院关于适用〈中华人民共和国民法典〉时间效力的若干规定》第26条规定：“当事人以民法典施行前受胁迫结婚为由请求人民法院撤销婚姻的，撤销权的行使期限适用民法典第一千零五十二条第二款的规定。”

---

① 孙莹：《男子偷拍裸照胁迫成婚 法院判决撤销婚姻》，载《北京晚报》2006年12月16日；《女老板为给超生孩子落户强嫁男下属》，载齐鲁网2014年1月30日。

② 余延满：《亲属法原论》，法律出版社2007年版，第203页。另参见陈瑶、杨君：《宣威一准新娘结婚登记发现自己5年前“已结婚”》，载《云南信息报》2009年11月3日；邹婷玉：《女子结婚时发现已“被”登记 法院依法撤销蹊跷结婚证》，载新华网2014年7月26日。

③ 参见《母亲以死逼迫女儿与相亲对象结婚，法官：撤销婚姻关系，强行干预子女婚姻违反法律》，载新浪财经2022年8月5日，http://finance.sina.com.cn/jjxw/2022-08-05/doc-imizmscv4987924.shtml；“子女受父母胁迫结婚可请求依法撤销婚姻——周某诉付某撤销婚姻纠纷案”，最高人民法院2023年3月1日发布的第三批人民法院大力弘扬社会主义核心价值观十大典型民事案例之五。

立法论上，有学者曾主张“将错误（重大误解）、欺诈增列为婚姻可撤销的原因”[①]；并认为包办婚姻和买卖婚姻均应为可撤销婚姻，此类婚姻仍主要是对私益要件的违反，取决于意思表示存在瑕疵一方当事人是否行使撤销权。[②]

（二）结婚登记前隐瞒患有严重疾病

1980年《婚姻法》第6条曾规定了两种禁止结婚的情形：“有下列情形之一的，禁止结婚：一、直系血亲和三代以内的旁系血亲；二、患麻风病未经治愈或患其他在医学上认为不应当结婚的疾病。”2001年修正后的《婚姻法》，将后者表述改为“患有医学上认为不应当结婚的疾病”，2001年《婚姻法》第7条规定：“有下列情形之一的，禁止结婚：（一）直系血亲和三代以内的旁系血亲；（二）患有医学上认为不应当结婚的疾病。”同时，2001年《婚姻法》第10条规定：“有下列情形之一的，婚姻无效：（一）重婚的；（二）有禁止结婚的亲属关系的；（三）婚前患有医学上认为不应当结婚的疾病，婚后尚未治愈的；（四）未到法定婚龄的。”

2018年9月5日《民法典婚姻家庭编（草案）》第830条规定：“一方患有严重疾病的，应当在结婚登记前如实告知另一方；不如实告知的，另一方可以向婚姻登记机关或者人民法院请求撤销该婚姻。”“撤销婚姻的请求，应当自知道或者应当知道撤销事由之日起一年内提出。”对可撤销婚姻的此种法定情形，浙江省法学会婚姻法学研究会2018年10月20日研讨指出，性和生育子女是婚姻的主要功能，应当作为撤销婚姻的理由，减少歧义，同时也是多数国家的立法惯例；并建议修改完善为“一方患有医学上不应当结婚的疾病的，不能生育或其他严重疾病，影响家庭共同生活的，应当在结婚登记前如实告知另一方；不如实告知的，另一方可以向婚姻登记机关或者人民法院请求撤销该婚姻”；“撤销婚姻的请求，应当自知道或者应当知道撤销事由之日起一年内提出。自结婚之日起，五年内没有行使撤销权的，该撤销权消灭”。

《民法典》第1053条规定：“一方患有重大疾病的，应当在结婚登记前如实告知另一方；不如实告知的，另一方可以向人民法院请求撤销婚姻。”“请求撤销婚姻的，应当自知道或者应当知道撤销事由之日起一年内提出。”隐瞒重大疾病而缔结的婚姻可撤销，对应重大疾病情形下的配偶知情权和选择权，是对第148条欺诈对应民事法律行为可撤销制度在结婚领域的法定限缩适用，第1053条的目的是充分保护结婚男女双方的知情同意权和选择权，充分维护婚姻自主权，保护当事人缔结婚姻的自由意志，树立诚信婚姻观。

2021年1月4日，上海市首例适用民法典新规撤销婚姻关系案——“婚前患艾滋未告知案”宣判，男方婚前患艾滋未告知，闵行区人民法院判决撤销双方当事人的婚姻关系，原告的合法权益因此得到了最为有效的维护。[③] 2021年3月，桂林阳朔法院依法撤

---

① 余延满：《亲属法原论》，法律出版社2007年版，第204页。另参见“曾某朋等诉蔡某泉隐瞒婚前精神病史与其女婚后精神病发作将其女杀死应由监护人蔡某义承担赔偿责任案”，载《人民法院案例选》2000年第2辑（总第32辑），人民法院出版社2000年版。

② 参见余延满：《亲属法原论》，法律出版社2007年版，第185-186页。另参见吴兢：《被拐妇女，为什么不回家?》，载《人民论坛》2000年第5期。

③ 参见“林某诉张某撤销婚姻纠纷案”，最高人民法院2023年1月12日发布的人民法院贯彻实施民法典典型案例（第二批）之十。

销当事人的婚姻，原因就是女方在结婚登记前隐瞒了曾被诊断患有精神分裂症的事实。福建省长汀县人民法院2021年4月7日披露，该院宣判了一起依民法典判决的撤销婚姻案件：妻子婚前隐瞒严重抑郁症，丈夫起诉撤销婚姻获得法院支持。

何谓《民法典》第1053条规定的“一方患有重大疾病”?《民法典》规定的“重大疾病”广于《婚姻法》规定的“医学上认为不应当结婚的疾病”，除了与结婚生育相关的重大疾病，可能还包括其他无关结婚生育但严重影响生活质量的重大疾病。[①]“一方患有重大疾病”主要包括《母婴保健法》第8条规定的严重遗传性疾病、指定传染病、有关精神病，涉及“与相对方身体健康、夫妻情感维系及后代孕育等”具有重大影响的疾病[②]，具体包括但不限于《母婴保健法》规定的如下情形：《母婴保健法》第9条规定：“经婚前医学检查，对患指定传染病在传染期内或者有关精神病在发病期内的，医师应当提出医学意见；准备结婚的男女双方应当暂缓结婚。”第10条规定：“经婚前医学检查，对诊断患医学上认为不宜生育的严重遗传性疾病的，医师应当向男女双方说明情况，提出医学意见；经男女双方同意，采取长效避孕措施或者施行结扎手术后不生育的，可以结婚。但《中华人民共和国婚姻法》规定禁止结婚的除外。”第38条规定：“指定传染病，是指《中华人民共和国传染病防治法》中规定的艾滋病、淋病、梅毒、麻疯病以及医学上认为影响结婚和生育的其他传染病。”“严重遗传性疾病，是指由于遗传因素先天形成，患者全部或者部分丧失自主生活能力，后代再现风险高，医学上认为不宜生育的遗传性疾病。”“有关精神病，是指精神分裂症、躁狂抑郁型精神病以及其他重型精神病。”总体上，《民法典》第1053条规定的“一方患有重大疾病”通常是指医治花费巨大且在较长一段时间内严重影响患者的正常工作和生活的疾病，该疾病会给未患病的另一方婚姻当事人的家庭生活造成损害以致影响另一方当事人决定结婚的自由意志或者会对双方婚后生活造成重大不利影响。[③]

三、婚姻可撤销的法定程序及法律后果

《民法典》及相关司法解释对婚姻撤销之诉的诉讼程序作了严格规定。为保障婚姻效力的稳定性，避免婚姻关系长期处于不稳定状态，可撤销婚姻中的撤销权要受除斥期间的限制，除斥期间属于不变期间。《民法典婚姻家庭编司法解释一》第19条规定：“民法典第一千零五十二条规定的‘一年’，不适用诉讼时效中止、中断或者延长的规定。”“受胁迫或者被非法限制人身自由的当事人请求撤销婚姻的，不适用民法典第一百五十二条第二款的规定。”《民法典》第1053条第2款规定：“请求撤销婚姻的，应当自知道或者应当知道撤销事由之日起一年内提出。”一方患有重大疾病没有在结婚登记前如实告知另一方，另一方向人民法院请求撤销婚姻的，也不受《民法典》第152条第2

① 参见王贵松：《强制婚检制该何去何从》，载微信公众号“中国民商法律网”2022年1月25日。

② 参见王康：《论重大疾病婚前告知义务规则的类推适用——以〈民法典〉第1053条之规范意旨为依据》，载《现代法学》2024年第3期，第96页。

③ 参见李燕：《婚前一方未告知患癌情况，另一方能起诉撤销婚姻吗?》，载微信公众号“北京海淀法院”2023年9月4日，https：//mp. weixin. qq. com/s/a_NdVQxlE8yCho0rWvXdsg? scene=25＃wechat_redirect。

款最长除斥期间的限制。[①] 撤销婚姻之诉的除斥期间届满后，撤销权人可以改选离婚诉讼。[②]

可撤销婚姻中的撤销权属于撤销诉权，当事人只能向人民法院请求撤销婚姻。值得注意的是，《婚姻法》第 11 条和 2003 年《婚姻登记条例》第 9 条曾规定有权撤销婚姻的机关不限于人民法院，婚姻登记机关也有撤销婚姻的权力。立法论上，有学者曾主张："我国有权撤销婚姻的机关应仅限于人民法院，婚姻登记机关不应为撤销婚姻的机关。"[③]《民法典》第 1052 条和第 1053 条不再赋予婚姻登记机关对可撤销婚姻的裁断权，婚姻登记机关无撤销婚姻的权限。

婚姻登记机关不再受理因胁迫结婚请求撤销业务。相应地，《婚姻登记条例》第 12 条规定："因胁迫结婚的，受胁迫的当事人可以依据民法典第一千零五十二条的规定向人民法院请求撤销婚姻。一方当事人患有重大疾病的，应当在结婚登记前如实告知另一方当事人；不如实告知的，另一方当事人可以依据民法典第一千零五十三条的规定向人民法院请求撤销婚姻。"《民政部关于贯彻落实〈中华人民共和国民法典〉中有关婚姻登记规定的通知》（民发〔2020〕116 号）也明确"婚姻登记机关不再受理因胁迫结婚请求撤销业务"。

结婚登记具有具体行政行为和身份法律行为的双重含义。《民法典婚姻家庭编司法解释一》第 17 条第 2 款规定："当事人以结婚登记程序存在瑕疵为由提起民事诉讼，主张撤销结婚登记的，告知其可以依法申请行政复议或者提起行政诉讼。"

《民法典》第 1054 条第 1 款规定："无效的或者被撤销的婚姻自始没有法律约束力，当事人不具有夫妻的权利和义务。同居期间所得的财产，由当事人协议处理；协议不成的，由人民法院根据照顾无过错方的原则判决。对重婚导致的无效婚姻的财产处理，不得侵害合法婚姻当事人的财产权益。当事人所生的子女，适用本法关于父母子女的规定。"《民法典婚姻家庭编司法解释一》第 22 条规定："被确认无效或者被撤销的婚姻，当事人同居期间所得的财产，除有证据证明为当事人一方所有的以外，按共同共有处理。"第 16 条规定："人民法院审理重婚导致的无效婚姻案件时，涉及财产处理的，应当准许合法婚姻当事人作为有独立请求权的第三人参加诉讼。"

从切实保护无过错方合法权益的角度出发，《民法典》第 1054 条第 2 款规定，婚姻无效或者被撤销的，无过错方有权向过错方请求损害赔偿，包括财产损害赔偿（如结婚的花费）和精神损害赔偿（如侵害婚姻自主权造成的严重精神损害）。

第七节　涉罪等违法婚姻的效力

在最高人民检察院指导性案例第 121 号"姚某诉福建省某县民政局撤销婚姻登记检

① 相反观点，参见杨立新：《婚姻家庭与继承法》，法律出版社 2021 年版，第 55 页。

② 参见方晓侯：《花季少女被拐十年后诉请离婚获支持》，载安徽法院网 2012 年 2 月 10 日。

③ 余延满：《亲属法原论》，法律出版社 2007 年版，第 208 页。

察监督案”等因冒名婚姻登记而难以撤销的案件基础上，《关于妥善处理以冒名顶替或者弄虚作假的方式办理婚姻登记问题的指导意见》（高检发办字〔2021〕109号）总结出对采用冒名顶替或者弄虚作假的方式办理婚姻登记的处理方法。婚姻登记领域的刑行民交叉案件不限于此且越来越多。面对婚姻登记领域的刑行民交叉案件，类型化思考方法至关重要。司法实践中常见涉罪等违法婚姻效力案件可以类型化为一方被骗婚的结婚登记（被骗婚）、被拐卖妇女与收买方缔结的婚姻（拐卖婚）、以冒名方式办理的结婚登记（被结婚）、通谋虚假婚姻，这些都可以被归入广义的“假结婚”。法律上并没有“假结婚”这一概念，这只是对这一类结婚现象的理论概括。我们在刑行民交叉问题上破除了涉罪合同无效、违法合同无效的简单认识，涉罪等违法婚姻的效力亦然。对拐卖婚的具体效力瑕疵须作类型化分析，不能一概而论。在涉罪等违法婚姻案件中，检察机关开展民事检察监督工作和行政检察监督工作时，要依法监督、精准监督和有效监督。

《民法典》编纂过程中，立法机关曾一度规定，以伪造、变造、冒用证件等方式骗取结婚登记的婚姻无效。2018年8月《民法典各分编（草案）》第828条规定：“有下列情形之一的，婚姻无效：（一）重婚；（二）有禁止结婚的亲属关系；（三）未到法定婚龄；（四）以伪造、变造、冒用证件等方式骗取结婚登记的。”该条第4项属于新增婚姻无效情形，其立法目的是“维护婚姻登记制度的权威性，保障婚姻当事人的合法权益。”① 在经过三次审议后，该新增婚姻无效情形在2019年12月《民法典（草案）》第1052条中不再保留。草案中删除此种婚姻无效情形的理由在于：“以伪造、变造、冒用证件等方式骗取结婚登记的情形较为复杂，其中既可能有重婚、未达到婚龄等问题，也可能仅是违反结婚登记的形式要件，不宜一律认定为无效，可在实践中根据具体情况确定婚姻效力。”② 以伪造、变造、冒用证件等方式骗取结婚登记的婚姻效力，是一个需要类型化分析的话题。立法机关对此未达成共识，也显示了这类婚姻之效力的复杂性。

疑难复杂涉罪等违法婚姻效力案件中常出现刑行民交叉牵连，在法秩序统一思维指导下，须刑行民协同，多部门协作，多措并举，凝聚合力，综合治理，协同治理，实质性解决矛盾纠纷，体现法律救济有效性与彻底性，彰显法律的人文关怀。《最高人民法院、最高人民检察院、公安部、民政部关于妥善处理以冒名顶替或者弄虚作假的方式办理婚姻登记问题的指导意见》（高检发办字〔2021〕109号）总结提供了对以冒名顶替或者弄虚作假的方式办理婚姻登记的处理方法，但婚姻登记领域的刑行民交叉案件不限于此，需要坚持系统观念、问题导向、分类化解。

一、因一方弄虚作假利用假身份而缔结的婚姻无效

因一方弄虚作假利用假身份而骗取的结婚登记，可以补充适用《民法典》第143条

---

① 《关于〈民法典各分编（草案）〉的说明》，2018年8月27日第十三届全国人大常委会第五次会议。

② 《关于〈民法典各分编（草案）〉修改情况和〈中华人民共和国民法典（草案）〉编纂情况的汇报》，2019年12月23日第十三届全国人大常委会第十五次会议。

第 2 项而认定婚姻无效。

2021 年 10 月 21 日，全国人大常委会第三十一次会议举行第二次会议，最高人民检察院检察长张军在报告中提到一个拖了近七年的离婚案，有关部门“处理不了”，最后经当地检察院行使监督权才解决。这起案件在理论和实务界得到广泛关注。姚某 2013 年遭“莫某”骗婚，婚姻登记后“人财两空”。姚某一以被骗婚向公安机关报案，因确有合法婚姻登记不予立案；二向民政局申请撤销婚姻登记，因不存在胁迫等法定情形不予受理；三向法院提起离婚诉讼，被告知“莫某”系被冒名、不存在与姚某“离婚”问题，因不存在真实婚姻关系无法判决离婚，只能撤诉；四向法院申请宣告婚姻无效，因不符合婚姻法相关规定被驳回起诉；五向法院诉请撤销婚姻登记，又因超过 5 年起诉期限不予立案，姚某上诉、再申诉均被驳回。7 年间，姚某依法维权，一次次被“依法”推拒，其与另一女子“结婚”并育有两子，却上不了户口、入不了学，生活受到严重影响。检察机关受理姚某申诉，调查核实以上情况后，举行公开听证，向民政局发出的检察建议得到采纳，原婚姻登记被依法注销，同时监督公安机关依法立案，骗婚案犯罪嫌疑人“莫某”被抓获。姚某一家人过上了正常生活。① “七年五诉离婚案”引发广泛热议，这是一起典型的刑行民交叉婚姻效力案件，被骗婚的姚某向公安机关、民政部门、人民法院、人民检察院遍寻刑事、行政和民事等救济途径。

因一方弄虚作假利用假身份而骗取的结婚登记，不属于《民法典》第 1052 条和第 1053 条可撤销婚姻的情形，也无法为《民法典》第 1051 条无效婚姻的三种情形所涵括，当事人不能因为被骗婚而以结婚登记程序存在瑕疵为由主张撤销结婚登记。

因一方弄虚作假利用假身份而骗取的结婚登记，双方存在结婚的合意，但被骗婚的一方意思表示不真实，这不同于一方冒名他人身份进行的结婚登记。冒名他人身份进行的结婚登记，结婚双方不存在结婚合意，应当认定婚姻无效。

笔者认为，不能对婚姻无效情形作狭义理解。因一方弄虚作假利用假身份而骗取的结婚登记中，被骗婚的一方不具有结婚的真实意思表示，可以兜底补充适用《民法典》第 143 条第 2 项来认定婚姻无效。“七年五诉离婚案”说明，婚姻效力瑕疵事由不局限于《民法典》第 1051 条、第 1052 条和第 1053 条对应情形，应该牢固树立体系化思维和法典化思维，注意《民法典》总则编的统领性作用，准确把握《民法典》总则编与各分编的适用逻辑关系，准确把握总则编“总”的规律和特点。

“七年五诉离婚案”中，一方以虚假身份所骗取的结婚登记属无效行政行为②，该婚姻也属于无效。《行政诉讼法》第 46 条规定：“公民、法人或者其他组织直接向人民法院提起诉讼的，应当自知道或者应当知道作出行政行为之日起六个月内提出。法律另有规定的除外。”“因不动产提起诉讼的案件自行政行为作出之日起超过二十年，其他案件自行政行为作出之日起超过五年提起诉讼的，人民法院不予受理。”即便诉请确认婚姻

---

① “姚某诉福建省某县民政局撤销婚姻登记检察监督案”，2020 年度十大行政检察典型案例之一，最高人民检察院指导性案例第 121 号，载张军：《最高人民检察院关于人民检察院办理控告申诉案件工作情况的报告》，2021 年 10 月 21 日在第十三届全国人民代表大会常务委员会第三十一次会议上，https：//www.spp.gov.cn/spp/xwfbh/wsfbh/202110/t20211022_533125.shtml。

② 参见王烨、王敬波：《以虚假身份骗取结婚登记属无效行政行为》，载《人民法院报》2018 年 11 月 7 日。

登记行政行为违法，被骗婚一方确实已经超过最长起诉期限或者因为自身原因超过普通起诉期限[①]，也不会导致无效的婚姻变有效。婚姻无效是确定无效、永久无效，不会简单因为时间的经过而无效变有效，更不会受具体行政行为违法确认之诉起诉期限的限制，行政机关有主动自我纠错的职责，《行政诉讼法》第 74 条允许行政机关“改变原违法行政行为”。婚姻登记机关不能局限于行政相对人申请、人民法院生效行政诉讼判决或者《关于妥善处理以冒名顶替或者弄虚作假的方式办理婚姻登记问题的指导意见》第 4 条第 2 款等被动纠错方式：“民政部门收到公安、司法等部门出具的事实认定相关证明、情况说明、司法建议书、检察建议书等证据材料，应当对相关情况进行审核，符合条件的及时撤销相关婚姻登记。”

二、被拐卖妇女与收买方所缔结婚姻的效力

被拐卖妇女与收买方所缔结婚姻（简称“拐卖婚”）效力如何？对拐卖婚的具体效力瑕疵须作类型化分析，不能一概而论。不能没有前提、没有设定、笼统地回答“丰县生育八孩女子”事件中“婚姻”的效力。不能将“丰县生育八孩女子”事件中“婚姻”效力判断结论简单化、一般化，甚至上升为认定拐卖婚效力的通用结论。

第一，拐卖婚有可能因未办理结婚登记而不成立。

不能混淆婚姻不成立与婚姻可撤销。婚姻属于要式身份法律行为，如果男女只举办婚礼仪式，未办理结婚登记，不符合婚姻的要式性特点，则婚姻不成立。如果男女办了假结婚证（伪造结婚证），不符合法律婚的要求，婚姻也不成立。如果已经办理了结婚登记，但属于因受到胁迫而结婚，则婚姻可撤销。

婚姻不成立也就无撤销的必要，可撤销婚姻的前提是婚姻成立。有学者认为：“在有些案件中，妇女跑不掉，没有人身自由。这种情况不应当按照离婚案件办理，按照法律规定，‘结婚应当男女双方完全自愿’，这种婚姻违背妇女意愿，本身并非合法婚姻，婚姻关系不能成立。可以通过释法，告知当事人提出撤销婚姻的请求。”[②]“婚姻关系不能成立”与当事人可以“提出撤销婚姻的请求”，二者不能并存。

第二，拐卖婚有可能因被拐卖妇女受到胁迫而可撤销。

被拐卖妇女因受到胁迫而结婚的，婚姻可撤销。如果被拐卖妇女属于完全民事行为能力人且婚姻登记时已满法定婚龄，则相关婚姻可撤销，理由在于被拐卖妇女受到胁迫，其结婚的意思表示不自由（不自愿）。

---

① 《最高人民法院、最高人民检察院、公安部、民政部关于妥善处理以冒名顶替或者弄虚作假的方式办理婚姻登记问题的指导意见》（高检发办字〔2021〕109 号）第 1 条第 2 款指出：“人民法院对当事人冒名顶替或者弄虚作假办理婚姻登记类行政案件，应当结合具体案情依法认定起诉期限；对被冒名顶替者或者其他当事人不属于其自身的原因耽误起诉期限的，被耽误的时间不计算在起诉期限内，但最长不得超过《中华人民共和国行政诉讼法》第四十六条第二款规定的起诉期限。”

② 蒋月教授 2022 年 2 月 24 日表达的观点。参见王春霞：《司法实践该如何回应被拐卖妇女的离婚诉求？》，载微信公众号“中国妇女报”2022 年 2 月 24 日，https：//mp. weixin. qq. com/s/wgg393eqfyOsj8YQxhWuOw，最后访问时间：2022 年 9 月 9 日。

根据《民法典》第1052条第1款，因胁迫结婚的，受胁迫的一方可以向人民法院请求撤销婚姻。是否“因胁迫结婚”需要司法权裁断，婚姻登记机关不具有撤销婚姻登记的权限。

有学者认为：“被拐卖妇女缔结的婚姻，绝大多数在法律上属于未成立的婚姻。”[①]“在胁迫的情况下，受害人还有选择的自由。但是，在被拐卖妇女被男方及其家庭成员限制人身自由、被强奸、虐待的情况下，受害妇女根本没有任何选择的自由。”“如果被拐卖妇女被非法拘禁或者被暴力控制而陷入完全无法反抗的境地，即使男方与受害妇女进行了婚姻登记，由于女方完全无法表达自己的真实意愿和自由意志，这样的婚姻也不成立。”[②] 意思表示存在的必要前提是表示这一客观要件的实现是行为人意思控制之下的，这就是行为意思要素的要求，行为意思并不考虑意思的具体内容，而只强调自主意思控制之下行为的作出。在直接的身体威胁、精神威胁或者精神欺骗下，无行为意思的存在，这是否进一步导致意思表示不存在？有学者认为在身体威胁、精神威胁或者精神欺骗下作出表示情形中存在的是欺诈或者强迫者的表示行为，而无被欺诈或者被胁迫人的表示行为，或者缺乏行为意思，故无意思表示的存在。[③] 有学者认为这些情形下，行为人对自己客观表示的实现是有意识的，只是处于被强迫或者被误导状态之中丧失自由而已，行为人对此表示行为可以撤销。[④] 笔者同意第二种观点，这样理解更符合立法（如我国《民法典》第148～150条、《德国民法典》第123条）设置被欺诈、被胁迫人撤销权的立法本意。相应地，被拐卖的妇女与收买方办理了结婚登记，但受到非法拘禁、被暴力控制、虐待，没有选择的自由，无法反抗，无法表达自己的真实意愿和自由意志，相关结婚的意思表示可撤销。

第三，拐卖婚有可能因被拐卖妇女不具有结婚行为能力而无效。

如果被拐卖妇女属于精神障碍患者，结婚登记时无民事行为能力，其婚姻的效力瑕疵不是受胁迫而可撤销的问题，而是根本无效，其无作出结婚意思表示的行为能力。《民法典婚姻家庭编司法解释一》第17条第1款规定：“当事人以民法典第一千零五十一条规定的三种无效婚姻以外的情形请求确认婚姻无效的，人民法院应当判决驳回当事人的诉讼请求。”该款的规范目的是维护婚姻关系的安定性，避免婚姻关系动辄被确认无效，但并不意味着《民法典》第1051条穷尽了婚姻无效的情形，不能完全排斥《民法典》总则编民事法律行为制度在婚姻无效问题上的可适用性。“结婚登记时已经患有精神疾病，这样的婚姻关系因当事人不具备民事行为能力，不能正常表达意愿，应认定婚姻无效。”[⑤]

第四，拐卖婚有可能因被拐卖妇女未到法定婚龄而无效。

如果被拐卖的妇女办理结婚登记时未达到法定婚龄，则该婚姻无效，但要受《民法

① 冉克平：《被拐卖妇女婚姻的效力分析》，载微信公众号“珞珈私法学术坊”2022年2月20日。

② 冉克平：《被拐卖妇女婚姻的效力分析》，载微信公众号“珞珈私法学术坊”2022年2月20日。

③ Werner Flume，*Allgemeiner Teil des Bürgerlichen Rechts*，Zweiter Band，*Das Rechtsgeschäft*，4. Auflage，Springer-Verlag Berlin 1992，S. 46.

④ Bernd Rüthers，Astrid Stadler，*Allgemeiner Teil des BGB*. 14 Aulfalge，C. H. Beck München 2006，S. 131 - 136.

⑤ 冉克平：《被拐卖妇女婚姻的效力分析》，载微信公众号“珞珈私法学术坊”2022年2月20日。

典婚姻家庭编司法解释一》第 10 条的限制："当事人依据民法典第一千零五十一条规定向人民法院请求确认婚姻无效，法定的无效婚姻情形在提起诉讼时已经消失的，人民法院不予支持。"

第五，拐卖婚有可能因冒用他人身份信息而无效。

收买方让被拐卖妇女冒用他人身份信息弄虚作假在民政部门骗取结婚登记，该结婚登记行为无效，可以兜底适用《民法典》第 143 条第 2 项，婚姻登记机关应当撤销相关结婚登记，应该将民法和行政法视角结合起来。

第六，拐卖婚有可能因被拐卖妇女未亲自到婚姻登记机关申请结婚登记而无效。

被拐卖的妇女未亲自到婚姻登记机关申请结婚登记，婚姻登记机关不应办理结婚登记，此时若婚姻登记机关根据收买方"自报的信息违规办理结婚登记"，有法律婚的形式，但不符合《民法典》第 1049 条结婚登记当事人亲历性的要求，该婚姻无效。《民法典》第 1049 条规定："要求结婚的男女双方应当亲自到婚姻登记机关申请结婚登记。符合本法规定的，予以登记，发给结婚证。完成结婚登记，即确立婚姻关系。未办理结婚登记的，应当补办登记。"

被拐卖妇女未亲自到婚姻登记机关，婚姻登记机关违规办理结婚登记，结婚登记行政行为因为存在重大且明显违法情形而无效。《行政诉讼法》第 75 条规定："行政行为有实施主体不具有行政主体资格或者没有依据等重大且明显违法情形，原告申请确认行政行为无效的，人民法院判决确认无效。"

在前两段对应情形下，婚姻无效，结婚登记行政行为无效，行政诉讼法上的效力评价和民法上的效力评价保持一致，实现法秩序统一，避免出现有学者主张的："因婚姻登记行为无效而导致婚姻关系不成立。"①

第七，拐卖婚可撤销和婚姻无效事由聚合时，从重认定婚姻效力瑕疵，相关婚姻无效。

被拐卖妇女属于精神障碍患者，因受到胁迫而结婚，结婚登记时行为能力不完全，则婚姻无效。被拐卖妇女未到法定婚龄，因受到胁迫而结婚，婚姻也属无效。

第八，拐卖婚的本质是侵害了被拐卖妇女的婚姻自主权。婚姻自主权是《民法典》第 110 条所规定的自然人具体人格权的一种。"如果被拐卖妇女在共同生活较长时间后，因为舍不得孩子、不想孩子受苦或者另一方对待她'还过得去'或者'认命'，愿意接受原先并不自主状态下缔结的婚姻，这要分析妇女的婚姻自主权在哪个阶段发生了转换，只有当她能自由表达结婚意愿时，该婚姻才合法。如果原先未办理结婚登记的，妇女同意留在这个家里，之后补办结婚证，这种情况下，其结婚基本是自主自愿的。"② "直接宣告买卖婚姻无效很可能不利于保护被收买妇女合法权益。"③ 但收买被拐卖的妇女案件是公诉案件，不会因为被拐卖妇女事后宽恕而不构成犯罪。

---

① 叶名怡：《被拐卖妇女的婚姻，究竟该如何认定?》，载微信公众号"风声 OPINION" 2022 年 2 月 28 日。

② 蒋月教授 2022 年 2 月 24 日表达的观点。参见王春霞：《司法实践该如何回应被拐卖妇女的离婚诉求?》，载微信公众号"中国妇女报" 2022 年 2 月 24 日，https://mp.weixin.qq.com/s/wgg393eqfyOsj8YQxhWuOw，最后访问时间：2022 年 9 月 9 日。

③ 张力：《与被收买妇女结婚在民法上的定性与处置》，载《浙江工商大学学报》2022 年第 4 期，第 42 页。

被拐卖妇女与收买方缔结婚姻效力瑕疵的程序法救济机制如下：

第一，被拐卖的患有精神障碍的妇女属于社会弱势群体，她无法也无力提起确认婚姻无效之诉，如果其监护人也怠于提起诉讼，可由检察机关根据《民事诉讼法》第58条兜底提起民事公益诉讼。“婚姻不宜理解为纯粹的‘私事’，它不仅会涉及子女等第三方的利益，也会像被拐卖女性婚姻这样引发社会普遍担心和忧虑，这些都应被纳入公益的范畴，构成检察机关提起诉讼的根据。”①

第二，被拐卖妇女与收买方缔结的婚姻无效确认之诉不以收买方被判决认定构成收买被拐卖的妇女罪为前提，刑事判决和民事判决中的举证责任和证明标准不同，刑事定罪不是民事审判的前置程序，不存在先刑后民的问题。

第三，人民检察院在对拐卖妇女罪、收买被拐卖的妇女罪等审查公诉过程中查明结婚登记存在违规办理情形而应当予以撤销的，应该依法向婚姻登记机关发出检察建议书，建议婚姻登记机关内部自行纠错——通过撤销婚姻登记的方式改变原违法行政行为。

第四，注意行政诉讼和民事诉讼的协调。婚姻登记机关和婚姻登记当事人如果在结婚登记中分别存在违规办理、违规申请情形，根据《行政诉讼法》第46条，诉请撤销婚姻登记，却超过5年起诉期限，仍可通过婚姻效力确认民事诉讼认定婚姻无效。当然，对于超过起诉期限的婚姻登记违规办理行为，行政机关仍有职责自行纠错，改变原违法行政行为。

三、以冒名方式办理结婚登记的婚姻无效

婚姻登记行为有具体行政行为的性质，登记缔结婚姻的效力则属于民法问题。以冒名顶替或者弄虚作假的方式办理婚姻登记不宜只局限于行政行为违法或者行政诉讼视角，不能局限于撤销婚姻登记的方式纠错。在《民法典》颁布前，程序瑕疵婚姻效力争议主要采取行政程序解决。长期以来，认为民事程序不能审理瑕疵婚姻效力纠纷的主要理由有“无权审理说”与“无法审理说”。由于行政程序不适用于婚姻效力纠纷，各地法院逐步适用民事程序审理瑕疵婚姻效力纠纷。尤其是在民法典制定过程中和《民法典》生效后，适用民事程序审理瑕疵婚姻效力案件越来越多。② 冒用他人身份信息弄虚作假在民政部门骗取结婚登记，使得被冒名人“被结婚”。

针对冒名顶替办理的结婚登记和婚姻效力，体系化解决方案如下：

第一，婚姻登记机关撤销原婚姻登记。以冒名顶替或者弄虚作假的方式办理婚姻登记，在婚姻登记机关身份审核技术有限的年代多见，“存量”问题多，被拐卖妇女登记结婚时也可能冒用他人身份证件。冒用身份进行结婚登记，被冒名人（被冒用身份证件的自然人）有证据证明存在冒用其身份信息办理结婚登记的“被结婚”行为，婚姻登记

---

① 郝振江：《严肃审视婚姻效力认定中的问题》，载《上海法治报》2022年3月2日，B6版。

② 参见王礼仁：《民事判决瑕疵婚姻效力的民法典意义》，载《人民法院报》2021年5月27日，第5版。

机关应当撤销该结婚登记。[①] 虽然《婚姻法》中婚姻登记机关撤销婚姻的规定未被《民法典》保留，但《行政诉讼法》第 74 条允许行政机关“改变原违法行政行为”[②]。婚姻登记机关不能被动依赖人民法院作出结婚登记行为无效判决或者人民检察院作出检察建议后，再去撤销错误的婚姻登记。[③]

第二，人民法院作出撤销婚姻登记判决。以冒名顶替或者弄虚作假的方式办理婚姻登记，如果未超过行政诉讼法规定的最长起诉期限，法院应作出撤销婚姻登记判决，判决依据是《行政诉讼法》第 70 条：“行政行为有下列情形之一的，人民法院判决撤销或者部分撤销，并可以判决被告重新作出行政行为：（一）主要证据不足的……”法院判决说理时可以指明，在婚姻登记机关身份审核技术有限的背景下，虽然婚姻登记机关当时尽到了审核义务，但现有新证据能够证实，其作出登记行为时所依据的主要证据是虚假的，进而撤销登记行为，目的主要是解决争议，婚姻登记机关无过错，不产生行政赔偿责任。

第三，针对冒名顶替结婚，人民法院作出婚姻无效判决。

有学者认为：“被冒用人与另一方当事人之间并不存在婚姻关系。”[④] 有法院认定“被结婚”的婚姻不成立。[⑤] 笔者认为，冒用他人身份信息弄虚作假在婚姻登记机关骗取结婚登记，形式上存在一个婚姻登记，但该婚姻无效，当事人之间不存在结婚的合意，可以兜底补充适用《民法典》第 143 条第 2 项，婚姻登记机关应当撤销相关结婚登记。应该将民法和行政法视角结合起来，注意《民法典》中的总则编与各分编的适用逻辑关系。

不宜将被冒名人“被结婚”的婚姻认定为不成立，这不利于司法救济的有效性和彻底性，《民法典》并未对不成立的婚姻设置配套调整措施，在民法上被认定为不成立的婚姻，《行政诉讼法》和《婚姻登记条例》并无对相应结婚登记纠错的制度。

对“被结婚”纠纷，也不能用行政诉讼程序代替民事诉讼程序，二者在起诉期限、审查对象、证据规则、认定标准等方面均有差别。婚姻登记行政确认行为合法与否，不当然等同于婚姻有效与否。行政违法和民事违法不能当然画等号。婚姻登记机关即便尽到合理审查义务，相应婚姻也可能因为当事人的违法行为而无效。[⑥]“婚姻效力纠纷不是

---

① 类似思路，参见李伟伟：《因身份信息被冒用诉请撤销公司设立登记的裁判思路》，载《人民司法·案例》2020 年第 32 期。

② 类似地，《公司登记管理条例》第 64 条规定：“提交虚假材料或者采取其他欺诈手段隐瞒重要事实，取得公司登记的，由公司登记机关责令改正，处以 5 万元以上 50 万元以下的罚款；情节严重的，撤销公司登记或者吊销营业执照。”

③ 这是司法实践中的常见做法，参见“尚某某诉如东县民政局婚姻行政登记案”，江苏法院 2020 年度十大典型案例之一。“女子被妹妹冒名婚姻登记 15 年，最终处理结果让人很舒心”，https：//mp. weixin. qq. com/s/Q2ogTOESEtVfOoi5arJFlA。

④ 李永军主编：《中国民法学》（第 4 卷·婚姻继承），中国民主法制出版社 2022 年版，第 75 页（缪宇教授执笔）。另参见杨大文、龙翼飞主编：《婚姻家庭法》（第 8 版），中国人民大学出版社 2020 年版，第 90－91 页（孙若军教授执笔）。

⑤ 江苏省徐州市贾汪区人民法院 2019 年至 2021 年 3 月适用民事程序审理三起“被结婚”案件，均判决确认相关婚姻关系不成立。参见王礼仁：《民事判决瑕疵婚姻效力的民法典意义》，载《人民法院报》2021 年 5 月 27 日，第 5 版。

⑥ 参见王礼仁：《婚姻效力一元程序的民法典解读》，载《人民法院报》2022 年 1 月 20 日，第 5 版。

行政案件。”[①] 婚姻效力不同于婚姻登记行为的效力。婚姻效力只能通过民事诉讼程序判断。

四、通谋虚假婚姻并非无效

司法实践中常存在当事人之间通谋以虚假的意思表示为达到某一非法目的而假结婚的行为，如为多分得拆迁款而假结婚[②]、为迁转户口而假结婚[③]、为获得生育指标而假结婚[④]、为回避住房限购政策骗取购房资格而假结婚[⑤]、为获得购车指标而假结婚等等。这些假结婚多是为了其他功利目的，不符合婚姻的本质。但假结婚须配合真登记，而假结婚的当事人事后又常常须真离婚。

有学者认为结婚行为当然适用《民法典》总则编通谋以虚假意思表示所实施民事法律行为无效制度。[⑥] 有学者曾从立法论上建议《民法典》总则编增加通谋虚伪“假结婚”导致婚姻无效的规定。[⑦]

鉴于法律对婚姻采取形式婚主义，加之法律不问结婚之动机，此种假结婚如无《民法典》第1051条对应情形则应为合法有效，当事人事后解除婚姻关系须通过离婚的方式进行。“婚姻无戏言，一切皆真实”，对于“典己救人”而成立的婚姻宜作同样的分析。[⑧]《民法典》第146条规定：“行为人与相对人以虚假的意思表示实施的民事法律行为无效。”“以虚假的意思表示隐藏的民事法律行为的效力，依照有关法律规定处理。”假结婚行为、假离婚行为排除适用《民法典》第146条第1款，均不能根据本条第1款认定为无效。[⑨]《民法典婚姻家庭编司法解释一》第17条第1款规定：“当事人以民法典第一千零五十一条规定的三种无效婚姻以外的情形请求确认婚姻无效的，人民法院应当判决驳回当事人的诉讼请求。”

通谋以虚假意思表示缔结婚姻的当事人双方意思表示不真实，欺诈或者胁迫缔结的婚姻一方当事人意思表示不自由，通谋以虚假的意思表示缔结的婚姻不类似于欺诈或者胁迫缔结的婚姻，无法类推适用可撤销婚姻的有关规定。

通谋以虚假的意思表示缔结的婚姻无论认定为无效或者可撤销都有违结婚行为的安定性和要式性特点，不能简单补充适用《民法典》总则编的规定，而要充分照应身份关

---

① 王礼仁：《民法典中婚姻登记效力纠纷回归民事的理解与适用》，载《人民法院报》2020年12月3日，第5版。

② 参见孙洪林：《假结婚变成真结婚“另一半”获动迁款》，载《新闻晚报》2011年10月16日。

③ 参见于顺、陈楠：《为落户，签协议“假结婚”没落成，赔了感情又赔钱》，载《青岛早报》2011年6月30日。

④ 参见刘杰：《假结婚赚生育指标引官司》，载《京华时报》2007年11月9日。

⑤ 参见西坡：《为何会有“假结婚”购房?》，载《新京报》2013年1月14日。

⑥ 参见韩世远：《财产行为、人身行为与民法典适用》，载《当代法学》2021年第4期，第32页；孙宪忠：《中国民法典总则与分则之间的统辖遵从关系》，载《法学研究》2020年第3期，第34页。

⑦ 参见李昊、王文娜：《婚姻缔结行为的效力瑕疵——兼评民法典婚姻家庭编草案的相关规定》，载《法学研究》2019年第4期，第102页。

⑧ 参见刘辉明：《“典己救人”婚姻是否有效》，载中国法院网2010年8月2日。

⑨ 参见《儿媳嫁公公，岳父娶婆婆……一家人“结离婚”10次为啥?》，载红网2020年7月5日，https://news.163.com/20/0705/05/FGOFE1HJ0001875P.html#fr=email。

系性质的特殊之处，《民法典总则编司法解释》第 1 条第 1 款规定："民法典第二编至第七编对民事关系有规定的，人民法院直接适用该规定；民法典第二编至第七编没有规定的，适用民法典第一编的规定，但是根据其性质不能适用的除外。"通谋以虚假的意思表示缔结的婚姻中不存在一方意思表示瑕疵需要被救济的问题。基于身份法律行为的要式性特点，法律上以形式主义为原则认定虚假婚姻行为的效力，已登记生效的婚姻行为不因当事人内心虚假的意思表示而无效。结婚、离婚均属于要式行为，对假结婚和假离婚，不能简单补充适用虚假民事法律行为无效规则。最高人民法院 1979 年 12 月 31 日在《关于陈建英诉张海平"假离婚"案的请示报告的复函》中确立了假离婚并非无效的司法裁判态度。

以结婚为手段骗取、买卖北京市小客车指标的行为可能构成买卖国家机关公文罪，对假结婚行为不能适用《民法典》第 146 条第 1 款。但这种买卖或者变相买卖小客车指标的行为违反法律、行政法规的强制性规定，属于无效行为。[①]

夫妻登记离婚后，一方以双方意思表示虚假为由请求确认离婚无效的，人民法院不予支持。结婚、离婚、收养等均属于要式行为。为了维持身份关系的安定性和身份登记的公信力，不能补充适用《民法典》第 146 条第 1 款的规定，不能认定假离婚无效。《民法典婚姻家庭编司法解释二》第 2 条规定："夫妻登记离婚后，一方以双方意思表示虚假为由请求确认离婚无效的，人民法院不予支持。"协议离婚情形下，婚姻关系的解除以婚姻登记机关登记离婚为准，不论双方办理离婚登记是出于何种利益考量或者主观动机。在婚姻法律关系上，不存在"真离婚"和"假离婚"的区别，只要是办理了离婚登记，则婚姻关系在法律上已经解除。法律上并没有"假离婚"这一概念。

夫妻登记离婚后，一方有证据证明双方意思表示虚假，请求确认离婚协议中有关财产及债务处理条款无效，并主张重新分割夫妻共同财产的，人民法院应当依法予以支持。

夫妻一方的债权人有证据证明离婚协议中有关财产及债务处理条款存在《民法典》第 538 条、第 539 条规定情形，请求撤销相关条款的，人民法院应当依法予以支持。"如果因家庭关系产生的行为对第三人造成了影响，家庭法的介入也具有正当性。"[②]

最高人民检察院 2024 年 7 月 1 日发布案例：债务人不还钱，两个担保人又都离了婚、净身出户，名下无任何财产，法院根本没法执行，遭遇执行难的债权人走进检察院申请监督。结合其中一位担保人与前妻的资金往来，检察院认为，二人离婚后前妻购买的房产，实质上属于共同购买、共同偿还贷款，应当被认定为夫妻共同财产，二人有逃避执行的嫌疑。检察院向法院发出再审检察建议，法院采纳再审检察建议，裁定再审并作出再审判决：撤销原判决，驳回前妻的执行异议之诉诉讼请求。[③]

---

① "北京市小客车更新指标通知书"系国家机关公文，通过假结婚再离婚的方式买卖国家机关的公文，会构成买卖国家机关公文罪。参见窦振京、吴明慧：《婚姻不能作为谋取私利的工具》，载北京法院网 2021 年 8 月 11 日，https：//bjgy. chinacourt. gov. cn/article/detail/2021/08/id/6202299. shtml。

② 夏江皓：《家庭法介入家庭关系的界限及其对婚姻家庭编实施的启示》，载《中国法学》2022 年第 1 期，第 63 页。

③ 参见最高人民检察院：《两个担保人均离婚"净身出户"，这么巧?》，https：//mp. weixin. qq. com/s/CJLcr-Pacw 7XBStQHkCQbUw，最后访问时间：2024 年 7 月 4 日。

本章司法裁判 案例节选

易某撤销婚姻纠纷案[①]

基本案情：2018 年 9 月，易某与李某某通过互联网接触认识并建立恋爱关系。后易某以与李某某性格不合为由多次提出分手均遭拒绝。李某某对易某采取多种人身自由控制措施：不准其上班，并将易某的手机、身份证、户口本等重要物件进行了扣押，随后将易某控制在出租房、酒店及车内，先后多次以“要么大家都去死，要么就结婚”等言语方式威胁其生命安全。为达到胁迫与欺骗易某结婚的目的，李某某还在办理登记结婚前向易某出具了“协议”一份：“承诺：1. 不准让任何人知道（除了双方当事人）我们拿了结婚证的事实。2. 不准以结了婚为由要易某生孩子……告知双方父母和亲朋好友。3. 不能涉及房产及经济上所有问题。4. 拿了结婚证后 3 个月拿离婚证决不变卦，双方互不干扰……”迫于威胁，易某遂与李某某于 2019 年 4 月 30 日登记结婚。婚后，易某仍单独居住，未与李某某共同生活。但李某某又多次以言语或暴力手段对易某进行威胁，导致易某无法正常生活。易某因此曾向公安机关报案，后诉至法院，请求撤销与李某某之间的婚姻关系。

法院认为，李某某的行为使原告易某感到“恐惧害怕”而违背其真实意思与之建立婚姻关系，符合胁迫婚姻构成要件，判决撤销原告易某与被告李某某的婚姻关系。

教学评析：因受胁迫而登记结婚的，受胁迫一方可以请求撤销婚姻。《民法典》第 1052 条第 1 款规定：“因胁迫结婚的，受胁迫的一方可以向人民法院请求撤销婚姻。”在当事人因受胁迫而作出不真实的结婚意思表示的情形下，赋予受胁迫一方撤销婚姻的权利，以保障其婚姻自主权。

本章深度 阅读

1. 杨大文，龙翼飞．婚姻家庭法．8 版．北京：中国人民大学出版社，2020：第五章。

2. 阎云翔．私人生活的变革：一个中国村庄里的爱情、家庭与亲密关系（1949—1999）．龚小夏，译．上海：上海书店出版社，2006.

3. 阎云翔．个体能动性与彩礼的演变//阎云翔．中国社会的个体化．陆洋，等译．上海：上海译文出版社，2012.

4. 李昊，王文娜．婚姻缔结行为的效力瑕疵：兼评民法典婚姻家庭编草案的相关规定．法学研究，2019（4）.

5. 杨某坚诉周某妹、周某皮返还聘金纠纷案．最高人民法院公报，2002（3）.

6. 姚某诉福建省某县民政局撤销婚姻登记检察监督案（2020 年度十大行政检察典型案例之一，最高人民检察院指导性案例第 121 号）.

---

① 本案是最高人民法院发布的妇女儿童权益保护十大典型案例之七。

本章问题与思考

1. 与男友同居并怀孕的24岁女子张某，一心打算与他结婚时，却发现其已有家室并育有两子，于是以侵犯贞操权为由将其告上法庭。

试分析张某与其男友之间的法律关系，张某的请求权基础是什么。能否获得法院的支持。

答题指引：张某与其男友之间是非婚同居关系，张某的请求权基础是贞操权受到侵害。

2. 据《钱江晚报》2012年7月10日H0005版：杭州新闻·帮忙栏目报道，读者沈女士向栏目律师咨询："我的结婚证是当初我老公托民政局的朋友代办的，名字也是别人代签的。如果现在我们要离婚的话，这样的结婚证有没有法律约束力？"该栏目律师的答复如下："应该说，目前这张结婚证完全能够证明夫妻关系，在没被撤销之前，都具有法律约束力；不过，这法律效力待定，未来有可能变化。""因为这张结婚证是委托他人代办、并非本人签字的，如果当事人向婚姻登记机关提出撤销婚姻登记的请求，或通过行政诉讼的方式来宣告婚姻无效，可由行政机关查清事实；如果请求被准许或者诉讼胜诉，那么这张结婚证就是无效的，会影响接下来的财产分配和子女抚养等一系列问题。"

试分析沈女士所述事实中的婚姻家庭法问题及评析栏目律师的答复是否妥当。

答题指引：结合结婚的要式性特点，区分结婚的不成立与结婚的效力瑕疵。

3. 2005年8月，李某因父亲患尿毒症，无力支付大量的医疗费用，无奈只好以"男方支付3万元医疗费"为条件嫁给了素不相识的张某。婚后，因张某性格孤僻、暴躁，动辄以李某系其用钱买来的为由殴打李某。2009年10月，李某以当初结婚违背自己的意愿，违反婚姻自愿原则为由起诉，要求确认与张某的婚姻无效。[①]

海南省儋州市新洲镇一林姓农民家的一位姑娘，为挽救生命垂危的哥哥，通过当地媒体声明："只要谁愿出5万块钱替我哥哥把病治好，我愿意嫁给谁。"一位60岁的老人看到这则消息后，前往林家表示愿意掏5万块救人，但林家的姑娘必须嫁给他。此事在当地引起了轩然大波，人们对此议论纷纷。[②]

试分析这两则案例中当事人之间法律关系的性质及所缔结婚姻的法律效力。

答题指引：区分婚姻的无效与可撤销。

4. 已满法定婚龄的精神障碍患者能否结婚？

答题指引：间歇性精神障碍患者即便已经被法院宣告为限制民事行为能力人，与他人缔结的婚姻也不一定无效，仍然取决于缔结婚姻之时是否处于发病期。

5. 婚约是属于处于"法外空间"的纯粹的情谊行为，还是属于身份关系协议？如果出现"约而不婚"（订立婚约又反悔导致未缔结婚姻）的情况，如何处理？

答题指引：无论是将婚约界定为情谊行为，还是身份关系协议，都不影响对婚约不

---

① 参见刘辉明：《"典己救人"婚姻是否有效》，载中国法院网2010年8月2日。

② 参见曾宪文：《"典己救人"：亲情与法律的碰撞》，载《信息导刊》2005年第50期。

可强制执行性等法律属性的共性认识。

6. 有学者认为："重婚是有配偶者又与他人结婚的违法行为。"[①] 从《民法典》和《刑法》角度看，这种对重婚的定义是否合适？

答题指引：重婚行为具体包括重婚者又和第三者登记结婚，或者相婚者明知他人有配偶而与之登记结婚，重婚者又和第三者建立事实婚姻，或者相婚者明知他人有配偶而与之建立事实婚姻（可称之为事实重婚）。

7.《民法典》第 149 条规定："第三人实施欺诈行为，使一方在违背真实意思的情况下实施的民事法律行为，对方知道或者应当知道该欺诈行为的，受欺诈方有权请求人民法院或者仲裁机构予以撤销。"第三人欺诈对应的民事法律行为可撤销规则可否适用于结婚？

答题指引：婚姻可撤销情形具有法定性。婚姻可撤销情形的范围窄于《民法典》总则编民事法律行为可撤销制度。第三人欺诈对应的民事法律行为可撤销规则不适用于结婚。

8. 缔约过失责任在结婚领域是否有适用空间？

答题指引：《民法典》第 1054 条第 2 款规定的婚姻无效或者被撤销时损害赔偿属于结婚中缔约过失责任的一种类型。婚约不属于预约合同，但可以参照适用《民法典》第 500 条关于缔约过失责任的规定。

9. 无效的或者被撤销的婚姻当事人同居期间所得的财产，归属如何判断？非婚同居当事人同居期间所得的财产，归属如何判断？

答题指引：无效的或者被撤销的婚姻当事人同居期间所得的财产，由当事人协议处理；协议不成的，由人民法院根据照顾无过错方的原则判决。对重婚导致的无效婚姻的财产处理，不得侵害合法婚姻当事人的财产权益。被确认无效或者被撤销的婚姻，当事人同居期间所得的财产，除有证据证明为当事人一方所有的以外，按共同共有处理。非婚同居期间取得的财产，当事人之间以按份共有为原则。

10.（考研真题改编）2003 年 10 月 1 日正式施行的新的《婚姻登记条例》规定：婚前检查自愿，办理结婚登记时夫妻双方要签订声明，结婚登记不要单位证明。离婚登记当场办理，离婚登记不要单位证明，也不需街道办事处证明。

（1）如果上述规定与其他法律规定相冲突的话，应如何处理？

（2）上述规定体现了什么法理价值？

答题指引：（1）2003 年《婚姻登记条例》实施后，由"强制婚检"变为"自愿婚检"，男女双方在结婚登记时，不再须"持有婚前医学检查证明或者医学鉴定证明"。如果存在相关法律冲突，本着法律优先于行政法规，同位阶新行政法规优先于旧行政法规的原则处理。《母婴保健法》第 12 条和《婚姻登记条例》第 5 条存在实质矛盾，应当根据《民法典》第 1053 条的精神修改、完善《母婴保健法》第 12 条，废除强制婚检。

（2）婚前医学检查宜鼓励，但须坚持婚检自愿原则，不必也不宜实施强制婚检。强

① 杨大文、龙翼飞主编：《婚姻家庭法》（第 8 版），中国人民大学出版社 2020 年版，第 56 页（曹诗权教授执笔）。

制婚检制度无益于“优生优育”。婚检结果涉及自然人隐私，婚姻自主权属于民事权利，政府不应过度介入，公权力不应干涉婚姻自由。离婚登记不要单位证明，也不需街道办事处证明，这体现了对离婚自由的尊重。

11.（考研真题改编）可撤销婚姻。

答题指引：可撤销婚姻是指虽然已经成立但是因为违反结婚法定私益要件（意思表示自由真实）而赋予一方撤销权的婚姻。因胁迫的婚姻可撤销。结婚登记前隐瞒患有严重疾病的婚姻可撤销。

12.（考研真题改编）无效婚姻的事由和法律效果。

答题指引：《民法典》第1051条规定无效婚姻的事由，第1054条规定无效婚姻的法律效果。

13.（法考真题改编）甲（男）与乙（女）在外地打工期间相识，之后二人确立了恋爱关系并同居。后乙发现甲有很多缺点，两人并不合适在一起，遂提出分手，甲不同意，并用乙的裸照相威胁（实际并没有裸照），称如果乙不同意与之结婚便在网上发布乙的裸照。乙无奈，遂与之结婚。关于本案，下列哪一说法是正确的？（　　）

A. 甲和乙的婚姻合法有效

B. 因甲欺诈婚姻可撤销

C. 因甲胁迫婚姻可撤销

D. 因婚姻并非乙的真实意思表示而无效

参考答案：C

14.（法考真题改编）高甲患有精神病，其父高乙为监护人。2009年高甲与陈小美经人介绍认识，同年12月陈小美以其双胞胎妹妹陈小雨的名义与高甲登记结婚，2011年生育一子高小甲，2012年高乙得知儿媳的真实姓名为陈小美，遂向法院起诉，诉讼期间，陈小美将一直由其抚养的高小甲户口迁往自己原籍，并将高小甲改名为陈龙，高乙对此提出异议。下列哪一选项是正确的？（　　）

A. 高甲与陈小美的婚姻属无效婚姻

B. 高甲与陈小美的婚姻属可撤销婚姻

C. 陈小美为高小甲改名的行为侵害了高小甲的合法权益

D. 陈小美为高小甲改名的行为未侵害高甲的合法权益

参考答案：D

第五章　家庭关系

本章重点知识

1. 婚姻家庭领域中的身份法律关系主要包括夫妻法律关系和父母子女法律关系。夫妻法律关系又包括夫妻人身关系和夫妻财产关系。

2. 身份法律关系的核心内容是身份权利。所谓身份权利，是指民事主体基于血缘、婚姻、收养等特定身份关系而依法享有的以身份利益为客体的民事权利。身份权利也经常被称为“身份权”，身份权和人格权被合称为人身权。我国现行法上的身份权主要包括配偶权、监护权和其他亲属身份权。身份权的法律性质、法律特征和民法保护具有特殊性。

3.《民法典》中的夫妻人身关系和夫妻财产关系以身份权为主线。对夫妻身份权不能采取严格法定主义的立场。《民法典》和民事特别法对夫妻关系没有规定时，应坚持《民法典》第1055条规定的“夫妻在婚姻家庭中地位平等”，这是确立夫妻间民事权利、义务、责任的基本原则。

配偶权并非法定概念。理论上将夫妻之间基于配偶身份而享有的一切权利与义务抽象概括为“配偶权”。

4. 夫妻财产关系以夫妻人身关系为基础和前提。夫妻财产制是夫妻财产关系的核心。夫妻财产制问题上身份法和财产法交叉。夫妻婚后所得归共同所有这一法定财产制背景下，判断相应财产归属的关键是财产来源，而不是公示方法。夫妻法定财产制除夫妻婚后所得共同财产制之外，还包括夫妻法定个人特有财产制。

夫妻财产制约定并非纯粹的财产合同，而是以身份关系为前提，兼具身份和财产双重属性。夫妻财产制约定属于《民法典》第464条第2款规定的身份关系协议，属于双方民事法律行为。夫妻约定财产制有优先于法定财产制的效力，法定财产制则为补充性或者推定性的夫妻财产制，法定财产制处于补充适用地位。夫妻双方没有作财产制约定或者约定无效时，方适用法定财产制。

5. 夫妻对共同财产，有平等的处理权。这是夫妻日常家事代理权的制度前提。夫妻日常家事代理权主要产生财产法上的效果。夫妻日常家事代理权是指夫妻基于日常生活需要得互为代理人，一方得为他方就日常家事对外为一定的民事活动，此种民事活动对夫妻双方都产生法律效力。夫妻日常家事代理权是基于夫妻身份产生的法定代理权，无须对方授权，无须显示被代理人的名义。日常家事代理权限于夫妻共同财产范围，此时任何一方在日常生活需要范围内对共同财产所作的处分都不构成无权处分，都会产生对内、对外的法律效力。夫妻任何一方行使日常家事代理权时都不必以被代理人的名义作出。

6.《民法典》第1064条坚持兼顾主观意思（共同意思论）和客观用途（用途论）的多元化夫妻共同债务认定标准（共意共享），以实现多方民事主体之间的利益平衡。

7. 婚姻家庭法律法规侧重从父母子女关系等方面对未成年子女在家庭生活全过程进行周到保护。不管是婚生子女的推定，还是婚外亲子关系的推定，其最终目的主要都是明确未成年子女之父母，以使该未成年子女“幼有所养”。一旦确定亲子关系，即使属于非婚生子女，其与婚生子女也享有同等权利。

在我国民事立法中，亲权被监护制度吸收。未成年人的父母或者其他监护人负责实施家庭教育。家庭教育是监护人履行监护职责的重要内容之一。

8. 中国家庭的反馈模式是家庭养老的理论基础。成年子女赡养父母是中华民族的传统美德，也是法律的明确规定。

9.《民法典》采用“抚养”“扶养”“赡养”来表达不同亲属之间的扶养关系。广义的扶养关系可以包括抚养、扶养和赡养。扶养关系具有法定性、身份性和生活保障性的特点。

本章知识逻辑图

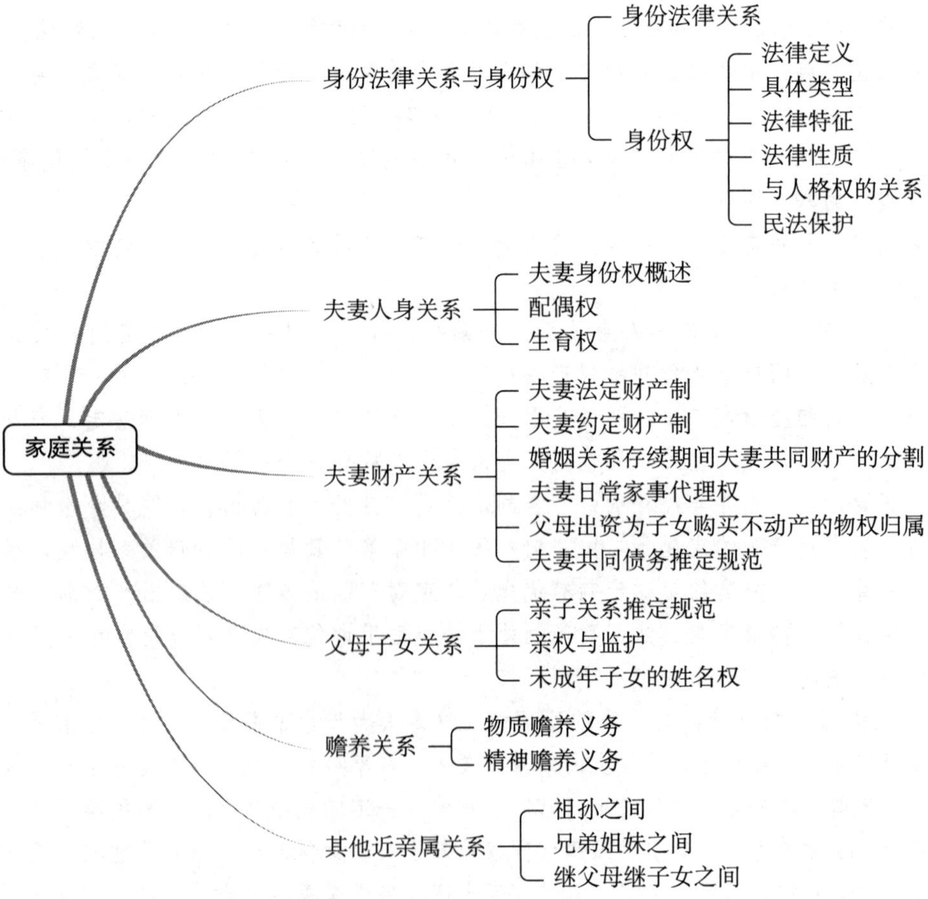

第一节　婚姻家庭中的身份法律关系与身份权

一、身份法律关系

英国学者梅因在 1861 年发表的《古代法》一书中早有论断——“所有进步社会的运动，到目前为止，是一个‘从身份到契约’的运动”①，但是这不足以构成否定婚姻家庭领域中身份行为的论证理由。梅因论断中的“身份”和我们身份权中所指的“身份”并不相同，不能通过简单的文义解释即作比较法理上的概念等同。正如其所说“在‘人法’中所提到的一切形式的‘身份’都起源于古代属于‘家族’所有的权利和特权”②，可见梅因心目中所致力推翻的身份主要是一种家族的、不平等的对人的权利能力或者行为能力构成不合理限制的支配依附关系；我们在“身份权”中所讲的身份完全是一种客观中性的对当事人之间特殊关系的概念指称，其以人格独立与平等为基础，并不含有不平等等价值判断上的评价。“梅因的公式不足以宣告身份的消亡。”③

从古代民法到近代民法，身份法律关系的发展史在很大程度上就是等级身份关系逐渐消灭、自由的相互尊重人格的平等身份关系日渐兴盛的历史。从近代民法到现代民法，身份法律关系的发展史又是在以强式意义的平等对待和坚持自由平等身份关系为主导的前提下，不断重视对家庭成员中的弱者作合理倾斜保护的历史。在这个过程中，“家族的支配关系逐渐消灭，而一男一女相结合的夫妻关系和由血缘结合的纵的父母子女关系，便成为亲属关系的两大支柱。前者是相互对等，其意志和人格都是平等这之间的关系，从广义来讲是受契约理论支配的关系；后者则是以监护教育义务为核心所构成的关系，父母对子女不再享有支配权。……现在的夫妻、父母子女及其他亲属关系，不论是从身份的支配关系还是从家族的支配关系来看，都是自由的互相尊重人格的平等关系。这些关系，现在虽然一般还称为身份关系，但这里所说的身份已具有全新的内容，与过去的身份截然不同”④。

婚姻家庭领域中的身份法律关系主要包括夫妻法律关系和父母子女法律关系。“夫妻是传宗接代的基础，父母子女是其延续。”⑤ 夫妻法律关系又包括夫妻人身关系和夫妻财产关系。“夫妻人身关系决定夫妻财产关系，夫妻财产关系从属于夫妻人身关系。”⑥

在家庭身份法律关系领域还出现一个颇值重视的趋势，主干家庭日渐减少，核心家庭日益增多，“过去以父子关系为中心的家庭模式正在消失，代之而起的是至少已经与

---

① ［英］梅因：《古代法》，沈景一译，商务印书馆 1984 年版，第 96 页。

② ［英］梅因：《古代法》，沈景一译，商务印书馆 1984 年版，第 97 页。

③ 姚辉：《人格权法论》，中国人民大学出版社 2011 年版，第 83 页。

④ ［日］我妻荣、有泉亨著、远藤浩补订：《日本民法·亲属法》，夏玉芝译，工商出版社 1996 年版，第 2 页。

⑤ ［日］我妻荣、有泉亨著、远藤浩补订：《日本民法·亲属法》，夏玉芝译，工商出版社 1996 年版，第 4 页。

⑥ 杨大文、龙翼飞主编：《婚姻家庭法》（第 8 版），中国人民大学出版社 2020 年版，第 104 页（曹诗权教授执笔）。

前一种关系平起平坐的夫妻关系"①。"无论是大家庭还是核心家庭，横向的夫妻关系已经取代了纵向的父母、儿子关系而成为家庭的主轴。结果，父母的权力受到了挑战，在无论哪种类型的家庭中，年轻一代的权力都有所上升。"② 身份法律关系领域的这种革命性转变改变了费孝通先生所总结的父子、婆媳纵向主轴关系，而夫妻横向关系成为主轴。这意味着两性权利义务关系的变化乃至身份法律关系内容的重大变革。

二、身份权

（一）身份权的法律定义

身份法律关系的核心内容是身份权利。所谓身份权利，是指民事主体基于血缘、婚姻、收养等特定身份关系而依法享有的以身份利益为客体的民事权利。身份权利也经常被称为"身份权"，身份权和人格权被合称为人身权。"身份权是国内民法学说未能充分研讨的领域之一。"③"传统民法理论及经典民法典对人身权关注较少。"④"对许多家庭成员而言，某些行为究竟是权利还是义务这一问题并不存在。家庭成员之间在处理问题时，往往没有权利义务观念，只是依循习惯、承接传统、遵守美德。"⑤ 有学者认为，随着人格权规范功能不断增强，人格权益与身份权益高度重合，再行建构独立的身份权或者身份权益已无必要。⑥

与人格权不同，身份权以特定身份利益的实现和维持为目的，以一定的身份关系的存在为前提，并以身份的存续为权利存续的前提。身份权中的"身份"是以身份平等为前提的，而不是对他人人身的支配。身份权中既有人格权的具体内容，又有财产权的具体内容。

（二）身份权的具体类型

在身份法律行为所引起的身份法律关系内容中，基于一定亲属身份关系所产生的亲属身份权是极为重要的部分，学者多主张将其作为民事权利中的一种特别权利类型来看待。⑦

---

① 阎云翔：《私人生活的变革：一个中国村庄里的爱情、家庭与亲密关系（1949—1999）》，龚小夏译，上海书店出版社 2006 年版，第 123 页。

② 阎云翔：《私人生活的变革：一个中国村庄里的爱情、家庭与亲密关系（1949—1999）》，龚小夏译，上海书店出版社 2006 年版，第 124 - 125 页。

③ 张俊浩主编：《民法学原理》（修订第三版上册），中国政法大学出版社 2000 年版，第 158 页。

④ 张红：《〈民法典（人格权编）〉一般规定的体系构建》，载《武汉大学学报（哲学社会科学版）》2020 年第 5 期，第 165 页。

⑤ 张文显：《家事法的核心法理》，载张文显：《法理泛在——法理主题致辞集》，法律出版社 2020 年版，第 344 页。

⑥ 参见温世扬：《〈民法典〉视域下身份权的教义重述》，载《现代法学》2022 年第 4 期，第 14 页。

⑦ Karl Larenz，Manfred Wolf，*Allgemeiner Teil des Bürgerlichen Rechts*，C. H. Beck München 2004，S. 256；谢怀栻：《论民事权利体系》，载《法学研究》1996 年第 2 期，第 71 页。谢怀栻先生主张用亲属权的概念来代替身份权，笔者认为身份权中的"身份"已经变成描述平等主体之间特殊关系的中性概念，而且身份权比亲属权的外延更广，故主张仍采身份权的概念表述。至于我国《著作权法》第 10 条规定的著作人身权中的身份权，是身份权中的特殊规定，因不在本书讨论范围之内，对此不再展开。

“家庭是在以下三个方面完成起来的：（一）婚姻，即家庭的概念在其直接阶段中所采取的形态；（二）家庭的财产和地产，即外在的定在，以及对这些财产的照料；（三）子女的教育和家庭的解体。”[①] 婚姻家庭法上所研究的身份权主要是以亲属身份关系为基础而发生的亲属身份权，也被称为人身亲属权（Persönliche Familienrechte）[②]。身份权主要包括基于父母子女关系产生的亲权、基于夫妻关系产生的配偶权、基于监护关系产生的监护权及其他亲属身份权。“身份权乃存在于一定身份（尤其是亲属）关系上的权利，如配偶间的权利、亲权等。”[③]

笔者认为，我国现行法上的身份权主要包括配偶权、监护权和其他亲属身份权。结合《民法典》第 26 条、第 1067 条、第 1068 条，父母与未成年子女之间的亲权已经被监护权吸纳，父母与成年子女之间的亲权属于其他亲属身份权。《民法典》第 1086 条规定的探望权则是监护权的自然延伸和应有之义，并非独立的身份权。此外，基于继承人地位所享有的权利为继承权，既包括继承开始前有得为继承人的权利（仅为法律所保护的一种希望，即期待权），又包括继承开始后继承人所有的权利（此即由继承财产对应的各个财产权，并无独立的财产权）。[④] 尽管理论上对继承权概念的独立性多有质疑[⑤]，但我国《民法典》仍将继承权作为重要民事权利加以规定，从《民法典》第 124 条的体系位置看，继承权并非第 112 条所规定的人身权利范围，而属于以特定身份关系为前提的财产权，或者说属于具有“身份性质的财产权”[⑥]。

在身份权的外延上，须作一些澄清：第一，荣誉权不属于身份权。《民法典》人格权编已经把荣誉权作为具体人格权。身份权的权利主体只能是自然人。荣誉权可为自然人、法人、非法人组织所享有。第二，婚姻自主权不属于身份权。婚姻自主权并不是基于血缘或者亲缘关系发生的权利。婚姻自主权是指自然人可以根据自己的意志自主决定自己婚姻的缔结和解除，不受他人强迫或干涉的一种具体人格权。《民法典》第 110 条将婚姻自主权作为具体人格权加以规定。婚姻自主权的客体是权利人在缔结或者解除婚姻问题上的选择自由，包括是否结婚、何时结婚、与谁结婚、禁止他人对自己婚姻选择自由的干涉等等。婚姻自主权的客体属于人格利益，而非身份利益，婚姻自主权不属于身份权。婚姻自主权含有自由权的属性，但不是自由权本身。侵犯婚姻自主权的行为主要有包办婚姻、买卖婚姻及其他干涉婚姻自由的行为等。第三，生育权不属于身份权。生育权并非必定发生在特定的法律身份关系人之间。

（三）身份权的法律特征

身份权的法律特征也就是身份权的特殊性如下：

---

① ［德］黑格尔：《法哲学原理》，范扬、张企泰译，商务印书馆 1961 年版，第 176 页。

② Vgl. Karl Larenz，Manfred Wolf，*Allgemeiner Teil des Bürgerlichen Rechts*，C. H. Beck München 2004，S. 256.

③ 王泽鉴：《民法总则》，北京大学出版社 2009 年版，第 150 页。

④ 参见胡元义：《民法总则》，上海书店 1934 年版，第 55 页。

⑤ 参见朱庆育：《民法总论》（第 2 版），北京大学出版社 2016 年版，第 509 页。

⑥ 王利明主编：《中华人民共和国民法总则详解》（上册），中国法制出版社 2017 年版，第 533 页（许中缘教授执笔）。

第一，权利主体的特定性。

首先，身份权存在于特定身份关系的自然人之间，如夫妻之间、父母子女之间、其他亲属之间等。身份权与其身份不可分离，身份关系产生在前，身份权产生在后，呈现出事实先在性的特点。“身份权者，存于有一定身份关系之人之身上之权利也。举凡家长权、亲权、婚权、监护权及继承权皆属之。”[①] 身份权的发生、行使、消灭均与权利人的身份密不可分。身份得丧会引发身份权的得丧。

其次，身份权属于专属权，仅限于权利人本人方可享有，不得让与、继承。“身份权与其身份有不可分离之关系，为与身份相终始之权利，故身份权原则上为归属一身的专属权，身份权之行使，以由行为人之自由意思决定为必要，原则上他人不得代为行使。”[②] 身份权在归属和行使上都具有专属性，不得转让，不得处分，不得由他人代行，一般也不得抛弃（继承权可以抛弃）。国家对亲属权可以剥夺或限制。身份权的专属性不是一律的，纯粹的不带财产性质的身份权的专属性强，带财产性的身份权的专属性弱。[③]

最后，身份权人有特定相对人。“有的人身权没有特定相对人，有的人身权是有特定相对人的。……无相对人的人身权，大多属于学者所称之人格权，……有特定相对人的人身权，通常都称为身份权，依据相对人的范围可分为配偶权、亲权、其他亲属权、监护权（保护权）。”[④] “虽然身份权与人格权同属于人身权，在性质上具有诸多相似的，但二者在构造上毕竟具有较大的差异，……与人格权相比，身份权的内核建立在相对权之上。”[⑤]

第二，权利义务的交织性。

身份权往往包含义务在内，并非严格纯粹意义上的民事权利，比如配偶权中夫妻之间一方的权利往往就是另一方的义务；监护权表面看来是监护人对被监护人的权利，实际上监护权本身内含义务，完全是为了被监护人的利益而行为，而且被监护人应该服从监护人监护权的行使，正是从这个意义上有学者将监护权定性为“一项私法上的权力”[⑥]。有学者也指出：“父母的权利以及监护人的权利不是一种利己的，而是一种具有关心照顾特点的权利；它是一种以法律的形式，为了子女的利益而行使的权利，所以，它实际上也就是父母的一种义务。所以，人们也把它称为‘义务权’（Pflichtrecht）。”[⑦] “亲属的身分权带有义务性甚浓。”[⑧] “家庭中的每个人在考虑个人利益之时还须考虑家庭这一共同体的其他成员的利益，也正因为如此，亲属间的权利也就被称为义务性权利，体现出家事法规范的利他性。”[⑨] “相比权利，义务进路更好地捕捉到了家庭成员关系的

---

① 胡长清：《中国民法总论》，中国政法大学出版社 1997 年版，第 40 页。

② 史尚宽：《亲属法论》，中国政法大学出版社 2000 年版，第 34－35 页。

③ 参见谢怀栻：《论民事权利体系》，载《法学研究》1996 年第 2 期，第 71 页。

④ 郭明瑞：《人身权立法之我见》，载《法律科学》2012 年第 4 期，第 179 页。

⑤ 刘征峰：《民法典中身份关系法律适用的原则与例外》，载《中国法律评论》2022 年第 4 期，第 75 页。

⑥ 王利明主编：《民法》（第 3 版），中国人民大学出版社 2007 年版，第 71－72 页。

⑦ Karl Larenz，Manfred Wolf，*Allgemeiner Teil des Bürgerlichen Rechts*，C. H. Beck München 2004，S. 256.

⑧ 陈棋炎、黄宗乐、郭振恭：《民法亲属新论》（修订十四版），三民书局股份有限公司 2018 年版，第 21 页。

⑨ 郭明瑞：《家事法通义》，商务印书馆 2022 年版，第 6 页。

本质。”[①] “家事案件中的当事人的权利往往具有双重性，一方面表现为权利，能够满足私人的需要；另一方面，该权利可能又是一种义务，具有一定意义上的他益性或公益性。如探视权，对不与子女共同生活的父母一方而言，它是一项权利，可以请求法院强制执行；但同时该权利也是其对未成年子女的义务，因为如果其不行使探望权，必不利于抚慰离婚给未成年子女所带来的精神创伤，不利于更好地对子女进行教育。”[②] “‘探望’既是父母的一种权利，也是一种义务。”[③] “身份权由过去以权力为中心变为当今以义务为中心。”[④] “身份权本质是以义务为中心而非以权利为中心。”[⑤] “婚姻不是一个权利束，而是一个义务束，人们并非因为进入一段婚姻而获得各种权利，恰恰相反，人们因为婚姻而承担对配偶以及家庭的义务和责任。”[⑥] “一个人似不为其自己而存在，乃仿佛互为他人而存在者。”[⑦] “父亲、子女、兄弟、姊妹等称呼，并不是单纯的荣誉称号，而是代表着完全确定的、异常郑重的相互义务，这些义务的总和构成这些民族的社会制度的实质部分。”[⑧] “权利和义务互依互存的情态最初源于家庭。”[⑨] 父母抚养子女既是权利又是义务。抚养权是父母基于身份关系和法律规定，对未成年子女予以生活上照顾、教育以及对其日常生活事务的决定权，是教育、保护等权利义务的集合。[⑩]《民法典》第 26 条、第 1058 条、第 1068 条和第 1084 条第 2 款将父母对未成年子女的抚养、教育、保护，界定为权利和义务，而非单纯的权利或者义务。

第三，权利内容的复合性。

一方面，身份权往往是对当事人权利束的概括，而且可能既包括人身方面的权利，又包括财产方面的权利。比如配偶权就是对夫妻之间权利束的统称，这是一个纯粹民法学上的概念，既包括人身方面要求对方忠实等权利（对方的忠实义务），又包括财产方面请求对方扶养等权利（相互扶养义务）。有些人身方面的身份权还不具有可强制执行性，例如夫妻同居请求权。另一方面，身份权内容的复合性还表现在身份权包括享有和保护的不同面向，身份法调整因身份权的享有产生的民事关系，也调整因身份权的保护产生的民事关系。

第四，权利目的具有特殊性。

“就身份权的概念而言，它的目的不在于实现对人的支配，而是为保护相对人利益

---

① 李贝：《〈民法典〉时代隔代探望纠纷的裁判思路——从权利进路向义务进路的转向》，载《法商研究》2022 年第 4 期，第 139 页。

② 张伟主编：《婚姻家庭继承法学》，法律出版社 2021 年版，第 344 页（陈爱武教授执笔）。

③ 李贝：《〈民法典〉时代隔代探望纠纷的裁判思路——从权利进路向义务进路的转向》，载《法商研究》2022 年第 4 期，第 137 页。

④ 薛宁兰、金玉珍主编：《亲属与继承法》，社会科学文献出版社 2009 年版，第 105 页。

⑤ 张红：《侵害祭奠利益之侵权责任》，载《法学评论》2018 年第 2 期。

⑥ 于程远：《〈民法典〉背景下婚姻法回归民法的路径选择——兼论〈民法典〉分编转介规范的运用》，载《中国高校社会科学》2021 年第 4 期，第 145 页。

⑦ 梁漱溟：《中国文化要义》，学林出版社 1987 年版，第 89 页。

⑧ ［德］恩格斯：《家庭、私有制和国家的起源》，载《马克思恩格斯选集》（第 2 版第 4 卷），人民出版社 1995 年版，第 25 页。

⑨ ［英］梅因：《古代法》，郭亮译，法律出版社 2016 年版，第 90 页。

⑩ 参见史尚宽：《亲属法论》，中国政法大学出版社 2000 年版，第 656－658 页。

而存在。这就要求身份权的成立须有身份权人和相对人两方主体，此种主体必然是出生之后、死亡之前的民事主体。”①

第五，权利性质的多面性。

身份权并非支配权，也非简单的绝对权。身份权的法律性质具有多面性，身份权具有请求权，对外关系上属于绝对权、对内关系上属于相对权等特点。

（四）身份权的法律性质

身份权的法律性质聚讼纷纭。有学者总结指出，身份权并非典型的绝对权，其在对外的关系上具有绝对权的性质，在对内的关系上具有相对权的性质，故身份权人的请求权只能向身份义务人主张。因此身份权请求权应当分为两种：一种是针对身份义务人的请求权，一种是针对身份关系之外的第三人的请求权。② 而对于身份权在侵权责任法上的可救济性，也应该作区别对待：夫妻之间的配偶权，如夫妻同居请求权、互相忠实的权利等，并不受侵权责任法的保护，目的是平衡法律与道德之间的关系，兼顾对配偶人身自由权的维护；父母对未成年子女的监护权则属于侵权责任法的保护范围，以更好地保护未成年子女的利益；其他近亲属之间的亲属身份权原则上不受侵权责任法的保护，但如果受害人因受他人侵害致死，受害人的近亲属因亲属身份关系的丧失，应当享有死亡赔偿金乃至精神损害赔偿请求权等。③

以身份权中的配偶权为例：“关于配偶权性质的争论，主要集中在两个方面：一是配偶权究竟是绝对权还是相对权？二是配偶权究竟是支配权还是请求权？”④ 早期亲属权中存在支配权，存在一方对另一方的支配，并同时对应绝对权。胡长清认为身份权属于对于一般人请求其不作为之绝对权。⑤ 王泽鉴教授认为身份权与人格权、物权一样均属于绝对权。⑥ 梁慧星教授认为身份权属于支配权，但“二战”以来身份权已趋于消亡。⑦ 王利明教授认为身份权既属于支配权也属于绝对权。⑧ 郭明龙教授认为：现代民法上的身份权不属于支配权，也不属于绝对权，而属于请求权和相对权。身份权不存在对应绝对权请求权。身份关系当事人之间的纠纷根据相对性，以与合同法“违约责任”类似的方式处理。第三人侵害身份权，应适用与“第三人侵害债权”类似的制度进行救济。⑨

笔者赞同身份权性质的内外区分说：身份权对外关系上属于绝对权，对内关系上属于相对权。身份权并非典型的绝对权，其在对外的关系上具有绝对权的性质，在对内的

---

① 曹相见、迟莉佳：《论“祭奠权”何以不能》，载《学习与探索》2019年第11期，第83页。

② 参见段厚省：《论身份权请求权》，载《法学研究》2006年第5期。

③ 参见郭鸣：《论亲属身份权的侵权法保护》，载《江西社会科学》2010年第3期。

④ 余延满：《亲属法原论》，法律出版社2007年版，第125页。

⑤ 参见胡长清：《中国民法总论》，中国政法大学出版社1997年版，第42页。

⑥ 参见王泽鉴：《民法总则》，北京大学出版社2009年版，第101页。

⑦ 参见梁慧星：《民法总论》（第5版），法律出版社2017年版，第72-73页。

⑧ 参见王利明：《民法总则研究》（第3版），中国人民大学2018年版，第420、438页。“身份权是绝对权。”“身份权请求权是基于身份权的绝对性和对身份利益的支配而产生的保护性请求权。”最高人民法院民法典贯彻实施工作领导小组主编：《中华人民共和国民法典人格权编理解与适用》，人民法院出版社2020年版，第125、126页。

⑨ 参见郭明龙：《侵权责任一般条款研究》，中国法制出版社2019年版，第195-196页。

关系上具有相对权的性质，故身份权人的请求权只能向身份义务人主张。身份权与人格权在同属于绝对权这一点上具有相似性，但身份权在对内关系的相对权品格上则具有特殊性。相应地，身份权请求权也应当分为两种：一种是针对身份义务人的请求权，一种是针对身份关系之外的第三人的请求权。[①] 胡元义认为，亲属权中以要求他人行为为内容的，属于相对权，如受扶养的权利，可类推准用债权的有关规定。[②]

（五）身份权与人格权的联系与区别

身份权是民事主体基于血缘、婚姻、收养等特定身份关系而依法享有的以身份利益为客体的民事权利。人格权是服务于民事主体特定人格利益的实现或者维持，由法律上之力保证实现的自由。身份权和人格权被合称为人身权（人身权利）。《民法典》中“人身权利”一词出现 4 次，“人身权益”一词出现 3 次，“身份权利”一词出现 1 次。《民法典》第 112 条规定：“自然人因婚姻家庭关系等产生的人身权利受法律保护。”不能将人身权利等同于身份权利。

身份权与人格权的联系最为密切。身份权和人格权都属于非财产权，都具有人身专属性、法定性、非财产性，都不得放弃、转让、继承或者由他人代位行使。《民法典》第 992 条规定：“人格权不得放弃、转让或者继承。”身份权与人格权大同小异，鉴于身份权与人格权的类似性，《民法典》第 1001 条规定身份权利保护对人格权编有关规定的参照适用。

身份权与人格权的区别如下：

第一，权利主体范围不同。身份权主要是因婚姻家庭关系等产生，身份权主体主要是自然人，《民法典》第 32 条规定的社会监护和国家监护的监护权人分别是居民委员会、村民委员会和民政部门。人格权主体主要是自然人，也包括法人和非法人组织，根据《民法典》第 110 条，法人、非法人组织享有名称权、名誉权和荣誉权三种人格权。

第二，权利客体不同。身份权以身份利益为客体，身份利益具有多样性，不同身份利益具有明显差别。“人格权以人格利益为客体，基于人格平等的思想。除自然人与法人、非法人组织的人格权因各自自然属性的不同而有所差别外，各民事主体所享有的人格权的内容是基本上一致的，尤其是一般人格权，为一切自然人所普遍享有。”[③]

第三，产生基础不同。身份权基于特定身份关系产生。人格权是民事主体固有的，自然人的人格权与生俱来且只有在自然人死亡后才消灭。

第四，是否具有权利义务的交织性不同。身份权具有权利义务的交织性特点，监护权就是监护人权利和职责的统一，监护人不能放弃行使监护权。人格权人享有行使人格权的自由，人格权本身不包含义务在内。

第五，权利变动不同。身份权因婚姻家庭关系等产生，身份关系的存续需要以特定身份关系的存续为前提。自然人人格权始于出生，终于死亡，自然人人格权的种类和内容相同。

---

① 参见段厚省：《论身份权请求权》，载《法学研究》2006 年第 5 期，第 17 页。

② 参见胡元义：《民法总则》，上海书店 1934 年版，第 54 - 55 页。

③ 王利明主编：《民法》（第 9 版下册），中国人民大学出版社 2022 年版，第 360 页（姚辉教授执笔）。

（六）身份权的民法保护

《民法典》第一编、第五编和其他法律对自然人因婚姻家庭关系等产生的身份权利的保护有相关规定的，优先适用相关规定。例如，《民法典》第 1091 条离婚损害赔偿制度是对配偶权保护的重要方法。有学者认为："家庭法中损害赔偿的过错须达到重大的程度"①。能否将《民法典》第 1091 条和《民法典婚姻家庭编司法解释一》第 87 条第 3 款等特别规定一般化？笔者认为，《民法典》第 1091 条不意味着婚姻家庭关系中损害赔偿的过错须达到重大过错的程度，不能将该特别规定一般化。

《最高人民法院关于适用〈中华人民共和国民法典〉侵权责任编的解释（一）》（法释〔2024〕12 号，以下简称《民法典侵权责任编司法解释一》）第 1 条至第 3 条将监护权纳入侵权责任制度的保护对象。

自然人因婚姻家庭关系等产生的身份权利的保护，可以根据其性质参照适用《民法典》人格权编人格权保护的有关规定。② 身份权与人格权同属于非财产权。"身份法益与人格法益，固同属非财产法益，然其所以得予准用，实乃身份法益亦具有人格关系。"③《民法典》第 1001 条规定："对自然人因婚姻家庭关系等产生的身份权利的保护，适用本法第一编、第五编和其他法律的相关规定；没有规定的，可以根据其性质参照适用本编人格权保护的有关规定。"例如，参照适用《民法典》第 995 条，身份权请求权不适用诉讼时效。参照适用《民法典》第 996 条，违约行为损害身份权并造成严重精神损害的，身份权人有权请求精神损害赔偿。参照适用《民法典》第 997 条，身份权可以通过禁令制度保护。

家事审判过程中，人民法院也突出个体权益保护。"《民法典》婚姻家庭编强调特殊权益保护原则，强化了基于身份衍生的债权请求权在矫正家事公平分配上的重要作用。"④

与侵权损害赔偿请求权不同，身份权受到侵害时，身份权请求权原则上不适用诉讼时效，以利于亲情修复、弱者保护和维护家庭和睦团结。《民法典》第 196 条规定："下列请求权不适用诉讼时效的规定：（一）请求停止侵害、排除妨碍、消除危险；（二）不动产物权和登记的动产物权的权利人请求返还财产；（三）请求支付抚养费、赡养费或者扶养费；（四）依法不适用诉讼时效的其他请求权。"例如，《民法典》第 1086 条规定的探望权就属于依法不适用诉讼时效的其他请求权。

三、户

农村承包经营户和个体工商户是家的特殊存在形式，体现了家庭组织经济的功能，是民法典看待家的重要维度。农村居民以户的身份取得土地承包经营权和宅基地使用权。

---

① 赵玉：《家庭财产功能主义的法律范式》，载《中国社会科学》2022 年第 8 期，第 92 - 93 页。

② 参见王雷：《民法典人格权编中的参照适用法律技术》，载《当代法学》2022 年第 4 期。

③ 王泽鉴：《民法总则》，北京大学出版社 2009 年版，第 151 页。

④ 北京市第一中级人民法院"家事审判贯彻实施民法典"线上新闻发布会，2022 年 6 月 28 日，https://mp.weixin.qq.com/s/hypkRmoMeZNNYV7j9xye5w。

户是介于自然人个体和法人组织体之间的，既不完全等同于伦理主义的人格建构，也不完全等同于目的理性的人格建构。作为民事主体的户也不简单等同于户籍登记中的户。

作为民事主体的户具有如下特点：团体性、保障性、政策性、公法限制性、共同共有性、互助共济性等。户的根本性质是自然人之间形成的共同关系，表现为共同生产经营、共同生活、共同决定（共同意思表示）。户的意思表达机制是共同行为，而非决议行为。《民法典》第 1006 条第 3 款中的“共同决定捐献”也应理解为共同行为，而非决议行为。

第二节　夫妻身份权

一、夫妻身份权概述

《民法典》中的夫妻人身关系和夫妻财产关系以身份权为主线。“法律婚姻使夫妻之间发生权利和义务关系。至于亲子之间，即使父母在法律上不再是夫妻，由于其权利和义务关系仍然发生作用，所以如果说是为了保护孩子的权利，法律婚姻就没有什么意义。”① 与《民法典》第 2 条相呼应，《民法典》婚姻家庭编第三章“家庭关系”第一节“夫妻关系”也是先规定夫妻人身关系（第 1055 条至第 1058 条），后规定夫妻财产关系（第 1059 条至第 1066 条）。《民法典》第 1055 条规定夫妻地位平等权，第 1056 条规定夫妻姓名权，第 1057 条规定夫妻人身自由权，第 1058 条规定夫妻对未成年子女的平等监护权。《民法典》第 1059 条规定夫妻相互扶养义务，第 1060 条规定日常家事代理权，第 1061 条规定夫妻相互继承权②，第 1062 条至 1066 条规定夫妻财产制。夫妻姓名权、夫妻人身自由权等原本并非夫妻身份权的内容，“但在人类历史上，曾经普遍存在且仍有现实表现的男性中心文化氛围及制度构造使婚姻成了扼杀女性人格权的牢笼，所以，近、现代亲属法不得不将部分人格权内容反映在配偶身份权中”③。《民法典》第 1056 条和第 1057 条分别规定夫妻姓名权、夫妻人身自由权，其主旨是保护妻子的姓名权和人身自由权。

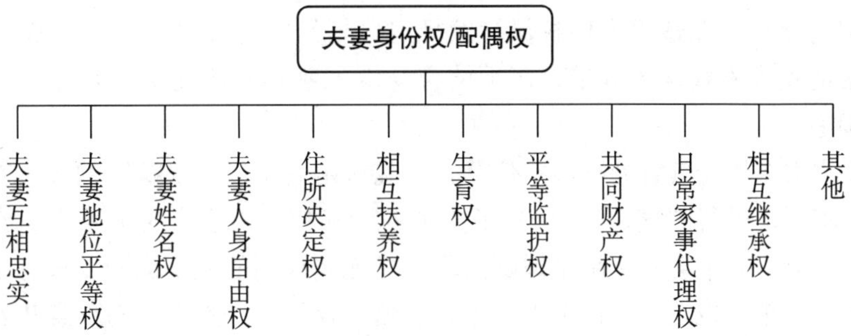

① ［日］上野千鹤子：《近代家庭的形成和终结》（增订版），吴咏梅译，商务印书馆 2022 年版，第 329 页。

② 禁止“寡妇带产再嫁”或者禁止“上门女婿带产再婚”，都属于侵害他人法定继承权、婚姻自主权的现象。

③ 杨大文、龙翼飞主编：《婚姻家庭法》（第 8 版），中国人民大学出版社 2020 年版，第 105 页（曹诗权教授执笔）。

夫妻关系不限于《民法典》婚姻家庭编第三章第一节的规定，《民法典》婚姻家庭编第一章“一般规定”规定了夫妻互相忠实义务（第1043条第2款），第二章“结婚”还规定了夫妻人身关系中的住所决定权（第1050条）。在民事特别法中也有夫妻关系的内容，如《妇女权益保障法》第51条规定妇女生育权，《人口与计划生育法》第17条规定公民生育权。《人口与计划生育法》第17条规定：“公民有生育的权利，也有依法实行计划生育的义务，夫妻双方在实行计划生育中负有共同的责任。”据此，计划生育作为法律的基本原则，也成为对公民生育权进行必要限制的法定理由。

对夫妻身份权不能采取严格法定主义的立场。《民法典》和民事特别法对夫妻关系没有规定时，应坚持《民法典》第1055条规定的“夫妻在婚姻家庭中地位平等”，这是确立夫妻间民事权利、义务、责任的基本原则。夫妻在婚姻家庭中法律地位平等是平等原则在《民法典》婚姻家庭编的重要体现。有学者认为：“夫妻在婚姻家庭中地位平等，既是确定夫妻间权利和义务关系的原则，也是处理夫妻间权利和义务纠纷的基本依据。对于夫妻间的权利和义务纠纷，《民法典》婚姻家庭编有具体规定的，应按具体规定处理；无具体规定的，则应按夫妻在婚姻家庭中地位平等原则的精神予以处理。”[①] “男女平等是我国宪法上的基本原则。……男女平等还是民法上和婚姻法上的基本原则，是对夫妻关系所作的总括性规定，对《民法典》婚姻家庭编全部内容均具有指导意义，是调整夫妻关系的基本依据和解释基础。”[②]

夫妻身份权是夫妻基于婚姻而产生的权利，对夫妻身份权不能采取严格法定主义，但也不能泛化夫妻身份权。婚姻自主权、贞操权属于自然人的人格权，并非夫妻基于婚姻关系而专有，不能将婚姻自主权、贞操权等人格权作为夫妻身份权的内容。

夫妻身份权、夫妻人格权益在身份关系共同体中会受到必要的克减、限制。个人信息权益、健康隐私权等人格权益在身份关系当事人之间会存在必要克减现象，在参照适用人格权保护的相关规定时，须根据其性质作变通调适，以因应身份关系共同体中对方当事人的知情权，维系家庭整体利益，纯粹个人主义方法论无法在婚姻家庭领域发挥作用。以健康隐私权为例，结婚登记前男女一方如果隐瞒患有重大疾病，根据《民法典》第1053条，另一方可以向人民法院请求撤销婚姻。因婚姻家庭关系等产生的身份权利的保护参照适用人格权保护的规定，婚姻家庭关系中的人格权保护同样并非简单直接适用人格权保护规定，而须结合身份关系共同体性质，通过参照适用作必要的变通调适。

妻子在丈夫车辆排气管处安装定位器，法院认定妻子以“跟踪”的方法对丈夫私生活安宁和私密活动进行“窥探”，侵犯了丈夫的隐私权。夫妻身份关系不应作为侵权的豁免理由。夫妻一方不会基于缔结婚姻而取得对配偶权利的完全支配。只有基于婚姻关系在目的正当且手段也正当的情形下，才会豁免侵权行为。夫妻之间不意味着没有任何隐私权利，当然，也不意味着任何一方的隐私权利在任何时候都要受到绝对的保护。尽

① 杨大文、龙翼飞主编：《婚姻家庭法》（第8版），中国人民大学出版社2020年版，第105页（曹诗权教授执笔）。

② 张伟主编：《婚姻家庭继承法学》，法律出版社2021年版，第108页（叶名怡教授执笔）。

管双方系夫妻，但在法律意义上，双方均为相对独立的民事主体，并不意味着二人可以在未获许可的情况下，任意实施侵犯对方私密空间的行为，刺探、获取对方的行程信息等私密信息。[①]

二、配偶权

（一）配偶权的内容

配偶权并非法定概念。理论上将夫妻之间基于配偶身份而享有的一切权利与义务抽象概括为“配偶权”，配偶权也就成为学者在描述、分析夫妻间法律关系时，针对一系列权利义务而抽象出来的民法学概念。

针对1980年《婚姻法》，有学者分析指出：“我国关于配偶权派生身份权的法律规定，散见于婚姻法中，但婚姻法中只是用第8条和第10条规定了夫妻姓名权和住所权两项派生身份权，而对最能体现配偶权本质特征的同居义务和贞操忠实义务则未作任何规定，配偶权中的同居义务和贞操忠实义务，我国立法上还是一片空白。”[②] 2001年《婚姻法》第4条前一分句规定：“夫妻应当互相忠实，互相尊重。”第9条规定：“登记结婚后，根据男女双方约定，女方可以成为男方家庭的成员，男方可以成为女方家庭的成员。”第14条规定：“夫妻双方都有各用自己姓名的权利。”第15条规定：“夫妻双方都有参加生产、工作、学习和社会活动的自由，一方不得对他方加以限制或干涉。”第20条规定：“夫妻有互相扶养的义务。”“一方不履行扶养义务时，需要扶养的一方，有要求对方付给扶养费的权利。”

配偶权主要包括夫妻姓名权、人身自由权、对未成年子女的平等监护权、忠实义务、住所决定权、相互扶养义务、日常家事代理权、相互继承权、夫妻共同财产权等等。配偶权以有效婚姻的存在为前提。与《民法典》人格权编自然人的姓名权不同，《民法典》婚姻家庭编中的夫妻姓名权具有鲜明的权利相互性特点，表现为夫妻享有平等的姓名权，夫妻对未成年子女姓氏享有平等的决定权。

我国立法对夫妻关系不采取妻子人格被丈夫人格吸收的夫妻一体主义，而是采取夫妻结婚后各自保持独立人格的夫妻别体主义。“在法律上规定配偶身份权，是人类社会的婚姻家庭制度发展到一定阶段的产物，是法制文明进步的标志，也是当代世界婚姻家庭法的共同选择。”[③]

我国对配偶权的立法体系化程度不高，对配偶权的理论研究较少。配偶权是夫妻身份权中最疑难的一类，配偶权本身也是一个类型式概念。“配偶权是指基于合法婚姻关系而在夫妻双方之间发生的，由夫妻双方平等地专属享有对方陪伴生活、钟爱、帮助的

---

① 参见北京市第一中级人民法院（2022）京01民终581号民事判决书。

② 马强：《配偶权研究》，载《法律适用》2000年第8期。

③ 杨大文、龙翼飞主编：《婚姻家庭法》（第8版），中国人民大学出版社2020年版，第107页（曹诗权教授执笔）。

基本身份权利。”[①] “基于婚姻关系，当事人间负有贞操、互守诚信及维持圆满之权利与义务。此种权利，称为身份权、亲属权或配偶权，均无不可。”[②]

从经济学的角度看，婚姻也是一种合同，而且是不完全合同。婚姻当事人的权利、义务、责任太复杂，要写条款的话，难以穷尽，于是干脆凭借一份简单的婚约，里面几乎没有任何实质条款。具体内容，干脆由法律、习俗、习惯等补充。[③]

（二）忠实义务与同居义务

夫妻忠实义务要求婚后夫妻双方在感情和性两个方面均互相保持专一。“配偶权作为一项基本身份权，其最基本的一项义务就是贞操忠实义务。贞操忠实义务又称配偶性生活排他专属义务，它是指配偶专一性生活的义务，它要求配偶双方互负贞操忠实义务，不为婚外性生活。”[④] “法律与性有两种不同的关系：一方面，法律是在执行为社会所采纳的关于性道德问题的法律；另一方面，它也在保护性范畴中个人的普通权利。”[⑤] 黑格尔说：“在婚姻中提到性的事件，不会脸红害臊，而在非婚姻关系中就会引起羞怯。”[⑥] 已婚男女之一方与他人发生性关系，即违反忠实义务、侵犯配偶对方的配偶权[⑦]，而非贞操权。夫妻一方违反忠实义务重婚或者与他人同居，即构成《民法典》第 1079 条第 3 款规定的离婚事由，也构成第 1091 条规定的离婚损害赔偿事由。

“夫妻同居义务，是指男女双方婚后以配偶身份共同生活的义务。夫妻同居义务的内容主要包括夫妻共同的物质生活、精神生活以及性生活。”[⑧] 夫妻同居义务属于人身性义务，彼此具有请求效力，但不得强制执行。根据《民法典》第 1079 条，“因感情不和分居满二年”属于诉讼离婚的理由。“基于婚姻关系，夫妻负有同居义务。同居义务是指男女双方基于配偶身份都负有同对方共同生活的义务，夫妻性生活是同居义务的重要内容。同居义务是一种法定义务，是夫妻双方共同的、平等的义务，非有正当理由夫妻任何一方不得拒绝履行同居义务。由于同居义务的存在，于一般情形，不宜将夫妻间违反一方意志发生性关系的行为界定为侵害贞操权。但是，应当看到，国外法律在规定夫妻同居义务的同时，也规定在一定情况下夫妻可以暂时或部分中止同居义务，在这些情况发生时，违反一方意志发生性关系的行为将构成侵害贞操权。这些情况是：（一）一方因生理原因对同居义务部分或全部地不能履行；（二）配偶一方在其健康、名誉或者经济状况因夫妻共同生活而受到严重威胁时，在威胁存续期间有权停止共同生活；（三）提起离婚诉讼后，配偶双方在诉讼期间均有停止共同生活的权利。”[⑨] 可见，对婚

---

① 马强：《配偶权研究》，载《法律适用》2000 年第 8 期，第 28 页。

② 王泽鉴：《干扰婚姻关系与非财产上损害赔偿》，载王泽鉴：《民法学说与判例研究》（重排合订本），北京大学出版社 2015 年版，第 691 页。

③ 参见薛兆丰：《薛兆丰经济学讲义》，中信出版集团 2018 年版，第 370 页。

④ 马强：《试论贞操权》，载《法律科学》2002 年第 5 期。

⑤ ［英］罗素：《婚姻革命》，靳建国译，东方出版社 1988 年版，第 5 页。

⑥ ［德］黑格尔：《法哲学原理》，范扬、张企泰译，商务印书馆 1961 年版，第 179 页。

⑦ 参见《女博士生与指导教授通奸产子 师母 4 年不知情获赔 50 万》，载台海网 2014 年 3 月 22 日，http://news.ifeng.com/a/20150322/43392964_0.shtml。

⑧ 张伟主编：《婚姻家庭继承法学》，法律出版社 2021 年版，第 109 页（叶名怡教授执笔）。

⑨ 马强：《试论贞操权》，载《法律科学》2002 年第 5 期。

内强奸不能一概而论，司法实践中一般不能将婚内强奸行为作为强奸罪处理，但对于所有的婚内强奸行为一律不以犯罪论处也不妥当。例如，行为人在其主动起诉离婚，法院判决准予离婚但判决尚未发生法律效力时，违背妇女意志，采用暴力手段，强行与原妻子发生性关系。虽然离婚判决尚未生效，但行为人与其原妻子之间已经不具备正常的夫妻关系，原来婚姻关系正常存续期间夫妻之间的权利和义务已处于中止状态，被告人已不能行使婚姻关系正常时期所享有的权利，也无权要求对方履行婚姻关系正常存续期间性生活的义务。行为人在此情况下强行与其原妻子发生性关系，其行为构成强奸罪。[①]

（三）夫妻婚内侵权与第三人干扰婚姻关系

婚姻家庭法领域内的侵权行为主要包括夫妻等家庭成员之间的侵权行为（如夫妻之间婚内侵权）和家庭成员与其外的第三人之间的侵权行为（如第三人干扰婚姻关系）。

《民法典》第 1091 条、第 1092 条所规定的具体情形即属于夫妻婚内人身侵权行为或者财产侵权行为。

《民法典婚姻家庭编司法解释一》第 87 条否定了特定情形下夫妻婚内侵权行为的可救济性，该条第 2 款和第 3 款分别规定："人民法院判决不准离婚的案件，对于当事人基于民法典第一千零九十一条提出的损害赔偿请求，不予支持。""在婚姻关系存续期间，当事人不起诉离婚而单独依据民法典第一千零九十一条提起损害赔偿请求的，人民法院不予受理。"

《民法典婚姻家庭编司法解释一》第 87 条第 1 款进一步否定了第三人干扰婚姻关系侵权行为的可救济性，该款规定："承担民法典第一千零九十一条规定的损害赔偿责任的主体，为离婚诉讼当事人中无过错方的配偶。"

我国司法实践中，有法院在有配偶之男女发生通奸行为（Ehebruch）的侵害配偶权案件中，认定此通奸行为显然系违反社会公共利益、社会公德之共同侵权行为，通奸双方应该对受害人承担共同侵权精神损害赔偿连带责任。侵害配偶权的配偶一方和第三人向配偶另一方隐瞒因通奸行为所生子女的真实亲子关系，应以给付原因自始不存在的不当得利来认定对抚养费等相关费用返还责任。[②] 通奸行为致配偶权受损害乃至非亲生子女抚养案件中主要涉及两个争议问题：第一，第三人侵扰他人婚姻关系（Ehestörung durch Dritte）是否应承担侵权责任？该问题的本质是基于配偶关系所产生的忠实义务是否具有绝对权属性。基于对婚姻家庭伦理秩序的维护，忠实义务虽然是相对义务，但是对第三人可以产生排他的绝对效力，这为承认第三人侵扰婚姻关系的侵权责任奠定了社会基础。夫妻忠实义务具有绝对性法律地位，因此对通奸造成的精神损害可以请求赔偿。第二，抚养非亲生子女可否对通奸者主张抚养费返还及精神损害赔偿？因受欺骗抚养非亲生子女而产生的精神损害可以依据《侵权责任法》第 22 条（现为《民法典》第

---

① 参见"王某明婚内强奸案"，上海市青浦区（县）人民法院（1998）青刑初字第 36 号刑事判决书。该案被称为我国"婚内强奸第一案"。

② 参见"周某勇诉王某等返还受欺骗抚养非亲生子费用和侵犯配偶权索赔案"，载《人民法院案例选》2001 年第 2 辑，人民法院出版社 2001 年版；《中国审判案例要览》（2001 年民事审判案例卷），中国人民大学出版社 2002 年版。

1183 条）作为侵犯一般人格利益[①]造成的精神损害予以赔偿，受欺骗抚养非亲生子女的抚养费返还，可依据不当得利解决。

第三人造成配偶一方性功能障碍而间接导致另一方配偶的夫妻性生活权利丧失时，另一方配偶是否有权向第三人提起赔偿请求？2002 年 9 月 2 日，江苏省南京市雨花台区人民法院对一起“性权利”案件作出判决。2001 年 4 月，某环卫所驾驶员徐某驾驶自卸车倒车时，将位于该车后面关车门的张某撞伤，致使张某左骨盆骨折、后尿道损伤。后经法医鉴定，张某外伤致生殖器勃起功能严重障碍，构成 6 级伤残。在该事故中，驾驶员徐某负全部责任。事后双方调解未果，张某遂以被告环卫所造成其人身损害为由诉至法院，请求判令被告赔偿医疗费。张某之妻王某亦以共同原告的身份诉至法院，其诉称因被告驾驶员的侵权行为致使张某无法进行正常的性生活，从而使其陷入漫长的、不完整的夫妻生活的精神痛苦之中，考虑其已年届 40 岁且与张某已有孩子等实际情况，故请求判令被告赔偿精神损害抚慰金 1 万元。法院经查明事实后认为，王某与张某是合法夫妻，被告单位驾驶员的侵害行为，使张某生殖器勃起功能严重障碍，构成 6 级伤残，给王某带来了不完整的夫妻生活，致使夫妻应有的性生活权利受到侵害，而夫妻性生活权利是公民健康权的一个组成部分，在生命健康权受到侵害时，完全有理由要求加害人赔偿精神损害，王某作为本案原告共同参加诉讼并无不妥，故对王某请求判令被告赔偿精神损害抚慰金 1 万元予以支持。实际上，本案中夫妻间的同居权被第三人所侵害，其侵害的是配偶一方的健康权或身体权，结果导致了配偶另一方的同居权难以实现，而不构成对配偶另一方同居权的侵犯。[②] 第三人侵害张某健康权导致出现其与妻子王某同居权利难以实现的附带损害，王某再作同样主张属于重复主张，有悖于侵权损害赔偿责任的补偿性特点。

（四）第三人干扰婚姻关系时的侵权责任承担

对于身份权在侵权责任法上的可救济性，应该作区别对待：夫妻之间的配偶权，如夫妻同居请求权并不受侵权责任法的保护，目的是平衡法律与道德之间的关系，兼顾对配偶人身自由的维护。其他近亲属之间的亲属身份权原则上也不受侵权责任法的保护，但如果受害人因受他人侵害致死，受害人的近亲属因亲属身份关系的丧失，应当享有死亡赔偿金乃至精神损害赔偿请求权等。[③]

夫妻同居请求权不具有强制履行可能性。“基于婚姻关系，夫妻负有同居义务。同居义务是指男女双方基于配偶身份都负有同对方共同生活的义务，夫妻性生活是同居义务的重要内容。同居义务是一种法定义务，是夫妻双方共同的、平等的义务，……由于同居义务的存在，于一般情形，不宜将夫妻间违反一方意志发生性关系的行为界定为侵害贞操权。但是，应当看到，国外法律在规定夫妻同居义务的同时，也规定在一定情况下夫妻可以暂时或部分中止同居义务，在这些情况发生时，违反一方意志发生性关系的

---

① 参见“张某诉李某一般人格权纠纷案”，浙江省宁波市中级人民法院（2009）浙甬民一终字第 760 号民事判决书，载《人民法院案例选》2010 年第 4 辑。

② 参见余延满、张继承：《试析配偶权的侵权行为法保护》，载《江西社会科学》2008 年第 2 期。

③ 参见郭鸣：《论亲属身份权的侵权法保护》，载《江西社会科学》2010 年第 3 期，第 181 页。

行为将构成侵害贞操权。……提起离婚诉讼后，配偶双方在诉讼期间均有停止共同生活的权利。”[①] 可见，对婚内强奸是否侵害一方的贞操权不能一概而论。

夫妻互相忠实的权利义务应受侵权责任制度保护。“配偶权作为一项基本身份权，其最基本的一项义务就是贞操忠实义务。贞操忠实义务又称配偶性生活排他专属义务，它是指配偶专一性生活的义务，它要求配偶双方互负贞操忠实义务，不为婚外性生活。”[②] “法律与性有两种不同的关系：一方面，法律是在执行为社会所采纳的关于性道德问题的法律；另一方面，它也在保护性范畴中个人的普通权利。”[③] 黑格尔说：“在婚姻中提到性的事件，不会脸红害臊，而在非婚姻关系中就会引起羞怯。”[④]

民法典如何保护配偶权？第三人干扰婚姻关系案件中，配偶无过错方是否有权要求第三人承担侵权责任？法院拒绝将婚姻共同生活不受干扰纳入侵权责任法所保护的绝对权范围，因为共同生活本身不具有法律上的执行力。如果没有配偶一方的配合，婚外第三者是不可能干预婚姻关系的。理论上存在三种不同观点。第一，有学者总体持否定说：婚姻家庭编具有封闭性，夫妻身份权不应参照人格权的保护方式，而应当在婚姻家庭法的框架内寻求救济。第三人侵害他人婚姻关系，无过错方原则上只能依据离婚损害赔偿制度请求过错方配偶承担责任。[⑤] 第二，有学者总体持肯定说：以忠实义务为基础的配偶权属于受侵权责任法保护的民事利益。当该利益被侵害时，婚姻中无过错方有权向过错方主张婚姻法上的损害赔偿，并由法院依据利益衡量决定其是否有权向违反注意义务的过错第三者主张侵权损害赔偿责任。过错方与第三者所承担的赔偿责任之间的关系，依据数人侵权场合中的意思联络情形区分为连带责任和按份责任。无过错方对过错方主张损害赔偿不受普通诉讼时效限制，应依据婚姻法确定时效限制规则。这实质上反映了我国历史上一直以来否定并制裁危害婚姻家庭之行为的传统法制观念对当代法律实践的影响。[⑥] 第三，有学者持原则否定例外肯定说：配偶权能否作为侵权责任法的保护对象，不能依凭纯粹逻辑分析，还要看价值判断，随着传统婚姻家庭价值观的部分消融和夫妻忠实义务的衰落，对第三者去责任化是趋势，如要第三者承担侵权责任，须严格实体要件和程序要件，第三者主观故意、行为情节足够恶劣、损害后果足够严重且在离婚诉讼时作为共同被告方可。[⑦]

婚姻家庭法的现代化一定程度上是将婚姻关系或者其他家庭关系权利化。婚姻关系、家庭关系作为权利，受法律保护。《民法典》第1041条第1款新增规定：“婚姻家庭受国家保护。”婚姻是基于夫妻之间的特殊身份关系通过身份法律行为等法律事实所产生的身份权利义务关系。家庭的法律本质是基于家庭成员间特殊身份通过家庭身份法律

---

① 马强：《试论贞操权》，载《法律科学》2002年第5期，第66页。

② 马强：《试论贞操权》，载《法律科学》2002年第5期，第66页。

③ [英] 罗素：《婚姻革命》，靳建国译，东方出版社1988年版，第5页。

④ [德] 黑格尔：《法哲学原理》，范扬、张企泰译，商务印书馆1961年版，第179页。

⑤ 参见冉克平：《论第三人侵害夫妻身份权的民事责任》，载《华中科技大学学报（社会科学版）》2020年第1期；刘征峰：《民法典中身份关系法律适用的原则与例外》，载《中国法律评论》2022年第4期，第82页。

⑥ 参见朱晓峰：《配偶权侵害的赔偿责任及正当性基础》，载《浙江大学学报（人文社会科学版）》2017年第6期，第103页。

⑦ 参见张伟主编：《婚姻家庭继承法学》，法律出版社2021年版，第115－116页（叶名怡教授执笔）。

行为等法律事实所产生的家庭身份权利义务关系，这种家庭身份权利义务关系形成了夫妻家庭共同生活的内容。婚姻以夫妻终生永久共同生活为目的，夫妻互负忠实义务，是夫妻身份共同体得以存续的基础，也是对已婚者脱缰任性的约束。是否缔结婚姻，取决于当事人的自主决定，而一旦进入婚姻，则会成为超越个体利益和欲望的共同体，“其关系则和当事人的意志无关，而由客观规定的规范制约着”①。已婚男女之一方与他人发生性关系，即违反忠实义务，侵害配偶另一方的配偶权，而非贞操权或者名誉权。将夫妻婚姻生活权利化为配偶权后，配偶权本身就应受侵权责任制度保护。第三人干扰婚姻关系案件中，配偶无过错方有权要求第三人和配偶过错方承担侵权责任。要求第三人和配偶过错方承担连带责任，有请求权规范基础，这不单纯是规范分析和逻辑分析，更重要的是法律价值判断，是基于“婚姻家庭受国家保护”对“夫妻应当互相忠实”的具体化。就具体侵权责任方式而言：第一，配偶无过错方有权要求第三人和配偶过错方停止侵害。第二，配偶无过错方有权要求配偶过错方承担《民法典》第 1091 条规定的离婚损害赔偿责任。第三，鉴于婚姻家庭编和人格权编均未规定配偶无过错方能否请求第三人赔偿，笔者认为可以补充适用侵权责任编（第 1168 条和第 1183 条第 1 款），配偶无过错方有权要求第三人和配偶过错方承担共同侵权连带责任和精神损害赔偿责任。《民法典》第 1183 条第 1 款也未将精神损害赔偿制度保护的权利范围局限于人格权，或者限缩为侵害身体健康、名誉或者自由之情形②，而是对应“自然人人身权益”，将配偶权纳入其中，不存在制度障碍，补充适用侵权责任编即可解决，不必在法学方法论上大费周章。《民法典婚姻家庭编司法解释一》第 87 条第 1 款只是限制离婚损害赔偿责任主体范围，不能据此否定第三人承担普通侵权责任的可能：“承担民法典第一千零九十一条规定的损害赔偿责任的主体，为离婚诉讼当事人中无过错方的配偶。”第三人干扰婚姻关系案件中的精神损害赔偿责任的正当性毋庸置疑，有学者就认为：“通奸事件，造成财产上损害者，事例甚少，若否认被害人之非财产上损害赔偿请求权，则干扰他人婚姻关系者，几可不负任何民事责任矣，其不足保护被害人利益及维护社会伦理，似甚显然。”③ 第四，第三人干扰婚姻关系案件中，若有欺诈抚养，配偶无过错方在请求行为人承担以上三种责任的同时，还可要求行为人承担欺诈抚养所致财产损失。④ 理论上有学者认为欺诈抚养情形下配偶无过错方受到侵害的不是配偶权，而是一般人格利益。⑤

---

① ［日］我妻荣、有泉亨：《日本民法·亲属法》，远藤浩补订，夏玉芝译，工商出版社 1996 年版，第 5 页。

② 针对第三人干扰婚姻关系案件，我国台湾地区民法理论和实务中着力论证受侵害的是配偶无过错方的名誉权，以使其可请求侵害方支付慰抚金。参见王泽鉴：《干扰婚姻关系之侵权责任》，载王泽鉴：《民法学说与判例研究》（重排合订本），北京大学出版社 2015 年版，第 680－685 页。

③ 王泽鉴：《干扰婚姻关系与非财产上损害赔偿》，载王泽鉴：《民法学说与判例研究》（重排合订本），北京大学出版社 2015 年版，第 691 页。

④ 参见“周某勇诉王某等返还受欺骗抚养非亲生子费用和侵犯配偶权索赔案”，载《人民法院案例选》2001 年第 2 辑，人民法院出版社 2001 年版；载《中国审判案例要览》（2001 年民事审判案例卷），中国人民大学出版社 2002 年版。

⑤ 参见陈甦主编：《民法总则评注》（下册），法律出版社 2017 年版，第 801 页（刘明执笔）。

三、生育权

中国式现代化是人口规模巨大的现代化，以人口高质量发展支撑中国式现代化，既要看人口总量，更要看人口质量。教育是提高人口素质的重要途径，推动“人口红利”向“人才红利”转变，既要看人口，更要看人才。

我国人口发展新趋势是少子化、老龄化、区域人口增减分化。优化生育政策，优化人口结构，促进人口长期均衡发展。实施更加积极的生育支持措施，推动建设生育友好型社会，降低生育、养育、教育成本，保护生育权。

生育与否不是义务，而是权利。夫妻各自享有生育权，但生育权的权利主体不限于已婚夫妻，生育权不属于身份权，生育权属于特别法上规定的一项具体人格权。《妇女权益保障法》第32条规定：“妇女依法享有生育子女的权利，也有不生育的自由。”《人口与计划生育法》第17条规定：“公民有生育的权利，也有依法实行计划生育的义务，夫妻双方在实行计划生育中负有共同的责任。”生育权需要男女双方协作配合实现，生育权具有鲜明的相互性特点，容易产生权利冲突。

（一）对女性生育权的倾斜保护

在2006年“李某诉启东市陈黄秀珍医院、王某霞生育权纠纷案”中，人民法院认为在妇女不生育的权利和男性积极生育权利的对比中，应该考虑女方因生育而导致自身在生理上的风险和心理上的压力，女方付出的成本高于男方，在双方生育权发生冲突的时候，基于对双方权利价值进行利益衡量上的考虑，女方在生育问题上应该享有更大的话语权。在双方不能共同一致决定的情况下，如果男方强制主张行使自己的积极生育权，这会对女方的人身自由造成不合理的限制，将违背善良风俗。另外，强制女方生育也不利于即将出生的子女。[①] 可见，在平等利益冲突时，要考察一方的利益行使是否会给对方造成不适当的过度限制，是否会违背利益衡量上的比例原则，否则会不利于对方个人自由发展；在生育权这类权利行使的背后往往会对应社会基本秩序这一公共利益，强制对方配合行使生育权，这一方式本身违背善良风俗。貌似平等的利益背后还是存在价值上的优劣顺位，女方不生育的自由理应高于男方积极生育的自由。通过本案我们可以看到：在利益衡量过程中，如果利益衡量的结果对一方显失公平，或者一方利益行使的方式违背善良风俗，则为不成功的利益衡量。“男女双方对于生育事宜应当平等协商。确无法协商一致的，按照‘分阶段优先’规则处理。怀孕前，男女任何一方不生育意愿受优先尊重保护。怀孕后，女性一方的生育或不生育意愿受优先尊重保护，男方对女方所生子女承担抚养监护义务。”[②]

---

① 参见江苏省启东市人民法院（2006）启民一初字第0558号民事判决书，载《中国审判案例要览》（2007年民事审判案例卷），第168-173页。另参见杨武忠、贾晓宁：《妻子偷偷堕胎离婚时遭丈夫索赔》，载《扬子晚报》2013年5月2日。

② 李遵礼、周燕：《夫妻意愿冲突时生育权的行使规则——张某某诉范某某人格权纠纷案》，载中国应用法学研究所主编：《人民法院案例选》2023年第2辑，人民法院出版社2023年版。

在生育权纠纷案中，动态系统论指导下的利益衡量方法可以将冲突利益分为两个层次：第一层次是男方积极生育权对应的利益，女方消极不生育权对应的利益；第二层次是男方积极生育权对应的私人利益，强迫女方积极生育会给女方身体健康权带来的损害，强迫女方积极生育会给女方以后的个人发展带来的不利影响。麦考密克曾经指出："我们有理由认为，在处理案件时，法官理应对摆在其面前的各种可供选择的裁判规则所可能造成的后果予以审慎考量，以权衡利弊。"① 遵照民法价值判断问题的实体性论证规则，没有足够充分且正当的理由不能限制民事主体的自由，在本案中双方权利对应的自由发生冲突，对权利背后对应利益进行取舍的过程中需要有限制一方利益的足够充分且正当的理由，笔者认为第二层次后面两项对应的女方私人利益背后反映的是与基本的法律价值相关联的私人利益这一社会公共利益，这足以构成对男方积极生育权进行限制的足够充分且正当的理由。也正是从这个意义上，《民法典婚姻家庭编司法解释一》第23条规定："夫以妻擅自中止妊娠侵犯其生育权为由请求损害赔偿的，人民法院不予支持；夫妻双方因是否生育发生纠纷，致使感情确已破裂，一方请求离婚的，人民法院经调解无效，应依照民法典第一千零七十九条第三款第五项的规定处理。"

在著名的"女方服用避孕药约定案"② 中则因为涉及基本人身自由这另一类社会公共利益而将其约定定性为情谊行为。该案中男方和同居的女友约定一定时期内不生育子女，并由女方服用避孕药物。后来女方未通知男方便私下停服避孕药，并怀孕，男方知悉后与女方分手，随后女方生下一子。男方认为由此女方对自己造成了损害，他与女方之前有关采取避孕措施的合同是有效的。结合德国联邦最高法院对该案的判决以及我国司法实务对生育权类似案件的裁判要旨③，笔者认为该案中的利益衡量可以如此展开：第一，存在男方的生育权，男方有权决定是否生育。④ 第二，女方的生育权也应受到保护，女方有生育的自由，也有不生育的自由。⑤ 第三，在该案中如果强加女方避孕的义务，会以不法的方式侵入其受法律保护的隐私领域，女方决定是否服用避孕药以防止怀孕的自由涉及其人格以及自主决定发展的最核心部分。第四，若支持男方损害赔偿之请求，则会对孩子及其母亲持续造成经济上和心灵上的沉重负担，这也有损孩子应有的人格尊严，不利于孩子的成长。第五，一般地看，女方在生育过程中所受负担更重，女方生育权的行使应该受到更优位的保护。有学者认为，在怀孕和分娩方面，两性之间存在着显著的不均衡。法律的形式平等，掩盖了这个所谓负担不均衡之差异。⑥《妇女权益保障法》第21条第3款规定："医疗机构施行生育手术、特殊检查或者特殊治疗时，应当

---

① [英] 尼尔·麦考密克：《法律推理与法律理论》，法律出版社2005年版，第125页。

② BGH, Urteil vom 17.04.1986 - IX ZR 200/85 (Düsseldorf). NJW 1986, 2043. 对该案例的中文翻译和评析，请参见邵建东编著：《德国民法总则编典型判例17则评析》，南京大学出版社2004年版，第1-19页。

③ 参见"李某诉启东市陈黄秀珍医院、王某霞生育权纠纷案"，江苏省启东市人民法院（2006）启民一初字第0558号民事判决书，载《中国审判案例要览》（2007年民事审判案例卷），第168-173页。与"女方服用避孕药约定案"不同的是，我国该案涉及的是女方消极不生育的自由，但两案利益衡量的实质是相同的。

④ 《人口与计划生育法》第17条规定："公民有生育的权利，也有依法实行计划生育的义务，夫妻双方在实行计划生育中负有共同的责任。"学界通说认为该条承认了男方的生育权。

⑤ 《妇女权益保障法》第51条第1款规定："妇女有按照国家有关规定生育子女的权利，也有不生育的自由。"

⑥ 参见 [日] 上野千鹤子：《近代家庭的形成和终结》（增订版），吴咏梅译，商务印书馆2022年版，第81页。

征得妇女本人同意；在妇女与其家属或者关系人意见不一致时，应当尊重妇女本人意愿。”综合上述利益衡量的过程，可以看到女方服用避孕药约定并不属于民事法律行为，而仅仅是德国学界通说对该案所定性的情谊行为，若强加女方服用避孕药的义务并承担违约等法律责任，则会对女方的基本人身自由乃至对孩子的人格尊严造成极大的损害，利益衡量上显失公平。而女方生育权背后的基本人身自由也属于与基本法律价值相联系的私人利益，应该归入社会公共利益的范畴。由此，该案中女方更应受到保护的价值判断结论就很容易得到了。将此类行为定性为情谊行为而非民事法律行为正是出于对基本人身自由这类社会公共利益保护的考虑，当事人的自主意思而非法律强制对此具有决定意义。对比来看，司法实践倾向于将类似涉及女方基本人身自由的协议认定为无效。①

至于生育子女的香火协议，这涉及当事人的生育权这一基本的人身自由，笔者认为其同样仅属于纯粹的情谊行为，法律不适合对其进行调整。一方面，就当事人双方之间的生育约定，虽然男女均享有生育权，但根据我国法院经典裁判所积累的经验②，发生生育权冲突时女方不生育的自由高于男方要求生育的生育权，毕竟女方在生育过程中所承担和所付出的更多，权利的适当倾斜是妥当的利益衡量结论，也符合民法价值判断问题上对弱者弱式意义上平等对待的要求。另一方面，就其他家庭成员与享有生育权的女方所作的香火协议，我国法院在司法实践中倾向于将此类涉及限制女方生育权这类基本人身自由的协议认定为无效。③ 实际上这类协议仅属情谊行为，根本不构成法律意义上的合同，更不必谈有效、无效问题，法律对此不必干涉。

（二）错误出生、错误怀孕与生育自主权

有学者认为，生育权属于宪法上的基本权利，不适合在具体民事案件裁判中直接适用。生殖器官受侵害型、配偶之间生育侵权型不必借助生育权概念，仅属于身体权、健康权受侵害或者配偶一方人格自由的范畴。不当出生、不当怀孕等侵犯生育自主权（Right of procreational autonomy）的案件，也可以以一般人格权或者其他人格利益受侵害作为请求权基础。④

《母婴保健法》第 18 条规定：“经产前诊断，有下列情形之一的，医师应当向夫妻双方说明情况，并提出终止妊娠的医学意见：（一）胎儿患严重遗传性疾病的；（二）胎

---

① 参见杨海：《该赔偿协议是否有效》，http：//xgxfy. chinacourt. org/public/detail. php？ id＝3765. 最后访问时间：2010 年 12 月 13 日。德国帝国法院早期的判决中曾有类似的裁判态度，如认定丈夫不再单独参加任何商业旅游或者娱乐消遣活动的夫妻协议无效，这就忽略了此类协议情谊行为的本性。Vgl. RGZ158. 294.（03. 11. 1938）.

② 参见“李某诉启东市陈黄秀珍医院、王某霞生育权纠纷案”，江苏省启东市人民法院（2006）启民一初字第 0558 号民事判决书，载《中国审判案例要览》（2007 年民事审判案例卷），第 168 - 173 页；“叶某明诉妻子朱某君擅自流产侵犯其生育权案”，浙江省宁波市余姚市人民法院（2006）余民一初字第 1633 号民事判决书；“殷某辉诉袁某轮应其妻的请求为其妻行终止妊娠手术侵犯生育权赔偿案”，载《人民法院案例选》2002 年第 1 辑。

③ 参见杨海：《该赔偿协议是否有效》，http：//xgxfy. chinacourt. org/public/detail. php？ id＝3765. 最后访问时间：2011 年 1 月 22 日。该案中丧偶妻子之公公李某与该妻子协议由后者生下遗腹子以传香火，否则要赔偿李某 3 万元人民币，此即所谓的“香火协议”。另参见张兆利：《公婆与儿媳的“香火协议”为何无效》，载《湖南农业》2006 年第 12 期。

④ 参见朱晓喆、徐刚：《民法上生育权的表象与本质——对我国司法实务案例的解构研究》，载《法学研究》2010 年第 5 期。

儿有严重缺陷的；（三）因患严重疾病，继续妊娠可能危及孕妇生命安全或者严重危害孕妇健康的。”据此，夫妻双方享有生育知情权和优生优育权。相应地，侵害夫妻生育知情权和优生优育权[①]等“其他人身权益”的侵权行为就对应为“错误出生”（Wrongful Birth），即夫妻因医方过错而不得不产下残障婴儿。与之类似，因医方或药商过错导致夫妻避孕失败或者引产失败从而产下婴儿的情形对应为“错误怀孕”（Wrongful Pregnancy/Conception）。错误怀孕与错误出生的区别是，前者产下的是健康婴儿，后者产下的是残障婴儿。从比较法上看，承认在错误出生案件中父母基于其优生优育权或堕胎权被侵害而产生的、因抚养残障婴儿而额外支出的赔偿请求权，已经渐渐成为一种趋势。从人格尊严及生命价值的角度看，残障婴儿并非损失，任何人不得单纯基于出生之事实而主张其受有损害，但基于残障婴儿出生而须额外支出的费用则属于损失。生育一个天生残障的婴儿对父母来说，也无疑是一种精神痛苦。[②]

在上海市高级人民法院参考性案例第 144 号“吴某诉陈某离婚纠纷案”[③] 中，法院认为：有关生育权的约定属于有关身份关系的协议，其效力判定应先适用该身份关系的法律规定；没有规定的，根据其性质参照适用《民法典》合同编的规定。同时，应结合婚姻家庭伦理、文明家风建设、社会主义核心价值观等，综合判断身份关系协议的效力。身份关系协议中有关生育意愿、生育方式、抚养义务的约定，不得违反法律规定，不得违背公序良俗，不得侵害儿童利益。关于在双方均具备生育条件且已生育的前提下，女方可与婚外第三方生子（买精后人工授精生育）的夫妻生育权协议，超越了社会公众的一般认知，有违社会生活中的善良风俗，应属无效约定。协议对于子女抚养权归属的约定，并未考虑是否有利于子女的健康成长，夫妻约定的关于抚养义务的免除也存在侵害子女利益的重大风险。

（三）单身女性生育权

为深入贯彻 2021 年 6 月 26 日《中共中央、国务院关于优化生育政策促进人口长期均衡发展的决定》，落实《人口与计划生育法》，进一步完善和落实积极生育支持措施，2022 年 7 月 25 日国家卫生健康委等部门发布《关于进一步完善和落实积极生育支持措施的指导意见》。社会保险法遵循权利和义务对等原则，只要履行了生育保险的缴费义务，未婚已育女性办理和领取生育津贴不需要结婚证。

2022 年 7 月，北京市朝阳区人民法院针对备受关注的“单身女性冻卵第一案”作出判决，驳回原告徐女士要求被告北京妇产医院为其提供冻卵服务的诉讼请求。原告在该

---

① 参见“云南省平安中西医结合医院与陈某凤医疗损害赔偿纠纷上诉案”，云南省昆明市中级人民法院（2007）昆民三终字第 854 号民事判决书。

② 参见张红：《错误出生的损害赔偿责任》，载《法学家》2011 年第 6 期。有法院在判决中指出，医院诊疗行为未能诊断出胎儿染色体异常，影响了胎儿父母作出是否终止妊娠的决定，侵害了父母优生优育选择权。法院支持父母不当出生之诉，判决医院赔偿医疗费、额外增加的护理费、特殊教育费、精神损害抚慰金等，但未支持婴儿不当生命之诉以尊重生命的价值。参见“曾某孟等诉中山大学附属第一医院医疗损害赔偿案”，广东省广州市中级人民法院（2009）穗中法少民终字第 266 号民事判决书，载《中国审判案例要览》（2011 年民事审判案例卷），中国人民大学出版社 2013 年版，第 351 - 357 页。

③ 上海市第一中级人民法院（2021）沪 01 民终 9422 号民事判决书。

案中选择的案由是“一般人格权纠纷”。如何看待单身女性的冻卵、延迟生育、人类辅助生殖技术、对单身女性能否实施人类辅助生殖技术等问题？婚姻是不是生育的前提？

2001年8月1日起施行的《人类辅助生殖技术管理办法》第3条规定：“人类辅助生殖技术的应用应当在医疗机构中进行，以医疗为目的，并符合国家计划生育政策、伦理原则和有关法律规定。”为保障我国正常的家庭伦理秩序及风俗，2003年6月，原卫生部（现国家卫生健康委）发布《关于修订人类辅助生殖技术与人类精子库相关技术规范、基本标准和伦理原则的通知》，该通知附件1“人类辅助生殖技术规范”中规定：“禁止给不符合国家人口和计划生育法规和条例的夫妇和单身妇女实施人类辅助生殖技术。”

国家卫生健康委2020年7月23日在《关于政协十三届全国委员会第三次会议第2049号（社会管理类144号）提案答复的函》中指出：“目前，以延迟生育为目的，为单身女性冻卵不符合我国法律法规有关规定。”

“丧偶女性要求试管婴儿胜诉案”以“医疗服务合同纠纷”案由审结，法院在该案中判决医院应当给单身女性实施试管婴儿手术。2020年，邹某玲因生育障碍与丈夫陈某到某医院实施试管婴儿辅助生育手术。当年11月24日，邹某玲夫妇与医院签订了冷冻胚胎协议。协议签订后，医院利用邹某玲的卵子和其丈夫的精子培育了四个胚胎并冷冻保存，等候邹某玲孕育条件成熟后进行移植。2021年5月，陈某不幸身故，邹某玲为了却丈夫遗愿、延续丈夫血脉，取得公婆的同意和支持，独自前往医院要求将胚胎植入体内孕育，却被医院方以不能为单身妇女实施辅助生殖技术为由拒绝。邹某玲将该医院诉至法院，请求判决医院继续履行人工辅助生殖技术医疗服务合同，为其实施胚胎移植手术。长沙市开福区人民法院于2022年4月判决医院继续为邹某玲实施胚胎移植手术，双方均未上诉。[①] 法院运用限缩解释方法认为，原卫生部“禁止给单身妇女实施人类辅助生殖技术”这一规定中的“单身妇女”应当指的是没有配偶的妇女，丧偶的妇女与之有本质区别。医院辩称，拒绝为原告实施胚胎移植手术是减少孩子在单亲家庭中成长的机会。法院认为，单亲家庭并不必然对孩子生理、心理、性格等产生严重影响。

完善国家生命登记管理制度，完善生育登记制度。生育登记，是指生育登记办理机构对登记人办理生育登记时出具生育登记凭证的行政行为。修订后于2022年5月1日起施行的《广东省卫生健康委生育登记管理办法》明确生育子女无须审批，生育登记取消结婚限制，生育登记不将是否结婚作为限制性条件，保障“未婚生孕”人群的权益，生育登记具有中立性、客观性和技术性，生育登记工作是完善人口监测体系、准确掌握生育状况及服务需求、及时提供生育服务的基础性工作。

（四）人体冷冻胚胎的归属

在“中国首例冷冻胚胎继承权纠纷案”中，两对失独父母争夺对子女的冷冻胚胎的监管权和处置权。2014年5月15日，一审法院判决认为，受精胚胎具有发展为生命的

---

① 参见“邹某玲诉某医院医疗服务合同纠纷案”，最高人民法院2023年1月12日发布的人民法院贯彻实施民法典典型案例（第二批）之五。

潜能，是含有未来生命特征的特殊之物，不能像一般之物一样任意转让或继承，故其不能成为继承权的标的。在我国现行法律对胚胎的法律属性没有明确规定的情况下，2014年9月17日，二审法院从伦理、情感和特殊利益保护三个方面阐述了支持失独老人获得子女冷冻胚胎监管权、处置权的理由。二审法院认为“双方父母与涉案胚胎亦具有生命伦理上的密切关联性”，又是“唯一关心胚胎命运的主体”，“应当是胚胎之最近最大和最密切倾向性利益的享有者”。本案所涉冷冻胚胎承载着生者对亡者的哀思寄托、精神慰藉、情感抚慰等人格利益。涉案胚胎由死者的双方父母监管和处置，既合乎人伦，亦可适度减轻其丧失子女之痛楚。胚胎是介于人与物之间的过渡存在，具有孕育成生命的潜质，比非生命体具有更高的道德地位，应受到特殊尊重与保护。当然，权利主体在行使监管权和处置权时，应当遵守法律且不得违背公序良俗和损害他人之利益。至于南京鼓楼医院在诉讼中提出，根据卫生部的相关规定，胚胎不能买卖、赠送和禁止实施代孕，但并未否定权利人对胚胎享有的相关权利，且这些规定是卫生行政管理部门对相关医疗机构和人员在从事人工生殖辅助技术时的管理规定，南京鼓楼医院不得基于部门规章的行政管理规定对抗当事人基于私法所享有的正当权利。① 也有学者主张，死者的双方父母对胚胎有继承权，但禁止其行使物的返还请求权，以有效防范其通过代孕将胚胎发展为人。②

人体冷冻胚胎返还，谁来受领？有法院引入履行辅助人制度以充分兼顾保障当事人合法行使权利和防范化解胚胎不法利用风险，胚胎权利人须提供经卫生行政部门审查批准的合法开展人类辅助生殖技术服务的医疗机构后，方可返还。刘先生和钟女士于2014年登记结婚。2019年1月，刘某夫妇与某医院签署了“知情同意书”，同意做全部胚胎冷冻，冷冻胚胎总数6枚。“知情同意书”中没有关于解除保存和返还的约定。2019年5月，钟女士在医院移植胚胎1枚，但未获成功，剩余5枚仍在医院进行保管。随后刘某夫妇表示不愿继续将冷冻胚胎保存在该医院，向法院起诉要求取回案涉5枚冷冻胚胎。广州市中级人民法院作出二审判决：在刘某夫妇提供经卫生行政部门审查批准的合法开展人类辅助生殖技术服务的医疗机构之日起5日内，医院向刘某夫妇指定的履行辅助人

---

① 参见“沈某南、邵某妹与刘某法、胡某仙、第三人南京鼓楼医院冷冻胚胎监管权和处置权纠纷案”，江苏省无锡市中级人民法院（2014）锡民终字第01235号民事判决书；吴靖、南泽昊：《去世夫妻遗留胚胎 父母寻求代孕产子》，载《新京报》2018年4月10日；刘虹：《首例冷冻胚胎案二审判决 胚胎由失独老人监管》，载无锡新传媒网2014年9月18日；刘晓莹：《中国首例冷冻胚胎继承权纠纷案二审宣判 失独老人获胚胎监管权》，载《科技日报》2014年9月18日；《全国首例“冷冻胚胎继承纠纷”案始末》，中央电视台《法治在线》2014年9月19日，http：//tv.cntv.cn/video/C10367/b69d95ac5dc245b2836dc1d806b7697b。人体冷冻胚胎究竟能不能作为民事法律关系的客体，实际属于纯粹民法学问题中的解释选择问题；更重要的是对人体冷冻胚胎的调整规则如监管权、处置权归属规则，这才是个民法价值判断问题。

在“全国首例男方废弃冷冻胚胎侵权赔偿案”中，南京市玄武区人民法院审理认定，张某单方废弃胚胎，构成了对王某身体权、健康权和生育知情权的侵害；且因胚胎为带有情感因素特殊的物，王某还存在精神上的损害。法院依法酌定张某赔偿王某抚慰金3万元。参见邓雯婷：《丈夫瞒着妻子废弃冷冻胚胎 被判赔偿3万元》，载《现代快报》2018年2月26日；赵兴武、隋文婷：《爱情没了，冷冻胚胎怎么办？法院认定男方废弃胚胎损害女方生育知情权 判赔3万元》，载《人民法院报》2018年2月27日，第3版。

② 参见纪海龙：《法教义学：力量与弱点》，载《交大法学》2015年第2期。

返还存放于其处的 5 枚人体冷冻胚胎。[①]

第三节　夫妻财产关系

夫妻财产关系以夫妻人身关系为基础和前提。夫妻财产制是夫妻财产关系的核心。夫妻财产制问题上身份法和财产法交叉，体现婚姻家庭法中夫妻平等、家庭共同体维护和保护交易安全等重要价值判断。“作为交织于财产法与身份法之间的法律制度，夫妻财产制是婚姻效力的重要内容，也是近现代家庭财产制的重心所在。”[②]“在个人主义理念强大的当下，财产法中大量的制度直接延伸至婚姻法，模糊了家庭生活与商业生活的差异。我国夫妻财产制度的精神气质应回归至以家庭命运共同体伦理性为依归，立法价值取向应从形式平等向实质正义转向。”[③]“家庭财产的法律图景不应仅以个人主义与功利主义为预设，削足适履以追求与民法财产法体系一致，而应兼顾家庭主义预设下的婚姻家庭法的伦理特性。”[④]

一、夫妻法定财产制

（一）以夫妻婚后所得归共同所有为原则

对中国古代家庭来说，同居共财绝不意味着直接的共有家产。“同居共财如果打个比方来说是使钱袋成为一个的生活。并且，这种情形是使中国的家成其为家的本质性的要素。”[⑤]“在中国的家，家族每个人的权利应该根据整体完备的继承理论才能准确地解释，在中国家族法研究上共有理论几乎无效。”[⑥]《民法典》第 1062 条规定：“夫妻在婚姻关系存续期间所得的下列财产，为夫妻的共同财产，归夫妻共同所有：（一）工资、奖金、劳务报酬；（二）生产、经营、投资的收益；（三）知识产权的收益；（四）继承或者受赠的财产，但是本法第一千零六十三条第三项规定的除外；（五）其他应当归共同所有的财产。”“夫妻对共同财产，有平等的处理权。”据此，我国法定财产制是婚后所得共同制，即除法律另有规定或者夫妻另有约定外，婚姻关系成立后夫妻一方或双方所得的财产为夫妻共同财产。[⑦]有学者认为：“夫妻双方婚后所得财产，属于共同共有而

---

① 参见黄嵩、张钊、闫馨蕙：《冷冻胚胎返还，谁来受领?》，载微信公众号“广州市中级人民法院”2023 年 12 月 19 日，https：//mp. weixin. qq. com/s/gex09F5sZqWqUGJtVIxHRg。

② 杨大文、龙翼飞主编：《婚姻家庭法》(第 8 版)，中国人民大学出版社 2020 年版，第 117 页（曹诗权教授执笔）。

③ 赵玉：《司法视域下夫妻财产制的价值转向》，载《中国法学》2016 年第 1 期，第 210 页。

④ 赵玉：《家庭财产功能主义的法律范式》，载《中国社会科学》2022 年第 8 期，第 90 页。

⑤ [日] 滋贺秀三：《中国家族法原理》，张建国、李力译，商务印书馆 2013 年版，第 310 页。

⑥ [日] 滋贺秀三：《中国家族法原理》，张建国、李力译，商务印书馆 2013 年版，第 464 页。

⑦ 参见陈翔：《学霸夫妻闹离婚 上千册书一本本分》，载《钱江晚报》2013 年 11 月 28 日。另参见：《82 岁老汉首次结婚被骗 对方每月拿钱后离开》，载《长江日报》2013 年 12 月 14 日。

非按份共有。"[①] 有学者认为：夫妻共同财产在婚姻存续期间为"潜在共有"，而非现实共有；只有发生离婚等事件时，潜在共有显在化，用以确定夫妻财产的清算。[②] 笔者认为夫妻婚后所得不限于劳动所得，也可以包括继承或者受赠与所得；这种"共同所有"包括但不限于《民法典》物权编中的共同共有，第 1062 条使用的是"共有所有"，而非"共同共有"。

夫妻一方以对方可继承的财产为夫妻共同财产、放弃继承损害夫妻共同财产利益为由主张对方放弃继承无效的，人民法院不予支持，但有证据证明放弃继承导致放弃一方不能履行法定义务的除外，法定义务包括但不局限于法定扶养义务。《民法典婚姻家庭编司法解释二》第 11 条规定："夫妻一方以另一方可继承的财产为夫妻共同财产、放弃继承侵害夫妻共同财产利益为由主张另一方放弃继承无效的，人民法院不予支持，但有证据证明放弃继承导致放弃一方不能履行法定扶养义务的除外。"

《民法典》婚姻家庭编的夫妻共同所有与物权编的共有（特别是共同共有）存在如下区别：

第一，权利客体不同。共同共有、按份共有属于所有权的特殊类型，以有体物为客体。《民法典》第 1062 条中夫妻共同所有的客体不局限于有体物，而是集合财产。

第二，权利类型不同。根据《民法典》第 299 条，共同共有人对共有的不动产或者动产共同享有所有权，共同共有是所有权的一种特殊形态。夫妻共同所有对应各种财产权形态，不局限于所有权。

第三，共有类型不同。《民法典》第 297 条区分按份共有和共同共有，夫妻共同所有包括但不限于共同共有。

第四，权利形成的原因不同。共同共有的形成原因法定，共同共有人须具有家庭关系等共同关系，强调类型强制。夫妻共同所有的形成原因是婚姻关系的存续。共同共有人之间的家庭关系不局限于婚姻关系，基于共同继承关系，多位继承人共同共有遗产，经由遗产分配程序，继承人可以取得对所继承遗产的单独权利。

第五，物权变动公示方法的贯彻程度不同。《民法典》物权编共有制度须遵循物权变动公示方法。夫妻法定财产制下，夫妻共同所有财产的判断标准是相关财产是否属于"夫妻在婚姻关系存续期间所得"。夫妻在婚姻关系存续期间所得的不动产，即便登记在一方名下，也不影响其属于夫妻共同所有。这属于《民法典》第 209 条第 1 款不动产物权登记的法定例外情形。

第六，内外部关系不同。《民法典》物权编既调整共有人之间的内部关系，也调整共有人和第三人之间的外部关系。第 1062 条规定夫妻共同所有，婚姻家庭编侧重规定夫妻对共同所有财产的内部关系。

第七，内部关系中的决策机制及是否存在日常家事代理权不同。《民法典》物权编

---

① 李永军主编：《中国民法学》（第 4 卷・婚姻继承），中国民主法制出版社 2022 年版，第 95 页（缪宇教授执笔）。

② 参见龙俊：《夫妻共同财产的潜在共有》，载《法学研究》2017 年第 4 期，第 28 页以下。

没有规定共同共有人之间的代理权，根据第 301 条，处分共有的财产以及对共有的财产作重大修缮、变更性质或者用途的，应当经全体共同共有人同意，共有人之间另有约定的除外。第 1062 条第 2 款规定夫妻对共同所有的财产有平等的处理权，第 1060 条规定夫妻日常家事代理权——夫妻一方因家庭日常生活需要而实施的处理共同所有财产的行为，对夫妻双方发生效力。

第八，共有财产分割机制不同。根据《民法典》第 303 条，共同共有人在共有的基础丧失或者有重大理由需要分割时可以请求分割。夫妻共同所有财产的分割要么发生在离婚时或者一方死亡时，要么发生在第 1066 条对应的情形下。根据《民法典婚姻家庭编司法解释一》第 38 条，婚姻关系存续期间，除《民法典》第 1066 条规定情形以外，夫妻一方请求分割共同财产的，人民法院不予支持。

夫妻婚后所得归共同所有这一法定财产制背景下，判断相应财产归属的关键是财产来源，而不是公示方法。根据《民法典》第 1062 条属于夫妻共同所有的财产，但仅登记在一方名下、子女名下或者由一方占有，此时物权公示方法的推定力不再发挥作用。这构成《民法典》第 209 条第 1 款、第 224 条“法律另有规定的”除外情形。《妇女权益保障法》第 66 条规定：“妇女对夫妻共同财产享有与其配偶平等的占有、使用、收益和处分的权利，不受双方收入状况等情形的影响。”“对夫妻共同所有的不动产以及可以联名登记的动产，女方有权要求在权属证书上记载其姓名；认为记载的权利人、标的物、权利比例等事项有错误的，有权依法申请更正登记或者异议登记，有关机构应当按照其申请依法办理相应登记手续。”

夫妻法定财产制符合婚姻身份共同体的要求，有利于实现夫妻在婚姻家庭中法律地位平等。“夫妻共同财产制是一种保护政策，保护了夫妻关系中无经济能力一方的利益，尤其是家庭主妇的利益，具有社会法性质。”①

《民法典婚姻家庭编司法解释一》第 24 条规定：“民法典第一千零六十二条第一款第三项规定的‘知识产权的收益’，是指婚姻关系存续期间，实际取得或者已经明确可以取得的财产性收益。”认定知识产权收益是否属于夫妻共同财产的关键是收益取得的时间，而非知识产权取得的时间。《民法典婚姻家庭编司法解释一》第 25 条规定：“婚姻关系存续期间，下列财产属于民法典第一千零六十二条规定的‘其他应当归共同所有的财产’：（一）一方以个人财产投资取得的收益；（二）男女双方实际取得或者应当取得的住房补贴、住房公积金；（三）男女双方实际取得或者应当取得的基本养老金、破产安置补偿费。”《民法典婚姻家庭编司法解释一》第 27 条规定：“由一方婚前承租、婚后用共同财产购买的房屋，登记在一方名下的，应当认定为夫妻共同财产。”

《民法典婚姻家庭编司法解释一》第 26 条规定：“夫妻一方个人财产在婚后产生的收益，除孳息和自然增值外，应认定为夫妻共同财产。”按照物权法的思路，夫妻一方个人财产产生的租金收益，原则上应当归属于夫妻一方。该条没有严格贯彻物权法的思

---

① 夏吟兰主编：《婚姻家庭继承法》，中国政法大学出版社 2012 年版，第 100 页。

路，而是将夫妻一方个人房屋婚后产生的租金认定为经营性收益，从而属于夫妻共同财产。[①]《民法典婚姻家庭编司法解释一》第26条的“孳息”与《民法典》第321条的“孳息”同词异解。对《民法典婚姻家庭编司法解释一》第26条所规定的“孳息”应该作目的性限缩解释，限缩为非投资、非经营等劳动行为所获收益。[②]

对夫妻一方个人财产在婚后通过生产、经营或者投资行为等人为努力产生的主动增值属于夫妻共同财产，例如婚前一方个人房屋婚后出租获取的租金属于夫妻共同财产。婚前购买的个人房产，但房屋婚后出租取得的收益，并非孳息和自然增值，这些租金应认定为夫妻共同财产。财产性收益一般包含孳息、投资性经营收益及自然增值三类。关于房租的收益属性，要注意房屋租金与存款利息不同，前者是由市场的供求规律决定的，并且与房屋本身的管理状况紧密相连，其获得收益往往需要投入更多的管理或劳务，因此可以作为投资性经营收益看待，产生的租金收益应当根据法律规定认定为夫妻共同财产。[③] 类似地，婚前购买的股票属于婚前个人财产，婚后持续经营公司，使该股票增益，增加的利益应该属于夫妻共同财产。

夫妻一方在婚姻关系存续期间被授予的股票期权，行权后所得收益归谁？在一起夫妻离婚后股票期权所得收益分割之诉中，法院认为，夫妻一方在婚姻关系存续期间被授予的股票期权，在双方婚姻关系存续期间行使期权取得的收入，属于与夫妻一方任职、受雇有关的所得，应视为“工资、奖金、劳务报酬”的范畴，构成夫妻共同财产，在双方离婚时依法应予以分割。员工股票期权实际构成了公司对员工劳动付出的一项报酬，股票期权所得应属于夫妻共同财产范围。如婚前持有股票期权，离婚后行权之收益要分段讨论，有“期权取得后至结婚前”期间对应的收益部分、“婚姻期间”对应的收益部分以及“离婚后至行权前期间”对应的收益部分，其中，婚姻期间对应的收益部分，应为夫妻共同财产。[④]

夫妻一方转让登记在自己名下的有限责任公司股权，另一方以未经其同意侵害夫妻共同财产利益为由请求确认转让合同无效的，人民法院不予支持，但有证据证明转让人与受让人恶意串通损害另一方合法权益的除外。《民法典婚姻家庭编司法解释二》第9条规定：“夫妻一方转让用夫妻共同财产出资但登记在自己名下的有限责任公司股权，另一方以未经其同意侵害夫妻共同财产利益为由请求确认股权转让合同无效的，人民法院不予支持，但有证据证明转让人与受让人恶意串通损害另一方合法权益的除外。”

夫妻以共同财产投资有限责任公司，并均登记为股东，双方对该部分股权的归属没有约定归各自所有，离婚时，一方请求按照企业登记的持股比例分割的，人民法院不予支持，并依据《民法典》第1087条的规定处理。

① 参见缪宇：《夫妻共同财产制规则蕴含的价值判断——对〈婚后资本所得归属的原理与规则〉一文的评议》，载王洪亮、张双根、张谷、朱庆育、田士永主编：《中德私法研究（22）：夫妻财产制》，北京大学出版社2023年版，第61-62页。

② 参见吴晓芳：《〈婚姻法〉司法解释（三）适用中的疑难问题探析》，载《法律适用》2014年第1期。

③ 参见王梦茜：《夫妻一方婚前购房，婚后房租该归谁?》，载《人民法院报》2019年5月18日，第3版。

④ 参见刘铠溪：《夫妻一方在婚姻关系存续期间被授予的股票期权，行权后所得收益归谁?》，载微信公众号“北京市第三中级人民法院”2022年12月26日，https：//mp.weixin.qq.com/s/yFqSlLv5b0BVDBkqplTltA。

（二）以夫妻婚后所得归个人所有为例外

夫妻法定财产制除夫妻婚后所得共同财产制之外，还包括夫妻法定个人特有财产制。《民法典》第 1063 条规定："下列财产为夫妻一方的个人财产：（一）一方的婚前财产；（二）一方因受到人身损害获得的赔偿或者补偿；（三）遗嘱或者赠与合同中确定只归一方的财产；（四）一方专用的生活用品；（五）其他应当归一方的财产。"夫妻婚后所得推定为以共同所有为原则，主张为个人所有的则须负担举证责任。夫妻婚后所得无法确定为共同所有还是个人所有的，应被认定为共同所有。"基于夫妻婚后所得共同制与家事代理权等缘由，仅将夫妻一方列为遗嘱继承人或赠与合同受赠人而未有其他意思表示，则其所取得的财产难以被认定为个人财产。"①

《民法典婚姻家庭编司法解释一》第 30 条规定："军人的伤亡保险金、伤残补助金、医药生活补助费属于个人财产。"第 31 条规定："民法典第一千零六十三条规定为夫妻一方的个人财产，不因婚姻关系的延续而转化为夫妻共同财产。但当事人另有约定的除外。"婚后夫妻一方用个人财产购买房屋，该房屋及自然增值仍属于个人财产。

《民法典婚姻家庭编司法解释一》第 78 条规定："夫妻一方婚前签订不动产买卖合同，以个人财产支付首付款并在银行贷款，婚后用夫妻共同财产还贷，不动产登记于首付款支付方名下的，离婚时该不动产由双方协议处理。""依前款规定不能达成协议的，人民法院可以判决该不动产归登记一方，尚未归还的贷款为不动产登记一方的个人债务。双方婚后共同还贷支付的款项及其相对应财产增值部分，离婚时应根据民法典第一千零八十七条第一款规定的原则，由不动产登记一方对另一方进行补偿。"该条源自《婚姻法司法解释三》第 10 条。② 该规定"并未彻底贯彻财产法的思路。这是因为，倘若严格遵循财产法的思路，那么，另一方仅对夫妻一方享有债权，无法参与分享房屋的增值"③。

一人婚前付款签订购房合同，婚后办下房产证，这是其个人财产还是夫妻共同财产？笔者认为，这关系到不动产物权变动公示公信原则的适用范围，针对的是基于民事法律行为特别是合同行为引起的物权变动。夫妻之间，不管是婚后共同财产登记在一方名下，还是婚前一方所得婚后才登记在该方名下，对真实物权归属的判断，都应该遵循"实事求是"的原则，不能根据公示外观作形式判断。简单说，公示公信原则是有适用的语境范围的，不是漫无边界的。

---

① 陈汉：《资本市场中的家事法》，首都经济贸易大学出版社 2022 年版，第 85 页。另参见：《上海独生女继承 2 亿遗产后被离婚，补充诉讼要求分割遗产》，https：//www.163.com/news/article/IKQO8MNU0001899O.html。

② 民法学界对《婚姻法司法解释三》第 10 条批评较多。参见梁慧星：《民法立法和理论的若干问题》，北京理工大学法学院 2013 年 12 月 3 日学术讲座，http：//www.iolaw.org.cn/showArticle.asp？id=3864；石佳友：《法典化的智慧——波塔利斯、法哲学与中国民法法典化》，载《中国人民大学学报》2015 年第 6 期。

③ 缪宇：《夫妻共同财产制规则蕴含的价值判断——对〈婚后资本所得归属的原理与规则〉一文的评议》，载王洪亮、张双根、张谷、朱庆育、田士永主编：《中德私法研究（22）：夫妻财产制》，北京大学出版社 2023 年版，第 61 页。

二、夫妻约定财产制

（一）夫妻财产约定优先于法定财产制适用

夫妻财产约定并非纯粹的财产合同，而是以身份关系为前提，兼具身份和财产双重属性。夫妻财产约定属于《民法典》第464条第2款规定的身份关系协议，属于双方民事法律行为。有学者认为，夫妻财产归属约定是以家事伦理为基础的“家事补偿”。①

夫妻财产约定有优先于法定财产制的效力，法定财产制则为补充性或者推定性的夫妻财产制，法定财产制处于补充适用地位。夫妻双方没有作出财产制约定或者约定无效时，方适用法定财产制。

夫妻财产约定或称夫妻约定财产制，是指对婚姻关系存续期间所得的财产以及婚前财产，夫妻作出的归各自所有、共同所有或者部分各自所有、部分共同所有的具有法律约束力的身份关系协议。《民法典》第1065条是关于夫妻约定财产制的规定，明确了分别财产制、共同财产制和混合财产制三种可供夫妻双方约定选择的婚姻财产制，属于选择式约定财产制。《民法典》第1065条规定：“男女双方可以约定婚姻关系存续期间所得的财产以及婚前财产归各自所有、共同所有或者部分各自所有、部分共同所有。约定应当采用书面形式。没有约定或者约定不明确的，适用本法第一千零六十二条、第一千零六十三条的规定。”“夫妻对婚姻关系存续期间所得的财产以及婚前财产的约定，对双方具有法律约束力。”“夫妻对婚姻关系存续期间所得的财产约定归各自所有，夫或者妻一方对外所负的债务，相对人知道该约定的，以夫或者妻一方的个人财产清偿。”《民法典婚姻家庭编司法解释一》第37条规定：“民法典第一千零六十五条第三款所称‘相对人知道该约定的’，夫妻一方对此负有举证责任。”

根据《民法典》第1065条第2款，夫妻对婚姻关系存续期间所得的财产以及婚前财产的约定，对双方具有法律约束力。夫妻财产约定导致物权设立、变更、转让或者消灭的，该约定生效时在夫妻之间直接发生物权变动效力，未经法定公示方法，不得对抗善意第三人。《民法典》第1065条夫妻财产约定也属构成《民法典》第209条第1款、第224条“法律另有规定的”除外情形。

夫妻财产约定须明确，不能推定，有限责任公司股东名册或者公司章程记载的持股比例不是夫妻财产约定。《民法典婚姻家庭编司法解释二》第10条规定：“夫妻以共同财产投资有限责任公司，并均登记为股东，双方对相应股权的归属没有约定或者约定不明确，离婚时，一方请求按照股东名册或者公司章程记载的各自出资额确定股权分割比例的，人民法院不予支持；对当事人分割夫妻共同财产的请求，人民法院依照民法典第一千零八十七条规定处理。”类似地，不能将房产产权登记情况直接认定为夫妻对房产

① 参见陈永强：《夫妻财产归属约定的法理明晰及规则适用》，载《中国法学》2022年第2期，第109-110页。

的财产约定。

（二）夫妻财产约定与夫妻间赠与

婚姻存续期间，夫妻双方签订书面协议约定将一方婚前个人所有的财产归夫妻共同共有，属于《民法典》第 1065 条第 1 款规定的夫妻婚内财产约定，对夫妻双方均有约束力，并不因是否完成物权变动公示方法而影响其效力。此种夫妻婚内财产约定在性质上属于《民法典》第 1065 条第 1 款规定的夫妻婚内财产约定中的混合财产制。故在此情形下，应适用《民法典》第 1065 条第 2 款的规定，确认该约定对夫妻双方均具有法律约束力，而不应适用《民法典婚姻家庭编司法解释一》第 32 条赋予赠与方对赠与合同的任意撤销权。①

《民法典婚姻家庭编司法解释一》第 32 条对《民法典》第 1065 条作限缩解释。《民法典婚姻家庭编司法解释一》第 32 条规定："婚前或者婚姻关系存续期间，当事人约定将一方所有的房产赠与另一方或者共有，赠与方在赠与房产变更登记之前撤销赠与，另一方请求判令继续履行的，人民法院可以按照民法典第六百五十八条的规定处理。"该条仅适用于夫妻一方将其个人所有的房产赠与另一方个人所有或者共有的情形，适用情形具有法定限制性。此种约定不属于上述《民法典》第 1065 条规定的财产约定类型的任何一种，因此不应适用《民法典》第 1065 条，而应当适用《民法典》物权编和合同编的一般规定进行处理。例如，离婚时约定房子归男方，复婚时又协议该房产为夫妻共同财产，但该房产一直登记在开发商名下，复婚后案涉房产并未过户至女方名下或者男女双方名下，且后来男方明确要求将该房产从开发商名下过户至自己名下，表明其不再履行赠与的承诺。这符合《民法典婚姻家庭编司法解释一》第 32 条规定的情形，属于夫妻间赠与，赠与方在赠与房产变更登记之前可以撤销赠与。②

司法实践中存在区分夫妻财产约定与夫妻间赠与的难题。

例如，男方于婚前全款购房，即使房产证于婚后办理下来，也是属于男方的婚前个人财产。但是如果男方在婚内对房产进行了处分，转归夫妻共有，实质上是婚内的房产赠与行为，并且完成了登记手续，已经是夫妻共同财产。如果夫妻双方对该房产未约定份额，那么在离婚时双方一般是等额分割。若双方对该房产的所有权约定了份额，该约定系双方真实意思表示，双方应当按照约定的份额享有对该房屋的所有权。在某案件中，男方婚前全款买房，婚后办完房产证，之后夫妻双方去房管局给女方在房屋上加名，并登记为按份共有，妻子享有 99%的份额，离婚时，也应该按照按份共有进行分割。

又如，夫妻婚内协议将婚后共同财产中的房产约定归一方个人所有，即使未办物权转移登记，该方也可依约取得所有权。2012 年，石某与陈某签署婚内协议，约定共有房产归石某所有，离婚时石某取得房产并偿还抵押贷款。2014 年，双方离婚诉讼中，关于

---

① 参见"北京法院参阅案例第 18 号：孙某诉刘某离婚纠纷案"，北京市高级人民法院 2015 年 3 月 10 日发布。

② 参见邱观玉：《离婚又复婚，"夫妻财产约定"效力如何?》，载微信公众号"如皋市人民法院"2022 年 11 月 29 日，https://mp.weixin.qq.com/s/CHXggTaE-6tlz7CPUhK11Q。

该约定效力成为争议焦点。陈某主张该赠与未办物权登记，故其可行使撤销权。依法律规定，婚前或婚姻关系存续期间，当事人约定将一方所有房产赠与另一方，赠与方在赠与房产变更登记前可撤销赠与。而本案婚内协议系双方对婚姻期间所得夫妻共同财产进行的约定，而非一方将个人房产给予另一方的单纯赠与行为，双方签订协议后房产归石某所有，陈某不享有房产赠与撤销权。法院判决案涉房屋归石某所有，剩余房款由石某负责偿还。总之，夫妻双方通过签订婚内协议将婚后共同财产约定归一方个人所有的，属夫妻共同财产约定，即使未办物权转移登记，亦不影响一方依协议取得其中所有权。[①]

（三）基于婚姻赠与房屋并非夫妻财产约定

婚前或者婚姻关系存续期间，当事人约定将一方所有的房产赠与另一方或者共有，不属于夫妻财产约定，赠与方在赠与房产转移登记之前享有任意撤销权。《民法典》赠与合同的有关规定和《民法典婚姻家庭编司法解释一》第 32 条存在法律漏洞，具体如下：

第一，在赠与房产转移登记之后，赠与方是否就没有任何反悔的可能？婚前或者婚姻关系存续期间，当事人约定将一方所有的房产赠与另一方或者共有，属于基于婚姻赠与房产，不是夫妻财产约定，不是附条件赠与，而是目的性赠与，以婚姻永久共同生活为目的。基于婚姻赠与房产，房产变更登记完毕后，当事人旋即离婚，此种短婚情形下如果不支持赠与方请求返还财产，则有悖目的性赠与的性质，不利于遏制变相借婚姻索取财物的行为，对赠与方不公平。为此，《民法典婚姻家庭编司法解释二》第 5 条第 2 款规定："婚前或者婚姻关系存续期间，一方将其所有的房屋转移登记至另一方或者双方名下，离婚诉讼中，双方对房屋归属或者分割有争议且协商不成的，如果婚姻关系存续时间较短且给予方无重大过错，人民法院可以根据当事人诉讼请求，判决该房屋归给予方所有，并结合给予目的，综合考虑共同生活及孕育共同子女情况、离婚过错、对家庭的贡献大小以及离婚时房屋市场价格等因素，确定是否由获得房屋一方对另一方予以补偿以及补偿的具体数额。"

2025 年 1 月 15 日，最高人民法院举行新闻发布会，发布《最高人民法院关于适用〈中华人民共和国民法典〉婚姻家庭编的解释（二）》及典型案例。案例一：一方在结婚后将其婚前房产为另一方"加名"，离婚分割夫妻共同财产时，人民法院可以判决房屋归给予方所有，并综合考虑共同生活情况等因素合理补偿对方——"崔某某与陈某某离婚纠纷案"。崔某某与陈某某（男）于 2009 年 1 月登记结婚。2009 年 2 月，陈某某将其婚前购买的房屋转移登记至崔某某、陈某某双方名下。陈某某为再婚，与前妻育有一女陈某。崔某某与陈某某结婚时，陈某 15 岁，平时住校，周末及假期回家居住。崔某某与陈某某未生育子女。2020 年，双方因家庭矛盾分居，崔某某提起本案诉讼，请求判决其与陈某某离婚，并由陈某某向其支付房屋折价款 250 万元。陈某某辩称：因崔某某与

---

① 参见"师某丽诉陈某离婚纠纷案——夫妻约定共有房产归一方所有，无需物权转移登记即产生法律效力"，北京市第三中级人民法院（2014）三中民终字第 06092 号民事判决书，载《人民法院案例选》2015 年第 4 期，第 89－94 页。

其女儿陈某关系紧张，超出其可忍受范围，双方感情已破裂，同意离婚。崔某某对房屋产权的取得没有贡献，而且，婚后陈某某的银行卡一直由崔某某保管，家庭开销均由陈某某负担，故只同意支付100万元补偿款。诉讼中，双方均认可案涉房屋市场价值600万元。法院认为，崔某某与陈某某感情破裂，准许二人解除婚姻关系。案涉房屋系陈某某婚前财产，陈某某于婚后为崔某某“加名”系对个人财产的处分，该房屋现登记为共同共有，应作为夫妻共同财产予以分割。至于双方争议的房屋分割比例，该房屋原为陈某某婚前个人财产，崔某某对房屋产权的取得无贡献，但考虑到双方婚姻已存续十余年，结合双方对家庭的贡献以及双方之间的资金往来情况，酌定崔某某可分得房屋折价款120万元。[①]

第二，在赠与房产转移登记之前，赠与方享有任意撤销权，是否存在例外？如果当事人长期共同生活，只是未办理房产转移登记，如果对赠与方的任意撤销权不加任何限制，反过来对接受赠与方不公平。为此，《民法典婚姻家庭编司法解释二》第5条第1款规定：“婚前或者婚姻关系存续期间，当事人约定将一方所有的房屋转移登记至另一方或者双方名下，离婚诉讼时房屋所有权尚未转移登记，双方对房屋归属或者分割有争议且协商不成的，人民法院可以根据当事人诉讼请求，结合给予目的，综合考虑婚姻关系存续时间、共同生活及孕育共同子女情况、离婚过错、对家庭的贡献大小以及离婚时房屋市场价格等因素，判决房屋归其中一方所有，并确定是否由获得房屋一方对另一方予以补偿以及补偿的具体数额。”

第三，婚前或者婚姻关系存续期间，一方将其所有的房产转移登记至另一方或者双方名下，赠与人有证据证明受赠人存在欺诈、胁迫或者《民法典》第663条规定等情形，赠与人享有法定撤销权。为此，《民法典婚姻家庭编司法解释二》第5条第3款规定：“给予方有证据证明另一方存在欺诈、胁迫、严重侵害给予方或者其近亲属合法权益、对给予方有扶养义务而不履行等情形，请求撤销前两款规定的民事法律行为的，人民法院依法予以支持。”

需要注意的是，婚前或者婚姻关系存续期间，一方将其所有的房产给予另一方，《民法典婚姻家庭编司法解释二》第5条有意识使用“给予”而非“赠与”，这并不意味着基于婚姻一方将其个人所有的房产给予另一方就不是赠与，只是说赠与合同的有关规定在面对夫妻间赠与纠纷时需要作必要的目的性限缩等变通调适，这本质上是参照适用，而非简单补充适用。没有必要在赠与合同之外，另起炉灶，新造“夫妻间给予房产”“基于婚姻给予房产”这类新工具。

（四）有些忠诚协议构成附生效条件的夫妻财产约定

从体系解释和目的解释角度看，夫妻财产约定可以附条件。忠诚协议本身是一个需要类型化的概念，常见形态包括婚前恋爱合同、“空床费”协议、违反忠实义务时的损害赔偿约定等。笔者曾将这些忠诚协议一并归入当事人彼此之间不具有受法律约束意思

---

① 参见《涉婚姻家庭纠纷典型案例》，最高人民法院新闻局2025年1月15日发布，https：//www.court.gov.cn/zixun/xiangqing/452761.html。

的身份情谊行为，否定民事法律行为规则适用的可能。[①] 现在对该观点仍然基本坚持，但类型化的确有所不足，笔者认为有些忠诚协议实际上属于附生效条件的夫妻财产约定。如夫妻之间约定一方出轨、实施家庭暴力等即产生婚姻关系存续期间所得的某些财产（该方应然份额）以及婚前某些个人财产转移归对方所有，可将此类忠诚协议认定为附生效条件的夫妻财产约定。理由如下：

第一，《民法典》婚姻家庭编对此类忠诚协议未作规定，可以补充适用《民法典》第 143 条关于民事法律行为一般有效要件的规定，以及该法第 158 条附条件民事法律行为制度。此类忠诚协议实际上用附生效条件的财产关系安排来防范化解可能的婚姻忠诚危机。

第二，夫妻财产约定附条件，并不违背此类约定的身份关系协议性质，不损及身份关系本身的稳定性，实际上是对《民法典》第 1065 条与第 158 条作体系解释。当然，如果立法上能将该体系解释结论增加为《民法典》第 1065 条中的一款，使其处于第 2 款和第 3 款之间，会更清晰、更能发挥行为指引和裁判规范功能："夫妻对婚姻关系存续期间所得的财产以及婚前财产的约定，可以附条件，附生效条件的财产约定在所附条件成就时生效。"

第三，将夫妻一方出轨作为对其不利的财产变动生效要件，这不违反《民法典》第 1043 条第 2 款前一分句"夫妻应当互相忠实，互相尊重，互相关爱"的法价值导向；此类约定是对婚姻不忠实行为的规制，不违反法律，也不违背公序良俗。[②] 此类忠诚协议以财产变动为核心内容，以婚姻不忠实行为为生效要件，以维护婚姻忠实和婚姻关系稳定为根本目的，是以财产关系为核心内容的身份关系协议，并没有不当限制他人的结婚自由、离婚自由等人身自由。

第四，忠诚协议是否必须以离婚为实施的前提？根据《民法典》第 1091 条、《民法典婚姻家庭编司法解释一》第 87 条第 2 款和第 3 款的规定，只有协议离婚后或者诉讼离婚时才能提起离婚损害赔偿诉讼，离婚是此类案件的前置程序。构成附生效条件夫妻财产约定的忠诚协议，不等同于离婚损害赔偿，除非当事人有特别约定[③]，否则不应以离婚为前提。婚内提起的忠诚协议履行之诉，仍以挽救婚姻、维持婚姻关系存续为最终目的，应该予以认可，不能将忠诚协议与离婚财产分割协议混同。有学者认为："通常情况下，凡夫妻在'不忠行为'尚未发生时签署的双方不为一定的行为，否则违反者要承担一定后果的协议，即使协议内容或文字表述为损害赔偿或离婚财产分割等，其性质均应为违约责任协议。"[④] 笔者认为，如果忠诚协议中包含损失费、赔偿款等精神损害赔偿

① 参见王雷：《论身份情谊行为》，载《北方法学》2014 年第 4 期，第 21－24 页。

② 法院通常会认为，忠诚协议约定青春损失费因违反公序良俗而不应得到法律支持。参见"王某与赵某离婚财产分割纠纷案"，河南省新郑市人民法院（2008）新民初字第 1600 号民事判决书，载《人民司法·案例》2009 年第 22 期。

③ 夫妻特别约定以离婚为前提的忠诚协议，实际上是附生效条件的夫妻财产约定和离婚财产分割协议的结合，从法律定性上看，可将之归入离婚财产分割协议。参见"杨某与张某离婚纠纷案"，上海市长宁区人民法院（2015）长民四（民）初字第 161 号民事判决书。

④ 孙若军、封子路：《〈民法典〉视角下夫妻忠实协议的法律效力》，载《法律适用》2023 年第 4 期，第 74 页。

内容，则应该适用《民法典》第 1091 条。[①] 而在离婚精神损害赔偿责任的确定上，人民法院可以根据民事侵权精神损害赔偿数额的确定原则，结合双方忠诚协议中对精神损害赔偿的约定及当地社会经济水平确定精神损害赔偿数额。[②]

第五，对“净身出户”的忠诚协议，须另作分析。《民法典》第 1065 条第 1 款第一句的规定，“男女双方可以约定婚姻关系存续期间所得的财产以及婚前财产归各自所有、共同所有或者部分各自所有、部分共同所有。”据此，法律对夫妻财产约定列举了三种形态，无法得出夫妻可以约定婚姻关系存续期间所得的财产以及婚前财产“全部归对方所有”的结论，实际上也是排除了“净身出户”这种“全有全无”式的约定，不宜认定“净身出户”的忠诚协议有法律约束力，以免利益安排对一方过于不利。[③] 这也可以看作是《民法典》第 151 条显失公平规则在夫妻财产约定问题上的适用。夫妻之间约定一方出轨即产生相应婚姻关系存续期间所得的房产或者婚前该方个人房产转移归对方所有，或者婚前该方个人房产转移归夫妻共有的忠诚协议，完全可以被《民法典》第 1065 条规定的“部分各自所有、部分共同所有”所涵括。

三、婚姻关系存续期间夫妻共同财产的分割

夫妻共同财产这种共同所有关系以共同共有最为典型。共同共有人在共有关系存续期间，一般不得请求分割共同财产。只要共同共有关系存在，共有人对共同财产就无法划分各自的份额，无法确定哪个部分属于哪个共有人所有；只有在共同共有关系终止、共同财产分割以后，才能确定各共有人的份额。但在婚姻关系存续期间，绝对不允许分割夫妻共同财产，夫妻一方只能眼看着对方随意处分夫妻共同财产而无可奈何，其结果就可能有悖公平原则[④]，不利于夫妻一方及时止损。

《民法典》第 303 条第一句第二分句就共同共有关系中共有物的分割规定：“没有约定或者约定不明确的，……共同共有人在共有的基础丧失或者有重大理由需要分割时可以请求分割。”《民法典》第 1066 条规定婚姻关系存续期间夫妻有权请求分割共同财产的情形，属于列举规定、例外规定，对应变更之诉：“婚姻关系存续期间，有下列情形之一的，夫妻一方可以向人民法院请求分割共同财产：（一）一方有隐藏、转移、变卖、毁损、挥霍夫妻共同财产或者伪造夫妻共同债务等严重损害夫妻共同财产利益的行为；（二）一方负有法定扶养义务的人患重大疾病需要医治，另一方不同意支付相关医疗费用。”婚姻关系存续期间夫妻共同财产的法定分割并不意味着从此不再适用婚后所得共同制、改采约定财产制，是否通过约定财产制改变婚后所得共同制取决于夫妻合意。

---

① 参见“宋某州诉宋某敏离婚纠纷案”，河南省平顶山市新华区人民法院（2008）新民初字第 395 号民事判决书，载《人民法院案例选》2009 年第 5 辑。

② 参见“胡某甲与叶某离婚纠纷案”，浙江省金华市中级人民法院（2014）浙金民终字第 723 号民事判决书。

③ 类似地，有法院基于利益平衡考虑，作出过变更夫妻财产约定的判决，避免夫妻全部财产都归一方所有。参见“仇某与张某离婚纠纷案”，江苏省南京市中级人民法院（2013）宁民终字第 2967 号民事判决书。

④ 参见《全国首例夫妻关系存续期间分割财产案》，载《民主与法制》2012 年第 34 期。

根据《民法典》第 1066 条，一方负有法定扶养义务的人患重大疾病需要医治，另一方不同意支付相关医疗费用，婚姻关系存续期间，夫妻一方有权起诉请求分割夫妻共同财产。本着举轻以明重的解释方法，一方患重大疾病需要医治，另一方不同意支付相关医疗费用，婚姻关系存续期间，夫妻一方同样有权起诉请求分割夫妻共同财产。

《民法典婚姻家庭编司法解释二》第 6 条和第 7 条对适用《民法典》第 1066 条的情形作了具体例示。根据《民法典婚姻家庭编司法解释二》第 6 条，夫妻一方未经另一方同意，在网络直播平台用夫妻共同财产打赏，数额明显超出其家庭一般消费水平，严重损害夫妻共同财产利益的，可以认定为《民法典》第 1066 条规定的“挥霍”。根据《民法典婚姻家庭编司法解释二》第 7 条，夫妻一方为重婚、与他人同居以及其他违反夫妻忠实义务等目的，将夫妻共同财产赠与他人或者以明显不合理的价格处分夫妻共同财产，可以认定该方存在《民法典》第 1066 条规定的“转移”“变卖”夫妻共同财产、严重损害夫妻共同财产利益的行为。

四、夫妻日常家事代理权

（一）夫妻对共同财产的平等处理权是日常家事代理权的前提

中国古代家庭家务管理的权能及职责属于家长，通常是直系尊属如家父作为家长。家长常被称为“当家”，有家庭就有“当家”，“当家”掌管家里的钱袋。① 夫妻对共同财产，有平等的处理权。这是现代家庭夫妻日常家事代理权的制度前提。夫妻日常家事代理权主要产生财产法上的效果，使得夫妻在家庭日常生活事务处理上“同甘共苦”，维持夫妻共同体。《民法典》第 1062 条第 2 款规定：“夫妻对共同财产，有平等的处理权。”《婚姻法司法解释一》第 17 条曾规定：“婚姻法第十七条关于‘夫或妻对夫妻共同所有的财产，有平等的处理权’的规定，应当理解为：（一）夫或妻在处理夫妻共同财产上的权利是平等的。因日常生活需要而处理夫妻共同财产的，任何一方均有权决定。（二）夫或妻非因日常生活需要对夫妻共同财产做重要处理决定，夫妻双方应当平等协商，取得一致意见。他人有理由相信其为夫妻双方共同意思表示的，另一方不得以不同意或不知道为由对抗善意第三人。”

夫妻日常家事代理权是指夫妻基于家庭日常生活需要得互为代理人，一方得为他方就日常家事对外为一定的民事活动，此种民事活动对夫妻双方都产生法律效力。夫妻日常家事代理权的法律性质属于纯粹民法学问题中的解释选择问题。夫妻日常家事代理权是基于夫妻身份产生的法定代理权，无须对方授权，无须显示被代理人的名义。日常家事代理权限于夫妻共同财产范围，此时任何一方在日常生活需要范围内对共同财产所作的处分都不构成无权处分，都会产生对内、对外的法律效力。夫妻任何一方行使日常家事代理权时都不必以被代理人的名义作出。

《民法典》第 1060 条规定：“夫妻一方因家庭日常生活需要而实施的民事法律行为，

① 参见［日］滋贺秀三：《中国家族法原理》，张建国、李力译，商务印书馆 2013 年版，第 308－310 页。

对夫妻双方发生效力，但是夫妻一方与相对人另有约定的除外。”“夫妻之间对一方可以实施的民事法律行为范围的限制，不得对抗善意相对人。”有学者认为：“既然《民法典》第 1060 条采取了‘对夫妻双方发生效力’而非‘代理’的表述，那么学说已无必要坚持代理的解释方案。第 1060 条应被准确定位为一条独立的归属规范。”① 运用利益动态衡量方法对家庭日常生活需要的范围进行界定是关键，家庭日常生活需要的范围窄于家庭生活需要。

（二）夫妻日常家事代理权不同于普通代理权

与普通代理权不同，夫妻日常家事代理权可以突破债的法律关系的相对性。夫妻一方因家庭日常生活需要而实施的民事法律行为，对夫妻双方发生效力。在夫妻日常家事代理下，夫妻一方因家庭日常生活需要而实施的民事法律行为，夫妻双方共同享有权利和共同负担义务。从债法的角度看，在夫妻日常家事代理下，夫妻一方因家庭日常生活需要而实施的民事法律行为，夫妻双方作为连带债权人和连带债务人。当然，在夫妻日常家事代理下，主张夫妻承担连带债务的合同相对人，须举证证明夫妻一方因家庭日常生活需要而负债。

夫妻日常家事代理权使得夫妻双方共同享有权利和共同负担义务，因家庭日常生活需要而实施民事法律行为的夫妻一方也要作为权利人和义务人。这不同于普通代理权。普通代理权下，“代理的法律后果使得一个并未参与法律行为作出的人能够享有权利并负担义务”②。普通代理权下的法律后果归属于被代理人，而非由代理人和被代理人共享共担。

普通代理权属于意定代理权，夫妻日常家事代理权属于法定代理权。夫妻日常家事代理权共同享有权利和共同负担义务的法律后果依法自动产生。

夫妻日常家事代理权不能约定排除，但可以约定限制范围。就“家庭日常生活需要而实施的民事法律行为”，允许夫妻一方与相对人另有约定。为兼顾交易安全保护，夫妻之间对一方可以实施的民事法律行为范围的限制，不得对抗善意相对人。

夫妻日常家事代理权的适用范围也具有法定性，仅适用于缔结了婚姻关系的配偶之间，且不以配偶间采取共同财产制为必要，采取约定财产制的配偶之间也存在日常家事代理权。夫妻日常家事代理权对于非婚同居关系，不能适用，也不能被类推适用。夫妻因感情不和分居期间，或者经人民法院判决不准离婚后分居期间，夫妻日常家事代理权中止。

此外，根据《民法典》第 1219 条和第 1220 条，医务人员在诊疗活动中应当向患者说明病情和医疗措施。需要实施手术、特殊检查、特殊治疗的，医务人员应当及时向患者具体说明医疗风险、替代医疗方案等情况，并取得其明确同意；不能或者不宜向患者说明的，应当向患者的近亲属说明，并取得其明确同意。因抢救生命垂危的患者等紧急情况，不能取得患者意见的，应当取得其近亲属的明确同意，也不能取得近亲属意见

---

① 黄骏庚：《日常家事代理在中国（1911—2020）：民法制度的历史分析》，载《法制与社会发展》2023 年第 4 期，第 222 页。

② ［德］玛丽娜·韦伦霍菲尔：《德国家庭法》（第 6 版），雷巍巍译，中国人民大学出版社 2023 年版，第 59 页。

的，经医疗机构负责人或者授权的负责人批准，可以立即实施相应的医疗措施。无论普通情况还是紧急情况下实施医疗措施，患者近亲属的知情同意权序位劣后于患者，根据《民法典》第1045条，患者近亲属包括但不限于患者的配偶。配偶对医疗措施的知情同意权，也属于配偶的法定代理权，与日常家事代理权不同的是，前者属于配偶和其他近亲属的共同代理，而非单独代理。

（三）夫妻非日常家事事务的处理方式

基于维护交易安全的需要，《婚姻法司法解释一》第17条第2项规定了非日常家事领域的夫妻表见代理制度，《民法典婚姻家庭编司法解释一》未保留该规定，对非日常家事领域的夫妻表见代理就只能补充适用《民法典》第172条的规定。“日常家事的范围具有很大的灵活性，因人因事都有变化，从外部很难作出正确的判断。如果仅依夫妻内部的情况限定日常家事代理权的权限范围，一旦超越这一范围就作为无权代理处理，不仅不利于保护相对人的利益，也不利于夫妻共同生活的进行。因而大陆法系各国民法逐渐承认，对于信任该代理权的行使在日常家事范围内且无过失的第三人类推适用表见代理的规定。这样，在夫妻一方行使代理权实际超过日常家事范围的情况下，善意第三人只要有正当理由确信该代理权的行使在日常家事范围内，就有权要求夫妻另一方承担责任，从而大大加强了对第三人的保护力度，减少了第三人的顾虑。这种类推适用表见代理的学说已经为各国学者所接受，成为通说。一些国家的民法典也纷纷将这一学说上升为法律，例如瑞士民法典第163条第2项。”① 是否属于家庭日常生活需要，需结合夫妻家庭收入情况、家庭消费水平、当地经济水平、所负债数额大小等综合判断。《民法典婚姻家庭编司法解释一》第28条基于同样的立法目的，规定了夫妻一方无权处分情形下第三人善意取得制度：“一方未经另一方同意出售夫妻共同所有的房屋，第三人善意购买、支付合理对价并已办理不动产登记，另一方主张追回该房屋的，人民法院不予支持。”“夫妻一方擅自处分共同所有的房屋造成另一方损失，离婚时另一方请求赔偿损失的，人民法院应予支持。”

婚姻家庭受国家保护。夫妻关系存续期间，夫或妻非因家庭日常生活需要对夫妻共同财产作出重要处理决定，夫妻双方应当平等协商，取得一致意见。例如，丈夫未经妻子同意擅自处分卖房款，且不顾妻子的多次反对进行大额炒股投资，将卖房款用于股票投资并亏损巨大，属于严重损害夫妻共同财产利益的行为，侵害了妻子对共同财产的平等支配权。夫妻双方对共同财产的整体，不分份额地共同享有财产权，有平等的处分权，一方非因家庭日常生活需要在处分重大夫妻共同财产时应当与另一方协商一致。婚姻关系存续期间，一方有隐藏、转移、变卖、毁损、挥霍夫妻共同财产或者伪造夫妻共同债务等严重损害夫妻共同财产利益的行为，夫妻一方可以向人民法院请求分割共同财产。② 又如，如果丈夫未经妻子同意将共同财产赠与非婚同居之第三

---

① 马忆南：《家庭日常生活所负债务应当认定为夫妻共同债务》，载《人民法院报》2018年1月19日，第2版。

② 参见“再审申请人范某通与被申请人曹某婚内夫妻财产分割纠纷案”，北京市高级人民法院（2023）京民申1855号民事裁定书。

人，该赠与行为并非家庭日常生活需要，也侵害了妻子的合法权益，有悖公序良俗原则，应为全部无效[①]，而非有效或者部分无效[②]。

2025年1月15日，最高人民法院举行新闻发布会，发布《最高人民法院关于适用〈中华人民共和国民法典〉婚姻家庭编的解释（二）》及典型案例。案例四：夫妻一方在婚姻关系存续期间违反忠实义务将夫妻共同财产赠与第三人的行为无效，另一方请求第三人全部返还的，人民法院应予支持——“崔某某与叶某某及高某某赠与合同纠纷案”。崔某某与高某某（男）于2010年2月登记结婚。婚姻关系存续期间，高某某与叶某某存在不正当关系，并于2019年3月至2023年9月向叶某某共转账73万元。同期，叶某某向高某某回转17万元，实际收取56万元。崔某某提起本案诉讼，请求判令叶某某返还崔某某的夫妻共同财产73万元。叶某某辩称，高某某转给其的部分款项已消费，不应返还。高某某认可叶某某的主张。法院认为，在婚姻关系存续期间，夫妻双方未选择其他财产制的情况下，对夫妻共同财产不分份额地共同享有所有权。本案中，高某某未经另一方同意，将夫妻共同财产多次转给与其保持不正当关系的叶某某，违背社会公序良俗，故该行为无效，叶某某应当返还实际收取的款项。对叶某某关于部分款项已消费的主张，不予支持。[③]

《民法典婚姻家庭编司法解释二》第7条规定：“夫妻一方为重婚、与他人同居以及其他违反夫妻忠实义务等目的，将夫妻共同财产赠与他人或者以明显不合理的价格处分夫妻共同财产，另一方主张该民事法律行为违背公序良俗无效的，人民法院应予支持并依照民法典第一百五十七条规定处理。”“夫妻一方存在前款规定情形，另一方以该方存在转移、变卖夫妻共同财产行为，严重损害夫妻共同财产利益为由，依据民法典第一千零六十六条规定请求在婚姻关系存续期间分割夫妻共同财产，或者依据民法典第一千零九十二条规定请求在离婚分割夫妻共同财产时对该方少分或者不分的，人民法院应予支持。”

夫妻一方在网络平台打赏主播，就法律性质而言属于赠与合同还是网络服务合同？夫妻一方在网络平台打赏主播，此时如果是赠与合同，属于夫妻一方私自对外赠与，如果超出家庭日常生活需要的范围，该合同无效；如果是网络服务合同，在夫妻一方对一个主播进行固定多次打赏的情形下，能否从单次评价到累积评价，量变累积到一定程度是否可能产生质变，值得思考。无论如何，夫妻一方在网络平台大额打赏主播，符合《民法典》第1066条规定的“挥霍夫妻共同财产”的情形，夫妻另一方有权请求人民法院分割共同财产，以及时止损。例如，乙男在2016年3月至2019年2月间，使用斗鱼公司运营的斗鱼直播平台观看直播，陆续用本人名下银行卡、支付宝、微信充值6个

---

① 参见“李某诉李某返还财产案”，海淀区人民法院（2011）海民初字第27214号民事判决书。另参见王川、潘静波、闫艳：《已婚男子给情人近250万元 法院认定擅自处分夫妻共有财产无效》，载《上海法治报》2013年7月2日，A06版；徐明：《“双11”打开老婆网银输错三次密码 媳妇嫌他小气怒提离婚》，载《江南都市报》2013年11月14日。

② 也有法院认定此种赠与行为部分无效，即侵害夫妻共同财产对应的一半赠与行为无效。参见“吴某群、黄某诉张某群不当得利案”，重庆市第一中级人民法院（2011）渝一中法民终字第3197号民事判决书。

③ 参见《涉婚姻家庭纠纷典型案例》，最高人民法院新闻局2025年1月15日发布，https://www.court.gov.cn/zixun/xiangqing/452761.html。

账号，充值金额单笔少则 1 元，多则 2 万元。除了大部分在林某的直播间打赏，其还向平台的其他主播发送过虚拟礼物，合计 70 多万元。如何界定乙男在斗鱼直播平台上的充值行为及向林某发送虚拟道具的行为，本案系何种法律关系？从乙男的行为审查，探求其意思表示真意，在法律上仍应界定为网络服务合同关系。乙男的充值、打赏行为，不符合赠与合同的单务、无偿的构成要件。乙男的充值、打赏行为系一个完整的消费行为，并非赠与行为，且充值行为是应受法律评价的行为，打赏行为则因其在本案中的特殊性不纳入法律评价之中。故乙男与斗鱼公司构成服务接受者与服务提供者之间的网络服务合同法律关系；乙男与林某之间在斗鱼直播平台中并不直接发生法律关系，双方之间不构成赠与合同关系。夫妻财产权利的保护属于家庭内部关系，交易安全的保护是社会外部关系。当二者发生冲突时，并未规定孰轻孰重，而应当根据案情具体考量。本案中，因充分考虑到充值金额、充值次数、充值时间、持续周期、平台义务等多种原因，故认定乙男的充值、打赏行为未超出夫妻共同财产处分权范围，应为有权处分。有基于此，对于甲女（乙男的妻子）提出乙男的充值、打赏行为因其擅自处分夫妻共同财产而无效的主张，法院不予采纳。涉案合同应界定为网络服务合同，该合同已实际履行完毕，且不存在效力瑕疵或合同无效的情形，应认定有效。故对甲女要求确认赠与合同无效并要求林某、斗鱼公司返还充值、打赏金额的诉讼请求，法院难以支持。①《民法典婚姻家庭编司法解释二》第 6 条规定："夫妻一方未经另一方同意，在网络直播平台用夫妻共同财产打赏，数额明显超出其家庭一般消费水平，严重损害夫妻共同财产利益的，可以认定为民法典第一千零六十六条和第一千零九十二条规定的'挥霍'。另一方请求在婚姻关系存续期间分割夫妻共同财产，或者在离婚分割夫妻共同财产时请求对打赏一方少分或者不分的，人民法院应予支持。"

五、父母出资为子女购买的不动产的物权归属

（一）民事单行法时代父母出资为子女购买的不动产的物权归属

《婚姻法司法解释二》第 22 条规定："当事人结婚前，父母为双方购置房屋出资的，该出资应当认定为对自己子女的个人赠与，但父母明确表示赠与双方的除外。""当事人结婚后，父母为双方购置房屋出资的，该出资应当认定为对夫妻双方的赠与，但父母明确表示赠与一方的除外。"《婚姻法司法解释三》第 7 条规定："婚后由一方父母出资为子女购买的不动产，产权登记在出资人子女名下的，可按照婚姻法第十八条第（三）项的规定，视为只对自己子女一方的赠与，该不动产应认定为夫妻一方的个人财产。""由双方父母出资购买的不动产，产权登记在一方子女名下的，该不动产可认定为双方按照各自父母的出资份额按份共有，但当事人另有约定的除外。"《婚姻法司法解释三》较之

① 参见上海市第二中级人民法院（2020）沪 02 民终 9826 号民事判决书。类似案件，另参见崔艳丽：《妻子频频打赏主播，丈夫可以要回吗?》，载微信公众号"人民法院报"2022 年 8 月 5 日。

《婚姻法司法解释二》对父母为子女购买不动产的物权归属作了不同的规则设置。[①] 对司法解释的前述条文，有学者认为："《婚姻法司法解释（三）》第七条仅限于婚后父母为子女全款出资购买不动产的情形，对于不在该条适用范围的父母部分出资情形，如果房屋产权登记在出资人子女名下，可按照《婚姻法》第 18 条第（3）项的规定精神，该部分出资视为只对自己子女一方的赠与。"[②] 因此，婚后一方父母部分出资为子女购买不动产，夫妻双方支付其余款项，产权登记在出资人子女名下的，其不符合《婚姻法司法解释三》第 7 条规定的情形。对父母出资部分应按照《婚姻法司法解释二》第 22 条的规定处理，当事人另有约定的除外；在具体分割诉争不动产时，可对出资父母的子女一方适当多分。

有学者指出，在反馈模式的中国家庭之下，父母为子女置办婚房无非是一种家庭财产制下上下两代借子女结婚之际进行的家产传递。传递家产不为别的，而是为组织一个新的抚育和赡养团体。在反馈模式下，它的意义不可能是那种书本上的"单方法律行为"，这里的"赠与"是要通过"反哺"还的。[③]

（二）民法典时代父母出资为子女购买的不动产的物权归属

父母出资为子女购买不动产，属于赠与还是借款？出资意思表示约定不明确时存在法律性质认定难题。

从《最高人民法院关于审理民间借贷案件适用法律若干问题的规定》第 16 条看，即使出借人无法完全举证借贷合意的成立和款项交付的事实，也不能直接判决出借人败诉。原告仅有转账凭证这一间接证据时，被告对其抗辩未能尽到举证责任，原告又能够对借款关系的存在作出合理解释，此时可以支持原告的诉讼请求。例如，婚后子女购房，父母出资且未明确表示赠与的，应认定为借款。《婚姻法司法解释二》第 22 条第 2 款规定："当事人结婚后，父母为双方购置房屋出资的，该出资应当认定为对夫妻双方的赠与，但父母明确表示赠与一方的除外。"该条适用于父母购房出资已经明确是赠与性质的情形，解决的是父母购房出资是赠与夫妻一方还是双方的问题，并不适用于"婚后子女购房父母出资且未明确表示赠与还是借款"的情况。在父母出资未明确表示是赠与的情况下，子女未能提供有效证据证明该出资属于赠与的，应认定为该出资款是对子女临时性资金出借，子女应当承担返还义务。对《婚姻法司法解释三》第 7 条也应该作类似解释。认定赠与事实应高于一般证明标准。[④] 根据《民事诉讼法司法解释》第 109 条，对赠与事实的认定高于一般事实"具有高度可能性"的证明标准。原告所提出的证

---

① 参见"荆某华诉李某所有权确认案"，北京市丰台区人民法院（2011）丰民初字第 28622 号民事判决书。另参见《北京现"房产证加名热"》，载《山西商报》2011 年 8 月 25 日。

② 吴晓芳：《〈婚姻法〉司法解释（三）适用中的疑难问题探析》，载《法律适用》2014 年第 1 期。另参见吴晓芳：《婚后一方父母部分出资给子女购房的认定问题》，载《民事法律文件解读》2013 年第 4 辑（总第 100 辑），人民法院出版社 2013 年版。

③ 参见赵晓力：《反哺模式与婚姻法》，载《法制日报》2011 年 8 月 20 日，第 7 版。

④ 反过来，"用降低证明标准这一种方法就足够涵盖其他所有方法（司法实务中减轻当事人举证负担的种种做法）的作用"［王亚新：《举证责任如何分配》，载高杉峻主编：《民商法实务精要》（5），中国法制出版社 2017 年版，第 60－61 页］。

据能够证明款项交付真实存在时，在出借人一方没有明确赠与意思表示的情况下，应根据《民间借贷司法解释》第 16 条的规定，借款人承担款项系赠与的举证责任。子女婚后买房时父母出资，除书面明确表示赠与外，应视为以帮助为目的的临时性资金出借，子女负有偿还义务。子女主张该购房出资是父母的赠与行为，但未能提供充分证据证明的，人民法院不予支持。从公序良俗角度，不宜将父母出资一般认定为理所应当的赠与。敬老慈幼为人伦之本，也为法律所倡导。子女一旦成年，应自立生活，父母续以关心、关爱，子女受之应感念之，但此时并非父母所应当负担的法律义务，子女应图感恩。因此，在父母出资时未明确表示出资系赠与的情况下，应认定购房出资款为对子女的临时性资金出借，目的在于帮助子女渡过经济困难，子女理应负有偿还义务，此亦为敬老之应有道义。至于事后父母是否要求子女偿还，系父母行使自己债权或放弃债权的范畴，与债权本身的客观存在无关。[①]

父母出资为子女购买不动产，在确定为赠与的情况下，究竟是赠与己方子女还是也赠与己方子女的配偶？这是离婚案件中的常见纠纷。[②]《民法典婚姻家庭编司法解释一》第 29 条规定："当事人结婚前，父母为双方购置房屋出资的，该出资应当认定为对自己子女个人的赠与，但父母明确表示赠与双方的除外。""当事人结婚后，父母为双方购置房屋出资的，依照约定处理；没有约定或者约定不明确的，按照民法典第一千零六十二条第一款第四项规定的原则处理。"据此，对具体受赠，除当事人有约定或者父母有明确意思表示外，可以结合出资行为发生在子女婚前还是婚后、全部出资还是部分出资、不动产登记情况等对民法典时代父母出资为子女购买不动产物权归属类型化分析如下：

第一，当事人结婚前，一方父母为双方购置房屋全额出资，父母未明确表示赠与一方还是双方，若产权登记在己方子女名下，该出资应当认定为对自己子女个人的赠与，该房屋产权归己方子女。

第二，当事人结婚前，一方父母为双方购置房屋全额出资，父母未明确表示赠与一方还是双方，若产权登记在己方子女的配偶（非己方子女）名下，该出资应当认定为对子女双方的赠与，该房屋产权归子女双方共同共有。

第三，当事人结婚前，一方父母为双方购置房屋全额出资，父母未明确表示赠与一方还是双方，若产权登记在子女双方名下，该出资应当认定为对子女双方的赠与，该房屋产权由双方按照登记比例按份共有。

第四，当事人结婚前，双方父母为双方购置房屋全额出资，父母均未明确表示赠与一方还是双方，无论产权在子女间如何登记，该出资应当认定为对子女双方的赠与，该

① 参见《婚后子女购房父母出资且未明确表示赠与的，应认定为借款——余某、毛某诉黄某、余某莎民间借贷纠纷案》，四川省高级人民法院（2017）川民申 4120 号民事判决书，载《人民法院报》2018 年 6 月 14 日；杨晨晖、万红玉：《母亲给的购房款，是赠与还是借贷？——北京东城区法院：不能理所应当认为是赠与》，载《人民法院报》2023 年 8 月 14 日，第 3 版。相反观点，《家事纠纷案件审理指南（婚姻家庭部分）》（苏高法电〔2019〕474 号）第 39 条指出："父母为子女购置不动产出资性质的举证责任应当如何分配？父母为子女购置不动产出资，事后以借贷为由主张返还，子女主张出资为赠与的，应当遵循谁主张谁举证的原则，由父母承担出资为借贷的举证责任。父母不能就出资为借贷提供充分证据证明导致出资性质处于真伪不明状态时，应当由父母承担举证不能的责任。"

② 参见朱宁宁：《父母为子女出资购房是借贷还是赠与存在争议 立法完善出资性质认定规则维护家庭稳定》，载《法治日报》2022 年 9 月 13 日，第 6 版。

房屋产权由子女按照各方父母的出资比例按份共有。

第五，当事人结婚前，一方父母为双方购置房屋出首付款，父母未明确表示赠与一方还是双方，若产权登记在己方子女名下，婚后夫妻共同还贷，该首付款出资应当认定为对自己子女个人的赠与，该房屋产权归己方子女。类推适用《民法典婚姻家庭编司法解释一》第78条，婚后夫妻共同还贷支付的款项及其相对应财产增值部分，属于夫妻共同财产；尚未归还的贷款为该房屋登记一方的个人债务。

第六，当事人结婚前，双方父母为双方购置房屋出首付款，父母均未明确表示赠与一方还是双方，婚后夫妻共同还贷，无论产权在子女间如何登记，该首付款出资应当认定为对子女双方的赠与，该房屋产权由子女按照各方父母的出资比例按份共有。

第七，当事人结婚后，一方父母为双方购置房屋全额出资，父母未明确表示赠与一方还是双方，无论产权登记在己方子女名下、己方子女的配偶名下还是子女双方名下，该出资应当认定为对子女双方的赠与，该房屋产权归子女双方共同共有。

第八，当事人结婚后，双方父母为夫妻购置房屋全额出资，父母均未明确表示赠与夫妻一方还是双方，无论产权登记在己方子女名下、己方子女的配偶名下还是子女双方名下，无论各方父母出资比例，该出资均应当认定为对子女双方的赠与，该房屋产权归子女双方共同共有。

第九，当事人结婚后，一方或者双方父母为夫妻购置房屋出首付款，父母均未明确表示赠与一方还是双方，无论产权登记在己方子女名下、己方子女的配偶名下还是子女双方名下，无论各方父母出资比例，该出资应当认定为对子女双方的赠与，该房屋产权归子女双方共同共有。

总之，《民法典婚姻家庭编司法解释一》第29条主要是在婚后父母为子女购置房产出资归属问题上有规则变化，此时无论是全款出资还是部分出资，应在尊重父母意思自治的基础上，以赠与夫妻双方为原则，以赠与夫妻一方为例外。不动产权属登记不再作为赠与意思表示的判断标准之一，在婚姻关系存续期间，无论是登记在一方子女名下，还是登记在夫妻双方名下，均应当以适用《民法典》第1062条第1款第4项构成夫妻共同财产为原则，以适用《民法典》第1063条第3项构成夫妻一方个人财产为例外——只有在赠与合同中确定只归一方时，方可成为夫妻一方的个人财产。

上述第七、八、九点讨论父母在子女（夫妻）婚后为其购房出资的认定，笔者认为该出资应当认定为对子女双方的赠与，《民法典婚姻家庭编司法解释二》第8条运用利益动态衡量方法，规定对该共同共有财产在离婚时的分割和补偿方法："婚姻关系存续期间，夫妻购置房屋由一方父母全额出资，如果赠与合同明确约定只赠与自己子女一方的，按照约定处理；没有约定或者约定不明确的，离婚分割夫妻共同财产时，人民法院可以判决该房屋归出资人子女一方所有，并综合考虑共同生活及孕育共同子女情况、离婚过错、对家庭的贡献大小以及离婚时房屋市场价格等因素，确定是否由获得房屋一方对另一方予以补偿以及补偿的具体数额。""婚姻关系存续期间，夫妻购置房屋由一方父母部分出资或者双方父母出资，如果赠与合同明确约定相应出资只赠与自己子女一方的，按照约定处理；没有约定或者约定不明确的，离婚分割夫妻共同财产时，人民法院可以根据当事人诉讼请求，以出资来源及比例为基础，综合考虑共同生活及孕育共同子女情况、离婚过错、对家庭的贡献大小以及离婚时房屋市场价格等因素，判决房屋归其中一方所有，并由获得房屋一方对另一方予以合理补偿。”《民法典婚姻家庭编司法解释二》第8条是对《民法典婚姻家庭编司法解释一》第29条的延伸细化，突出出资来源及比例在离婚分割夫妻共同房产时的权重，保护全额出资或者部分出资父母的合理预期（夫妻长期共同生活）和财产权益，也肯定和鼓励对家庭的投入和付出，更好地实现利益平衡。

2025年1月15日，最高人民法院举行新闻发布会，发布《最高人民法院关于适用〈中华人民共和国民法典〉婚姻家庭编的解释（二）》及典型案例。案例二：婚姻关系存续期间，一方父母将其房产转移登记至夫妻双方名下，离婚分割夫妻共同财产时，人民法院可以判决房屋归出资方子女所有，并综合考虑婚姻关系存续时间、共同生活情况等因素合理补偿对方——“范某某与许某某离婚纠纷案”。2019年12月，许某某（男）父母全款购买案涉房屋。2020年5月，范某某与许某某登记结婚。2021年8月，许某某父母将案涉房屋转移登记至范某某、许某某双方名下。范某某与许某某婚后未生育子女。2024年，因家庭矛盾较大，范某某提起本案诉讼，请求判决其与许某某离婚，并平均分割案涉房屋。许某某辩称，同意离婚，但该房屋是其父母全款购买，范某某无权分割。诉讼中，双方均认可案涉房屋市场价值为30万元。法院认为：范某某起诉离婚，许某某同意离婚，视为夫妻感情确已破裂，故依法准予离婚。关于案涉房屋的分割，虽然该房屋所有权已在双方婚姻关系存续期间转移登记至范某某和许某某双方名下，属于夫妻共同财产。但考虑到该房屋系许某某父母基于范某某与许某某长期共同生活的目的进行赠与，而范某某与许某某婚姻关系存续时间较短，且无婚生子女，为妥善平衡双方当事人利益，故结合赠与目的、出资来源等事实，判决案涉房屋归许某某所有，同时参考房屋市场价格，酌定许某某补偿范某某7万元。①

六、夫妻共同债务推定规范

夫妻共同财产规则秉持“有福同享”的理念，夫妻共同债务规则则坚持“有难同当”的理念。

（一）夫妻共同债务认定标准的法律规定变迁

《婚姻法》第41条规定：“离婚时，原为夫妻共同生活所负的债务，应当共同偿还。共同财产不足清偿的，或财产归各自所有的，由双方协议清偿；协议不成时，由人民法院判决。”

为防止夫妻借离婚逃避债务，《婚姻法司法解释二》第24条规定：“债权人就婚姻关系存续期间夫妻一方以个人名义所负债务主张权利的，应当按夫妻共同债务处理。但夫妻一方能够证明债权人与债务人明确约定为个人债务，或者能够证明属于婚姻法第十

① 参见《涉婚姻家庭纠纷典型案例》，最高人民法院新闻局2025年1月15日发布，https://www.court.gov.cn/zixun/xiangqing/452761.html。

九条第三款规定情形的除外。”理论上，有学者认为《婚姻法司法解释二》第 24 条对夫妻共同债务确立了以“身份论”为基础事实的民事法律事实推定规范。[①] 司法实践中，对《婚姻法司法解释二》第 24 条普遍存在采取身份推定标准的形式主义理解，即只要发生在夫妻婚姻关系存续期间的债务就推定为夫妻共同债务。这导致当事人之间利益衡量显失公平，经常会出现非举债方“人在家中坐，债从天上来”的“被负债”现象。

结合目的性限缩解释和举证责任分配规则，对夫妻共同债务推定规范可以作请求原因、抗辩、再抗辩的动态化解释，以明晰不同要件事实及相应举证责任分配。主张适用夫妻共同债务推定规范的当事人应对该债务基于“夫妻共同生活所负”[②] 这一基础事实承担举证责任，非举债方可以反驳相关基础事实不存在或者举证证明存在《婚姻法司法解释二》第 24 条后一句所规定情形。针对非举债方的抗辩，债权人可以继续证明该债务的形成符合夫妻日常家事代理、表见代理或者非举债方配偶同意。这就构成债权人的再抗辩。[③]《婚姻法司法解释二》第 23 条也规定：“债权人就一方婚前所负个人债务向债务人的配偶主张权利的，人民法院不予支持。但债权人能够证明所负债务用于婚后家庭共同生活的除外。”

《最高人民法院民一庭关于婚姻关系存续期间夫妻一方以个人名义所负债务性质如何认定的答复》[（2014）民一他字第 10 号] 指出：“在不涉及他人的离婚案件中，由以个人名义举债的配偶一方负责举证证明所借债务用于夫妻共同生活，如证据不足，则其配偶一方不承担偿还责任。在债权人以夫妻一方为被告起诉的债务纠纷中，对于案涉债务是否属于夫妻共同债务，应当按照《最高人民法院关于适用〈中华人民共和国婚姻法〉若干问题的解释（二）》第二十四条规定认定。如果举债人的配偶举证证明所借债务并非用于夫妻共同生活，则其不承担偿还责任。”《最高人民法院民一庭关于夫妻一方对外担保之债能否认定为夫妻共同债务的复函》[（2015）民一他字第 9 号] 指出：“……夫妻一方对外担保之债不应当适用《最高人民法院关于适用〈中华人民共和国婚姻法〉若干问题的解释（二）》第二十四条的规定认定为夫妻共同债务。”[④]

2017 年 2 月 28 日发布、2017 年 3 月 1 日起施行的《最高人民法院关于适用〈中华人民共和国婚姻法〉若干问题的解释（二）的补充规定》（法释〔2017〕6 号，已失效）指出：“在《最高人民法院关于适用〈中华人民共和国婚姻法〉若干问题的解释（二）》第二十四条的基础上增加两款，分别作为该条第二款和第三款：夫妻一方与第三人串通，虚构债务，第三人主张权利的，人民法院不予支持。夫妻一方在从事赌博、吸毒等

---

① 还有学者将《婚姻法司法解释二》第 24 条称为夫妻共同债务“时间”推定规则。参见孙若军：《论夫妻共同债务“时间”推定规则》，载《法学家》2017 年第 1 期，第 146 页；王轶、包丁裕睿：《夫妻共同债务的认定与清偿规则实证研究》，载《华东政法大学学报》2021 年第 1 期，第 7 页。

② 根据《婚姻法》第 41 条，离婚时作为夫妻共同偿还的债务，应当是以用于夫妻共同生活为条件的。“为夫妻共同生活所负”是认定夫妻共同债务的前提条件。举债方和债权人没有提供任何证据证明借款用于了夫妻共同生活，则不得要求非举债方承担偿还责任。参见全国妇联 2015 年 12 月 4 日在京发布的“依法维护妇女儿童权益十大案例”之十“余某夫妻共同债务纠纷案——正确适用法律，破解虚假的夫妻共同债务认定之难题”。

③ 参见王雷：《〈婚姻法〉中的夫妻共同债务推定规范》，载《法律适用》2017 年第 3 期，第 100－106 页。

④ 存在夫妻共同意思的担保债务属于夫妻共同债务，此外如果担保债务用于夫妻共同生活或者共同生产经营，也应理解为夫妻共同债务。

违法犯罪活动中所负债务，第三人主张权利的，人民法院不予支持。”该补充规定增加的两款分别作出了对虚假债务、非法债务①不受法律保护的规定。最高人民法院 2017 年 2 月 28 日还发布《关于依法妥善审理涉及夫妻债务案件有关问题的通知》（法〔2017〕48 号），该通知第 6 条指出：“保护被执行夫妻双方基本生存权益不受影响。要树立生存权益高于债权的理念。对夫妻共同债务的执行涉及到夫妻双方的工资、住房等财产权益，甚至可能损害其基本生存权益的，应当保留夫妻双方及其所扶养家属的生活必需费用。执行夫妻名下住房时，应保障生活所必需的居住房屋，一般不得拍卖、变卖或抵债被执行人及其所扶养家属生活所必需的居住房屋。”

《最高人民法院关于审理涉及夫妻债务纠纷案件适用法律有关问题的解释》（法释〔2018〕2 号）于 2018 年 1 月 8 日由最高人民法院审判委员会通过，自 2018 年 1 月 18 日起施行，自 2021 年 1 月 1 日起失效。《最高人民法院关于审理涉及夫妻债务纠纷案件适用法律有关问题的解释》第 1 条规定：“夫妻双方共同签字或者夫妻一方事后追认等共同意思表示所负的债务，应当认定为夫妻共同债务。”② 第 2 条规定：“夫妻一方在婚姻关系存续期间以个人名义为家庭日常生活需要所负的债务，债权人以属于夫妻共同债务为由主张权利的，人民法院应予支持。”③ 第 3 条规定：“夫妻一方在婚姻关系存续期

---

① 甲乙双方是同一大学的同事、邻居。甲出差在外，其丈夫以儿子出车祸为由向乙借款 10 万元，实为清偿赌债。该笔债务是否属于甲夫妻共同债务？对于夫妻一方所借债务涉及非法集资犯罪、非法吸收公众存款犯罪的，是否按用于违法犯罪的债务对待？

② 《最高人民法院关于审理涉及夫妻债务纠纷案件适用法律有关问题的解释》第 1 条开宗明义强调夫妻共同债务形成时的“共债共签”原则，将“共债共签”作为夫妻共同债务的重要考量因素之一，明确和强调了夫妻双方共同签字或者夫妻一方事后追认以及以其他共同意思表示形式所负的债务，属于夫妻共同债务。这一规定意在引导债权人在形成债务尤其是大额债务时，为避免事后引发不必要的纷争，加强事前风险防范，尽可能要求夫妻共同签字，还可以从债务形成源头上尽可能杜绝夫妻一方“被负债”现象发生。“共债共签”原则实现了婚姻法夫妻财产共有制和合同法合同相对性原则的有机衔接。参见《答记者问：妥善审理涉及夫妻债务纠纷案件 依法平等保护各方当事人合法权益》，载最高人民法院网站 2018 年 1 月 17 日，http：//www. court. gov. cn/zixun-xiangqing－77362. html；罗书臻：《妥善审理涉及夫妻债务纠纷案件 依法平等保护各方当事人合法权益——最高人民法院民一庭负责人就〈最高人民法院关于审理涉及夫妻债务纠纷案件适用法律有关问题的解释〉答记者问》，载《人民法院报》2018 年 1 月 18 日，第 3 版。

③ 通常所说的“家庭日常生活”，学理上称为日常家事。该条进一步明确了日常家事代理权，明确夫妻一方为家庭日常生活需要所负债务为夫妻共同债务。在夫妻未约定分别财产制或者虽约定但债权人不知道的情况下，夫妻一方以个人名义为家庭日常生活需要所负的债务，应当认定为夫妻共同债务。国家统计局有关统计资料显示，我国城镇居民家庭消费种类主要分为八大类，分别是食品、衣着、家庭设备用品及维修服务、医疗保健、交通通信、文娱教育及服务、居住、其他商品和服务。家庭日常生活的范围，可以参考上述八大类家庭消费，根据夫妻共同生活的状态（如双方的职业、身份、资产、收入、兴趣、家庭人数等）和当地一般社会生活习惯予以认定。但农村承包经营户有其特殊性，农村承包经营户一般以家庭为单位，家庭日常生活与承包经营行为经常交织在一起，二者难以严格区分，故为了正常的承包经营所负债务，可以认定为家庭日常生活需要所负债务。需要强调的是，家庭日常生活需要的支出是指通常情况下必要的家庭日常消费，主要包括正常的衣食消费、日用品购买、子女抚养教育、老人赡养等各项费用，是维系一个家庭正常生活所必需的开支。当然，我国经济社会和人们家庭观念、家庭生活方式不断发展变化，在认定是否属于家庭日常生活需要支出时，也要随着社会的变化而变化。参见《答记者问：妥善审理涉及夫妻债务纠纷案件 依法平等保护各方当事人合法权益》，载最高人民法院网站 2018 年 1 月 17 日，http：//www. court. gov. cn/zixun-xiangqing－77362. html；罗书臻：《妥善审理涉及夫妻债务纠纷案件 依法平等保护各方当事人合法权益——最高人民法院民一庭负责人就〈最高人民法院关于审理涉及夫妻债务纠纷案件适用法律有关问题的解释〉答记者问》，载《人民法院报》2018 年 1 月 18 日，第 3 版；顾建兵、陈美：《离婚期间，妻子借款 30 万为儿买房 法院：购房非法定抚养义务，借款系个人债务》，载《人民法院报》2018 年 1 月 19 日，第 3 版。

间以个人名义超出家庭日常生活需要所负的债务，债权人以属于夫妻共同债务为由主张权利的，人民法院不予支持，但债权人能够证明该债务用于夫妻共同生活、共同生产经营或者基于夫妻双方共同意思表示的除外。”① 涉及夫妻共同债务纠纷案件中的举证证明责任如何分配？该司法解释分别规定了共同意思表示所负的夫妻共同债务、家庭日常生活需要所负的夫妻共同债务、债权人能够证明的夫妻共同债务②。夫妻双方共同意思表示所负的债务，一方为家庭日常生活需要所负的债务，一方超出家庭日常生活需要举债但债权人能够证明用于夫妻共同生活或者共同生产经营的债务，都应当认定为夫妻共同债务。从举证证明责任分配的角度看，可以分为两类：一是家庭日常生活需要所负的共同债务；二是超出家庭日常生活需要所负的共同债务。对于前者，原则上推定为夫妻共同债务，债权人无须举证证明③；举债人的配偶一方反驳认为不属于夫妻共同债务的，由其举证证明所负债务并非用于家庭日常生活。对于后者，虽然债务形成于婚姻关系存续期间和夫妻共同财产制下，但一般情况下并不当然认定为夫妻共同债务；债权人主张属于夫妻共同债务的，应当由其举证证明该债务属于夫妻共同生活、共同生产经营所负债务④，或者所负债务基于夫妻双方共同的意思表示。如果债权人不能证明，则不能认定为夫妻共同债务。⑤ 此外，未经审判程序认定夫妻共同债务的性质，不得直接在执行程序中要求未举债的夫妻一方承担民事责任。

（二）《民法典》中的夫妻共同债务推定规范

《民法典》第 1064 条夫妻共同债务推定规范整体吸纳了《最高人民法院关于审理涉及夫妻债务纠纷案件适用法律有关问题的解释》第 1 条至第 3 条，坚持了主客观相结合

---

① 该条所称债权人需要举证证明“用于夫妻共同生活”的债务，就是指超出家庭日常生活范围的夫妻共同生活所负债务。夫妻共同生产经营的情形更为复杂，主要是指由夫妻双方共同决定生产经营事项，或者虽由一方决定但另一方进行了授权的情形。判断生产经营活动是否属于夫妻共同生产经营，要根据经营活动的性质以及夫妻双方在其中的地位、作用等综合认定。夫妻从事商业活动，视情适用公司法、合同法、合伙企业法等法律及司法解释的规定。夫妻共同生产经营所负的债务一般包括双方共同从事工商业、共同投资以及购买生产资料等所负的债务。参见《答记者问：妥善审理涉及夫妻债务纠纷案件 依法平等保护各方当事人合法权益》，载最高人民法院网站 2018 年 1 月 17 日，网址 http：//www. court. gov. cn/zixun-xiangqing - 77362. html；罗书臻：《妥善审理涉及夫妻债务纠纷案件 依法平等保护各方当事人合法权益——最高人民法院民一庭负责人就〈最高人民法院关于审理涉及夫妻债务纠纷案件适用法律有关问题的解释〉答记者问》，载《人民法院报》2018 年 1 月 18 日，第 3 版。笔者认为，举债方以个人名义超出家庭日常生活需要所负的债务，举债人也负担就该债务用于夫妻共同生活、共同生产经营或者基于夫妻双方共同意思表示的举证责任。因投资亏损产生的债务属于共同生产经营所负担时，属于夫妻共同债务。

② 虽然是超出家庭日常生活需要所负的债务，但债权人能够证明该债务用于夫妻共同生活、共同生产经营或者基于夫妻双方共同意思表示的。

③ 对此，马忆南教授持相反意见：“谁对日常家事代理范围的债务负有举证责任？由于夫妻个人债务是法律的推定，因而反证的主张者自然应承担举证责任，即债权人承担举证责任。”马忆南：《家庭日常生活所负债务应当认定为夫妻共同债务》，载《人民法院报》2018 年 1 月 19 日，第 2 版。另参见王雷：《〈婚姻法〉中的夫妻共同债务推定规范》，载《法律适用》2017 年第 3 期，第 100 - 106 页。

④ 参见黄俊峰、林利：《宁乡法院审结婚姻法新司法解释第一案：丈夫对妻子超出日常生活所负债务不承担责任》，载《人民法院报》2018 年 1 月 19 日，第 3 版。

⑤ 参见《答记者问：妥善审理涉及夫妻债务纠纷案件 依法平等保护各方当事人合法权益》，载最高人民法院网站 2018 年 1 月 17 日，http：//www. court. gov. cn/zixun-xiangqing - 77362. html；罗书臻：《妥善审理涉及夫妻债务纠纷案件 依法平等保护各方当事人合法权益——最高人民法院民一庭负责人就〈最高人民法院关于审理涉及夫妻债务纠纷案件适用法律有关问题的解释〉答记者问》，载《人民法院报》2018 年 1 月 18 日，第 3 版。

的多元化夫妻共同债务认定标准。

《民法典》第 1064 条规定："夫妻双方共同签名或者夫妻一方事后追认等共同意思表示所负的债务，以及夫妻一方在婚姻关系存续期间以个人名义为家庭日常生活需要所负的债务，属于夫妻共同债务。""夫妻一方在婚姻关系存续期间以个人名义超出家庭日常生活需要所负的债务，不属于夫妻共同债务；但是，债权人能够证明该债务用于夫妻共同生活、共同生产经营或者基于夫妻双方共同意思表示的除外。"《民法典》第 1064 条坚持主客观相结合的多元化夫妻共同债务认定标准。不能将夫妻等同于财产法上的合伙，不能用市场经济思维看待伦理家庭生活，应该正视夫妻身份共同体服务于夫妻共同利益的特点，《民法典》婚姻家庭编坚持兼顾主观意思（共同意思论）和客观用途（用途论）的多元化夫妻共同债务认定标准（共意共享），以实现多方民事主体之间的利益平衡。应该注意区分基于日常家事代理形成的夫妻共同债务与非基于日常家事代理形成的夫妻共同债务，在非基于日常家事代理产生的夫妻共同债务问题上注意区分"共债共签"的原则与"共同用途论""单方用途论"的例外。在"某银行与陈某、孙某金融借款合同纠纷案"中，陈某与某银行之间签订"最高债权额合同"，某银行依据合同向陈某发放贷款本金，履行了全部合同义务，贷款履行期限已经届满，陈某未按约定履行还本付息义务。"最高债权额合同"系陈某个人签署，诉争贷款亦系陈某个人申请并发放至陈某指定账户，相应债权凭证中并无孙某签字认可，孙某个人亦未出具任何书面承诺确认相应债务属于夫妻共同债务；"最高债权额合同"虽载明相应贷款用途仅限于个人及家庭消费，但根据现有资金流向情况无法认定诉争款项实际用于陈某与孙某的家庭日常生活或共同生产经营。因此，某银行提交的证据不足以证明该笔债务属于夫妻共同债务，应当承担举证不能的不利后果。最终，法院判决陈某偿还某银行贷款本金及相应利息、罚息、复利，驳回某银行要求孙某承担共同还款责任的诉讼请求。上述债务虽发生在陈某、孙某夫妻关系存续期间，但孙某本人并未在贷款合同中签字确认，对相应贷款情况亦不知晓；陈某所贷款项均用于偿还其个人债务，未用于家庭共同生活，因此，诉争债务不属于夫妻共同债务。①

夫妻共同债务主要包括家庭日常生活需要型夫妻共同债务、共同意思表示型夫妻共同债务、共同生活型夫妻共同债务和共同生产经营型夫妻共同债务。就共同生产经营型夫妻共同债务，共同生产经营不以有生产经营的组织体形式为必要，而是强调夫妻共同实质参与生产经营，对用于共同生产经营的债务的形成具有决策影响力。一方用夫妻共同财产以个人名义实施生产经营、另一方知晓但未反对，一方以个人名义实施生产经营的收益用于夫妻共同生活，均能形成夫妻共同债务。

《民法典婚姻家庭编司法解释一》第 33 条规定："债权人就一方婚前所负个人债务向债务人的配偶主张权利的，人民法院不予支持。但债权人能够证明所负债务用于婚后家庭共同生活的除外。"第 34 条规定："夫妻一方与第三人串通，虚构债务，第三人主

---

① 参见"某银行与陈某、孙某金融借款合同纠纷案——信用类消费贷金融纠纷中夫妻共同债务的认定"，2023 年 12 月 6 日，北京市海淀区人民法院发布信用类消费贷金融纠纷典型案例之一，https：//bjhdfy. bjcourt. gov. cn/article/detail/2023/12/id/7697889. shtml。

张该债务为夫妻共同债务的，人民法院不予支持。”“夫妻一方在从事赌博、吸毒等违法犯罪活动中所负债务，第三人主张该债务为夫妻共同债务的，人民法院不予支持。”例如，夫妻一方因赌博所负的债务不属于夫妻共同债务，应由举债人个人自行承担。[①] 第35条规定：“当事人的离婚协议或者人民法院生效判决、裁定、调解书已经对夫妻财产分割问题作出处理的，债权人仍有权就夫妻共同债务向男女双方主张权利。”“一方就夫妻共同债务承担清偿责任后，主张由另一方按照离婚协议或者人民法院的法律文书承担相应债务的，人民法院应予支持。”第36条规定：“夫或者妻一方死亡的，生存一方应当对婚姻关系存续期间的夫妻共同债务承担清偿责任。”

“夫妻共同债务认定规则的构建应当突出共同生活的基础性地位，以用途规则为原则，以夫妻合意规则和日常家事代理规则为补充，进而涵盖法定之债和意定之债。……针对法定之债构成夫妻共同债务的认定问题，从解释论角度看，应当对《民法典》第1064条做目的性扩张解释以涵盖法定之债；从立法论角度看，应当删除‘以个人名义’等用语，构建以用途规则为原则的认定规则……”[②] 婚姻关系存续期间，夫妻一方致他人损害，是否构成夫妻共同债务，能否用夫妻共同财产承担损害赔偿责任？婚姻家庭编存在法律漏洞，《民法典》第1064条主要聚焦夫妻一方以个人名义承担的合同之债能否构成共同债务，对非合同之债存在立法缺位，对此可以类推适用《民法典》第307条和第1064条以填补漏洞。一方面，如果是因为夫妻共有财产产生的致他人损害的债务，在对外关系上，夫妻承担连带债务。即便共有的财产不是物，而是其他财产，也得类推适用第307条。《民法典》第307条规定：“因共有的不动产或者动产产生的债权债务，在对外关系上，共有人享有连带债权、承担连带债务，但是法律另有规定或者第三人知道共有人不具有连带债权债务关系的除外；在共有人内部关系上，除共有人另有约定外，按份共有人按照份额享有债权、承担债务，共同共有人共同享有债权、承担债务。偿还债务超过自己应当承担份额的按份共有人，有权向其他共有人追偿。”另一方面，如果夫妻一方为家庭共同生活需要从事劳动过程中致他人损害，如丈夫开出租车发生交通事故致人损害，类推适用第1064条共同利益标准，应认定为夫妻共同债务，以符合权利义务责任协调统一原则。当然，侵权行为人构成故意犯罪的，另当别论，此时须夫妻另一方构成共犯时方可认定夫妻对民事赔偿承担连带责任。

第四节　父母子女关系

夫妻关系是家庭关系的主轴，是横向的。父母子女关系是纵向的、代际的。夫妻关系是当事人行使婚姻自主权的结果。父母子女关系是父母行使生育权的结果，子女却决定不了父母子女关系的发生。根据海德格尔的观点，人类是被抛入这个世界的。类似

---

① 参见李钰之、游鑫洋：《前夫欠下的赌债该由她来还吗?》，载《检察日报》2023年12月7日，第4版。

② 刘祥：《法定之债构成夫妻共同债务的认定困境与规则完善》，中国政法大学法律硕士学院2021年硕士毕业论文，摘要第2页。

地，子女也是被抛入家庭之中的。子女可以选择自己的爱人，但无法选择谁成为自己的父母。

一、未成年人在婚姻家庭中的法律地位

未成年人在婚姻家庭中的法律地位涉及婚姻与生育的关系、涉及夫妻关系和亲子关系之间的关联。对此不能单纯依靠法律的规范分析，还特别需要结合社会学理论进行分析。

首先，亲子关系能够起到稳定夫妇关系的作用。“婚姻的意义就在建立这社会结构中的基本三角。夫妇不只是男女间的两性关系，而且还是共同向儿女负责的合作关系。……我们若想到所有夫妇中有孩子的比没有孩子的多得多，而没有孩子的夫妇中离婚数却占了整个离婚人数一半以上，很可以看到孩子在稳定夫妇关系中的作用了。……孩子不但是夫妇生物上的结合，同时也是夫妇性格上结合的媒介，从孩子在夫妇关系上的创造性，使我们对于‘三角形的完成是孩子的出生’这一句话有了更深一层的了解。稳定夫妇关系的是亲子关系。”① 卢梭甚曾指出：“孩子们在生育他们的人之间构成了一个无法分解的纽带，构成了一个不能离婚的天然的和不可辩驳的理由。”② 婚姻关系和生育关系结合起来所形成的父母子女三角关系是一种稳定的社会结构，其有助于减少婚姻关系两点之间的离散倾向。

其次，婚姻关系夫妇双方的互相合作有利于对子女的抚育。“一个能担负抚育作用的最小的单位是一男一女所组成的生活团体。……男女相约共同担负抚育他们所生孩子的责任就是婚姻。……婚姻是社会为孩子们确定父母的手段。……婚姻与生育的关系重于与两性的关系。……婚姻的意义，依我以上的说法，是在确立双系抚育。……为了要保障孩子们能得到必须的抚育，社会用婚姻来把男女结成夫妇，要他们共同负责担任这些工作中主要的事务。……婚姻是为了确立抚育而发生的。”③

最后，未成年子女的社会化始于家庭。从功能主义的观点看，在许多方面，家庭都是承担社会化任务的理想场所。家庭的替代品也被社会实践证明并不十分成功。虽然学校、大众传媒等在未成年子女社会化过程中的作用越来越突出，但家庭在社会化过程中的主导作用仍不容否认，家庭既能够给未成年子女在物质上的抚养，也能够起到重要的精神上教育的作用，可以说家庭的功能是综合和不可替代的。④ 黑格尔认为，子女是夫妻间爱的客观化，子女有被抚养和受教育的权利，父母有矫正子女任性的权利，教育可以使子女超脱自然直接性，父母在子女身上获得结合的客观体现。⑤ “子女是自在的自由的，……从家庭关系说，对他们所施教育的肯定目的在于，灌输伦理原则，而这些原则是采取直接的、还没有对立面的感觉的那种形式的，这样，他们的心情就有了伦理生活

---

① 费孝通：《乡土中国 生育制度》，北京大学出版社 1998 年版，第 159 - 163 页。
② ［法］卢梭：《爱弥儿：论教育》（下卷），李平沤译，商务印书馆 1978 年版，第 769 页。
③ 费孝通：《乡土中国 生育制度》，北京大学出版社 1998 年版，第 125 - 133、259 页。
④ 参见［美］戴维·波普诺：《社会学》，李强等译，中国人民大学出版社 2007 年版，第 172 - 173、424 - 425 页。
⑤ 参见［德］黑格尔：《法哲学原理》，范扬、张企泰译，商务印书馆 1961 年版，第 187 - 189 页。

的基础，而在爱、信任和服从中度过他的生活的第一个阶段。又从同一关系说，这种教育还具有否定的目的，就是说，使子女超脱原来所处的自然直接性，而达到独立性和自由的人格，从而达到脱离家庭的自然统一体的能力。”①

综上，从社会学功能主义的理论视角看，未成年子女在婚姻家庭生活中的地位重要，婚姻制度一定程度上服务于生育子女的功能，而未成年子女也能起到对夫妇之间婚姻关系的稳定作用。

子女是被抛入家庭中的。一个人最无法选择的就是他所处的家庭环境。人一出生就会发生父母子女的亲子关系、亲属关系，随着个人的成长，父母等监护人对未成年子女要尽抚养、教育、保护等监护职责。婚姻家庭关系是民法调整社会关系中的重要方面，其对应人们的伦理生活，在此种生活中，一个自然人先是作为未成年人接受父母的抚育，后来又作为父母抚育自己的未成年子女。夫妻在婚姻家庭中法律地位平等是婚姻家庭法的一条重要线索。对未成年子女的法律保护也是婚姻家庭关系一条贯彻始终的线索。婚姻家庭法领域存在从一般的保护儿童权益向“儿童最大利益”原则的发展。② 婚姻家庭法律法规侧重从父母子女关系等方面对未成年子女在家庭生活全过程进行周到保护。

二、亲子关系推定规范

（一）从婚生子女推定制度到亲子关系推定制度

“在子女身上，母亲爱她的丈夫，而父亲爱他的妻子，双方都在子女身上见到了他们的爱客观化了。……父母则在子女身上获得了他们结合的客观体现。”③ 恩格斯指出：“（专偶制）明显的目的就是生育有确凿无疑的生父的子女；而确定这种生父之所以必要，是因为子女将来要以亲生的继承人的资格继承他们父亲的财产。”④ “父亲和孩子虽然在生理方面也有联系，但这种联系是间接的、假定的和推想的，而且这种联系不能脱离妻子的道德，是属于知识范畴，而不是属于本能范畴的。”⑤

“……生了孩子不认账，不但可能，而且确有这种对社会不利的事实。”⑥ 亲子关系推定制度有利于确立出生子女的父母，并有利于在此基础上对其进行监护。“母子的生物关系是明显的，所以不必经过法律手续就可以确定其社会性的母子关系了。”⑦ 亲子关系推定制度主要就是确定子女的父亲身份。

对亲子关系首先通过婚生推定的方法来确定。有学者甚至指出：“婚姻是社会为孩

---

① ［德］黑格尔：《法哲学原理》，范扬、张企泰译，商务印书馆 1961 年版，第 188 页。

② 1989 年联合国《儿童权利公约》第 2 条第 1 款规定：“关于儿童的一切行动……均应以儿童的最大利益为一种首要考虑。”

③ ［德］黑格尔：《法哲学原理》，范扬、张企泰译，商务印书馆 1961 年版，第 187、189 页。

④ ［德］恩格斯：《家庭、私有制和国家的起源》，载《马克思恩格斯选集》（第 2 版第 4 卷），人民出版社 1995 年版，第 59 页。

⑤ ［英］罗素：《婚姻革命》，靳建国译，东方出版社 1988 年版，第 10 页。

⑥ 费孝通：《乡土中国 生育制度》，北京大学出版社 1998 年版，第 110 页。

⑦ 费孝通：《乡土中国 生育制度》，北京大学出版社 1998 年版，第 127 页。

子们确定父母的手段。”[①] 婚生子女（married children/legitimate children）是指在父母婚姻关系存续期间受胎或者出生的子女。从子女出生或者受胎时丈夫与子女的母亲有婚姻关系这一客观事实出发，就可以推断子女与生母之夫具有血缘关系，此即婚生推定制度。“婚姻的目的是在确定社会性的父亲，对于生物性的父亲的确定，倒还属于次要。……自己妻子和外遇所生的子女和自己虽没有生物关系，亦须经过法律手续才能否认父子关系。”[②] 可见，婚生子女的推定仍然是一种可以被推翻的推定。婚姻关系的当事人可以否认婚生子女为自己的子女，这就是婚生子女的否认制度。

对亲子关系，在婚生推定制度之外，还存在经由人民法院在身份关系诉讼中进行的其他推定方法，主要是对非婚生情形下亲子关系的推定。“非婚生子女和他们的生父还是须经过法律手续才能成立父子关系。”[③] 如《婚姻法司法解释三》第 2 条第 2 款就曾规定：“当事人一方起诉请求确认亲子关系，并提供必要证据予以证明，另一方没有相反证据又拒绝做亲子鉴定的，人民法院可以推定请求确认亲子关系一方的主张成立。”该规定就是对存在亲子关系的推定制度，其规范目的是督促生父承认事实上的亲子关系，以承担对非婚生未成年子女的抚养教育义务。笔者认为，此处所谓的“必要证据予以证明”就是指该子女与拒绝做亲子鉴定一方存在亲子关系具有高度的盖然性。[④]

不管是婚生子女的推定，还是婚外亲子关系的推定，其最终目的主要都是明确未成年子女之父母，以使该未成年子女“幼有所养”。一旦确定亲子关系，即使属于非婚生子女，其与婚生子女也享有同等权利，并有权要求生父母负担自己的生活费和教育费。《民法典》第 1071 条规定：“非婚生子女享有与婚生子女同等的权利，任何组织或者个人不得加以危害和歧视。”“不直接抚养非婚生子女的生父或者生母，应当负担未成年子女或者不能独立生活的成年子女的抚养费。”

《民法典婚姻家庭编司法解释一》第 40 条规定：“婚姻关系存续期间，夫妻双方一致同意进行人工授精，所生子女应视为婚生子女，父母子女间的权利义务关系适用民法典的有关规定。”最高人民法院 1991 年 7 月 8 日还在《关于夫妻离婚后人工授精所生子女的法律地位如何确定的复函》（已失效）中指出：在夫妻关系存续期间，双方一致同意进行人工授精，所生子女应视为夫妻双方的婚生子女，父母子女之间权利义务关系适用《婚姻法》的有关规定。可见，夫妻关系存续期间通过人工授精方法所生子女属于婚生子女，父母任何一方不得以其与该子女无血缘关系为由拒绝承担法律上的抚养义务。[⑤]

（二）民事单行法时代的亲子关系推定规范

无论是所罗门“智断夺子案”还是包公“智审杀夫夺子案”，其运用的都是纯粹的日常生活经验法则，基于当时的科学技术水平，尚无通过亲子鉴定运用科学证据断案的

---

① 费孝通：《乡土中国 生育制度》，北京大学出版社 1998 年版，第 125 页。

② 费孝通：《乡土中国 生育制度》，北京大学出版社 1998 年版，第 127 页。

③ 费孝通：《乡土中国 生育制度》，北京大学出版社 1998 年版，第 127 页。

④ 参见“刘某诉刘某民确认亲子关系纠纷案”，黑龙江省哈尔滨市（松花江地区）中级人民法院（2007）哈民一再终字第 68 号民事判决书，载《人民法院案例选》2009 年第 1 辑，人民法院出版社 2009 年版。

⑤ 参见“施某某诉朱某某离婚及双方书面同意的人工授精所生子女抚养案”，载《人民法院案例选》1997 年第 4 辑（总第 22 辑），人民法院出版社 1998 年版。

可能。而我国三国时代就有的“滴血认亲”方式也具有不科学性。基于现代基因技术的亲子鉴定结论具有与事实的高度符合性。[①] 最高人民法院1987年曾出台了一个关于亲子鉴定的批复——《关于人民法院在审判工作中能否采用人类白细胞抗原作亲子鉴定问题的批复》[法（研）复〔1987〕20号][②]，这也仅仅是一个笼统的指导性意见，没有设定明确的操作标准（何谓“必须做亲子鉴定”），实务上难以妥适把握相应的尺度。《婚姻法司法解释三》第2条有关亲子关系的推定规范规定：“夫妻一方向人民法院起诉请求确认亲子关系不存在，并已提供必要证据予以证明，另一方没有相反证据又拒绝做亲子鉴定的，人民法院可以推定请求确认亲子关系不存在一方的主张成立。”“当事人一方起诉请求确认亲子关系，并提供必要证据予以证明，另一方没有相反证据又拒绝做亲子鉴定的，人民法院可以推定请求确认亲子关系一方的主张成立。”该条虽然在亲子关系举证责任及证据推定方面作了突破规定，很大程度上便利当事人处理亲子鉴定确认之诉纠纷[③]，亲子鉴定呈现出一定程度的泛滥之势，甚至还出现给猪做亲子鉴定的案件[④]，但是如何准确把握“必要证据”的具体标准仍成为裁判中的难点。[⑤]

推定必须具有一定的基础性事实。一方面，“推定”和“视为”不同。“视为”是明知“不是”而当作为“是”。而“推定”是在无直接证据的情况下，根据间接证据对事实作出的一种判断，是指由法律规定或由法院按照经验法则，从已知的基础事实推断未知的结果事实存在，并允许当事人举证推翻的一种证明法则。推定的应用实质就是一个举证责任的承担问题。[⑥] 另一方面，推定也不同于自认。诉讼过程中，一方当事人对另一方当事人陈述的案件事实明确表示承认的，另一方当事人无须举证，但涉及身份关系的案件除外。有学者认为：“……‘亲子关系案件’中，澄清案件事实即承载着某种公共利益。”[⑦] 在亲子身份关系诉讼中，不能靠自认来确定亲子身份关系事实的存在，而必须经由亲子鉴定或者亲子关系的法律推定规范方可。

就“必要证据”（也称为“基础证据”或“相当证据”）的具体标准，存在三种观点：第一，多数法官认为，此处所指的“必要证据”要求间接证据形成合理的证据链条方可[⑧]；第二，少数法官认为根据单一间接证据形成内心确信即可；第三，还有极少数

---

① 参见张莹：《女子错进男友双胞胎哥哥房间 产子难鉴定生父》，载《潇湘晨报》2012年12月27日。

② “鉴于亲子鉴定关系到夫妻双方、子女和他人的人身关系和财产关系，是一项严肃的工作，因此，对要求作亲子关系鉴定的案件，应从保护妇女、儿童的合法权益，有利于增进团结和防止矛盾激化出发，区别情况，慎重对待。对于双方当事人同意作亲子鉴定的，一般应予准许；一方当事人要求作亲子鉴定的，或者子女已超过三周岁的，应视具体情况，从严掌握，对其中必须作亲子鉴定，也要做好当事人及有关人员的思想工作。”“人民法院对于亲子关系的确认，要进行调查研究，尽力收集其他证据。对亲子鉴定结论，仅作为鉴别亲子关系的证据之一，一定要与本案其他证据相印证，综合分析，作出正确的判断。”

③ 北京市西城区人民法院在《婚姻法司法解释三》施行后半年内受理涉及亲子鉴定案件23件，比上年度同期增长43.7%。参见汪丹：《新婚姻法促亲子鉴定增4成》，载《北京日报》2012年3月6日，第11版。

④ 参见裴晓兰：《男子状告邻居偷母猪 法院同意对猪做DNA鉴定》，载《京华时报》2007年10月13日。

⑤ 参见赵建国、张立民、吴强兵、陈小红：《完善亲子处理机制 构建社会和谐安宁——延庆县法院关于涉亲子鉴定纠纷的调研报告》，载北京法院网2012年3月6日。

⑥ 参见齐爱民等：《拒绝亲子鉴定能否推定其为生父》，载《法制日报》2010年1月26日。

⑦ ［德］托马斯·M.J.默勒斯：《法学方法论》（第4版），杜志浩译，北京大学出版社2022年版，第764页。

⑧ 孙军工针对《婚姻法司法解释三》第2条的规定，即作此解读。参见《婚姻法司法解释：拒绝亲子鉴定可认定为非亲生》，载中国新闻网2011年8月12日。

法官认为即使当事人在无证据的情况下要求鉴定，对方同意后又反悔的，可以妨害取证直接对其作出不利的推定[①]。在司法实践中，不能单凭传闻证据诉请适用亲子关系推定规则，“必要证据”多属于间接证据，法院对“必要证据”主要作如下类型总结，以免随意化：“怀孕七个月后女儿即出生”[②]，夫妻“均为B型血，但女儿却是A型血”[③]，“对方与他人有过婚外性关系的事实或自身患有不可能生育的生理疾患”[④]，丈夫因公“14个月一直在外工作，没有请假探亲”[⑤]。只要当事人一方完成对必要证据的举证，其对亲子关系存否的举证即已经初步完成，就会发生举证责任的转换，此时另一方“没有相反证据又拒绝做亲子鉴定的”，方可基于证明妨害理论，适用亲子关系的事实推定规则。如此一来，就可以在没有亲子鉴定这一直接关键证据的情况下，结合当事人一方所提供的“必要证据”这一间接证据推定亲子关系的存否。司法实践中还曾经发生过前妻在电视节目中承认孩子是自己与他人所生的事件，此种诉讼外的承认不具有免除证明的效果或者结合证明妨害理论作推定的效力。[⑥]

中国本来就是一个注重血缘亲属关系的国家，在一个家庭中，父亲有权知道孩子是不是自己的，孩子也有权知道自己的亲生父亲是谁。这是维护父亲和孩子对血缘的知情权，也有利于家庭关系的稳定和谐。而举证责任的一般原则是“谁主张，谁举证”，而亲子鉴定程序的开启涉及另一方当事人的人身权利，应当以双方自愿为原则，不能强制，此时就需要本着诚实信用原则结合证明妨害理论以缓和举证责任一般原则过于僵化带来的举证困境。当然，也不能随意适用证明妨害理论及其规则，否则会有损家庭身份关系的安定性。《婚姻法司法解释三》第2条就是对证明妨害理论的适用条件作了亲子关系鉴定案件类型下的具体规定，明确了“必要证据”的条件。此时需要本着保护妇女、儿童合法权益的原则，在身份关系的安定性和身份关系的真实明确性之间进行利益衡量，《婚姻法司法解释三》第2条对举证妨害情形下亲子关系推定规则的适用条件也未如之前倾向性意见那般严格：“如果非婚生子女以及与其共同生活的父母一方有相当证据证明被告为非婚生子女的生父或者生母，且非婚生子女本人尚未成年，亟须抚养和教育的，如果被告不能提供足以推翻亲子关系的证据，又拒绝做亲子鉴定的，应当推定其亲子关系成立。”[⑦]

总之，《婚姻法司法解释三》第2条在立法论上需要作如下完善：第一，在“必要证据”这一不确定法律概念上需要进行价值补充。第二，对亲子关系推定规则适用的主体范围也要进行目的性扩张解释。根据该条第1款的规定，其仅适用于夫妻一方请求对

---

① 原告王某在离婚诉讼中要求对孩子进行鉴定，被告董某同意，后两次反悔，致使鉴定无法完成。法院据此推定原告与孩子之间无亲子关系。二审过程中，被告仍不同意做亲子鉴定，二审法院遂作出维持一审法院推定的判断。发回重审过程中，原、被告双方同意做亲子鉴定。参见北京市海淀区人民法院（2006）海民初字第0209号民事判决书，北京市第一中级人民法院（2007）一中民终字第08315号民事判决书。

② 刘必钰：《男子持新法打亲子官司 不配合鉴定承担败诉后果》，载《北京晚报》2011年9月2日。

③ 王巍：《首例无亲子鉴定血亲案宣判 法院参考新解释断案》，载《法制晚报》2011年12月9日。

④ 吴凰行：《疑妻出轨申请亲子鉴定 缺少基础证据未获支持》，载中国法院网2011年6月15日。

⑤ 李卉：《丈夫1年未归她生了孩子 不愿做鉴定》，载《株洲晚报》2011年8月17日。

⑥ 参见李浩主编：《证据法学》，高等教育出版社2009年版，第1-9页。

⑦ 贺小荣：《亲子鉴定能否强制》，载《中国民事审判前沿》2005年第1辑。“吴某成诉徐某年抚育费案”，上海市第一中级人民法院（2008）沪一中少民终字第53号民事判决书，《中国审判案例要览》（2009年民事审判案例卷），中国人民大学出版社、人民法院出版社2010年版，第454-458页。

方配合进行亲子鉴定的情形。司法实践中也出现父亲请求女儿配合进行亲子鉴定[①]乃至子女请求父母配合进行亲子鉴定等情形。亲子关系推定规范在适用的主体范围上已经不以夫妻之间为限，子女同样得基于此提起亲子关系存在或者否认之诉。第三，司法实践中法院还往往事先向拒不配合做亲子关系鉴定一方释明拒不配合的法律后果，该方当事人仍不同意做鉴定的情况下，方由其承担不利法律后果。[②] 第四，如果孩子的年龄已满 8 周岁，已经有自己独立的意志，法官也应该征求孩子对亲子鉴定的意愿，此外，还应该注意化解盲目开启亲子鉴定程序可能“让亲子鉴定变成了伤子鉴定”[③]。

(三)《民法典》中的亲子关系推定规范

《婚姻法司法解释三》第 2 条的“必要证据”对应亲子关系推定规范中的基础事实。《民法典》婚姻家庭编立法过程中将该司法解释规定上升为民事基本法律制度。《民法典》第 1073 条规定：“对亲子关系有异议且有正当理由的，父或者母可以向人民法院提起诉讼，请求确认或者否认亲子关系。”“对亲子关系有异议且有正当理由的，成年子女可以向人民法院提起诉讼，请求确认亲子关系。”遗憾的是，《民法典》婚姻家庭编征求意见稿、一次审议稿、二次审议稿，乃至《民法典》第 1073 条，在亲子关系推定制度上均欠缺证据思维，相对比于司法解释，反倒出现倒退。亲子关系异议之诉的裁判规范配置，较之“必要证据”这一基础事实，“正当理由”更欠缺规范性、可操作性和证据性思维。

《民法典婚姻家庭编司法解释一》第 39 条规定：“父或者母向人民法院起诉请求否认亲子关系，并已提供必要证据予以证明，另一方没有相反证据又拒绝做亲子鉴定的，人民法院可以认定否认亲子关系一方的主张成立。”“父或者母以及成年子女起诉请求确认亲子关系，并提供必要证据予以证明，另一方没有相反证据又拒绝做亲子鉴定的，人民法院可以认定确认亲子关系一方的主张成立。”该条回归《婚姻法司法解释三》第 2 条“必要证据”的表述方式，将“必要证据”而非“正当理由”对应为亲子关系推定规范中的基础事实。值得注意的是，《民法典婚姻家庭编司法解释一》第 39 条两款中均使用“认定”一词，一改《婚姻法司法解释三》第 2 条“推定”之表达。笔者认为“推定”一词更为准确，也更契合《民法典婚姻家庭编司法解释一》第 39 条亲子关系推定规范和司法推定的品格。《最高人民法院关于民事诉讼证据的若干规定》第 10 条第 1 款第 4 项规定：“根据已知的事实和日常生活经验法则推定出的另一事实”，当事人无须举证证明。此处之“推定”即司法推定。

三、亲权与监护

(一) 父母对未成年子女的抚育

恩格斯指出：“根据唯物主义观点，历史中的决定性因素，归根结蒂是直接生活的

---

① 参见邱伟：《女儿拒绝做亲子鉴定 法院缺席审理判其为非亲生》，载《北京晚报》2012 年 1 月 4 日。

② 参见邱伟：《女儿拒绝做亲子鉴定 法院缺席审理判其为非亲生》，载《北京晚报》2012 年 1 月 4 日。

③ 史智军：《顺义法院调研离婚案件中亲子鉴定程序的特点并提出建议》，载北京法院网 2011 年 3 月 22 日，http：//bjgy. chinacourt. org/public/detail. php？ id=91362。

生产和再生产。但是，生产本身又有两种。一方面是生活资料即食物、衣服、住房以及为此所必需的工具的生产；另一方面是人自身的生产，即种的蕃衍。”[①] 人自身的生产与抚育是密不可分的，生育甚至对婚姻关系的维持和增进具有重要的推动力，费孝通先生曾指出：社会结构中真正的三角关系是由共同情操所结合的儿女和他们的父母。“婚姻的意义就在建立这社会结构中的基本三角。夫妇不只是男女间的两性关系，而且还是共同向儿女负责的合作关系。……在生育孩子，担负起抚育作用之前，夫妇关系被认为是不完全的，他们的法律地位也没有比未举行初步仪式前有所增加。……结婚若是只是指两性的享受，这种关系是不易维持的。……从孩子在夫妇关系上的创造性，使我们对于‘三角形的完成是孩子的出生’这一句话有了更深一层的了解。稳定夫妇关系的是亲子关系。”[②]

也存在弱化父母在抚育子女过程中重要性、强化国家在抚育未成年人过程中重要性的观点。柏拉图主张不但要用国家去取代父亲的位置，也要取代母亲的位置。实际上，父母的爱对孩子的成长不可缺少。[③] “为了促进未成年人的安全和防止人们利用他们缺乏经验、涉世未深和缺乏深思熟虑造成对他们的不利，国家必须把他们自己采取的行为中的那些后果可能对他们有害的行为宣布为无效，并且必须惩罚那些采用这种方式利用他们来谋取私利的人。”[④]

“在人类存在的整个开始阶段中，社会有着凌驾于他们之上的绝对的权力：这是整个一段儿童期和未成年期，在这个阶段，社会尝试着能否使他们能够在生活中理性地行为。现在的一代对于未来的一代而言，既是进行训练的导师，又是全部境遇的主导者。”[⑤] “我们的《婚姻法》规定了父母与子女的关系，但实际上规定的是中青年父母与未成年子女的关系。这从《婚姻法》的条文中可以很清晰地看出来。当子女成年，我们的《婚姻法》对其与父母的关系是不予考虑的，成年子女开始组织自己的新的家庭，成为《婚姻法》规制的主要对象，而成年子女的老年父母则已经不在《婚姻法》的考虑范围之内了。……《婚姻法》中提到老年父母主要是在赡养的条文中。”[⑥] “将一个人带到世界上，这一事实本身便是人类生活范围内最需要负责的行为之一。”[⑦] 父母与未成年子女关系主要是单向抚育关系。

“身份的结合关系，是民族发展的基础，是国民活动力量的源泉，所以国家对家族共同生活的正常而健康地发展不能毫不关心。尤其要关心的是，不要使个人意志和人格在共同生活中受到无理的限制或被置于孤立无援的境地。”[⑧] 立法原则通常都是以能够充分利用他们成熟的理智力量的人为前提条件的，这些原则建立在这样的基础之上：永远

① [德] 恩格斯：《家庭、私有制和国家的起源》，载《马克思恩格斯选集》(第2版第4卷)，人民出版社1995年版，第2页。

② 费孝通：《乡土中国 生育制度》，北京大学出版社1998年版，第159-163页。

③ 参见 [英] 罗素：《婚姻革命》，靳建国译，东方出版社1988年版，第126页。

④ [德] 威廉·冯·洪堡：《论国家的作用》，林荣远、冯兴元译，中国社会科学出版社1998年版，第165页。

⑤ [英] 约翰·斯图亚特·密尔：《论自由》，于庆生译，中国法制出版社2009年版，第157-159页。

⑥ 俞江：《〈婚姻法〉的文化解释》，载中国私法网2011年6月20日。

⑦ [英] 约翰·斯图亚特·密尔：《论自由》，于庆生译，中国法制出版社2009年版，第167页。

⑧ [日] 我妻荣、有泉亨著、远藤浩补订：《日本民法·亲属法》，夏玉芝译，工商出版社1996年版，第6页。

不许剥夺进行自主思维和自主活动的人在经过考虑一切因素、做过适当审视之后随意决定自己行为的能力。因此，它们不能应用到这样一些人身上：他们或完全丧失理智，或他们的理智尚未达到成熟的阶段。所有这些人（儿童即这类人中最大和最重要的一部分人）都需要一种在最真正的意义上对其物质福利和道德健康的正面关心，对于这些人，仅仅从负面维护安全是不够的。①

孩子是父母生命的延续，是家庭、社会和国家的未来。对儿童乃至未成年人倾斜保护、特殊关怀的法理基础在于其理智的未成熟。民法私法自治原则要求任何理智成熟之成年人都能够自愿地、随心所欲地就他自己的行为和他的财富作出自己的决定。而这样一种自由对于其判断力尚未达到成熟的适当年龄的人来说，从多个角度来看都是危险的。父母或者监护人有权指导被监护人的行为。②

（二）亲权被监护权吸收

在我国民事立法中，亲权被监护权吸收。“随着社会的发展和演变，近现代的亲权制度一般已从以亲为本位转变为以子为本位，各国的亲权法多以保护未成年子女的利益为根本目的。……尽管我国法律没有使用亲权的概念，但有关监护权的规定已包含了亲权的基本内容。”③“我国《民法通则》第16条所规定的监护制度属于此广义监护类型，它将亲权纳入未成年人监护制度中，为所有的未成年人一律设定监护。我国这种立法例在大陆法系立法中纯属例外。狭义上的监护制度是指与亲权制度并行的监护制度，即指对不在亲权保护下的未成年人和限制民事行为能力、无民事行为能力成年人的人身和财产权益进行监督和保护的法律制度。在该立法例中，监护制度和亲权制度互相分离，仅将未受父母亲权保护的未成年人作为监护的对象。”④

监护制度应当规定于总则编抑或婚姻家庭编？在《民法典》编纂过程中曾有不同观点。一种观点认为，监护制度与婚姻家庭关系联系紧密，应当在婚姻家庭编中加以规定；另一种观点认为，监护制度解决的是自然人行为能力问题，因而应当在总则编中予以规定。⑤《民法典》延续了民事单行法时代的做法，仍将监护制度放在总则编“自然”人下加以规定。

康德认为父母对子女的权利是一项“有物权性质的对人权”，“父母不能把他们的子女看成是他们自己的制造物，因为不能这样看待一个享有自由权利的生命。……父母必须有权去管教与训练他们的子女，因为子女本人尚无恰当地运用他的肌体和心智的能力。这就涉及对子女的抚养和关心子女的教育。”⑥ 父母作为未成年人的监护人应当履行

---

① 参见［德］威廉·冯·洪堡：《论国家的作用》，林荣远、冯兴元译，中国社会科学出版社1998年版，第161－162页。

② 参见［德］威廉·冯·洪堡：《论国家的作用》，林荣远、冯兴元译，中国社会科学出版社1998年版，第164页。

③ 杨大文、龙翼飞主编：《婚姻家庭法》（第8版），中国人民大学出版社2020年版，第162页（孙若军教授执笔）。

④ 夏吟兰主编：《婚姻家庭继承法》，中国政法大学出版社2012年版，第154页。

⑤ 参见黄薇主编：《中华人民共和国民法典总则编释义》，法律出版社2020年版，第71页。

⑥ ［德］康德：《法的形而上学原理——权利的科学》，沈叔平译，商务印书馆1991年版，第99－101页。

监护职责，监护人的监护职责包括：保护被监护人的身心健康，照顾被监护人的生活，管理和保护被监护人的财产，代理被监护人实施民事法律行为，保护被监护人的人身权利、财产权利以及其他合法权益等，对被监护人进行管理和教育，在被监护人合法权益受到侵害或者与人发生争议时代理其进行诉讼。

例如，在“姜某某、孟某某与乔某甲申请变更监护人案”中，法院认为：监护人有管理和保护未成年人财产的义务，在申请变更监护人、变更抚养关系等需要确认未成年人、无民事行为能力或者限制民事行为能力人的财产监管责任的案件中，如监护人因年龄、身体健康等原因导致财产监管能力不足，或者监护人与被监护人的财产利益存在冲突等情况，造成监护人无法有效管理被监护人财产，可能造成其财产利益受损的，为体现“最有利于被监护人”的法律原则，经监护人与第三方协商一致并听取被监护人意见，经法院审查认定，可将被监护人财产委托第三方监管。财产监管是为防止监护人与未成年人的财产利益相冲突下，监护人无法合理有效管理未成年人财产并损害未成年人财产利益或者监护人出于自身管理财产能力等因素，自愿将未成年人财产交由他人代为监管。财产监管人并非未成年人财产的所有权人，财产监管人侵犯未成年人财产权益，未成年人或者监护人可以追究财产监管人的法律责任。①

监护权是民事权利、义务和责任的统一。从民事权利的角度看，监护权也属于《民法典》侵权责任编的保护范围。②《民法典》第 34 条第 2 款规定：“监护人依法履行监护职责产生的权利，受法律保护。”《民法典》第 1068 条规定：“父母有教育、保护未成年子女的权利和义务。未成年子女造成他人损害的，父母应当依法承担民事责任。”

监护人的监护职责具有法律强制性，“正是在子女问题上，自由概念的误用成为国家履行其义务的一项真正障碍。几乎每个人都认为，一个人的子女简直就是（并非比喻）他自身的一部分，因此，即便法律最小程度地干涉到他对他们的绝对和排他的控制，他们就会表现出不安和忧虑；这种不安和忧虑，几乎比他们自身的行动自由受到任何干涉时还要强烈。……人们仍然没有认识到，将一个孩子生下来，而没有不仅能够养育他的肉体，而且能够教育和训练其意志的相当预期，这是一种（不仅是对不幸的后代，而且是对社会）道德上的犯罪；人们仍然没有认识到，如果父母不履行这一义务，国家便应该保证尽可能地由父母负担其履行”③。例如，“法律并没有完全绝对地排除由于孩子严重的错误行为而导致父母对他们进行轻微的处罚，但这种轻微的体罚仍然要考虑到孩子的年龄、健康以及孩子自尊心的发展。如果超出了上述的界限，体罚就违背了父母的义务，对这种违反义务的行为是不能以父母对孩子的照顾权和教育权来进行掩盖的”④。民法对监护职责所作的是最低限度的强制性要求，现实生活中，监护人对被监护人的抚育活动更为广泛⑤，未成年人的父母之间夫妻感情和谐对于未成年子女的健

---

① 载《最高人民法院公报》2022 年第 9 期。

② 参见“赵某强等诉通化市人民医院侵犯身份权赔偿案”，载《人民法院案例选》2004 年民事专辑（总第 48 辑），人民法院出版社 2004 年版。

③ ［英］约翰·斯图亚特·密尔：《论自由》，于庆生译，中国法制出版社 2009 年版，第 162－163 页。

④ ［德］卡尔·拉伦茨：《德国民法通论》（上册），王晓晔等译，法律出版社 2003 年版，第 305 页。

⑤ 如对未成年子女的性别角色教育，参见潘绥铭：《如何进行家庭性教育——关注“娘娘腔”和“假小子”》，载《医药世界》1999 年 6 月 15 日。

康成长也具有十分重要的影响。“资料显示，在未成年人犯罪中，来自父母离异的单亲家庭孩子占有相当大的比重，父母离异给那幼小的心灵带来了终身无法弥补的巨大创伤。”[①]

（三）被抚养人的抚养费给付请求权

未成年子女具有依法被抚养的私法请求权。[②]《民法典》第1067条第1款规定：“父母不履行抚养义务的，未成年子女或者不能独立生活的成年子女，有要求父母给付抚养费的权利。”《民法典婚姻家庭编司法解释一》第41条规定：“尚在校接受高中及其以下学历教育，或者丧失、部分丧失劳动能力等非因主观原因而无法维持正常生活的成年子女，可以认定为民法典第一千零六十七条规定的‘不能独立生活的成年子女’。”第42条规定：“民法典第一千零六十七条所称‘抚养费’，包括子女生活费、教育费、医疗费等费用。”能够独立生活的成年子女请求父或者母给付其未成年或者不能独立生活期间抚养费的，人民法院不予支持。未成年子女或者不能独立生活的成年子女有法定抚养费请求权，离婚协议已对未成年子女或者不能独立生活的成年子女的抚养费明确约定或者不直接抚养子女一方通过其他方式承诺给付抚养费，离婚后，不直接抚养子女一方未按照约定或者承诺履行给付义务，子女尚未成年或者仍不能独立生活，子女起诉请求其支付欠付抚养费的，人民法院应依法予以支持；子女已经成年并能够独立生活，直接抚养子女一方起诉请求对方支付欠付抚养费的，人民法院应依法予以支持。

未成年子女要求支付抚养费，基本上都是在夫妻双方离婚时或离婚后产生的，而在婚姻存续期间，由于夫妻双方财产为共有财产，能否要求不尽抚养义务的父母支付抚养费，《民法典婚姻家庭编司法解释一》第43条对此作出了明确规定：“婚姻关系存续期间，父母双方或者一方拒不履行抚养子女义务，未成年子女或者不能独立生活的成年子女请求支付抚养费的，人民法院应予支持。”[③]《民法典婚姻家庭编司法解释一》第43条主要是针对外出务工人员夫妻两地分居期间，一方或双方不履行抚养子女义务、不支付子女抚养费的情况而制定的，从而争取实现未成年子女利益最大化。[④]

在父母子女关系问题上，父母对能够独立生活的成年子女没有抚养的义务。[⑤]但在社会生活中，“帮助孩子结婚的任务不仅说明了一种亲子关系，也恰恰表现出中国文化特有的人格建构模式。在更深的层次，这个任务揭示了中国人在家庭生活中的最重要职责，也就是维持血脉的延续。……当父母帮助孩子操办完婚礼后，村里人会祝贺他们完成了任务。……那些在这方面做得比较失败的人，会被整个村里的人看不起，而他们的

---

① 永春：《家庭和谐初探》，载《人民日报》2008年11月21日，《郑州日报》2012年6月28日。

② 参见李喜莲：《离婚抚养权纠纷中未成年子女意愿适用的司法考量及程序衔接》，载《法学评论》2023年第2期，第112页。

③ “付某桐诉付某强抚养费纠纷案”，转引自《最高法发布婚姻家庭纠纷典型案例 河南10例》，载新浪网2015年11月19日，http://finance.sina.com.cn/sf/news/2015-11-19/145011104.html。

④ 参见夏吟兰主编：《婚姻家庭继承法》，中国政法大学出版社2012年版，第151页。

⑤ 参见朱先明、王晓宇：《大学生因父母交不起学费将其告上法庭》，载《现代快报》2013年8月27日。

成年孩子也会谴责父母在道德上不称职，因为他们没有很好地完成‘任务’”①。

此外，根据《民法典》第196条，被抚养人的抚养费给付请求权不适用诉讼时效。

（四）《未成年人保护法》对监护制度的细化

《未成年人保护法》第11条第2款规定强制报告制度：“国家机关、居民委员会、村民委员会、密切接触未成年人的单位及其工作人员，在工作中发现未成年人身心健康受到侵害、疑似受到侵害或者面临其他危险情形的，应当立即向公安、民政、教育等有关部门报告。”强制报告制度有助于预防和及时发现侵害未成年人身心健康的行为，强制报告义务人未履行报告义务造成严重后果的，须依法承担相应的法律责任。

《未成年人保护法》第92条规定临时监护制度：“具有下列情形之一的，民政部门应当依法对未成年人进行临时监护：（一）未成年人流浪乞讨或者身份不明，暂时查找不到父母或者其他监护人；（二）监护人下落不明且无其他人可以担任监护人；（三）监护人因自身客观原因或者因发生自然灾害、事故灾难、公共卫生事件等突发事件不能履行监护职责，导致未成年人监护缺失；（四）监护人拒绝或者怠于履行监护职责，导致未成年人处于无人照料的状态；（五）监护人教唆、利用未成年人实施违法犯罪行为，未成年人需要被带离安置；（六）未成年人遭受监护人严重伤害或者面临人身安全威胁，需要被紧急安置；（七）法律规定的其他情形。”

《未成年人保护法》第94条规定民政部门对未成年人进行长期监护的情形：“具有下列情形之一的，民政部门应当依法对未成年人进行长期监护：（一）查找不到未成年人的父母或者其他监护人；（二）监护人死亡或者被宣告死亡且无其他人可以担任监护人；（三）监护人丧失监护能力且无其他人可以担任监护人；（四）人民法院判决撤销监护人资格并指定由民政部门担任监护人；（五）法律规定的其他情形。”

在《民法典》第36条的基础上，《未成年人保护法》第17条进一步细化规定：“未成年人的父母或者其他监护人不得实施下列行为：（一）虐待、遗弃、非法送养未成年人或者对未成年人实施家庭暴力；（二）放任、教唆或者利用未成年人实施违法犯罪行为；（三）放任、唆使未成年人参与邪教、迷信活动或者接受恐怖主义、分裂主义、极端主义等侵害；（四）放任、唆使未成年人吸烟（含电子烟，下同）、饮酒、赌博、流浪乞讨或者欺凌他人；（五）放任或者迫使应当接受义务教育的未成年人失学、辍学；（六）放任未成年人沉迷网络，接触危害或者可能影响其身心健康的图书、报刊、电影、广播电视节目、音像制品、电子出版物和网络信息等；（七）放任未成年人进入营业性娱乐场所、酒吧、互联网上网服务营业场所等不适宜未成年人活动的场所；（八）允许或者迫使未成年人从事国家规定以外的劳动；（九）允许、迫使未成年人结婚或者为未成年人订立婚约；（十）违法处分、侵吞未成年人的财产或者利用未成年人牟取不正当利益；（十一）其他侵犯未成年人身心健康、财产权益或者不依法履行未成年人保护义务的行为。”

---

① 阎云翔：《个体能动性与彩礼的演变》，载阎云翔：《中国社会的个体化》，陆洋等译，上海译文出版社2012年版，第218-219页。

2022年6月6日，国务院未成年人保护工作领导小组办公室印发《未成年人文身治理工作办法》。该办法第4条要求："任何企业、组织和个人不得向未成年人提供文身服务，不得胁迫、引诱、教唆未成年人文身。"第7条第3款要求："人民检察院对因文身导致未成年人合法权益受到侵犯，相关组织和个人未代为提起诉讼的，可以督促、支持其提起诉讼；涉及公共利益的，有权提起公益诉讼。"民政部儿童福利司2022年6月10日在答复网民关于《未成年人文身治理工作办法》的一些疑问时，明确表示"即使父母同意也不能提供文身服务"，父母自己经营的文身店也不能给自己孩子文身。

（五）《家庭教育促进法》对父母等监护人的家庭教育义务的具体要求

家庭教育是教育的基础和起点，关乎未成年人终身发展。《家庭教育促进法》对引导父母等监护人履行教育义务、"依法带娃"具有重要意义。《家庭教育促进法》第2条规定："本法所称家庭教育，是指父母或者其他监护人为促进未成年人全面健康成长，对其实施的道德品质、身体素质、生活技能、文化修养、行为习惯等方面的培育、引导和影响。"未成年人的父母或者其他监护人负责实施家庭教育。家庭教育是监护人履行监护职责的重要内容之一。

《家庭教育促进法》第14条规定："父母或者其他监护人应当树立家庭是第一个课堂、家长是第一任老师的责任意识，承担对未成年人实施家庭教育的主体责任，用正确思想、方法和行为教育未成年人养成良好思想、品行和习惯。""共同生活的具有完全民事行为能力的其他家庭成员应当协助和配合未成年人的父母或者其他监护人实施家庭教育。"家庭教育以立德树人为根本任务。未成年人的父母或者其他监护人应当针对不同年龄段未成年人的身心发展特点，开展家庭教育。未成年人的父母或者其他监护人实施家庭教育，应当关注未成年人的生理、心理、智力发展状况，尊重其参与相关家庭事务和发表意见的权利。

在家庭教育问题上，家庭责任、国家支持、社会协同，三者缺一不可。家庭教育需要家庭、国家和社会共同发力，形成家校社协同育人有效模式。不能只注重学校教育，不重视家庭教育。《义务教育法》第5条第2款规定："适龄儿童、少年的父母或者其他法定监护人应当依法保证其按时入学接受并完成义务教育。"国家和社会为家庭教育提供指导、支持和服务。对未成年人父母或者其他监护人的监护监督主要有训诫和剥夺监护权两种方式。对于监护人不当履行监护职责，在训诫和剥夺监护权之间缺少督促、帮助这一中间环节。家庭教育指导和帮助是健全未成年人监护监督体系的有效路径。开展家庭教育指导工作，强化父母或其他监护人教育能力和责任意识，能够填补监护监督体系空缺，对于健全监护干预体系具有重要作用和价值。①

（六）对监护权的侵权救济

父母对未成年子女的监护权属于侵权责任制度的保护范围，以更好地保护未成年子

---

① 参见最高人民检察院2021年7月10日发布《关于在办理涉未成年人案件中全面开展家庭教育指导工作的意见》答记者问。

女的利益。[①]《侵权责任法》第 2 条第 2 款把婚姻自主权、监护权甚至继承权都作为该法的保护对象。《民法典》第 1164 条对侵权责任保护对象抽象概括规定为“民事权益”。《民法典侵权责任编司法解释一》第 1 至 3 条规定侵害监护权责任的承担。

非法使被监护人脱离监护，监护人有权要求停止侵害、排除妨碍、恢复监护关系、赔偿监护人为恢复监护状态而支出的合理费用等财产损失。

对因监护权被侵害而主张精神损害赔偿的案件，存在如下可能的法律适用路径[②]：第一，直接适用《最高人民法院关于确定民事侵权精神损害赔偿责任若干问题的解释》（法释〔2020〕17 号）第 2 条：“非法使被监护人脱离监护，导致亲子关系或者近亲属间的亲属关系遭受严重损害，监护人向人民法院起诉请求赔偿精神损害的，人民法院应当依法予以受理。”第二，补充适用《民法典》第 1183 条第 1 款：“侵害自然人人身权益造成严重精神损害的，被侵权人有权请求精神损害赔偿。”《民法典侵权责任编司法解释一》第 2 条规定：“非法使被监护人脱离监护，导致父母子女关系或者其他近亲属关系受到严重损害的，应当认定为民法典第一千一百八十三条第一款规定的严重精神损害。”

（七）监护人的责任

监护人应当依法履行监护职责。监护人的职责是代理被监护人实施民事法律行为，保护被监护人的人身权利、财产权利以及其他合法权益等。监护人应当按照最有利于被监护人的原则履行监护职责。监护人除为维护被监护人利益外，不得处分被监护人的财产。未成年人的监护人履行监护职责，在作出与被监护人利益有关的决定时，应当根据被监护人的年龄和智力状况，尊重被监护人的真实意愿。

父母以法定代理人身份共同处分用夫妻共同财产购买并登记在未成年子女名下的房产后，又以该处分行为损害未成年子女利益为由向合同相对人主张合同无效的，不能适用《民法典》第 35 条，人民法院不予支持。《民法典婚姻家庭编司法解释二》第 15 条规定：“父母双方以法定代理人身份处分用夫妻共同财产购买并登记在未成年子女名下的房屋后，又以违反民法典第三十五条规定损害未成年子女利益为由向相对人主张该民事法律行为无效的，人民法院不予支持。”

监护人对被监护人行为承担责任的基础在于监护人违反对被监护人的管理教育义务，属于监护人对自己监护过失之不作为侵权责任[③]，监护人责任之成立不以被监护人过错为必要。监护人监护职责包括对被监护人进行抚养、教育和保护。俗语所谓“子不教、父之过”，监护人要对被监护人的侵权行为承担以严格责任为归责原则的侵权责任。《民法典》第 1188 条规定了监护人的侵权责任：“无民事行为能力人、限制民事行为能

---

① 参见“宋某英等诉徐州市第三人民医院因工作失误致其亲子被他人抱走要求找回亲子案”，载《人民法院案例选》1999 年第 4 辑，时事出版社 2000 年版。

② 参见王雷：《民法典人格权编中的参照适用法律技术》，载《当代法学》2022 年第 4 期。

③ 参见“原告汤某诉被告陈某豪人身损害赔偿纠纷案”，湖南省临湘市人民法院（2009）临民初字第 150 号民事判决书。另参见“吴某诉朱某、曙光学校人身损害赔偿纠纷案”，载《最高人民法院公报》2006 年第 12 期；“马某诉李某、梁某侵权损害赔偿纠纷案”，载《最高人民法院公报》1996 年第 1 期。

力人造成他人损害的，由监护人承担侵权责任。监护人尽到监护职责的，可以减轻其侵权责任。”“有财产的无民事行为能力人、限制民事行为能力人造成他人损害的，从本人财产中支付赔偿费用；不足部分，由监护人赔偿。”本条是关于监护人替代责任的规定，《民法典》第1188条第2款出于充分救济被侵权人的目的，加重了监护人的责任，不区分单位监护人与非单位监护人，被监护人财产不足以实现完全赔偿的，就由监护人承担赔偿责任，而不限于“适当赔偿”。

从对《民法典》第1188条第2款的解释论角度分析，对该条的解释涉及对受害人权益救济和被监护人保护之间的利益衡量，鉴于自然人担任监护人时在责任的具体承担上遵循无限责任原则，不同的解释结论对受害人的权益救济之力度等同，此仅属于民法问题中的解释选择问题。而从被监护人保护的特殊政策立场出发，不同的解释结论对被监护人的保护力度不同，此属于民法问题中的价值判断问题。从最不利于被监护人保护到最有利于被监护人保护的顺序出发，存在如下四种可能的解释结论：

第一，该款以被监护人是否有财产为标准，确定其赔偿责任之承担，一定程度上属于“财产责任”，不管被监护人的过失之有无，而监护人承担的仅属于补充赔偿责任。①

第二，有学者将该款解释为被监护人的补充赔偿责任，认为是在受害人从监护人处无法获得赔偿时，有财产的被监护人方承担赔偿责任，而且是公平责任。②

第三，有学者认为该款并非被监护人的赔偿责任，而是在监护人根据该条前款承担赔偿责任时，监护人和被监护人内部的分配与求偿关系，被监护人的终局财产责任仍然以过错责任原则为必要。③

第四，还有学者认为该款并非监护人的补充赔偿责任，基本责任承担者仍为监护人，该款是在特定条件下从内部关系利益衡平的角度，从被监护人财产中支付本应由监护人承担的赔偿费用，此种特定条件应该严格限制为：“必须是在监护人自身的过错因素显著轻微，承担责任对自己的生活将造成重大的不利，而且选择从被监护人的财产中支付赔偿费用对后者的生活和成长不会产生明显不利影响的情况下，才能够适用。”④

《民法典侵权责任编司法解释一》第5条对监护人责任未采纳补充赔偿责任的观点。有财产的被监护人从本人财产中支付赔偿费用，并非承担赔偿责任，监护人承担替代责任而非补充责任。《民法典侵权责任编司法解释一》第5条规定：“无民事行为能力人、限制民事行为能力人造成他人损害，被侵权人请求监护人承担侵权人应承担的全部责任的，人民法院应予支持，并在判决中明确，赔偿费用可以先从被监护人财产中支付，不足部分由监护人支付。”“监护人抗辩主张承担补充责任，或者被侵权人、监护人主张人民法院判令有财产的无民事行为能力人、限制民事行为能力人承担赔偿责任的，人民法

---

① 参见张新宝：《侵权责任法》（第2版），法律出版社2010年版，第147页。

② 参见杨代雄：《民事责任能力抑或过错能力？——未成年人与精神障碍者致害责任的前提性问题》，载龙卫球、王文杰主编：《两岸民商法前沿：民商法传统与现代化》，中国法制出版社2013年版，第159页。

③ 参见金可可、胡坚明：《不完全行为能力人侵权责任构成之检讨》，载《法学研究》2012年第5期。

④ 薛军：《走出监护人“补充责任”的误区——论〈侵权责任法〉第32条第2款的理解与适用》，载《华东政法大学学报》2010年第3期。

院不予支持。”“从被监护人财产中支付赔偿费用的，应当保留被监护人所必需的生活费和完成义务教育所必需的费用。”

被监护人造成他人损害的，被监护人和其监护人为共同被告。监护人责任属于替代责任、单独责任，而非补充责任。从有财产的被监护人财产中支付赔偿费用，不等于被监护人成为第一责任人。未成年子女造成他人损害，作为监护人的父母共同承担侵权责任。

16 周岁以上的未成年人，以自己的劳动收入为主要生活来源的，视为完全民事行为能力人。视为完全民事行为能力人的规定，适用于民事法律行为领域，不适用于侵权责任领域。视为完全民事行为能力人的规定，是为了保护以自己的劳动收入为主要生活来源的未成年人，使他们参与的正常民事法律关系处于稳定状态。视为完全民事行为能力人的被监护人造成他人损害的，仍由监护人承担侵权责任。

与监护人对被监护人的侵权替代责任不同，被监护人对外签订合同时，对被监护人的保护优先于交易安全保护。监护人责任适用于侵权纠纷案件，在合同纠纷案件中不适用。例如，患有精神发育迟滞的被监护人向银行贷款，而银行却没有审核出其为限制民事行为能力人，后被监护人无法偿还该贷款，银行将其和其法定代理人诉至法院，要求共同承担还款责任，能否获得法院的支持？法院认为：限制民事行为能力人的签约行为并没有构成侵权行为并因此造成银行的直接财产损失，银行未提交充分证据证明其法定代理人对于限制民事行为能力人存在明显未尽到监护责任的情形，法定代理人对金融借款合同无效不存在过错，银行主张应当适用侵权责任法的相关规定判决法定代理人对此笔借款承担共同还款责任，明显于法无据。银行未尽到审核义务，对金融借款合同无效也存在过错，被监护人应当偿还银行本金，对合同无效对应的利息损失按照全国银行间同业拆借中心发布的同期银行贷款市场报价利率计算，由银行和被监护人各担一半。[①]

四、未成年子女的姓名权

《民法典》第 1012 条规定：“自然人享有姓名权，有权依法决定、使用、变更或者许可他人使用自己的姓名，但是不得违背公序良俗。”第 1014 条规定：“任何组织或者个人不得以干涉、盗用、假冒等方式侵害他人的姓名权或者名称权。”有学者指出：“姓名变更系属重要之人格自由利益，是姓名权的核心内容。”[②]

姓氏具有表征家族身份与血统、血缘关系的功能，血缘性决定了姓氏选择范围的狭隘性，这也是身份法律关系安定性立法宗旨的要求。

（一）未成年子女的姓氏决定权

《婚姻法》第 22 条曾规定：“子女可以随父姓，可以随母姓。”[③] 问题是：子女是否

① 参见“张某宏、王某珍与中国邮政储蓄银行股份有限公司北京顺义区支行金融借款合同纠纷案”，北京市第三中级人民法院（2021）京 03 民终 5026 号民事判决书。

② 张红：《姓名变更规范研究》，载《法学研究》2013 年第 3 期。

③ 黄海声、郭子托：《孩子应该跟谁姓？医院应产妇要求将婴儿写随母姓引发一场姓名权官司》，载中国法院网 2013 年 9 月 27 日。

可以适用父母姓氏之外的“第三姓”?《收养法》第 24 条曾规定：“养子女可以随养父或者养母的姓，经当事人协商一致，也可以保留原姓。”

对于变更为第三姓的问题，从学理上看，原则上不宜开放第三姓，以防带来姓氏混乱，影响社会及家族的传承和户籍管理制度的建立。[1] 第十二届全国人大常委会第十一次会议于 2014 年 11 月 1 日表决通过的《关于〈中华人民共和国民法通则〉第九十九条第一款、〈中华人民共和国婚姻法〉第二十二条的解释》规定：“公民依法享有姓名权。公民行使姓名权，还应当尊重社会公德，不得损害社会公共利益。”“公民原则上应当随父姓或者母姓。有下列情形之一的，可以在父姓和母姓之外选取姓氏：（一）选取其他直系长辈血亲的姓氏；（二）因由法定扶养人以外的人扶养而选取扶养人姓氏；（三）有不违反公序良俗的其他正当理由。”“少数民族公民的姓氏可以从本民族的文化传统和风俗习惯。”[2] 对此，《民法典》加以继承，于第 1015 条规定：“自然人应当随父姓或者母姓，但是有下列情形之一的，可以在父姓和母姓之外选取姓氏：（一）选取其他直系长辈血亲的姓氏；（二）因由法定扶养人以外的人扶养而选取扶养人姓氏；（三）有不违背公序良俗的其他正当理由。”“少数民族自然人的姓氏可以遵从本民族的文化传统和风俗习惯。”

（二）未成年子女的姓氏变更权

姓氏变更主要有如下情形：

第一，离婚后未成年子女改称父姓或者母姓。就此问题，公安部 2002 年 5 月 21 日《关于父母离婚后子女姓名变更有关问题的批复》（公治〔2002〕74 号）指出：“根据最高人民法院《关于变更子女姓氏问题的复函》（〔81〕法民字第 11 号）的有关精神，对于离婚双方未经协商或协商未达成一致意见而其中一方要求变更子女姓名的，公安机关可以拒绝受理；对一方因向公安机关隐瞒离婚事实，而取得子女姓名变更的，若另一方要求恢复其子女原姓名且离婚双方协商不成，公安机关应予恢复。”最高人民法院 1981 年 8 月 14 日发布的《关于变更子女姓氏问题的复函》（〔81〕法民字第 11 号）指出：“……傅家顺在离婚后，未征得陈森芳同意，单方面决定将陈昊彬的姓名改为傅伟继，这种做法是不当的。现在陈森芳既不同意给陈昊彬更改姓名，应说服傅家顺恢复儿子原来姓名。但婚姻法第十六条规定‘子女可以随父姓，也可以随母姓’。认为子女只能随父姓，不能随母姓的思想是不对的。因此而拒付子女抚养费是违反婚姻法的。如陈森芳坚持拒付抚养费，应按婚姻法第三十五条的规定，予以强制执行。”离婚双方未经协商或协商未达成一致意见而其中一方要求变更子女姓名的，公安机关可以拒绝受理；对一方因向公安机关隐瞒离婚事实，而取得子女姓名变更的，若另一方要求恢复其子女原姓名且离婚双方协商不成，公安机关应予以恢复。未成年人改名应父母协商一致办理，但此举前提是未成年人的姓名经过了公安机关登记。未经姓名登记的未成年人也并非意味着姓名处于不确定状态，而是以出生证明上

---

① 参见张红：《姓名变更规范研究》，载《法学研究》2013 年第 3 期。

② 蔡小雪：《因公民起名引起立法解释之判案解析》，载《中国法律评论》2015 年第 4 期。

记载的姓名为准[①]，对此可以类推适用《民法典》第 15 条的规定："自然人的出生时间和死亡时间，以出生证明、死亡证明记载的时间为准；没有出生证明、死亡证明的，以户籍登记或者其他有效身份登记记载的时间为准。有其他证据足以推翻以上记载时间的，以该证据证明的时间为准。"

第二，离婚后当事人再婚，未成年子女改称继父姓或者继母姓。本源血缘关系应优于拟制血缘关系，故最高人民法院 1993 年 11 月 3 日生效的《关于人民法院审理离婚案件处理子女抚养问题的若干具体意见》（已失效）第 19 条曾规定："父母不得因子女变更姓氏而拒付子女抚育费。父或母一方擅自将子女姓氏改为继母或继父姓氏而引起纠纷的，应责令恢复原姓氏。"《民法典婚姻家庭编司法解释一》沿袭此规定，于第 59 条规定："父母不得因子女变更姓氏而拒付子女抚养费。父或者母擅自将子女姓氏改为继母或继父姓氏而引起纠纷的，应当责令恢复原姓氏。"

（三）未成年子女的姓名变更权

古语云："赐子千金，不如教子一艺；教子一艺，不如赐子一名。""自然人表彰个人人格之自由，于姓名上主要突出在'名'。……在我国实务上，对于名的变更，系已造成实际生活识别上的困扰的，公安机关与法院的态度多倾向于允许变更，而基于人格情感尤其是基于自身感受判断的，多以失败告终。"[②] 在不违背公序良俗原则的前提下，亦"改名从宽"[③]。然而，基于身份法律关系安定性的要求，"公民尤其是成年人的姓名与其身份及其所进行的各种社会活动紧密联系在一起，涉及相关的权利义务，关系社会秩序的稳定，所以更改姓名必须依照有关规定，符合规定的条件。……姓名与公民个人的经济社会关系紧密相连，如果允许公民随意更改姓名，确实容易造成社会关系的紊乱。同时随意更改姓名也会增加公安机关对于户籍管理的成本"[④]。

此外，名之用字也受到一定限制。《公安部关于对中国公民姓名用字有关问题的答复》（公治〔2001〕60 号）规定："关于我国公民姓名可否使用繁体、异体及冷僻字的问题除依据《中华人民共和国国家通用语言文字法》（2000 年 10 月 31 日第九届全国人大常委会第十八次会议通过）第十七条有关规定，姓氏可以保留异体字外，应严格按照《公安部关于启用新的常住人口登记表和居民户口簿有关事项的通知》（公通字〔1995〕91 号）中'常住人口登记表和居民户口簿应使用国务院公布的汉字简化字填写'的规定办理。对于过去群众已使用繁体、异体或冷僻字登记姓名的，原则上可以保留。至于人口信息计算机管理系统汉字字库容量的问题，可考虑通过加强系统建设予以解决。"姓

---

① 参见沈高轩、万承源：《离婚后，女方让孩子随自己姓 男方起诉要求改姓被法院驳回》，载《扬子晚报》2022 年 8 月 9 日，第 7 版。

② 张红：《姓名变更规范研究》，载《法学研究》2013 年第 3 期。

③ 《四川省全省公安机关户政管理工作规程（试行）》第 54 条第 1 款规定："有下列情形之一的，可以申请变更姓名：（一）父母离婚、再婚的未成年子女；（二）依法被收养或者收养关系变更的；（三）姓名或者姓名的谐音违背公序良俗的；（四）名字中含有冷僻字；（五）户口登记机关认定可以变更的其他情形。"2020 年某女子觉得自己的名字偏男性化，常遭人取笑，向营山县公安局申请变更姓名，该局认为其申请不符合相关规定，不予受理。该女遂将其告上高坪区人民法院，请求判令警方履行为自己变更姓名的法定职责。但法院驳回了其诉请。

④ 张跃：《公民的姓名能否随意更改》，载《安庆晚报》2011 年 1 月 20 日。

名登记应用规范汉字，赵C命名路径一开，易致其他新奇、古怪之名接踵而至，产生不好的社会效应。[①]

在日常社会生活中，自然人在姓名之外往往还有乳名，乳名的选取更多地交由社会生活习惯作与时俱进的指引，费孝通先生在《江村经济》中曾经指出："孩子'满月'时要剃头，并由孩子的舅父起一个小名。这通常是一个带贬义的名字，如阿狗、阿猫、和尚等等。人们迷信孩子的生命会被鬼怪追索，受父母宠爱的孩子尤其如此。保护孩子的一种办法，就是向鬼怪表示，没有人对这孩子感兴趣；其理由是鬼怪性喜作恶，看父母溺爱孩子，就要进行打击；孩子既然受到冷淡，鬼怪就不再继续插手了。"[②]

第五节　赡养关系

2021年11月18日，中共中央、国务院发布《关于加强新时代老龄工作的意见》。人口老龄化是我国未来相当长一个时期的基本国情，《民法典》应当助力积极有效应对我国人口老龄化。婚姻家庭法也须直面人口老龄化下的时代特征。要注重发挥家庭养老、个人自我养老的作用，要健全养老服务体系，加强失能老年人长期照护服务和保障。2021年，我国65岁以上人口占比达14.2%，我国已经进入老龄社会。2023年末，我国65周岁以上人口在总人口中占比15.4%，60周岁以上人口在总人口中占比21.1%。[③] 2021年12月30日国务院发布《"十四五"国家老龄事业发展和养老服务体系规划》（国发〔2021〕35号）。

一、赡养义务

（一）中国家庭的反馈模式是家庭养老的理论基础

乌鸦有反哺之义，羊羔有跪乳之恩。"依孔子的见解，政治的最后理想原是异常属于生物性的。他说：'老者安之，少者怀之。''内无怨女，外无旷夫。'这句话不但是对于枝节问题的一种表白，而实是政治的最后目标，所以尤堪注意。此即人性学者所谓的达情哲理。……中国人在上古时代已有优视老年人的意识。……孟子所说：'颁白者不负戴于道路矣。'即表示一种优良政治的最后目标。"[④] 西塞罗甚至曾说过："祖国生育我们，或者更确切地说，抚育我们，并非对我们无任何有如赡养之类的期待，而只是为我

① 参见王剑华：《公安部就赵C案批复：姓名登记应用规范汉字》，载《信息日报》2009年02月05日。另参见：《"陈u优"父母欲效仿"赵C"争回姓名权》，载《长江商报》2008年6月12日。

② 费孝通：《江村经济》，戴可景译，北京大学出版社2012年版，第35页。

③ 国家统计局2024年2月29日发布的《中华人民共和国2023年国民经济和社会发展统计公报》，https://www.stats.gov.cn/sj/zxfb/202402/t20240228_1947915.html，最后访问时间：2024年8月27日。

④ 林语堂：《家庭之乐》，载林语堂：《生活的艺术》，群言出版社2009年版，第130-131页。

们的利益服务，为我们提供过平静生活的安全庇护所和安谧的休息去处，实际上它从我们的精神、才能和智慧中提取很大一部分作抵押，以满足它的需要，而供我们个人利用的那部分只是在它满足了自己的需要之后可能的剩余。”①

中国家庭属于反馈模式而非接力模式。“在普通方式的家庭生活中，凡是人都先受父母的教养，后来则接下去教养自己的子女，最后则受子女的赡养，程序极为自然，其间没有个人自傲的余地。中国人因为他们对生活的概念是完全以家庭中互助为基础，所以并没有个人独立的意识。因此，到了老年受子女们的赡养时，也不觉得有什么可耻的地方，反而将因有子女赡养他们而自己觉得欣幸。……中国人对于年老父母的躬亲奉侍概念，系完全根据于有恩必报的理由。一个人从朋友方面所受到的恩惠都可以用数字计算，但父母的养育之恩则绝不是数字所能记录。”② “比较不明显的、不直接的交换形式通过群体固有的制度的约束，已经成为可能了。例如，父母对孩子的义务可以通过年轻一代以后对父母的赡养，或者年轻一代对下一代的义务来取得平衡。”③ 对于中国社会父母子女关系，有学者指出：“从家庭内部关系来看，虽然夫妻平等的程度已经越来越像西方的家庭，但从亲子关系看，其哺育和反哺的关系依然与西方以个人主义为基调的家庭关系存在巨大差异。费孝通关于西方家庭的接力模式和中国家庭的反哺模式的概括仍然适用。……反哺模式的改变已经露出端倪，那就是随着现代化的进程和计划生育政策的持续实施，中国城市居民的养老方式将发生重大改变，从子女赡养改变为靠自身和社会养老。这一改变将对中国城市的家庭文化产生巨大影响，或许在几代人之后，将彻底改变传统家庭的反哺模式，而与西方的接力模式趋同。”④

家庭养老主要表现为成年子女对父母的赡养义务，包括物质赡养、精神赡养，成年子女应当履行对父母经济上供养、生活上照料和精神上慰藉的义务。“亲子关系的反馈模式可以说是中国文化的一项特点。……这种反馈模式的基础何在呢？朴实的农民用‘养儿防老’四个字来答复。……抚育幼儿，赡养老人是一切社会必须解决的问题。中国传统社会就是采取反馈模式来解决这个问题的。”⑤ “由于强调子女对父母的赡养义务，反馈模式可以说是中国亲子关系的特点。……在家庭结构的变动中，反馈模式基本上是保持的，因为尽管已婚的儿子和父母分家，他对父母经济上的赡养义务并不改变。……从形式上看小家庭在农村中数量的增加是向西方模式接近，但是在伦理及法律确认子女对父母的赡养义务也增加了反馈模式的持续力。”⑥《老年人权益保障法》第 14 条第 1 款规定：“赡养人应当履行对老年人经济上供养、生活上照料和精神上慰藉的义务，照顾老年人的特殊需要。”

---

① ［古罗马］西塞罗：《论共和国》，载西塞罗：《西塞罗文集》（政治学卷），王焕生译，中央编译出版社 2010 年版，第 9 页

② 林语堂：《家庭之乐》，载林语堂：《生活的艺术》，群言出版社 2009 年版，第 134－135 页。

③ 费孝通：《江村经济》，戴可景译，北京大学出版社 2012 年版，第 215－216 页。

④ 李银河：《家庭结构与家庭关系的变迁——基于兰州的调查分析》，载《甘肃社会科学》2011 年第 1 期。

⑤ 费孝通：《家庭结构变动中的老年赡养问题——再论中国家庭结构的变动》，载《北京大学学报（哲学社会科学版）》1983 年第 3 期，第 7－8 页。

⑥ 费孝通：《家庭结构变动中的老年赡养问题——再论中国家庭结构的变动》，载《北京大学学报（哲学社会科学版）》1983 年第 3 期，第 14－15 页。

（二）成年子女对父母的赡养义务

百善孝为先，成年子女赡养父母是中华民族的传统美德，也是法律的明确规定。赡养是法定义务，子女不能以任何理由来免除其应该尽到的赡养义务。不得为赡养义务附加条件，不能将赡养和分家产等问题联系在一起，不能认为分不到父母财产的子女即可不履行赡养义务。[①]《民法典》第 1069 条规定："子女应当尊重父母的婚姻权利，不得干涉父母离婚、再婚以及婚后的生活。子女对父母的赡养义务，不因父母的婚姻关系变化而终止。"子女对父母的赡养义务，不因父母的婚姻关系变化而终止。本着民事权利义务责任协调统一的法治思维，根据《民法典婚姻家庭编司法解释二》第 19 条，生父与继母或者生母与继父离婚后，当事人可以主张继父或者继母和曾受其抚养教育的继子女之间的权利义务关系不再适用《民法典》关于父母子女关系的规定。继父母子女关系解除后，缺乏劳动能力又缺乏生活来源的继父或者继母请求曾受其抚养教育的成年继子女给付生活费的，人民法院可以综合考虑抚养教育情况、成年继子女负担能力等因素，依法予以支持，但是继父或者继母曾存在虐待、遗弃继子女等情况的除外。[②]

《老年人权益保障法》第 20 条第 1 款规定："经老年人同意，赡养人之间可以就履行赡养义务签订协议。赡养协议的内容不得违反法律的规定和老年人的意愿。"赡养义务是强制性的法定义务，赡养人之间可以签订分别赡养协议，如果客观情况发生变化，比如某位子女明显没有能力赡养好父或母，如果父或母提出赡养要求，其他子女无权拒绝。[③] 在存在多位赡养人的情况，因为经济条件不同，不同赡养人可能承担不同数额的赡养费。

《民法典》第 1067 条第 2 款规定："成年子女不履行赡养义务的，缺乏劳动能力或者生活困难的父母，有要求成年子女给付赡养费的权利。"子女对父母有赡养义务，子女不履行赡养义务时，无劳动能力的或者生活困难的父母，有要求子女付给赡养费的权利。[④]《民法典》第 1074 条第 2 款规定："有负担能力的孙子女、外孙子女，对于子女已经死亡或者子女无力赡养的祖父母、外祖父母，有赡养的义务。"《老年人权益保障法》第 14 条第 1 款进一步具体规定："赡养人应当履行对老年人经济上供养、生

---

① 参见"唐某某诉唐某甲等 5 子女赡养纠纷案"，2016 年 8 月 22 日最高人民法院发布的 10 起关于弘扬社会主义核心价值观典型案例之一。

② 继父母与继子女之间有抚养关系的，继子女必须对继父母承担赡养义务。参见"陈某与陈甲、徐乙、徐丙赡养纠纷案"，转引自《最高法发布婚姻家庭纠纷典型案例 山东 10 例》，载新浪网 2015 年 11 月 19 日，http：//finance. sina. com. cn/sf/news/2015－11－19/144411102. html。

③ 参见"张某诉郭甲、郭乙、郭丙赡养纠纷案"，最高人民法院 2015 年 12 月 4 日公布的婚姻家庭纠纷典型案例——"用公开促公正 建设核心价值"主题教育活动 婚姻家庭纠纷典型案例之三，https：//www. court. gov. cn/zixun-xiangqing－16211. html。

④ 赡养扶助义务是子女对父母应尽的法律义务，这里所指的"子女"包括亲生子女和养子女以及形成抚养关系的继子女。婚生子女和非婚生子女在法律地位上是相同的，子女不能以自己对父母的亲疏好恶等看法来选择是否赡养父母，也不能以要赡养亲生父母为由而拒绝赡养养父母。参见"周某与肖某、倪甲等赡养纠纷案"，转引自《最高法发布婚姻家庭纠纷典型案例 山东 10 例》，载新浪网 2015 年 11 月 19 日，http：//finance. sina. com. cn/sf/news/2015－11－19/144411102. html。

活上照料和精神上慰藉的义务，照顾老年人的特殊需要。”第 15 条第 1 款规定：“赡养人应当使患病的老年人及时得到治疗和护理；对经济困难的老年人，应当提供医疗费用。”[①] 第 19 条第 2 款规定：“赡养人不履行赡养义务，老年人有要求赡养人付给赡养费等权利。”

例如，在“刘某芽赡养纠纷案”中，刘某芽与妻子共生育四子女，均已成年并结婚。刘某如系其子，与刘某芽相邻而居。2010 年，刘某如意外受伤，认为父母在其受伤休养期间未对其进行照料，产生矛盾，此后矛盾日益加剧，刘某如长期不支付父母的生活费，亦未照顾父母生活起居。2019 年，母亲因病去世，刘某如拒绝操办丧葬事宜，亦未支付相关费用，有关丧葬事宜由刘某芽与其他三子女共同操办。经村干部调解，刘某如仍拒绝支付赡养费及照顾刘某芽的生活起居。因刘某芽年迈且患有心脏病，行动不便，新干县检察院指派检察员出庭支持起诉，认为刘某芽现年 80 岁，已无劳动能力，生活来源仅靠其他子女接济，尚不足以负担生活及医疗费用，子女有赡养老人的义务，刘某芽要求刘某如支付赡养费及丧葬费的诉请应得到支持。检察院支持起诉原则打破了民事诉讼主体的相对性，能够在弱势群体的利益受到侵害时切实为其维护权益。法院认为：孝敬父母是中华民族的优良传统，子女应当履行赡养义务，不应附加任何条件。刘某芽年事已高，身患疾病，无生活来源、无劳动能力，刘某如应依法对其承担赡养义务。同时，赡养父母的义务不仅包含给予父母经济供养及生活照料，还应给予父母精神上的慰藉，也应当在父母百年之后及时妥善地办理丧葬事宜，刘某如拒绝支付丧葬费，不符合法律规定，亦违背伦理道德。故判决刘某如每年支付刘某芽赡养费，并支付其母亲办理丧葬事宜的费用。[②]

（三）精神赡养义务

传统民法理论认为赡养义务侧重于经济上的供养。原则上，法律对婚姻家庭生活中的善良风俗原则仅要求当事人消极不违反即可，类似于常回家看看[③]、定期写写信或打打电话等精神赡养的要求，原本只能交由道德来调整，诉诸法律实在不必也属不能，法律最多只能出于“敬老”“尊老”传统加以简单倡导而无强制之可能。然而，2012 年 12 月 28 日修订后通过的《老年人权益保障法》第 18 条使精神赡养道德义务法律化：“家庭成员应当关心老年人的精神需求，不得忽视、冷落老年人。”“与老年人分开居住的家庭成员，应当经常看望或者问候老年人。”“用人单位应当按照国家有关规定保障赡养人探亲休假的权利。”也有学者认为，我国《婚姻法》第 21 条第 1 款后一分句所规定的子女对父母的赡养扶助义务包括了精神赡养义务的内容：“赡养，指子女在物质上、经济上为父母提供必要的

① 《贾某诉刘某赡养纠纷案——用法律来纠偏“久病床前无孝子”》，转引自《最高法发布婚姻家庭纠纷典型案例河南 10 例》，载新浪网 2015 年 11 月 19 日，http：//finance. sina. com. cn/sf/news/2015－11－19/145011104. html。

② 本案是 2021 年 2 月 24 日最高人民法院发布的人民法院老年人权益保护十大典型案例之五，https：//www. court. gov. cn/zixun-xiangqing－287711. html。

③ 参见文海笑：《新老年法草案出炉“常回家看看”拟入法》，载《深圳晚报》2011 年 1 月 6 日。

生活费用和条件。扶助，指子女给予父母精神上的安慰和生活上的照料。”①

目前我国司法实践中多数赡养纠纷是关于赡养费的，根据《老年人权益保障法》第18条的规定，精神赡养的类似案例，有法可依，但该法律并没有关于如何执行的细则，可能在精神赡养义务执行上会遇到麻烦②。有法院对精神赡养作出判决，支持精神赡养的可诉性。③ 有学者指出：《老年人权益保障法》第18条的规定是希望用法律来支持道德，让法律和道德并肩发挥作用，不存在法律对道德领域的强行介入。实际上通过司法方式实施该条不是立法的本意，现实生活中父母状告子女的情况也不多。法律规范可操作性包含的内容除了可诉性、可制裁性，还包括评判是非、行政问责、调处家庭纠纷等重要原则。社会立法中很多条款不具有可诉性、可制裁性，而侧重于鼓励、倡导、保障。如果能督促政府和社会履行应有的责任，能促使家庭更好地履行义务，就体现了社会法条款的可操作性。“常回家看看”属于倡导性条款，即不具有严格约束力和强制力的软法。实际上，经常问候是满足老年人精神需求的主要形式。有条件能常回家看看当然好，条款是将“看看”与“问候”并列，中间用了“或者”，是说即使回不了家，打电话、发短信、写信问候也可以达到这样的效果。问题是现实生活中不少人连“经常问候老年人”都做不到。④

例如，在“陈某某赡养费纠纷案”中，陈某某与妻子1952年结婚，婚后育有二子、三女，妻子及两个儿子均已去世。后陈某某同小女儿生活。陈某某年事已高且体弱多病，希望长女和次女常回家探望照顾自己，因三女儿不同意负担陈某某的医药费及赡养费，故诉请判令长女和次女每月探望其不少于一次，患病期间三女儿必须轮流看护；三女儿共同给付陈某某医疗费、赡养费。法院认为，子女不能因为父母有退休收入或者有一定的经济来源就完全将父母置之不顾，这不仅违反法律规定，也不符合中华民族“百善孝为先”的传统美德。子女对于不在一起生活的父母，应根据其实际生活需要、实际负担能力、当地一般生活水平，给付一定的赡养费用。本案陈某某年事已高且身患疾病，三个女儿作为赡养人，应当履行对其经济上供养、生活上照料和精神上慰藉的义务，故判决长女和次女每月探望陈某某不少于一次，并给付陈某某赡养费，三女儿共同负担陈某某医疗费用。⑤

二、成年意定监护制度

《民法通则》第17条曾规定的成年监护制度中被监护人的范围仅限于无民事行为能

---

① 夏吟兰主编：《婚姻家庭继承法》，中国政法大学出版社2012年版，第152页。

② 参见《常回家看看遭遇执行难 职工探亲假多有名无实》，载《青岛早报》2013年7月3日。

③ 参见张宽明、苟连静：《“常回家看看”首案宣判 无锡77岁老太诉请获支持》，载《人民法院报》2013年7月3日。

④ 参见《专家回应“常回家看看”条款争议：法律道德共作用执行看具体》，载新华网2013年7月5日。

⑤ 本案是2021年2月24日最高人民法院发布的人民法院老年人权益保护十大典型案例之四，https：//www.court.gov.cn/zixun-xiangqing－287711.html。

力或者限制民事行为能力的成年精神病人，未及于失能或者失智的其他成年“身心障碍者”。《民法通则》第17条曾规定的法定监护和指定监护的有限类型选择也不利于充分尊重被监护人的自主意思和自主决定。“除了未成年人或精神病人外，对因疾病或精神衰弱而全部或部分不能处理自己事务的病人、老人也有设立监护的必要性。”[①]《继承法》第31条曾规定的遗赠扶养协议也主要限于解决老年人的生养死葬和遗产继承问题，重点不在于对遗赠人生前财产的保护或行为代理。

为充分彰显民法对老年人的人文关怀理念，借鉴比较法经验，《老年人权益保障法》第26条第1款规定了老年意定监护制度：“具备完全民事行为能力的老年人，可以在近亲属或者其他与自己关系密切、愿意承担监护责任的个人、组织中协商确定自己的监护人。监护人在老年人丧失或者部分丧失民事行为能力时，依法承担监护责任。”[②] 老年人监护制度有助于保护失能、失智等意思能力不足的高龄老人。老年监护制度还能起到部分替代社会保障的功能。“我国的社会保障体系未臻完善、健全，对未成年人、智力有缺陷的成年人等弱势群体的福利公共化等措施尚未到位，因此有相当部分的保障性工作必须依靠家庭和亲属来承担。”[③]

《民法总则》第33条扩大老年意定监护制度的适用范围，规定成年意定监护制度：在本人具有完全判断能力时，依照自己的意思确定监护人，并与之订立委托监护协议，由本人将有关自己监护事务全部或者部分代理权授予监护人，在本人因年老、精神障碍或者其他丧失判断能力的事实发生时，委托监护协议生效。[④] 成年意定监护优先于成年法定监护。

《民法典》第33条继续规定成年意定监护制度：“具有完全民事行为能力的成年人，可以与其近亲属、其他愿意担任监护人的个人或者组织事先协商，以书面形式确定自己的监护人，在自己丧失或者部分丧失民事行为能力时，由该监护人履行监护职责。”《民法典总则编司法解释》第11条规定：“具有完全民事行为能力的成年人与他人依据民法典第三十三条的规定订立书面协议事先确定自己的监护人后，协议的任何一方在该成年人丧失或者部分丧失民事行为能力前请求解除协议的，人民法院依法予以支持。该成年人丧失或者部分丧失民事行为能力后，协议确定的监护人无正当理由请求解除协议的，人民法院不予支持。”“该成年人丧失或者部分丧失民事行为能力后，协议确定的监护人有民法典第三十六条第一款规定的情形之一，该条第二款规定的有关个人、组织申请撤销其监护人资格的，人民法院依法予以支持。”

可以将成年意定监护协议和遗赠扶养协议结合[⑤]，两类协议功能互补，形成非典型身份关系协议，以满足被监护人（被扶养人）多样化的养老照护需求。根据《民法典》

---

① 夏吟兰主编：《婚姻家庭继承法》，中国政法大学出版社2012年版，第155页。

② 老年人不见得都需要监护人，只有丧失或者部分丧失民事行为能力的老年人才需要有监护人。2014年8月24日下午，笔者在北京红螺寺登山时从山底到山顶依次发现三块提示牌（登山须知）：“70岁老人没有监护人陪同禁止登山。”“65岁老人没有监护人陪同禁止登山。”“60岁老人没有监护人陪同禁止登山。”

③ 夏吟兰主编：《婚姻家庭继承法》，中国政法大学出版社2012年版，第156页。

④ 参见刘金霞：《试论我国成年监护制度的立法完善》，载《北京社会科学》2012年第4期。

⑤ 2023年，大连市一位38岁的女士委托男友为其“生养死葬”，律师事务所与公证处携手，成功为其办理“遗赠扶养+意定监护”法律服务业务。这是大连市首例意定监护公证。

第33条和第34条，成年意定监护的监护人对被监护人不必然负有扶养义务，二者之间形成委托代理关系。成年意定监护协议可以有偿，也可以无偿。遗赠扶养协议的扶养人对被扶养人有生养死葬义务，扶养人享有受遗赠权利，遗赠扶养协议属于有偿民事法律行为。成年意定监护协议本质上是附生效条件的身份关系协议，其生效条件是被监护人丧失或者部分丧失民事行为能力，若无此事实发生，则成年意定监护协议不会生效。

三、以房养老制度与居住权

我国以居家养老为基础。面对日益严峻的“老龄化”现象，近来实践中还出现“以房养老”的探索。成年意定监护和以房养老制度都是民法探索的老年社会应对之道，以促进实现老有所终的社会理想。成年子女对父母的赡养义务是发挥家庭养老的作用。成年意定监护和以房养老是发挥个人自我养老的作用。

2013年9月16日公布的《国务院关于加快发展养老服务业的若干意见》（国发〔2013〕35号）指出：“开展老年人住房反向抵押养老保险试点。”“老年人住房反向抵押养老保险”，又称“以房养老”，是指老年人将自己名下的房屋产权抵押给银行、保险公司等金融机构，可定期获取一定的养老金直到去世。“以房养老”一定程度上有助于盘活现有房产，以帮助无劳动能力、无生活来源、无赡养人和扶养人或者其赡养人和扶养人确无赡养和扶养能力的“三无”老人。

有学者研究指出：“金融业推动的以房养老方案，最早出现的就是所谓逆向抵押贷款（reverse mortgage），简单的说，就是老人以其房产抵押给金融机构担保贷款，但和一般抵押的现金流方向倒反，不是由债务人一次取得贷款后，再按期支付利息或本息，而是约定以老人死亡或移转房产为到期日（maturity），于该期间每月（或每年）由金融机构支付老人固定数额的金钱（即年金annuity），并于到期日偿还全部贷款。”以房养老的法律关系，要从房产的抽象价值转化为最大可能的养老资源，也要使老人和资源提供者的风险降到最低。养老信托、法定居住权、不动产共有的分管契约等都是老年人自宅养老非常重要的可供探讨模式。①

房屋所有权人还可以通过设定保留居住权的房屋买卖，来实现“以房养老”。在以房养老等形式的房屋利用中，《民法典》物权编第十四章规定的居住权具有不可被替代的积极作用。居住权制度有利于实现从“居者有其屋”到“住有所居”的转变。“居住权制度的建立和完善，有利于为老年人住房反向抵押养老保险提供更多的制度选择和法律保障。”② 住房反向抵押养老保险相对比于保留居住权的住房买卖而言，前者的劣势是保险公司无法直接取得住房的所有权。

---

① 参见苏永钦：《从以房养老看物权的自由化——再谈民法作为自治与管制的工具》，载《社会变迁与民商法发展——第三届两岸民商法前沿论坛论文集》，北京航空航天大学法学院、台湾政治大学法学院主办，2013年11月16日至17日，第1-38页。

② 乔博娟：《我国住房反向抵押养老保险的现实困境与法治理路》，载《法治社会》2021年第6期，第83页。

第六节　其他近亲属关系

一、其他近亲属关系概述

“使得家的各个成员联系起来的基本纽带便是亲属关系。”[①]《民法典》第 1045 条规定：“亲属包括配偶、血亲和姻亲。”“配偶、父母、子女、兄弟姐妹、祖父母、外祖父母、孙子女、外孙子女为近亲属。”“配偶、父母、子女和其他共同生活的近亲属为家庭成员。”

2018 年 9 月 5 日《民法典婚姻家庭编（草案）》第 822 条规定：“亲属包括配偶、血亲和姻亲。”“配偶、父母、子女、兄弟姐妹、祖父母、外祖父母、孙子女、外孙子女为近亲属。”“共同生活的公婆、岳父母、儿媳、女婿，视为近亲属。”“配偶、父母、子女和其他共同生活的近亲属为家庭成员。”针对近亲属的范围，浙江省法学会婚姻法学研究会 2018 年 10 月 20 日研讨指出：“现规定范围太窄，人类寿命的增长，会有四代五代在世的可能，且现实中已存在，如将曾祖父母、曾外祖父母不视为近亲属，则与社会公序良俗相违背。”

2018 年 9 月 5 日《民法典婚姻家庭编（草案）》第 849 条规定：“继父母与继子女间，不得虐待或者歧视。”“继父或者继母和受其抚养教育的继子女间的权利义务关系，适用法律关于父母子女关系的规定。”对此，浙江省法学会婚姻法学研究会 2018 年 10 月 20 日研讨指出，继父母和继子女之间的抚养或赡养是双方的，鉴于权利义务对等原则，均应当作为父母子女关系的理由，便于再婚家庭的和谐。由此建议将该条第 2 款修改为：“继父或者继母与继子女间形成事实抚养或赡养关系的，适用法律关于父母子女关系的规定。”

除了地域性的纽带，另外一个更基本的社会纽带就是亲属关系的联结。亲属关系主要因婚姻、血缘和法律拟制而产生。我国亲属关系的理论和实践主要表现出如下特点：

第一，“易变性和灵活性显然是当前亲属关系实践的最重要的特征。”[②]“在实践中，亲属关系实际上是一套相当有弹性的人际关系，个体行动者根据更大范围的社会变化对这套关系加以变通和利用。……亲属关系的弹性，易变通的本质以及亲属关系实践的过程性特征近来已成为许多人类学家认真讨论的热点问题。”[③]一个亲属关系单位在承认其成员资格时允许有区别对待，日常生活实践中，亲属称谓还出现延伸使用的现象，“除了父亲、母亲、祖父、祖母的称呼外，人们根据不同的性别、年龄、血统关系和姻亲关

---

① 费孝通：《江村经济》，戴可景译，北京大学出版社 2012 年版，第 75 页。

② 阎云翔：《实践性亲属关系》，载阎云翔：《中国社会的个体化》，陆洋等译，上海译文出版社 2012 年版，第 145 页。

③ 阎云翔：《实践性亲属关系》，载阎云翔：《中国社会的个体化》，陆洋等译，上海译文出版社 2012 年版，第 128 页。

系，用父方的所有亲属称谓来称呼同村人并用母方所有的亲戚称谓，除外祖父、外祖母以外，来称呼外祖父母村子里的人们。亲属称谓的这种延伸的用法，起到了区分不同的地方和年龄组的作用，并可由现存的亲属关系派生的这种关系来说明不同类型的社会关系。……应当注意的是延伸地用这种感情态度来对待实际上并不是属于这种亲属地位的人，并不意味着他们之间就延伸特定的权利和义务。用这种称呼，并不等于他们之间真的建立了这样的亲属关系，但这种称呼有助于说明这个社区内不同的人的地位”①。

第二，亲属关系具有相对性和差序格局性特点。“亲属关系的相对性也许是理解不断变化着的亲属制度体系的本质的关键。在这里，差序格局和关系这两个中国本土观念尤其值得一提。”② 人们在描述自己的亲属关系时，总是以自己为中心一层层向外推延，形成一个社会关系网，并基于血亲与姻亲关系的不同确定不同亲属关系的亲疏远近。如对父辈男性亲属，英语中的 uncle 一词可以泛指伯父、叔父、姑父、姨父、舅父等，而这些汉语称谓则彰显血亲与姻亲等亲属关系的差异性和亲疏远近性。③ 监护人的顺序、扶养义务人的顺序、法定继承人的顺序，都体现出亲属关系的差序格局性特点。不仅亲属关系具有差序格局性特点，人的爱心、同情心亦然。亚当·斯密认为：人是自私的。人不仅是自私的，同时还具有同情心。人的同情心是随着人与人之间距离的拉远而急速减弱的。④

第三，“当前亲属关系实践的另外一个特征是亲属关系扁平化的缓慢过程。扁平化意指从纵向代际联系到横向同代关系的重心转移。”⑤ 亲属关系网络的核心逐渐变为同代个体之间的联系，横向的婚姻纽带已经取代纵向的亲子纽带成为家庭关系的主轴。

第四，人们根据亲戚间的互动来评估亲属关系的距离。在亲属关系的互动实践中，“礼物交换是日常生活中建立和保持关系网络的最重要途径”⑥。正所谓“礼尚往来”。

二、祖孙之间、兄弟姐妹之间、继父母继子女之间的民事法律关系

《民法典》采用“抚养”“扶养”“赡养”来表达不同亲属之间的扶养关系。广义的扶养关系可以包括抚养、扶养和赡养。扶养关系具有法定性、身份性和生活保障性特点。“扶养关系是一种法定之债，具有债的属性。”⑦ “从主流来看，亲属扶养一直担负着对‘弱者’给予保障的重要角色，扶养制度是‘弱者’保护体系中的重要法律制度，家

① 费孝通：《江村经济》，戴可景译，北京大学出版社 2012 年版，第 80－81 页。

② 阎云翔：《实践性亲属关系》，载阎云翔：《中国社会的个体化》，陆洋等译，上海译文出版社 2012 年版，第 145 页。

③ 参见范忠信等著：《情理法与中国人》，北京大学出版社 2011 年版，第 154－155 页。

④ 参见薛兆丰：《薛兆丰经济学讲义》，中信出版集团 2018 年版，第 23－24 页。

⑤ 阎云翔：《实践性亲属关系》，载阎云翔：《中国社会的个体化》，陆洋等译，上海译文出版社 2012 年版，第 136 页。

⑥ 阎云翔：《实践性亲属关系》，载阎云翔：《中国社会的个体化》，陆洋等译，上海译文出版社 2012 年版，第 131 页。

⑦ 杨大文、龙翼飞主编：《婚姻家庭法》（第 8 版），中国人民大学出版社 2020 年版，第 198 页（曹诗权教授执笔）。

庭则是这一角色的结构载体，……在现代社会虽然各类社会保障制度相继建立，但亲属扶养性的家庭保障仍不能也不应全部消退。”[①]

就祖父母、外祖父母与孙子女、外孙子女之间的民事法律关系，《民法典》第 1074 条规定：“有负担能力的祖父母、外祖父母，对于父母已经死亡或者父母无力抚养的未成年孙子女、外孙子女，有抚养的义务。”“有负担能力的孙子女、外孙子女，对于子女已经死亡或者子女无力赡养的祖父母、外祖父母，有赡养的义务。”《未成年人保护法》第 15 条第 2 款规定：“共同生活的其他成年家庭成员应当协助未成年人的父母或者其他监护人抚养、教育和保护未成年人。”为贯彻尊老爱幼的社会道德，实现老有所养、幼有所抚，在特定条件下，祖父母、外祖父母和孙子女、外孙子女之间存在法律上的抚养与赡养的权利义务关系。“祖孙间的抚养、赡养义务是第二位的，具有对父母子女间的抚养、赡养义务的补位性质。”[②] 俗语云：“儿孙自有儿孙福，莫为儿孙做马牛。”实践中还存在父母与已婚子女达成“有偿带孙”协议[③]，笔者认为，根据所涉事务发生领域等标准及我国《民法典》第 1074 条第 1 款的规定，结合反面解释的法律解释方法，在父母健在且有抚养能力的情况下，有负担能力的祖父母、外祖父母对未成年的孙子女、外孙子女并无抚养义务。在没有足够充分且正当理由的情况下，应该肯定（推定）身份协议的情谊行为属性，否定民事法律行为规则适用的可能性。祖父母或者外祖父母与未成年孙子女或者外孙子女之父母达成的“有偿带孙”协议属于亲情问题，是身份情谊行为，不宜赋予法律行为协议之强制执行力。

在一起“奶奶索要‘带孙费’”案件中，奶奶代为直接抚养照顾孙子 7 年多，老人诉请儿子、儿媳妇返还自己为此支出的费用，法院认为老人代为抚养孙子构成无因管理，相关支出属于《民法典》第 121 条规定的“没有法定的或者约定的义务，为避免他人利益受损失而进行管理的人，有权请求受益人偿还由此支出的必要费用”，故支持老人的诉请。[④] 无因管理之债中的必要费用返还请求权可以给予隔代抚养的祖父母、外祖父母一些必要但也有限的亲情宽慰，此种必要费用主要是指未成年人的生活费、教育费、医疗费等抚养费，并不包括老年人带孙的劳务报酬。未成年人的父母与祖父母、外祖父母约定代为抚养照顾孙子女、外孙子女有一定劳务费用的，依照其约定。临时、偶然、自愿的隔代抚养照料属于纯粹的情谊行为。

就兄、姐与弟、妹之间的民事法律关系，《民法典》第 1075 条规定：“有负担能力的兄、姐，对于父母已经死亡或者父母无力抚养的未成年弟、妹，有扶养的义务。”“由兄、姐扶养长大的有负担能力的弟、妹，对于缺乏劳动能力又缺乏生活来源的兄、姐，有扶养的义务。”据此，特定条件下，兄、姐与弟、妹之间也存在扶养义务。对父母已经死亡或父母无力抚养的未成年人，“如果该未成年人的兄、姐、祖父母、外祖父母均

---

① 杨大文、龙翼飞主编：《婚姻家庭法》（第 8 版），中国人民大学出版社 2020 年版，第 199 页（曹诗权教授执笔）。

② 夏吟兰主编：《婚姻家庭继承法》，中国政法大学出版社 2012 年版，第 201 页。

③ 参见黄磊：《老人拒绝做免费保姆 有偿带孙引争议》，载《三湘都市报》2011 年 2 月 14 日。

④ 参见古雪丽、张卫玲：《奶奶索要“带孙费”法院：构成无因管理 应当支付》，载《新疆法制报》2022 年 10 月 15 日，第 8 版；“罗某某诉张某某、周某某追讨垫付的抚养费纠纷案”，重庆市第一中级人民法院（2019）渝 01 民终 10387 号民事判决书，该案被《人民法院案例选》2022 年第 6 辑收录评析。

有负担能力，应当由谁承担对他的（扶）抚养义务呢？我国《婚姻法》未作明文规定。目前根据法学理论，他们都应该被视为同一顺序的（扶）抚养义务人。为了确保该未成年人的健康成长，必要时责成他们均合理分担（扶）抚养责任，也是符合《婚姻法》的基本原则的”[①]。《民法典》第1075条没有规定有负担能力的兄、姐，对于父母已经死亡或者父母无力抚养的不能独立生活的成年弟、妹，是否有扶养的义务。此外，根据《民法典》第1127条，兄弟姐妹互为第二顺序的法定继承人。

就继父母与继子女之间的民事法律关系，《民法典》第1072条规定：“继父母与继子女间，不得虐待或者歧视。”“继父或者继母和受其抚养教育的继子女间的权利义务关系，适用本法关于父母子女关系的规定。”继父母继子女关系是因为父或者母再婚而形成的姻亲关系。继父或者继母和受其抚养教育的继子女间，才具有法律上的拟制血亲关系，才产生父母子女之间的权利和义务。根据《民法典》第1067条第2款和《民法典婚姻家庭编司法解释二》第19条第2款[②]，受继父母抚养教育的、有负担能力的成年继子女，对缺乏劳动能力或者生活困难的继父母，有给付赡养费的义务。[③] 根据《民法典》第1086条，继父与生母、继母与生父离婚后，继父或者继母有权探望受其抚养教育的继子女。根据《民法典》第1127条，有抚养关系的继父母继子女可以互相作为第一顺序的法定继承人。[④]“离婚中，作为继父母的一方对受其抚养教育的继子女，明确表示不继续抚养的，应视为继父母与继子女关系自此协议解除。继父母去世时，已经解除关系的继子女以符合继承法中规定的‘具有抚养关系的继子女’情形为由，主张对继父母遗产进行法定继承的，人民法院不予支持。”[⑤]

作为家庭文明新时代内涵之一的敬爱，既包括敬老，也包括爱幼。未成年人利益最大化原则和最有利于未成年子女原则是家庭文明中“爱幼”理念更为具体的法律表达。未成年人利益最大化原则在“全国首例代孕所生子女的监护权纠纷案”中发挥重要作用。婚后未能孕育的夫妇购买了别人的卵子，并由丈夫提供精子，通过体外授精联合胚胎移植技术，委托另一名女性代孕分娩生育了一对龙凤胎。一双儿女才满3岁时孩子的父亲离世，一直抚养孩子的母亲与孩子无亲生血缘关系。公公婆婆和儿媳争夺两个孩子的监护权。法院认为：两名孩子属于夫妻一方的非婚生子女。两名孩子出生后，一直随父母共同生活近3年之久，父亲去世后又随母亲共同生活达2年，母亲与两名孩子已形成有抚养关系的继父母子女关系，其权利义务适用父母子女关系的规定。祖父母的监护顺序在母亲之后，因此其提出监护权主张不符合法律规定的条件。同时，从儿童最大利益原则考虑，由母亲取得监护权更有利于孩子的健康成长。因此，法院判决驳回祖父母

---

① 夏吟兰主编：《婚姻家庭继承法》，中国政法大学出版社2012年版，第202页。

② 《民法典婚姻家庭编司法解释二》第19条第2款规定：“继父母子女关系解除后，缺乏劳动能力又缺乏生活来源的继父或者继母请求曾受其抚养教育的成年继子女给付生活费的，人民法院可以综合考虑抚养教育情况、成年继子女负担能力等因素，依法予以支持，但是继父或者继母曾存在虐待、遗弃继子女等情况的除外。”

③ 《民法典婚姻家庭编司法解释二》第19条第2款所规定的“缺乏劳动能力又缺乏生活来源的继父或者继母请求曾受其抚养教育的成年继子女给付生活费的”，与《民法典》第1067条第2款不一致，应该以后者为准。

④ 对比《民法典》第1127条和第1072条，第1127条第3款、第4款、第5款的“有扶养关系的”应改为“有抚养关系的”。

⑤ “邹某蕾诉高某某、孙某、陈某法定继承纠纷案”，载《最高人民法院公报》2020年第6期，第40-43页。

要求担任孩子监护人并进行抚养的诉讼请求，由抚养孩子的母亲取得监护权。①

本章司法裁判 案例节选

金燕与建银文化产业股权投资基金（天津）有限公司合同纠纷案

基本案情：2011年，北京小马奔腾文化传媒股份有限公司（以下简称“小马奔腾公司”）的股东李明、李萍、李莉三兄妹和建银文化产业股权投资基金（天津）有限公司（以下简称“建银文化基金公司”）等多名投资人约定：后者投资入股小马奔腾公司，但若小马奔腾公司未能在2013年年底上市，后者有权要求小马奔腾公司、三兄妹或其中任何一人购回这些股份。2013年年底，小马奔腾公司并未上市，李明随后也去世，李萍、李莉出走海外。最高人民法院“海富案”判决后，小马奔腾公司也不再能成为回购义务人。小马奔腾公司创始人李明去世后，其和建银文化基金公司签订的“增资及转股协议”因未能履约，其遗孀金燕被建银文化基金公司诉至法院，并被要求承担2亿元股权回购债务连带责任。

北京市第一中级人民法院一审根据《婚姻法司法解释二》第24条判金燕败诉。金燕被判决在2亿范围内承担李明当初签下的回购股份责任，法院认为：“夫妻共同生活并不限定于夫妻日常家庭生活，还包括了家庭的生产经营活动，案涉债务即属于李明在经营公司时产生的债务……其（指李明）负担股权收购义务的前提，显然是为了期望小马奔腾公司上市带来的经济等多方面的利益，毫无疑问，该利益亦将属于金燕，故案涉债务的产生指向家庭经营活动，属于夫妻共同生活的一部分。”本案引发了一轮对婚姻法相关条款的批评。②

北京市高级人民法院2019年10月二审维持了一审判决，认为金燕对于案涉协议约定的股权回购义务是明知的，其参与了公司的共同经营，案涉债务属于夫妻共同经营所产生的债务。③ 2021年7月31日，小马奔腾公司创始人遗孀金燕收到了最高人民法院的民事裁定书，其再审申请被驳回，这就意味着，在创始人李明身故后，金燕需要承担2亿元连带清偿债务。

教学评析：结合《民法典》第1064条对“金燕与建银文化产业股权投资基金（天津）有限公司合同纠纷案”进行评析，分析夫妻一方在婚姻关系存续期间以个人名义超出家庭日常生活需要所负的债务，债权人能够证明该债务用于夫妻共同生产经营的认定标准。

本章深度 阅读

1. 王泽鉴．干扰婚姻关系之侵权责任//王泽鉴．民法学说与判例研究：重排合订

① 参见上海市第一中级人民法院（2015）沪一中少民终字第56号民事判决书。

② 参见缪因知：《“小马奔腾案”判决陷争议：〈婚姻法〉“24条”需正视》，载《新京报》2018年1月10日，B02版；王巍：《小马奔腾夫债妻偿案二审开庭》，载《新京报》2019年5月8日，A12版。

③ 参见北京市高级人民法院（2018）京民终18号民事判决书。

本. 北京：北京大学出版社，2015.

2. 郭明瑞．人身权立法之我见．法律科学，2012 (4).

3. 温世扬．《民法典》视域下身份权的教义重述．现代法学，2022 (4).

4. 赵玉．司法视域下夫妻财产制的价值转向．中国法学，2016 (1).

5. 王雷．民法典人格权编中的参照适用法律技术．当代法学，2022 (4).

6. 王雷．《民法典（草案）》婚姻家庭编夫妻共同债务制度的举证责任配置．当代法学，2020 (3).

7. 李某诉启东市陈黄秀珍医院、王某霞生育权纠纷案［江苏省启东市人民法院(2006) 启民一初字第 0558 号民事判决书］//中国审判案例要览（2007 年民事审判案例卷). 北京：中国人民大学出版社，2008：168－173.

8. 沈某南、邵某妹与刘某法、胡某仙、第三人南京鼓楼医院冷冻胚胎监管权和处置权纠纷案［江苏省无锡市中级人民法院（2014）锡民终字第 01235 号民事判决书］.

本章问题与思考

1. 有学者认为："现代身份法 80%的内容还是财产法，身份法不是非财产法，而比较接近特殊身份者之间的特殊财产法。"①

请结合婚姻家庭法律关系，对上述观点作出评析。

答题指引：婚姻家庭法属于身份法，而非财产法。对婚姻家庭法中的财产关系不能简单套用财产法规则，婚姻家庭成员间的财产关系是人身关系的延伸。对婚姻财产关系的法律调整要尊重家庭共同体特点，兼顾实现婚姻家庭整体和当事人、第三人及权益相关者的利益平衡。

2.《民法典》第 1056 条规定："夫妻双方都有各自使用自己姓名的权利。"针对该规定，有学者认为："此规定并不妨碍夫妻就姓名问题另作约定。只要夫妻双方自愿达成一致的协议，无论是夫妻别姓（各用自己的姓）、夫妻同姓（妻随夫姓或夫随妻姓）还是相互冠姓，法律都是允许的。"②

请结合《民法典》婚姻家庭编和人格权编的有关规定对上述观点进行评析。

答题指引：《民法典》第 1056 条规定的夫妻姓名权原本并非夫妻身份权的内容，其主旨是保护妻子的姓名权。

3. 2003 年 6 月，原卫生部（现国家卫生健康委）发布《关于修订人类辅助生殖技术与人类精子库相关技术规范、基本标准和伦理原则的通知》。根据该通知附件 1 "人类辅助生殖技术规范" 的有关规定，"禁止给……单身妇女实施人类辅助生殖技术"，这引起很多争议。有人认为，这种规定违反了上位法，如《人口与计划生育法》《妇女权益保障法》都保障妇女的生育权，并未规定已婚夫妻才享有生育权，没有对单身女性区别对待。

请结合单身妇女生育权对此种争论作出评析。

---

① 苏永钦：《寻找新民法》，北京大学出版社 2012 年版，第 73 页。

② 杨大文、龙翼飞主编：《婚姻家庭法》（第 8 版），中国人民大学出版社 2020 年版，第 108 页（曹诗权教授执笔）。

答题指引：根据国家卫生健康委的意见，目前，以延迟生育为目的，为单身女性冻卵不符合我国法律法规有关规定。

4.2021年7月24日，泰安市一律师咨询案件：一对夫妻结婚第三天买的房子，是男方用婚前全款买的，写了两个人的名字，两个月后离婚。这样，女方能分到房子吗？目前是购房合同，没办房产证。一审法官的意见是看作男方将一半的房产赠与了女方，要判归女方所有。

请分析一审法官的意见是否妥当。

答题指引：严格适用《民法典》第1062条，男女双方共同享有对开发商的债权，有权要求开发商将房屋过户登记到两个人名下。但结合这个案件的具体情况，不宜严格适用这个条文作出裁判，更为妥当的利益平衡做法是围绕房屋的民事权利归男方，在离婚财产分割过程中不将这个房屋作为共同财产，可以理解为男方对女方的赠与，但结合婚姻关系的背景，更适合解释为目的性赠与。不宜认为这么短暂存续的婚姻关系也符合男方赠与的预期，可以结合《民法典婚姻家庭编司法解释二》第5条第1款作进一步分析。

5. 女博士帮丈夫落户北京，双方签了一份“落户协议”，约定离婚就赔1 000万元。后因双方矛盾，女博士依该协议起诉离婚并要求补偿。北京市海淀区人民法院认为这属于夫妻忠诚协议，不禁止但无强制执行力。法院认定，本案中女博士主张按“落户协议”处理夫妻财产分割，无法律依据。该份“落户协议”属于经济补偿的约定，从签订过程及协议内容看，既非双方对夫妻财产的约定，也非因离婚就财产分割达成的协议，因此女博士主张依此协议处理夫妻财产分割，无法律依据。我国法律实行结婚自愿、离婚自愿的基本原则。夫妻双方之间签订的类似协议，只能是对双方共同财产的约定，不能对结婚、离婚行为进行约束。忠诚协议实质上属于情感、道德范畴，当事人自觉、自愿履行当然好，如违反忠诚协议一方心甘情愿净身出户或赔偿若干金钱，为自己的出轨行为付出经济上的代价。但如果一方不愿履行，不应强迫其履行忠诚协议。①

“净身出户”是指夫妻双方在离婚诉讼中分割财产时，一方要求另一方不分割夫妻共同财产。夫妻对婚姻关系存续期间所得的财产的约定，对双方具有约束力。被告陈某与周某系同乡，二人在外打工结识不久便登记结婚。婚后，周某发现陈某一直沉溺于网游中不能自拔，夫妻双方经常因此发生口角。2017年春节期间，陈某因网游欠下不少债务，周某欲与其离婚。为挽救婚姻，陈某与周某签订协议书：如陈某因玩游戏而欠债，则“净身出户”。2017年4月，陈某因网游透支信用卡1万余元，周某一气之下诉至法院，要求与陈某离婚，且主张婚后所有财产归自己所有。

请结合以上两起案例分析忠诚协议、净身出户协议、夫妻财产约定、离婚财产分割协议的关系。

答题指引：夫妻财产约定、离婚财产分割协议都属于身份关系协议，但二者发生的

---

① 参见王巍、王晓丹：《女博士帮丈夫落户北京约定离婚就赔1 000万，法院：夫妻“忠诚协议”不禁止但无强制执行力》，载上游新闻2021年5月18日，https：//www.163.com/dy/article/GA9IDQGT053469M5.html＃fr=email。

时间不同。并非所有的忠诚协议都具有法律约束力，符合夫妻财产制约定的忠诚协议具有法律约束力。净身出户协议不符合法律为夫妻财产制约定提供的可选方案。

6. 2011 年 2 月，程青（化名）与汪军（化名）登记结婚。一年后，夫妻俩购置了一套商品房。2012 年 3 月，程青支付了首付款 39 万元，其余 88 万元贷款于 2014 年 3 月还清。程青说，原本汪军的收入就低，后来很多年一直都没有工作。因此，购房首付与之后偿还房贷的钱主要来源于自己的工资收入、向父母借款及自己的婚前收入，汪军出资只有不到 4 万元。正因如此，2014 年 3 月，新房收房时，两人在开发商处签订声明：该房产为夫妻按份共有，其中程青占 99%，汪军占 1%。2019 年 6 月，这套房产在不动产登记中心办理了产权登记。办手续那天，程青因身体不适没有到场，而是委托汪军代自己签字办理。不动产权证书主页"共有情况"一栏显示"按份共有"；附记页中显示"汪军占有份额 1%，程青占有份额 99%"。此外，两人还在不动产登记中心签署"声明"，约定汪军占 1%，程青占 99%，"声明"签字处也是由汪军代程青签的字。

2019 年 12 月，汪军提出离婚，程青最终同意离婚。后因离婚时房产分割产生纠纷，程青将前夫汪军诉至法院，请求法院按照房产登记时与前夫约定的份额分割房产。案件经过一审二审，法院均以"双方未对房屋权属作出明确约定"为由，驳回其诉讼请求。2021 年 12 月，法院再审认为对于涉案房屋，应当按照按份共有的约定进行分割，再审判决撤销有关此案判决中的财产分割部分，判决涉案房屋归程青所有，程青在判决生效 30 日内给付汪军房屋份额 1%对应的折价款 3 万余元。①

请结合《民法典》有关规定，对该案件一审、二审和再审判决作出评析。

答题指引：汪军和程青在开发商处和不动产登记中心签署的声明构成夫妻财产制约定。

7. 2025 年 1 月，杭州交通 91.8《惊喜躲不开》栏目收到听众李女士（化名）来电。从李女士拿到人生的第一笔工资 1600 元开始，10 年间她陆续帮亲弟弟偿还各种债款（包括赌债等）及承担各类生活支出共计 100 多万元，而她和老公的小家庭所有开支几乎全部由老公承担。4 年前，在一次激烈的争吵后，李女士的爱人毅然选择了出国工作，留下妻子和女儿在杭州生活。这些年，他很少回国，2025 年春节，也可能再次因为工作繁忙，不能回杭州了。

李女士 10 年间陆续帮亲弟弟偿还各种债款（包括赌债等）及承担各类生活支出共计 100 多万元，假如李女士为这些支出负担了债务，请问是否构成夫妻共同债务？

答题指引：李女士 10 年间陆续帮亲弟弟偿还各种债款（包括赌债等）及承担各类生活支出共计 100 多万元，假如李女士为这些支出负担了债务，此种债务不符合《民法典》第 1064 条的规定，不构成夫妻共同债务。

8. 2009 年，山东省济南市市民吕某和张某给女儿起了一个既不随父姓也不随母姓的名字——"北雁云依"，自创姓氏"北雁"，结果落户时遭到拒绝。吕某认为户籍部门的行政行为侵犯了女儿的合法权益，遂于 2009 年 12 月以女儿"北雁云依"的名义向济南

① 参见刘文晖：《离婚，房产讼争一波三折》，载《检察日报》2022 年 3 月 16 日，第 5 版；"陈某诉王某离婚案——分割离婚财产时应按照房屋登记约定的按份共有份额分割"，北京市第二中级人民法院（2021）京 02 民再 181 号民事判决书。

市历下区人民法院提起行政诉讼，状告户籍部门的行政行为侵犯了女儿的合法权益。原告“北雁云依”的父母自创“北雁”为姓氏，选取“北雁云依”为姓名给女儿办理户口登记的理由是“‘北雁云依’四字，取自四首著名的中国古典诗词，寓意父母对女儿的美好祝愿”。本案当事人主要对《民法通则》第 99 条第 1 款、《婚姻法》第 22 条的适用问题存有分歧。因案件涉及法律适用问题，需要送请有权机关作出解释或者确认，历下区人民法院于 2010 年 3 月依法裁定中止审理。接着，历下区人民法院将问题层报至最高人民法院，最高人民法院提请全国人大常委会对《民法通则》第 99 条第 1 款、《婚姻法》第 22 条的适用作出立法解释。根据相关立法解释，2015 年 4 月 24 日，历下区人民法院作出一审判决：驳回原告“北雁云依”要求确认被告燕山派出所拒绝以“北雁云依”为姓名办理户口登记行为违法的诉讼请求。①

请结合《民法典》相关规定分析“北雁云依”的父母自创姓氏的做法是否合法。

答题指引：“北雁云依”的父母自创姓氏的做法不符合《民法典》第 1015 条第 1 款的规定。

9. 老人将居住多年的商品房卖给自己的女儿，合同约定老人对该房屋享有居住权，房屋过户登记到女儿名下。后来父女产生矛盾，女儿作为房屋所有权人要求父亲迁出房屋，因为父亲没有办理居住权登记，不享有对该房屋的居住权。

问：本案应如何解决？

答题指引：身份关系协议引发物权变动时要区分对内效力与对外效力，分别确定其物权变动模式。

10. 中国人民银行《股份制商业银行独立董事和外部监事制度指引》第 2 条规定：“下列人员不得担任商业银行的独立董事、外部监事：（一）持有该商业银行 1%以上股份的股东或在股东单位任职的人员；（二）在该商业银行或其控股或者实际控制的企业任职的人员；（三）就任前 3 年内曾经在该商业银行或其控股或者实际控制的企业任职的人员；（四）在该商业银行借款逾期未归还的企业的任职人员；（五）在与该商业银行存在法律、会计、审计、管理咨询等业务联系或利益关系的机构任职的人员；（六）该商业银行可控制或通过各种方式可施加重大影响的其他任何人员；（七）上述人员的近亲属。本指引所称近亲属是指夫妻、父母、子女、祖父母、外祖父母、兄弟姐妹。”

结合上述规定，回答如下问题：

（1）对比《股份制商业银行独立董事和外部监事制度指引》第 2 条所规定的近亲属范围与《民法典》第 1045 条第 2 款有什么差别？

（2）在商业银行任职人员的近亲属不能担任该商业银行的独立董事或者外部监事，为什么要作此种规定？

（3）中国上市公司协会发布《上市公司独立董事履职指引》（2020 年 7 月修订版）第 13 条第 1 款规定：“独立董事任期内辞职导致独立董事成员低于法定规定人数的，在改选出新的独立董事就任前，原独立董事应当依法继续履行独立董事职务，因丧失独立

---

① 参见纪小槌：《“北雁”：姓氏怎可随意自创——全国首例姓名权行政诉讼案审判纪实》，载《人民法院报》2015 年 5 月 11 日。

性而辞职和被依法免职的除外。”可否将该规定类推适用于《股份制商业银行独立董事和外部监事制度指引》第2条规定的独立董事或者外部监事因为“独立性”丧失而不得担任相应职务的情形?

答题指引:(1)《股份制商业银行独立董事和外部监事制度指引》第2条所规定的近亲属范围窄于《民法典》第1045条第2款。

(2)在商业银行任职人员的近亲属不能担任该商业银行的独立董事或者外部监事,因为近亲属关系会影响独立董事或者外部监事的“独立性”,违背独立董事、外部监事制度的初衷。

(3)可以将《上市公司独立董事履职指引》(2020年7月修订版)第13条类推适用到《股份制商业银行独立董事和外部监事制度指引》第2条规定的独立董事或者外部监事因为“独立性”丧失而不得担任相应职务的情形。

11. 未成年人的法定抚养义务人有能力履行抚养义务而怠于履行抚养义务,祖父母在与抚养义务人无约定的情况下,代为抚养、照顾未成年人的①,能否认定其与抚养义务人之间成立无因管理关系?

答题指引:无因管理之债中的必要费用返还请求权可以给予隔代抚养的祖父母、外祖父母一些亲情宽慰,此种必要费用主要是指未成年人的生活费、教育费、医疗费等抚养费。

12. (考研真题改编)董某某、席某某系夫妻关系,婚后打拼多年,现合计拥有甲、乙、丙三家有限公司的100%、60%、30%的股权,均占据控股地位,股权都登记在席某某名下,但公司大小事务实际由董某某拿主意。董、席二人出现家庭矛盾闹离婚,席某某未经董某某同意直接将上述公司股权全部赠与二人唯一的爱子小董,并办理了工商变更登记手续,登记在小董名下。

问:席某某与小董的赠与行为是否有效?为什么?

答题指引:无效。夫妻对家庭共同财产有共同处理权,一方将共同财产擅自赠与的行为无效。

13. (考研真题改编)夫妻债务的界限规则/夫妻债务的划分/夫妻共同债务的认定与清偿。

答题指引:参考《民法典》第1064条作答,该条坚持兼顾主观意思(共同意思论)和客观用途(用途论)的多元化夫妻共同债务认定标准(共意共享)。

14. (考研真题改编)监护与亲权。

答题指引:我国《民法典》监护制度属于广义上的监护制度,将亲权纳入未成年人监护制度中,为所有的未成年人一律设定监护。狭义上的监护制度是指与亲权制度并行的监护制度,即指对不在亲权保护下的未成年人和限制民事行为能力、无民事行为能力成年人的人身和财产权益进行监督和保护的法律制度。

15. (考研真题改编)夫妻财产制约定。

答题指引:夫妻财产制约定是指对婚姻关系存续期间所得的财产以及婚前财产,夫

---

① 参见“罗某某诉张某某、周某某追讨垫付的抚养费纠纷案”,重庆市第一中级人民法院(2019)渝01民终10387号民事判决书。该案被《人民法院案例选》2022年第6辑收录评析。

妻作出的归各自所有、共同所有或者部分各自所有、部分共同所有的具有法律约束力的身份关系协议。夫妻财产制约定有优先于法定财产制的效力。

16.（考研真题改编）甲、乙为夫妻，十年前以100万元购得房产一套，并登记在丈夫甲名下。十年后房产升值，甲、乙两人打算将房产卖出变现。两人将房产信息置于多处中介进行销售，丁于丙中介处看到了房源信息，并通过丙与甲取得了联系。在甲、丁进行交易磋商之际，中介丙一直催促丁说“再不签合同，房价将会大涨”，且收取了丁2%的佣金。最终甲、丁双方对房屋价款协商一致确定为1 000万元，并在签订的合同中约定丁付完全款后办理过户登记手续。当丁准备好1 000万元合同价款要交付于甲并要求进行房屋产权变更登记时，甲、乙了解到房产已经升值为1 100万元，顿觉后悔不已，于是乙找到丁，告诉他这是夫妻共同财产，甲卖房子没经过她的同意，主张合同无效。但丁认为，甲、乙是因为看到房价大涨而不愿意继续履行合同。于是丁向法院提起诉讼，主张解除其与甲签订的合同，并要求赔偿损失。在法院对双方纠纷进行审理的期间，甲和乙又联系到戊，将房屋以1 100万元出售给戊，并作了产权变更登记。在法院终审判决宣布时，由于房地产市场变冷，房价已经跌为900万元。

问题：(1) 如果丁没有证据证明甲出售房产经过了乙的同意，甲、丁之间的房屋买卖合同处于什么效力状态？

(2) 在丁提出解除合同后，甲、丁之间的买卖合同处于什么效力状态？

(3) 丁能否向中介丙主张权利？如果能，那么丁能以何请求权为基础向丙提出请求？丙具体需承担何种责任？

(4) 丁是否能够以甲、乙双方与戊之间的合同侵犯自己与甲之间的合同为由主张甲、乙双方与戊之间的合同无效？

(5) 甲与丁的合同解除后，丁是否可以向甲请求损害赔偿？该损害赔偿的范围是什么？请详细论述。

答题指引：(1) 甲、丁之间的合同有效。

(2) 房屋买卖合同解除后，自始没有法律约束力。

(3) 丁可以根据《民法典》第962条向丙主张权利。《民法典》第962条规定：“中介人应当就有关订立合同的事项向委托人如实报告。”“中介人故意隐瞒与订立合同有关的重要事实或者提供虚假情况，损害委托人利益的，不得请求支付报酬并应当承担赔偿责任。”

(4) 不能。合同具有相对性，甲、乙双方与戊不存在恶意串通损害丁合法权益的情形。

(5) 丁可以根据《民法典》第566条第2款请求甲承担违约损害赔偿责任，赔偿范围为违约行为发生时的100万元溢价损失。

17.（法考真题改编）孟某（35岁）已婚，与妻子胡某育有一子，家庭关系融洽。后孟某网上认识了秦某（22岁），并迅速交好。秦某未要求孟某离婚，孟某便与秦某签订了一份特殊协议，约定未来财产共同所有，并且任一方如全部丧失或部分丧失行为能力，则另一方为其监护人。关于该协议的性质、效力和影响，下列哪些是正确的？（　　）

A. 协议部分内容构成监护协议

B. 孟某已构成事实上的重婚

C. 协议部分内容违反公序良俗

D. 协议部分内容系属无权处分

参考答案：ACD

18.（法考真题改编）甲男（60岁）与乙女（25岁）约定，“如乙好好照顾甲，婚后甲就将自己名下唯一一套住房赠送给乙”，乙表示同意。婚后，甲如约将房屋过户到乙名下。乙对甲却态度冷漠，将甲赶出家门。下列哪个选项是正确的？（　　）

A. 甲可向法院主张撤销该婚姻

B. 甲和乙之间的婚姻无效

C. 甲可以撤销对乙的赠与

D. 甲的赠与是合法自愿的，不能撤销

参考答案：C

19.（法考真题改编）刘山峰、王翠花系老夫少妻，刘山峰婚前个人名下拥有别墅一栋。关于婚后该别墅的归属，下列哪一选项是正确的？（　　）

A. 该别墅不可能转化为夫妻共同财产

B. 婚后该别墅自动转化为夫妻共同财产

C. 婚姻持续满八年后该别墅即依法转化为夫妻共同财产

D. 刘、王可约定婚姻持续八年后该别墅转化为夫妻共同财产

参考答案：D

20.（法考真题改编）胡某与黄某长期保持同性恋关系，胡某创作同性恋题材的小说发表。后胡某迫于父母压力娶陈某为妻，结婚时陈某父母赠与一套房屋，登记在陈某和胡某名下。婚后，胡某收到出版社支付的小说版税10万元。此后，陈某得知胡某在婚前和婚后一直与黄某保持同性恋关系，非常痛苦。下列哪一说法是正确的？（　　）

A. 胡某隐瞒同性恋重大事实，导致陈某结婚的意思表示不真实，陈某可请求撤销该婚姻

B. 陈某受欺诈而登记结婚，导致陈某父母赠与房屋意思表示不真实，陈某父母可撤销赠与

C. 该房屋不属于夫妻共同财产

D. 10万元版税属于夫妻共同财产

参考答案：D

21.（法考真题改编）甲（男）、乙（女）结婚后，甲承诺，在子女出生后，将其婚前所有的一间门面房，变更登记为夫妻共同财产。后女儿丙出生，但甲不愿兑现承诺，导致夫妻感情破裂离婚，女儿丙随乙一起生活。后甲又与丁（女）结婚。未成年的丙因生重病住院急需医疗费20万元，甲与丁签订借款协议从夫妻共同财产中支取该20万元。下列哪一表述是错误的？（　　）

A. 甲与乙离婚时，乙无权请求将门面房作为夫妻共同财产分割

B. 甲与丁的协议应视为双方约定处分共同财产

C. 如甲、丁离婚，有关医疗费按借款协议约定处理

D. 如丁不同意甲支付医疗费，甲无权要求分割共有财产

参考答案：D

22.（法考真题改编）甲乙夫妻的下列哪一项婚后增值或所得，属于夫妻共同财产？（　　）

A. 甲婚前承包果园，婚后果树上掉落的果实

B. 乙婚前购买的1套房屋升值了50万元

C. 甲用婚前的10万元婚后投资股市，得利5万元

D. 乙婚前收藏的玉石升值了10万元

参考答案：C

23.（法考真题改编）甲与乙结婚多年后，乙患重大疾病需要医治，甲保管夫妻共同财产但拒绝向乙提供治疗费，致乙疾病得不到及时治疗而恶化。下列哪一说法是错误的？（　　）

A. 乙在婚姻关系存续期间，有权起诉请求分割夫妻共同财产

B. 乙有权提出离婚诉讼并请求甲损害赔偿

C. 乙在离婚诉讼中有权请求多分夫妻共同财产

D. 在离婚诉讼中，乙有权请求精神损害赔偿

参考答案：C

第六章 离婚制度

本章重点知识

1. 离婚是指当事人在夫妻关系存续期间依照法律规定的条件和程序解除婚姻关系的民事法律事实。离婚是引起婚姻关系终止的重要身份法律事实。离婚不同于婚姻无效。我国现行离婚制度为行政登记离婚与法院诉讼离婚双轨制。

2. 离婚冷静期是指在离婚自由原则下，婚姻双方当事人申请自愿离婚，在婚姻登记机关收到离婚登记申请之日起一定期间内，任何一方都可以随时撤回离婚登记申请、终结登记离婚程序的冷静思考期间。

离婚冷静期适用于登记离婚，不适用于诉讼离婚。离婚冷静期的立法目的不是干预婚姻（离婚）自由，而是防止冲动离婚、轻率离婚、草率离婚，引导当事人积极修复感情，降低登记离婚率，保持婚姻关系的稳定性，维护家庭和谐稳定，形成良好的婚恋观、家庭观。

3. 家事审判不同于传统的民事诉讼，身份关系诉讼案件常具有人身性、伦理性、财产性、隐私性、公益性、情理法共融性和最有利于未成年子女原则等特点，而且在民事诉讼案件中占比大。家事案件有多元纠纷解决机制，家事调解、家事审判、婚姻家庭辅导教育和心理疏导等有机结合，展现家事纠纷解决的司法性和社会性。

4. 夫妻感情确已破裂是诉讼离婚的法定理由。我国法律采取感情破裂离婚主义。诉讼离婚的法定实质条件是夫妻“感情确已破裂”，程序条件是“调解无效”。保障离婚自由、反对轻率离婚是离婚法律制度的指导思想。

5. 离婚后，不满 2 周岁的子女，以由母亲直接抚养为原则。离婚后，已满 2 周岁的子女，父母双方对抚养问题协议不成的，由人民法院根据双方的具体情况，按照最有利于未成年子女的原则判决。离婚后，子女已满 8 周岁的，就抚养问题，应当尊重其真实意愿。

6. 探望权是指离婚后不直接抚养子女的父亲或者母亲一方享有的对未与之共同生活的未成年子女进行探视、看望、交往乃至短期共同生活等权利。探望权的权利主体是离婚后不直接抚养子女一方，协助有探望权的一方实现其探望权是直接抚养子女一方的义务，探望权的义务主体是直接抚养子女一方。

7. 离婚时夫妻共同财产的分割应该本着约定优先于法定，男女平等，照顾子女、女方和无过错方权益等原则进行。

8. 离婚协议是夫妻离婚时协商一致达成的通常包含双方同意离婚、未成年子女抚养、财产及债务处理等条款的“一揽子协议”。离婚协议中的赠与条款不能适用财产赠与合同规则。

▶ 本章知识逻辑图

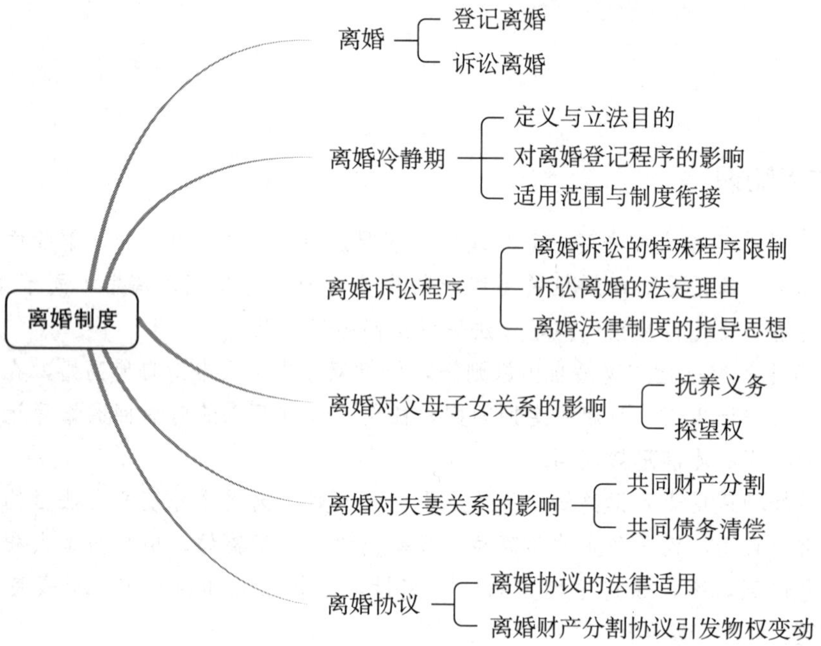

第一节　婚姻终止制度

一、婚姻终止制度概述

婚姻的终止也称为婚姻的消灭，是指合法有效的婚姻关系因发生一定的法律事实而消灭。

（一）离婚是导致婚姻关系终止的重要身份法律事实

离婚是指当事人在夫妻关系存续期间依照法律规定的条件和程序解除婚姻关系的民事法律事实。离婚是引起婚姻关系终止的重要身份法律事实。当前婚姻家庭法要直面离婚率连续上升的时代特征。《民法典》第 1080 条规定：“完成离婚登记，或者离婚判决书、调解书生效，即解除婚姻关系。”婚姻家庭法不是“离婚法”，但离婚情形下当事人利益冲突最复杂，也最能展现婚姻家庭受国家保护这一基本价值取向的坚定性。

配偶一方或者双方自然死亡也会导致婚姻的终止。配偶一方或者双方被宣告死亡同样会引起婚姻关系的终止。《民法典》第 51 条规定：“被宣告死亡的人的婚姻关系，自死亡宣告之日起消除。死亡宣告被撤销的，婚姻关系自撤销死亡宣告之日起自行恢复。但是，其配偶再婚或者向婚姻登记机关书面声明不愿意恢复的除外。”被宣告死亡人的配偶向婚姻登记机关书面声明不愿意恢复婚姻关系，须在死亡宣告被撤销前作出。

宣告死亡制度会导致被宣告死亡人的婚姻关系消灭。宣告失踪则不会当然导致婚姻关系的终止，只属于《民法典》第 1079 条第 4 款规定的引起离婚诉讼的一种法定事由。《民法典》第 1079 条第 4 款规定：“一方被宣告失踪，另一方提起离婚诉讼的，应当准予离婚。”

（二）离婚不同于婚姻无效

离婚不同于婚姻无效，离婚和婚姻无效区别如下：

第一，是否属于婚姻效力瑕疵不同。离婚以当事人之间的婚姻不存在无效情形为前提，是对合法婚姻关系的解除。对可撤销婚姻，当事人也可以选择不行使撤销权，而直接请求离婚。无效婚姻违反了结婚的法定公益要件，存在效力瑕疵。

第二，原因发生时间不同。离婚的原因通常发生于婚姻成立之后。宣告婚姻无效的原因必须在婚姻成立之时就已经存在。

第三，有裁断权的公权力机关不同。诉讼离婚的裁断机关是人民法院，登记离婚的确认机关是婚姻登记机关。确认婚姻无效的公权力机关仅限于人民法院，人民法院可以依职权确认婚姻无效。

第四，诉讼类型不同。诉讼离婚对应的是变更之诉，可以通过判决或者调解结案。婚姻无效对应的是确认之诉，只能通过判决结案，不允许调解。

第五，程序上的转化限制关系不同。《民法典婚姻家庭编司法解释一》第 12 条规定：“人民法院受理离婚案件后，经审理确属无效婚姻的，应当将婚姻无效的情形告知当事人，并依法作出确认婚姻无效的判决。”第 13 条规定：“人民法院就同一婚姻关系分别受理了离婚和请求确认婚姻无效案件的，对于离婚案件的审理，应当待请求确认婚姻无效案件作出判决后进行。”

第六，当事人不同。请求离婚的限于婚姻当事人。提起婚姻无效确认之诉的主体范围不限于婚姻当事人，根据《民法典婚姻家庭编司法解释一》第 9 条、第 14 条、第 15 条和第 16 条等规定，请求人民法院确认婚姻无效的，除婚姻关系当事人之外，也可以是其他利害关系人。

第七，能否在夫妻一方或者双方死亡后进行不同。离婚只能发生在夫妻双方生存期间。婚姻无效确认之诉可以发生在夫妻生存期间，也可以发生在夫妻一方或者双方死亡后，夫妻一方或者双方死亡后，生存一方或者利害关系人可以请求确认婚姻无效。

第八，法律后果不同。无效婚姻自始没有法律约束力，具有溯及力。离婚的效力指向未来，完成离婚登记，或者离婚判决书、调解书生效，即解除婚姻关系，没有溯及力。

二、登记离婚

（一）登记离婚的要式性

离婚属于要式法律行为，任何私下的离婚协议甚至单方宣布解除婚姻关系，都不产生离婚的法律效力。

我国现行离婚制度为行政登记离婚与法院诉讼离婚双轨制。登记离婚即协议离婚、自愿离婚、非讼离婚，是指夫妻达成离婚合意并通过婚姻登记机关办理离婚登记以解除婚姻关系的法律制度。非讼离婚并非草率离婚。协议离婚既可以通过非讼登记程序进行，也可以通过诉讼中的法院调解离婚程序进行，不过后者仍属于诉讼离婚。登记离婚是现实生活中多数当事人首选的离婚方式。

登记离婚须遵循法定程序要求。《民法典》第1076条第1款规定："夫妻双方自愿离婚的，应当签订书面离婚协议，并亲自到婚姻登记机关申请离婚登记。"第1078条规定："婚姻登记机关查明双方确实是自愿离婚，并已经对子女抚养、财产以及债务处理等事项协商一致的，予以登记，发给离婚证。"

《婚姻登记条例》第13条第1款规定："内地居民自愿离婚的，男女双方应当签订书面离婚协议，亲自到婚姻登记机关共同申请离婚登记。"第2款规定："中国公民同外国人在中国内地自愿离婚的，内地居民同香港居民、澳门居民、台湾居民、华侨在中国内地自愿离婚的，男女双方应当签订书面离婚协议，亲自到本条例第二条第二款规定的婚姻登记机关共同申请离婚登记。"第15条第1款规定："申请离婚登记的内地居民应当出具下列证件：（一）本人的居民身份证；（二）本人的结婚证。"

现实生活中，经常存在出于各种动机的假离婚，如为规避商品房限购政策而假离婚[①]、为多得拆迁补偿款而假离婚[②]、为逃避债务而假离婚、为休婚假两次而假离婚[③]。假离婚违背了婚姻诚信原则，也挑战了婚姻家庭价值底线。有学者认为："由于假离婚是当事人所为虚伪意思表示的结果，因而这种登记离婚是无效的，婚姻登记机关应当依法撤销其离婚登记，收回其离婚证，重新发给其结婚证。"[④] 笔者认为，虽然当事人出于某种动机当初约定"假离婚"，但从法律意义上讲，无论是经法院判决离婚，还是到民政部门办理协议离婚，只要履行了法定的离婚手续，就产生离婚的法律效力，不容后悔。

（二）登记离婚的亲历性

夫妻双方自愿离婚的，应当签订书面离婚协议，并亲自到婚姻登记机关申请离婚登记。离婚属于纯粹的身份法律行为，具有亲历性特点，不允许代理。离婚登记手续不能线上办理。为了维持身份关系的安定性，离婚也不得附条件、附期限。

---

① 参见《北京前三季度离婚数暴增4成 或因卖房避税》，载《北京青年报》2013年10月29日。

② 参见《海淀法院通报侵犯妇女权益典型案例》，载《北京日报》2014年3月4日。

③ 参见钟千松：《武汉国企男子为休婚假去旅游 两次假离婚变真离婚》，载《楚天金报》2013年5月1日。

④ 余延满：《亲属法原论》，法律出版社2007年版，第319页。

2022年5月17日，有网友在民政部网站留言咨询：“疫情期间一方在国外无法回国，协议离婚可否通过本人视频方式线上办理呢？因为疫情原因已经拖了4年多了。可否考虑到现实的社会情况，特事特办呢？我相信这样的情况有很多，恳求有关部门给予老百姓一个解决方法。”对此，民政部社会事务司2022年5月24日答复称：“根据《中华人民共和国民法典》第一千零七十六条规定：夫妻双方自愿离婚的，应当签订书面离婚协议，并亲自到婚姻登记机关申请离婚登记。不存在线上办理登记手续。”疫情或者疫情防控等不可抗力不能影响登记离婚的亲历性要求。

（三）离婚冷静期制度使登记离婚程序更加复杂

离婚冷静期并不是我国立法机关或民政部门的独创，世界上很多国家和地区都有对离婚冷静期的规定。例如，葡萄牙的民法典规定冷静期为3个月，澳大利亚的家庭法规定冷静期为12个月。

针对登记离婚制度，《民法典》第1077条增加规定离婚冷静期制度。自婚姻登记机关收到离婚登记申请之日起30日内，任何一方不愿意离婚的，可以向婚姻登记机关撤回离婚登记申请。离婚冷静期限届满后30日内，双方应当亲自到婚姻登记机关申请发给离婚证；未申请的，视为撤回离婚登记申请。

根据《婚姻法》登记离婚制度，离婚当事人“一次亲自，当日可办”、“立等可取”离婚证。根据《民法典》离婚冷静期制度，婚姻登记机关不能为申请离婚的夫妻当场办理离婚登记手续。离婚冷静期制度使得登记离婚的夫妻须亲自到婚姻登记机关两次且前后间隔时间为30日以上60日以内——亲自到婚姻登记机关提交离婚登记申请，亲自到婚姻登记机关申请发给离婚证。疫情或者疫情防控等不可抗力导致离婚当事人离婚冷静期限届满后30日内无法亲自到婚姻登记机关申请发给离婚证的，无法适用《民法典》第533条情事变更规则，无法延长期限，只能重新提交离婚登记申请。

三、诉讼离婚

诉讼离婚是指夫妻双方就是否离婚不能达成合意时或者就离婚财产分割、债务负担、子女抚养等问题无法达成合意时，向人民法院起诉，人民法院经过审理后，通过调解或者判决解除婚姻关系的一种离婚制度。[①]《民法典》第1079条第1款和第2款分别规定：“夫妻一方要求离婚的，可以由有关组织进行调解或者直接向人民法院提起离婚诉讼。”“人民法院审理离婚案件，应当进行调解；如果感情确已破裂，调解无效的，应当准予离婚。”

“配偶之外的其他法定监护人能否代理无民事行为能力的人起诉离婚呢？司法实践中，涉及无民事行为能力人离婚的案件，主要包括无民事行为能力人作为原告一方的离婚诉讼，或者作为被告一方应诉离婚的诉讼。当无民事行为能力人成为离婚案件的被告时，一般允许其近亲属（配偶除外）作为代理人，或者由法院在其近亲属中指定代理人

---

① 参见朱景朝、王小军：《乌鲁木齐沙区法院证实非鹏已办结离婚手续》，载中国新闻网2013年9月24日。

参与诉讼。但是，无民事行为能力人的法定近亲属（配偶除外）能否代理其主动提出离婚诉讼，司法实践中认识并不统一。”[①] 出于保护无民事行为能力人利益的考虑，《民法典婚姻家庭编司法解释一》第 62 条规定：“无民事行为能力人的配偶有民法典第三十六条第一款规定行为，其他有监护资格的人可以要求撤销其监护资格，并依法指定新的监护人；变更后的监护人代理无民事行为能力一方提起离婚诉讼的，人民法院应予受理。”

四、登记离婚和诉讼离婚的不可逆性

登记离婚和判决离婚会引发婚姻关系的终止，鉴于婚姻身份关系的安定要求，无论是登记离婚还是判决离婚都具有不可逆性。

离婚登记是婚姻登记机关依当事人的申请，对当事人之间就自愿解除婚姻关系及子女抚养、财产分配等问题所达成的协议予以认可，并以颁发离婚证的形式确认当事人之间婚姻关系解除的行政行为。离婚登记行政行为程序瑕疵是否影响离婚民事法律行为的效力？离婚登记一经完成当事人之间的婚姻关系即告解除，婚姻解除情况即产生对外效力，具有社会公信力。如果婚姻登记机关或其他职能部门可以对离婚登记中的被解除的婚姻关系确认无效或予以撤销，将会使相关人身法律关系处于随时可变化的不稳定状态，也会使社会公众对婚姻登记机关的离婚登记行为产生不安全感及不信任感，故当事人之间的婚姻关系一经离婚登记予以解除后便具有不可逆性。对于已完成的离婚登记如在登记过程中确有违法情形，则由存在相关违法行为的当事人或登记机关及其工作人员依法承担相应的民事、行政、刑事责任。立法上对离婚没有规定无效离婚或可撤销离婚情形，也没有法律授权婚姻登记机关对已完成的离婚登记中被解除的婚姻关系能够确认无效或予以撤销。人民法院判决、调解解除婚姻关系的案件，当事人提出再审申请的，人民法院不予受理；但当事人就财产分割问题申请再审的除外。对于离婚，无论是婚姻登记机关作出离婚登记，还是法院判决调解离婚，当事人在领取离婚证之时或法院准予离婚的判决书、调解书生效之时其婚姻关系即被解除，且被解除的婚姻关系具有不可逆性。不具有级别管辖权的婚姻登记机关为符合离婚实质要件的涉外婚姻当事人进行离婚登记，其后又以无管辖权为由、以自行纠正方式确认离婚登记行为无效的，对于该自行纠正的行政行为，人民法院不予支持。这构成行政越权无效原则的例外。[②]

第二节　离婚冷静期制度

一、离婚冷静期的定义与立法目的

离婚冷静期是我国《民法典》第 1077 条的新增规定。离婚冷静期制度是民法典编

① 夏吟兰主编：《婚姻家庭继承法》，中国政法大学出版社 2012 年版，第 155 页。

② 参见“梁某某诉徐州市云龙区民政局离婚登记行政确认案”，载《最高人民法院公报》2022 年第 1 期。

纂过程中婚姻家庭编争议最大的问题，甚至也可以说是民法典编纂过程中争议最大的一个法律制度。

离婚冷静期是指在离婚自由原则下，婚姻双方当事人申请自愿离婚，在婚姻登记机关收到离婚登记申请之日起一定期间内，任何一方都可以随时撤回离婚登记申请、终结登记离婚程序的冷静思考期间。《民法典》第1077条第1款规定：“自婚姻登记机关收到离婚登记申请之日起三十日内，任何一方不愿意离婚的，可以向婚姻登记机关撤回离婚登记申请。”本款规定中的“三十日”，即离婚冷静期。第1077条第2款规定离婚冷静期制度的法律后果：“前款规定期限届满后三十日内，双方应当亲自到婚姻登记机关申请发给离婚证；未申请的，视为撤回离婚登记申请。”

离婚冷静期是对离婚自由的法定限制。离婚冷静期限制和约束轻率离婚。“实践中，轻率离婚的现象增多，不利于婚姻家庭的稳定。为此，（民法典）草案规定了提交离婚登记申请后三十日的离婚冷静期，在此期间，任何一方可以向登记机关撤回离婚申请。”① 离婚冷静期适用于登记离婚，不适用于诉讼离婚。离婚冷静期的立法目的不是干预婚姻（离婚）自由，而是防止冲动离婚、轻率离婚、草率离婚，引导当事人积极修复感情，降低登记离婚率，保持婚姻关系的稳定性，维护家庭和谐稳定，形成良好的婚恋观、家庭观。婚姻当事人经离婚冷静期冷静思考后，仍自愿离婚，可以继续推进离婚登记程序。“离婚除了与个体自由和意愿有关，还从根本上与当事人双方关系是否真正达到必须离婚的程度，以及离婚问题所产生的效应等诸多因素密切相关。”②

离婚冷静期让更多的冲动型离婚当事人有一个缓冲期，引导当事人三思而后行，努力让家庭免于破裂。“当事人申请离婚且三十天撤回，或在三十天内不申请发放离婚证，都可达到冷静的效果。”③ 离婚冷静期制度的实施也成为2021年登记离婚量显著下降的重要原因。民政部《2021年4季度民政统计数据》显示，2021年763.6万对夫妻完成结婚登记，较2020年的813.1万对减少了49.5万对；2021年213.9万对夫妻完成离婚登记，较2020年的373.3万对少了159.4万对，离婚登记量下降约43%。④“2022年度婚姻登记机关办理离婚登记总数比2020年度下降43.79%。”⑤ 据江苏省民政厅社会事务处介绍，2021年1月1日至4月13日共有69 000多对夫妻提出离婚申请，其中529对在离婚冷静期主动撤回，还有9 755对在离婚冷静期届满后30日内，未共同到婚姻登记机关申请发给离婚证的，视为撤回离婚登记申请。已经登记发证的有25 767对夫妻，还有33 000多对夫妻处于离婚冷静期和登记发证期。

---

① 王晨：《关于〈中华人民共和国民法典（草案）〉的说明——2020年5月22日在第十三届全国人民代表大会第三次会议上》，http：//www.npc.gov.cn/npc/c30834/202005/50c0b507ad32464aba87c2ea65bea00d.shtml。

② 张剑源：《离婚是否真的需要冷静——对〈民法典〉第1077条的法理讨论》，载《法学家》2022年第3期，第12页。

③ 夏沁：《民法典登记离婚冷静期条款的解释论》，载《法学家》2020年第5期，第24页。

④ 参见民政部：《2021年4季度民政统计数据》，https：//www.mca.gov.cn/article/sj/tjjb/2021/202104qgsj.html。

⑤《相关负责人就推进移风易俗，治理高额彩礼问题答记者问》，最高人民法院新闻局2023年12月11日发布，https：//www.court.gov.cn/zixun/xiangqing/419862.html。

二、离婚冷静期对离婚登记程序的影响

为贯彻《民法典》有关离婚冷静期制度的规定，民政部对婚姻登记程序进行调整，在离婚程序中增加冷静期。调整后的协议离婚登记程序为“申请—受理—冷静期—审查—登记（发证）”。以前是当天申请、受理、审查、登记（发证）。与此前相比，新增了“冷静期”。在申请离婚的时候，并不需要提交离婚协议。不要求当事人在离婚申请阶段提交离婚协议，而在正式办理离婚登记时再提交离婚协议文本即可。

为了贯彻《民法典》有关离婚冷静期等新规定，民政部2020年11月24日发布《关于贯彻落实〈中华人民共和国民法典〉中有关婚姻登记规定的通知》（民发〔2020〕116号）。该通知要求：婚姻登记机关不再受理因胁迫结婚请求撤销业务，调整离婚登记程序［申请、受理、冷静期、审查、登记（发证）］。值得注意的是，根据该通知，相关登记程序均不允许当事人通过网上办理。例如，夫妻双方自愿离婚的，应当签订书面离婚协议，共同到有管辖权的婚姻登记机关提出申请，并提供相应证件和证明材料。自婚姻登记机关收到离婚登记申请并向当事人发放“离婚登记申请受理回执单”之日起30日内，任何一方不愿意离婚的，可以持本人有效身份证件和“离婚登记申请受理回执单”（遗失的可不提供，但需书面说明情况），向受理离婚登记申请的婚姻登记机关撤回离婚登记申请，并亲自填写“撤回离婚登记申请书”。经婚姻登记机关核实无误后，发给“撤回离婚登记申请确认单”，并将“离婚登记申请书”、“撤回离婚登记申请书”与“撤回离婚登记申请确认单（存根联）”一并存档。自离婚冷静期届满后30日内，双方未共同到婚姻登记机关申请发给离婚证的，视为撤回离婚登记申请。自离婚冷静期届满后30日内（期间届满的最后一日是节假日的，以节假日后的第一日为期限届满的日期），双方当事人应当持《婚姻登记工作规范》第55条第4～7项规定的证件和材料，共同到婚姻登记机关申请发给离婚证。

2025年修订后的《婚姻登记条例》第13～18条对离婚冷静期下离婚登记程序新规则从申请离婚登记、受理离婚登记申请、离婚冷静期、申请发给离婚证、审查离婚登记当事人的证件和书面材料、办理离婚登记并发给离婚证等具体先后程序角度加以规定。

《民法典》实施后，根据离婚冷静期制度，当事人申请离婚30日后，只要夫妻双方中有一方反悔，未在离婚冷静期届满后30日内亲自到婚姻登记机关申请发给离婚证的，视为撤回离婚登记申请。离婚冷静期制度的实施以及婚姻辅导的有效开展，有效减少了冲动离婚事件的发生。2021年，离婚登记量超过51%的降幅实属罕见。离婚登记量暴跌成为2021年的普遍现象。民政部门工作人员认为，离婚冷静期制度或是主要原因。[①]

---

① 参见《离婚冷静期有成效？多地婚姻数据出炉：离婚率大幅下降》，https://www.163.com/dy/article/H0G1LF2N05119GE4.html。

三、离婚冷静期的适用范围与制度衔接

《民法典》关于离婚冷静期制度的规定只适用于协议离婚，不适用于诉讼离婚。

有学者认为："如果申请登记离婚的当事人之间存在家庭暴力、虐待、遗弃、转移财产等情况，应该缩短或免除离婚冷静期。"① 对于有家庭暴力情形的，当事人可根据《民法典》第1079条向法院起诉离婚。起诉离婚不适用离婚冷静期制度。离婚冷静期的规定不存在不利于保护遭受家庭暴力当事人的问题。

对于有家庭暴力、虐待等情形或者现实危险的离婚案件，当事人可向人民法院申请人身安全保护令。《最高人民法院关于办理人身安全保护令案件适用法律若干问题的规定》（法释〔2022〕17号）第1条第2款规定："向人民法院申请人身安全保护令，不以提起离婚等民事诉讼为条件。"即便是登记离婚，若一方在离婚冷静期对另一方实施暴力、虐待，受害人同样可向人民法院申请人身安全保护令。

对于离婚冷静期一方有转移财产的离婚案件，可以适用《民法典》第1092条的规定："夫妻一方隐藏、转移、变卖、毁损、挥霍夫妻共同财产，或者伪造夫妻共同债务企图侵占另一方财产的，在离婚分割夫妻共同财产时，对该方可以少分或者不分。离婚后，另一方发现有上述行为的，可以向人民法院提起诉讼，请求再次分割夫妻共同财产。"

第三节　离婚诉讼程序

一、离婚诉讼程序概述

（一）离婚民事诉讼程序

俗语说："宁拆十座庙，不破一桩婚。"劝和不劝离。法院审理离婚案件时也一定程度上存在"第一次不判离"现象甚至"多次不判离"现象。②《民法典》第1079条第1款和第2款分别规定："夫妻一方要求离婚的，可以由有关组织进行调解或者直接向人民法院提起离婚诉讼。""人民法院审理离婚案件，应当进行调解；如果感情确已破裂，调解无效的，应当准予离婚。"《民事诉讼法司法解释》第145条第2款规定："人民法院审理离婚案件，应当进行调解，但不应久调不决。"

诉讼外的调解并非诉讼离婚的必经程序。经诉讼外调解，当事人达成离婚合意的，仍须到婚姻登记机关办理离婚登记。诉讼中的调解是人民法院审理离婚案件的必经程

① 张伟主编：《婚姻家庭继承法学》，法律出版社2021年版，第67页（张伟教授执笔）。

② 参见于龙刚：《制度与社会约束下的法官行为——以基层法院的离婚纠纷解决为经验》，载《法制与社会发展》2022年第3期，第107页。

序。婚姻等身份关系确认案件不得调解。《最高人民法院关于进一步深化家事审判方式和工作机制改革的意见（试行）》（法发〔2018〕12 号）第 6 条指出："人民法院审理家事案件，应当增强调解意识，拓展调解方式，创新调解机制，提高调解能力，将调解贯穿案件审判全过程。婚姻效力、身份关系确认、人身安全保护令申请等根据案件性质不能进行调解的案件除外。"此外，《最高人民法院关于进一步深化家事审判方式和工作机制改革的意见（试行）》第 40 条指出："人民法院审理离婚案件，经双方当事人同意，可以设置不超过 3 个月的冷静期。""在冷静期内，人民法院可以根据案件情况开展调解、家事调查、心理疏导等工作。冷静期结束，人民法院应通知双方当事人。"

《民事诉讼法》第 65 条规定："离婚案件有诉讼代理人的，本人除不能表达意思的以外，仍应出庭；确因特殊情况无法出庭的，必须向人民法院提交书面意见。"要求离婚案件当事人原则上均须出庭主要是考虑到当事人之间感情是否确已破裂须通过陈述、辩论、说明等程序具体查知。《民事诉讼法》第 147 条规定："被告经传票传唤，无正当理由拒不到庭的，或者未经法庭许可中途退庭的，可以缺席判决。"①

离婚诉讼一般由被告住所地人民法院管辖，当被告住所地和经常居住地不一致时，由被告经常居住地人民法院管辖。但也存在一些法定例外情形，如《民事诉讼法》第 23 条规定："下列民事诉讼，由原告住所地人民法院管辖；原告住所地与经常居住地不一致的，由原告经常居住地人民法院管辖：（一）对不在中华人民共和国领域内居住的人提起的有关身份关系的诉讼；（二）对下落不明或者宣告失踪的人提起的有关身份关系的诉讼；（三）对被采取强制性教育措施的人提起的诉讼；（四）对被监禁的人提起的诉讼。"《民事诉讼法司法解释》第 11 至 16 条另有相应若干具体规定。

（二）离婚诉讼的特殊程序限制

诉讼离婚的特别程序是对当事人离婚诉权的法定限制，表现为对现役军人、怀孕等情形下的妇女的特别保护，对其配偶向法院提起离婚诉讼的限制。

《民法典》第 1081 条规定："现役军人的配偶要求离婚，应当征得军人同意，但是军人一方有重大过错的除外。"该条体现了在离婚问题上对现役军人的特殊保护。《民法典婚姻家庭编司法解释一》第 64 条规定："民法典第一千零八十一条所称的'军人一方有重大过错'，可以依据民法典第一千零七十九条第三款前三项规定及军人有其他重大过错导致夫妻感情破裂的情形予以判断。"《刑法》第 259 条规定破坏军婚罪："明知是现役军人的配偶而与之同居或者结婚的，处三年以下有期徒刑或者拘役。""利用职权、从属关系，以胁迫手段奸淫现役军人的妻子的，依照本法第二百三十六条的规定定罪处罚。"

《民法典》第 1082 条规定："女方在怀孕期间、分娩后一年内或者终止妊娠后六个月内，男方不得提出离婚；但是，女方提出离婚或者人民法院认为确有必要受理男方离婚请求的除外。"《妇女权益保障法》第 64 条规定："女方在怀孕期间、分娩后一年内或

---

① "舒某诉李某敏离婚案"，海南省海口市振东区人民法院（1999）振民一初字第 229 号民事判决书，载《中国审判案例要览》（2000 年民事审判案例卷），中国人民大学出版社 2002 年版，第 5－7 页。

者终止妊娠后六个月内，男方不得提出离婚；但是，女方提出离婚或者人民法院认为确有必要受理男方离婚请求的除外。”该规定是在离婚问题上保护妇女、胎儿和婴儿利益的体现。

此外，《民事诉讼法》第 127 条第 7 项规定：“判决不准离婚和调解和好的离婚案件，判决、调解维持收养关系的案件，没有新情况、新理由，原告在六个月内又起诉的，不予受理。”该规定有助于给当事人一个冷静审视婚姻、挽救感情的机会，也有助于防止缠讼。有学者实证总结：“在我国离婚案件审判实践中，一个较为普遍的做法是，当事人提出离婚，不符合法定离婚条件的，人民法院一般不准予离婚，人民法院判决不准离婚超过法定期限（一般为 6 个月）后，当事人再次提起离婚诉讼的，人民法院一般准予其离婚。此即所谓二次离婚诉讼审判规则。”[①]《民事诉讼法》第 151 条第 4 款规定：“宣告离婚判决，必须告知当事人在判决发生法律效力前不得另行结婚。”

离婚案件经常涉及当事人隐私，《民事诉讼法》第 137 条规定：“人民法院审理民事案件，除涉及国家秘密、个人隐私或者法律另有规定的以外，应当公开进行。”“离婚案件，涉及商业秘密的案件，当事人申请不公开审理的，可以不公开审理。”根据《最高人民法院关于人民法院在互联网公布裁判文书的规定》（法释〔2016〕19 号）第 4 条，离婚诉讼或者涉及未成年子女抚养、监护的裁判文书不在互联网公布。

（三）离婚等家事案件审判方式和工作机制改革

离婚诉讼案件是家事案件的子类型。《最高人民法院关于开展家事审判方式和工作机制改革试点工作的意见》（法〔2016〕128 号）指出：“家事案件是指确定身份关系的案件及基于身份关系而产生的家庭纠纷，主要案件类型有：1. 婚姻案件及其附带案件，包括离婚、婚姻无效、婚姻撤销等，附带案件包括监护权、子女抚养费、离婚后财产分割等；2. 抚养、扶养及赡养纠纷案件；3. 亲子关系案件，包括确认亲子关系、否认亲子关系；4. 收养关系纠纷案件；5. 同居关系纠纷案件，包括同居期间的财产分割、非婚生子女抚养等；6. 继承和分家析产纠纷案件等。”

家事审判不同于传统的民事诉讼，身份关系诉讼案件常具有人身性、伦理性、财产性、隐私性（“家丑不可外扬”）、公益性[②]、情理法共融性和最有利于未成年子女原则等特点，而且在民事诉讼案件中占比大。家事案件有多元纠纷解决机制，家事调解、家事审判、婚姻家庭辅导教育和心理疏导等有机结合，德法共治，展现家事纠纷解决的司法性和社会性。

家事诉讼中，当事人的处分原则受到法定限制，呈现出更多的职权探知主义和国家干预。例如，《民事诉讼法》第 67 条第 2 款规定：“当事人及其诉讼代理人因客观原因不能自行收集的证据，或者人民法院认为审理案件需要的证据，人民法院应当调查收集。”《民事诉讼法司法解释》第 92 条第 2 款规定：“对于涉及身份关系、国家利益、社会公共

---

① 刘敏：《二次离婚诉讼审判规则的实证研究》，载《法商研究》2012 年第 6 期。

② “家事审判并非仅涉及个人私权，还兼及婚姻关系的稳定、未成年子女的成长、老年人的赡养等社会公共利益。”钟贝：《用心做好家事审判 促进家庭社会和谐》，载《人民法院报》2022 年 12 月 27 日，第 2 版。

利益等应当由人民法院依职权调查的事实，不适用前款自认的规定。”第 96 条第 1 款规定：“民事诉讼法第六十七条第二款规定的人民法院认为审理案件需要的证据包括：……（二）涉及身份关系的；……”但法院在审理纯粹身份关系案件和身份财产案件中的职权干预程度不同，不能一概而论，须对“涉及身份关系”案件类型作目的性限缩解释。在涉及未成年子女利益最大化的纯粹身份关系案件中，职权探知主义是必要的。夫妻离婚案件中，夫妻感情是否确已破裂，这虽然也是纯粹身份关系事实，但不能笼统地认为法院此时对这类案件事实查清也要加强职权探知。

家事审判中的证据问题有民事审判证据的一般性，也有一定的特殊性。家事审判中证据问题的特殊性表现在：在事实认定问题上呈现出更多的职权探知主义，在夫妻共同债务认定和亲子关系认定案件中对应民事法律事实推定规范，在继承纠纷案件中对应大量的证据方法规范，在反家庭暴力对应的人身安全保护令案件中降低申请人的证明标准。我国《民法典》各编的证据规范各有特色。婚姻家庭编中的亲子关系推定（第 1073 条）和夫妻共同债务推定（第 1064 条）属于民事法律事实推定规范。继承编以证据方法规范（第 1134 条至第 1139 条）为鲜明特色。[①]

《民事诉讼法》未设置专门的家事审判程序。《最高人民法院关于进一步深化家事审判方式和工作机制改革的意见（试行）》系统总结家事审判方式和工作机制改革的意见。各地法院近年来主要围绕如下问题进行了家事审判试点：设置专门家事法庭，针对家庭暴力问题，询问当事人并依职权取证，而且可以采纳未成年子女的证言；对于确实是家庭暴力的情况，在不离婚的情况下通过发放人身安全保护令防止家暴。人身安全保护令是防止家暴的有效办法。申请保护令不以提起离婚诉讼为前提，受害人的近亲属也可以申请。《人民法院第六个五年改革纲要（2024—2028 年）》将家事案件审判机制作为民生领域司法保障机制的重要内容，要求：“完善家事案件审判机制，健全家事调解、家事调查、心理疏导、判后回访帮扶等配套制度，完善人身安全保护令、人格权侵害禁令执行机制”，“加强和规范适用人身安全保护令、人格权侵害禁令、家庭教育指导令，落实关爱未成年人提示、社会调查、社会观护等制度”。笔者认为：可以运用多元化解纠纷机制，修复受损家庭关系；家事审判程序要努力化解家事矛盾，发挥司法对家庭关系和家庭成员感情的修复功能，实现家庭和睦；家事审判方面的司法和立法还需要协调家事法庭与少年审判法庭之间的关系、探索婚姻家庭法与社会法的衔接适用等问题。

进一步深化家事审判方式和工作机制改革，树立人性化审判理念，注重将对家事案件当事人的保护从身份利益、财产利益全面延伸到人格利益、安全利益和情感利益。[②]充分发挥家事审判对婚姻家庭关系的诊断、修复和治疗作用，维护平等、和睦、文明的婚姻家庭关系。

通过离婚判决实现诉讼离婚的当事人，法院逐渐探索通过制作发放“离婚证明书”

---

① 参见王雷：《民法证据规范论：案件事实的形成与民法学方法论的完善》，中国人民大学出版社 2022 年版，第 202 - 256 页。

② 参见《最高人民法院关于为实施积极应对人口老龄化国家战略提供司法服务和保障的意见》（法发〔2022〕15 号）第 17 条。

来方便当事人对婚姻状况的证明，而不是处处出示“离婚判决书”来证明，以免过多泄露隐私。《最高人民法院关于进一步深化家事审判方式和工作机制改革的意见（试行）》第41条规定：“人民法院判决或者调解离婚的案件，根据当事人的申请，人民法院可以为当事人出具离婚证明书。”

二、夫妻感情确已破裂是诉讼离婚的法定理由

（一）离婚自由是婚姻自由原则的重要内容

就婚姻是否可以离异，黑格尔和马克思有不同观点。黑格尔说：“婚姻本身应视为不能离异的，因为婚姻的目的是伦理性的，它是那样的崇高，以致其他一切都对它显得无能为力，而且都受它支配。婚姻不应该被激情所破坏，因为激情是服从它的。但是婚姻仅仅是就其概念说是不能离异的，……因为婚姻含有感觉的环节，所以它不是绝对的，而是不稳定的，且其自身就含有离异的可能性。但是立法必须尽量使这一离异可能性难以实现，以维护伦理的法来反对任性。”[①] 马克思指出：“黑格尔说：婚姻本身，按其概念来说，是不可离异的，但仅仅就其本身，即仅仅按其概念来说是如此。这句话完全没有表明婚姻所具有的那种特殊的东西。一切伦理的关系，按其概念来说，都是不可解除的。……但是任何国家、任何婚姻、任何友谊都不完全符合自己的概念。……国家中现实的婚姻也是可以分离的。”[②] 保障离婚自由是婚姻自由原则的重要内容。但离婚自由不等于轻率、任性离婚。

《民法典》第1079条第2款规定：“人民法院审理离婚案件，应当进行调解；如果感情确已破裂，调解无效的，应当准予离婚。”可见，诉讼离婚的法定实质条件是夫妻“感情确已破裂”，程序条件是“调解无效”。恩格斯曾指出：“如果说只有以爱情为基础的婚姻才是合乎道德的，那么也只有继续保持爱情的婚姻才合乎道德。……如果感情确实已经消失或者已经被新的热烈的爱情所排挤，那就会使离婚无论对于双方或对于社会都成为幸事。只是要使人们免于陷入离婚诉讼的无益的泥潭才好。”[③]

（二）夫妻感情确已破裂的判断标准

夫妻感情破裂是判决离婚的实质要件。《民法典》第1079条第3款规定：“有下列情形之一，调解无效的，应当准予离婚：（一）重婚或者与他人同居；（二）实施家庭暴力或者虐待、遗弃家庭成员；（三）有赌博、吸毒等恶习屡教不改；（四）因感情不和分居满二年；（五）其他导致夫妻感情破裂的情形。”第4款规定：“一方被宣告失踪，另一方提起离婚诉讼的，应当准予离婚。”第5款规定：“经人民法院判决不准离婚后，双方

---

① ［德］黑格尔：《法哲学原理》，范扬、张企泰译，商务印书馆1961年版，第179-180页。

② ［德］马克思：《论离婚法草案》，载《马克思恩格斯全集》（第2版第1卷），人民出版社1995年版，第348页。

③ ［德］恩格斯：《家庭、私有制和国家的起源》，载《马克思恩格斯选集》（第2版第4卷），人民出版社1995年版，第81页。

又分居满一年，一方再次提起离婚诉讼的，应当准予离婚。”第 3 款中的“实施家庭暴力或者虐待、遗弃家庭成员”，不局限于夫妻间的家庭暴力或者虐待、遗弃。第 5 款为新增规定，其立法目的是“针对离婚诉讼中出现的‘久调不判’问题，增加规定，经人民法院判决不准离婚后，双方又分居满一年，一方再次提起离婚诉讼的，应当准予离婚”[①]。《最高人民法院关于适用〈中华人民共和国民法典〉时间效力的若干规定》第 22 条规定：“民法典施行前，经人民法院判决不准离婚后，双方又分居满一年，一方再次提起离婚诉讼的，适用民法典第一千零七十九条第五款的规定。”

与他人同居属于“出轨”，“出轨”不限于与他人同居。《民法典婚姻家庭编司法解释一》第 2 条规定：“民法典第一千零四十二条、第一千零七十九条、第一千零九十一条规定的‘与他人同居’的情形，是指有配偶者与婚外异性，不以夫妻名义，持续、稳定地共同居住。”如果出现有配偶者与他人同居的情形，法院可据此直接认定夫妻感情破裂，进而判决离婚。即便“出轨”并未达到与他人同居的程度，依然可以作为法院综合裁量判断是否属于“其他导致夫妻感情破裂的情形”的重要事实。认定夫妻感情是否破裂要综合考虑婚姻基础、婚后感情、离婚原因、夫妻关系的现状和有无和好的可能等因素。“如果出轨行为非常恶劣，比如虽然从来没有同居过，但已经有长期持续的，或是连续两三年的出轨行为，对方也有充分的证据能够证明，这种情况下就可以适用民法典当中规定的‘其他导致夫妻感情破裂的情形’。”[②]

如何认定“夫妻感情确已破裂”是司法裁判中的难点问题[③]，《最高人民法院关于开展家事审判方式和工作机制改革试点工作的意见》指出：“要在诊断婚姻状况的基础上，注意区分婚姻危机和婚姻死亡，积极化解婚姻危机，正确处理保护婚姻自由与维护家庭稳定的关系。”《最高人民法院关于进一步深化家事审判方式和工作机制改革的意见（试行）》第 3 条指出，“注意区分婚姻危机和婚姻死亡，正确处理保护婚姻自由与维护家庭稳定的关系”。《民法典》第 1079 条第 3 款所例示规定的情形可以提高法律的可操作性，缩小法官的自由裁量权，避免法官过度干预夫妻间的私事。

最高人民法院 1989 年 12 月 13 日发布的《关于人民法院审理离婚案件如何认定夫妻感情确已破裂的若干具体意见》（法〔民〕法〔1989〕38 号，已失效）规定：“人民法院审理离婚案件，准予或不准离婚应以夫妻感情是否破裂作为区分的界限。判断夫妻感情是否确已破裂，应当从婚姻基础、婚后感情、离婚原因、夫妻关系的现状和有无和好的可能等方面综合分析。根据婚姻法的有关规定和审判实践经验，凡属下列情形之一的，

---

① 王晨：《关于〈中华人民共和国民法典（草案）〉的说明——2020 年 5 月 22 日在第十三届全国人民代表大会第三次会议上》，http：//www. npc. gov. cn/npc/c30834/202005/50c0b507ad32464aba87c2ea65bea00d. shtml。

② 林平、喻琰：《夫妻一方以对方“出轨”起诉离婚会不会得到支持?》，载中国新闻网 2022 年 1 月 3 日，https：//www. chinanews. com. cn/sh/2022/01 - 03/9643129. shtml，最后访问时间：2024 年 7 月 14 日。

③ 参见《邵某诉薛某离婚纠纷案——“网恋”时代，更应惜缘》，转引自《最高法发布婚姻家庭纠纷典型案例河南 10 例》，载新浪网 2015 年 11 月 19 日，http：//finance. sina. com. cn/sf/news/2015 - 11 - 19/145011104. html。在本案中，法院经审理认为：双方因产生一些家庭琐事就轻易提起离婚，着实不太严肃。家庭内部有摩擦在所难免，加上原、被告是网恋而成的婚事，因此，彼此仍有进一步了解缓和的希望。成就一次完美的婚姻需要男女双方共同理解、忍让，本案原、被告仍有希望将婚姻关系修复重好，双方感情实际上并未完全破裂，因此判决驳回诉讼请求。原、被告经法官判后释法，均未上诉。

视为夫妻感情确已破裂。一方坚决要求离婚，经调解无效，可依法判决准予离婚。1. 一方患有法定禁止结婚疾病的，或一方有生理缺陷，或其它原因不能发生性行为，且难以治愈的。2. 婚前缺乏了解，草率结婚，婚后未建立起夫妻感情，难以共同生活的。3. 婚前隐瞒了精神病，婚后经治不愈，或者婚前知道对方患有精神病而与其结婚，或一方在夫妻共同生活期间患精神病，久治不愈的。4. 一方欺骗对方，或者在结婚登记时弄虚作假，骗取《结婚证》的。5. 双方办理结婚登记后，未同居生活，无和好可能的。6. 包办、买卖婚姻、婚后一方随即提出离婚，或者虽共同生活多年，但确未建立起夫妻感情的。7. 因感情不和分居已满 3 年，确无和好可能的，或者经人民法院判决不准离婚后又分居满 1 年，互不履行夫妻义务的。8. 一方与他人通奸、非法同居，经教育仍无悔改表现，无过错一方起诉离婚，或者过错方起诉离婚，对方不同意离婚，经批评教育，处分，或在人民法院判决不准离婚后，过错方又起诉离婚，确无和好可能的。9. 一方重婚，对方提出离婚的。10. 一方好逸恶劳、有赌博等恶习，不履行家庭义务、屡教不改，夫妻难以共同生活的。11. 一方被依法判处长期徒刑，或其违法、犯罪行为严重伤害夫妻感情的。12. 一方下落不明满二年，对方起诉离婚，经公告查找确无下落的。13. 受对方的虐待、遗弃，或者受对方亲属虐待，或虐待对方亲属，经教育不改，另一方不谅解的。14. 因其他原因导致夫妻感情确已破裂的。”虽然该意见已经失效，但该意见中与《民法典》没有冲突的仍然具有参考价值。①

此外，“按照理性的道德，没有孩子的婚姻是不能成立的。没有生育的婚姻容易破裂，因为只有通过孩子，性关系才能对社会产生重要意义，从而赢得法律上的承认”②。夫妻双方因是否生育发生纠纷，有可能导致感情确已破裂。《民法典婚姻家庭编司法解释一》第 23 条规定：“夫以妻擅自中止妊娠侵犯其生育权为由请求损害赔偿的，人民法院不予支持；夫妻双方因是否生育发生纠纷，致使感情确已破裂，一方请求离婚的，人民法院经调解无效，应依照民法典第一千零七十九条第三款第五项的规定处理。”

三、保障离婚自由、反对轻率离婚是离婚法律制度的指导思想

钱钟书先生在《围城》中曾借书中人物表达有些人这样一种婚姻心态：结婚是被围困的城堡，“城外的人想冲进去，城里的人想逃出来”③。我国《民法典》基于“保障离婚自由、反对轻率离婚”的指导思想，对登记离婚和诉讼离婚的法定条件和程序作了具体规定。

立法论上看，存在对诉讼离婚理由究竟采“过错离婚”（“正当理由论”）还是“无过错离婚”（“感情破裂论”），“夫妻感情破裂说”还是“婚姻关系破裂说”，“绝对的离

---

① 参见“范某荣诉张某芳离婚案”，上海市卢湾区人民法院（1990）卢法民初字第 1367 号民事判决书，载《中国审判案例要览》（1992 年综合本）；“臧某花诉泮某法离婚案”，浙江省武义县人民法院（1994）武桃民初字第 26 号民事判决书，载《中国审判案例要览》（1994 年综合本）。另参见：《李阳家暴被判离婚》，载《新京报》2013 年 2 月 4 日。

② ［英］罗素：《婚姻革命》，靳建国译，东方出版社 1988 年版，第 105 页。

③ 钱钟书：《围城》（第 2 版），人民文学出版社 1991 年版，第 89 页。

婚原因主义”还是“相对的离婚原因主义”的争论。[①] 根据《民法典》第 1079 条等规定，夫妻感情确已破裂，调解无效的，应当准予离婚。可见，我国法律采取感情破裂离婚主义，不能将限制离婚作为对过错方的惩罚，以充分保障离婚自由。《民法典婚姻家庭编司法解释一》第 63 条规定：“人民法院审理离婚案件，符合民法典第一千零七十九条第三款规定‘应当准予离婚’情形的，不应当因当事人有过错而判决不准离婚。”可见，我国现行法对有过错配偶的离婚请求权并未予以限制，即采纳了积极破裂主义。马克思曾指出：“立法者应该把自己看作一个自然科学家。他不是在创造法律，不是在发明法律，而仅仅是在表述法律，他用有意识的实在法把精神关系的内在规律表现出来。……一个国家也要决定，在什么样的条件下现存的婚姻不再成其为婚姻。离婚无非是宣布某一婚姻是已经死亡的婚姻，它的存在仅仅是一种假象和骗局。不言而喻，既不是立法者的任性，也不是私人的任性，而是只有事物的本质才能决定，某一婚姻是否已经死亡……”[②]

保障离婚自由并不是鼓励离婚，而是在维持婚姻关系稳定性的同时，通过自由离婚解除那些名存实亡的婚姻。我们要区分婚姻危机和婚姻死亡，积极化解婚姻危机，正确处理保护婚姻自由与维护家庭稳定的关系。[③] 马克思认为：“对于婚姻，立法者只能规定，在什么样的条件下婚姻是允许离异的，也就是说，在什么样的条件下婚姻按其实质来说已经离异了。法院判决的离婚只能是婚姻内部瓦解的记录。”[④] 费孝通先生曾经指出：“婚姻的意义，依我以上的说法，是在确立双系抚育。……用社会的力量保证生出来的孩子不但有母而且有父，于是有婚姻。我说婚姻是用社会力量造成的，因为依我所知世界上从来没有一个地方把婚姻视作当事人间个人的私事，别的人不加过问的。……单靠性的冲动和儿女私情是并不足以建立起长久合作抚育子女的关系来的。若婚姻的意义不过是男女的结合，或是两性关系的确立，则婚姻不但是一件人们的私事，而且不必有很多人为这事忙碌干预了。”[⑤] 婚姻关系的建立、维持、增进或者终止均非夫妻纯粹的私事。

第四节　离婚对父母子女关系的影响

一、离婚后父母对子女的抚养义务

马克思曾经说：“几乎任何的离婚都是家庭的离散，就是纯粹从法律观点看来，子

① 参见余延满：《亲属法论》，法律出版社 2007 年版，第 336－338、342－345 页。

② ［德］马克思：《论离婚法草案》，载《马克思恩格斯全集》（第 2 版第 1 卷），人民出版社 1995 年版，第 347－348 页。

③ 参见《最高人民法院关于开展家事审判方式和工作机制改革试点工作的意见》《最高人民法院关于进一步深化家事审判方式和工作机制改革的意见（试行）》。

④ ［德］马克思：《论离婚法草案》，载《马克思恩格斯全集》（第 2 版第 1 卷），人民出版社 1995 年版，第 349 页。如在某离婚案件判决中，一审法院认为“双方感情确已破裂，没有必要再勉强维持双方名存实亡的婚姻”，故准许当事人离婚。参见“李某英诉方某离婚案”，北京市第一中级人民法院（2007）一中民终字第 14123 号民事判决书，载《中国审判案例要览》（2008 年民事审判案例卷），中国人民大学出版社、人民法院出版社 2009 年版，第 429－433 页。

⑤ 费孝通：《乡土中国 生育制度》，北京大学出版社 1998 年版，第 129 页。

女及其财产也不能按照随心所欲的意愿和臆想来处理。如果婚姻不是家庭的基础，那么它就会像友谊一样，不是立法的对象了。”[①] 离婚会对父母子女之间人身法律关系产生影响。

父母子女关系基于出生这一法律事实而发生，并不因父母的离婚而终止，父母与子女为自然血亲关系，只能基于一方死亡而终止。夫妻离婚后，与子女共同生活的一方无权取消对方对该子女的监护权或者抚养权。离婚后，父母对未成年子女的抚养义务和监护职责不变[②]，但抚养方式会发生变化，子女由父母一方直接抚养，另一方通过直接支付抚养费用、行使探望权的方式间接抚养，另一方仍有监护权。

例如，在人民法院报编辑部评选出的 2022 年度人民法院十大案件之五“胡某诉陈某变更抚养权纠纷案”中，胡某和陈某协议离婚，约定陈某抚养女儿胡小某。后胡某为胡小某找来全托保姆单独居住照护。胡某认为陈某未按约定履行抚养义务，请求法院变更抚养权。长沙市天心区人民法院认为，双方都怠于履行抚养义务和监护职责，鉴于胡小某更愿与陈某生活，遂驳回胡某的诉请。长沙市天心区人民法院针对本案中监护人陈某监护失职的情况，发出《家庭教育促进法》施行后的全国首份“家庭教育令”。法院裁定要求陈某多关注胡小某的生理、心理状况和情感需求，与胡小某同住，养育陪伴，切实履行监护职责。[③]

（一）离婚后对未成年子女直接抚养权的归属

离婚后对未成年子女直接抚养权的归属是离婚案件的重要争执点。《民法典婚姻家庭编司法解释一》第 48 条规定：“在有利于保护子女利益的前提下，父母双方协议轮流直接抚养子女的，人民法院应予支持。”第 60 条规定：“在离婚诉讼期间，双方均拒绝抚养子女的，可以先行裁定暂由一方抚养。”当父母对直接抚养权的归属达不成协议时，就需要法律的介入。

《民法典》第 1084 条规定：“父母与子女间的关系，不因父母离婚而消除。离婚后，子女无论由父或者母直接抚养，仍是父母双方的子女。”“离婚后，父母对于子女仍有抚养、教育、保护的权利和义务。”“离婚后，不满两周岁的子女，以由母亲直接抚养为原则。已满两周岁的子女，父母双方对抚养问题协议不成的，由人民法院根据双方的具体情况，按照最有利于未成年子女的原则判决。子女已满八周岁的，应当尊重其真实意愿。”关于离婚后未成年子女的抚养，不满 2 周岁、已满 2 周岁、已满 8 周岁的未成年子女直接抚养权有其各自优先考量因素，但这些因素均要遵循最有利于未成年子女（有利于子女身心健康、保障子女合法权益）的原则，在此前提下，再结合父母双方的抚养能

---

① ［德］马克思：《论离婚法草案》，载《马克思恩格斯全集》（第 2 版第 1 卷），人民出版社 1995 年版，第 347 页。

② 《民法典侵权责任编司法解释一》第 8 条规定：“夫妻离婚后，未成年子女造成他人损害，被侵权人请求离异夫妻共同承担侵权责任的，人民法院依照民法典第一千零六十八条、第一千零八十四条以及第一千一百八十八条的规定予以支持。一方以未与该子女共同生活为由主张不承担或者少承担责任的，人民法院不予支持。”“离异夫妻之间的责任份额，可以由双方协议确定；协议不成的，人民法院可以根据双方履行监护职责的约定和实际履行情况等确定。实际承担责任超过自己责任份额的一方向另一方追偿的，人民法院应予支持。”

③ 载《人民法院报》2023 年 1 月 7 日，第 4 版。

力和抚养条件等具体情况妥善解决。[①]《民法典》第 1084 条第 3 款将《婚姻法》第 36 条第 3 款规定的“哺乳期内的子女，以随哺乳的母亲抚养为原则”修改为“不满两周岁的子女，以由母亲直接抚养为原则”，以增强可操作性。《民法典》第 1084 条第 3 款第三句还本着最有利于未成年子女的原则规定：“子女已满八周岁的，应当尊重其真实意愿。”已满 8 周岁未成年子女的真实意愿应当成为法院酌定直接抚养权优先考量的因素。[②] 离婚纠纷中，施暴方不宜直接抚养未成年子女。[③]

离婚案件中，孩子选择跟随生活的一方条件比另一方差很多，应如何处理？最有利于未成年子女原则是解决未成年子女抚养问题的基本原则，应以此作为处理相关问题的基本出发点和落脚点。“对于已满八周岁的子女，应当尊重其真实意愿。首先，应当尽量保证未成年子女在不受干扰的情况下发表意见，确保其意愿客观、真实。在征求未成年子女意见时，要根据未成年人的年龄和智力发育情况，选择其能够理解的方式。比如，可以采取入户调查、走访亲友、征求未成年子女住所地村（居）民委员会意见等家事调查方式，探寻其真实意愿。其次，在确定系未成年子女真实意愿的前提下，原则上应当尊重其真实意愿。这不仅是法律的明确规定，也是最有利于未成年子女原则的应有之义，是尊重未成年子女人格尊严的必然要求。需要注意的是，对于未成年子女来讲，物质条件只是确定一方抚养条件优劣的因素之一，而不是全部。未成年子女受哪一方生活上照顾较多，哪一方更能够提供情感需求、陪伴需求，更尊重其人格尊严，更有利于其身心健康发展等，均应当作为‘条件’的考量要素。而物质需求还可以通过另一方支付抚养费等方式予以解决。”[④] 根据《民法典婚姻家庭编司法解释二》第 16 条第 2 款，直接抚养子女一方经济状况发生变化导致原生活水平显著降低或者子女生活、教育、医疗等必要合理费用确有显著增加，属于情事变更的要件事实，会引发抚养费约定的调整，而非变更抚养关系。是否变更抚养关系须根据《民法典》第 1084 条、《民法典婚姻家庭编司法解释一》第 56 条判断。直接抚养方物质条件的显著降低不等于抚养能力的丧失。物质条件是判断抚养条件的因素之一，但非全部。

最高人民法院 1993 年 11 月 3 日发布的《关于人民法院审理离婚案件处理子女抚养问题的若干具体意见》（法发〔1993〕30 号，已失效）曾对人民法院审理离婚案件，就子女抚养问题，依照《婚姻法》等有关法律规定，从有利于子女身心健康、保障子女的合法权益出发，结合父母双方的抚养能力和抚养条件等具体情况妥善解决，并提出具体操作意见。该意见的大部分内容被《民法典婚姻家庭编司法解释一》吸纳。

第一，离婚后，不满 2 周岁的子女，以由母亲直接抚养为原则。《民法典婚姻家庭

---

① 参见季磊：《二孩家庭离婚，母亲只能带走一个孩子吗?》，载微信公众号“上海二中院”2023 年 8 月 10 日，https：//mp. weixin. qq. com/s/gi-Nr6etDLCd_9wFtKzn0Q。

② 参见李喜莲：《离婚抚养权纠纷中未成年子女意愿适用的司法考量及程序衔接》，载《法学评论》2023 年第 2 期，第 113 页。

③ 参见“刘某某与王某某离婚纠纷案——离婚纠纷中，施暴方不宜直接抚养未成年子女”，最高人民法院发布的人民法院反家庭暴力典型案例（第二批）之三，最高人民法院新闻局 2023 年 11 月 27 日发布，https：//www. court. gov. cn/zixun/xiangqing/418612. html。

④ 最高人民法院法答网精选答问（第一批）问题 2：离婚案件中，孩子选择跟随生活的一方条件比另一方差很多，应如何处理?，https：//www. court. gov. cn/zixun/xiangqing/426272. html。

编司法解释一》第 44 条规定："离婚案件涉及未成年子女抚养的，对不满两周岁的子女，按照民法典第一千零八十四条第三款规定的原则处理。母亲有下列情形之一，父亲请求直接抚养的，人民法院应予支持：（一）患有久治不愈的传染性疾病或者其他严重疾病，子女不宜与其共同生活；（二）有抚养条件不尽抚养义务，而父亲要求子女随其生活；（三）因其他原因，子女确不宜随母亲生活。"第 45 条规定："父母双方协议不满两周岁子女由父亲直接抚养，并对子女健康成长无不利影响的，人民法院应予支持。"

第二，离婚后，已满 2 周岁的子女，父母双方对抚养问题协议不成的，由人民法院根据双方的具体情况，按照最有利于未成年子女的原则判决。《妇女权益保障法》第 71 条规定："女方丧失生育能力的，在离婚处理子女抚养问题时，应当在最有利于未成年子女的条件下，优先考虑女方的抚养要求。"《民法典婚姻家庭编司法解释一》第 46 条规定："对已满两周岁的未成年子女，父母均要求直接抚养，一方有下列情形之一的，可予优先考虑：（一）已做绝育手术或者因其他原因丧失生育能力；（二）子女随其生活时间较长，改变生活环境对子女健康成长明显不利；（三）无其他子女，而另一方有其他子女；（四）子女随其生活，对子女成长有利，而另一方患有久治不愈的传染性疾病或者其他严重疾病，或者有其他不利于子女身心健康的情形，不宜与子女共同生活。"第 47 条规定："父母抚养子女的条件基本相同，双方均要求直接抚养子女，但子女单独随祖父母或者外祖父母共同生活多年，且祖父母或者外祖父母要求并且有能力帮助子女照顾孙子女或者外孙子女的，可以作为父或者母直接抚养子女的优先条件予以考虑。"《民法典婚姻家庭编司法解释二》第 14 条规定："离婚诉讼中，父母均要求直接抚养已满两周岁的未成年子女，一方有下列情形之一的，人民法院应当按照最有利于未成年子女的原则，优先考虑由另一方直接抚养：（一）实施家庭暴力或者虐待、遗弃家庭成员；（二）有赌博、吸毒等恶习；（三）重婚、与他人同居或者其他严重违反夫妻忠实义务情形；（四）抢夺、藏匿未成年子女且另一方不存在本条第一项或者第二项等严重侵害未成年子女合法权益情形；（五）其他不利于未成年子女身心健康的情形。"

第三，离婚后，子女已满 8 周岁的，就抚养问题，应当尊重其真实意愿。"在涉未成年人抚养、监护问题的家事纠纷审判中不应仅考虑父母双方的情感需求，应当尊重未成年人意愿，并充分尊重客观实际，坚持全面贯彻未成年人利益最大化原则。"①

第四，离婚后，父母双方可以协议变更子女抚养关系，也可以请求人民法院判决变更子女扶养关系。

离婚后，父母双方可以协议变更子女抚养关系，《民法典婚姻家庭编司法解释一》第 57 条规定："父母双方协议变更子女抚养关系的，人民法院应予支持。"

离婚后宜保持子女直接抚养关系的稳定性和连续性。离婚后，父母一方在特定情形下（本质上构成情事变更）也可以请求人民法院判决变更子女抚养关系，以符合最有利

---

① "父母异地共同抚养未成年人案——诸某某诉古某变更抚养关系纠纷案"，本案为北京市第二中级人民法院 2023 年 3 月 29 日发布的社会主义核心价值观融入裁判文书释法说理典型案例二，2022 年北京市依法维护妇女儿童合法权益十大典型案例之一，最高人民法院 2023 年 3 月 1 日发布的第三批人民法院大力弘扬社会主义核心价值观十大典型民事案例之一。

于未成年人原则。《民法典婚姻家庭编司法解释一》第55条规定："离婚后，父母一方要求变更子女抚养关系的，或者子女要求增加抚养费的，应当另行提起诉讼。"第56条规定："具有下列情形之一，父母一方要求变更子女抚养关系的，人民法院应予支持：(一）与子女共同生活的一方因患严重疾病或者因伤残无力继续抚养子女；（二）与子女共同生活的一方不尽抚养义务或有虐待子女行为，或者其与子女共同生活对子女身心健康确有不利影响；（三）已满八周岁的子女，愿随另一方生活，该方又有抚养能力；(四）有其他正当理由需要变更。"

例如，在"郭某诉焦某变更抚养关系案"中，法院认为：父母双方离婚后，在短时间内变更抚养关系不利于维护未成年人相对稳定的生活环境，也会对其正常的生活和成长产生影响。本案抚养问题已经法院生效调解确定，至今不过1年余，双方抚养条件并未发生较大变化。且该未成年人现已在幼儿园就学，生活学习环境已相对稳定，贸然变更不利于其维持稳定生活状态。①

又如，直接抚养人对未成年子女实施家庭暴力，严重侵犯未成年人身心健康、不利于未成年人健康成长，人民法院可暂时变更直接抚养人，将未成年人与原直接抚养人进行空间隔离。②

一方依据未成年人表达的意愿要求变更抚养关系，一定能获得人民法院支持吗?

王某（男）与赵某（女）于2010年1月登记结婚。王某与赵某于2018年4月离婚时约定，长子王某1六岁、次子王某2一岁，均归赵某直接抚养，王某无须支付抚养费，享有探望的权利。双方一直如约履行，直至2022年6月，王某接走王某1探望，自此，王某1一直随王某共同生活，至于其原因，王某辩称系王某1本人不愿回赵某处生活。2023年1月，王某以王某1希望跟其共同生活，且其具备抚养能力为由将赵某诉至法院，请求由其直接抚养王某1。法院征询王某1的意愿，王某1亦表示愿意随父亲共同生活。经征询王某和赵某同意，法院委托青少年社工事务所就本案开展了社会观护。报告显示：王某1偏内向，喜欢弟弟，在与母亲、弟弟交流时活泼、幽默；王某1表示更愿意和父亲共同生活，因为父亲陪其玩耍，不要求其参加辅导班、完成作业，且父亲家保姆做饭更合胃口，而母亲在课内外学习方面对其要求相对严格，限制其吃零食，禁止其喝含糖饮料，且其认为母亲对弟弟更好、自己存在感不强。王某1系在其长期未见到母亲的背景下形成的意愿。综合上述王某1更喜欢随父亲共同生活意愿的形成背景及原因，依据最有利于未成年人原则，对于王某要求变更王某1抚养关系的诉讼请求，法院不予支持。理由在于：8周岁以上未成年子女意愿的形成有可能受到外来因素的影响，亦有可能因其不成熟或非理性而作出不符合其最佳利益的选择，故人民法院"尊重"未成年子女意愿不等于无条件采纳。未成年人利益最大化不仅应体现为程序利益最大化，更应体现为实体利益最大化，人民法院应以《民法典》第1084条规定的"最有利于未

① 本案是最高人民法院2015年12月4日公布的婚姻家庭纠纷典型案例——"用公开促公正 建设核心价值"主题教育活动 婚姻家庭纠纷典型案例之五，https://www.court.gov.cn/zixun-xiangqing-16211.html。

② 参见"韩某某、张某申请人身安全保护令案——直接抚养人对未成年子女实施家庭暴力，人民法院可暂时变更直接抚养人"，最高人民法院发布的人民法院反家庭暴力典型案例（第二批）之五，最高人民法院新闻局2023年11月27日发布，https://www.court.gov.cn/zixun/xiangqing/418612.html。

成年子女的原则"为出发点，审查未成年子女意愿的形成背景及原因，确定未成年子女意愿是否为其真实意愿，是否符合其最大利益，对于符合未成年人最大利益的真实意愿，人民法院应予以尊重，否则，应遵循最有利于未成年人原则予以裁判。未成年子女表达的意见不利于其身心健康成长的，人民法院应当予以释明，并依据最有利于未成年人原则进行裁判。①

（二）离婚后对未成年子女抚养费的承担

就离婚后未成年子女抚养费的承担，《民法典》第 1085 条规定："离婚后，子女由一方直接抚养的，另一方应当负担部分或者全部抚养费。负担费用的多少和期限的长短，由双方协议；协议不成的，由人民法院判决。""前款规定的协议或者判决，不妨碍子女在必要时向父母任何一方提出超过协议或者判决原定数额的合理要求。"

例如，夫妻签订了夫妻分居协议，该协议约定婚生子由一方抚养，另一方每月给付抚养费，并约定了迟延履行要支付违约金的条款。有的法院认为：抚养费的给付是基于身为父母的法定义务，而并非基于父母双方的协议，该协议可以且只能约定抚养费的数额，且该法定义务不能因父母双方的协议而免除。因此，公民法定义务的履行只能依据法律法规予以约束，而不宜因公民之间约定的违约金条款而予以约束。抚养费设立的初衷是保护离婚后未成年人子女的合法权益，是以赋予未抚养一方法定义务的方式，努力使得未成年子女的生活恢复到其父母离婚前的状态。抚养费本质上是一种针对未成年人的保障，因此，抚养人不应以违约金的形式从子女的抚养费中获利。② 笔者认为，离婚协议或者分居协议中逾期给付子女抚养费的违约金约款具有法律约束力，可以根据其性质参照适用合同违约金调整规则。③

又如，在"黄某权、黄某斌诉曾某某抚养费纠纷案"中，离婚协议关于抚养费的约定，并不影响子女要求支付超出离婚协议的抚养费的主张。虽然夫妻双方在离婚协议中约定"女方不需要支付抚养费"，但该约定系父母双方自愿达成的对离婚相关事项的约定，约定不能损害、限制或剥夺子女的合法权益。因此，该约定不能免除女方为未成年子女支付抚养费的法定义务。④

就未成年子女抚养费的范围，《民法典婚姻家庭编司法解释一》第 42 条规定："民法典第一千零六十七条所称'抚养费'，包括子女生活费、教育费、医疗费等费用。"离婚后，孩子的兴趣班费用可否纳入抚养费中分摊？超出基本教育的额外教育费用不应纳

---

① 《根据未成年人意愿要求变更抚养关系，一定会得到支持吗?》，载微信公众号"最高人民法院"2024 年 11 月 1 日，https：//mp. weixin. qq. com/s/CE9JpmgKP_5bkqapo2_L1Q。

② 参见"博小某诉博某抚养费案"，最高人民法院 2015 年 12 月 4 日公布的婚姻家庭纠纷典型案例——"用公开促公正 建设核心价值"主题教育活动 婚姻家庭纠纷典型案例之四，https：//www. court. gov. cn/zixun-xiangqing - 16211. html。另参见"余某诉余某望抚养费纠纷案"，转引自《最高法发布婚姻家庭纠纷典型案例 河南 10 例》，载新浪网 2015 年 11 月 19 日，http：//finance. sina. com. cn/sf/news/2015 - 11 - 19/145011104. html。

③ 详细理由和具体参照适用方法，参见王雷：《离婚协议法律适用衔接研究》，载《法律适用》2025 年第 2 期，第 110 页。

④ 参见"黄某权、黄某斌诉曾某某抚养费纠纷案——离婚协议约定不妨碍子女要求支付超出离婚协议的抚养费"，福建省高级人民法院 2022 年 5 月 30 日发布的 10 起未成年人权益保护典型案例之九。

入抚养费范畴。[1]

就未成年子女抚养费数额的确定，《民法典婚姻家庭编司法解释一》第 49 条规定："抚养费的数额，可以根据子女的实际需要、父母双方的负担能力和当地的实际生活水平确定。""有固定收入的，抚养费一般可以按其月总收入的百分之二十至三十的比例给付。负担两个以上子女抚养费的，比例可以适当提高，但一般不得超过月总收入的百分之五十。""无固定收入的，抚养费的数额可以依据当年总收入或者同行业平均收入，参照上述比例确定。""有特殊情况的，可以适当提高或者降低上述比例。"

例如，抚养费案件中第三人撤销权的认定，需明确父母基于对子女的抚养义务支付抚养费是否会侵犯父或母再婚后的夫妻共同财产权。虽然夫妻对共同所有财产享有平等处理的权利，但夫或妻也有合理处分个人收入的权利。除非一方支付的抚养费明显超过其负担能力或者有转移夫妻共同财产的行为，否则不能因未与现任配偶达成一致意见即认定属于侵犯夫妻共同财产权。[2]

就未成年子女抚养费的给付方式，《民法典婚姻家庭编司法解释一》第 50 条规定："抚养费应当定期给付，有条件的可以一次性给付。"

就父母一方无经济收入或者下落不明情况下抚养费的替代给付，《民法典婚姻家庭编司法解释一》第 51 条规定："父母一方无经济收入或者下落不明的，可以用其财物折抵抚养费。"

就直接抚养方负担子女全部抚养费约定的效力，《民法典婚姻家庭编司法解释一》第 52 条规定："父母双方可以协议由一方直接抚养子女并由直接抚养方负担子女全部抚养费。但是，直接抚养方的抚养能力明显不能保障子女所需费用，影响子女健康成长的，人民法院不予支持。"

就未成年子女抚养费的给付期限，《民法典婚姻家庭编司法解释一》第 53 条规定："抚养费的给付期限，一般至子女十八周岁为止。""十六周岁以上不满十八周岁，以其劳动收入为主要生活来源，并能维持当地一般生活水平的，父母可以停止给付抚养费。"

继父母与继子女形成抚养教育关系的，其抚养义务可以随着继父母与生父母离婚而结束。《民法典婚姻家庭编司法解释一》第 54 条规定："生父与继母离婚或者生母与继父离婚时，对曾受其抚养教育的继子女，继父或者继母不同意继续抚养的，仍应由生父或者生母抚养。"

就未成年子女抚养费的增加，《民法典婚姻家庭编司法解释一》第 58 条规定："具有下列情形之一，子女要求有负担能力的父或者母增加抚养费的，人民法院应予支持：（一）原定抚养费数额不足以维持当地实际生活水平；（二）因子女患病、上学，实际需要已超过原定数额；（三）有其他正当理由应当增加。"离婚协议中约定一方直接抚养未成年子女、另一方不负担抚养费，离婚后，直接抚养子女一方经济状况发生变化导致原生活水平显著降低或者子女生活、教育、医疗等必要合理费用确有显著增加，此时构成情事变更，未成年子女起诉请求另一方支付抚养费的，人民法院应当依法予以支持。

---

① 参见刘洋、伍柯聿、王玉：《离婚后，孩子的兴趣班费用可否纳入抚养费中分摊?》，载《人民法院报》2022 年 8 月 5 日，第 3 版。

② 参见"刘某先诉徐某、尹某怡抚养费纠纷案"，载《最高人民法院公报》2016 年第 7 期。

《民法典婚姻家庭编司法解释二》第 16 条规定："离婚协议中关于一方直接抚养未成年子女或者不能独立生活的成年子女、另一方不负担抚养费的约定，对双方具有法律约束力。但是，离婚后，直接抚养子女一方经济状况发生变化导致原生活水平显著降低或者子女生活、教育、医疗等必要合理费用确有显著增加，未成年子女或者不能独立生活的成年子女请求另一方支付抚养费的，人民法院依法予以支持，并综合考虑离婚协议整体约定、子女实际需要、另一方的负担能力、当地生活水平等因素，确定抚养费的数额。""前款但书规定情形下，另一方以直接抚养子女一方无抚养能力为由请求变更抚养关系的，人民法院依照民法典第一千零八十四条规定处理。"

例如，在每月支付的固定数额抚养费之外另行主张的大额子女抚养费用请求是否应予准许，首先，应当考虑该请求是否符合未成年人的利益以及是否有相应的法律依据；其次，应考虑该请求是否属于因未成年人合理需求产生的支出，法律不鼓励超前的或者奢侈的抚养费需求；最后，应考虑夫妻的经济能力与实际负担义务，相应费用若由一方负担是否会导致夫妻双方义务负担的不平衡。①

参照适用《民法典》第 522 条第 2 款真正利益第三人合同，离婚协议中抚养费给付约定，属于真正利益被抚养人的约定，被抚养人享有抚养费给付请求权，可以直接请求抚养人履行该给付义务。离婚协议抚养费违约责任承担中有一个特殊问题：欠付的抚养费，在子女成年并能够独立生活后如何处理？《民法典婚姻家庭编司法解释二》第 17 条对此作出规定。第一，根据《民法典婚姻家庭编司法解释二》第 17 条第 1 款，被抚养人作为真正利益第三人，其抚养费给付请求权附法定终止条件，受成年能够独立生活的限制，即被抚养人抚养费给付请求权限于被抚养人未成年或者成年仍不能独立生活期间。第 17 条第 1 款本质上是对《民法典》第 1067 条第 1 款的反面解释。第二，被抚养人成年能够独立生活的，不能再向抚养费给付义务人请求给付抚养费。这不意味着义务人只要拖延到被抚养人成年能够独立生活后，便自动免除其给付义务。离婚协议中的抚养费给付属于三方法律关系，被抚养人成年能够独立生活后，根据《民法典婚姻家庭编司法解释二》第 17 条第 2 款，直接抚养子女一方仍可请求给付义务人支付欠付的抚养费。《民法典婚姻家庭编司法解释二》第 17 条本质上是结合《民法典》第 522 条第 2 款，对真正利益第三人的抚养费给付约定进行细化解释，对应直接抚养子女一方和被抚养人两个不同的给付请求权，被抚养人享有直接请求权，直接抚养子女一方享有备位请求权。

抚养费给付请求权不适用诉讼时效。"从抚养费的性质来看，其属于具有财产利益内容的身份权请求权，且事关公序良俗和人的基本生存权利，事关未成年人和不能独立生活的子女等弱势群体的利益保护；在抚养法律关系存续期间，给付抚养费的请求权不应适用诉讼时效的规定，亦不应适用申请执行时效的规定。在执行司法解释没有规定或者其他相关规定不明确的情况下，应当适用基本法的原则性规定。"② 抚养义务为法定义务，基于亲子关系产生，自子女出生之日起，延续至子女独立生活时止，除当事人死亡

① 参见"麻某某诉麻晓某抚养费纠纷案"，北京市昌平区人民法院（2013）昌民初字第 8252 号民事判决书，最高人民法院 2015 年 12 月 4 日公布的婚姻家庭纠纷典型案例——"用公开促公正 建设核心价值"主题教育活动 婚姻家庭纠纷典型案例之六，https：//www.court.gov.cn/zixun-xiangqing－16211.html。

② "冯某与程某离婚纠纷执行案"，最高人民法院（2020）最高法执监 66 号执行裁定书。

外，其他任何情形下均不能免除。抚养费作为抚养义务的直接体现，设立目的与价值是督促父母履行抚养义务，以保障未成年子女健康茁壮成长。父母离婚后，不论孩子归哪一方直接抚养，父母子女之间的权利义务关系都没有改变，未成年子女或者不能独立生活的成年子女，有权要求非直接抚养方给付抚养费。该项请求权虽具有交付财产的内容，但首先体现为身份利益上的请求权，关涉人的基本生存权利，故不适用诉讼时效制度，也不受父母约定的绝对限制，子女在必要时可向父母任何一方提出超过协议约定的合理要求。[①]《民法典》第 196 条明确规定支付抚养费请求权不适用诉讼时效，据此作文义解释，成年子女仍可追讨自己未成年期间的抚养费。

值得注意的是，《民法典婚姻家庭编司法解释一》未将离婚后对未成年子女抚养费的承担放到第五部分"离婚"下加以规定，而是放在第四部分"父母子女关系"之中。这就使《民法典婚姻家庭编司法解释一》第 42、49、50、51、52、53、58 条等相关规定的适用范围和体系效益不局限于离婚后对未成年子女抚养费的承担，婚姻关系存续期间，未成年子女也可以根据这些规定请求父母给付抚养费。如果将这些规定的适用范围局限于离婚或者婚姻关系存续期间任何其一，对另一种情形下的抚养费承担问题，就只能通过立法上的参照适用法律技术或者司法上的类推适用法律技术来填补。法律条文适用范围的妥当周全界定，有助于避免参照适用或者类推适用的烦琐。《民法典》第 196 条关于支付抚养费请求权不适用诉讼时效的规定，其适用范围当作同解。

二、离婚后父母对子女的探望权

探望权是指离婚后不直接抚养子女的父亲或者母亲一方享有的对未与之共同生活的未成年子女进行探视、看望、交往乃至短期共同生活等权利。"探望权是为适应非常态婚姻家庭状态如离婚家庭而由父母行使亲权的特殊表现形式。"[②]

探望权的法律规定有利于保障间接抚养方对子女行使监护权，实现其抚养教育子女的权利与义务的统一。"探望权并非一种权利，而是父母的一项权限，是父母抚养义务在离婚背景下的具体展开。"[③]"探望权的意义主要在于两点：情感的需求及监护职责的需要。"[④] 但探望权不能为监护权所吸纳，探望权属于独立的身份权。

本着有利于未成年子女身心健康（未成年子女最大利益）原则[⑤]、家事自治原则、

---

① 参见"关某某诉关某抚养费纠纷案——未成年子女追索抚养费不适用诉讼时效制度"，吉林省高级人民法院 2024 年 1 月 23 日发布的吉林高院发布民商事审判十大典型案例之一，https：//mp. weixin. qq. com/s/5X6k_9wKzaQru18iCOerVQ。

② 曹思婕：《〈民法典〉视野下探望权属性探析》，载《现代法学》2022 年第 3 期，第 45 页。

③ 李贝：《〈民法典〉时代隔代探望纠纷的裁判思路——从权利进路向义务进路的转向》，载《法商研究》2022 年第 4 期，第 138 页。

④ 李永军主编：《中国民法学》（第 4 卷 · 婚姻继承），中国民主法制出版社 2022 年版，第 189 页（陈汉教授执笔）。

⑤ 此类案件在审理时，法院在确定探望的时间和方式上，应从有利于子女的身心健康且不影响子女的正常生活和学习的角度考虑，探望的方式亦应灵活多样、简便易行，具有可操作性，便于当事人行使权利和法院的有效执行。参见"王某辉诉柴某探望权纠纷案"，转引自《最高法发布婚姻家庭纠纷典型案例 河南 10 例》，载新浪网 2015 年 11 月 19 日，http：//finance. sina. com. cn/sf/news/2015 - 11 - 19/145011104. html。

协作履行原则等，《民法典》第 1086 条规定："离婚后，不直接抚养子女的父或者母，有探望子女的权利，另一方有协助的义务。""行使探望权利的方式、时间由当事人协议；协议不成的，由人民法院判决。""父或者母探望子女，不利于子女身心健康的，由人民法院依法中止探望；中止的事由消失后，应当恢复探望。"

探望权是独立的民事案由，离婚判决中未涉及探望权的，当事人可以就探望权问题单独提起诉讼。《民法典婚姻家庭编司法解释一》第 65 条规定："人民法院作出的生效的离婚判决中未涉及探望权，当事人就探望权问题单独提起诉讼的，人民法院应予受理。"

探望权存在被中止的可能。《民法典婚姻家庭编司法解释一》第 66 条规定："当事人在履行生效判决、裁定或者调解书的过程中，一方请求中止探望的，人民法院在征询双方当事人意见后，认为需要中止探望的，依法作出裁定；中止探望的情形消失后，人民法院应当根据当事人的请求书面通知其恢复探望。"《民法典婚姻家庭编司法解释一》第 67 条规定："未成年子女、直接抚养子女的父或者母以及其他对未成年子女负担抚养、教育、保护义务的法定监护人，有权向人民法院提出中止探望的请求。"

探望权的权利主体是离婚后不直接抚养子女一方，协助有探望权的一方实现其探望权是直接抚养子女一方的义务，探望权的义务主体是直接抚养子女一方。《民法典婚姻家庭编司法解释一》第 68 条规定："对于拒不协助另一方行使探望权的有关个人或者组织，可以由人民法院依法采取拘留、罚款等强制措施，但是不能对子女的人身、探望行为进行强制执行。"2022 年 6 月 24 日《中华人民共和国民事强制执行法（草案）》第 193 条规定行为请求权的执行："执行依据确定被执行人作出特定行为，该行为不能由他人替代完成的，人民法院应当责令被执行人在指定期限内履行。被执行人逾期未履行的，应当对被执行人依据本法第一百八十八条规定按日予以罚款或者予以拘留，但是被执行人有正当理由的除外。""拘留期限届满后，被执行人仍未作出特定行为的，人民法院可以再次予以拘留，但是累计拘留期限不得超过六个月。""拘留决定作出后，被执行人作出特定行为的，人民法院不再实施拘留或者提前解除拘留；承诺作出特定行为的，可以不再实施或者提前解除，必要时可以要求被执行人提供担保。"第 194 条规定交出未成年子女强制执行制度："执行依据确定未成年子女由一方当事人抚养，另一方当事人或者他人拒不交出的，除依据前条规定的方法执行外，人民法院也可以将该子女领交抚养人。但是，满八周岁的子女明确表示反对的，不得领交。"第 194 条第一句体现出先间接强制后直接强制的执行思路。第 195 条规定协助探望义务的执行："执行依据确定被执行人有协助探望义务的，人民法院依据本法第一百九十三条规定的方法执行。""被探望人拒绝接受探望的，人民法院可以通知有关组织协助进行心理疏导。""探望确实不利于被探望人身心健康的，人民法院可以根据情况暂缓执行或者终结执行。"

在立法论上，有学者还指出："应将探望权的主体扩大到未与未成年子女共同生活的其他近亲属。……应承认未成年子女的探望权，即父母离婚后，子女也应有探望不直接对其抚养的父或母的权利。……未成年子女已满 10 周岁的，关于行使探望权的方式与时间，应征得其本人的同意。……在我国，许多夫妻离异后，孩子由祖父母或外祖父母代为直接抚养。在这种情况下，如果不要求代为直接抚养的祖父母、外祖父母有协助探望的义务，将会给探望权的实现带来困难。”[①] “父母在没有正当理由和合理顾虑的情况下违背未成年子女意愿、妨碍其与祖父母交往会面，可以被认为构成不履行监护职责的事由。”[②] 最高人民法院在此类案件审判意见中指出：“原则上应根据婚姻法第三十八条规定，将探望权的主体限定为父或者母，但是可以探索在特定情况下的突破，比如祖父母或外祖父母代替已经死亡或者无抚养能力的子女尽抚养义务时，根据婚姻法第二十八条规定，可以赋予其探望权。”[③] 祖父母、外祖父母是否享有隔代探望权？民法典编纂过程中争议较大，《民法典》第 1086 条未规定祖父母、外祖父母的隔代探望权。未成年人的父、母一方死亡，祖父母或者外祖父母向人民法院提起诉讼请求探望孙子女或者外孙子女的，人民法院应当坚持最有利于未成年人、有利于家庭和谐的原则，在不影响未成年人正常生活和身心健康的情况下，依法予以支持，直接抚养方应予配合。虽然我国法律并未对祖父母或者外祖父母是否享有隔代探望权作出明确规定，但探望权系与人身关系密切相关的权利，通常基于血缘关系产生；祖父母、外祖父母与孙子女、外孙子女的近亲属身份关系，不因子女离婚或去世而消灭。在子女死亡的情况下，允许丧子老人进行隔代探望，属于父母子女关系的延伸，是祖孙之间亲情连接和延续的重要方式。老年丧子、丧女的祖父母、外祖父母探望孙子女、外孙子女是寄托个人情感的需要，是保障未成年孙子女、外孙子女健康成长的需要，符合我国传统家庭伦理观念、社会道德，符合社会主义核心价值观及公序良俗。隔代探望除满足成年亲属对未成年人的情感需求外，也是未成年人获得更多亲属关爱的一种途径，有益于慰藉老人情感和促进孩子健康成长，体现了司法的温度。[④]

《民法典》第 1086 条仍将探望权的行使主体局限于不直接抚养子女的父或者母，并未明确规定在探望权主体死亡或丧失民事行为能力的情况下，未成年子女的祖父母、外祖父母可否行使隔代探望权，也未规定子女探望不与其共同生活的父或者母的权利，因此《民法典》第 1086 条规定的探望权实质上是一种狭义的探望权。[⑤] 享有探望权的一方

---

① 余延满：《亲属法原论》，法律出版社 2007 年版，第 373－374 页。

② 李贝：《〈民法典〉时代隔代探望纠纷的裁判思路——从权利进路向义务进路的转向》，载《法商研究》2022 年第 4 期，第 138 页。

③ 程新文：《关于当前民事审判工作中的若干具体问题》，2015 年 12 月 24 日，http：//toutiao. com/i6233586861072187906/，最后访问时间：2016 年 1 月 1 日。失独老人隔代探望案，参见“冯某某、陈某甲诉应某某探望权纠纷案”，最高人民法院发布的妇女儿童权益保护十大典型案例之五；“马某臣、段某娥诉于某艳探望权纠纷案”，最高人民法院 2023 年 1 月 12 日发布的人民法院贯彻实施民法典典型案例（第二批）之十一。

④ 参见“丧子老人可对孙子女‘隔代探望’——沙某某诉袁某某探望权纠纷案”，最高人民法院 2023 年 3 月 1 日发布的第三批人民法院大力弘扬社会主义核心价值观十大典型民事案例之四，最高人民法院 2024 年 5 月 30 日发布的指导性案例 229 号。

⑤ 全国人大宪法和法律委员会 2019 年 10 月 31 日在《关于〈民法典婚姻家庭编（草案）〉修改情况的汇报》中指出：“草案二次审议稿第八百六十四条规定了隔代探望权，明确父母离婚后，祖父母、外祖父母在对孙子女、外孙子女尽了抚养义务，或者在孙子女、外孙子女的父母一方死亡的情形下，可以参照适用离婚父母探望子女的有关规定，探望孙子女、外孙子女。有的意见提出，这样规定对隔代探望的限制，没有必要。也有的意见提出，隔代探望权范围过大，容易引发矛盾，影响未成年人和直接抚养子女一方的正常生活。还有的意见提出，法律不宜赋予祖父母、外祖父母单独的探望权，建议删除这一规定。宪法和法律委员会经研究认为，鉴于目前各方面对此尚未形成共识，可以考虑暂不在民法典中规定，祖父母、外祖父母进行隔代探望，如与直接抚养子女的一方不能协商一致，可以通过诉讼由人民法院根据具体情况加以解决。”

意外死亡的情况下，考虑到未成年子女的健康成长，孩子的祖父母和外祖父母可以对其孙子女和外孙子女行使探望权，监护人应当予以协助。根据《民法典》第 1128 条，孙子女、外孙子女等在父或母先于祖父母、外祖父母死亡情形下享有代位继承祖父母、外祖父母遗产的权利。同理，父母代替死亡子女行使探望权与代位继承规定的法理并不相悖。司法实践中，也有祖父母曾对孙子女长期抚养，即便享有探望权的一方健在，法院仍然支持祖父母隔代探望的案例。① 需要在未成年子女利益最大化原则下具体问题具体分析，在隔代探望个案中结合相关动态考量因素论证隔代探望能否被支持。可以从未成年子女利益最大化角度完善隔代探望权，使隔代探望权更接近实定法规定、更契合司法实践长期以来的用语偏好、更契合情理法交融且公序良俗底色浓厚的家文化观念。

第五节 离婚对夫妻关系的影响

离婚除会引起夫妻婚姻关系的终止外，还会产生其他一系列夫妻之间、父母子女之间的人身关系和财产关系的变动。

离婚会导致夫妻身份的终止，离婚也会导致基于夫妻身份而产生的夫妻人身关系的终止。同样，《民法典》第 1059 条所规定的夫妻“相互扶养的义务”终止，第 1061 条规定的夫妻“相互继承遗产的权利”也终止。夫妻离婚后，双方都有再婚自由。《民法典》第 1083 条还规定：“离婚后，男女双方自愿恢复婚姻关系的，应当到婚姻登记机关重新进行结婚登记。”离婚后，男女双方自愿恢复婚姻关系的，应当到婚姻登记机关重新进行结婚登记而非进行复婚登记。

一、离婚对夫妻财产关系的影响

（一）离婚时夫妻共同财产的分割

离婚时夫妻共同财产的分割属于财产清算活动，应该本着约定优先于法定，男女平等，照顾子女、女方和无过错方权益等原则进行。对此，最高人民法院 1993 年 11 月 3 日发布的《关于人民法院审理离婚案件处理财产分割问题的若干具体意见》（法发〔1993〕32 号，已失效）规定：“人民法院审理离婚案件对夫妻共同财产的处理，应当依照《中华人民共和国婚姻法》、《中华人民共和国妇女权益保障法》及有关法律规定，分清个人财产、夫妻共同财产和家庭共同财产，坚持男女平等，保护妇女、儿童的合法权益，照顾无过错方，尊重当事人意愿，有利生产、方便生活的原则，合情合理地予以解决。”《民法典》继承此规定之精神，于第 1087 条规定：“离婚时，夫妻的共同财产由双方协议处理；协议不成的，由人民法院根据财产的具体情况，按照照顾子女、女方和无

---

① 参见“丁某、王某某与白某某探望权纠纷案”，重庆市渝北区人民法院（2016）渝 0112 民初 5648 号民事判决书。

过错方权益的原则判决。”“对夫或者妻在家庭土地承包经营中享有的权益等，应当依法予以保护。”《妇女权益保障法》第 69 条规定：“离婚时，分割夫妻共有的房屋或者处理夫妻共同租住的房屋，由双方协议解决；协议不成的，可以向人民法院提起诉讼。”

离婚时共同财产的分割以明确夫妻共同财产的范围为前提，夫妻共同财产和夫妻个人财产范围的划分要根据夫妻法定财产制和夫妻约定财产制的相关规定进行。

军人的伤亡保险金、伤残补助金、医药生活补助费属于个人财产。但婚姻关系存续期间取得的军人复员费、自主择业费等则属于夫妻共同财产。《民法典婚姻家庭编司法解释一》第 71 条规定：“人民法院审理离婚案件，涉及分割发放到军人名下的复员费、自主择业费等一次性费用的，以夫妻婚姻关系存续年限乘以年平均值，所得数额为夫妻共同财产。”“前款所称年平均值，是指将发放到军人名下的上述费用总额按具体年限均分得出的数额。其具体年限为人均寿命七十岁与军人入伍时实际年龄的差额。”

就共同财产中的股票、债券、投资基金份额等有价证券以及未上市股份有限公司股份分割，《民法典婚姻家庭编司法解释一》第 72 条规定：“夫妻双方分割共同财产中的股票、债券、投资基金份额等有价证券以及未上市股份有限公司股份时，协商不成或者按市价分配有困难的，人民法院可以根据数量按比例分配。”上市公司大股东、董监高在公司经营发展、治理运行中负有专门义务和特殊责任，应当维护上市公司和中小股东利益，自觉规范减持行为，遵守《上市公司股东减持股份管理暂行办法》《上市公司董事和高级管理人员所持本公司股份及其变动管理规则》等关于股份减持的规定，不得以离婚、解散清算、分立等任何方式规避减持限制、“绕道减持”。[①]

离婚股权分割案件，涉及婚姻家庭法和公司法的交叉，比较复杂，处理难度大。分割夫妻共同财产中以一方名义在有限责任公司的出资额，涉及其他股东优先购买权问题。《民法典婚姻家庭编司法解释一》第 73 条规定：“人民法院审理离婚案件，涉及分割夫妻共同财产中以一方名义在有限责任公司的出资额，另一方不是该公司股东的，按以下情形分别处理：（一）夫妻双方协商一致将出资额部分或者全部转让给该股东的配偶，其他股东过半数同意，并且其他股东均明确表示放弃优先购买权的，该股东的配偶可以成为该公司股东；（二）夫妻双方就出资额转让份额和转让价格等事项协商一致后，其他股东半数以上不同意转让，但愿意以同等条件购买该出资额的，人民法院可以对转让出资所得财产进行分割。其他股东半数以上不同意转让，也不愿意以同等条件购买该出资额的，视为其同意转让，该股东的配偶可以成为该公司股东。”“用于证明前款规定的股东同意的证据，可以是股东会议材料，也可以是当事人通过其他合法途径取得的股东的书面声明材料。”《公司法》第 84 条取消了其他股东的同意权，只保留其他股东的优先购买权，《民法典婚姻家庭编司法解释一》第 73 条与《公司法》第 84 条不一致之处，以《公司法》第 84 条为准。

与有限责任公司类似，合伙企业也具有人合性特点，分割夫妻共同财产中以一方名

---

① “技术性离婚”是指夫妻双方非因感情确已破裂而协商一致的离婚，即以规避住房限购、禁业政策、股份减持规定、逃避债务等为目的而采取离婚的方式。参见张欣：《“技术性离婚”频上热搜 能否实现债务隔离?》，21 世纪经济报道 2023 年 8 月 25 日，https：//m. 21jingji. com/article/20230825/herald/19ab44a778e4c3be6c15babc07a99d4a. html。

义在合伙企业中的出资，也须尊重其他合伙人的优先购买权。《民法典婚姻家庭编司法解释一》第74条规定："人民法院审理离婚案件，涉及分割夫妻共同财产中以一方名义在合伙企业中的出资，另一方不是该企业合伙人的，当夫妻双方协商一致，将其合伙企业中的财产份额全部或者部分转让给对方时，按以下情形分别处理：（一）其他合伙人一致同意的，该配偶依法取得合伙人地位；（二）其他合伙人不同意转让，在同等条件下行使优先购买权的，可以对转让所得的财产进行分割；（三）其他合伙人不同意转让，也不行使优先购买权，但同意该合伙人退伙或者削减部分财产份额的，可以对结算后的财产进行分割；（四）其他合伙人既不同意转让，也不行使优先购买权，又不同意该合伙人退伙或者削减部分财产份额的，视为全体合伙人同意转让，该配偶依法取得合伙人地位。"

如何分割夫妻在个人独资企业中的共同财产？《民法典婚姻家庭编司法解释一》第75条规定："夫妻以一方名义投资设立个人独资企业的，人民法院分割夫妻在该个人独资企业中的共同财产时，应当按照以下情形分别处理：（一）一方主张经营该企业的，对企业资产进行评估后，由取得企业资产所有权一方给予另一方相应的补偿；（二）双方均主张经营该企业的，在双方竞价基础上，由取得企业资产所有权的一方给予另一方相应的补偿；（三）双方均不愿意经营该企业的，按照《中华人民共和国个人独资企业法》等有关规定办理。"

对夫妻共同财产中的房屋价值及归属分割，《民法典婚姻家庭编司法解释一》第76条规定："双方对夫妻共同财产中的房屋价值及归属无法达成协议时，人民法院按以下情形分别处理：（一）双方均主张房屋所有权并且同意竞价取得的，应当准许；（二）一方主张房屋所有权的，由评估机构按市场价格对房屋作出评估，取得房屋所有权的一方应当给予另一方相应的补偿；（三）双方均不主张房屋所有权的，根据当事人的申请拍卖、变卖房屋，就所得价款进行分割。"《民法典婚姻家庭编司法解释一》第76条是《民法典》第304条共有物价值分割的具体化。离婚共同财产分割除了实物分割、价值分割，还可以考虑按份共有、居住权等产权分割方法。《民法典》居住权制度给夫妻共同财产中的房屋分割提供了更多样化方案，在离婚唯一住房分割中，可以通过离婚财产分割协议、约定设立居住权或者判决设立居住权等方式[①]，平衡好住有所居与财产分割之间的关系。

在北京法院参阅案例第17号"高某诉罗某离婚纠纷案"[②]中，法院认为，离婚诉讼的当事人只有一套共同共有住房，双方均主张房屋所有权但均无能力补偿对方时，如双方就房屋分割问题无法达成一致，为保障双方的基本居住权利，法院应当判决双方对房屋按份共有，并在此基础上结合当事人生活需要、房屋结构等因素就房屋实际居住使用问题作出处理。

离婚时双方对尚未取得所有权或者尚未取得完全所有权的房屋有争议且协商不成的，如何分割？《民法典婚姻家庭编司法解释一》第77条规定："离婚时双方对尚未取

① 参见陈莉、胡超：《重庆荣昌区法院创造性以判决设立居住权》，载《人民法院报》2022年5月16日，第3版。
② 北京市第一中级人民法院（2012）一中民终字第12203号民事判决书。

得所有权或者尚未取得完全所有权的房屋有争议且协商不成的，人民法院不宜判决房屋所有权的归属，应当根据实际情况判决由当事人使用。”“当事人就前款规定的房屋取得完全所有权后，有争议的，可以另行向人民法院提起诉讼。”

夫妻一方婚前签订不动产买卖合同，以个人财产支付首付款并在银行贷款，婚后用夫妻共同财产还贷，不动产登记于首付款支付方名下的，离婚时如何分割？《民法典婚姻家庭编司法解释一》第 78 条规定：“夫妻一方婚前签订不动产买卖合同，以个人财产支付首付款并在银行贷款，婚后用夫妻共同财产还贷，不动产登记于首付款支付方名下的，离婚时该不动产由双方协议处理。”“依前款规定不能达成协议的，人民法院可以判决该不动产归登记一方，尚未归还的贷款为不动产登记一方的个人债务。双方婚后共同还贷支付的款项及其相对应财产增值部分，离婚时应根据民法典第一千零八十七条第一款规定的原则，由不动产登记一方对另一方进行补偿。”

婚姻关系存续期间，双方用夫妻共同财产出资购买以一方父母名义参加房改的房屋，登记在一方父母名下，该房屋不构成夫妻共同财产。《民法典婚姻家庭编司法解释一》第 79 条规定：“婚姻关系存续期间，双方用夫妻共同财产出资购买以一方父母名义参加房改的房屋，登记在一方父母名下，离婚时另一方主张按照夫妻共同财产对该房屋进行分割的，人民法院不予支持。购买该房屋时的出资，可以作为债权处理。”

如何分割基本养老金和基本养老保险费？《民法典婚姻家庭编司法解释一》第 80 条规定：“离婚时夫妻一方尚未退休、不符合领取基本养老金条件，另一方请求按照夫妻共同财产分割基本养老金的，人民法院不予支持；婚后以夫妻共同财产缴纳基本养老保险费，离婚时一方主张将养老金账户中婚姻关系存续期间个人实际缴纳部分及利息作为夫妻共同财产分割的，人民法院应予支持。”

婚姻关系存续期间，夫妻一方作为继承人依法可以继承的遗产，离婚时如何分割？《民法典婚姻家庭编司法解释一》第 81 条规定：“婚姻关系存续期间，夫妻一方作为继承人依法可以继承的遗产，在继承人之间尚未实际分割，起诉离婚时另一方请求分割的，人民法院应当告知当事人在继承人之间实际分割遗产后另行起诉。”

夫妻之间订立借款协议形成的债权，如何处理？《民法典婚姻家庭编司法解释一》第 82 条规定：“夫妻之间订立借款协议，以夫妻共同财产出借给一方从事个人经营活动或者用于其他个人事务的，应视为双方约定处分夫妻共同财产的行为，离婚时可以按照借款协议的约定处理。”分别财产制下，夫妻一方将个人财产出借给另一方，即使双方没有离婚，借款人到期也应该履行还款义务。在共同财产制下，《民法典婚姻家庭编司法解释一》第 82 条规定的“视为双方约定处分夫妻共同财产的行为”可以理解为就出借资金通过借款协议改采分别财产制。

对离婚时一方侵占夫妻共同财产的行为[①]，与《民法典》第 1066 条相呼应，《民法典》第 1092 条规定：“夫妻一方隐藏、转移、变卖、毁损、挥霍夫妻共同财产，或者伪造夫妻共同债务企图侵占另一方财产的，在离婚分割夫妻共同财产时，对该方可以少分

① 参见最高人民法院指导性案例 66 号：“雷某某诉宋某某离婚纠纷案”；马喜生、钟紫薇：《夫妻闹离婚 妻子“飞来”千万债务乃诈骗》，载《南方日报》2011 年 12 月 12 日。

或者不分。离婚后，另一方发现有上述行为的，可以向人民法院提起诉讼，请求再次分割夫妻共同财产。”人民法院对《民法典》第 1092 条规定的妨害民事诉讼的行为，依照《民事诉讼法》的规定予以制裁。“家事审判中，不仅要遵循‘谁主张，谁举证’的传统民事举证规则，必要时还应当履行主动探知职能，充分考虑当事人举证不能的实际原因，对于可能直接影响案件审理结果而当事人自身难以收集的证据，如一方当事人转移、变卖、隐匿财产或者与他人同居、重婚等重要案件事实，加大依职权调查取证的力度，查清案件事实，透过表象寻找矛盾根源。”[①]《妇女权益保障法》第 67 条第 1 款规定：“离婚诉讼期间，夫妻一方申请查询登记在对方名下财产状况且确因客观原因不能自行收集的，人民法院应当进行调查取证，有关部门和单位应当予以协助。”该款对应人民法院应当进行调查取证的范围窄于《民事诉讼法》第 67 条第 2 款的规定：“当事人及其诉讼代理人因客观原因不能自行收集的证据，或者人民法院认为审理案件需要的证据，人民法院应当调查收集。”《民事诉讼法司法解释》第 96 条第 1 款规定：“民事诉讼法第六十七条第二款规定的人民法院认为审理案件需要的证据包括：……（二）涉及身份关系的；……”《妇女权益保障法》第 67 条第 1 款属于《民事诉讼法》第 67 条第 2 款和《民事诉讼法司法解释》第 96 条第 1 款适用中的一个具体类型。[②]

离婚诉讼期间，夫妻双方均有向人民法院申报全部夫妻共同财产的义务。《妇女权益保障法》第 67 条第 2 款规定：“离婚诉讼期间，夫妻双方均有向人民法院申报全部夫妻共同财产的义务。一方隐藏、转移、变卖、损毁、挥霍夫妻共同财产，或者伪造夫妻共同债务企图侵占另一方财产的，在离婚分割夫妻共同财产时，对该方可以少分或者不分财产。”例如，2023 年 1 月 1 日，湖南省衡阳县人民法院向一起离婚纠纷案件双方当事人发出“离婚案件当事人夫妻共同财产申报令”，这是新修订的《中华人民共和国妇女权益保障法》正式施行后全国首份夫妻共同财产申报令。离婚诉讼期间，夫妻双方均有向人民法院申报全部夫妻共同财产的义务，这是当事人本应负担的举证义务。当事人不如实申报或者拒绝申报全部夫妻共同财产，属于不履行法定义务的违法行为，人民法院审查核实后可认定该方当事人具有隐藏夫妻共同财产的故意。在判决离婚分割夫妻共同财产时，对该方可以少分或者不分财产，少分或者不分的是瞒报的特定财产还是全部夫妻共同财产？立法未予明示。《民法典婚姻家庭编司法解释一》第 83 条规定：“离婚后，一方以尚有夫妻共同财产未处理为由向人民法院起诉请求分割的，经审查该财产确属离婚时未涉及的夫妻共同财产，人民法院应当依法予以分割。”离婚后对夫妻共同财产的分割请求权，属对共有物的分割请求权，是基于夫妻共同财产权，不适用诉讼时效。《民法典婚姻家庭编司法解释一》第 84 条规定：“当事人依据民法典第一千零九十二条的规定向人民法院提起诉讼，请求再次分割夫妻共同财产的诉讼时效期间为三年，

① 钟贝：《用心做好家事审判 促进家庭社会和谐》，载《人民法院报》2022 年 12 月 27 日，第 2 版。

② 婚姻关系存续期间，夫妻一方能否持证明夫妻关系的有效证件，向有关单位申请查询另一方的财产状况？值得思考。2024 年 6 月 1 日起施行的《福建省妇女保障条例》第 45 条规定：“妇女持身份证、户口本和结婚证等证明夫妻关系的有效证件，可以依法向房地产行政管理、车辆管理等单位申请查询配偶的财产状况，有关单位应当受理，并且为其出具相应的书面材料。”该条赋予妇女对配偶财产单方调查取证权这一“她权利”，该权利不局限于离婚诉讼期间，以落实妇女对夫妻共同财产享有知情权以及平等的占有、使用、收益和处分的权利。

从当事人发现之日起计算。”①

例如，在离婚财产分割过程中，丈夫隐瞒了自己利用共同财产私下购买的房屋，虽然双方在离婚协议中有“男方经营的公司，所有的汽车等财产，离婚后属男方”的约定，但在房产价值远大于汽车的常识背景下，以“等”字涵盖房屋，违背常理，故该房为双方婚姻关系存续期间购买，应属于双方共同财产。②

（二）离婚时虚拟财产的分割

夫妻一起经营自媒体账号或者网购平台店铺，离婚时自媒体账号或者网购平台店铺该归谁？近年来，虚拟财产在离婚时如何划分的问题争议不断，湖南省临湘市人民法院受理的一起离婚纠纷就涉及夫妻双方经营的直播卖货抖音号的归属及价值分割。

方某、廖某于2014年结婚，2022年3月，方某向临湘市人民法院起诉离婚，要求分割夫妻共同财产。在案件审理过程中，夫妻双方主要就抖音号归属及运营带来的收益分割存在分歧。该抖音号用于直播售卖渔具，已有粉丝高达10万余人。最终，经法院调解，双方达成协议：抖音号由注册人廖某使用经营，该抖音号经营的应收货款和现有货款归其所有，双方婚姻期间因共同经营对外所欠货款的债务也由廖某负责偿还；廖某分期向方某支付共同财产补偿款30万元，分期期间该抖音号因不可抗力被封号冻结、或不再经营，方某对剩余未支付的部分放弃主张。③

法律具有鲜明的时代性。立法和司法实务须与时俱进以回应网络时代、信息时代的中国之问、时代之问。我国《民法典》首次将网络虚拟财产作为民事财产权益加以规定，丰富了财产权益的客体形态，回应了网络时代的现实问题。《民法典》第127条规定：“法律对数据、网络虚拟财产的保护有规定的，依照其规定。”网络虚拟财产立法规定比较概括，预留了法律发展的空间，采取持中柔和的立法态度。《民法典》第127条实际上是一个授权立法规定，授权法律对网络虚拟财产另作规定。而司法裁判实践中，围绕网络虚拟财产的交易、保护、分割、继承等案件日益增多。法院在民事裁判中本着司法实用主义的态度，不对网络虚拟财产权的法律定性争议作判断，普遍认可网络虚拟财产的财产属性并将之归为“其他合法财产”，注重考察网络运营商的安全保障义务。抖音、快手、小红书、微信公众号这类网络虚拟财产账号的法律特征主要表现为：有价值性、客观非物质性、可转让性、可控制性。网络虚拟财产账号持有人投入了时间、精力和金钱后获取有不同财产价值的劳动成果。

网络虚拟财产具有财产价值，但还没形成完整的价值评估体系。随着自媒体快速崛起、发展，很多夫妻或团队在自媒体账号下运营获得了收入，在离婚或者散伙、公司注销时，因账号归属问题产生争议。需对网络虚拟财产价值进行精确评估，以确保夫妻之

---

① 阿成、李海荣：《前夫中奖700万 离异妻子无权分?》，载《四川法制报》2011年10月26日，第2版。

② 参见“李某诉孙某离婚后财产纠纷案”，最高人民法院2015年12月4日公布的婚姻家庭纠纷典型案例——“用公开促公正 建设核心价值”主题教育活动 婚姻家庭纠纷典型案例之七，https：//www.court.gov.cn/zixun-xiangqing-16211.html。

③ 参见焦艳：《新问题！抖音夫妻离婚，自媒体账号归谁?》，载微信公众号“法治日报”2022年6月16日，https：//mp.weixin.qq.com/s/SzpqWsjvZMF_eZfdZRLedA。

间或者合伙人之间合理公平划分收益。

网络虚拟财产权利人在行使权利时必须得到网络运营商的技术配合，受到服务器状态的限制。网络虚拟财产权人不管是基于自己的网络游戏劳动获取的网络虚拟财产，还是基于与网络运营商或者其他网络用户之间的网络虚拟财产买卖合同而获取的网络虚拟财产，在行使相关网络虚拟财产权利时必须通过网络服务合同和软件授权使用合同方能实现。网络虚拟财产在行使方式上的特殊性使得其无法脱离债权的类型归属，不能上升为支配性的物权。

通过梳理我国网络虚拟财产的司法裁判，可以总结司法实践中对网络虚拟财产的保护并不直接适用排除妨碍、返还原物等保护方式，而往往是本着网络虚拟财产对网络运营商技术依赖性的特点，采取由网络运营商恢复网络用户数据的责任方式。网络运营商对网络虚拟财产的安全保障义务成为司法实践中的核心价值判断问题。在此司法实务背景下，网络虚拟财产权法律性质之争属于概念术语归类上的解释选择问题。网络虚拟财产权债权说中的安全保障义务能够为网络虚拟财产提供自洽的保护。①

与游戏装备等网络虚拟财产不同，网络虚拟财产账号除了具有财产价值，还兼具一定的人身性特点。我们还要注意区分网络虚拟财产账号和账号内的个人信息、隐私等。社交网络运营商还往往在服务协议中约定社交网络账号的所有权归运营商，用户不得买卖、出租、转让、继承。这就涉及格式条款的效力判断。

流量经济下，网络虚拟财产账号的财产价值不可小觑。在对网络虚拟财产账号财产价值进行分割时需要运用利益动态衡量方法综合考察如下因素：账号财产价值的大小、账号的取得方式、账号运营维护管理的投入情况、账号运营时间、账号效用的充分发挥、账号与某个特定主体的关联度及人身归属性的强弱等。类似地，网购平台店铺本身存在价值，在离婚纠纷分割夫妻财产时，对其价值可以由当事人协商确定；协商不成的，法院需综合考虑店铺登记主体，经营连贯性、稳定性，发挥网店的最大效能、参与经营网店等因素，对网店进行分割，以确定夫妻双方离婚后网店继续经营的主体。②

实践中，除了司法裁判事后解决纠纷视角，还应该重视通过合同治理事先预防纠纷。对网络虚拟财产账号，合伙人之间可以就账号财产价值的归属约定共有的形态，灵活选择按份共有、共同共有等不同方案，夫妻之间还可以对网络虚拟财产账号的财产价值作财产制约定，以充分尊重各方的自主意志并能实现各尽所能、各得其所、各安其分。

二、离婚对夫妻共同债务清偿的影响

最高人民法院 1993 年 11 月 3 日发布的《关于人民法院审理离婚案件处理财产分割

---

① 参见王雷："网络虚拟财产权债权说之坚持——兼论网络虚拟财产在我国民法典中的体系位置"，载《江汉论坛》2017 年第 1 期。

② 参见"王某诉徐某某离婚纠纷案"，上海市闵行区人民法院（2014）闵民一（民）初字第 18439 号民事判决书，载最高人民法院中国应用法学研究所编：《人民法院案例选》2018 年第 1 辑（总第 119 辑），人民法院出版社 2018 年版。

问题的若干具体意见》(已失效)第 17 条第 1 款规定:“夫妻为共同生活或为履行抚养、赡养义务等所负债务,应认定为夫妻共同债务,离婚时应当以夫妻共同财产清偿。”据此可知,夫妻共同债务为连带债务。[①]《民法典》继承此精神,于第 1089 条规定:“离婚时,夫妻共同债务应当共同偿还。共同财产不足清偿或者财产归各自所有的,由双方协议清偿;协议不成的,由人民法院判决。”[②] 人民法院判决确定夫妻双方的偿债额的,只能在夫妻内部发生法律效力,不能对抗债权人,债权人仍有权选择男方或者女方主张全部债权。

在离婚时夫妻共同财产的分割和共同债务的清偿问题上存在两个推定规则。第一,结合《民法典》第 1063 条,对婚姻关系存续期间取得的财产属于夫妻个人财产还是共同财产有争议的,主张权利的一方承担举证责任。主张权利的一方当事人无法举出充分证据,人民法院无法查实的,按夫妻共同财产处理。第二,结合《民法典》第 1064 条,婚姻关系存续期间夫妻一方以个人名义超出家庭日常生活需要对外负担的债务不属于夫妻共同债务,除非债权人能够证明该债务用于夫妻共同生活、共同生产经营或者基于夫妻双方共同意思表示。[③]

第六节　离婚协议

一、离婚协议的定义与法律特征

离婚协议是夫妻离婚时协商一致达成的,通常包含双方同意离婚、未成年子女抚养、财产及债务处理等条款的“一揽子协议”。《民法典》第 1076 条规定:“夫妻双方自愿离婚的,应当签订书面离婚协议,并亲自到婚姻登记机关申请离婚登记。”“离婚协议应当载明双方自愿离婚的意思表示和对子女抚养、财产以及债务处理等事项协商一致的意见。”离婚协议中包括离婚财产分割的内容,但不局限于此。离婚协议不简单等同于离婚财产分割协议。

离婚协议属于身份法律行为中《民法典》第 464 条第 2 款所规定的身份关系协议,存在参照适用《民法典》合同编的空间。离婚协议具有综合性(“一揽子协议”)、整体性、不可逆性、附特殊的生效条件、具有法律约束力和法律效力内外部区分性等特点。

第一,离婚协议的综合性表现为当事人往往既对人身关系事项,又对财产关系事项作出约定,离婚协议兼具人身性和财产性的特征。人身关系和财产关系事项交织。利益博弈具有综合性,不能脱离协议的其他约定孤立看待关于某个特别事项的约定。离婚财产分割协议中的赠与往往以其他部分的交换或者补偿为对价,离婚协议中对夫妻共同财

---

① 参见《夫妻离婚后 冒出 12 年前“共同债务”》,载《重庆晚报》2008 年 1 月 14 日。

② 严银:《夫妻共同债务的推定——江苏洪泽法院裁定罗晓珊执行异议案》,江苏省淮安市洪泽区人民法院(2012)泽执异字第 6 号执行裁定书,载《人民法院报》2013 年 7 月 25 日。

③ 参见刘希平:《一张 9 亿元离婚清单》,载《法治周末》2013 年 8 月 14 日。

产并非必须均等分割。离婚协议属于涉及人身关系和财产关系的“一揽子协议”。

第二，离婚协议的整体性表现为婚姻关系解除、未成年子女抚养、共同财产分割、共同债务承担、离婚经济帮助、离婚损害赔偿、情感补偿等互为前提、互相关联、互相制约。不能简单补充适用显失公平规则。离婚协议中的财产给予条款并非无偿，须结合协议的其他条款综合分析，不能参照适用赠与合同中赠与人的任意撤销权。“尽管离婚协议中夫妻超出法定义务的财产给予条款通常属于赠与条款，并不表明赠与人就一定享有任意撤销权。”①

第三，离婚协议具有不可逆性。根据《民事诉讼法》第 213 条，解除婚姻关系的判决、调解书不得再审。根据《民事诉讼法司法解释》第 295 条，针对婚姻无效、撤销或者解除婚姻关系等判决、裁定、调解书中涉及身份关系的内容，第三人无权提起撤销之诉。婚姻的解除具有不可逆性，离婚协议同样如此。《民法典婚姻家庭编司法解释一》第 70 条规定：“夫妻双方协议离婚后就财产分割问题反悔，请求撤销财产分割协议的，人民法院应当受理。”“人民法院审理后，未发现订立财产分割协议时存在欺诈、胁迫等情形的，应当依法驳回当事人的诉讼请求。”当然，要区分离婚协议的不同内容，“离婚协议中关于婚姻关系、子女抚养的约定具有人身属性，不适用撤销权的规定，但离婚协议中对夫妻共同财产分割的约定本质上属于双方意思自治范畴，应受撤销权的制约”②。

第四，离婚协议属于附特殊生效条件的身份关系协议。根据《民法典婚姻家庭编司法解释一》第 69 条第 1 款，无论是登记离婚协议还是诉讼离婚协议，若双方离婚未成，该离婚协议就无法生效。即使当事人已基于离婚协议完成了物权变动，若事后未离婚，该物权变动也不具有终局性，须恢复到物权变动之前的状态。例如，在“莫某飞诉李某兴离婚纠纷案”中，法院认为：离婚协议须双方当事人达成离婚合意，并在协议上签名方能生效。“双方当事人对财产的处理是以达成离婚为前提，虽然已经履行了财产权利的变更手续，但因离婚的前提条件不成立而没有生效，已经变更权利人的财产仍属于夫妻婚姻存续期间的共同财产。”③ 离婚协议中同意离婚的条款没有法律约束力和强制执行力，不能因为离婚协议中载明了双方自愿离婚的意思表示就要求必须离婚。一方当事人事后反悔，不同意离婚，也不属于《民法典》第 159 条规定的“为自己的利益不正当地阻止条件成就”的情形。

第五，离婚财产分割协议具有法律约束力。根据《民法典婚姻家庭编解释（一）》第 69 条第 2 款，离婚协议中关于财产以及债务处理的条款，对男女双方具有法律约束力。离婚协议任何一方当事人不得擅自变更或者解除该离婚协议。

第六，离婚协议的法律效力具有内外部区分性特点。根据《民法典婚姻家庭编司法解释一》第 35 条，离婚协议中有关债务负担的约定仅属于连带债务人内部的分担约定，不具有对抗债权人的效力，除非此约定征得了债权人的同意。一方就夫妻共同债务承担

---

① 冉克平：《〈民法典〉视域中离婚协议的夫妻财产给与条款》，载《当代法学》2021 年第 6 期，第 49 页。

② 《关于债权人能否请求撤销债务人离婚协议财产分割条款的认定》，载日照经济技术开发区人民法院网 2024 年 4 月 4 日，http：//www.sdcourt.gov.cn/rzkfqfy/401849/401854/19415332/index.html。

③ 载《最高人民法院公报》2011 年第 12 期，第 31 页。

清偿责任后，有权主张由另一方按照离婚协议承担相应债务。

二、离婚协议的法律适用

（一）离婚协议的法律约束力

当事人达成以协议离婚或者到人民法院调解离婚为条件的财产以及债务处理协议，该离婚协议以离婚为生效条件，属于附生效条件的离婚协议。即便当事人达成的离婚财产以及债务处理协议没有明确“以协议离婚或者到人民法院调解离婚为条件”，运用目的解释方法，该离婚协议仍属于附生效条件的离婚协议。《民法典婚姻家庭编司法解释一》第 69 条规定：“当事人达成的以协议离婚或者到人民法院调解离婚为条件的财产以及债务处理协议，如果双方离婚未成，一方在离婚诉讼中反悔的，人民法院应当认定该财产以及债务处理协议没有生效，并根据实际情况依照民法典第一千零八十七条和第一千零八十九条的规定判决。”“当事人依照民法典第一千零七十六条签订的离婚协议中关于财产以及债务处理的条款，对男女双方具有法律约束力。登记离婚后当事人因履行上述协议发生纠纷提起诉讼的，人民法院应当受理。”运用文义解释方法，该条第 1 款中的“条件”是“生效条件”，所以条件没有成就时才会导致离婚协议“没有生效”。

即便达成离婚协议，对是否离婚仍然可以反悔。一旦离婚，离婚协议生效，就财产分割问题不能反悔。《民法典婚姻家庭编司法解释一》第 70 条规定：“夫妻双方协议离婚后就财产分割问题反悔，请求撤销财产分割协议的，人民法院应当受理。”“人民法院审理后，未发现订立财产分割协议时存在欺诈、胁迫等情形的，应当依法驳回当事人的诉讼请求。”例如，为了尽快离婚而让渡自己的财产权利，自愿签下“净身出户”的离婚协议，一旦办完离婚手续，签下“净身出户”离婚协议的一方反悔且拒不履行离婚协议，如何解决？“净身出户”的离婚协议是有效的。“净身出户”一方经济困难，不属于离婚协议的法定撤销事由，属于“净身出户”一方在签订“净身出户”离婚协议时明知并自愿承受的法律后果，不可以以此为由要求撤销财产分割协议。为了达到快速离婚目的，在“净身出户”离婚协议上签字认可的，不属于胁迫情形。当事人在签订“净身出户”离婚协议后离婚成功的，除非有欺诈、胁迫等情形，否则离婚协议不可撤销，对双方具有法律约束力。[①] 离婚协议中的“净身出户”声明有效，并不意味着所有“净身出户”声明均能获得法律认可。部分忠诚协议（如夫妻约定一方出轨就产生婚姻关系存续期间所得的房产或者婚前该方个人房产转归对方所有，或者婚前该方个人房产转归夫妻共有）构成附生效条件的夫妻财产约定。“净身出户”的忠诚协议违反《民法典》第 1065 条第 1 款，该款排除“净身出户”这种“全有全无”式的夫妻财产约定。[②]

离婚后，一方无合法理由不履行离婚财产分割协议的，可以参照适用《民法典》合

① 参见刘丽霞：《签了“净身出户”的离婚协议，还能反悔吗?》，载微信公众号“北京房山法院”2022 年 12 月 22 日，https://mp.weixin.qq.com/s/qudRfZECNW3TwMWh_0BVUg。

② 参见王雷：《民法典中的参照适用条款研究》，中国法制出版社 2024 年版，第 161－163 页。

同编违约责任的有关规定。例如，协议离婚数年后，女方发现分割的房产是婆婆的。婆婆认为二人无权处理其房产，对无权处分行为不予追认，法院判决女方向婆婆返还房屋，并支付相应房屋占用费。女方遂诉至法院要求前夫继续履行离婚协议义务，法院认为“离婚协议书”的相关内容已无法实现，男方构成违约，应向女方支付等额赔偿。①

有学者认为：“离婚协议虽属人身行为，其中处理夫妻共同财产的部分，仍可成为债权人撤销权的标的。债权人撤销权可以仅就离婚协议部分撤销，恢复离婚时本应属于债务人的财产。”②“在夫妻以一方名义对外负债的情况下，有些夫妻意图通过离婚方式‘金蝉脱壳’，损害债权人利益。”③ 为此，《民法典婚姻家庭编司法解释二》第 3 条规定离婚财产分割协议可以参照适用债权保全中的撤销权制度。笔者认为，离婚财产分割协议作为债权保全中撤销权的对象时，并不是《民法典》第 464 条第 2 款参照适用合同编的有关规定，而是直接补充适用《民法典》第 538 条和第 539 条的有关规定。因为此时不是参照适用合同编规定保护离婚财产分割协议引发的债权，而是基于保护离婚财产分割协议之外的第三人债权，而撤销该离婚财产分割协议的相关条款。离婚财产分割协议或者离婚协议的财产分割约定中的相关条款属于债权人撤销权的对象，而非债权撤销权所要保护的“债权”。

（二）离婚协议中的财产给予条款不能参照适用赠与合同规则

离婚协议中的财产分割不宜简单等同于赠与。离婚协议经婚姻登记机关确认，系双方当事人的真实意思表示，既包括解除婚姻关系的纯粹身份法内容，也包括夫妻财产分割及子女抚养等以离婚为前提的附随内容。根据《民法典婚姻家庭编司法解释一》第 69 条第 2 款的规定，离婚协议中关于财产分割的条款或者因离婚就财产分割达成的协议，对男女双方具有法律约束力。对协议离婚之财产分割，不宜认定为赠与，直接适用或者参照适用有关赠与合同的相关规定，而应以《民法典婚姻家庭编司法解释一》第 69 条第 2 款为请求权基础和裁判依据。④

离婚协议可以约定将部分或者全部夫妻共同财产给予子女（不局限于未成年子女），例如，离婚协议中约定将夫妻共同共有的房产给予未成年子女，离婚后一方在房产变更登记之前无权依据《民法典》第 658 条第 1 款的规定主张撤销赠与。离婚协议中关于财产给予子女的约定，依附于双方婚姻关系的解除，具有身份关系性质，不能套用纯粹的财产赠与规则。理由如下：

一方面，离婚协议中财产给予子女的约定不具有无偿性，不属于无偿赠与合同，不能参照适用赠与人任意撤销权规则。《民法典婚姻家庭编司法解释二》第 20 条第 1 款明确使用“给予”一词，而非“赠与”。不能脱离离婚协议的整体来看待离婚协议中的

---

① 参见董广绪：《协议离婚数年后，女方发现分割的房产是婆婆的……》，载微信公众号“广州市中级人民法院”2022 年 12 月 23 日，https：//mp. weixin. qq. com/s/2_7CWzVAFmPgX5Ejv7_VEA。

② 韩世远：《离婚协议财产处理与诈害债权》，载《中国法律评论》2022 年第 4 期。

③ 陈宜芳、吴景丽、王丹：《〈关于适用民法典婚姻家庭编的解释（二）〉的理解与适用》，载《人民司法》2025 年第 3 期。

④ 参见北京市第三中级人民法院（2015）三中民终字第 13780 号民事判决书。

“给予条款”，离婚协议作为一个整体，其标的具有不可分性。这是《民法典》第 142 条第 1 款意思表示体系解释方法和“行为的性质和目的”解释方法在身份关系协议领域的具体运用。离婚协议的内容通常具有复合性，是数个法律行为的混合。在离婚协议中双方将共同财产给予未成年子女的约定与解除婚姻关系、子女抚养、共同财产分割、共同债务清偿、离婚损害赔偿等内容构成了一个有机整体。通常情况下，当事人是在综合考虑上述因素基础上，对人身关系和财产关系达成一个概括的“一揽子”解决方案。在离婚时，往往经过不断博弈和协商，一并解决全部财产分割问题。双方约定将部分或者全部夫妻共同财产给予子女是在一个概括的合意之下，该合意中任何一项财产的处分都与其他财产的处分互为前提、互为结果，相互独立又相互依存。如果允许一方反悔，那么男女双方离婚协议的“整体性”将被破坏。同时，离婚协议各个条款的订立都是为了解除婚姻关系，具有目的上的统一性。在婚姻关系已经解除且不可逆的情况下如果允许当事人对于财产部分反悔，将助长先离婚再恶意占有财产的有违诚信的行为，诱发道德风险。

另一方面，离婚协议中财产给予子女的约定不属于给予方的单方法律行为，而是离异夫妻的共同行为。离婚双方处分部分或者全部夫妻共同财产的行为可以适用《民法典》第 301 条。离婚协议所涉及的房屋原系夫妻共同财产，由夫妻二人共同共有，夫妻均不单独享有对诉争房屋处分的权利，处分该房屋需双方作出共同意思表示。双方在离婚时已经对共同财产的处分形成合意，共同表示将房屋给予子女，该意思表示真实有效，对双方产生拘束力。因给予行为系双方共同作出，在未征得作为共同共有人的另一方同意的情况下，离婚后一方无权根据《民法典》第 658 条第 1 款单方撤销给予，撤销给予亦应取得双方合意。[①]《民法典婚姻家庭编司法解释二》第 20 条第 1 款但书采纳了司法裁判中的这种正确做法。离婚协议约定将特定财产给予子女，离婚后，一方在财产权利转移之前请求撤销该约定，另一方同意的，构成对离婚协议财产给予条款的协商变更。

当事人一方违反离婚财产分割协议中对子女给予部分或者全部夫妻共同财产约定，《民法典婚姻家庭编司法解释二》第 20 条第 2 款赋予另一方请求其承担继续履行或者因无法履行而赔偿损失等民事责任的违约请求权，这就将参照适用《民法典》第 577 条的结论予以条文化。如果离婚协议中未约定接受给予的子女可以直接请求给予方向其履行债务，子女是否有直接、独立的请求权和诉权?[②] 这涉及合同相对性原理对应的向第三人履行规则能否适用的问题。实际上，离婚财产分割协议中财产给予子女条款，也属于《民法典》第 522 条第 2 款规定的真正利益第三人合同，此类合同中第三人对债务人享有独立请求权，但以“法律规定或者当事人约定”为限。结合《民法典》第 1076 条，笔者认为，离婚协议财产给予条款的接受给予方可以直接请求给予方履行，给予方不得主张依据《民法典》第 658 条第 1 款撤销给予。一方不履行离婚协议约定的义务，另一方或者接受给予的子女请求其承担继续履行或者因无法履行而赔偿损失等民事责任的，人

---

① 参见北京市第二中级人民法院（2013）二中民终字第 09734 号民事判决书。

② 参见刘干、殷芹：《子女对离婚协议中受赠财产有无给付请求权》，载《人民法院报》2018 年 10 月 11 日，第 7 版。

民法院应依法予以支持。[①] 而根据《民法典婚姻家庭编司法解释二》第 20 条第 3 款，离婚协议中明确约定接受给予的子女可以对相关财产直接主张权利，给予方不履行离婚协议约定的给予义务时，子女可以参照适用《民法典》第 522 条第 2 款请求其承担违约责任。《民法典婚姻家庭编司法解释二》第 20 条第 3 款并未赋予接受给予的子女法定直接请求权，只认可接受给予的子女的约定直接请求权。

当事人一方违反离婚财产分割协议中对子女给予部分或者全部夫妻共同财产的约定，根据《民法典婚姻家庭编司法解释二》第 20 条第 2 款，另一方享有违约请求权；根据第 20 条第 3 款，接收给予的子女享有违约请求权。笔者认为，两种违约请求权不能并存，不能重复主张，接收给予的子女享有的违约请求权优先，第 20 条第 3 款可以作为第 2 款的特别规定，排斥第 2 款的适用。

离婚协议中对子女的财产给予条款不能参照适用赠与合同的规定，离婚协议中对离异另一方的财产给予条款同样也不能参照适用赠与合同的规定[②]，《民法典婚姻家庭编司法解释二》第 20 条第 1 款当可作此类推适用。

离婚协议约定将部分或者全部夫妻共同财产给予子女，离婚后，一方有证据证明签订离婚协议时存在欺诈（如被隐瞒子女非自己亲生）、胁迫等情形，请求撤销离婚协议中该约定的，人民法院依法予以支持（《民法典婚姻家庭编司法解释二》第 20 条第 4 款第一分句）。《民法典婚姻家庭编司法解释二》第 20 条第 4 款第一分句的规定，本质上是重申《民法典婚姻家庭编司法解释一》第 70 条第 2 款的解释适用结论。离婚协议财产给予约定可撤销，不影响离婚协议其他内容的效力，其他内容仍然有效。离婚协议财产给予约定被撤销，相应约定对应的夫妻共同财产，当事人可以依据《民法典》第 1087 条请求分割。

三、离婚财产分割协议引发物权变动

（一）离婚财产分割协议直接引发物权变动

有学者认为，离婚财产分割协议不具有直接发生物权变动的效力，离婚财产分割协议的物权变动应当遵循《民法典》物权编的一般物权变动规则采形式主义模式，而不因婚姻关系的特殊性构成物权编规则的例外。[③]

笔者认为，离婚财产分割协议直接引发物权变动。离婚协议关于不动产归属的约定，对双方有法律约束力；虽未经登记，但无善意第三人时，应认定发生物权变动效力。例如，2012 年，执行法院依生效刑事判决追缴被告人杨某违法所得 35 万元过程中，裁定查封杨某名下房产。臧某霞以其 2007 年与杨某协议离婚时约定该房归其所有为由提出异议，并提交了由民政局盖章的离婚登记审查处理表及离婚协议复印件。法院认

---

① 参见王雷：《论身份关系协议对民法典合同编的参照适用》，载《法学家》2020 年第 1 期，第 39－40 页。

② 参见王雷：《论身份关系协议对民法典合同编的参照适用》，载《法学家》2020 年第 1 期，第 38－40 页。

③ 参见夏江皓：《形式主义模式下离婚财产分割协议的物权变动》，载《法学》2022 年第 3 期，第 112 页。

为，双方的离婚协议约定涉案房产归臧某霞所有，该离婚协议在民政局已备案登记，该协议合法有效，鉴于当事人在 2007 年离婚时已经对夫妻共有财产进行了分割，涉案房产归臧某霞所有。[①]

（二）夫妻财产约定等其他身份关系协议直接引发物权变动

进一步而言，离婚协议之外的其他夫妻身份关系协议引发物权变动，也宜采取债权意思主义＋公示对抗主义的物权变动模式，以充分尊重身份共同体特点、夫妻的真实意思表示并妥当兼顾外部交易安全。身份关系协议不同于财产行为。夫妻财产约定、离婚协议等身份关系协议，导致物权设立、变更、转让或者消灭的，自该协议生效时在当事人之间发生物权变动效力，未经法定公示方法，不得对抗善意第三人。例如，婚内财产分割协议是夫妻双方协商一致的结果，在不涉及第三人利益的情况下，应当充分尊重身份共同体特点、夫妻的真实意思表示，按照双方达成的婚内财产分割协议履行。夫妻婚内财产分割协议对夫妻共同所有房屋的权属进行了约定的情况下，不应以产权登记作为认定该房屋权属的唯一依据，不动产登记不应影响婚内财产分割协议关于房屋权属约定的效力。[②]

物权变动公示原则的法定例外情形不局限于《民法典》第 226 条至第 228 条、第 229 条至 231 条、第 333 条、第 374 条、第 403 条、第 547 条第 2 款对应的情形。离婚财产分割协议、夫妻财产约定等身份关系协议引发物权变动，基于夫妻结婚适用婚后所得共同制，都属于《民法典》第 209 条第 1 款、第 224 条物权变动公示原则的法定但书例外情形。物权变动公示原则的规范目的主要是个体主义本位下交易安全保护。

基于身份关系协议引发的物权变动当然离不开《民法典》物权编物权变动的一般规则、一般概念，但不意味着简单补充适用物权变动一般规则即可。根据《民法典》第 464 条第 2 款，身份关系协议对合同编规定是参照适用；根据《民法典》第 1001 条，身份权利保护对人格权编规定也是参照适用；根据《民法典总则编司法解释》第 1 条第 1 款，《民法典》婚姻家庭编没有规定的，适用《民法典》第一编的规定，但是根据其性质不能适用的除外，该款与《民法典》第 468 条类似，均属于实质意义上的参照适用条款。基于身份关系协议的物权变动对物权编物权变动一般规定同样是参照适用。参照适用是一种持中柔和、执两用中的法律技术，可以避免财产法中心主义在身份法领域的过度渗透。

身份关系协议可能变通适用物权变动公示原则、强制执行顺位规则等。应该区分身份关系协议所引发物权变动的内部效力与外部效力，物权变动公示原则在身份关系协议的内部法律效力判断上宜秉持适当的谦抑性，从而适用债权意思主义的物权变动模式。夫妻身份关系协议导致物权设立、变更、转让或者消灭的，自该协议生效时在身份关系当事人之间发生物权变动效力，未经法定公示方法，不得对抗善意第三人，根据《民法典婚姻家庭编司法解释一》第 28 条，第三人善意取得可以阻断未采取物权变动法定公

---

① 参见“臧某霞执行异议审查案——离婚协议是否具有物权变更效力”，载《人民法院案例选》2016 年第 2 期，第 96－145 页。

② 参见“唐某诉李某某、唐某乙法定继承纠纷案”，北京市第三中级人民法院（2014）三中民终字第 9467 号民事判决书，载《最高人民法院公报》2014 年第 12 期。

示方法的夫妻另一方追回房屋的请求权。基于夫妻身份关系协议的物权变动对《民法典》物权编物权变动公示原则是“参照适用”而非“直接适用”或者“补充适用”。

本章司法裁判案例节选

雷某某诉宋某某离婚纠纷案①

基本案情：雷某某（女）曾于2014年3月起诉要求与宋某某离婚，经法院驳回后，双方感情未见好转。2015年1月，雷某某再次诉至法院要求离婚，并依法分割夫妻共同财产。审理期间，法院调取了雷某某银行账号自2012年11月26日开户后的银行流水明细，显示雷某某于2013年4月30日通过ATM转账及卡取的方式将该账户内的195 000元转至案外人雷某齐名下。宋某某认为该存款是其婚前房屋出租所得，应归双方共同所有，雷某某在离婚之前即将夫妻共同存款转移。雷某某提出该笔存款是其经营饭店所得收益，开始称该笔款已用于夫妻共同开销，后又称用于偿还其外甥女的借款，但雷某某对其主张均未提供相应证据证明。另，雷某某在庭审中曾同意各自名下存款归各自所有，其另行支付宋某某10万元，后雷某某反悔，不同意支付。

争议焦点：雷某某是否转移夫妻共同财产和夫妻双方名下的存款应如何分割。

裁判结论：准予雷某某与宋某某离婚。雷某某名下银行账户内的存款归雷某某所有，宋某某名下银行账户内的存款归宋某某所有，雷某某于本判决生效之日起7日内支付宋某某12万元。

裁判理由：结合案件事实及相关证据，认定雷某某存在转移、隐藏夫妻共同财产的情节。宋某某主张对雷某某名下存款进行分割，符合《婚姻法》第47条的规定，予以支持。对于雷某某转移的19.5万元存款，雷某某可以少分，由雷某某补偿宋某某12万元。

教学评析：结合《民法典》第1092条分析本案，第1092条规定：“夫妻一方隐藏、转移、变卖、毁损、挥霍夫妻共同财产，或者伪造夫妻共同债务企图侵占另一方财产的，在离婚分割夫妻共同财产时，对该方可以少分或者不分。离婚后，另一方发现有上述行为的，可以向人民法院提起诉讼，请求再次分割夫妻共同财产。”还可以思考本案中的证明责任问题。

本章深度阅读

1. 马克思．论离婚法草案//马克思恩格斯全集：第1卷．北京：人民出版社，1995.
2. 赵玉．家庭财产功能主义的法律范式．中国社会科学，2022（8）.
3. 王雷．论身份关系协议对民法典合同编的参照适用．法学家，2020（1）；王雷．身份关系协议的法律适用//周江洪，陆青，章程．民法判例百选．北京：法律出版社，2020.
4. 王雷．离婚协议法律适用衔接研究．法律适用，2025（2）.

---

① 本案是最高人民法院指导性案例66号。

5. 李贝．《民法典》时代隔代探望纠纷的裁判思路：从权利进路向义务进路的转向．法商研究，2022（4）．

6. 最高人民法院指导案例 66 号：雷某某诉宋某某离婚纠纷案［北京市第三中级人民法院（2015）三中民终字第 08205 号民事判决书］．

7. 莫某飞诉李某兴离婚纠纷案．最高人民法院公报，2011（12）．

8. 王某诉徐某某离婚纠纷案［上海市闵行区人民法院（2014）闵民一（民）初字第 18439 号民事判决书］//最高人民法院中国应用法学研究所．人民法院案例选：2018 年第 1 辑（总第 119 辑）．北京：人民法院出版社，2018．

9. 李某某诉王某某离婚后财产纠纷案［北京市第二中级人民法院（2013）二中民终字第 09734 号民事判决书，北京法院参阅案例第 16 号］．

本章问题与思考

1. 在 2008 年 11 月 21 日《人民日报》发表的《家庭和谐初探》[①] 一文中，作者指出：现实生活中，有些要抛弃自己结发妻子的男人，往往大言不惭地说，“大不了我把财产多给她一些”。其实，这种观点存在很大误区。法律上能界定的只是有形资产。对于名誉、地位、知识、经验等无形资产，法律是无法分割的，但里面浸润着妻子岁月折旧的价值转移，是不争的事实。如果男人一意孤行，必将终身受到道德法庭的审判。生活在这样的心灵煎熬之中，很难再有幸福可言。特别要看到，妇女生儿育女，付出的辛苦比丈夫更多。俗话说“十月怀胎，一朝分娩”，都由母亲一个人承担。儿女由小到大，母亲操心最多。……资料显示，在未成年人犯罪中，来自父母离异的单亲家庭孩子占有相当大的比重，父母离异给那幼小的心灵带来了终身无法弥补的巨大创伤。

请从离婚财产分割法律关系、生育权、父母子女法律关系等角度，对这段论述作出评析。

答题指引：结合本题，从离婚财产分割法律关系角度理解《民法典》第 1087 条第 1 款的规定：“离婚时，夫妻的共同财产由双方协议处理；协议不成的，由人民法院根据财产的具体情况，按照照顾子女、女方和无过错方权益的原则判决。”长期稳定的夫妇关系是抚育子女所必需的条件。

2. 费孝通先生曾经指出：“婚姻的意义，依我以上的说法，是在确立双系抚育。……用社会的力量保证生出来的孩子不但有母而且有父，于是有婚姻。我说婚姻是用社会力量造成的，因为依我所知世界上从来没有一个地方把婚姻视作当事人间个人的私事，别的人不加过问的。……单靠性的冲动和儿女私情是并不足以建立起长久合作抚育子女的关系来的。若婚姻的意义不过是男女的结合，或是两性关系的确立，则婚姻不但是一件人们的私事，而且不必有很多人为这事忙碌干预了。”[②]

请从婚姻的本质、父母子女法律关系、结婚自由、离婚自由等角度，对这段论述作出评析。

---

① 永春：《家庭和谐初探》，载《人民日报》2008 年 11 月 21 日。

② 费孝通：《乡土中国 生育制度》，北京大学出版社 1998 年版，第 129 页。

答题指引：婚姻关系夫妇双方的互相合作、共同监护有利于对子女的双系抚育。

3. 殷福娣（化名）与江洪海（化名）于1997年结婚，育有一女，江洪海在外开店做橱柜生意，母女俩一直与江洪海的父母住在一起。2008年6月，江洪海找了一个相貌与妻子相似者冒充殷福娣共同到江苏省靖江市民政局办理了离婚手续。后配妻子张银（化名）见了江洪海的离婚证后，就放心地嫁给了他，并于2010年3月16日与其结婚登记。2010年3月27日，江洪海因公到深圳市福田区出差时在酒店摔倒死亡。随后张银电话告知江父，至此殷福娣始知自己在不知情的情形下，已经“被离婚”。此案中的无辜女子张银，已于2011年年初生下了她与江洪海的遗腹子。2012年1月，福田区人民法院判决江洪海所在的厨具公司和事发酒店共同承担其死亡赔偿金等各项赔偿费用81万余元。

2010年4月，殷福娣将靖江市民政局告上法庭，请求法院撤销民政局为自己和江洪海颁发的离婚证。法院认为，靖江市民政局的发证行为缺乏事实依据且违反法定程序，理应撤销，但由于离婚证是与身份关系紧密联系的，当事人之一的江洪海在起诉前已死亡，该发证行为虽然违法，但已不具可撤销内容。由此判决靖江市民政局为江洪海和殷福娣颁发离婚证的具体行政行为违法，但未撤销离婚证。

法学专家马某认为，这个判决“非常妥当”，法院审理时是考虑到了一种利益平衡，也就是说，保护后婚。因为后婚妻子是基于对婚姻登记机关（政府机关）颁发的证件的信任，才跟这个男人结婚的。法律上，这个叫作信赖利益。这种信赖利益是应该受到保护的。

法学专家金某则认为，对于“被离婚”案件，法院认定民政局颁发离婚证的具体行政行为违法，但因一方当事人诉前死亡而不撤销离婚证，从而导致合法有效的前婚成为无效婚姻的判决是有待商榷的。因为决定婚姻是否成立、是否有效的法律不是“行政诉讼法”，而应该是“婚姻法”，应该判定后婚无效。在重婚案件中，必须是重婚的双方当事人均为善意且无过失时，后婚的效力才能予以维持，否则就只能维护前婚有效。

2013年6月21日，靖江市人民法院再审确认婚姻登记部门为江洪海、张银颁发结婚证的具体行政行为无效。法院经审理认为：江洪海采取欺骗手段骗取了婚姻登记，不具有合法性；江洪海与张银办理结婚登记，违反了我国婚姻法一夫一妻婚姻制度。因此，靖江市民政局颁发给江洪海、张银结婚证的具体行政行为在实体上存在错误，判决确认无效。①

另外，1994年2月1日起实施的《婚姻登记管理条例》第25条规定：“申请婚姻登记的当事人弄虚作假、骗取婚姻登记的，婚姻登记管理机关应当撤销婚姻登记，对结婚、复婚的当事人宣布其婚姻关系无效并收回结婚证，对离婚的当事人宣布其解除婚姻关系无效并收回离婚证，并对当事人处以200元以下的罚款。”该条例已经于2003年10月1日被《婚姻登记条例》废止。

请根据上述案例材料，回答下列问题并说明相应的理由：

---

① 参见孟亚生：《“被离婚”：原配告倒后妻》，载《民主与法制》2013年8月9日；金眉：《对一桩“被离婚”案件的法律评析》，载《法学》2012年第6期。

(1) 殷福娣与江洪海的前婚法律效力如何？张银与江洪海的后婚是否成立，其法律效力如何？

(2) 殷福娣与江洪海的离婚登记效力如何？

(3) 请分别评析法学专家马某和金某的观点。

(4) 对申请婚姻登记的当事人弄虚作假、骗取结婚或离婚登记的，婚姻登记机关及人民法院应该分别如何对待？

(5) 本案中福田区人民法院所判决的江洪海死亡赔偿金等各项赔偿费用 81 万余元应该如何分配？江洪海其他遗产如何处理？

(6) 请从婚姻法的立法宗旨、基本原则等方面谈谈您对本案的其他体会。

答题指引：(1) 殷福娣与江洪海的前婚合法有效。张银与江洪海的后婚成立，但无效。

(2) 殷福娣与江洪海的离婚登记无效。因一方弄虚作假利用假身份而骗取的离婚登记无效，对此可以补充适用《民法典》第 143 条第 2 项。

(3) 靖江市民政局为江洪海和殷福娣颁发离婚证的具体行政行为违法，相应离婚证也应被撤销。张银与江洪海的后婚因构成重婚而无效。

(4) 对申请婚姻登记的当事人弄虚作假、骗取结婚或离婚登记的，婚姻登记机关应当撤销结婚登记或离婚登记，人民法院应该撤销结婚登记或者离婚登记违法具体行政行为，认定相应结婚或者离婚民事法律行为无效。

(5) 本案中福田区人民法院所判决的江洪海死亡赔偿金等各项赔偿费用 81 万余元应该由殷福娣、殷福娣与江洪海的女儿、张银与江洪海的孩子、江洪海的父母分配。江洪海其他遗产应该由殷福娣、殷福娣与江洪海的女儿、张银与江洪海的孩子、江洪海的父母继承。

(6) 结婚、离婚都属于要式民事法律行为。应该协同解决结婚登记、离婚登记具体行政行为效力瑕疵与结婚、离婚民事法律行为效力瑕疵，实现对婚姻纠纷的实质性化解。

4. 某男和他前妻已经协议离婚了，可是他不想履行离婚协议。原因是他离婚的时候以为前妻不是认真的，所以什么都答应，可是离婚以后才发现前妻不是闹着玩的，并且要求他履行协议内容。但是因为当时他没把事情当真，所以承诺的东西他认为自己现在没有能力履行，但是前妻是铁定心思要他按协议履行。

请根据上述案例材料，回答下列问题并说明相应的理由：

(1) 离婚协议的法律性质是什么？

(2) 如果前妻去法院起诉的话，某男能提出什么对自己有利的主张？

答题指引：(1) 离婚协议属于身份法律行为。离婚财产分割协议属于身份法律行为中的身份关系协议。

(2) 即便达成离婚协议，对是否离婚可以反悔。一旦离婚，离婚协议生效，就财产分割问题不能反悔。夫妻双方协议离婚后，订立财产分割协议时存在欺诈、胁迫等情形的，受害方有权请求撤销财产分割协议。

5.《婚姻法》第 41 条规定："离婚时，原为夫妻共同生活所负的债务，应当共同偿还。共同财产不足清偿的，或财产归各自所有的，由双方协议清偿；协议不成时，由人民法院判决。”

《婚姻法司法解释二》第24条第1款规定：“债权人就婚姻关系存续期间夫妻一方以个人名义所负债务主张权利的，应当按夫妻共同债务处理。但夫妻一方能够证明债权人与债务人明确约定为个人债务，或者能够证明属于婚姻法第十九条第三款规定情形的除外。”

《婚姻法》第19条第3款规定：“夫妻对婚姻关系存续期间所得的财产约定归各自所有的，夫或妻一方对外所负的债务，第三人知道该约定的，以夫或妻一方所有的财产清偿。”《婚姻法司法解释一》第18条规定：“婚姻法第十九条所称‘第三人知道该约定的’，夫妻一方对此负有举证责任。”

有学者认为：《婚姻法司法解释二》第24条的硬性规定，导致司法实践中不少法官机械司法，不分情况地一律把婚姻关系存续期间夫妻一方在外单独举债作为共同债务处理，严重损害了婚姻关系中不知情非举债一方的合法权益。“谁立据谁还钱”应该成为处理民间借贷的一个十分重要的原则。第24条将夫妻一方以个人名义举债，推定为共同债务。这是违背常理的逻辑谬误。[①]

试结合法律及司法解释的上述相关条文，对《婚姻法司法解释二》第24条作出评析。《民法典》第1064条对《婚姻法司法解释二》第24条作出哪些改变？

答题指引：应当体系地而非机械地理解适用《婚姻法司法解释二》第24条。《婚姻法司法解释二》第24条的体系依归和规范目的所向都在《婚姻法》第41条。《婚姻法司法解释二》第24条对夫妻共同债务并未确立以“身份论”为基础事实的民事法律事实推定规范，而是确立以“共同用途论”——“为夫妻共同生活”为基础事实的民事法律事实推定规范。在夫妻共同债务的认定中，婚姻存续期与夫妻共同生活是两项重要标准，其中夫妻共同生活更是实质性要素，系夫妻共同债务的本质属性。

《民法典》第1064条整体吸纳了《最高人民法院关于审理涉及夫妻债务纠纷案件适用法律有关问题的解释》第1～3条，坚持了主客观相结合的多元化夫妻共同债务认定标准。区分基于日常家事代理形成的夫妻共同债务与非基于日常家事代理形成的夫妻共同债务，在非基于日常家事代理产生的夫妻共同债务问题上区分“共债共签”的原则与“共同用途论”“单方用途论”的例外。

6. 一对夫妻为了孩子念书假离婚，离婚协议里把男方婚前房产也分了一半给女方，但房产一直登记在男方名下。复婚后又要真离婚。

请问：（1）假离婚时的离婚协议有可能因“通谋的虚假意思表示”被确认为无效吗？

（2）可否区分看待，男方婚前个人财产根本不存在以离婚协议分割的基础，而应该被单独认定为赠与，而房产一直还在男方一人名下，赠与可以撤销？

（3）假如女方实际第一次离婚前就出轨了，可不可以有第三条思路，男方主张在被欺诈情况下签的离婚协议，但后来才知道被欺诈，从而可以撤销离婚协议？

---

① 参见刘希平：《天心区法院院长质疑“第24条”》，载《法治周末》2013年6月13日。

答题指引：(1) 区分纯粹的身份法律行为与身份关系协议。假离婚时的离婚财产分割协议因“通谋的虚假意思表示”可确认为无效。

(2) 本题中男方婚前个人财产不存在以离婚协议分割的基础，被单独认定为赠与，而房产一直还在男方一人名下，赠与可以撤销，这种解决进路和 (1) 问解决进路最终结果一致。

(3) 假如女方实际第一次离婚前就出轨了，男方可以主张自己是在被欺诈情况下签的离婚协议，从而可以撤销离婚财产分割协议。

7. 家庭稳定是否等于家庭和谐？家庭稳定是否等于家庭幸福？“离婚冷静期”是对婚姻自由的干涉吗？以往在很多法院，离婚判决通常是初次判决不离，这种裁判态度也是承担离婚冷静期的功能吗？

答题指引：家庭稳定不当然等于家庭和谐，家庭稳定不当然等于家庭幸福。根据《民法典》第 1043 条，重视家庭文明建设的家庭是和谐幸福的。

离婚冷静期的立法目的不是干预婚姻（离婚）自由，而是防止冲动离婚、轻率离婚、草率离婚，引导当事人积极修复感情，降低登记离婚率，保持婚姻关系的稳定性，维护家庭和谐稳定，形成良好的婚恋观、家庭观。

经人民法院判决不准离婚后，双方又分居满 1 年，一方再次提起离婚诉讼的，应当准予离婚。诉讼离婚的法定实质条件是夫妻“感情确已破裂”，程序条件是“调解无效”。保障离婚自由、反对轻率离婚是离婚法律制度的指导思想。初次判决不离，不符合法律规定，是一种机械主义的司法态度。

8. 有句歌词说：“这就是爱，糊里又糊涂。”俗语说：“家就不是一个讲理的地方。”如何看待这些说法？

答题指引：家庭中也有是非曲直，《民法典》第 1043 条是对家庭成员的行为指引和价值引领。

9.《民法典》第 1079 条第 2 款规定：“人民法院审理离婚案件，应当进行调解；如果感情确已破裂，调解无效的，应当准予离婚。”可见，诉讼离婚的法定实质条件是夫妻“感情确已破裂”。恩格斯曾指出：“如果说只有以爱情为基础的婚姻才是合乎道德的，那么也只有继续保持爱情的婚姻才合乎道德。……如果感情确实已经消失或者已经被新的热烈的爱情所排挤，那就会使离婚无论对于双方或对于社会都成为幸事。只是要使人们免于陷入离婚诉讼的无益的泥潭才好。”①

请分析作为诉讼离婚法定实质条件的夫妻“感情确已破裂”指的是不是“爱情确已破裂”。

答题指引：诉讼离婚法定实质条件是夫妻“感情确已破裂”，而不是“爱情确已破裂”。

10. 河南一位女子和丈夫分居 5 年，六次起诉离婚，每次都被法院驳回。该女子第六次起诉离婚时，法院认为：根据相关证据表明，在分居的几年内，丈夫在外务工期间，一直不间断地给妻子转款（平均一年 1 万，共 5 万），妻子在家照顾两个孩子。儿子

---

① ［德］恩格斯：《家庭、私有制和国家的起源》，载《马克思恩格斯选集》（第 2 版第 4 卷），人民出版社 1995 年版，第 81 页。

跟着丈夫生活后，丈夫仍然给妻子转款，妻子将丈夫转的钱用于孩子的抚养和消费支出。由此看来，夫妻二人之间的感情仍没达到彻底破裂的程度，双方还存在和好的可能。为了尽最大的努力挽救这段婚姻，给两个孩子一个健康、和谐的家庭，不准许二人离婚。

湖南某地女子五年五次起诉离婚方才获得解除婚姻关系判决。该女子从2016年6月与男方登记结婚后不到半年便因夫妻感情不和而一直分居，并随即起诉离婚被法院驳回。此后，该女子反复向法院起诉均被驳回，直至第五次起诉方才获得离婚判决。其间，男方始终不同意离婚，而且因为存在家庭暴力、赌博等行为而多次被公安机关处理。而该女子也因不堪忍受男方的暴力、骚扰而多次申请并获得法院作出的人身保护令。即便存在以上事实，法院仍然一次次驳回女方的离婚请求。

有人说，“没有离不了的婚”，请结合《民法典》第1079条第3款和第5款谈一谈对上述案件中诉讼离婚难现象的理解及解决之道。

答题指引：应该对维护婚姻关系稳定和保障离婚自由进行平衡，区分婚姻危机与婚姻死亡。《民法典》第1079条第3款规定：“有下列情形之一，调解无效的，应当准予离婚：（一）重婚或者与他人同居；（二）实施家庭暴力或者虐待、遗弃家庭成员；（三）有赌博、吸毒等恶习屡教不改；（四）因感情不和分居满二年；（五）其他导致夫妻感情破裂的情形。”第5款规定：“经人民法院判决不准离婚后，双方又分居满一年，一方再次提起离婚诉讼的，应当准予离婚。”

11. 英国学者罗素说：“按照理性的道德，没有孩子的婚姻是不能成立的。没有生育的婚姻容易破裂，因为只有通过孩子，性关系才能对社会产生重要意义，从而赢得法律上的承认。”① 我国学者费孝通先生曾经指出：“婚姻的意义，依我以上的说法，是在确立双系抚育。……用社会的力量保证生出来的孩子不但有母而且有父，于是有婚姻。我说婚姻是用社会力量造成的，因为依我所知世界上从来没有一个地方把婚姻视作当事人间个人的私事，别的人不加过问的。……单靠性的冲动和儿女私情是并不足以建立起长久合作抚育子女的关系来的。若婚姻的意义不过是男女的结合，或是两性关系的确立，则婚姻不但是一件人们的私事，而且不必有很多人为这事忙碌干预了。”②

请分析生育与婚姻的关系。

答题指引：婚姻有利于确立双系抚育，生育有利于一定程度上稳定婚姻。但不能将生育作为婚姻的目的。婚姻不是手段，婚姻本身就是目的。夫妻双方因是否生育发生纠纷，致使感情确已破裂，一方请求离婚的，人民法院经调解无效，应当准予离婚。

12. 为保护债权人，婚姻关系存续期间夫妻一方以个人名义对外负担的债务原则上应为夫妻共同债务，除非夫妻一方能够证明与债权人明确约定为个人债务，或者能够证明债权人明知夫妻之间有关于债务的约定。

请问上述观点是否妥当？

答题指引：不能对夫妻共同债务采取“身份论”的认定标准，而是应该侧重“共同

① ［英］罗素：《婚姻革命》，靳建国译，东方出版社1988年版，第105页。
② 费孝通：《乡土中国 生育制度》，北京大学出版社1998年版，第129页。

用途论”——“为夫妻共同生活”标准，根据《民法典》第1064条认定是否构成夫妻共同债务。

13.“李某某诉王某某离婚后财产纠纷案”事实概要如下：原告李某某与被告王某某于2001年11月11日登记结婚，婚后于2003年9月生育一子王某。因感情不和，双方于2009年9月2日在法院调解离婚。双方离婚时对于共同共有的位于北京市某小区59号房屋并未予以分割，而是通过协议约定该房屋所有权在王某某付清贷款后归双方之子王某所有。

2013年1月，李某某起诉至北京市东城区人民法院称：59号房屋贷款尚未还清，房屋产权亦未变更至王某名下，即还未实际赠与王某，目前还处于李某某、王某某共同共有状态，故不计划再将该房屋属于自己的部分赠给王某，主张撤销之前的赠与行为，由法院依法分割59号房屋。①

被告王某某则认为：离婚时双方已经将房屋协议赠与王某，正是因为李某某同意将房屋赠与王某，我才同意离婚协议中其他加重我义务的条款，例如在离婚后单独偿还夫妻共同债务4.5万元。离婚已经对孩子造成巨大伤害，出于对未成年人的考虑，不应该支持李某某的诉讼请求。

请问：夫妻双方在离婚协议中约定将共同共有的房屋赠与未成年子女，一方能否在离婚后要求撤销赠与？②

答题指引：离婚协议中的赠与条款不能适用财产赠与合同规则。夫妻双方在离婚协议中约定将共同共有的房屋赠与未成年子女，一方不能在离婚后要求撤销赠与，除非订立财产分割协议时存在《民法典婚姻家庭编司法解释一》第70条规定的欺诈、胁迫等情形。

14.甲（男）、乙（女）为夫妻，后二人感情破裂，协议离婚，但对于登记在双方名下的夫妻共同共有房产的分割达不成一致意见。经反复磋商，甲乙最后在离婚财产分割协议中约定，离婚后房产归乙所有，甲对该房次卧享有居住权。甲再婚或者交往女友，则其居住权消灭。离婚财产分割协议达成后，双方办理了房屋转移登记手续和居住权设立登记。在双方达成该离婚财产分割协议前，该房产上已经存在A银行的抵押权并办理了抵押权登记。

请结合上述案例和我国《民法典》的相关规定，回答下列问题，并说明理由：

（1）甲、乙之间是否存在居住权合同？具体如何表现？

（2）甲所享有的居住权是否有期限？

（3）乙默许甲利用客厅和次卧开设法考培训机构，甲按月给付乙一定费用。甲乙此种行为是否合乎《民法典》物权编的相关规定？

（4）离婚一段时间后，乙难以接受与甲同处，悔不当初，遂将该房产出租给丙，并签订了租赁合同。对此，甲可作何法律上的反应？

---

① 参见北京市第二中级人民法院（2013）二中民终字第09734号民事判决书，北京法院参阅案例第16号［2014年9月29日北京市高级人民法院审判委员会2014年第16次（总第361次）会议通过］。本案还是最高人民法院公布的10起婚姻家庭纠纷典型案例（北京）之一、最高人民法院公布的49起婚姻家庭纠纷典型案例之一。

② 参见王雷：《身份关系协议的法律适用》，载周江洪、陆青、章程主编：《民法判例百选》，法律出版社2020年版。

(5) 离婚一段时间后，乙难以接受甲离婚不离“家”、继续在次卧居住，悔不当初，遂基于所有权人身份诉请甲排除妨害。你作为法官将如何裁断？

(6) A银行的抵押权是否受甲所享有的居住权的影响？

(7) 为了保障甲住有所居，除本案例所示居住权外，《民法典》之物权编规定的既有物权类型中还有何种法律方案可资选择，以实现甲离婚不离“家”？

(8) 甲再婚后仍主张对案涉房产享有居住权，并主张“甲再婚或者交往女友，则其居住权消灭”的约定违背公序良俗。对此，你如何看待？

答题指引：(1) 甲乙之间存在居住权合同，对应离婚财产分割协议中的相关书面约定。如果结合《民法典》第366条、第371条、第464条进一步作答，也很好。

(2) 甲所享有的居住权没有附期限，根据《民法典》第158条，甲乙居住权约定附解除条件。也可结合《民法典》第367条第2款第4项、第370条作答，甲和乙没有对居住权约定期限，但甲的居住权有法定最长期限——“居住权人死亡”。

(3) 甲乙此种行为不符合《民法典》第279条的规定：业主不得违反法律、法规以及管理规约，将住宅改变为经营性用房。业主将住宅改变为经营性用房的，除遵守法律、法规以及管理规约外，应当经有利害关系的业主一致同意。

(4) 根据《民法典》第725条，租赁期限内租赁物所有权变动不影响租赁权实现，举轻以明重，居住权存续过程中，作为居住权客体的住宅被出租，更不会影响居住权人居住权的实现。甲自可主张自己的居住权优先实现。

《民法典》第369条第二句规定：“设立居住权的住宅不得出租，但是当事人另有约定的除外。”结合第366条作体系解释，除当事人另有约定外，居住权人不得出租房屋。

(5) 乙诉请甲排除妨害，不能获得法院支持。甲作为居住权人在乙拥有所有权的房屋正常居住，是对所有权的合法限制，未损害所有权人的权益，乙的诉请不符合《民法典》第236条“排除妨害”的构成要件。

(6) A银行的抵押权不受影响。根据《民法典》第406条第1款第二句，抵押财产转让的，抵押权不受影响。本案中无论是甲、乙共同共有的房屋转归乙所有，还是乙在自己的房产上为甲设立居住权，都不影响A银行的抵押权。

(7) 根据《民法典》第303条第一句第二分句，甲和乙离婚，共同共有的基础丧失，双方可以采取按份共有的方案分割房产，保障甲住有所居。

(8) 甲的主张没有法律依据。“甲再婚或者交往女友，则其居住权消灭”的约定不违背公序良俗，这是对甲居住权约定附解除条件，没有限制甲再婚或者交往女友的自由，只是将此作为居住权的消灭事由。也不能狭义地理解《民法典》第370条规定的居住权消灭事由。此外，按通常认识，为居住需要，配偶、父母、子女或者其他共同生活的家庭成员可以同住。但依本案中甲和乙的特别约定，则不可。

15. (考研真题改编) 赵某和马某是夫妻。一日赵某在看报纸，看到报纸上说某两夫妻平日如何恩爱，结果离婚分割财产的时候还是闹得不可开交。平时素爱开玩笑的赵某便对马某说：“如果我们俩离婚，我财产一分也不要，全部都给你。”马某正在削苹果，于是开玩笑地用水果刀指着赵某说：“口说无凭，你敢就写下来。”于是赵某便立书一字据，愿在离婚分割财产时将全部共有财产给马某。后来两人感情逐渐恶化，两人诉到法院要求离婚分割财产。两人都同意离婚，但在分割财产的问题上，马某拿出赵某当时写的字据要求取得全部共有财产。赵某主张当时是马某拿水果刀逼他写的，要求分得自己应有部分的财产。主审的林法官认为，赵某无法举证出其主张的字据无效的证据，所以认定字据显示的为他真实的意思表示。于是林法官判决马某和赵某离婚，马某取得全部共有财产。

试回答：(1) 法官的判决合不合法？(2) 法官的判决合不合理？(3) 林法官的法律思维路径是什么？是否合适？(4) 结合本案，请你谈谈你对法治的理解。

答题指引：当事人达成的离婚财产分割协议因双方离婚而生效。一旦离婚，离婚财产分割协议生效，就财产分割问题不能反悔，订立财产分割协议时存在欺诈、胁迫等情形的，受害方有权请求撤销财产分割协议。

16. (考研真题改编) 离婚冷静期。

答题指引：离婚冷静期是指在离婚自由原则下，婚姻双方当事人申请自愿离婚，在婚姻登记机关收到离婚登记申请之日起一定期间内，任何一方都可以随时撤回离婚登记申请、终结登记离婚程序的冷静思考期间。

17. (法考真题改编) 甲与乙 2017 年结婚，次年二人育有一女丙。甲外出打工，多年未回。2021 年 5 月甲的同事丁突然上门要债，称甲赌博欠下巨债未还，乙经多方打听，发现甲具有赌博的恶习，结婚时予以隐瞒。乙向法院提起了离婚，以下选项正确的是（　　）。

A. 乙提起离婚，法院无须调解，可直接判决离婚

B. 甲有赌博恶习屡教不改，离婚后应由乙直接抚养女儿

C. 甲隐瞒婚前赌博的恶习，构成了欺诈，乙可以请求撤销婚姻

D. 甲赌博的债务是在婚姻期间形成的，为夫妻共同债务

参考答案：B

18. (法考真题改编) 王某与顾某婚后有一子王小某，后离婚判决将王小某归王某抚养，后顾某多次探望王小某均遭阻挠，故顾某申请法院强制执行。关于本案，下列说法正确的有（　　）。

A. 可将顾某带到王某住处探望

B. 可将王小某带到指定地点让顾某探望

C. 可将王某拘留

D. 可对王某罚款

参考答案：ABCD

19. (法考真题改编) 2021 年 3 月 1 日，薛女与江男感情破裂离婚，协议分割财产。2021 年 9 月 1 日，薛女发现江男隐藏了婚后股票 100 万元，且江男平时喜好赌博，打牌欠款 50 万元。现薛女要求重新分割财产，江男主张应分担债务。下列选项正确的是（　　）。

A. 江男损害了夫妻共同财产利益

B. 薛女应承担 50 万元债务

C. 薛女有权要求重新分割财产

D. 薛女应承担 25 万元债务

参考答案：AC

20.（法考真题改编）张某与魏某系夫妻，因感情不和，张某提出离婚，魏某提出意见：同意离婚，但要求将婚后取得并登记在张某名下的宅基地须先过户给魏某，对张某表弟刘某的20万元债权归魏某。张某同意。双方签订离婚协议，明确上述事项及办理离婚登记时间。随后双方共同办理了宅基地使用权过户登记，但未将债权转让一事告知刘某。后魏某后悔，拒绝办理离婚登记手续，张某提起诉讼要求离婚。根据《民法典》，下列选项正确的有（ ）。

A. 宅基地使用权属魏某的个人财产

B. 张某可主张解除离婚协议

C. 离婚协议自成立时生效

D. 对刘某的债权属于夫妻共同财产

参考答案：BD

21.（法考真题改编）屈赞与曲玲协议离婚并约定婚生子屈曲由屈赞抚养，另口头约定曲玲按其能力给付抚养费并可随时探望屈曲。对此，下列哪些选项是正确的？（ ）

A. 曲玲有探望权，屈赞应履行必要的协助义务

B. 曲玲连续几年对屈曲不闻不问，违背了法定的探望义务

C. 屈赞拒不履行协助曲玲探望的义务，经由裁判可依法对屈赞采取拘留、罚款等强制措施

D. 屈赞拒不履行协助曲玲探望的义务，经由裁判可依法强制从屈赞处接领屈曲与曲玲会面

参考答案：AC

22.（法考真题改编）乙起诉离婚时才得知丈夫甲此前已着手隐匿并转移财产。关于甲、乙离婚的财产分割，下列哪一项是错误的？（ ）

A. 甲隐匿转移财产，分割财产时可少分或不分

B. 就履行离婚财产分割协议事宜发生纠纷，乙可再起诉

C. 离婚后发现甲还隐匿其他共同财产，乙可另诉再次分割财产

D. 离婚后因发现甲还隐匿其他共同财产，乙再行起诉不受诉讼时效限制

参考答案：D

23.（法考真题改编）董楠（男）和申蓓（女）是美术学院同学，共同创作一幅油画作品《爱你一千年》。毕业后二人结婚育有一女。董楠染上吸毒恶习，未经申蓓同意变卖了《爱你一千年》，所得款项用于吸毒。因董楠恶习不改，申蓓在女儿不满1周岁时提起离婚诉讼。下列哪些说法是正确的？（ ）

A. 申蓓虽在分娩后1年内提出离婚，法院应予受理

B. 如调解无效，应准予离婚

C. 董楠出售《爱你一千年》侵犯了申蓓的物权和著作权

D. 对董楠吸毒恶习，申蓓有权请求离婚损害赔偿

参考答案：ABC

24. 为进一步明确上市公司大股东和董事、监事、高级管理人员因离婚、法人或者

非法人组织终止、公司分立等形式分配股份后减持的相关要求，规范“关键少数”的减持行为，2023年8月25日，沪深交易所分别就此前颁布的《上海证券交易所上市公司股东及董事、监事、高级管理人员减持股份实施细则》《深圳证券交易所上市公司股东及董事、监事、高级管理人员减持股份实施细则》适用问题进行解答。离婚式减持成为热点话题，推而广之，技术性离婚也成为一个时新表达。技术性离婚是指夫妻双方非因感情确已破裂而协商一致的离婚，即以规避住房限购、禁业政策、股份减持规定、逃避债务等为目的而采取离婚的方式。

具体地，大股东因离婚、法人或者非法人组织终止、公司分立等形式分配股份后进行减持的，股份过出方、过入方应当合并计算判断大股东身份，合并适用关于减持比例的规定，即持续共用大股东通过集中竞价交易任意连续90个自然日内减持不超过1%、通过大宗交易任意连续90个自然日内减持不超过2%的减持额度，并分别履行大股东通过集中竞价交易减持的预披露义务等。

董监高因离婚分割股份后进行减持的，股份过出方、过入方在该董监高任职期间每年转让的股份不得超过其各自所持有的本公司股份总数的25%，并分别履行董监高通过集中竞价交易减持的预披露义务等。董监高任期届满前离职的，股份过出方、过入方均应当遵守股份减持的限制性规定。

大股东、董监高因离婚、法人或者非法人组织终止、公司分立等形式拟分配股份的，应当及时披露相关情况。大股东分配股份过户前，上市公司应当督促股份过出方和过入方商定并披露减持额度分配方案；未能商定的，各方应当按照各自持股比例确定后续减持额度并披露。

请结合上述材料，从婚姻家庭法角度谈谈对“技术性离婚”的认识。

答题指引：技术性离婚是上市公司股份减持中出现的新现象，技术性离婚是“假离婚”在离婚式减持领域的新表现。技术性离婚、假离婚都不影响离婚法律效力的确定性。基于离婚身份法律行为的要式性特点，不能认为技术性离婚、假离婚无效。要求离婚式减持的股份过出方、过入方应当在股份过户后持续共同遵守大股东和董监高信息披露、减持额度、减持限制等规定，是穿透式监管理念的体现。

25. 妻子离家失联近20年，福建男子起诉离婚被认定“感情未破裂”遭法院驳回，律师支招[①]

据福建广电第一帮帮团报道，2024年9月21日，福建长乐，李先生求助称，妻子自1996年起独自离家，一直音信全无。李先生曾起诉离婚，但被驳回。

1994年，李先生与四川达州的赵女士相识，同年回到长乐成婚并育有一子。1996年12月，赵女士独自离家出走，一直音信全无。李先生曾起诉过离婚，法院于2016年裁决：李先生无法提供充分证据证明双方感情完全破裂，依法不支持离婚请求。李先生称，他想组建一个新的家庭，给女友一个名分，却因未能顺利离婚而受阻。

问题：本案中，妻子失联近20年，怎么证明“感情破裂”？李先生谈恋爱，是不是出轨，是不是重婚？如果妻子突然出现，能不能主张分割李先生的财产？如果你是律

---

① https：//www.163.com/news/article/JCNCCENQ00019SNS.html＃fr＝email。

师，你会如何为李先生提供专业解答？

答题指引：是否符合诉讼离婚“感情破裂”，可以结合《民法典》第1079条“其他导致夫妻感情破裂的情形”，加以论证。对于李先生和赵女士的婚姻，还可以结合《民法典》第46条和第51条讨论是否可以适用宣告死亡制度。李先生是否有可能构成出轨或者重婚？结合《民法典婚姻家庭编司法解释一》第2条等展开分析。关于离婚财产分割，论证妻子离家出走的近20年是否还在形成夫妻共同财产，还要适用《民法典》第1087条规定的照顾无过错方原则。

第七章 婚姻家庭领域的救助措施与法律责任

本章重点知识

1. 离婚经济补偿（家务劳动补偿）、离婚经济帮助和离婚损害赔偿并非离婚共同财产分割或者共同债务清偿的内容，而均属于离婚救助措施。

2. 家庭暴力，是指家庭成员之间以殴打、捆绑、残害、限制人身自由、冻饿或者经常性谩骂、恐吓、侮辱、诽谤、威胁、跟踪、骚扰等方式实施的身体或者精神侵害行为。《反家庭暴力法》首次专章规定人身安全保护令制度，成为该法的最大亮点，也是该法提供的预防和制止家庭暴力的最有力救助措施。

《反家庭暴力法》中的人身安全保护令不同于《民法典》第 997 条中的人格权禁令。从法律发展的角度看，人格权禁令源于人身安全保护令，但人身安全保护令不同于人格权禁令。

3. 性骚扰大多发生在婚姻家庭领域之外，可以类推适用《最高人民法院关于办理人身安全保护令案件适用法律若干问题的规定》第 6 条以降低性骚扰案件中受害人的证明标准。

4. 离婚经济补偿制度也被称为离婚家务劳动补偿制度，是指夫妻一方因抚育子女、照料老年人、协助另一方工作等负担较多义务的，离婚时有权向另一方请求补偿，另一方应当给予补偿的法律制度。

离婚经济补偿不同于离婚经济帮助或者离婚损害赔偿，三者彼此不能替代。不能用离婚经济补偿代替离婚对夫妻共同财产的分割、离婚损害赔偿或者离婚经济帮助制度。

离婚经济补偿的具体认定需运用利益动态衡量方法，综合考量婚姻关系存续时间长短、一方在家务劳动中投入时间和强度等具体付出情况、双方经济收入情况、离婚后可预见的双方经济能力差异、当地一般生活水平等因素。

5. 离婚损害赔偿制度是指因配偶一方重大过错行为导致感情确已破裂而离婚的，无过错方可以依照法律的相关规定向有过错一方请求赔偿其物质损害和精神损害的法律制度。

本章知识逻辑图

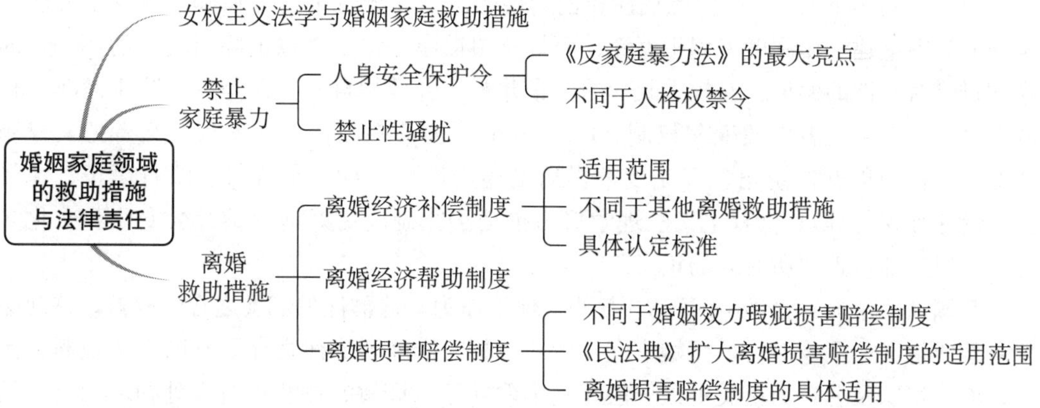

《婚姻法》第五章专章规定“救助措施与法律责任”，《民法典》婚姻家庭编未专章规定“救助措施与法律责任”。本书仍将“婚姻家庭领域的救助措施与法律责任”作为单独一部分加以介绍，理由如下：

第一，虽然《民法典》将离婚损害赔偿制度归位到离婚制度之下加以规定，但离婚经济补偿、离婚经济帮助和离婚损害赔偿并非离婚共同财产分割或者共同债务清偿的内容，而均属于离婚救助措施，应被归为同类。

第二，禁止家庭暴力、禁止虐待、禁止遗弃的有关规定及救济措施并非仅适用于夫妻关系、父母子女关系、其他近亲属关系或者离婚等任何单一情形下[1]，而是在婚姻家庭领域具有普遍适用性，理当作为共通内容加以介绍，作为共通规则加以规定，以避免法律漏洞。《民法典》第1042条第3款规定：“禁止家庭暴力。禁止家庭成员间的虐待和遗弃。”该款虽然注意到禁止家庭暴力、禁止虐待、禁止遗弃有关规定的公因式功能，但却过于笼统，无法充分发挥裁判规范功能。

第三，婚姻家庭法学体系以《民法典》婚姻家庭编为基础，但也不能时时处处在法典体系后亦步亦趋。

第一节　女权主义法学与婚姻家庭法

一、女权主义法学与婚姻家庭救助措施

“从古至今，法律一直是隐蔽性别的。……我们应当有意识地从‘法律的隐蔽性别’角度审视法律，将社会性别意识纳入法学的研究以及对立法、司法、执法的审查当中，

① 例如，《最高人民法院关于办理人身安全保护令案件适用法律若干问题的规定》（法释〔2022〕17号）第1条第2款规定：“向人民法院申请人身安全保护令，不以提起离婚等民事诉讼为条件。”

因为，妇女所面临的许多问题仍然与法律的隐蔽性别有关。”① 女性权益受到尊重和保护的程度，反映了一个社会的文明程度。20 世纪 80 年代以来，女权主义法理学（Feminist Jurisprudence）作为一种挑战性和创造性的法学流派逐渐为人所知。女权主义法理学并非意图重建法律制度来偏袒女性，而是意图重建法律制度以消除对女性的不利，即意图排除对女性的偏见。女权主义者的主张并非不合理的自利，而是促进公正而非特权的自利。女权主义者以改变父权制（Patriarchy）为其中心任务，女权主义者把父权制所致力维护的男女传统角色和制度的影响描述为性别支配（如强奸、殴打妻子、性骚扰、就业歧视等等）。女权主义法理学努力推动法律制度更好地容纳社会变化和文化多样性，以逐渐接近“所有人的正义”。②

我国《民法典》第 1041 条第 3 款侧重保护作为弱势群体的妇女之合法权益，体现必要的弱式意义上平等对待，婚姻家庭领域的“救助措施与法律责任”有助于实现弱者保护，有关组织及公权力机关可以依法相应采取劝阻、调解、制止、行政处罚、判决、强制执行等方式对弱势一方当事人（如遭到家庭暴力③、虐待或者遗弃的家庭成员）在婚姻家庭生活中乃至离婚后进行救济。离婚经济补偿（家务劳动补偿）、离婚经济帮助、离婚损害赔偿、人身安全保护令等有利于保护婚姻家庭生活中的妇女等弱势群体，实现性别实质平等。

司法机关介入婚姻家庭生活应慎重，除严重的违法犯罪行为之外，一般应该以受害人主动请求救济为前提。基于受害人与加害人之间的亲属伦理关系，对相关侵害行为，以亲属法律关系当事人之间通过自行协商、和解等方式解决问题为原则，这更有利于维护婚姻家庭关系的稳定性和实现亲情修复。根据中国传统观念，很多人认为，小孩是父母的，有“不打不成材”“棍棒底下出孝子”的说法。对未成年人遭受家庭暴力、虐待或遗弃的行为，应该加强公权力机关的救济。公权力介入家庭问题时应当区分不同问题，作不同程度的介入。立法有必要规定反家庭暴力检察公益诉讼。我们应该协同法律规范和非法律规范在社会调整中的角色功能，相反“法律制定者如果对那些会促成非正式合作的社会条件缺乏眼力，他们就可能造就一个法律更多但秩序更少的世界”④。立法是然，司法亦然。

二、女权主义法学与夫妻财产制

《民法典》在夫妻共同财产制的规定上体现了对妇女的保护。《民法典》第 1062 条规定了夫妻婚后所得共同财产制，夫妻在婚姻关系存续期间取得的财产为夫妻共有财

① 夏吟兰：《民法典离婚家务劳动经济补偿制度完善的人权内涵》，载《人权研究》2020 年第 2 期，第 30 页。

② 参见［美］帕特里夏·史密斯：《女权主义法理学》，载［美］丹尼斯·帕特森编：《布莱克维尔法哲学与法律理论指南》，汪庆华等译，上海人民出版社 2013 年版，第 306－314 页。

③ 参见张骁：《遭遇妻子家暴 男子起诉离婚》，载《新文化报》2013 年 5 月 7 日；高健等：《丈夫忍妻子家暴 20 年终离婚》，载《北京日报》2012 年 12 月 14 日。

④ ［美］罗伯特·C. 埃里克森：《无需法律的秩序——邻人如何解决纠纷》，苏力译，中国政法大学出版社 2003 年版，第 354 页。

产，除非夫妻有另外的约定或者法律有例外的规定。这是《民法典》认定夫妻财产归属的一条推定原则。在对同一问题出现多个法律解释结论的情况下，保护妇女的合法权益和夫妻婚后所得共同财产制应该成为对多个法律解释结论进行取舍的依据。

夫妻婚后所得共同共有制度进一步具体化为《民法典婚姻家庭编司法解释一》第 29 条的规定："当事人结婚前，父母为双方购置房屋出资的，该出资应当认定为对自己子女个人的赠与，但父母明确表示赠与双方的除外。""当事人结婚后，父母为双方购置房屋出资的，依照约定处理；没有约定或者约定不明确的，按照民法典第一千零六十二条第一款第四项规定的原则处理。"问题是，婚后一方父母出资为子女购买不动产中的"出资"是指出全资还是部分出资，并不明确，容易引起不同的理解。如果一方父母为子女购买房屋部分出资，购房余款来源为夫妻共有财产的，房屋产权登记在该方父母的子女名下的，属于一方父母为子女买房参与出资的情况，则不能简单地认定为参与出资人子女的个人财产，否则，容易侵害参与出资人子女的配偶的财产权益。①

第二节 禁止家庭暴力

家庭暴力，是指家庭成员之间以殴打、捆绑、残害、限制人身自由、冻饿或者经常性谩骂、恐吓、侮辱、诽谤、威胁、跟踪、骚扰等方式实施的身体或者精神侵害行为。家庭暴力包括身体暴力、精神暴力和性暴力。例如，丈夫李某采用喝农药、跳楼等自残自伤方式威胁妻子王某，虽然施暴人没有采取直接谩骂、威胁的方式，但其自残自伤行为使王某处于惊惧的心理状态，精神的不自由亦属于精神侵害，故人民法院对王某申请人身安全保护令的请求予以支持。② 持续性、经常性的家庭暴力，构成虐待。《民法典婚姻家庭编司法解释一》第 1 条规定："持续性、经常性的家庭暴力，可以认定为民法典第一千零四十二条、第一千零七十九条、第一千零九十一条所称的'虐待'。"《刑法》第 260 条规定虐待罪："虐待家庭成员，情节恶劣的，处二年以下有期徒刑、拘役或者管制。""犯前款罪，致使被害人重伤、死亡的，处二年以上七年以下有期徒刑。""第一款罪，告诉的才处理，但被害人没有能力告诉，或者因受到强制、威吓无法告诉的除外。"第 261 条规定遗弃罪："对于年老、年幼、患病或者其他没有独立生活能力的人，负有扶养义务而拒绝扶养，情节恶劣的，处五年以下有期徒刑、拘役或者管制。"

因婚姻家庭纠纷案件引发的恶性暴力事件时有发生。"法不入家门"已经成为历史，反对家庭暴力是社会文明进步的标志。最大限度预防和制止家庭暴力，有助于依法保护家庭成员，特别是妇女、未成年人、老年人、残疾人的合法权益，为家庭弱势成员撑起"保护伞"，维护平等、和睦、文明的家庭关系，促进家庭和谐、社会稳定。《民法

---

① 参见陈博：《北京首例房产证加名案宣判》，载《新京报》2011 年 12 月 19 日。

② 参见"王某申请人身安全保护令案——通过自伤自残对他人进行威胁属家庭暴力"，最高人民法院发布的人民法院反家庭暴力典型案例（第一批）之三，最高人民法院新闻局 2023 年 11 月 25 日发布，https：//www.court.gov.cn/zixun/xiangqing/418562.html。

典》第1042条第3款规定："禁止家庭暴力。禁止家庭成员间的虐待和遗弃。"《反家庭暴力法》第2条规定："本法所称家庭暴力，是指家庭成员之间以殴打、捆绑、残害、限制人身自由以及经常性谩骂、恐吓等方式实施的身体、精神等侵害行为。"《最高人民法院关于办理人身安全保护令案件适用法律若干问题的规定》第3条规定："家庭成员之间以冻饿或者经常性侮辱、诽谤、威胁、跟踪、骚扰等方式实施的身体或者精神侵害行为，应当认定为反家庭暴力法第二条规定的'家庭暴力'。"《反家庭暴力法》首次专章规定人身安全保护令制度[①]，成为该法的最大亮点，也是该法提供的预防和制止家庭暴力的最有力救助措施。"申请人身安全保护令案件"也成为独立的民事案由。

公安部等印发的《关于加强家庭暴力告诫制度贯彻实施的意见》（公通字〔2024〕34号）将《反家庭暴力法》第16条规定的"出具告诫书"制度加以细化；明确公安机关告诫的行政指导行为性质；规定认定家庭暴力事实的证据规则；明确加害人承认实施家庭暴力行为，辩称受害人有过错的，不影响公安机关依法出具告诫书；要求公安机关依法处置家庭暴力时，应当主动告知受害人可以向人民法院申请人身安全保护令。

实施家庭暴力或者虐待、遗弃家庭成员是离婚案件中调解无效后诉讼离婚的法定事由之一。[②] 因实施家庭暴力或者虐待、遗弃家庭成员导致离婚的，无过错方在离婚时有权根据《民法典》第1091条请求离婚损害赔偿。[③] 媒体调查显示，20%～30%离婚案涉家暴，家暴的范围很广，除了伴侣之间，还有代际之间，从整体上来看，男性与女性遭受家暴的比例接近。具体到婚姻关系中，女性和男性遭受家暴的比例就大幅度拉开。在婚姻关系里，家暴受害者中九成为女性。[④] 暴力和善行都始于家庭，并可能代际传递。纽约大学精神病学家吉利根在《暴力失乐园》一书中认为："我们最初是从家中学得用暴力来解决人与人、团体或国家之间的冲突。所有解决问题、恶化问题、制造问题的策略，都是从家庭学来的。"[⑤]

一、人身安全保护令

（一）人身安全保护令是《反家庭暴力法》的最大亮点

人身安全保护令是《反家庭暴力法》的最大亮点。人身安全保护令案件可以参照适

---

① 《反家庭暴力法》之前，司法实践中也有对人身安全保护令的探索。"2010年12月13日，中山市第一法院发出中山首份《人身安全保护裁定》，对遭受丈夫家庭暴力15年之久，在提出离婚诉讼期间仍不能幸免的妻子实施人身安全保护。"林志文、王飙尘：《让清官明断家务事：家事审判庭，中山试水一年》，载《中国妇女报》2011年4月19日。

② 参见"李某娥诉罗某超离婚纠纷案"，载《最高人民法院公报》2015年第2期。

③ 参见"王某诉江某离婚案"，转引自《最高法发布婚姻家庭纠纷典型案例北京10例》，载新浪网2015年11月19日，http://finance.sina.com.cn/sf/news/2015-11-19/143511099.html。

④ 参见魏翠翠：《那些被家暴的男性，选择藏起来》，载微信公众号"南方周末"2022年12月5日，https://mp.weixin.qq.com/s/fabz1oP7Hk_8k1fmqHyJWA。

⑤ 转引自魏翠翠：《那些被家暴的男性，选择藏起来》，载微信公众号"南方周末"2022年12月5日，https://mp.weixin.qq.com/s/fabz1oP7Hk_8k1fmqHyJWA。

用特别程序案件审理。人身安全保护令案件适用何种程序，《反家庭暴力法》和《民事诉讼法》中均没有作出直接规定。人民法院可以比照特别程序进行审理。家事纠纷案件中的当事人向人民法院申请人身安全保护令的，由审理该案的审判组织作出是否发出人身安全保护令的裁定；如果人身安全保护令的申请人在接受其申请的人民法院并无正在进行的家事案件诉讼，由法官以独任审理的方式审理。至于是否需要就发出人身安全保护令问题听取被申请人的意见，则由承办法官视案件的具体情况决定。[①]

人身安全保护令由基层人民法院以裁定形式作出。《反家庭暴力法》第 26 条规定："人身安全保护令由人民法院以裁定形式作出。"第 25 条规定："人身安全保护令案件由申请人或者被申请人居住地、家庭暴力发生地的基层人民法院管辖。"

人身安全保护令案件须依当事人申请而启动，人身安全保护令案件具有程序独立性，即向人民法院申请人身安全保护令，不以提起离婚等民事诉讼为条件。《反家庭暴力法》第 23 条规定："当事人因遭受家庭暴力或者面临家庭暴力的现实危险，向人民法院申请人身安全保护令的，人民法院应当受理。""当事人是无民事行为能力人、限制民事行为能力人，或者因受到强制、威吓等原因无法申请人身安全保护令的，其近亲属、公安机关、妇女联合会、居民委员会、村民委员会、救助管理机构可以代为申请。"第 37 条规定："家庭成员以外共同生活的人之间实施的暴力行为，参照本法规定执行。"《妇女权益保障法》第 29 条规定："禁止以恋爱、交友为由或者在终止恋爱关系、离婚之后，纠缠、骚扰妇女，泄露、传播妇女隐私和个人信息。""妇女遭受上述侵害或者面临上述侵害现实危险的，可以向人民法院申请人身安全保护令。"[②] 第 78 条规定："国家机关、社会团体、企业事业单位对侵害妇女权益的行为，可以支持受侵害的妇女向人民法院起诉。"例如，针对恋爱、同居等关系中发生的暴力行为，受害人有权申请人身安全保护令。在"林某申请人身安全保护令案"中，人民法院对赵某在恋爱结束后骚扰、跟踪林某的行为依法签发人身安全保护令，使家庭成员以外的亲密关系中的暴力行为得以通过合法途径得到有效规制。[③]《最高人民法院关于办理人身安全保护令案件适用法律若干问题的规定》第 2 条规定："当事人因年老、残疾、重病等原因无法申请人身安全保护令，其近亲属、公安机关、民政部门、妇女联合会、居民委员会、村民委员会、残疾人联合会、依法设立的老年人组织、救助管理机构等，根据当事人意愿，依照反家庭暴力法第二十三条规定代为申请的，人民法院应当依法受理。"在充分尊重家庭暴力受害人真实意愿的前提下，对惧于家庭暴力不敢起诉，未获得妇女联合会等单位帮助的，

---

① 参见《最高人民法院关于人身安全保护令案件相关程序问题的批复》（法释〔2016〕15 号）第 3 条。

② 《妇女权益保障法》第 29 条扩大了人身安全保护令适用的对象，不局限于家庭成员，而是进一步扩大到离婚以后的当事人和终止恋爱关系的当事人。第 29 条还扩大了人身安全保护令适用的情形，不局限于家庭暴力行为，而是将其扩大适用到"纠缠、骚扰妇女，泄露、传播妇女隐私和个人信息"的情形。《妇女权益保障法》中人身安全保护令制度的具体适用问题，可以类推适用《反家庭暴力法》的有关规定以及《最高人民法院关于办理人身安全保护令案件适用法律若干问题的规定》。参见周友军：《拓展人身保护令适用范围大有裨益》，载《法治日报》2023 年 1 月 18 日，第 5 版。

③ 参见"林某申请人身安全保护令案——人身安全保护令可适用于终止恋爱关系的当事人"，最高人民法院发布的人民法院反家庭暴力典型案例（第一批）之一，最高人民法院新闻局 2023 年 11 月 25 日发布，https：//www.court.gov.cn/zixun/xiangqing/418562.html。

检察机关可依申请支持家庭暴力受害人起诉维权。[①]

申请人身安全保护令应当以书面等方式提出。《反家庭暴力法》第 24 条规定："申请人身安全保护令应当以书面方式提出；书面申请确有困难的，可以口头申请，由人民法院记入笔录。"根据《最高人民法院关于人身安全保护令案件相关程序问题的批复》的有关规定，向人民法院申请人身安全保护令，不收取诉讼费用。请求人民法院作出人身安全保护令的，申请人不需要提供担保。

家庭暴力具有私密性、突发性特点，家庭暴力受害人宜增强证据意识，依法及时保存、提交证据。《反家庭暴力法》第 27 条规定："作出人身安全保护令，应当具备下列条件：（一）有明确的被申请人；（二）有具体的请求；（三）有遭受家庭暴力或者面临家庭暴力现实危险的情形。"

申请人如何证明自己有遭受家庭暴力或者面临家庭暴力现实危险的情形？《最高人民法院关于办理人身安全保护令案件适用法律若干问题的规定》第 6 条降低了人身安全保护令申请人的证明标准，不必达到高度盖然性证明标准（高度盖然性证明标准即确信待证事实的存在具有高度可能性）。司法实践中也早有相关探索，有法院认为，对家庭暴力，在必要时可以适当降低受害人的举证责任，如受害人曾多次被殴打，并有验伤鉴定以及报警记录，在被告无法提供反证的情况下，可以推定其为加害人。[②]《最高人民法院关于办理人身安全保护令案件适用法律若干问题的规定》第 6 条规定："人身安全保护令案件中，人民法院根据相关证据，认为申请人遭受家庭暴力或者面临家庭暴力现实危险的事实存在较大可能性的，可以依法作出人身安全保护令。""前款所称'相关证据'包括：（一）当事人的陈述；（二）公安机关出具的家庭暴力告诫书、行政处罚决定书；（三）公安机关的出警记录、讯问笔录、询问笔录、接警记录、报警回执等；（四）被申请人曾出具的悔过书或者保证书等；（五）记录家庭暴力发生或者解决过程等的视听资料；（六）被申请人与申请人或者其近亲属之间的电话录音、短信、即时通讯信息、电子邮件等；（七）医疗机构的诊疗记录；（八）申请人或者被申请人所在单位、民政部门、居民委员会、村民委员会、妇女联合会、残疾人联合会、未成年人保护组织、依法设立的老年人组织、救助管理机构、反家暴社会公益机构等单位收到投诉、反映或者求助的记录；（九）未成年子女提供的与其年龄、智力相适应的证言或者亲友、邻居等其他证人证言；（十）伤情鉴定意见；（十一）其他能够证明申请人遭受家庭暴力或者面临家庭暴力现实危险的证据。"其他能够证明申请人遭受家庭暴力或者面临家庭暴力现实危险的证据，如公安机关出具的"验伤通知书"等。[③] 例如，在"李某申请人身安全保护令案"中，李某提供了一些受伤照片、多次报警电话记录，而听证过程中李某丈夫对李某的受伤照片解释称是其自己摔倒所致，该解释不具有说服力，人民法院结合上述证

---

① 参见最高人民检察院指导性案例 126 号"张某云与张某森离婚纠纷支持起诉案"，载《最高人民检察院公报》2022 年第 2 号。

② 参见"庄某琴与范某勇离婚案"，浙江省温州市龙湾区人民法院（2007）温龙民初字第 548 号民事判决书，载《人民法院案例选》2007 年第 3 辑（总第 61 辑）。

③ 参见上海宝山法院：《妻子被家暴申请人身安全保护令案》，2023 年 1 月 5 日上海市高级人民法院发布的"小案大道理——上海法院弘扬社会主义核心价值观典型案例"之七，载微信公众号"上海高院"2023 年 1 月 5 日，https：//mp. weixin. qq. com/s/bHtTY_stmd0RGrYT2UQnew。

据及当事人陈述情况，从日常生活经验和常理分析，认定李某遭受丈夫家庭暴力存在较大可能性并签发人身安全保护令。①《最高人民法院关于办理人身安全保护令案件适用法律若干问题的规定》第 6 条在人身安全保护令案件中将申请人遭受家庭暴力或者面临家庭暴力现实危险的事实证明标准降低到“存在较大可能性”，还扩张了适格“相关证据”的范围。类推适用《最高人民法院关于办理人身安全保护令案件适用法律若干问题的规定》第 6 条，《民法典》第 997 条人格权禁令的申请人应当提供初步证据证明“行为人正在实施或者即将实施侵害其人格权的违法行为”，人民法院经审查确信待证事实存在较大可能性即可。

人民法院曾作出人身安全保护令是受害人在离婚案件中主张存在家庭暴力事实的证据。《最高人民法院关于办理人身安全保护令案件适用法律若干问题的规定》第 9 条规定：“离婚等案件中，当事人仅以人民法院曾作出人身安全保护令为由，主张存在家庭暴力事实的，人民法院应当根据《最高人民法院关于适用〈中华人民共和国民事诉讼法〉的解释》第一百零八条的规定，综合认定是否存在该事实。”

人民法院在人身安全保护令案件中应当加大依职权调取证据力度。《最高人民法院关于办理人身安全保护令案件适用法律若干问题的规定》第 5 条规定：“当事人及其代理人对因客观原因不能自行收集的证据，申请人民法院调查收集，符合《最高人民法院关于适用〈中华人民共和国民事诉讼法〉的解释》第九十四条第一款规定情形的，人民法院应当调查收集。”“人民法院经审查，认为办理案件需要的证据符合《最高人民法院关于适用〈中华人民共和国民事诉讼法〉的解释》第九十六条规定的，应当调查收集。”

人身安全保护令的审理程序具有迅捷性特点，人民法院应当依法及时作出人身安全保护令。《反家庭暴力法》第 28 条规定：“人民法院受理申请后，应当在七十二小时内作出人身安全保护令或者驳回申请；情况紧急的，应当在二十四小时内作出。”

人身安全保护令可以包括多种具体措施。《反家庭暴力法》第 29 条规定：“人身安全保护令可以包括下列措施：（一）禁止被申请人实施家庭暴力；（二）禁止被申请人骚扰、跟踪、接触申请人及其相关近亲属；（三）责令被申请人迁出申请人住所；（四）保护申请人人身安全的其他措施。”《最高人民法院关于办理人身安全保护令案件适用法律若干问题的规定》第 10 条规定：“反家庭暴力法第二十九条第四项规定的‘保护申请人人身安全的其他措施’可以包括下列措施：（一）禁止被申请人以电话、短信、即时通讯工具、电子邮件等方式侮辱、诽谤、威胁申请人及其相关近亲属；（二）禁止被申请人在申请人及其相关近亲属的住所、学校、工作单位等经常出入场所的一定范围内从事可能影响申请人及其相关近亲属正常生活、学习、工作的活动。”

就人身安全保护令的撤销、变更、延长、申请复议等程序问题，《反家庭暴力法》第 30 条规定：“人身安全保护令的有效期不超过六个月，自作出之日起生效。人身安全保护令失效前，人民法院可以根据申请人的申请撤销、变更或者延长。”第 31 条规定：

① 参见“李某申请人身安全保护令案——发出人身安全保护令的证明标准是‘存在较大可能性’”，最高人民法院发布的人民法院反家庭暴力典型案例（第一批）之二，最高人民法院新闻局 2023 年 11 月 25 日发布，https://www.court.gov.cn/zixun/xiangqing/418562.html。

“申请人对驳回申请不服或者被申请人对人身安全保护令不服的，可以自裁定生效之日起五日内向作出裁定的人民法院申请复议一次。人民法院依法作出人身安全保护令的，复议期间不停止人身安全保护令的执行。”对于人身安全保护令的被申请人提出的复议申请和人身安全保护令的申请人就驳回裁定提出的复议申请，可以由原审判组织进行复议；人民法院认为必要的，也可以另行指定审判组织进行复议。

就人身安全保护令的执行和协助执行，《反家庭暴力法》第 32 条规定：“人民法院作出人身安全保护令后，应当送达申请人、被申请人、公安机关以及居民委员会、村民委员会等有关组织。人身安全保护令由人民法院执行，公安机关以及居民委员会、村民委员会等应当协助执行。”公安机关以及居民委员会、村民委员会等协助执行人身安全保护令，有利于形成联动保护机制。

被申请人违反人身安全保护令，须依法承担相应的法律责任。《反家庭暴力法》第 34 条规定：“被申请人违反人身安全保护令，构成犯罪的，依法追究刑事责任；尚不构成犯罪的，人民法院应当给予训诫，可以根据情节轻重处以一千元以下罚款、十五日以下拘留。”

（二）人身安全保护令不同于人格权侵害禁令

人身安全保护令、人格权侵害禁令（也称为“人格权禁令”）不以后续提起诉讼为必要，是不同于诉前行为保全或者诉中行为保全的特殊行为保全措施、预防性救济措施。《最高人民法院民事案件案由规定》也将申请保全案件、申请人身安全保护令案件与申请人格权侵害禁令案件规定为不同的案由类型。《反家庭暴力法》中的人身安全保护令不同于《民法典》第 997 条中的人格权侵害禁令。从法律发展的角度看，人格权侵害禁令源于人身安全保护令，但人身安全保护令不同于人格权侵害禁令，具体如下：

第一，适用范围不同。人格权侵害禁令的适用范围广于人身安全保护令。在家庭成员的人身自由权等受到家庭暴力侵害时，权利人可以依法请求人民法院作出人身安全保护令。人格权侵害禁令的适用范围不局限于家庭成员或者其他共同生活的人之间。

第二，概念层级不同。人格权侵害禁令源于人身安全保护令又超越于人身安全保护令，人格权侵害禁令反过来成为人身安全保护令的上位概念。

第三，保护对象不同。人身安全保护令预防和制止针对身体或者精神的暴力侵害行为，主要针对物质性人格权的暴力侵害行为，对标表性和精神性的人格权的其他侵害行为，则主要适用人格权侵害禁令。人格权侵害禁令的保护对象及于所有人格权。

第四，侵害方式不同。人身安全保护令针对的侵害方式是殴打、捆绑、残害、限制人身自由、冻饿或者经常性谩骂、恐吓、侮辱、诽谤、威胁、跟踪、骚扰等暴力方式。精神暴力等“冷暴力”也属于暴力。精神暴力是指长期拒绝与配偶过性生活，长期讽刺、挖苦、言语攻击、无端挑剔，或漠不关心对方、将语言交流降到最低限度，这种暴力的实施其危害性同样会很严重。[①]《民法典》第 997 条规定的人格权侵害禁令不局限于

---

① 参见王晟：《全国妇联：第一部〈反家庭暴力法〉草案起草完成》，载《法制晚报》2011 年 3 月 11 日；“郝某某诉郝某华赡养纠纷案”，载《最高人民法院公报》2015 年第 2 期。

矫正对人格权的暴力侵害方式，对人格权的非暴力侵害方式也存在适用人格权侵害禁令的可能。

《民法典》施行之前，司法实践中曾存在用人身安全保护令替代人格权侵害禁令的做法。

例如，最高人民法院2020年11月25日发布人身安全保护令十大典型案例之三“周某及子女申请人身安全保护令案”，本案系一起针对“离婚后家暴”发出人身安全保护令的典型案例。反家庭暴力法适用于基于结婚、血亲、姻亲和收养关系形成的家庭成员之间。《反家庭暴力法》第2条规定：“本法所称家庭暴力，是指家庭成员之间以殴打、捆绑、残害、限制人身自由以及经常性谩骂、恐吓等方式实施的身体、精神等侵害行为。”第37条进一步明确：“家庭成员以外共同生活的人之间实施的暴力行为，参照本法规定执行。”这意味着监护、寄养、同居、离异等关系的人员之间发生的暴力也被纳入家庭暴力中，受到法律约束。笔者认为，《民法典》施行后，“周某及子女申请人身安全保护令案”这类离婚后暴力案件完全可以直接适用《民法典》第997条人格权侵害禁令制度。

类似地，最高人民法院发布人身安全保护令十大典型案例之八“吴某某申请人身安全保护令案”，这是一起同居关系的一方申请人身安全保护令的案件。根据《反家庭暴力法》第37条，该法不仅预防和制止家庭成员之间的暴力行为，还预防和制止家庭成员以外共同生活的人之间实施的暴力行为。同居关系中暴力受害者的人身权利应当受到法律保护，同居关系的一方若遭受家庭暴力或者面临家庭暴力的现实危险，人民法院也可依当事人申请作出人身安全保护令。笔者认为，《民法典》施行后，“吴某某申请人身安全保护令案”这类同居关系当事人之间暴力案件完全可以直接适用《民法典》第997条人格权侵害禁令制度。

从法律发展的角度看，《民法典》施行之后，不必再通过参照适用人身安全保护令来扩大该制度的适用范围，以弥补人格权侵害禁令的缺位。反过来，根据《民法典》第1001条，婚姻家庭关系中个人所享有的身份权利的保护可以参照适用《民法典》人格权编的有关规定，人格权编可以兜住婚姻家庭编身份权利保护的法律适用之底。[①] 当然，《民法典》第997条人格权侵害禁令制度缺乏配套实施细则，而人身安全保护令已经发展出《反家庭暴力法》和《最高人民法院关于办理人身安全保护令案件适用法律若干问题的规定》相配合的完善规范体系，因此，人格权侵害禁令实施过程中可以类推适用人身安全保护令的有关规定，以填补人格权侵害禁令配套实施制度的缺位。

二、抢夺、藏匿未成年子女的法律救济

不得以抢夺、藏匿未成年子女等方式争夺抚养权。不得以抢夺、藏匿未成年子女等方式阻碍不直接抚养方行使探望权。被抢夺、藏匿或者目睹家庭暴力的未成年子女，属

① 参见王雷：《民法典人格权编中的参照适用法律技术》，载《当代法学》2022年第4期。

于家庭暴力受害人。[①]

父母一方或者其近亲属等抢夺、藏匿未成年子女，另一方向人民法院申请人身安全保护令或者参照适用《民法典》第 997 条的规定申请采取责令行为人停止有关行为的措施的，人民法院应当依法予以支持。《民法典婚姻家庭编司法解释二》第 12 条第 1 款规定："父母一方或者其近亲属等抢夺、藏匿未成年子女，另一方向人民法院申请人身安全保护令或者参照适用民法典第九百九十七条规定申请人格权侵害禁令的，人民法院依法予以支持。"

2025 年 1 月 15 日，最高人民法院举行新闻发布会，发布《最高人民法院关于适用〈中华人民共和国民法典〉婚姻家庭编的解释（二）》及典型案例。案例三：父母一方或者其近亲属等抢夺、藏匿未成年子女，另一方向人民法院申请人格权侵害禁令的，人民法院应予支持——"颜某某申请人格权侵害禁令案"。2015 年，颜某某与罗某某（男）登记结婚。2022 年 7 月，颜某某生育双胞胎子女罗大某（男）、罗小某（女）。罗大某、罗小某出生后，与颜某某、罗某某共同生活居住在 A 省。因家庭矛盾未能得到有效调和，2024 年 3 月，罗某某及其父母、妹妹等人将罗大某强行带离上述住所并带至 B 省。此后，罗大某与罗某某的父母在 B 省共同生活居住。经多次沟通，罗某某均拒绝将罗大某送回。颜某某遂提起本案申请，请求法院裁定罗某某将罗大某送回原住所并禁止罗某某抢夺、藏匿未成年子女。法院认为：父母对未成年子女抚养、教育和保护的权利是一种重要的身份权，抢夺行为严重侵害未成年子女的人格权益和父母另一方因履行监护职责产生的权利。颜某某以其对儿子罗大某的监护权受到侵害为由向人民法院申请禁令，人民法院依法应予受理并可以参照适用《民法典》第 997 条的规定进行审查。因抢夺子女形成的抚养状态，是一种非法的事实状态，不因时间的持续而合法化。该抢夺子女的行为强行改变未成年子女惯常的生活环境和亲人陪伴，不利于未成年人身心健康，严重伤害父母子女之间的亲子关系。人民法院裁定罗某某自收到裁定之日起 7 日内将罗大某送回原住所，并禁止罗某某实施抢夺、藏匿子女或擅自将子女带离住所等侵害颜某某监护权的行为。本案裁定发出后，人民法院组织对双方当事人开展家庭教育指导，并现场督促罗某某购买车票将罗大某从 B 省接回 A 省。解决抢夺、藏匿未成年子女问题的前提是及时快速制止不法行为，尽量减少对未成年人的伤害。签发人格权侵害禁令，可以进行事先预防性保护，避免权利主体受到难以弥补的损害。根据《民法典》第 1001 条的规定，父母对未成年子女抚养、教育和保护的权利是一种重要的身份权，人民法院针对抢夺、藏匿未成年子女行为参照适用《民法典》第 997 条的规定签发禁令，能够快速让未成年子女恢复到原来的生活状态，是人格权保护事先预防大于事后赔偿基本理念的具体体现，对不法行为形成有力的法律震慑。[②]

直接抚养权、探望权属于离婚情形下监护权的变通实现方式，另一方有协助义务。

---

① 参见"蔡某某申请人身安全保护令案——未成年子女被暴力抢夺、藏匿或者目睹父母一方对另一方实施家庭暴力的，可以申请人身安全保护令"，最高人民法院发布的人民法院反家庭暴力典型案例（第二批）之一，最高人民法院新闻局 2023 年 11 月 27 日发布，https：//www. court. gov. cn/zixun/xiangqing/418612. html。

② 参见《涉婚姻家庭纠纷典型案例》，最高人民法院新闻局 2025 年 1 月 15 日发布，https：//www. court. gov. cn/zixun/xiangqing/452761. html。

父母一方或者其近亲属等抢夺、藏匿未成年子女，另一方以履行监护职责产生的权利受到侵害为由，请求行为人承担停止侵害、排除妨碍、赔偿损失等民事责任的，人民法院应依法予以支持。监护权属于《民法典》侵权责任编的保护对象。

抢夺、藏匿子女一方以对方存在严重侵害未成年子女合法权益情形，主张其抢夺、藏匿子女有合理理由的，人民法院应当告知其通过申请撤销监护人资格、中止探望或者变更抚养关系等途径解决。《民法典婚姻家庭编司法解释二》第12条第2款规定："抢夺、藏匿未成年子女一方以另一方存在赌博、吸毒、家庭暴力等严重侵害未成年子女合法权益情形，主张其抢夺、藏匿行为有合理事由的，人民法院应当告知其依法通过撤销监护人资格、中止探望或者变更抚养关系等途径解决。当事人对其上述主张未提供证据证明且未在合理期限内提出相关请求的，人民法院依照前款规定处理。"

对夫妻双方分居期间的监护权纠纷，人民法院可以参照适用《民法典》关于离婚后子女抚养的有关规定，暂时确定未成年子女的抚养事宜，并明确暂时直接抚养未成年子女的一方有协助对方履行监护职责的义务。[①]《民法典婚姻家庭编司法解释二》第13条规定："夫妻分居期间，一方或者其近亲属等抢夺、藏匿未成年子女，致使另一方无法履行监护职责，另一方请求行为人承担民事责任的，人民法院可以参照适用民法典第一千零八十四条关于离婚后子女抚养的有关规定，暂时确定未成年子女的抚养事宜，并明确暂时直接抚养未成年子女一方有协助另一方履行监护职责的义务。"

离婚诉讼中，父母均要求直接抚养已满2周岁的未成年子女，一方有抢夺、藏匿未成年子女且另一方不存在严重侵害未成年子女合法权益情形的（如实施家庭暴力或者虐待、遗弃家庭成员，有赌博、吸毒等恶习），人民法院应当按照最有利于未成年子女的原则，优先考虑由另一方直接抚养。

父母一方或者其近亲属等抢夺、藏匿未成年子女，违反协助义务，侵害另一方的直接抚养权或者探望权时，协助义务是否具有可强制执行性？对协助义务，宜先间接强制后直接强制。《民法典婚姻家庭编司法解释一》第68条规定："对于拒不协助另一方行使探望权的有关个人或者组织，可以由人民法院依法采取拘留、罚款等强制措施，但是不能对子女的人身、探望行为进行强制执行。"该条可以被类推适用到直接抚养权保护情形。

三、禁止性骚扰

通过骚扰等方式实施身体或者精神侵害行为是家庭暴力的表现形式之一，这里所说的骚扰包括性骚扰。

在民事单行法时代，司法实践中法院常常对性骚扰案件中的受害者以其人格尊严受侵害为由予以救济。[②] 未经他人同意，擅自以搂抱、抚摸、亲吻等方式接触他人身体或

① 最高人民法院指导性案例228号："张某诉李某、刘某监护权纠纷案"，https：//www.court.gov.cn/shenpan/xiangqing/433811.html。该案被称为"国内首例婚内监护权案"。

② 参见"杨某某等诉刘某某利用领导关系进行同性间的性猥亵侵犯人身权精神损害赔偿案"，载《人民法院案例选》2003年第3辑（总第45辑），人民法院出版社2004年版。

身体的一部分，满足其性欲望，是性骚扰的典型形态之一。此种性猥亵行为侵害了他人的身体权。同时，自然人的性意识与人格尊严密切关联，因此可以将性骚扰问题纳入侵害自然人身体权和人格尊严的救济方式之下。

《民法典》第1010条规定："违背他人意愿，以言语、文字、图像、肢体行为等方式对他人实施性骚扰的，受害人有权依法请求行为人承担民事责任。""机关、企业、学校等单位应当采取合理的预防、受理投诉、调查处置等措施，防止和制止利用职权、从属关系等实施性骚扰。"《妇女权益保障法》第23～25条细化、完善预防和处置性骚扰、性侵害制度机制，学校、用人单位应当采取措施预防和制止对妇女的性骚扰。《妇女权益保障法》第23条规定："禁止违背妇女意愿，以言语、文字、图像、肢体行为等方式对其实施性骚扰。""受害妇女可以向有关单位和国家机关投诉。接到投诉的有关单位和国家机关应当及时处理，并书面告知处理结果。""受害妇女可以向公安机关报案，也可以向人民法院提起民事诉讼，依法请求行为人承担民事责任。"性骚扰损害责任纠纷成为独立的民事案由。

家庭成员间有可能构成性骚扰侵权。但鉴于夫妻之间互负同居义务，不宜轻易认定夫妻之间存在性骚扰。在夫妻因感情不和长期分居期间或者在夫妻离婚诉讼分居过程中有可能存在性骚扰侵权责任的构成。

根据《民法典》第1001条，对自然人因婚姻家庭关系等产生的身份权利的保护可以根据其性质参照适用人格权编人格权保护的有关规定。此外，《最高人民法院关于办理人身安全保护令案件适用法律若干问题的规定》第6条对人身安全保护令案件降低了受害人的证明标准。这一做法具有合理性，符合家庭暴力的私密性、突发性特点，性骚扰同样具有这两个特点，因此，可以类推适用《最高人民法院关于办理人身安全保护令案件适用法律若干问题的规定》第6条以降低性骚扰案件中受害人的证明标准。

第三节　离婚救助措施

一、离婚经济补偿制度

离婚经济补偿是从事家务劳动较多的一方配偶离婚时要求对方给予补偿的离婚救助制度，是对家务劳动价值的肯定。"家务劳动的无偿性并不意味着其不产生任何价值。"①家庭内部存在分工，"一般来说，抚育子女、照料老人、协助另一方工作等付出较多义务的多是女方，赋予其在离婚时向另一方请求补偿的权利，对保护妇女、维护婚姻家庭关系有积极意义"②。即使在农业经济下，虽然妇女与男子通常有体力上的差距，但"妇女与男子在家庭经济体制中能起同样大的作用。没有她们来贮存、准备食物、管理家

① 王玮玲：《新家庭经济学下离婚补偿制度的适用规则》，载《政法论坛》2021年第6期，第116页。
② 夏吟兰主编：《婚姻家庭继承法》，中国政法大学出版社2012年版，第142页。

务、收拾房间、洗衣做饭，男人就不能把全部精力投入田间劳动中去”[①]。

（一）扩大离婚经济补偿制度的适用范围

离婚经济补偿制度也被称为离婚家务劳动补偿制度，是指夫妻一方因抚育子女、照料老年人、协助另一方工作等负担较多义务的，离婚时有权向另一方请求补偿，另一方应当给予补偿的法律制度。离婚经济补偿制度是民事权利义务责任协调统一原则的具体表现，使“无偿”家务劳动可视化。

《民法典》第1088条将夫妻采用法定共同财产制的，纳入适用离婚经济补偿的范围，以加强对家庭负担较多义务一方权益的保护。[②]《民法典》第1088条规定：“夫妻一方因抚育子女、照料老年人、协助另一方工作等负担较多义务的，离婚时有权向另一方请求补偿，另一方应当给予补偿。具体办法由双方协议；协议不成的，由人民法院判决。”《妇女权益保障法》第68条规定：“夫妻双方应当共同负担家庭义务，共同照顾家庭生活。”“女方因抚育子女、照料老人、协助男方工作等负担较多义务的，有权在离婚时要求男方予以补偿。补偿办法由双方协议确定；协议不成的，可以向人民法院提起诉讼。”

《婚姻法》虽然规定了离婚经济补偿制度，但同时又为该制度的适用预设了一个前提，即“夫妻书面约定婚姻关系存续期间所得的财产归各自所有”（《婚姻法》第40条），原《妇女权益保障法》第47条第2款也规定：“夫妻书面约定婚姻关系存续期间所得的财产归各自所有，女方因抚育子女、照料老人、协助男方工作等承担较多义务的，有权在离婚时要求男方予以补偿。”这就将离婚家务劳动补偿制度看作是对夫妻分别财产制约定的补充，导致实践中该规定实际适用率不高，长期处于“休眠”状态。

根据民事权利义务责任协调统一原则，负担家庭义务更多的一方，为家庭整体考虑而失去了更多自我发展机会，不论是否采取夫妻分别财产制，其在离婚时理应获得相应经济补偿。《民法典》第1088条取消了对夫妻财产制类型的要求，充分肯定了家务劳动的价值，对于正确认识家务劳动的价值，鼓励夫妻平等分配家务劳动，增强家庭责任观念，促进家庭和谐幸福具有积极意义。[③] 当然，“需要注意离婚补偿制度的补充性适用问题。……我国离婚财产清算的基础步骤是平分夫妻共同财产，夫妻共同财产制一定程度上就发挥了肯定家庭劳动价值的功能。在通过平分共同财产即可实现婚姻利益公平分配的情况下，不需要离婚补偿发挥作用。只有在通过离婚财产分割无法实现婚姻成本与收益的全面清算时，离婚补偿制度方介入，关键问题在于个案中离婚节点的判断。第1088条中所谓‘负担较多义务的’，应该就是意旨通过平分现有财产无法实现补偿的情况”[④]。

---

① 林耀华：《金翼——中国家族制度的社会学研究》，庄孔韶、林宗成译，三联书店（香港）有限公司1990年版，第68页。

② 参见王晨：《关于〈中华人民共和国民法典（草案）〉的说明——2020年5月22日在第十三届全国人民代表大会第三次会议上》，http://www.npc.gov.cn/npc/c35178/202005/9fed629352914c26abe10bedef1ed060.shtml。

③ 参见“买某诉蔡某离婚纠纷案”，天津市高级人民法院发布的贯彻实施民法典家事审判典型案例之七，载微信公众号“天津高法”2021年11月7日。

④ 王玮玲：《新家庭经济学下离婚补偿制度的适用规则》，载《政法论坛》2021年第6期，第121页。

（二）离婚经济补偿不同于离婚经济帮助或者离婚损害赔偿

离婚经济补偿、离婚经济帮助和离婚损害赔偿共同构成了离婚救助制度，都属于强制性规定，但离婚经济补偿不同于离婚经济帮助或者离婚损害赔偿，三者彼此不能替代。不能用离婚经济补偿代替离婚对夫妻共同财产的分割、离婚损害赔偿或者离婚经济帮助制度。

《民法典》第 1088 条离婚经济补偿制度不同于第 1090 条离婚经济帮助制度，《民法典》第 1088 条离婚经济补偿制度也不同于第 1091 条离婚损害赔偿制度。

第一，法律性质不同。离婚经济补偿制度是对家务劳动付出较多一方的补偿。离婚经济帮助制度是对离婚时生活困难一方的适当帮助。离婚损害赔偿制度是过错方应承担的民事责任。

第二，规范基础不同。离婚经济补偿制度的规范基础是民法公平原则，充分认可家务劳动的价值，实现夫妻权利义务责任协调统一。离婚经济帮助制度的规范基础是民法弱式意义上平等对待，体现弱者关怀。离婚损害赔偿制度的规范基础是自负其责和矫正正义。

第三，构成要件不同。离婚经济补偿制度的核心构成要件是一方负担较多家务劳动，离婚经济帮助制度的核心构成要件是离婚时一方生活困难、另一方有负担能力。离婚损害赔偿制度的核心构成要件是婚姻一方有重大过错。

第四，权利主体不同。离婚经济补偿制度的权利主体是对家务劳动付出较多一方。离婚经济帮助制度的权利主体是离婚时生活困难一方。离婚损害赔偿制度的权利主体是离婚时的无过错方。

（三）离婚经济补偿的具体认定标准

《民法典》第 1088 条离婚经济补偿制度并未具体规定补偿额度、补偿标准。离婚经济补偿不等于保姆工资。"对《民法典》第 1088 条'抚育子女、照料老年人、协助另一方工作等'婚姻成本的理解，不能仅限于其现实价值，更应该考察个体因从事家务劳动、'生'孩子而产生的机会成本。另外，还应通过结婚时间长短适当考虑双方在婚姻市场中的损失问题。……离婚补偿主要体现为对人力资本的分享。……我国离婚补偿的对象更应确立为婚姻的履行利益的赔偿，即采受益人补偿说，按照受益人的收益来确定具体的补偿标准。"① "厘清补偿的实质是对性别不平等的个人发展机会和发展权的确认和修复。"② 离婚经济补偿的具体认定需运用利益动态衡量方法，综合考量婚姻关系存续时间长短（marital duration）、一方在家务劳动中投入时间和强度等具体付出情况、双方经济收入情况、离婚后可预见的双方经济能力差异、当地一般生活水平、家务劳动负担较多一方人力资本降低（earning capacity loss）情况等因素。具体地，离婚时，因抚育子女、照料老年人、协助另一方工作等负担较多义务或者作出特别牺牲的夫妻一方请求另一方给予补偿的，人民法院应当依据《民法典》第 1088 条的规定，结合负担相应义

---

① 王玮玲：《新家庭经济学下离婚补偿制度的适用规则》，载《政法论坛》2021 年第 6 期，第 120－121 页。

② 高礼杰：《对离婚经济补偿的融贯阐释：以性别平等为依据》，载《人权》2023 年第 5 期，第 133 页。

务投入的时间、精力及对双方的影响（家务劳动负担较多一方人力资本降低情况）、对家庭所作贡献程度、婚姻关系存续时间、给付方负担能力、当地居民人均可支配收入等因素，确定补偿数额。《民法典婚姻家庭编司法解释二》第 21 条规定："离婚诉讼中，夫妻一方有证据证明在婚姻关系存续期间因抚育子女、照料老年人、协助另一方工作等负担较多义务，依据民法典第一千零八十八条规定请求另一方给予补偿的，人民法院可以综合考虑负担相应义务投入的时间、精力和对双方的影响以及给付方负担能力、当地居民人均可支配收入等因素，确定补偿数额。"

北京市房山区的陈先生与王女士结婚 5 年，育有一子。2018 年，双方产生矛盾并分居，孩子随王女士居住。2020 年，陈先生两次提起诉讼离婚。婚后一直担任全职太太的王女士则提出，结婚几年内，丈夫除了上班既不关心也不参与家庭事务，因此，她要求分割财产，并赔偿物质损失和精神损失共计 16 万元。2021 年 2 月 19 日，北京房山区人民法院审理后，支持了王女士的诉请，一审判决男方给付"家务补偿"5 万元。这是我国首次审结的适用《民法典》新规中离婚家务劳动补偿制度的案件。

二、离婚经济帮助制度

从伦理道德的层面看，"现实生活中，有些要抛弃自己结发妻子的男人，往往大言不惭地说，'大不了我把财产多给她一些'。其实，这种观点存在很大误区。法律上能界定的只是有形资产。对于名誉、地位、知识、经验等无形资产，法律是无法分割的，但里面浸润着妻子岁月折旧的价值转移，是不争的事实。如果男人一意孤行，必将终身受到道德法庭的审判。生活在这样的心灵煎熬之中，很难再有幸福可言。特别要看到，妇女生儿育女，付出的辛苦比丈夫更多更大"①。在离婚案件中，家务劳动补偿和经济帮助是必要的。离婚经济帮助制度是对离婚引起的消极后果的一种补救。

《民法典》第 1090 条规定了离婚时对生活困难一方的经济帮助制度："离婚时，如果一方生活困难，有负担能力的另一方应当给予适当帮助。具体办法由双方协议；协议不成的，由人民法院判决。"② 关于"生活困难"的规定，可参考《婚姻法司法解释一》第 27 条的规定："婚姻法第四十二条所称'一方生活困难'，是指依靠个人财产和离婚时分得的财产无法维持当地基本生活水平。""一方离婚后没有住处的，属于生活困难。""离婚时，一方以个人财产中的住房对生活困难者进行帮助的形式，可以是房屋的居住权或者房屋的所有权。"离婚时对生活困难一方的经济帮助制度是基于道义所产生的力所能及救助制度，以解决生活困难一方离婚后的实际需要，有助于消除其在离婚时的经济顾虑，保障其离婚自由。③ 居住权可以作为离婚经济帮助的重要方式之一。

离婚时，夫妻一方依靠个人财产和离婚时分得的财产仍无法维持当地平均生活水平，

① 永春：《家庭和谐初探》，载《人民日报》2008 年 11 月 21 日。

② "岳某诉曹某离婚纠纷案——公平原则在离婚案件中的彰显"，转引自《最高法发布婚姻家庭纠纷典型案例河南 10 例》，载新浪网 2015 年 11 月 19 日，http://finance.sina.com.cn/sf/news/2015-11-19/145011104.html。

③ 参见夏吟兰主编：《婚姻家庭继承法》，中国政法大学出版社 2012 年版，第 143 页。

属于《民法典》第1090条所规定的“一方生活困难”。存在年老、残疾、重病、劳动能力缺失等生活困难情形的一方请求有负担能力的另一方给予适当帮助的，人民法院应当依法予以支持。《民法典婚姻家庭编司法解释二》第22条规定：“离婚诉讼中，一方存在年老、残疾、重病等生活困难情形，依据民法典第一千零九十条规定请求有负担能力的另一方给予适当帮助的，人民法院可以根据当事人请求，结合另一方财产状况，依法予以支持。”

一方因经济困难无房居住的，人民法院可以根据当事人请求，结合双方实际情况，判决有负担能力的另一方采用支付适当数额的房屋租金、设立一定期限的房屋无偿使用权、设立一定期限的居住权等方式予以帮助。

离婚家务劳动补偿请求权的行使不以对方当事人的过错为要件，无论对方是否存在过错，负担较多义务的一方均有权要求经济补偿。同样，离婚时对生活困难一方的帮助制度以帮助经济上弱势一方克服离婚后生活困难为目的，也不以生活困难方无过错为要件。离婚时对生活困难一方的帮助制度是在社会保障制度尚不健全的情况下[①]，充分发挥家庭保障作用，以实现对婚姻家庭生活中弱势群体的倾斜保护。

“不能将一方对另一方的帮助问题与夫妻共同财产的分割相混淆。前者是必要的物质帮助，后者是夫妻双方对共有的财产依法应享有的权利。不能用提供帮助代替共同财产的分割，损害接受帮助的一方对共同财产的合法权益。”[②]

离婚经济帮助应综合考虑受帮助方是否部分或者全部丧失劳动能力、受帮助方是否残疾或患有重大疾病、双方工作或者失业情况、受帮助方的再就业能力、双方收入情况、当地基本生活水平、受帮助方其他生活特别困难的情形等。

三、离婚损害赔偿制度

离婚损害赔偿制度是指因配偶一方重大过错行为导致感情确已破裂而离婚的，无过错方可以依照法律的相关规定向有过错一方请求赔偿其物质损害和精神损害的法律制度。

（一）离婚损害赔偿与婚姻效力瑕疵损害赔偿的区别

《民法典》第1091条规定离婚损害赔偿，第1054条第2款规定婚姻效力瑕疵损害赔偿。

离婚损害赔偿和婚姻效力瑕疵损害赔偿的赔偿范围都既包括物质损害赔偿，又包括精神损害赔偿。离婚损害赔偿不同于婚姻效力瑕疵损害赔偿，具体如下：

第一，法律性质不同。离婚损害赔偿属于特殊的侵权损害赔偿责任。婚姻效力瑕疵损害赔偿可以类推适用缔约过失责任制度。

第二，适用情形不同。离婚损害赔偿以婚姻关系成立为前提，并适用于离婚情形。婚姻效力瑕疵损害赔偿适用于婚姻无效或者被撤销情形。

---

① 参见梁杏柳、谭召日：《妻因子夭折患上精神病 夫诉离获准并付补助费》，载中国法院网2014年4月4日，http://www.chinacourt.org/article/detail/2014/04/id/1270758.shtml，最后访问时间：2014年4月16日。

② 杨大文、龙翼飞主编：《婚姻家庭法》（第8版），中国人民大学出版社2020年版，第153页（曹诗权教授执笔）。

第三，是否适用过失相抵不同。离婚损害赔偿是离婚过错方向无过错方的赔偿，夫妻双方均有《民法典》第 1091 条规定的重大过错情形时，不适用离婚损害赔偿制度，这不同于普通的过错侵权责任。婚姻效力瑕疵损害赔偿可以适用过失相抵规则，如果双方都有过错，各自承担相应的责任。

第四，程序限制不同。根据《民法典婚姻家庭编司法解释一》第 88 条，离婚损害赔偿请求原则上要和离婚之诉同时提出，也存在法定例外情况。婚姻效力瑕疵损害赔偿可以在婚姻被确认无效或者被撤销后单独起诉。

（二）《民法典》扩大离婚损害赔偿制度的适用范围

《婚姻法》第 46 条对导致离婚损害赔偿请求权发生的法定情形作了列举规定，无法对之作扩大解释。[①]《民法典》第 1091 条第 5 项将“有其他重大过错”增加规定为离婚损害赔偿的适用情形[②]，扩大了离婚损害赔偿制度的适用范围。[③]

《民法典》第 1091 条规定：“有下列情形之一，导致离婚的，无过错方有权请求损害赔偿：（一）重婚；（二）与他人同居；（三）实施家庭暴力；（四）虐待、遗弃家庭成员；（五）有其他重大过错。”离婚损害赔偿制度中的“其他重大过错”，如对夫妻一方有欺诈抚养行为，与婚外第三人有性行为并致其怀孕等。《民法典婚姻家庭编司法解释一》第 2 条规定：“民法典第一千零四十二条、第一千零七十九条、第一千零九十一条规定的‘与他人同居’的情形，是指有配偶者与婚外异性，不以夫妻名义，持续、稳定地共同居住。”有配偶者“与他人同居”并不简单等同于通奸，前者的举证难度更大。[④]在夫妻双方婚姻关系存续期间，夫妻分居，分居期间丈夫确与其他婚外异性一起生活、存在不正当关系，夫妻最终离婚，妻子有权要求丈夫承担离婚损害赔偿责任。[⑤]

（三）离婚损害赔偿制度的具体适用

《民法典》第 1087 条第 1 款规定的离婚判决分割夫妻共同财产时照顾无过错方权益，与第 1091 条离婚损害赔偿制度可以同时适用。

就离婚损害赔偿的具体范围，《民法典婚姻家庭编司法解释一》第 86 条规定：“民法典第一千零九十一条规定的‘损害赔偿’，包括物质损害赔偿和精神损害赔偿。涉及精神损害赔偿的，适用《最高人民法院关于确定民事侵权精神损害赔偿责任若干问题的

---

① 如男方装大款征婚，女方以男方“骗婚”为由起诉离婚，并要求离婚损害赔偿。这就不属于《婚姻法》第 46 条所规定的离婚损害赔偿的法定情形。参见《海淀法院通报侵犯妇女权益典型案例》，载《北京日报》2014 年 3 月 4 日；吴依滢：《家有“怪”丈夫》，载《现代金报》2014 年 8 月 15 日。

② 参见王晨：《关于〈中华人民共和国民法典（草案）〉的说明——2020 年 5 月 22 日在第十三届全国人民代表大会第三次会议上》，http://www.npc.gov.cn/npc/c35178/202005/9fed629352914c26abe10bedef1ed060.shtml。

③ 在离婚后发现被告婚姻存续期间的出轨行为，请求精神损害赔偿，人民法院依法予以支持，以彰显法律的公正和道德力量。参见“周某诉张某离婚后损害责任纠纷案——是否可请求出轨者支付精神赔偿?”，转引自《最高法发布婚姻家庭纠纷典型案例 河南 10 例》，载新浪网 2015 年 11 月 19 日，http://finance.sina.com.cn/sf/news/2015-11-19/145011104.html。

④ 参见黄南：《妻子请人拍照证明丈夫外遇 不被认可无法索赔》，载《扬子晚报》2007 年 6 月 19 日。

⑤ 参见“陆某诉陈某离婚案”，转引自《最高法发布婚姻家庭纠纷典型案例 北京 10 例》，载新浪网 2015 年 11 月 19 日，http://finance.sina.com.cn/sf/news/2015-11-19/143511099.html。

解释》的有关规定。”离婚精神损害赔偿不必根据《民法典》第1001条的指引参照适用《民法典》人格权编中有关精神损害赔偿的规定，而是可以根据《民法典婚姻家庭编司法解释一》第86条指引直接适用《最高人民法院关于确定民事侵权精神损害赔偿责任若干问题的解释》的有关规定。《最高人民法院关于确定民事侵权精神损害赔偿责任若干问题的解释》第5条规定：“精神损害的赔偿数额根据以下因素确定：（一）侵权人的过错程度，但是法律另有规定的除外；（二）侵权行为的目的、方式、场合等具体情节；（三）侵权行为所造成的后果；（四）侵权人的获利情况；（五）侵权人承担责任的经济能力；（六）受理诉讼法院所在地的平均生活水平。”

就离婚损害赔偿的责任主体、诉讼实现等具体制度，《民法典婚姻家庭编司法解释一》第87条规定：“承担民法典第一千零九十一条规定的损害赔偿责任的主体，为离婚诉讼当事人中无过错方的配偶。”“人民法院判决不准离婚的案件，对于当事人基于民法典第一千零九十一条提出的损害赔偿请求，不予支持。”“在婚姻关系存续期间，当事人不起诉离婚而单独依据民法典第一千零九十一条提起损害赔偿请求的，人民法院不予受理。”离婚损害赔偿制度是婚姻无过错方向过错方的索赔。《民法典婚姻家庭编司法解释一》第90条规定：“夫妻双方均有民法典第一千零九十一条规定的过错情形，一方或者双方向对方提出离婚损害赔偿请求的，人民法院不予支持。”

离婚损害赔偿请求原则上要和离婚之诉同时提出，也存在法定例外情况。《民法典婚姻家庭编司法解释一》第88条规定：“人民法院受理离婚案件时，应当将民法典第一千零九十一条等规定中当事人的有关权利义务，书面告知当事人。在适用民法典第一千零九十一条时，应当区分以下不同情况：（一）符合民法典第一千零九十一条规定的无过错方作为原告基于该条规定向人民法院提起损害赔偿请求的，必须在离婚诉讼的同时提出。（二）符合民法典第一千零九十一条规定的无过错方作为被告的离婚诉讼案件，如果被告不同意离婚也不基于该条规定提起损害赔偿请求的，可以就此单独提起诉讼。（三）无过错方作为被告的离婚诉讼案件，一审时被告未基于民法典第一千零九十一条规定提出损害赔偿请求，二审期间提出的，人民法院应当进行调解；调解不成的，告知当事人另行起诉。双方当事人同意由第二审人民法院一并审理的，第二审人民法院可以一并裁判。”

登记离婚后，无过错方可以提起离婚损害赔偿之诉，但要受诉讼时效和权利失权的限制。《民法典婚姻家庭编司法解释一》第89条规定：“当事人在婚姻登记机关办理离婚登记手续后，以民法典第一千零九十一条规定为由向人民法院提出损害赔偿请求的，人民法院应当受理。但当事人在协议离婚时已经明确表示放弃该项请求的，人民法院不予支持。”

本章司法裁判 案例节选

陈某转诉张某强离婚纠纷案[①]

基本案情：陈某转、张某强于1988年8月16日登记结婚，1989年7月9日生育女

① 本案是最高人民法院公布的十起涉家庭暴力典型案例之三。

儿张某某（已成年）。因经常被张某强打骂，陈某转曾于1989年起诉离婚，张某强当庭承认错误保证不再施暴后，陈某转撤诉。此后，张某强未有改变，依然要求陈某转事事服从。稍不顺从，轻则辱骂、威胁，重则拳脚相加。2012年5月14日，张某强认为陈某转未将其衣服洗净，辱骂陈某转并命令其重洗。陈某转不肯，张某强即殴打陈某转。女儿张某某在阻拦过程中也被打伤。2012年5月17日，陈某转起诉离婚。被告张某强答辩称双方只是一般夫妻纠纷，保证以后不再殴打陈某转。庭审中，张某强仍态度粗暴，辱骂陈某转，又坚决不同意离婚。

争议焦点：张某强对陈某转是否构成家庭暴力，应该如何处理？

裁判结论：法院判决准许陈某转与张某强离婚。宣判前，法院依陈某转申请发出人身安全保护裁定，禁止张某强殴打、威胁、跟踪、骚扰陈某转及女儿张某某。裁定有效期为6个月，经跟踪回访确认，张某强未违反。

裁判理由：家庭暴力是婚姻关系中一方控制另一方的手段。法院查明事实说明，张某强给陈某转规定了很多不成文家规，如所洗衣服必须让张某强满意、挨骂不许还嘴、挨打后不许告诉他人等。张某强对陈某转的控制还可见于其诉讼中的表现，如在答辩状中表示道歉并保证不再殴打陈某转，但在庭审中对陈某转进行威胁、指责、贬损，显见其无诚意和不思悔改。[①]

教学评析：滥施"家规"不符合家庭文明建设要求，构成《民法典》第1079条规定的家庭暴力，是离婚案件中调解无效后诉讼离婚的法定事由之一。根据《反家庭暴力法》第23条，当事人遭受家庭暴力或者面临家庭暴力的现实危险，有权向人民法院申请人身安全保护令。

本章深度阅读

1. 夏吟兰．民法典离婚家务劳动经济补偿制度完善的人权内涵．人权研究，2020（2）.

2. 永春．家庭和谐初探．人民日报，2008-11-21.

3. 王雷．民法典人格权编中的参照适用法律技术．当代法学，2022（4）.

4. 陈某转诉张某强离婚纠纷案．最高人民法院公报，2015（2）.

5. 最高人民检察院指导性案例第126号：张某云与张某森离婚纠纷支持起诉案．最高人民检察院公报，2022（2）.

本章问题与思考

1.《反家庭暴力法》第2条规定："本法所称家庭暴力，是指家庭成员之间以殴打、捆绑、残害、限制人身自由以及经常性谩骂、恐吓等方式实施的身体、精神等侵害行为。"

《反家庭暴力法》第37条规定："家庭成员以外共同生活的人之间实施的暴力行为，

---

① 载《最高人民法院公报》2015年第2期。

参照本法规定执行。”

《民法典》第1045条规定：“亲属包括配偶、血亲和姻亲。”“配偶、父母、子女、兄弟姐妹、祖父母、外祖父母、孙子女、外孙子女为近亲属。”“配偶、父母、子女和其他共同生活的近亲属为家庭成员。”

有人民法院认为：“家庭成员以外共同生活的人可以被认定为是拟制家庭成员，根据《反家庭暴力法》第三十七条的规定，家庭成员以外共同生活的人可以申请人身安全保护令。”①

请结合上述三个法条对人民法院“拟制家庭成员”的观点进行评析。

答题指引：《反家庭暴力法》第37条将人身安全保护令扩大到家庭成员以外共同生活的人之间实施的暴力行为，法院审判中提出的“拟制家庭成员”是对这种立法技术的一个形象说法。“拟制家庭成员”并非实定法上的法律概念。

2. 婚姻关系存续期间，夫妻一方出轨，另一方是否有权要求出轨方“净身出户”？是否有权要求离婚分割夫妻共同财产时照顾无过错方权益？

答题指引：婚姻关系存续期间，夫妻一方出轨，离婚分割夫妻共同财产时可以根据《民法典》第1087条规定的照顾无过错方权益的原则判决。夫妻一方出轨，如果符合《民法典》第1091条规定的导致离婚的重大过错情形，无过错方有权请求损害赔偿。

3. 有律师认为：“全职太太和事业男性的结合，是最容易出问题的婚姻结构，因为两人的发展太不同步了。当全职太太走到离婚的关口，会发现自己很难分走丈夫职业发展的收益。”②

请从《民法典》角度分析上段引文中全职太太遇到的这些困惑。

答题指引：《民法典》第1088条规定离婚经济补偿制度，是对家务劳动价值的肯定。

4.（法考真题改编）案情：甲欲出卖自家的房屋，但其房屋现已出租给张某，租赁期还剩余1年。甲将此事告知张某，张某明确表示，以目前的房价自己无力购买。

甲的同事乙听说后，提出购买。甲表示愿意但需再考虑细节。乙担心甲将房屋卖与他人，提出草签书面合同，保证甲将房屋卖与自己，甲同意。甲、乙一起到房屋登记机关验证房屋确实登记在甲的名下，且所有权人一栏中只有甲的名字，双方草签了房屋预购合同。

后双方签订正式房屋买卖合同约定：乙在合同签订后的5日内将购房款的三分之二通过银行转账给甲，但甲须提供保证人和他人房屋作为担保；双方还应就房屋买卖合同到登记机关办理预告登记。

甲找到丙作为保证人，并用丁的房屋抵押。丁与乙签订了抵押合同并办理了抵押登记，但并没有约定担保范围。甲乙双方办理了房屋买卖合同预告登记，但甲忘记告诉乙房屋出租情况。

此外，甲的房屋实际上为夫妻共同财产，甲自信妻子李某不会反对其将旧房出卖换

---

① 最高人民法院2020年11月25日发布的人身安全保护令十大典型案例之十“洪某违反人身安全保护令案”。

② 潘轩：《离婚律师的长线战争：“所有最终走向决裂的人，曾经都是相爱的”》，载微信公众号“南方周末”2022年9月3日，https：//mp. weixin. qq. com/s/ux408vKNmK13tXltxzc7xQ，最后访问时间：2022年9月3日。

大房，事先未将出卖房屋的事情告诉李某。李某知道后表示不同意。但甲还是瞒着李某与乙办理了房屋所有权转移登记。

两年后，甲与李某离婚，李某认为当年甲擅自处分夫妻共有房屋造成了自己的损失，要求赔偿。甲抗辩说，赔偿请求权已过诉讼时效。

问题：

(1) 在本案中，如甲不履行房屋预购合同，乙能否请求法院强制其履行？为什么？

(2) 甲未告知乙有租赁的事实，应对乙承担什么责任？

(3) 如甲不按合同交付房屋并转移房屋所有权，预告登记将对乙产生何种保护效果？

(4) 如甲在预告登记后又与第三人签订房屋买卖合同，该合同是否有效？为什么？

(5) 如甲不履行合同义务，在担保权的实现上乙可以行使什么样的权利？担保权实现后，甲、丙、丁的关系如何？

(6) 甲擅自处分共有财产，其妻李某能否主张买卖合同无效？是否可以主张房屋过户登记为无效登记？为什么？

(7) 甲对其妻李某的请求所提出的时效抗辩是否成立？为什么？

答题指引：(1) 不能。理由是预约虽是合同，其目的在于订立主合同。按照《最高人民法院审理买卖合同纠纷案件适用法律问题的解释》，当事人签订认购书、备忘录等预约合同，约定将来订立买卖合同，一方不履行的，对方可请求其承担预约合同违约责任或者要求解除预约合同并主张损害赔偿。但是，法院不能强制当事人签订正式合同。乙可以按照《合同法》第 113 条请求赔偿，也可以根据第 94 条请求解除合同并请求赔偿。

(2) 甲应对乙承担违约责任。甲应说明买卖标的物上有负担的事实而未说明，违反了法律规定的义务，在合同有效的情况下，应该纳入违约责任中。

(3) 按照《物权法》第 20 条的规定，预告登记后，甲再处分房屋的，不产生物权效力，即乙对房屋的交付请求权具有优先性，可以对抗所有的未登记的购买人。

(4) 预告登记后，甲与第三人签订的房屋买卖合同有效，只是不发生物权变动的效力，如果甲不履行，将对第三人承担违约责任。

(5) 如果甲不履行合同义务，乙可以选择向抵押人丁实现抵押权或者向保证人丙主张保证责任。无论是丁还是丙履行担保责任后，都有权向甲追偿。

(6) 不得主张买卖合同无效。即使没有处分权，也不影响买卖合同的效力。不可以主张房屋登记过户为无效登记，因为乙为善意相对人。

(7) 不成立。由于双方为夫妻共同财产制，夫妻关系存续是诉讼时效期间中止的法定事由。

5.（法考真题改编）乙女与甲男婚后多年未生育，后甲男发现乙女因不愿生育曾数次擅自中止妊娠，为此甲男多次殴打乙女。乙女在被打住院后诉至法院要求离婚并请求损害赔偿，甲男以生育权被侵害为由提起反诉，请求乙女赔偿其精神损害。法院经调解无效，拟判决双方离婚。下列哪些选项是正确的？（　　）

A. 法院应支持乙女的赔偿请求

B. 乙女侵害了甲男的生育权

C. 乙女侵害了甲男的人格尊严

D. 法院不应支持甲男的赔偿请求

参考答案：AD

6. （法考真题改编）钟某性情暴躁，常殴打妻子柳某，柳某经常找同村未婚男青年杜某诉苦排遣，日久生情。现柳某起诉离婚，关于钟、柳二人的离婚财产处理事宜，下列哪一选项是正确的？（　　）

A. 针对钟某家庭暴力，柳某不能向其主张损害赔偿

B. 针对钟某家庭暴力，柳某不能向其主张精神损害赔偿

C. 如柳某婚内与杜某同居，则柳某不能向钟某主张损害赔偿

D. 如柳某婚内与杜某同居，则钟某可以向柳某主张损害赔偿

参考答案：C

第八章 收养制度

本章重点知识

1. 收养是在原本没有父母子女关系的人之间依法确立拟制父母子女法律关系的民事法律行为，是自然人依照法律规定领养他人子女作为自己子女以成立拟制父母子女关系的身份法律行为。

2.《民法典》婚姻家庭编第五章规定“收养”，实现了收养法的体系化和向《民法典》婚姻家庭编的回归。收养法的逻辑红线是收养法律行为，收养法的价值红线是最有利于被收养人原则。

3. 收养法律行为成立要件具有特殊性。不同类型收养法律行为的成立要件不同。收养身份法律关系的变动具有法定性特点。

收养是保护性法律制度，关乎对被收养人这一弱势群体权益的保护，立法严格规范收养法律行为，体现更高程度的国家管制。《民法典》第 1113 条不区分收养法律行为无效与可撤销，而规定统一的收养法律行为无效制度并坚持无效收养法律行为有溯及力。

4. 收养关系可以经由收养人和送养人协议解除、收养人和成年被收养人协议解除，也可以经由送养人单方法定解除。鉴于收养法律行为属于要式行为，当事人协议解除收养关系的，还须办理解除收养关系登记。

收养关系解除后，会产生身份法律效力和财产法律效力。

本章知识逻辑图

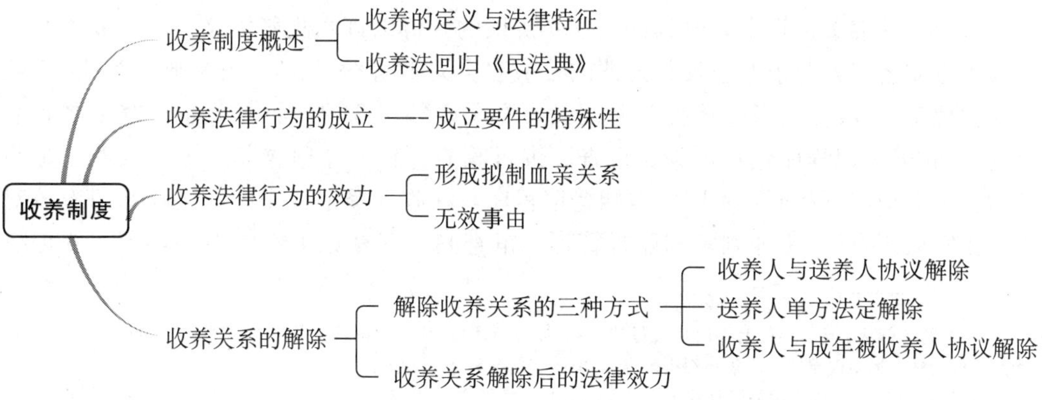

第一节 收养制度概述

一、收养的定义与法律特征

收养是在原本没有父母子女关系的人之间依法确立拟制父母子女法律关系的民事法律行为，是自然人依照法律规定领养他人子女作为自己子女以成立拟制父母子女关系的身份法律行为。收养法律行为不等同于收养协议，《民法典》第 1105 条第 3 款将收养协议作为收养法律关系中的可能情形，但非必要条件。收养协议属于《民法典》第 464 条第 2 款规定的"有关身份关系的协议"。收养制度使得被收养人可以在家庭中成长，得到养父母的抚养、教育、保护，享受家庭的温暖，体现出家庭监护的重要性。

收养的法律特征如下：

第一，收养法律行为属于身份法律行为、形成拟制血亲关系的身份法律行为、要式行为。

第二，收养法律行为发生在非直系血亲的自然人之间，会在收养人和被收养人之间形成拟制血亲关系。收养是法律拟制技术的体现。除收养之外，继父母和继子女之间也可以基于抚养教育的事实形成拟制血亲关系。《民法典》第 1072 条规定："继父母与继子女间，不得虐待或者歧视。""继父或者继母和受其抚养教育的继子女间的权利义务关系，适用本法关于父母子女关系的规定。"可见，继父母和继子女之间是否产生拟制血亲法律关系，以他们之间有无抚养教育的事实为前提。《民法典》第 1103 条也规定："继父或者继母经继子女的生父母同意，可以收养继子女，并可以不受本法第一千零九十三条第三项、第一千零九十四条第三项、第一千零九十八条和第一千一百条第一款规定的限制。"

第三，收养法律行为属于要式行为，收养关系的成立以收养登记为必要。[①] 1998 年修改后的《收养法》开始将"登记程序"作为收养行为成立的必要条件。《收养法》第 15 条规定："收养应当向县级以上人民政府民政部门登记。收养关系自登记之日起成立。""收养查找不到生父母的弃婴和儿童的，办理登记的民政部门应当在登记前予以公告。""收养关系当事人愿意订立收养协议的，可以订立收养协议。""收养关系当事人各方或者一方要求办理收养公证的，应当办理收养公证。"《民法典》第 1105 条第 1 款规定："收养应当向县级以上人民政府民政部门登记。收养关系自登记之日起成立。"收养登记程序包括申请、审查、进行收养评估、办理收养登记。收养登记与婚姻登记类似但不相同，不同于婚姻登记程序，在收养登记程序中，民政部门应该对收养作实质审查[②]、专业判断和监督管理。审查是收养登记工作的中心环节。登记机

---

① 参见《单身汉抚养弃婴七年后生父母找上门 被判归还》，载《中国妇女报》2017 年 4 月 26 日；王志锋：《法院应依"法"而不仅是依"法条"判决》，载《中国妇女报》2017 年 4 月 26 日。

② 参见张学军：《论中国公民收养未成年人成立的形式要件》，载《中国法学》1998 年第 6 期，第 70 页。

关要对申请收养当事人进行全面的审查，国家通过收养登记可以对收养关系的建立进行监督，及时发现、制止和预防违法收养行为。通过收养登记保护收养当事人的合法权益，尤其是保护被收养人的合法权益，促进家庭和睦和社会的安定。[①] 私自收养子女[②]，无法产生法律认可的收养效力。司法实践中，涉及未成年人权益侵害的事件中，收养人不履行监护职责的不在少数，大量未成年人都是缺乏收养登记手续的被收养人。[③]

二、收养法回归《民法典》

1991 年《收养法》成为 1980 年《婚姻法》的特别法，“就逻辑而论，由于收养只是亲权发生的一种事实根据，收养法也只能作为婚姻家庭法的一个组成部分而存在，而不能游离于婚姻家庭法之外，成为与婚姻家庭法并列的法律。因此，在制定我国民法典时，绝不应当将‘收养法’作为与‘婚姻家庭法’并列的一编，而应当将其纳入‘婚姻家庭编’中规定”[④]。《民法典》婚姻家庭编第五章规定“收养”，实现了收养法的体系化和向《民法典》婚姻家庭编的回归。

《民法典》婚姻家庭编第五章没有严格区分收养法律行为与收养法律关系，该章第一节“收养关系的成立”、第二节“收养的效力”、第三节“收养关系的解除”实质上分别是收养法律行为的成立、效力与解除。“在我国司法体系中，收养是一个相当沉寂的领域：多年来，收养纠纷少量存在、挑战不大，收养法律规范的阐释与发展甚少深入。”[⑤]《民法典》第 1044 条规定了收养的基本原则：“收养应当遵循最有利于被收养人的原则，保障被收养人和收养人的合法权益。”“禁止借收养名义买卖未成年人。”该规定突出了最有利于被收养人原则[⑥]，并删除了《收养法》第 2 条中的“遵循平等自愿的原则”。收养法律行为引发收养法律关系的变动，须遵循民事法律行为的理论逻辑分析收养法律行为的理论体系和法律适用，以收养法律行为作为收养法的逻辑红线，以最有利于被收养人原则作为收养法的价值红线。近现代以来，收养法的基本原则从宗族本位转变为个人本位，从收养人中心主义转变为被收养人中心主义，突出最有利于被收养人原则，配置大量强制性规范，确保被收养人健康成长。收养制度牵一发而动全身，应妥当协调收养制度与婚姻、监护、民事法律行为等其他制度的体系关联和法律适用关系，实现收养法向《民法典》婚姻家庭编的实质回归。

---

① 参见 1992 年 4 月 1 日《民政部婚姻司谈收养登记的意义、范围和程序》。

② 参见畅凯：《有业主在微信群称要“送养孩子”》，载《海南特区报》2022 年 2 月 11 日，第 5 版。

③ 例如，2017 年 8 月 12 日南京南站候车室内猥亵女童案件。2019 年 11 月 28 日全国妇联发布第三届“依法维护妇女儿童权益十大案例”，其中两例都是养女权益被侵害案。2020 年 4 月，媒体报道鲍某某性侵“养女”事件。

④ 李开国：《评〈民法草案〉的体系结构》，载《现代法学》2004 年第 4 期。

⑤ 邓丽：《收养法的社会化：从亲子法转向儿童法》，载《法学研究》2020 年第 6 期，第 43 页。

⑥ 2019 年 10 月，《关于〈民法典婚姻家庭编（草案）〉修改情况的汇报》指出：为了更好地维护被收养的未成年人的合法权益，将我国已加入的联合国《儿童权利公约》中关于儿童利益最大化的原则落实到收养工作中，明确规定最有利于被收养人的原则。

第二节　收养法律行为的成立

一、收养法律行为的成立要件

第一，收养法律关系中存在收养人、送养人和被收养人三方民事主体。

《民法典》第1093条扩大了被收养人的范围，将被收养人从不满14周岁的未成年人扩展至所有未成年人："下列未成年人，可以被收养：（一）丧失父母的孤儿；（二）查找不到生父母的未成年人；（三）生父母有特殊困难无力抚养的子女。"① 结合第1099条第1款，被收养人可以及于所有未成年人，收养三代以内旁系同辈血亲的子女，可以不受第1093条规定的范围限制。收养制度具有育幼功能，第1093条将被收养人限定于未成年人，没有认可成年收养制度。有学者曾建议引入成年收养制度，通过建立拟制血亲关系，增加收养制度的养老功能，助力老有所养。②

《民法典》第1094条规定了送养人的条件："下列个人、组织可以作送养人：（一）孤儿的监护人；（二）儿童福利机构；（三）有特殊困难无力抚养子女的生父母。"结合第1099条第1款，送养人可以及于所有未成年人的生父母，收养三代以内旁系同辈血亲的子女，送养人可以不受"有特殊困难无力抚养子女"这一条件的限制。

"收养法律制度的宗旨在于为待被收养的未成年人寻得适格的收养人，因此，各国收养法律均以收养人的资格作为规范重点。"③《民法典》第1098条为与调整后的国家计划生育政策相契合，将收养人须无子女的要求修改为收养人无子女或者只有一名子女，为进一步强化对被收养人利益的保护，第1098条在收养人的条件中增加规定"无不利于被收养人健康成长的违法犯罪记录"。《民法典》第1098条规定收养人的一般条件："收养人应当同时具备下列条件：（一）无子女或者只有一名子女；（二）有抚养、教育和保护被收养人的能力；（三）未患有在医学上认为不应当收养子女的疾病；（四）无不利于被收养人健康成长的违法犯罪记录；（五）年满三十周岁。"第1102条规定："无配偶者收养异性子女的，收养人与被收养人的年龄应当相差四十周岁以上。"与监护人不同，收养人与被收养人形成拟制血亲关系，收养人只能是自然人，不能是法人或者非法人组织。第1108条规定："配偶一方死亡，另一方送养未成年子女的，死亡一方的父母有优先抚养的权利。"④ 第1100

---

① 如何收养查找不到生父母的未成年人？《中国公民收养子女登记办法》第8条第2款规定："收养查找不到生父母的弃婴、儿童的，收养登记机关应当在登记前公告查找其生父母；自公告之日起满60日，弃婴、儿童的生父母或者其他监护人未认领的，视为查找不到生父母的弃婴、儿童。公告期间不计算在登记办理期限内。"

② 参见周友军：《我国民法典编纂中收养制度的完善》，载《广东社会科学》2019年第4期，第248页。

③ 徐铁英：《〈婚姻家庭编〉（草案）关于收养主体制度规定的不足和改进建议》，载《暨南学报（哲学社会科学版）》2020年第1期，第100页。

④ 此种"优先抚养"并不是在死亡一方的父母和未成年子女之间建立收养这种拟制父母子女关系。结合《民法典》第1074条第1款，配偶一方死亡，另一方送养未成年子女的，有负担能力的祖父母、外祖父母对未成年孙子女、外孙子女均有抚养的义务，当祖父母、外祖父母均想抚养时，第1108条明确死亡一方的父母有优先抚养的权利。

条规定："无子女的收养人可以收养两名子女；有子女的收养人只能收养一名子女。""收养孤儿、残疾未成年人或者儿童福利机构抚养的查找不到生父母的未成年人，可以不受前款和本法第一千零九十八条第一项规定的限制。"《民法典》的颁行早于三孩政策的施行。《民法典》第 1098 条第 1 项和第 1100 条对收养子女数量的规定应按三孩政策的标准进行调整：无子女的收养人可以收养三名子女；有一名子女的收养人可以收养两名子女；有两名子女的收养人只能收养一名子女。《人口与计划生育法》第 18 条第 1 款规定："国家提倡适龄婚育、优生优育。一对夫妻可以生育三个子女。"

第二，收养人、送养人和被收养人作出相应的意思表示。《民法典》第 1104 条规定："收养人收养与送养人送养，应当双方自愿。收养八周岁以上未成年人的，应当征得被收养人的同意。"

第三，民政部门依法进行收养评估，办理收养关系登记。为进一步强化对被收养人利益的保护，《民法典》第 1105 条增加规定民政部门应当依法进行收养评估。《民法典》第 1105 条规定："收养应当向县级以上人民政府民政部门登记。收养关系自登记之日起成立。""收养查找不到生父母的未成年人的，办理登记的民政部门应当在登记前予以公告。""收养关系当事人愿意签订收养协议的，可以签订收养协议。""收养关系当事人各方或者一方要求办理收养公证的，应当办理收养公证。""县级以上人民政府民政部门应当依法进行收养评估。"收养登记不同于公安部门办理的户籍登记，收养登记由民政部门办理。

收养查找不到生父母的未成年人的，办理登记的民政部门应当在登记前予以公告。在"王某诉彭某、詹某、宁某、第三人某县民政局收养关系纠纷案"中，王某（男）与彭某（女）于 2006 年登记结婚，双方婚后一直未生育子女。2017 年 8 月初，彭某父亲彭某甲来电称在自家门口捡拾一名出生不久的女婴，询问二人收养意愿。王某、彭某表示愿意收养，遂于 8 月 13 日将女婴接至上海共同照顾、抚养，并为其取名王某乙。后彭某甲前往某县民政局咨询如何办理收养登记手续。9 月 6 日，彭某甲向某县民政局提交捡拾弃婴报案证明，载明了彭某甲捡拾弃婴的过程，证明人签名认可，并由彭某甲所在社区居委会和某公安派出所签章确认属实。收到该报案证明后，某县民政局于 9 月 10 日向彭某甲出具了一份收养公告模板，让彭某甲去某县报社办理公告。后某县民政局工作人员于 12 月 18 日前往彭某甲所住厂区进行实地调查，对彭某甲进行调查询问并制作了笔录。12 月 25 日，王某、彭某共同向某县民政局书面申请收养王某乙，并提交各自身份证件、生育情况证明、体检报告等办理收养登记所需证明材料；某县民政局当场对王某、彭某进行收养意愿调查，并制作了询问笔录，王某、彭某表示愿意共同收养王某乙并在笔录上签名确认。2017 年 12 月 29 日，某县民政局为收养人王某、彭某与被收养人王某乙办理了（2017）某收字第 X 号收养登记并签发登记证。2020 年 4 月，彭某以与王某夫妻感情破裂为由向上海市某区人民法院起诉离婚，被判决驳回诉请后，又于 2021 年 1 月再次起诉离婚。在此情形下，王某认为其已不适合继续收养王某乙，遂开始寻找王某乙的生父母。后王某获知王某乙的生父母可能为被告詹某、宁某，且经查阅档案发现公告时间在收养登记证签发之后，故认为某县民政局在办理收养登记前未依法公告，遂诉至法院请求判令：（1）确认王某、彭某与王某乙之间于 2017 年所形成的收养关系无效；（2）判令詹某、宁某对王某乙履行抚养义务和监护职责。诉讼中，彭某与某县民政局提交某县新闻中心收取彭某甲公告费的收据和某县融媒体中心出具的证明显示，公告费支付日期为 2018 年 1 月 17 日，拟证明公告实际发生于办理收养登记之后。被告詹某、宁某经法院传票传唤，未到庭参加诉讼。法院驳回王某的诉讼请求，不予解除收养关系。法院认为：收养弃婴并办理收养手续后，不宜因公告瑕疵而否定收养行为的效力。“收养查找不到生父母的未成年人之前进行公告，目的是为了最大可能寻找被收养人的生父母或者其他监护人，维护其亲权。民政机关在办理收养登记公告时存在公告倒置等瑕疵，并不影响被收养人事实上处于无人认领的状态，收养人符合实质收养要件，并与被收养人在取得收养登记后事实上已形成收养关系，建立起了深厚的、难以割舍的感情，从未成年人利益最大化原则考虑，不宜因公告瑕疵而否定收养行为的效力。”① 收养登记属于行政确认行为，仅通过行政程序撤销收养登记，无法一揽子解决收养关系纠纷。宜将收养登记前的公告瑕疵纳入收养无效民事诉讼的审查范围，通过审查该程序瑕疵是否影响被收养人确为“查找不到生父母的未成年人”这一事实认定，来判断其对收养这一身份法律行为效力的影响，一揽子解决收养关系中各方的权利义务关系。收养登记前的公告程序是“收养查找不到生父母的未成年人”这一情形的特别程序要件，公告期满无人认领，方可认定为“查找不到生父母的未成年人”。公告程序瑕疵的效力审查及其对收养法律行为的效力影响应当遵循最有利于被收养人的原则。在审查收养行为符合民事法律行为一般生效要件的前提下，不应过分拘泥于公告程序瑕疵，而应当更侧重对是否最有利于被收养人进行实质审查。② 总体上，收养登记前的公告程序有公告倒置轻微瑕疵，并不影响被收养人事实上处于无人认领的状态，收养人符合实质收养要件，程序轻微瑕疵对收养法律行为未产生实质影响，不会导致收养行为无效。

收养评估事关保障被收养人的合法权益。根据自 2021 年 1 月 1 日起施行的民政部《收养评估办法（试行）》，民政部门应当遵循最有利于被收养人的原则，独立、客观、公正地对收养申请人是否具备抚养、教育和保护被收养人的能力进行调查、评估，并出具评估报告。收养评估报告应当作为民政部门办理收养登记的参考依据。最有利于被收养人的原则，是收养成立与否的核心判断标准。

2006 年贵阳一位父母双亡的 10 岁孤儿被七旬夫妇郭某、范某“收养”，“收养”他之后，郭某夫妇向有关部门递交了领养、转学、改名等申请。其中表示，老两口愿领养孤儿王某某为孙，并改名郭甲。户籍资料显示，改名后，他以老两口的孙子入户。2021 年老夫妇相继去世后，郭甲被老人女儿郭乙要求搬离房屋。此前，郭甲与郭某、范某夫妇长期居住在同一住所。围绕老两口留下的“百万遗产”，郭甲和郭乙对簿公堂。郭甲称，郭某夫妇去世后，郭乙将老人名下财产转移至自己名下，还提出让他搬离老两口留

① “王某诉彭某、詹某、宁某、第三人某县民政局收养关系纠纷案——收养弃婴并办理收养手续的，不宜因公告瑕疵而否定收养行为的效力”，江西省景德镇市中级人民法院（2021）赣 02 民终 686 号民事判决书，人民法院案例库参考案例，入库编号 2023-14-2-025-001，载《人民法院报》2024 年 8 月 29 日，第 8 版。

② 参见胡海清、戴瑞：《公告瑕疵对收养行为效力影响的判定——王某诉彭某、詹某、宁某、第三人某县民政局收养关系纠纷案（入库编号：2023-14-2-025-001）解读》，载《人民法院报》2024 年 8 月 29 日，第 8 版。

下的房屋。为此，自认为是郭某夫妇养子的他 2023 年 11 月提起诉讼，请求分割遗产。在 2024 年 1 月贵阳南明区法院一审驳回其诉讼请求后，2024 年 6 月贵阳中院驳回其上诉，维持原裁定。法院认为，郭某夫妇收养郭甲时未向县级以上政府民政部门登记，收养关系不成立，郭甲对郭某夫妇遗产不享有合法继承权。至于郭甲提出即便认定收养关系不成立，也有权依据《民法典》第 1131 条的规定适当分配遗产的问题，法院表示，其并未在一审中提出，一审未予审理并无不当。[①]

二、不同类型收养法律行为的成立要件

结合《民法典》第 134 条第 1 款，收养法律行为有可能属于单方民事法律行为、双方民事法律行为或者共同行为。

第一，有送养人的收养法律行为属于双方民事法律行为，此时收养的成立要件之一要求送养人和收养人达成收养协议，根据《民法典》第 1105 条，收养协议可以是口头形式、书面形式或者公证形式。收养协议不同于委托监护协议。

有学者认为收养协议的当事人应该是收养人和被收养人。[②] 鉴于被收养人为未成年人，如果被收养人作为收养协议的当事人，还须由送养人或者监护人作为被收养人的代理人，徒增烦扰，而且与身份法律行为不能代理的通识相悖。收养协议实际上是收养人和送养人之间达成的利益第三人协议，收养协议并非以收养人和送养人利益最大化为原则，并非以收养人和送养人的意思自治为最终判断标准，而须遵循最有利于被收养人原则。

收养不同于赠与，收养的理论范式存在从赠与向有偿合同的转型。[③] 收养协议存在三方主体——送养人、收养人和养子女，类似于为第三人利益的合同。《民法典》未规定送养人的探望权。

收养查找不到生父母的未成年人，儿童福利机构作为送养人可以和收养人订立附解除条件的收养协议。例如，约定当生父母出现时，收养协议解除。如果没有约定该解除条件，生父母出现时，收养协议是否当然消除？对此，可以类推适用《民法典》第 52 条："被宣告死亡的人在被宣告死亡期间，其子女被他人依法收养的，在死亡宣告被撤销后，不得以未经本人同意为由主张收养行为无效。"

第二，没有送养人的收养法律行为。如果被收养人为不满 8 周岁的未成年人，收养人仅为一人，则收养法律行为属于单方民事法律行为。

第三，没有送养人的收养法律行为，如果被收养人为不满 8 周岁的未成年人，收养人为夫妻，根据《民法典》第 1101 条，有配偶者收养子女，应当夫妻共同收养，此时收养属于共同行为。

---

① 参见姚永忠：《夫妇"收养"孤儿 16 年未登记：去世留下百万遗产，男孩被判无继承权》，载红星新闻 2024 年 7 月 6 日，https：//i. ifeng. com/c/8azZAvkECsb，最后访问时间：2024 年 7 月 7 日。

② 参见周友军：《我国民法典编纂中收养制度的完善》，载《广东社会科学》2019 年第 4 期，第 249 页。

③ See Nigel Lowe，"The Changing Face of Adoption-The Gift/Donation Model versus the Contract/Services Model"，*Child and Family Law Quarterly*，Vol. 9，Issue 4（1997），pp. 371 - 386.

第四，没有送养人的，如果被收养人为8周岁以上的未成年人，收养人仅为一人，收养法律行为属于单方民事法律行为；收养人为夫妻，根据《民法典》第1101条，有配偶者收养子女，应当夫妻共同收养，此时收养属于共同行为。根据第1104条第二句，收养8周岁以上未成年人的，应当征得被收养人的同意，但“被收养人的同意”并非意思表示，不由此导致收养成为双方民事法律行为。

三、民间习惯中的过继（立嗣）

日常生活实践中还存在一种名义上的收养的做法，以建立一种新的与亲属关系相似的社会关系。“名义上的收养就是一个人不通过生育和婚姻，部分地被接受到另一个亲属关系群体中去的制度，当地称之为‘过房’，意思是‘过寄到另一家去’，过寄意思是依附。据说这来源于人们相信恶毒的鬼魂对父母娇养的孩子往往要找一些麻烦。按同样的推理，多子女的人对鬼魂的抵抗能力较强。因此，把孩子‘过寄’这样一个强有力的人，孩子可以得到保护。另一方面，孩子虽然是名义上过寄别人，但也足以向鬼魂表示父母对孩子的淡漠。……这种‘收养’是象征性的；孩子并不离开生父、生母。他不要继承权也没有赡养寄父母的义务。他名义上改了姓，但正像乡亲们说的，这是骗那些鬼魂的。所以真正的意义在于通过象征性的亲属关系称谓和礼仪形式来建立一种新的与亲属关系相似的社会关系。”[①]

民间习惯中的过继（立嗣）经常也是“收养”三代以内旁系同辈血亲的子女，大多并不构成《民法典》婚姻家庭编意义上的收养，但可以适用《民法典》第10条的规定处理继承人资格问题：“处理民事纠纷，应当依照法律；法律没有规定的，可以适用习惯，但是不得违背公序良俗。”在“张某芳、张某芬与张某全、张某福、张某继承纠纷案”（“顶盆过继案”）中，法院认为张某在张某佳死后顶盆发丧的事实可以认定。顶盆发丧作为民间习俗，并不为法律所禁止，相反，在长期的生产、生活中形成的民间习俗是人们自愿选择的结果，也成为约束人们日常生活的准则，应该得到尊重。在民间习俗中，葬礼中的顶盆发丧及其他祭祀行为，对死者具有重要意义；而对顶盆者而言，则是一种重大的义务，并非随便为之，基于此，张某可以适当分得张某佳的部分遗产。原审法院认为张某分得遗产并无不当，但二分之一的份额过高，以张某分得张某佳百分之二十遗产份额为宜。张某芳对张某佳生前尽到主要扶养义务，在分配遗产时，张某芳可以多分，张某芳分得百分之四十遗产份额。其余遗产份额则由张某芬、张某福、张某全均分，其三人各享有十五分之二份额。[②] 顶盆过继民间习俗作为习惯法适用的前提是没有遗嘱，也不存在法律认可的法定继承人，若有法定继承人，则不适用顶盆过继习惯法。不能通过顶盆过继习惯法剥夺女儿的继承权。[③]

---

① 费孝通：《江村经济》，戴可景译，北京大学出版社2012年版，第78－80页。

② 参见山东省青岛市中级人民法院（2011）青民五终字第426号民事判决书。

③ 2024年7月4日，周口市一女子称养父去世堂哥要求继承房产土地，村支书称葬礼上堂哥摔的盆，按照当地民俗应归他所有。参见《女子养父去世因为当地拆迁，房子和土地被堂哥霸占，村支书称按民俗应该给侄子》，https：//www.163.com/dy/article/J6B76I94055615MP.html，最后访问时间：2024年7月7日。

1992 年 4 月 1 日起实施的《收养法》第 15 条第 1 款规定："收养查找不到生父母的弃婴和儿童以及社会福利机构抚养的孤儿的，应当向民政部门登记。"《收养法》1998 年修正后，收养登记成为所有类型收养法律行为的成立要件，不再承认事实收养关系。1998 年修正后的《收养法》第 15 条第 1 款规定："收养应当向县级以上人民政府民政部门登记。收养关系自登记之日起成立。"自此以后，立法对收养登记的规定使得所有收养行为均属于要式法律行为。《民法典》第 1105 条第 1 款规定："收养应当向县级以上人民政府民政部门登记。收养关系自登记之日起成立。"值得思考的是：民间习惯中的过继（立嗣）是否也必须办理收养登记？过继（立嗣）的子女是否具有继承"收养人"遗产的资格或者在"收养人"被侵害致死时具有取得死亡赔偿金的资格？如果认可民间习惯中的过继（立嗣）也具有收养效力，是否会架空《民法典》第 1105 条第 1 款收养登记这一强制性规定？笔者认为，根据《民法典》第 10 条，可以适用不违背公序良俗原则的习惯的前提是"法律没有规定"，在第 1105 条第 1 款明确规定所有收养均须办理收养登记的前提下，民间习惯中的过继（立嗣）要发生收养效力也必须办理收养登记。当然，过继（立嗣）的子女根据民间习惯作为法定继承人的，可以适用该习惯。有学者认为："应将嗣子或继子与享有继承权的亲生子女或养子女同等对待，并不要求相互之间形成扶养关系。或者说，立嗣本身并不包含扶养功能。"[①] 在"张某芳、张某芬与张某全、张某福、张某继承纠纷案"（"顶盆过继案"）中，二审法院没有把顶盆过继的嗣子作为唯一的第一顺序法定继承人，而是由其与第二顺序的法定继承人共同继承被继承人的遗产，在遗产分配上更公平。若无其他第一顺序、第二顺序法定继承人，由未曾共同生活、毫无扶养或赡养关系的顶盆过继嗣子作为继承人，可以避免遗产成为无人继承无人受遗赠的遗产，有利于尽可能在家族中完成财富传承。但若在有第二顺序法定继承人时，由未曾共同生活、毫无扶养或赡养关系的顶盆过继嗣子作为第一顺序法定继承人，排斥第二顺序法定继承人的继承权，则不公平。

第三节　收养法律行为的效力

一、形成拟制血亲关系

收养关系成立后会在送养人和被收养人之间、收养人和被收养人之间产生一系列的权利义务关系，我国采取完全收养模式，被收养人完全融入收养人的家庭，并与生父母断绝权利义务关系。收养身份法律关系的变动具有法定性特点。

《民法典》第 1111 条规定完全收养模式下收养的拟制效力："自收养关系成立之日起，养父母与养子女间的权利义务关系，适用本法关于父母子女关系的规定；养子女与

---

① 汪洋：《习惯作为法源的适用——石坊昌诉石忠雪顶盆过继案》，载周江洪、陆青、章程主编：《民法判例百选》，法律出版社 2020 年版，第 20 页。

养父母的近亲属间的权利义务关系，适用本法关于子女与父母的近亲属关系的规定。”①“养子女与生父母及其他近亲属间的权利义务关系，因收养关系的成立而消除。”已经建立了收养关系的养父母具有和被收养人生父母同等的权利义务。有特殊困难无力抚养子女的生父母可以作为送养人，有特殊困难无力抚养子女的养父母也可以作为送养人送养其子女。养父母送养子女应当严格按照生父母送养的登记程序办理。②

“我国收养为完全收养。不完全收养是指收养成立后，养子女不但与其养父母及其近亲属发生权利义务的关系，而且与其生父母及其近亲属之间仍保留一定的权利义务关系的收养。”③

根据《民法典》第1111条，养父母与养子女间的权利义务关系，适用本法关于父母子女关系的规定，而非“本编”关于父母子女关系的规定。这就使得养父母与养子女之间可以适用总则编如第27条监护制度，婚姻家庭编如第1048条关于禁止近亲结婚的规定，第1067～1068条关于抚养、教育、保护、赡养义务的规定，第1127条关于法定继承人范围和顺序的规定，第1188条关于监护人责任的规定，等等。

上海市普陀区人民法院审理了一起特殊的老年人宣告民事行为能力和指定监护人案件。80周岁的赵老太早年间离婚后，便一直独自生活。2023年，赵老太突发脑梗，其住所地居民委员会将其送医。出院后，赵老太记忆力和智力减退，居民委员会肩负起临时监护老人的职责，为其送饭、配药、送医、办理相关手续等。因赵老太无其他近亲属，居民委员会工作人员与赵老太讨论其未来的养老问题时，赵老太提及其年轻时曾将亲生儿子送养给他人，此后就断了联系。于是，居民委员会经多方打听，终于找到了赵老太年轻时送养的孩子张先生，并安排双方做了亲子鉴定，确定张先生就是赵老太的亲生儿子。张先生与赵老太相认后，主动与居民委员会一起共同肩负起照顾赵老太的职责。经鉴定，赵老太患有器质性精神障碍，被评定为限制民事行为能力人。2024年9月，在征得赵老太住所地居民委员会的同意后，张先生向普陀区人民法院申请宣告赵老太为限制民事行为能力人，并指定其担任赵老太的监护人。法院经审理认为，被申请人赵老太患有器质性精神障碍，经司法鉴定确认其具有限制民事行为能力，故张先生要求宣告赵老太为限制民事行为能力人，并无不当。赵老太虽然经鉴定确认系张先生的生物学母亲，但张先生从小由他人收养，双方之间的权利义务关系因收养关系的成立而消除，所以其并非法律规定的监护人，其担任被申请人的监护人应当取得被申请人住所地居民委员会的同意。鉴于该居民委员会已表示同意，综合考虑赵老太个人意愿以及目前赵老太的生活照顾也由张先生在承担后，法院对张先生担任赵老太监护人的申请事项予以准许，并指出其住所地居民委员会作为基层自治组织，可以对张先生的监护履行进行监督。④

① 通说认为收养形成拟制血亲法律关系，但《民法典》第1111条第1款未如第16条那样配置包含“视为”字样的拟制规范，而是规定直接“适用”本法关于父母子女关系的规定、直接“适用”本法关于子女与父母的近亲属关系的规定。通说观点和立法技术配置之间存在不匹配。

② 参见《民政部办公厅关于收养人因生活困难不能继续抚养被收养人有关问题的复函》（民办函〔2009〕177号）。

③ 张伟主编：《婚姻家庭继承法学》，法律出版社2021年版，第213页（杨丽珍教授执笔）。

④ 参见《从小被送养的儿子想要监护年老失智的生母，中间要过几道关?》，最高人民法院2024年12月5日发布，https://mp.weixin.qq.com/s/mKzRCUvOpE-kbHrXb66Z8A。

从小被送养的儿子想要监护年老失智的生母，中间要过几道关？《民法典》第 1111 条第 2 款规定：“养子女与生父母及其他近亲属间的权利义务关系，因收养关系的成立而消除。”从小被送养的儿子与生母的权利义务因收养关系的成立而消除。生母年老失智成为限制民事行为能力人时，被送养的儿子不属于《民法典》第 28 条第 2 项所规定的有资格担任监护人的个人，而属于该条第 4 项所规定的其他愿意担任监护人的个人，但是须经被监护人住所地的居民委员会同意。

收养不同于寄养或者监护委托，在寄养或者监护委托情形下，并不发生父母子女身份关系的变化。生父母的亲朋代为抚养也不变更亲子身份关系。《民法典》第 1107 条规定：“孤儿或者生父母无力抚养的子女，可以由生父母的亲属、朋友抚养；抚养人与被抚养人的关系不适用本章规定。”根据《民法典》第 464 条第 2 款、参照适用《民法典》第 933 条，寄养、委托抚养或者监护委托中的委托人有任意解除权。[1] 收养关系中送养人对收养关系的解除权要受《民法典》第 1114 条的法定限制。

根据《民法典》第 1048 条关于禁止近亲结婚的规定，养父母和养子女之间不得结婚。收养关系解除后，养父母与养子女以及其他近亲属间的权利义务关系即行消除，养父母与养子女之间可否结婚？我国《民法典》存在法律漏洞。笔者认为，基于伦理身份关系安定性，收养关系解除后，养父母仍不得与养子女结婚。可资参考的比较法立法例有《德国民法典》第 1308 条第 1 款：“因收养子女而成立第一千三百零七条所定之亲属关系之人间，不得结婚。于收养关系终止后，亦同。”另如《日本民法典》第 736 条规定：“养子女及其配偶、养子女的直系卑亲属及其配偶，与养父母及其直系尊亲属，即使在亲属关系依第七百二十九条规定终止后，亦不得结婚。”

养子女与生父母及其他近亲属间的权利义务关系，因收养关系的成立而消除。但自然血亲不能通过人为手段改变，养子女与生父母及其近亲属之间仍须适用《民法典》第 1048 条关于禁止近亲婚的规定。

二、养兄弟与养姐妹之间可以结婚

需要进一步思考的是：养兄弟与养姐妹之间能否结婚？

如果收养人收养三代以内旁系同辈血亲的子女，收养人的亲生子女与养子女之间存在血亲关系，不得结婚。被收养的养兄弟和养姐妹之间存在血亲关系，也不得结婚。

如果养兄弟与养姐妹之间无血缘关系，基于收养，养兄弟和养姐妹之间产生拟制旁系血亲关系，笔者认为不宜禁止其互相结婚，理由在于：无血缘关系养兄弟与养姐妹之间结婚不违反《民法典》第 1048 条禁婚亲的优生学立法目的。

如果作文义解释和机械理解，将无血缘关系的养兄弟与养姐妹也作为《民法典》第 1048 条规定的“三代以内的旁系血亲”看待，则其互相结婚前须先由至少一方与养父母解除收养关系，然后才能与其他养兄弟姐妹结婚。此举徒增程序烦扰。

---

① 参见“陈某与厦门市社会福利中心收养关系纠纷案——为维护被监护人合法权益，监护人可单方解除寄养合同”，福建省高级人民法院 2022 年 5 月 30 日发布的 10 起未成年人权益保护典型案例之一。

三、收养法律行为无效

收养是保护性法律制度，关乎对被收养人这一弱势群体的权益保护，立法严格规范收养法律行为，体现更高程度的国家管制。《民法典》第1113条不区分收养法律行为无效与可撤销，而规定统一的收养法律行为无效制度并坚持收养法律行为无效有溯及力：“有本法第一编关于民事法律行为无效规定情形或者违反本编规定的收养行为无效。”“无效的收养行为自始没有法律约束力。”国务院发布的行政法规《中国公民收养子女登记办法》第13条规定：“收养关系当事人弄虚作假骗取收养登记的，收养关系无效，由收养登记机关撤销登记，收缴收养登记证。”[①] 收养属于对被收养人的保护性制度，法律对收养的管制更加严格，这不同于婚姻效力制度。《中国反对拐卖人口行动计划（2021—2030年）》（国办发〔2021〕13号）要求：“完善儿童收养制度，严厉打击非法收留抚养行为，整治网络非法送养，严禁任何形式非法收留抚养，严厉打击以收养为名买卖儿童的行为。推进部门间信息共享，加强被非法收留抚养未成年人身份信息核实。规范儿童收养程序，强化收养登记审查。将收养领域不诚信行为纳入公民个人社会信用体系，加强相关法律法规宣传，挤压非法收留抚养行为生存空间。”“完善收养有关法规，规范收养程序，严格审查标准，强化收养登记审查与监督，防止被拐（买）卖儿童通过收养渠道‘合法化’。”

2020年4月，媒体报道鲍某某性侵“养女”，引起社会极大关注。2020年9月17日，最高人民检察院、公安部联合督导组通报鲍某某涉嫌性侵韩某某案调查情况：2015年10月10日，鲍某某到南京与韩某某及其母亲见面，两人以“收养”名义开始交往并发展为两性关系。在两人交往过程中，鲍某某不知道韩某某真实年龄。经向民政部门了解，两人不符合法定收养条件，未办理收养手续，不存在收养关系。综合本案查证情况，鲍某某和韩某某存在同居行为和两性关系，但现有证据不能证实鲍某某违背韩某某意志，采用暴力、胁迫或者其他手段强行与其发生性关系，不能认定鲍某某的行为构成强奸罪。鲍某某明知其本人和韩某某的情况都不符合相关法律规定的收养和被收养条件，且在自认为韩某某系未成年人的情况下，仍以“收养”为名与韩某某交往且与其发生性关系，严重违背社会伦理道德和公序良俗，应当受到社会谴责。[②]

即便符合收养的条件，办理了收养登记，如果收养法律行为违背公序良俗，也可以适用《民法典》第153条第2款认定收养法律行为无效。《民法典》第1044条不再像《收养法》第2条那样重申收养“不得违背社会公德”，主要是基于体系化考虑，第1113条第1款收养法律行为无效事由中的引致规范已经包含此意。

---

① 不能混淆行政权和司法权的边界，不宜将《中国公民收养子女登记办法》第12条解释为是赋予收养登记机关认定收养法律行为效力的权力，该条应为纯粹的裁判规范。

② 参见《最高人民检察院、公安部联合督导组通报鲍某某涉嫌性侵案调查情况》，https：//www.spp.gov.cn/spp/qwfb/202009/t20200917_480227.shtml。

第四节　收养关系的解除

一、解除收养关系的三种方式

收养关系可以经由收养人和送养人协议解除、收养人和成年被收养人协议解除，也可以经由送养人单方法定解除。收养形成的拟制血亲不同于自然血亲关系，“最为典型的差异表现在，自然血缘父母子女关系无法解除，而收养可以解除”①。鉴于收养法律行为属于要式行为，当事人协议解除收养关系的，还须办理解除收养关系登记。《民法典》第1116条规定：“当事人协议解除收养关系的，应当到民政部门办理解除收养关系登记。”

（一）收养人与送养人协议解除

《民法典》第1114条第1款规定收养人和送养人协议解除制度：“收养人在被收养人成年以前，不得解除收养关系，但是收养人、送养人双方协议解除的除外。养子女八周岁以上的，应当征得本人同意。”被收养人成年前，严格限制收养人解除收养，以最有利于被收养人，维持收养关系的安定性。

（二）送养人单方法定解除

《民法典》第1114条第2款规定送养人单方法定解除制度：“收养人不履行抚养义务，有虐待、遗弃等侵害未成年养子女合法权益行为的，送养人有权要求解除养父母与养子女间的收养关系。送养人、收养人不能达成解除收养关系协议的，可以向人民法院提起诉讼。”如果此时没有送养人或者送养人怠于行使法定解除权，本着最有利于被收养人的原则，可以补充适用《民法典》第36条，由有关个人或者组织申请人民法院撤销监护关系②，以达到和第1114条第2款实质相同的法律效果。

《民法典》第1114条第2款未规定，收养人不履行抚养义务，未达到虐待、遗弃等程度时，送养人的救济方式，笔者认为，此时可以参照适用《民法典》第577条中的继续履行责任进行违约救济。达到虐待、遗弃等程度时，则构成收养人的根本违约，送养人自可行使法定解除权。若送养人死亡或者丧失民事行为能力，此时可以本着未成年人利益最大化原则③，参照适用《民法典》第36条监护人监护资格撤销制度。

此外，《民法典》第1114条第2款规定的收养关系法定解除事由略窄，宜与《民法

---

① 邓丽：《收养法论：源流、体系与前瞻》，社会科学文献出版社2024年版，夏吟兰序一。

② 全国妇联2019年11月28日发布的第三届“依法维护妇女儿童权益十大案例”之一（“入户排查救女童 检察监督惩恶父——福建司法机关依法严惩郑某某强奸养女案”），第三届“依法维护妇女儿童权益十大案例”之八（“虐待养女枉人母 监护侵权依法办——北京检察机关支持民政局申请撤销刘某某监护人资格案”）。

③ 儿童利益最大化是所有涉及儿童监护决定的控制标准（governing standard）。See Kristina V. Foehrkolb, ‘When the Child's Best Interest Calls for It: Post-Adoption Contract by Court Order in Maryland’, *Maryland Law Review*, Vol. 71, Issue 2 (2012), p. 490.

典》第 36 条规定的撤销监护人资格事由拉齐。收养人实施严重侵害未成年养子女合法权益行为的，送养人有权要求解除养父母与养子女的收养关系，不能达成解除收养关系协议时才有必要向人民法院提起诉讼；如果没有送养人，鉴于养父母和养子女形成拟制父母子女关系，构成监护关系，《民法典》第 36 条规定的有关个人或者组织可以向人民法院提起撤销监护人资格之诉。养父母的监护人资格被撤销，也意味着第 1114 条第 2 款意义上收养关系的法定解除。

（三）收养人与成年被收养人协议解除

《民法典》第 1115 条规定收养人和成年被收养人协议解除："养父母与成年养子女关系恶化、无法共同生活的，可以协议解除收养关系。不能达成协议的，可以向人民法院提起诉讼。"被收养人成年后，严格限制被收养人解除收养。即便被收养人成年后，收养人或者被收养人对收养法律行为也无任意解除权。

二、收养关系解除后的法律效力

对收养关系解除后的法律效力，区分身份法律效力和财产法律效力。

（一）收养关系解除后的身份法律效力

《民法典》第 1117 条规定收养关系解除后的身份法律效力："收养关系解除后，养子女与养父母以及其他近亲属间的权利义务关系即行消除，与生父母以及其他近亲属间的权利义务关系自行恢复。但是，成年养子女与生父母以及其他近亲属间的权利义务关系是否恢复，可以协商确定。"

（二）收养关系解除后的财产法律效力

《民法典》第 1118 条规定收养关系解除后的财产法律效力："收养关系解除后，经养父母抚养的成年养子女，对缺乏劳动能力又缺乏生活来源的养父母，应当给付生活费。因养子女成年后虐待、遗弃养父母而解除收养关系的，养父母可以要求养子女补偿收养期间支出的抚养费。"[①] "生父母要求解除收养关系的，养父母可以要求生父母适当补偿收养期间支出的抚养费；但是，因养父母虐待、遗弃养子女而解除收养关系的除外。"收养关系解除后，经养父母抚养的成年养子女，对缺乏劳动能力又缺乏生活来源的养父母，应当给付生活费。这是对收养关系解除后养父母子女关系即行消除规则的缓和，避免经养父母抚养的成年养子女忘恩负义。鉴于身份关系的伦理感情底色，本着法、理、情的有机结合，法律上的收养关系可以解除，但对养父母过往抚养、教育的恩

---

① "冯某刚、周某诉冯某伟解除收养关系案——《收养法》实施前的收养行为如何认定?"，引自《最高法发布婚姻家庭纠纷典型案例 河南 10 例》，载新浪网 2015 年 11 月 19 日，http：//finance. sina. com. cn/sf/news/2015 - 11 - 19/145011104. html。本案原告夫妇收养被告的时间在 1987 年，虽然未按法律规定办理任何收养手续，但法院裁判时应充分考虑到原告夫妇的文化水平和邻里乡亲的证言，如果仅因原告未能办理收养手续便否定收养关系，不但会让群众不信服，也不利于保护作出善行的原告夫妇。

情不能否认，认可成年养子女的赡养义务，符合民事权利、义务和责任协调统一的法治原则。

根据《民法典》第1118条第2款，生父母要求解除收养关系的，养父母可以要求生父母适当补偿收养期间支出的抚养费；但是，因养父母虐待、遗弃养子女而解除收养关系的除外。例如，生父母违反保密约定导致收养关系解除的，养父母可以要求生父母适当补偿收养期间支出的抚养费，应结合生父母和养父母双方对于解除收养关系的过错、生父母的负担能力、养父母的经济状况等因素综合考量，确定补偿标准和补偿数额。①

本章司法裁判 案例节选

邵某杰、陈某林诉崔某凤、徐某收养关系纠纷案

基本案情：被告崔某凤、徐某于1998年9月16日向原告邵某杰、陈某林抱养一女孩，取名崔某某，由被告抚育、培养至今，现已成年，目前在读大学。崔某某上高一时，原告与其相见，2013年3月3日，被告向原告邮寄女孩照片一张。2016年7月5日，原告邵某杰与被告崔某凤通电话，要求双方建立亲戚往来关系，遭到被告的拒绝。另查明，崔某某本人意见：(1) 本人与崔某凤、徐某自幼生活至今，已经形成事实上的收养关系，本人不同意改变现状，可补办收养登记。(2) 不同意改变目前的身份及亲属关系。(3) 不同意做亲子鉴定。

争议焦点：原告邵某杰、陈某林与崔某某之间是否存在亲子关系，被告崔某凤、徐某与崔某某之间的收养关系是否不成立。

裁判结论：原告未能提供崔某某的出生证明等必要证据，且崔某某明确表示不同意做亲子鉴定，故对于邵某杰、陈某林确认亲子关系的诉讼请求难以认定。原告要求确认被告与崔某某之间的收养关系不成立的诉讼请求，不予支持。

裁判理由：收养行为作为特殊的身份法律行为，以最有利于未成年人的成长为基本原则，以符合社会公德为底线。以父母子女相称，共同生活多年，事实收养人对未成年人履行抚养、教育义务，双方形成稳定的家庭关系并愿意维持该身份关系，送养人仅以收养时不符合法律规定的收养条件也未办理收养登记为由，要求确认养父母子女关系不成立的，既有损被收养人和事实收养人的合法权益，也有违诚信原则，人民法院不予支持。双方业已形成并愿意维持的稳定的家庭关系应予保护。②

教学评析：可以结合本案判决书全文，根据民法典有关规定，分析本案争议中所涉及的收养条件，从理论上评析“事实收养”这个概念。

本章深度 阅读

1. 邓丽．收养法的社会化：从亲子法转向儿童法．法学研究，2020 (6).

---

① 参见吴军：《生父母违反保密约定导致收养关系解除的，养父母能否获得补偿?》，载微信公众号“江西民事审判”2022年7月20日，https：//mp.weixin.qq.com/s/j4DJh2Nrz8gwb6YbLjj_qQ。

② 参见南通市中级人民法院（2017）苏06民终1496号民事判决书，载《江苏省高级人民法院公报》2018年第4辑（总第58辑），第47－51页。

2. 周友军．我国民法典编纂中收养制度的完善．广东社会科学，2019 (4).

3. 徐铁英．《婚姻家庭编》(草案) 关于收养主体制度规定的不足和改进建议．暨南学报 (哲学社会科学版)，2020 (1).

4. Nigel Lowe，"The Changing Face of Adoption-The Gift/Donation Model versus the Contract/Services Model"，Child and Family Law Quarterly，Vol. 9，Issue 4 (1997).

5. Kristina V. Foehrkolb，"When the Child's Best Interest Calls for It：Post-Adoption Contract by Court Order in Maryland"，Maryland Law Review，Vol. 71，Issue 2 (2012).

6. 张某芳、张某芬与张某全、张某福、张某继承纠纷案［山东省青岛市中级人民法院 (2011) 青民五终字第 426 号民事判决书］.

本章问题与思考

1. 有学者提出如下问题："送养子女患有重大疾病，送养人不如实告知，收养关系是撤销还是无效，如何确定此问题的规范基础?"[①] 试对此作出解答。

答题指引：《民法典》第 1113 条规定："有本法第一编关于民事法律行为无效规定情形或者违反本编规定的收养行为无效。""无效的收养行为自始没有法律约束力。"结合第 1113 条的规定，分析收养法律行为的效力瑕疵类型及民事法律行为效力规定的可适用性。

2. 1997 年 9 月 21 日，呼某吉和女友唐某在山东聊城，拐走两岁半的郭新振（又名郭振）。由此，郭刚堂开启漫漫寻子之路。2014 年，郭刚堂正式建立天涯寻亲网。2015 年 3 月 20 日，刘德华主演的电影《失孤》上映，郭刚堂也去看了。电影里，刘德华说，"只有在路上，我才感觉我是个父亲"。这基本是郭刚堂的原话。2016 年 1 月，郭刚堂获得"中国公益人物"称号。直到 2021 年 7 月 11 日，全家团聚。郭刚堂 24 年寻子失而复得。郭刚堂之子郭新振表示，未来将留在养父母身边。2021 年 7 月 14 日，郭刚堂在社交媒体上发声，表示将尊重孩子的选择。人口买卖在中国一直是一个复杂的问题，中国农村地区长期存在收养孩子的民间传统。实践中"收养"和"收买"的边界难以把握。很多养父母在不知情的情况下都以为是"收养"而非"收买"孩子。我们应持续完善收养程序、扩展收养渠道，以更好满足合法的收养需求，杜绝人口买卖。拐卖案里情理法交织，买方家庭触犯法律吗？在复杂的拐卖案背后情与法又该如何考量？在郭刚堂寻子事件中，郭新振的养父母涉嫌触犯刑法、构成犯罪。

根据现行刑法规定，拐卖妇女、儿童的，处 5 年以上 10 年以下有期徒刑，并处罚金；情节严重的，处 10 年以上有期徒刑或者无期徒刑，并处罚金或者没收财产；情节特别严重的，处死刑，并处没收财产。刑法针对买方亦有相关规定：收买被拐卖的妇女、儿童的，处 3 年以下有期徒刑、拘役或者管制。按照被买妇女的意愿，不阻碍其返

① 刘征峰：《民法典体系中家庭关系法律适用和续造的顺序》，载微信公众号"与民法典同行"2022 年 6 月 17 日。

回原居住地的，对被买儿童没有虐待行为的，不阻挠解救的，可以从轻或者减轻处罚。

1997 年《刑法》规定，按照被买妇女的意愿，不阻碍其返回原居住地的，对被买儿童没有虐待行为，不阻碍对其进行解救的，可以不追究刑事责任。为进一步严打拐卖人口犯罪，2015 年《刑法修正案（九）》出台，将“可以不追究刑事责任”表述删去，转而规定为“可以从轻或者减轻处罚”。这成为我国严打人口拐卖上的一次转折点。收买拐卖妇女、儿童一律入刑，对打击拐卖来说是里程碑事件。

请结合以上事例思考收养与拐卖的边界。在郭刚堂寻子事件中，郭新振的养父母是合法收养关系的养父母吗？郭新振对养父母有赡养义务吗？

答题指引：《民法典》第 1044 条第 2 款禁止借收养名义买卖未成年人。养父母构成收买被拐卖的儿童罪的，相应收养法律行为无效。

3.（法考真题改编）吕某和田某 1990 年依法收养夏某，投入很多的精力和财力。夏某成年后未尽养女的责任，2016 年吕某去世，夏某对田某不但未尽赡养义务，还多次辱骂、赶走老人。2017 年田某决定卖掉与吕某共有的 5 间私房，遭到夏某的阻挠，田某起诉到法院要求解除与夏某的母女关系。关于本案，正确的是（　　）。

A. 5 间私房田某与夏某各继承一半

B. 田某无权要求解除与夏某的收养关系

C. 田某可要求夏某补偿收养期间生活费和教育费

D. 夏某无权继承吕某的财产

参考答案：C

4.（法考真题改编）小强现年 9 周岁，生父谭某已故，生母徐某虽有抚养能力，但因准备再婚决定将其送养。徐某的姐姐要求收养，其系华侨富商，除已育有一子外符合收养人的其他条件；谭某父母为退休教师，也要求抚养。下列哪些选项是正确的？（　　）

A. 徐某因有抚养能力不能将小强送其姐姐收养

B. 徐某的姐姐因有子女不能收养小强

C. 谭某父母有优先抚养的权利

D. 收养应征得小强同意

参考答案：CD

5.（法考真题改编）张某和李某达成收养协议，约定由李某收养张某 6 岁的孩子小张；任何一方违反约定，应承担违约责任。双方办理了登记手续，张某依约向李某支付了 10 万元。李某收养小张 1 年后，因小张殴打他人赔偿了 1 万元，李某要求解除收养协议并要求张某赔偿该 1 万元。张某同意解除但要求李某返还 10 万元。下列哪一表述是正确的？（　　）

A. 李某、张某不得解除收养关系

B. 李某应对张某承担违约责任

C. 张某应赔偿李某 1 万元

D. 李某应返还不当得利

参考答案：D

6.（考研真题改编）甲依我国收养法规定与某孤儿院达成收养孤儿乙的协议。

（1）该收养行为是否受我国合同法调整，为什么？

（2）该收养行为能否附条件，为什么？

答题指引：该收养行为属于身份关系协议，可以参照适用合同法律制度。该收养行为不能附条件。

继承法学

第九章 继承、继承法与继承法学概述

本章重点知识

1. 继承制度是关于自然人死亡后财富传承的重要方式和基本制度。保护财产继承权是产权保护的应有之义。

2. 继承法调整因自然人的死亡而引发的财产继承关系，继承法并不调整人身关系。继承法具有鲜明的财产法和身份法结合的特点，可以将之界定为身份财产法，属于广义的身份法。

保障家庭财富传承是《民法典》继承编的基本要求和立法宗旨。继承是取得财产的重要方式。

继承法的基本原则是民法基本原则的具体化，不同民法基本原则在继承法中具体化的内容和程度不同。继承法调整因继承产生的民事关系。

3. 遗产是自然人死亡时遗留的个人合法财产。依照法律规定或者根据其性质不得继承的遗产，不得继承。

4. 我国主要继承方式包括法定继承、遗嘱继承、遗赠、遗赠扶养协议。

5. 继承权是指自然人依照法律规定或者被继承人所立遗嘱而享有的承受被继承人遗产的权利。继承权包括客观意义上的继承权和主观意义上的继承权，二者又可以被分别称为继承期待权和继承既得权。

继承回复请求权，又称继承恢复请求权，是指继承权被侵害时，继承人请求回复的权利，即正当继承人在继承权受到他人侵害时，请求确认其继承资格并回复继承标的的权利。

6. 继承人有下列行为之一的，丧失继承权：(1) 故意杀害被继承人；(2) 为争夺遗产而杀害其他继承人；(3) 遗弃被继承人，或者虐待被继承人情节严重；(4) 伪造、篡改、隐匿或者销毁遗嘱，情节严重；(5) 以欺诈、胁迫手段迫使或者妨碍被继承人设立、变更或者撤回遗嘱，情节严重。

7. 继承法协调遗嘱自由与限制之间的关系，回应社会变迁与法律发展之间的关系，协调国家法与习惯法之间的关系。

8.《民法典》继承编的重点问题是充分尊重被继承人的真实意愿，养老育幼，和睦团结。这也是民法典编纂过程中继承编最为人们关注的价值判断问题。

9. 继承法完成向《民法典》形式上的回归。《民法典》继承编是构建继承法学理论体系的起点和基础。法定继承和遗嘱继承是继承法体系展开的两大支柱。我们要重视对继承法作为身份财产法特殊性和一般性的研究，推动继承法完成向民法的实质回归。

本章知识逻辑图

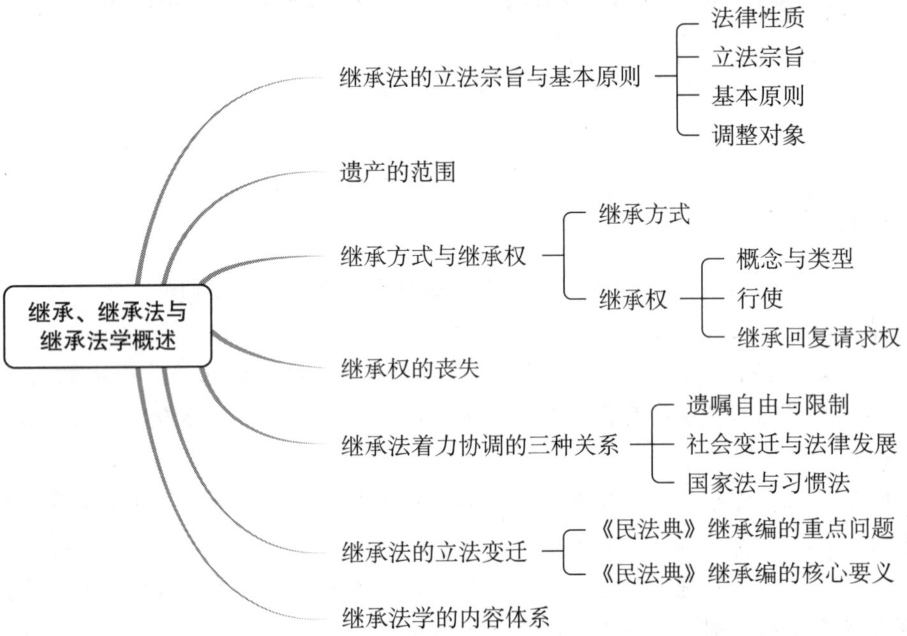

第一节　继承法的立法宗旨与基本原则

一、继承与自然人财富的传承

畏惧死亡，忧虑死亡的到来，是人类不幸的主要来源。不过这种畏惧和忧虑，可以由于对事物自然本性有真正理解而减少。人利用理解的作用，可以削弱精神痛苦的感情。由此，才能理解庄子妻死，庄子蹲地鼓盆而歌的故事。如郭象言，所谓未明而慨然，已达而止也。情可以以理和理解抵消。圣人对万物的自然本性有完全的理解，所以无情。当然，这并不是说他没有感情，而是说他不为情所扰乱，不依赖外界事物，他的心不受世界变化的影响，而享有斯宾诺莎所谓的“灵魂的和平”。他能认识到自然过程的不可避免性，他的幸福也不受外界事物的限制，在他有知的范围内，简直可以不动心，他理解万物都有一定的永恒的必然性，他也就永远存在，永远享受灵魂的和平，他可以说已经得到了绝对的幸福。[①]

① 参见冯友兰：《人生，觉解了吗》，人民出版社 2018 年版，第 49－50 页。

继承制度是关于自然人死亡后财富传承的重要方式和基本制度。“物和人之间的联系永远只是暂时的。死亡无论如何都会结束这种关系。”① 在婚姻家庭生活领域，自然人财富传承的方式多种多样：可以通过结婚时男女双方父母给予聘礼和嫁妆的名义传递，也可以通过分家的方式向下一代传递财富；可以通过生前赠与的方式传递，也可以通过死后继承的方式传递。②

保护财产继承权是产权保护的应有之义，有利于树立人们的恒产恒心，激发人们创造财富、积累财富的积极性，维护社会和经济秩序。《宪法》第 13 条第 1 款和第 2 款分别规定：“公民的合法的私有财产不受侵犯。”“国家依照法律规定保护公民的私有财产权和继承权。”有学者认为：“继承问题，可以说是公民对‘恒产’这一利益诉求的终极体现，应当加以重视。”③ “继承问题已经成为老百姓生活中的一个焦点问题！……然而，中国人的传统观念对遗嘱和继承安排是一直避讳的，这也造成了许多的社会问题，一些遗产纠纷案件也纷纷见诸报端……”④ 随着老龄化程度的加深和个人合法财产的增加，继承问题越来越受到人们的重视，继承法律纠纷也日益增长。摩尔根在《古代社会》中谈及财产和继承的关系时就说：“财产种类的增加，必然促进有关它的所有权和继承权的某些规则的发展。这些占有财产和继承财产的法则所依据的习惯，是由社会组织的状况和进步确定和限制的。”⑤

卢梭认为：“死亡对恶人来说是生命的结束，然而对正直的人来说却是生命的开始。”⑥ 针对从古代法律向近代法律的演化发展，梅因指出：“每一个公民的生命并不认为以出生到死亡为限；个人生命只是其祖先生存的一种延续，并在其后裔的生存中又延续下去。”⑦ 加缪说：“死亡是最哲学的。”

死亡是国人最为忌讳的事情，长期以来，中国人乐谈生、忌谈死、慎谈死，中国人在家庭财富传承问题上有不患贫而患不均的朴素公平观，中国人对自己的家庭财富即便在家庭成员或者近亲属范围内也谨慎披露（这就有可能导致缺乏遗嘱安排时，被继承人的遗产下落不明）。这些观念，在一定程度上构成了财富顺利传承的障碍。《论语·先进第十一》记载：季路问事鬼神。子曰：“未能事人，焉能事鬼？”敢问死。曰：“未知生，焉知死？”王阳明先生临终前，弟子问恩师临终遗言，王阳明只留下了八字遗言：“此心光明，亦复何言？”却丝毫未提及家事。此前弟子曾询问王阳明，家中后世如何安排，王阳明也只能叹息地回道：“何须及此！”即使死亡真的发生，人们也会努力寻求心理安慰：“有的人死了，但他还活着。”人们最多会在弥留之际，将未尽之事遗嘱托付后人⑧，

① ［德］马蒂亚斯·施默克尔：《德国继承法》（第五版），吴逸越译，中国人民大学出版社 2020 年版，第 4 页。

② 参见费孝通：《江村经济》，戴可景译，北京大学出版社 2012 年版，第 58－60 页。

③ 江平：《有恒产者有恒心》，载陈凯：《传递财富传递爱》，北京大学出版社 2012 年版，序言。

④ 江平：《有恒产者有恒心》，载陈凯：《传递财富传递爱》，北京大学出版社 2012 年版，序言。

⑤ ［美］路易斯·亨利·摩尔根：《古代社会》，杨东莼等译，商务印书馆 1997 年版，第 533 页。

⑥ ［法］卢梭：《爱弥儿：论教育》（下卷），李平沤译，商务印书馆 1978 年版，第 683 页。

⑦ ［英］梅因：《古代法》，沈景一译，商务印书馆 1959 年版，第 167－168 页。

⑧ 南宋诗人陆游在《示儿》中以诗言志：“死去元知万事空，但悲不见九州同。王师北定中原日，家祭无忘告乃翁。”另参见温飞：《中华遗嘱库负责人：30 多岁是立遗嘱最佳时间》，载中国广播网 2014 年 9 月 7 日，http://news.sina.com.cn/c/2014-09-07/172930807621.shtml，最后访问时间：2014 年 9 月 10 日。该报道显示，根据一份调查统计，在北京、上海等大城市，每年自然死亡的老人当中，立有正式遗嘱的不超过 25%。

而弥留之际的遗愿往往又很难体现本人的真实遗愿。出生和死亡讲求善始善终，“善终”离不开未雨绸缪即通过遗嘱对身后之事妥当安排。通过遗嘱妥当安排身后之事有助于定分止争，促进家庭和谐，维持家庭团结；遗嘱人也可以通过遗嘱超越死亡实现自己安排财富传承的意志。必留份和胎儿应继份制度则有助于家庭团结互助和弱者保护。

二、继承法的性质与立法宗旨

（一）继承法的性质及与民法其他部门法之间的关系

继承法是自然人处理继承问题的准则，是人民法院正确、及时审理继承案件的依据。继承法调整因自然人的死亡而引发的财产继承关系，以确定遗产的归属，定分止争；继承法并不调整人身关系。有学者认为，继承法针对的是死后的情况，是“最后之事之法”，继承法是私法的圆满结束。①

“继承法虽为身份法，但该是‘身份财产法’。申言之，继承法其本身是财产法关系，而以纯粹身份法关系为其媒介而成立者。故有关财产法之基本的法律规范与范畴，不唯在一般的财产法上有其适用，而且于身份财产法亦应受其规律，即身份财产法与一般的财产法，其性质相同，惟因以身份法关系为媒介，故难免受该关系或多或少之影响。”② “继承法虽为财产法，但是继承法是与身份有关的财产法，而不是纯粹的财产法。”③ “在现代民法里，继承法已废除身份继承制度，因而继承编的主要目的在于解决自然人死后的财产秩序问题，故继承法主要是财产法，继承活动主要是财产活动（或行为），不过基于家族协同、生前抚养等理念的影响，继承又以继承人与死者的身份关系为前提，因此继承法又不是一般的财产法，而是与被继承人与继承人之间的身份关系密切相关的财产法（台湾学者称其为身份财产法）。”④

《民法典》继承编可以适用总则编的一般规定，遗嘱不过是意思表示的特殊形态，身份关系是决定继承顺序的标准，其总体上主要属于财产法，而非纯粹的身份法，继承法具有鲜明的财产法和身份法结合的特点，可以将之界定为身份财产法，属于广义的身份法。《民法典》总则编须顾及继承制度的特殊性，继承编须有自己相应的特殊规定。还有学者指出：“继承法上之大部分规定，概具有强行法性质。”⑤ “继承法多为强制性的法律规范而不是任意性规范。由于继承法具有身份法的属性，与婚姻家庭关系存在着密不可分的联系，为维护婚姻家庭的伦理作用和社会职能，在继承法律规范中，多以强制性的规定进行规范。继承法的强制性，不仅涉及继承当事人的利益，也关系到家庭关系

① 参见［德］马蒂亚斯·施默克尔：《德国继承法》（第五版），吴逸越译，中国人民大学出版社 2020 年版，第 3 页。

② 陈棋炎、黄宗乐、郭振恭：《民法继承新论》（修订十一版），三民书局股份有限公司 2019 年版，初版序第 1 页。

③ 郭明瑞：《家事法通义》，商务印书馆 2022 年版，第 4 页。

④ 张平华：《修改完善〈继承法〉及制定民法典继承编的几个宏观思考》，载梁慧星主编：《民商法论丛》（第 49 卷），法律出版社 2011 年版，第 426－427 页。

⑤ 陈棋炎、黄宗乐、郭振恭：《民法继承新论》（修订十一版），三民书局股份有限公司 2019 年版，第 20 页。

和社会利益，与社会、经济和道德密切相关。”[①] 有学者认为：继承编是“《民法典》中强制性规定与限制最多的私法领域”[②]。“继承编是整个《民法典》中强制性规范比例最高的一编。”[③] 有学者认为，《民法典》其他各编聚焦于取得，继承法则主要用于确保遗产有意义的转让。继承法重复并且加深了对《民法典》其他各编的理解。[④]

（二）继承法的立法宗旨是保障家庭财富传承

习近平强调：“要聚焦民法典总则编和各分编需要把握好的核心要义和重点问题，阐释好民法典关于民事活动平等、自愿、公平、诚信等基本原则，阐释好民法典关于坚持主体平等、保护财产权利、便利交易流转、维护人格尊严、促进家庭和谐、追究侵权责任等基本要求，阐释好民法典一系列新规定新概念新精神。”[⑤] 民法典各编有不同的任务分工和立法宗旨。“法是服务于生者的，继承法亦是如此。继承法的目标正在于建立一套制度，使因一个人的死亡引起的财产变动问题得到公正的解决。”[⑥] 保障家庭财富传承是《民法典》继承编的基本要求和立法宗旨。继承是取得财产的重要方式。

三、继承法的基本原则

《继承法》第一章“总则”并未规定继承法的基本原则。《最高人民法院关于贯彻执行〈中华人民共和国继承法〉若干问题的意见》（以下简称《继承法意见》）规定：“人民法院贯彻执行继承法，要根据社会主义的法制原则，坚持继承权男女平等，贯彻互相扶助和权利义务相一致的精神，依法保护公民的私有财产的继承权。”

继承法的基本原则是民法基本原则的具体化，继承法也应该遵循平等原则、私法自治原则、公平原则、诚信原则、公序良俗原则和绿色原则。不同的民法基本原则在继承法中具体化的内容和程度不同。

民法平等原则在继承法上具体体现为继承权男女平等，继承权男女平等原则是继承法法定继承制度坚持的一项基本原则，这并不妨碍被继承人通过遗嘱对男性继承人和女性继承人取得遗产作不同安排。《民法典》第 1126 条规定：“继承权男女平等。”第 1130 条第 1 款规定：“同一顺序继承人继承遗产的份额，一般应当均等。”《妇女权益保障法》第 34 条规定：“妇女享有的与男子平等的财产继承权受法律保护。在同一顺序法定继承人中，不得歧视妇女。”“丧偶妇女有权处分继承的财产，任何人不得干涉。”

---

① 孙若军编著：《继承法学原理与案例教程》，中国人民大学出版社 2008 年版，第 10 页。

② 李永军主编：《中国民法学》（第 4 卷·婚姻继承），中国民主法制出版社 2022 年版，第 210 页（陈汉教授执笔）。

③ 李永军主编：《中国民法学》（第 4 卷·婚姻继承），中国民主法制出版社 2022 年版，第 214 页（陈汉教授执笔）。

④ 参见［德］马蒂亚斯·施默克尔：《德国继承法》（第五版），吴逸越译，中国人民大学出版社 2020 年版，第 3-4 页。

⑤ 习近平：《充分认识颁布实施民法典重要意义 依法更好保障人民合法权益》，载《求是》2020 年第 12 期。这是习近平 2020 年 5 月 29 日在十九届中央政治局第二十次集体学习时的讲话。

⑥ ［德］迪特·莱波尔德：《德国继承法》，林佳业、季红明译，法律出版社 2023 年版，第 32 页。

私法自治原则集中表现为《民法典》第 1120 条："国家保护自然人的继承权。"私法自治原则要求法定继承和遗嘱继承都应该力求反映被继承人的主观意愿。而在没有足够充分且正当理由的情况下，对继承人的继承权不得任意限制或者剥夺。但遗嘱自由不等于遗嘱随意。黑格尔就曾经指出：在继承问题上，死者的任性并非遗嘱的原则，任意遗嘱易造成伦理关系的破坏。立遗嘱之人在遗嘱中总是宣布哪些人是他所宠爱的，然而宠爱是任性的。立遗嘱人任性的权利必须随着家庭成员的分散和疏远而产生或扩大。[①]

民法公平原则要求继承人民事权利、义务、责任协调统一。《民法典》第 1161 条限定继承规则所要求的继承遗产必须和有限清偿死者的债务相统一就是继承人民事权利、义务、责任协调统一的典型体现。日常生活中也强调善有善报、多劳多得。《民法典》第 1129 条规定："丧偶儿媳对公婆，丧偶女婿对岳父母，尽了主要赡养义务的，作为第一顺序继承人。"第 1130 条第 3 款和第 4 款分别规定："对被继承人尽了主要扶养义务或者与被继承人共同生活的继承人，分配遗产时，可以多分。""有扶养能力和有扶养条件的继承人，不尽扶养义务的，分配遗产时，应当不分或者少分。"这些也都是义务与权利相一致的体现。当然，民事权利、义务、责任协调统一原则在继承法中的解释力也非无处不在："在遗嘱继承中，各遗嘱继承人所取得的遗产份额不是依据'权利与义务相一致'原则，而是合法有效的遗嘱。"[②]

民法诚信原则通常主要适用于交易关系背景下当事人之间的利益协调，当然在继承法中也要求继承法律关系的主体诚实守信、毋害他人，《民法典》第 1125 条规定法定情形下继承权丧失就是继承人违反诚信原则的法律后果。

民法公序良俗原则在继承法上有更集中的体现，该原则要求养老育幼、敬老爱幼、照顾弱者、互谅互让、团结和睦。在继承权利义务配置过程中，应该有利于对老年人的赡养和对未成年人的抚养教育，对缺乏劳动能力又没有生活来源的继承人也应该给予特别照顾。如《民法典》第 1130 条第 2 款和第 5 款分别规定："对生活有特殊困难又缺乏劳动能力的继承人，分配遗产时，应当予以照顾。""继承人协商同意的，也可以不均等。"第 1155 条规定："遗产分割时，应当保留胎儿的继承份额。胎儿娩出时是死体的，保留的份额按照法定继承办理。"胎儿享有的遗产继承利益，由其法定代理人代为行使。《最高人民法院关于适用〈中华人民共和国民法典〉继承编的解释（一）》（以下简称《民法典继承编司法解释一》）第 31 条规定："应当为胎儿保留的遗产份额没有保留的，应从继承人所继承的遗产中扣回。""为胎儿保留的遗产份额，如胎儿出生后死亡的，由其继承人继承；如胎儿娩出时是死体的，由被继承人的继承人继承。"遗嘱也有可能因为违背公序良俗原则而无效。[③] 继承编具有无处不在的扶养理念，扶养关系的有无可能影响继承资格的取得、继承份额的多寡以及遗产债权的有无，扶养与继承的挂钩构成我

---

① 参见［德］黑格尔：《法哲学原理》，范扬、张企泰译，商务印书馆 1961 年版，第 191－195 页。

② 刘素萍主编：《继承法》，中国人民大学出版社 1988 年版，第 105 页。

③ 参见邓子良、苏国锐：《一男子将价值 4000 万 3 套房产遗赠同居保姆，二审改判无效》，载光明网 2022 年 4 月 3 日，https：//m.gmw.cn/baijia/2022－04/03/1302881212.html。

国《民法典》继承编的最突出特色。[①] 这些规定都有助于发挥家庭的社会作用，实现互助友爱、养老育幼、照顾弱者。

四、继承法的调整对象

现代民法上的继承即财产继承（succession of property），是指财产权利人死亡或者被宣告死亡时，按照法律的规定或者遗嘱安排，将死者遗留下来的财产转移给他人所有的一种法律制度。现代继承仅限于财产继承，人格、身份、社会地位、精神文化财富等非财产因素被排除在外。财产继承既包括积极财产的继承，也包括消极财产的继承。"继承的核心问题是将被继承人的遗产转移给继承人所有，发生财产流转。"[②] "当代继承制度已经从传统的身份继承为主发展为基于身份关系的财产继承，继承法的财产性已经得到了普遍重视。"[③]

继承法调整因继承产生的民事关系。《民法典》第 1119 条规定："本编调整因继承产生的民事关系。"财产继承民事法律关系具有如下特点：

第一，被继承人死亡是引起继承法律关系开始的法律事实。死亡这一法律事件的发生，是继承开始的法定原因。《民法典》第 1121 条规定："继承从被继承人死亡时开始。""相互有继承关系的数人在同一事件中死亡，难以确定死亡时间的，推定没有其他继承人的人先死亡。都有其他继承人，辈份不同的，推定长辈先死亡；辈份相同的，推定同时死亡，相互不发生继承。"《民法典继承编司法解释一》第 1 条规定："继承从被继承人生理死亡或者被宣告死亡时开始。""宣告死亡的，根据民法典第四十八条规定确定的死亡日期，为继承开始的时间。"

第二，被继承人死亡时必须留有遗产，该遗产作为继承法律关系的客体。继承关系是财产权关系的继续和延伸。继承是移转被继承人财产和财产权利的法律制度，被继承人留有遗产是继承发生的必要条件。

第三，必须要有合法的继承人或受遗赠人作为继承法律关系的主体[④]，被继承人不是继承法律关系的主体。《民法典》第 1160 条规定："无人继承又无人受遗赠的遗产，归国家所有，用于公益事业；死者生前是集体所有制组织成员的，归所在集体所有制组织所有。"

第四，继承遗产必须和有限清偿死者的债务相统一。《民法典》第 1161 条规定："继承人以所得遗产实际价值为限清偿被继承人依法应当缴纳的税款和债务。超过遗产实际价值部分，继承人自愿偿还的不在此限。""继承人放弃继承的，对被继承人依法应当缴纳的税款和债务可以不负清偿责任。"《民法典》第 1161 条是对限定继承规则的规定，体现了民事权利、义务、责任协调统一的法治原则。

---

① 参见李贝：《中国继承法中的扶养考量：功能与局限》，载《中外法学》2024 年第 5 期，第 1324－1325 页。

② 夏吟兰主编：《婚姻家庭继承法》，中国政法大学出版社 2012 年版，第 143 页。

③ 李永军主编：《中国民法学》（第 4 卷・婚姻继承），中国民主法制出版社 2022 年版，第 210 页（陈汉教授执笔）。

④ 参见《千余幅纳粹掠夺名画重见天日 价值至少 10 亿欧元》，载《金陵晚报》2013 年 11 月 6 日。

第二节 遗产的范围

一、遗产的范围概述

（一）自然人死亡时遗留的个人合法财产

财产之于自然人，可谓是“生不带来，死不带去”。《民法典》坚持财产继承，排斥身份继承。遗产是公民死亡时遗留的个人合法财产，但具有人身专属性的财产不得继承。

《继承法》第3条对遗产采取例示规定的立法技术，该条规定：“遗产是公民死亡时遗留的个人合法财产，包括：（一）公民的收入；（二）公民的房屋、储蓄和生活用品；（三）公民的林木、牲畜和家禽；（四）公民的文物、图书资料；（五）法律允许公民所有的生产资料；（六）公民的著作权、专利权中的财产权利；（七）公民的其他合法财产。”① 《继承法》第3条第7项规定“公民的其他合法财产”属于遗产的范围，这就带来对其他合法财产的解释问题②，而当这些“其他合法财产”愈加重要时就存在上升为遗产法定类型的立法论问题。被继承人的财产包括专属性财产和非专属性财产，有学者认为，遗产范围应当表述为：“遗产是自然人死亡时遗留的个人财产，但专属于死者自身的财产除外。”③

《民法典》第1122条不再例示规定遗产的范围，而是采用概括规定的立法技术，该条规定：“遗产是自然人死亡时遗留的个人合法财产。”“依照法律规定或者根据其性质不得继承的遗产，不得继承。”《农村土地承包法》第32条规定：“承包人应得的承包收益，依照继承法的规定继承。”“林地承包的承包人死亡，其继承人可以在承包期内继续承包。”第54条规定：“依照本章规定通过招标、拍卖、公开协商等方式取得土地经营权的，该承包人死亡，其应得的承包收益，依照继承法的规定继承；在承包期内，其继承人可以继续承包。”《民法典继承编司法解释一》第2条规定：“承包人死亡时尚未取得承包收益的，可以将死者生前对承包所投入的资金和所付出的劳动及其增值和孳息，由发包单位或者接续承包合同的人合理折价、补偿。其价额作为遗产。”立法未对土地承包经营权继承作出明确规定。分置后的土地经营权能否继承？还是只有通过招标、拍卖、公开协商等方式取得的土地经营权才能继承？笔者认为，要区分以户为单位取得的权利，还是以个体为单位取得的权利。以户为单位取得的土地承包经营权，户内只要有家庭成员，就不发生继承问题。“农村土地承包经营权以户为单位取得，农户内家庭成

---

① “路某茗与广州出版社、太白文艺出版社、林某侵犯著作权纠纷案”，北京市第一中级人民法院（2005）一中民初字第1212号民事判决书。

② 参见张媛：《北京7·21暴雨车牌继承案和解：儿媳得车牌 婆婆得钱》，载《新京报》2013年6月19日。

③ 王利明：《继承法修改的若干问题》，载《社会科学战线》2013年第7期。

员依法平等享有承包土地的各项权益。户主死亡后，该土地承包经营权不属于其遗产，不发生继承问题，户内其他家庭成员在承包期内可以继续享有承包权益。”[①] 在农村土地承包经营权承包户的户主或某成员死亡后，承包地由承包户其他成员继续经营，体现国家“增人不增地、减人不减地”的土地承包政策。而一旦户不存在，或者以个体为单位取得土地承包经营权或者土地经营权，均存在继承人在剩余承包期内继续承包的必要。土地承包经营权继承可以类推适用《农村土地承包法》第 54 条。[②] 土地承包经营权并非纯粹资格权、社员权，还具有财产权面向，在剩余承包期内继续承包，没有超出权利设立时的预期，也能保护继承人对合法财产的继承权。

根据《民法典》第 369 条，居住权不得继承。根据《民法典》第 992 条，人格权不得继承。抚养费请求权、赡养费请求权、扶养费请求权、精神损害赔偿请求权具有人身专属性，不得继承。

（二）遗产范围的解释难题

宅基地使用权能否作为遗产继承?《继承法》第 3 条并未明确规定宅基地使用权可以作为遗产，存在列举不周，也导致了理论和实践上的争论。一方面，有学者否定宅基地使用权的可继承性，认为“宅基地使用权……是一项不适于继承的‘特殊财产’：其人身依附性决定了它必须因具有集体经济组织成员资格而取得、因集体经济组织成员资格的消灭而消灭，不产生继承问题；基于取得上的无偿性，如允许其继承，将使继承人无端受益，有违公平理念；而福利性质决定了如果允许继承，将导致宅基地无限扩大。因此，宅基地使用权不能通过继承而取得。在‘地随房走’的场合，继承人仅是因继承房屋而得以继续使用所继承房屋占用范围内的宅基地，其并不享有宅基地使用权。至于因房屋可以继承而宅基地使用权不可以继承而产生的矛盾，可以通过其他方式来解决”[③]。另一方面，有学者认为建有房屋的宅基地使用权可以作为遗产继承。单纯的宅基地使用权带有集体成员福利分配的色彩，具有较强的人身属性和社会保障功能，不宜作为遗产继承。建有房屋的宅基地使用权能否作为遗产继承，就须另作讨论，宅基地上的房屋属于遗产。根据“地随房走”的规则，宅基地使用权当然随同其上的房屋而成为遗产。《土地管理法》第 62 条所规定的“一户一宅”规则仅要求一户只能申请一处宅基地。因此，“无论继承人户口是否迁出、是否仍为农村居民、是否已经拥有宅基地，当房屋作为遗产被继承时，其项下的宅基地使用权也应当被一体继承，这既符合法律规定又有利于保护农民的私有财产权，更能够长远保护农民的合法权益。”[④] 不具有本集体成员身份之继承人继承宅基地使用权乃至土地承包经营权之后只能将之流转给本集体的其

---

① 最高人民法院 2024 年 12 月 3 日发布的继承纠纷典型案例（第一批）之四“农村土地承包经营权不能作为遗产继承，该户其他成员继续享有承包经营权——农某一、凌某、农某二、农某三、农某四诉农某五法定继承纠纷案”，https：//www. court. gov. cn/zixun/xiangqing/449131. html。

② 《农村土地承包法》第 54 条规定：“依照本章规定通过招标、拍卖、公开协商等方式取得土地经营权的，该承包人死亡，其应得的承包收益，依照继承法的规定继承；在承包期内，其继承人可以继续承包。”

③ 陈志坤：《宅基地使用权能否继承》，载《江苏法制报》2011 年 9 月 1 日。

④ 陈律、吴孙友：《宅基地使用权继承问题研究》，载《人民司法》2012 年第 19 期。

他成员。[①] 笔者认为建有房屋的宅基地使用权可以作为遗产继承。这种观点较好地兼顾了宅基地使用权的财产权属性和身份福利（保障）属性、基于财产权属性，宅基地使用权能够为继承人继承；基于身份福利属性，继承人继承宅基地使用权后只能将之流转给本集体的其他成员。"按照法律规定，农房作为个人合法财产可以继承，有关人员通过继承方式取得房屋所有权后可以依法占有和使用宅基地。"[②] 继承人通过继承方式取得农村房屋所有权后可以依法占有和使用宅基地，其占有和使用宅基地的权利基础可以设计为法定租赁权。

赠与人对赠与合同的任意撤销权能否为其继承人所继承？赠与人的任意撤销权不属于依照法律规定或者根据其性质不得继承的遗产。赠与人事先放弃任意撤销权的，其继承人也不再享有对赠与合同的任意撤销权。附义务的赠与合同具有部分双务合同的特征，在受赠人已经履行义务的范围内，赠与人的继承人不得任意撤销。对于不动产赠与合同，赠与人的继承人在不动产权利转移前可以行使任意撤销权，但受赠人先行占有使用该不动产的，赠与人的继承人只可行使任意撤销权并请求受赠人返还其占有的不动产，而无权向受赠人主张不动产占有使用费。赠与人的继承人行使任意撤销权，导致受赠人遭受信赖利益损失的，继承人应当赔偿受赠人因信赖赠与合同可以履行完毕而支出的合理费用及利息，不包括机会损失，该信赖利益赔偿也不能高于履行利益。

死者的遗体、遗骨是否属于遗产？"逝者骨灰作为逝者身体遗留物，既非死者遗留财产，更不具有一般物的价值，不能援引继承法对财产的分割条款进行规定保护，对逝者骨灰的妥善安置既是对逝者人格利益的延伸保护，也有利于生者适时表达哀思及情感，且让逝者入土为安乃中华民族的良俗习惯。"[③] 捐献死者遗体器官所得补偿款也非遗产，该补偿款不属于死者生前既存的个人财产，也不得用之清偿死者生前负担的债务。[④]

死亡赔偿金能否作为遗产继承？有法院在判决中指出："受害人死亡的，其近亲属可请求侵权人支付死亡赔偿金。死亡赔偿金的性质属于财产损失，是对赔偿权利人因受害人死亡而导致的未来收入损失减少的赔偿，但其本身不属于遗产，如近亲属之间请求分割的，在同一顺序中，原则上按照与受害人共同生活的紧密程度决定各自的应得份额，……同时根据最高人民法院的规定，被抚养人生活费并入死亡赔偿金项目，但由于被抚养人生活费为被抚养人生活所必需，故在实际析分时仍然应当单独计算被抚养人生活费并归相应的被抚养人享有，而不应与死亡赔偿金其余部分一并析分。"[⑤] 死亡赔偿金

---

① 参见梁慧星：《民事立法、理论、实务若干问题》，2014 年 3 月 19 日四川大学法学院报告，载中国法学网 http://www.iolaw.org.cn/showArticle.aspx?id=3999，最后访问时间：2014 年 5 月 3 日。

② 农业农村部：《关于政协第十三届全国委员会第五次会议第 02954 号（农业水利类 245 号）提案答复摘要》（农办案〔2022〕73 号），2022 年 8 月 15 日发布，http://www.moa.gov.cn/govpublic/NCJJTZ/202208/t20220818_6407182.htm，最后访问时间：2022 年 9 月 4 日。

③ "王某平诉张某修等排除对其配偶骨灰管理权行使之妨害纠纷案"，四川省成都市青羊区人民法院（2011）青羊民初字第 1098 号民事判决书。

④ 参见于大海：《"遗产"之争》，载《人民法院报》2004 年 4 月 18 日。

⑤ "缪某生等诉邓某花等死亡赔偿金分割案"，福建省厦门市集美区人民法院（2011）集民初字第 2576 号民事判决书。

是对因受害人死亡导致其近亲属在正常情况下所享有的被继承财产减少的赔偿，在法律性质上属于“继承丧失”，应该按照《民法典》规定的法定继承人顺序确定赔偿权利人，但其本身不是自然人死亡时遗留的，不属于遗产。《最高人民法院关于空难死亡赔偿金能否作为遗产处理的复函》[（2004）民一他字第26号]就指出：“空难死亡赔偿金是基于死者死亡对死者近亲属所支付的赔偿。获得空难死亡赔偿金的权利人是死者近亲属，而非死者。故空难死亡赔偿金不宜认定为遗产。”最高人民法院民一庭2023年第56次专业法官会议讨论认为：“依据《中华人民共和国民法典》第一千一百八十一条第一款以及参照《最高人民法院关于审理道路交通事故损害赔偿案件适用法律若干问题的解释》第二十三条的规定，被侵权人死亡的，有权请求侵权人承担死亡赔偿金、精神损害抚慰金责任的民事主体为被侵权人的近亲属，近亲属之外的民事主体不享有上述权利。近亲属的范围依据《中华人民共和国民法典》第一千零四十五条第二款的规定确定。死亡赔偿金、精神损害抚慰金不属于遗产。”

抚恤金或者移坟款是否属于遗产？有法院在判决中指出：“职工因死亡获得的赔偿款，包括丧葬补助金，供养亲属抚恤金和一次性工亡补助金，不属于死者的遗产，应由其直系亲属共同依法享有。”① “遗产是公民死亡时遗留的个人合法财产，公民可以立遗嘱将自己的个人财产给法定继承人继承或赠与他人。但抚恤金是用人单位给予死者亲属的物质帮助和精神安慰，不是死者生前拥有的个人合法财产，所以不能用遗嘱的方式处分其死后单位发放的抚恤金。”② 移坟款也不属于自然人死亡时遗留下的遗产，死者近亲属不是移坟事务的委托方或者被移坟墓的实际管理人，移坟款也就不能作为遗产被继承。③

人格权商业化利用产生的利益能否作为遗产？“在我国，随着社会经济的发展，新的财产形态不断出现，如公司股权、特许经营权、采矿权等均具有重要的财产价值，应当被纳入遗产的范围。再如，人格权的商品化利益能否继承？这是人格权法和继承法都尚未解决的新的课题。……对死者人格利益有必要区分人格利益和财产利益：人格利益随着权利人的死亡已经不复存在，法律对其加以延伸保护是为了满足公共利益和公序良俗的需要；而财产利益仍然是客观存在的，应当可以由其继承人继承，这需要人格权法对其加以完善，我国继承法也应对此加以认可。我国司法实践实际上对人格权中的商品化利益的继承是予以承认和保护的。”④

二、股权继承

对有限责任公司的股权继承，《公司法》第90条规定：“自然人股东死亡后，其合法继承人可以继承股东资格；但是，公司章程另有规定的除外。”基于有限责任公

---

① “陈某姝等诉陈某荣共同共有案”，云南省盐津县人民法院（2010）盐民初字第490号民事判决书。另参见彭朝锦：《死亡赔偿金非遗产 法院判决双亲不必替子还债》，载中国法院网2013年6月21日。

② 梁东壁：《男子立遗嘱将抚恤金赠与同居者被判无效》，载中国法院网2013年8月23日。

③ 参见“田某芹等诉牛某返还迁坟款案”，北京市房山区人民法院（2011）房民初字第4033号民事判决书。

④ 王利明：《继承法修改的若干问题》，载《社会科学战线》2013年第7期。

司的人合性特点，公司股东会决议可以禁止与股东人身权利相结合的权利（如股东资格）之继承，但禁止继承人继承股权中的财产性权利的公司决议无效[①]，因为其直接违反了合法财产继承的原则。《公司法司法解释四》第 16 条规定："有限责任公司的自然人股东因继承发生变化时，其他股东主张依据公司法第七十一条第三款规定行使优先购买权的，人民法院不予支持，但公司章程另有规定或者全体股东另有约定的除外。"

具体地，一方面，如果说对有限责任公司股权继承限制的主要原因在于其具有人合性，那么基于"相同情况，相同处理"的法理，在具有人合性的非上市封闭型股份有限公司的记名股票继承中也应当允许章程设置限制性条款。所以《公司法》在股份有限公司股权继承问题上存在立法上的缺漏，应该区分股份有限公司的不同类型不同对待之，增设"非上市股份有限公司记名股东股权继承可以由公司章程作出限制"的完全法条或者采用准用《公司法》第 90 条的立法技术。另一方面，单就《公司法》第 90 条的表述形式来看，它似乎属于补充性任意性规范，只有在公司章程没有除外规定的情形下，才发挥替代性安排的职能。[②] 实际上，所谓的"公司章程另有规定"是对股权继承作必要的限制，允许采取限制性规定，主要"包括授权公司或者其他股东以公允的价格收购被继承人的股权"[③]。但是公司章程限制性措施的采用并非毫无边界，不能将第 90 条但书理解为章程"可以否定对已死亡自然人股东的股东权利的任何继承"。股权中的以财产性内容为主的"股东投资本来目的所在"[④] 的自益权是不容限制、剥夺的，否则就相当于限制、剥夺死亡自然人股东的股东权益，从长远来看也会妨碍股东投资的积极性，妨害社会公共利益。

《公司法》第 90 条的但书规定使得本条具有混合性规范的特点[⑤]，应该区分类型对之作目的性限缩解释，即：当公司章程对股东共益权进行限制时，章程中的限制性条款优先适用，此时该条前半句属于补充性任意性规范；当公司章程对股东自益权进行限制时，章程中的限制性条款无效，此时该条前半句应属于强制性规范。此种混合性规范在解释论上还可以采用目的性限缩的方法来处理，即将该条归为补充性任意性规范，但是将章程限制性条款的范围限缩为对股东共益权的限制上。这一点也适用于对非上市股份有限公司记名股东股权继承的章程限制问题上。在立法论上可以考虑将《公司法》第 90 条修改为："自然人股东死亡后，其合法的继承人或者受遗赠人可以取得股权；但公司章程对股东共益权另有规定的除外。"基于相同情况相同处理，不同情况不同处理的法理，应当在《公司法》第四章增加"非上市股份有限公司记名股股东共益权继承可以由公司章程作出限制"的规定。

---

① 参见王保树：《从法条的公司法到实践的公司法》，载《法学研究》2006 年第 6 期，第 28 页。

② 关于补充性任意性规范的讨论，可以参见王轶：《论合同法上的任意性规范》，载《社会科学战线》2006 年第 5 期。

③ 刘俊海：《新公司法的制度创新：立法争点与解释难点》，法律出版社 2006 年版，第 352－353 页。

④ 施天涛：《公司法论》(第 2 版)，法律出版社 2006 年版，第 239 页。

⑤ 关于混合性规范的讨论，参见王轶：《民法典的规范配置——以对我国〈合同法〉规范配置的反思为中心》，载《烟台大学学报（哲学社会科学版）》2005 年第 3 期。

三、虚拟财产的财产属性与可继承性

在德国，有学者指出对虚拟财产可以类推适用《德国民法典》第 903 条而得到认可。[①] 美国法律理论和实务中也存在对虚拟财产正当性（the creation of property interest）和法律归属（the allocation of property interest）的争议。很多开发商支持虚拟财产在现实世界中的价值，但又通过最终用户许可协议（End User License Agreements/EULAs）否认用户的所有权。[②] 对虚拟财产受法律保护之正当性的证成主要存在两种思路。第一，从边沁功利主义、洛克劳动财产权说和黑格尔人格理论的角度入手。[③] 根据边沁的观点，社会福利由分散的个人福利组成，用户通过理性选择和劳动创造虚拟财产的价值而非仅沉溺于娱乐，这构成法律认可虚拟财产的功利性基础。根据洛克劳动财产权说，用户通过个人劳动在网络虚拟空间中创造虚拟财产的价值并将之划归私有，而又不损害他人通过此种方式取得虚拟财产的权利。罗伯特·诺齐克对洛克劳动财产权说的反驳无法证立。黑格尔认为财产是人格的延伸，所有权将个人自由扩大到身体之外的物质世界。人格理论支持用户像保护自己的人格一样保护自己的虚拟财产。第二，还有学者建议根据对现实世界有充分渗透性的“渗透性规则（rule of permeability）”认可虚拟环境下虚拟财产在普通法上的财产利益。该渗透性规则的判断标准主要包括：首先，单一实体对该虚拟环境的控制程度。其次，是否允许用户为获取金钱而出售虚拟财产。最后，用户是否可以对该虚拟环境增加独特性的内容。[④]

更困难的问题不是虚拟财产权是否存在，而是对虚拟财产权如何分配。[⑤] 美国学界主流观点认为：虚拟财产不同于可为非竞争性利用（non-rivalrous resources）的知识产权。虚拟财产的竞争性/排他性、持久性和交互性（rivalrousness，persistence and interconnectivity）是其与现实世界财产的共同法律特征。基于此，法律对虚拟财产和现实财产应该作同等对待。[⑥] 也有美国学者坚持用隐私法（privacy law）而非财产法来保护虚拟财产权利：不能让现实世界中的财产法进入虚拟世界以防其破坏虚拟世界中伪装、想象和逃避现实等价值。虚拟财产虚拟性的基础是每个个体用户的想象力，这种想象力是高度个人性的也是隐私的缩影，它构成了每个用户的虚拟身份。侵害虚拟信息就侵害了用户的想象力以致隐私。[⑦] 还有学者坚持强调虚拟财产的特殊性和网络用户对虚拟空间

---

① Dr. Alexander Peukert，Berberich，Matthias：Virtuelles Eigentum. Geistiges Eigentum und Wettbewerbsrecht Band 36，Mohr Siebeck，Tübingen，2010，XXVII，S. 495.

② See Hunt Kurt，“This Land Is Not Your Land：Second Life，CopyBot，and the Looming Question of Virtual Property Rights”，9 *Tex. Rev. Ent. & Sports L.* 141（2007－2008）.

③ See F. Gregory Lastowkat & Dan Hunter，The Laws of the Virtual Worlds，92 Cal. L. Rev. 1 2004.

④ See Hunt Kurt，This Land Is Not Your Land：Second Life，CopyBot，and the Looming Question of Virtual Property Rights. 9 Tex. Rev. Ent. & Sports L. 141（2007－2008）.

⑤ See F. Gregory Lastowkat & Dan Hunter，The Laws of the Virtual Worlds，92 Cal. L. Rev. 1 2004.

⑥ See JOSHUA A. T. FAIRFIELD，VIRTUAL PROPERTY，85 B. U. L. Rev. 1047 2005.

⑦ See John William Nelson，Virtual Property Solution：How Privacy Law Can Protect the Citizens of Virtual Worlds，A [article] Oklahoma City University Law Review，Vol. 36，Issue 2（Summer 2011），pp. 395－420.

的自治性，现实世界的法律需要听从网络自治规则。[①]

就虚拟财产的可继承性问题，在有据可查的一些网络遗产继承案例中，普遍的操作方法是先将虚拟财产变现，然后再按照实体财产来继承。[②] “实践中，虚拟财产（virtuelle Eigentum/virtual property）继承遇到困境的原因之一是，网络运营商通过服务协议排除了对虚拟财产继承的权利。有些购物网站的运营商明确规定网店不允许转移给他人，这意味着，店主过世，饱含店主心血的网店有可能就从此消失在虚拟中，从而导致店主的虚拟财产得不到有效保护。”[③] 对虚拟财产的可继承性，有学者指出：“……一般认为，具有人身属性的不可以继承，如实名制的 QQ 号码和微博账号等，而没有人身属性的‘网络遗产’则可以继承，如网上店铺、游戏币等。”[④]

“美国、德国等国家明确规定了虚拟财产的遗产继承权。美国俄克拉荷马州在 2010 年 11 月 1 日通过了一项法律，将虚拟财产纳入了遗嘱执行范围中。比如对上传的数字像片、往来的电子邮件等，如死者在生前没有就去世后的虚拟财产作出明确的处置说明，法院将根据情况决定它的合法继承人。在德国，数字遗产是按照普通继承财产统一管理的，在认证有金钱价值时，在死者死后 10 年内，其数字遗产的财产权都会受到法律保护。在韩国，直接将虚拟财产认定为财产，属于物权法上的‘物’，……在韩国法律中，虚拟财产的性质与银行账号中的财产本质上并无差别。韩国把虚拟财产等同于‘电子货币’，具有物的属性。”[⑤]

社交网络账号可否作为遗产被继承?[⑥] 社交平台上，“怎样追回逝者的微博账号?”“玩家去世后游戏账号怎么办?”“家人去世了，怎么解锁他的 iphone 手机”这样的问题和求助屡见不鲜。数字遗产，是指被继承人死亡时遗留的网络权益和财产，大体而言可分为两类：一类是与物质财产有关的虚拟财产，包括支付宝中的余额、淘宝网店、游戏装备等。这与传统财产更为相近，有明显的财产属性，目前已有合规合法的继承流程，一般只需向平台提交死亡证明、亲属关系证明、继承人身份证件等相关文件便可顺利继承。另一类是具有人身属性的网络遗产，如微博这样的社交平台账号，储存在云端的文件、照片等。具有人身属性的网络遗产由于涉及人格权和网络技术伦理的问题，一般被排除在遗产范畴之外，也因此尚未得到相关政策的保护。为便于平台管理，《QQ 号码规则》8.2 条规定，未经腾讯许可，非初始申请注册人不得通过受赠、继承、承租、受让或者其他任何方式使用 QQ 号码。当用户勾选“我已阅读并同意相关服务条款和隐私政策”的时候，就已被默认知晓账号的所有权归平台。[⑦]

---

① See Johnson & Post, Law and Borders-The Rise of Law in Cyberspace, 48, stan. l. rev. 1367, 1367 - 1375 (1996).

② 参见罗提：《虚拟财产法律存空白 网络遗产如何能继承》，载《华西都市报》2012 年 12 月 17 日。另参见汪红、李莹莹：《90 后夫妻婚后闪离 要求分割游戏装备》，载《法制晚报》2014 年 7 月 18 日。

③ 江晓清、徐丽：《虚拟财产也是财产 应受法律保护》，载《天津日报》2012 年 9 月 27 日；郑敏：《淘宝网店也可以继承了》，载《台州日报》2015 年 12 月 11 日。

④ 罗提：《虚拟财产法律存空白 网络遗产如何能继承》，载《华西都市报》2012 年 12 月 17 日，姚克枫律师的观点。

⑤ 江晓清、徐丽：《虚拟财产也是财产 应受法律保护》，载《天津日报》2012 年 9 月 27 日。

⑥ 参见李雅男：《民法典视野下社交网络账号的继承》，载《西南政法大学学报》2022 年第 1 期。

⑦ 参见不止十一人：《人离世后，数字遗产归谁?》，载微信公众号“财经十一人”2021 年 7 月 7 日。

四、对遗产税的法律解读

遗产税（Inheritance Tax）是对被继承人死亡时所遗留的财产课征的一种税。遗产税在英国曾被称为“死亡税”（Death Tax）。开征遗产税的目的在于对极少数人拥有的巨额财富进行再分配，以限制个人财富过分积聚，促进共同富裕。当然，开征遗产税也要注意对投资的抑制及资本的外流，人们往往都可能寻求“避税港”，资金则可能流动到更安全的领域。

《中华人民共和国遗产税暂行条例草案》已经公布，但尚未列入相关立法规划。从操作技术上看，遗产税的征收离不开个人财产登记制度的完善。另外，“遗产税开征后，财产所有人为减轻死后的遗产纳税负担，会在生前将若干财产无偿转移给他人，待其死亡后并无多少遗产可供征税，从而将遗产税完全架空。这是一种明显的避税行为，为此各个国家大都在课征遗产税的同时课征赠与税，或将两税合称为遗产与赠与税，以对受赠人的受赠财产的价额征税”[①]。

第三节　继承方式与继承权

一、继承方式与继承发生的法理根据

我国主要继承方式包括法定继承、遗嘱继承、遗赠[②]、遗赠扶养协议。这些继承方式之下会产生继承人的继承权、受遗赠权等。《民法典》第 1123 条规定：“继承开始后，按照法定继承办理；有遗嘱的，按照遗嘱继承或者遗赠办理；有遗赠扶养协议的，按照协议办理。”《民法典继承编司法解释一》第 3 条规定：“被继承人生前与他人订有遗赠扶养协议，同时又立有遗嘱的，继承开始后，如果遗赠扶养协议与遗嘱没有抵触，遗产分别按协议和遗嘱处理；如果有抵触，按协议处理，与协议抵触的遗嘱全部或者部分无效。”

关于继承发生的法理根据，主要存在死后扶养说（或称家庭职能说）和死者意愿说。一方面，死后扶养说从家庭职能出发，认为死者生前对家庭成员负有扶养义务，死后其财产仍应用来扶养家庭成员，以保障他们的生活需要。我国《民法典》关于法定继承人范围和顺序等的规定在很大程度上体现了死后扶养说的观点，该观点在自然人财产较少且限于生活资料的社会背景下有一定的合理性。另一方面，死者意愿说认为继承发生的根据是死者生前处分自己身后财产的愿望。法律应当尽可能反映大多数人的此种愿

---

① 黄烨、史燕君：《遗产税，离中国人还有多远?》，载《国际金融报》2010 年 8 月 24 日，第 8 版。

② 参见“张某等诉杨某继承纠纷案”，最高人民法院 2016 年 3 月 10 日公布的 10 起弘扬社会主义核心价值观典型案例之一，http：//www. court. gov. cn/zixun-xiangqing - 17612. html。本案中，杨某的父亲长期受到张某夫妇及其儿子的照顾，杨某的父亲将其房产遗赠给张某的儿子，于法有据，于情合理，人民法院依法予以支持。

望，遗嘱是保护被继承人处分身后财产愿望的最主要制度，法定继承在没有遗嘱的情况下补充适用，法定继承中有关继承人范围和顺序的规定也要尽可能反映被继承人处分身后财产的意愿。[①]

二、继承权的概念、类型、行使与保护

（一）继承权的概念与类型

继承权是指自然人依照法律规定或者被继承人所立遗嘱而享有的承受被继承人遗产的权利。继承权是继承法律关系的核心内容。继承权属于侵权责任法的保护对象。《民法典》第124条第1款规定："自然人依法享有继承权。"第1120条规定："国家保护自然人的继承权。"

继承权包括客观意义上的继承权和主观意义上的继承权，二者又可以被分别称为继承期待权和继承既得权。

客观意义上的继承权，即继承期待权，是被继承人死亡前，继承人根据法律规定或者被继承人的遗嘱而享有的取得被继承人遗产的资格、地位。期待是一种有希望的等待。《民法典》第1061条规定："夫妻有相互继承遗产的权利。"第1070条规定："父母和子女有相互继承遗产的权利。"夫妻相互继承权、父母子女相互继承权对应的都是继承期待权。

主观意义上的继承权，即继承既得权，是被继承人死亡后，未丧失或者放弃继承权的继承人享有参与继承、实际取得遗产的权利。

对继承既得权，还可以再类型化。对继承，继承人有接受或者放弃的自由，这属于形成权，对应单方民事法律行为。有学者将继承开始以后、继承人接受或者放弃继承之前的中间状态称为形成权性质的继承权；将继承开始以后、继承人接受继承之后的最终状态称为支配权性质的继承权。[②]

需要注意的是，第一顺序和第二顺序法定继承人继承期待权的期待程度不同。法定继承人的继承期待权不得妨碍被继承人通过遗嘱处置遗产的自由，遗嘱继承人的继承期待权不得妨碍被继承人撤回、变更自己所立遗嘱的自由。继承期待权很不确定，是一种法律上的地位，继承期待权的民事权利性质十分薄弱。

（二）继承权的行使

就继承权的行使，无民事行为能力人的继承权、受遗赠权，由他的法定代理人代为行使。限制民事行为能力人的继承权、受遗赠权，由他的法定代理人代为行使，或者征得法定代理人同意后行使。法定代理人代理被代理人行使继承权、受遗赠权，不得损害

---

① 参见张玉敏：《法定继承人范围和顺序的确定》，载《法学》2012年第8期。

② 参见陈棋炎、黄宗乐、郭振恭：《民法继承新论》（修订十一版），三民书局股份有限公司2019年版，第17-19页。

被代理人的利益。法定代理人一般不能代理被代理人放弃继承权、受遗赠权，除非是附义务或者被继承人负有债务的遗嘱继承或者遗赠。明显损害被代理人利益的放弃继承权的代理行为无效。

继承人在继承开始后、遗产处理前可以根据自己的意志决定接受继承还是放弃继承。《民法典》第1124条规定："继承开始后，继承人放弃继承的，应当在遗产处理前，以书面形式作出放弃继承的表示；没有表示的，视为接受继承。""受遗赠人应当在知道受遗赠后六十日内，作出接受或者放弃受遗赠的表示；到期没有表示的，视为放弃受遗赠。"应该根据《民法典》第140条对第1124条中的"表示"作对应调整，使用规范的"意思表示"这一概念，第1124条中的第一、三处"表示"对应为明示和默示，第二、四处"表示"对应为沉默。《民法典继承编司法解释一》第33条规定："继承人放弃继承应当以书面形式向遗产管理人或者其他继承人表示。"第34条规定："在诉讼中，继承人向人民法院以口头方式表示放弃继承的，要制作笔录，由放弃继承的人签名。"继承开始后、遗产处理前，继承人有权放弃继承。解释论上宜认可继承人可以在继承开始前放弃继承。

在放弃继承问题上，继承人和受遗赠人沉默的法律效果不同。一方面，继承开始后、遗产处理前，继承人放弃继承的不必局限于以书面形式作出放弃继承的表示，放弃继承的意思表示不是遗嘱，不必对放弃继承的意思表示严苛要求，书面形式只是一种证据方法而已。用口头方式表示放弃继承，本人承认，或有其他充分证据证明的，也应当认定其有效。继承开始后、遗产处理前，继承人单纯沉默，没有表示的，视为接受继承。《民法典》第1124条第1款对继承人沉默视为接受继承的拟制规定，是对《民法典》第140条第2款的具体化。另一方面，受遗赠人应当在知道受遗赠后60日内，作出接受或者放弃受遗赠的表示；到期没有表示的，即为放弃受遗赠，不必"视为放弃受遗赠"。

放弃继承权会对继承人的其他权利人产生影响。有学者认为："原则上继承人抛弃继承的行为，其债权人不得撤销，但继承人若具有诈害债权人之故意者，应当例外承认债权人得行使撤销权。"[①] 继承人因继承关系产生的给付请求权是专属于债务人自身的债权，此种继承权不能被代位行使。《民法典继承编司法解释一》第32条规定："继承人因放弃继承权，致其不能履行法定义务的，放弃继承权的行为无效。"该条未根据继承人放弃继承权是否有诈害债权人的故意来确定其可撤销性，而是区分放弃行为的结果是否导致不能履行法定义务来确定继承权放弃行为的效力。继承人放弃继承权致使不能履行法定义务以及利害关系人获得经济帮助、扶养等权益受到损害的，该放弃继承权的行为无效。从解释论上看，继承人因放弃继承而导致其不能履行约定义务或者夫妻共同财产不能增加时，其放弃继承的行为不因此受到影响。

就继承人放弃继承的意思表示的作出时间及法律后果，《民法典继承编司法解释一》第35条规定："继承人放弃继承的意思表示，应当在继承开始后、遗产分割前作出。遗产分割后表示放弃的不再是继承权，而是所有权。"第36条规定："遗产处理前或者在诉讼进行中，继承人对放弃继承反悔的，由人民法院根据其提出的具体理由，决定是否

① 刘耀东：《继承法修改中的疑难问题研究》，法律出版社2014年版，第111页。

承认。遗产处理后，继承人对放弃继承反悔的，不予承认。”第 37 条规定：“放弃继承的效力，追溯到继承开始的时间。”第 44 条规定：“继承诉讼开始后，如继承人、受遗赠人中有既不愿参加诉讼，又不表示放弃实体权利的，应当追加为共同原告；继承人已书面表示放弃继承、受遗赠人在知道受遗赠后六十日内表示放弃受遗赠或者到期没有表示的，不再列为当事人。”

笔者认为，继承人可以在继承开始前放弃继承。继承人可以在继承开始前对放弃继承的意思表示作反悔。根据《民法典》第 230 条，因继承取得物权的，自继承开始时发生效力。在继承开始后、遗产分割前，鉴于物权变动已经发生效力，继承人此时作出的放弃继承的意思表示，实际上是将自己所取得的物权赠与其他继承人或者抛弃。同样地，遗产分割后表示放弃的也不再是继承权，而是所有权等物权。继承人将自己所取得的物权赠与其他人，根据《民法典》第 658 条，赠与人在赠与财产的权利转移之前可以撤销赠与。

（三）继承权的保护——继承回复请求权

继承回复请求权，又称继承恢复请求权，是指继承权被侵害时，继承人请求回复的权利，即正当继承人在权利受到他人侵害时，请求确认其继承资格并回复继承标的的权利。[①] 继承回复请求权的诉讼实现机制包括确定继承人合法继承资格的确认之诉与请求返还继承人应得遗产的给付之诉。

《民法典》第 1120 条规定：“国家保护自然人的继承权。”继承回复请求权是对继承开始后继承既得权的救济手段。有学者认为：“继承回复请求权是真正继承人（在继承开始后即为遗产的所有人）向无权占有遗产的人请求交付遗产的权利，与所有权人排除侵害、请求交付所有物相同。这些都属于财产权，不属于亲属权。”[②] 笔者认为，继承回复请求权、继承既得权均是纯粹民法学上的概念，都是个别权利的集合。在概括继承下，继承回复请求权也是一种总括的请求权，是个别请求权的集合，其效力可以及于全部遗产；为便宜起见，继承人不必针对具体财产分别行使物权请求权、知识产权请求权、不当得利返还请求权等等，而可以对整个遗产行使继承回复请求权，继承回复请求权可以通过一个给付之诉行使。物权请求权不能取代继承回复请求权。继承回复请求权的行使不以诉讼为限。行使继承回复请求权时须列举被侵害的继承的个别具体的财产，继承回复请求权判决中也须列明须返还的个别具体的财产。就继承既得权而言，继承开始后，继承人对遗产所享有的财产权，与被继承人生前所享有的财产权无异。继承既得权也无外乎是继承人所取得的各种财产权的集合。

何种情形下继承既得权会被侵害？继承开始后的遗产采取当然继承和概括继承原则，继承人不一定会实际取得对遗产的支配。继承回复请求权发挥作用于如下情形：遗产占有人无正当依据占有遗产且否认继承人的继承权。继承开始后遗产由他人非法占有时，有保护继承人继承既得权的必要。例如，同一顺序继承人中的一人或者数人非法侵

① 参见王利明：《继承法修改的若干问题》，载《社会科学战线》2013 年第 7 期。
② 谢怀栻：《论民事权利体系》，载《法学研究》1996 年第 2 期，第 72 页。

占其他继承人应继承的遗产份额，后一顺序继承人非法排斥前一顺序继承人的继承权，未经继承人同意而处分该继承人应继承的遗产，非继承人或者已经丧失继承权的人没有法律根据取得遗产又拒不返还等。“遗产占有人并非基于否认继承权而无权占有遗产的，权利人应当主张相应的请求权，如物上请求权等，以获得救济。”[①]

继承回复请求权的行使主体具有特殊性。“在法定继承时，继承回复请求权的行使首先要受继承人先后顺序的限制。如果第一顺序的继承人既未丧失继承权又未放弃继承权，则当继承权受侵害时，只有第一顺序的继承人才能行使继承回复请求权，而第二顺序继承人则不能行使继承回复请求权。而在遗嘱继承时，由于遗嘱继承人没有继承顺序上的差别，因而所有遗嘱继承人都有权利行使继承回复请求权。”[②]

《民法典》继承编对继承回复请求权未设置明文规定，未像《继承法》第 8 条那样设置时效制度。继承回复请求权补充适用《民法典》第 188 条、第 196 条等所规定的诉讼时效制度。向人民法院请求保护继承权的诉讼时效期间为 3 年。诉讼时效期间自继承人知道或者应当知道继承权受到损害以及义务人之日起计算。但是，自继承权受到损害之日起超过 20 年的，人民法院不予保护；有特殊情况的，人民法院可以根据权利人的申请决定延长。当然，如果继承人仅请求确认自己的继承人资格，属于对身份关系的确认，则不适用诉讼时效。

当然，继承权被侵害时并非都能通过继承回复请求权得到救济，侵害继承权造成损失时须通过侵权损害赔偿请求权得到救济。若遗产被无权处分，第三人又构成善意取得，继承人也不能向该第三人行使继承回复请求权，而只能向无权处分人请求侵权损害赔偿。

继承期待权也存在被侵害的可能。有学者认为，继承期待权并不存在被侵害的问题。[③] 本书第十一章“遗嘱继承和遗赠”第四节“遗嘱无效”提道，经律师见证的遗嘱因不符合法律规定的形式要件被确认无效，致使遗嘱受益人蒙受经济损失的，构成对继承期待权的侵害，遗嘱无效的结果无法通过继承回复请求权改变，律师所在律师事务所应当根据《民法典》第 1165 条第 1 款和《律师法》第 54 条承担过错赔偿责任。

继承期待权和继承既得权具有解释力，能够清晰展现继承人取得遗产的具体过程、步骤。继承回复请求权在实定法上没有独立的请求权基础，理论上可继续思考继承回复请求权的必要性，以实现民事权利的体系化。通过行使继承回复请求权，继承人不必针对具体财产分别行使财产法上的物权请求权、知识产权请求权、不当得利返还请求权等等，但请求权聚合可达到同样效果，财产法上的既有救济手段足够。继承期待权被其他继承人侵害时，可以通过《民法典》第 1125 条继承权丧失制度解决。继承期待权被第三人侵害时，可以通过《民法典》第 1165 条第 1 款、《律师法》第 54 条等侵权损害赔偿制度救济。遗产分割前，他人侵害继承既得权时，可以通过共同共有或者准共同共有制

---

① 王利明主编：《民法》（第 9 版下册），中国人民大学出版社 2022 年版，第 467 页（高圣平教授执笔）。

② 刘素萍主编：《继承法》，中国人民大学出版社 1988 年版，第 140 页。

③ 参见陈甦、谢鸿飞主编：《民法典评注·继承编》，中国法制出版社 2020 年版，第 7 页（刘明执笔）。

度救济。遗产分割后，继承既得权转化为各项具体财产权利，适用财产法的救济手段即可。

第四节　继承权的丧失

一、继承权的丧失概述

美国法上的“埃尔默继承案”是继承人丧失继承权的经典判例。1882 年埃尔默毒死自己的祖父，他知道自己的祖父在遗嘱中给他留了一大笔遗产，埃尔默毒死祖父以防止祖父更改遗嘱使他一无所获。结合“埃尔默继承案”，德沃金 1986 年在《法律帝国》一书中就曾指出，作为完整性的法律（full law），法律不只是规则，而且尚有原则，如“任何人不得从自己的错误行为中获得利益”，并据此分析“埃尔默继承案”，认为遗嘱法应被理解为否认以杀人来获得遗产者的继承权。“德沃金的法学就是告诉我们如何（以解释的方法）找出既存于美国法制内的法律原则，并以此为案件作出判决。”①

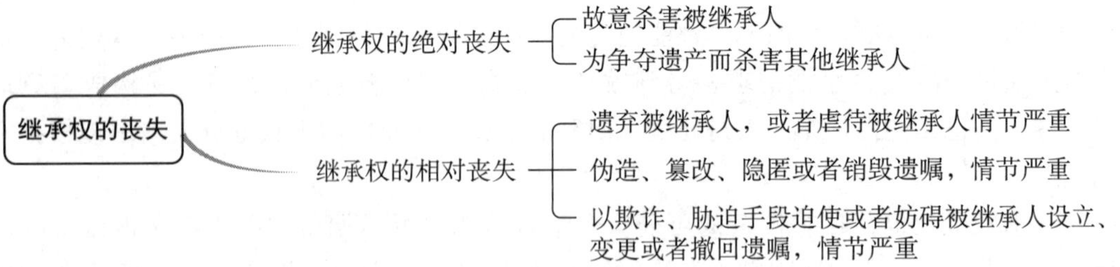

根据我国《民法典》第 1125 条第 1 款第 1 项的规定，继承人故意杀害被继承人的，丧失继承权。

继承人丧失继承权，其晚辈直系血亲相应丧失代位继承权，《民法典继承编司法解释一》第 17 条规定：“继承人丧失继承权的，其晚辈直系血亲不得代位继承。如该代位继承人缺乏劳动能力又没有生活来源，或者对被继承人尽赡养义务较多的，可以适当分给遗产。”有学者认为：“代位继承是为了保护继承人（晚辈）直系血亲利益而设置的法律制度，继承人丧失继承权以后，不应当因此影响其晚辈直系血亲的代位继承权，因此，在继承人丧失继承权后，其（晚辈）直系血亲仍应当享有代位继承权。”②

二、继承权丧失的法定情形

根据民法诚信原则、公序良俗原则和“任何人不得从自己的错误行为中获得利益”

---

① 林立：《法学方法论与德沃金》，中国政法大学出版社 2002 年版，第 82 页；[美] 德沃金：《法律帝国》，李常青译，中国大百科全书出版社 1996 年版，第 14－19 页。

② 王利明：《继承法修改的若干问题》，载《社会科学战线》2013 年第 7 期。

之要求，我国《民法典》第1125条第1款规定丧失继承权的法定情形：“继承人有下列行为之一的，丧失继承权：（一）故意杀害被继承人；（二）为争夺遗产而杀害其他继承人；（三）遗弃被继承人，或者虐待被继承人情节严重；（四）伪造、篡改、隐匿或者销毁遗嘱，情节严重；（五）以欺诈、胁迫手段迫使或者妨碍被继承人设立、变更或者撤回遗嘱，情节严重。”第1125条第3款规定：“受遗赠人有本条第一款规定行为的，丧失受遗赠权。”继承权的丧失针对的是客观意义上的继承权，即继承期待权。继承权的放弃则针对主观意义上的继承权，即继承既得权。

针对继承权的丧失，立法采取当然丧失主义，当事人有争议的，可以提起确认之诉。《民法典继承编司法解释一》第5条规定：“在遗产继承中，继承人之间因是否丧失继承权发生纠纷，向人民法院提起诉讼的，由人民法院依据民法典第一千一百二十五条的规定，判决确认其是否丧失继承权。”《最高人民法院关于适用〈中华人民共和国民法典〉时间效力的若干规定》第13条规定：“民法典施行前，继承人有民法典第一千一百二十五条第一款第四项和第五项规定行为之一，对该继承人是否丧失继承权发生争议的，适用民法典第一千一百二十五条第一款和第二款的规定。”“民法典施行前，受遗赠人有民法典第一千一百二十五条第一款规定行为之一，对受遗赠人是否丧失受遗赠权发生争议的，适用民法典第一千一百二十五条第一款和第三款的规定。”

继承人过失杀害或者出于正当防卫而杀害被继承人，不属于故意杀害被继承人，不导致继承权丧失。继承人为争夺遗产而杀害其他继承人与故意杀害被继承人一样，均属于故意杀害（不包括故意伤害致死），不论是既遂还是未遂，均丧失继承权。《民法典继承编司法解释一》第7条规定：“继承人故意杀害被继承人的，不论是既遂还是未遂，均应当确认其丧失继承权。”第8条规定：“继承人有民法典第一千一百二十五条第一款第一项或者第二项所列之行为，而被继承人以遗嘱将遗产指定由该继承人继承的，可以确认遗嘱无效，并确认该继承人丧失继承权。”继承人为争夺遗产而杀害其他继承人与故意杀害被继承人的差别在于继承人的行为动机。

《民法典》第1125条第1款第1项和第2项对应的情形有相应行为即可，无论是否既遂。《民法典》第1125条第1款第3项和第5项对应的情形除“遗弃被继承人”外，其他均须以“情节严重”为必要条件。

如何界定继承人“虐待被继承人情节严重”？《民法典继承编司法解释一》第6条规定：“继承人是否符合民法典第一千一百二十五条第一款第三项规定的‘虐待被继承人情节严重’，可以从实施虐待行为的时间、手段、后果和社会影响等方面认定。”“虐待被继承人情节严重的，不论是否追究刑事责任，均可确认其丧失继承权。”①

如何界定继承人“伪造、篡改、隐匿或者销毁遗嘱，情节严重”？《民法典继承编司法解释一》第9条规定：“继承人伪造、篡改、隐匿或者销毁遗嘱，侵害了缺乏劳动能力又无生活来源的继承人的利益，并造成其生活困难的，应当认定为民法典第一千一百二十五条第一款第四项规定的‘情节严重’。”

---

① “王某华等五人诉王某范继承纠纷案”，载《最高人民法院公报》1993年第2期。

三、被继承人的宽恕

《民法典》第1125条第2款规定："继承人有前款第三项至第五项行为，确有悔改表现，被继承人表示宽恕或者事后在遗嘱中将其列为继承人的，该继承人不丧失继承权。"据此，可以区分继承权的绝对丧失和继承权的相对丧失制度。《民法典》第1125条第1款第1项和第2项对应的情形属于继承权的绝对丧失，第1款第3项至第5项对应的情形属于继承权的相对丧失。

继承权的相对丧失，又称为非终局丧失，是指被继承人可以通过表示宽恕的方式，使继承人不丧失继承权，即在具备一定条件时继承权可以再行恢复。

被继承人的宽恕属于准民事法律行为中的感情表示，可以类推适用民事法律行为中的意思表示规则。《民法典》第1125条第2款规定的"被继承人表示宽恕或者事后在遗嘱中将其列为继承人"存在语义重复，类推适用《民法典》第140条第1款，被继承人事后在遗嘱中将其列为继承人实际上是通过默示方式表示宽恕。被继承人的宽恕自当既可以通过明示方式作出，也可以通过默示方式作出。

第五节　继承法着力协调的三种关系

继承是公民财富传承的重要方式，也是公民对"有恒产者有恒心"这一诉求的终极体现。继承法调整因自然人的死亡而引发的财产继承关系，以确定遗产的归属为主要立法目的。继承法着力协调如下三种关系①：

一、遗嘱自由与限制之间的关系

继承法以私法自治原则为核心原则和最基本价值取向，如何协调私法自治原则与婚姻家庭生活领域的公序良俗原则之间的关系，是继承法的重大价值判断问题。遗嘱是死者生前处分自己身后财产的愿望。法律应当尽可能反映和保护大多数人的此种愿望。继承法应该更多地强调遗嘱自由原则，如从章节编排上看，"遗嘱继承和遗赠"也可以置于"法定继承"之前，以彰显法定继承制度的补充适用功能。从具体制度方面看，有如下例证：

首先，必留份制度和特留份制度都是对遗嘱自由的限制。可以增设特留份制度，以实现家庭伦理功能和养老育幼职能。特留份是法律规定的遗嘱人不得以遗嘱处分的，由特定法定继承人继承的遗产份额。特留份制度有助于弥补社会保障制度的不完善和维护家庭的和睦团结。《民法典》第1141条所规定必留份制度中的"保留必要的遗产份额"过于概括，而且其保护的对象仅限于"缺乏劳动能力又没有生活来源"的法定继承人。

---

① 参见王雷：《我国〈继承法〉修改中应着力协调的三种关系》，载《苏州大学学报（法学版）》2014年第4期。

可以借鉴比较法上的特留份制度以对遗嘱人的遗嘱自由进行更高程度的限制，以维护家庭关系的协同。通过特留份制度可以为第一、第二顺位的法定继承人预留遗产中的固定比例，以防止遗嘱人过度自由处分妨害法定继承人的利益，危害家庭伦理。

其次，采取多样化的遗嘱形式，遗嘱形式对遗嘱效力的影响也加以缓和，可以更好地保障遗嘱自由。遗嘱事关家庭、社会生活秩序的稳定和遗嘱人财产权利的归属，且遗嘱成立和生效之间存在一段时间距离，时过境迁，遗嘱人真实意思只能通过遗嘱查知，为确保遗嘱的真实可靠性以充分尊重遗嘱人的本意，法律对遗嘱有要式性的要求。遗嘱必须符合法律规定的形式要件才会发生遗嘱人预期的法律效果。遗嘱要式性要求是对遗嘱自由原则的重要限制，遗嘱的形式要求严格，是整个民法制度中对民事法律行为形式规定最为详尽的部分。笔者认为，对电子遗嘱、打印遗嘱、密封遗嘱等，只要其能够记载遗嘱人的真实意思表示，且有普遍的现实需要，就应当将其上升为法定遗嘱形式以承认其法律效力。要式性有助于保障遗嘱人意思表示内容的完整、明确和真实，但遗嘱的要式性也不应该过于僵化而限制遗嘱人的自由意志，遗嘱中某些形式要素虽稍有欠缺但只要不影响遗嘱实质内容的判断，就不应当导致遗嘱无效。对此，可以借鉴并目的性扩张解释《继承法意见》第 35 条的规定："……形式上稍有欠缺的遗嘱，如内容合法，又有充分证据证明确为遗嘱人真实意思表示的，可以认定遗嘱有效。"

最后，取消公证遗嘱的效力位阶最高规则，避免公证遗嘱的效力绝对化，有利于遗嘱人意思表示的撤销、变更自由。

二、社会变迁与法律发展之间的关系

旧的法律秩序无法成为新社会发展的基础，法律不可避免地要随着社会生活条件的变化而与时俱进。马克思曾经指出："……社会不是以法律为基础的。那是法学家们的幻想。相反地，法律应该以社会为基础。法律应该是社会共同的、由一定物质生产方式所产生的利益和需要的表现，而不是单个的个人恣意横行。"[①] 随着我国经济社会发展，家庭关系、财产关系发生了深刻变化，如何通过继承法的现代化以回应社会的发展变迁，关系重大。

首先，民众物质生活的丰富带来财产形态的多样化，这客观上要求扩大遗产范围，回应新财产形态的可继承性问题。用益物权中的土地承包经营权和宅基地使用权都具有一定的社会保障功能，非本集体成员只能继承土地承包经营权和宅基地使用权合法流转所获得的经济价值。[②]

其次，长期的计划生育独生子女政策客观上要求适当扩大法定继承人的范围，以尽量减少"无人继承又无人受遗赠的遗产"的范围，从而充分保护私人合法财产。立法可以考虑将法定继承人范围扩大到四亲等的亲属，并将这些四亲等的亲属列为第三顺序的法定继承人。具体而言，我们可以考虑将四亲等以内的其他亲属（如叔、伯、姑、舅、

① 《马克思恩格斯全集》（第 6 卷），人民出版社 1961 年版，第 291－292 页。

② 参见麻昌华：《遗产范围的界定及其立法模式选择》，载《法学》2012 年第 8 期。

姨、外甥、外甥女、侄子女）作为第三顺序的法定继承人。《民法典》第1128条将代位继承的范围扩大到外甥、外甥女、侄子女。

最后，《民法典》第1133条第4款增加规定遗嘱信托。实务中出现通过遗嘱信托方式进行财富传承的探索。

三、国家法与习惯法之间的关系

如何协调继承国家法和继承习惯法之间的冲突也是应该着力研究的问题。亚里士多德曾说："积习所成的不成文法比成文法实际上还更有权威，所涉及的事情也更为重要。"[①] 卢梭也曾指出："风俗习惯是一切制定法之外的最重要的法律。"[②]"国家制定法如果不欲成为空洞的教条，就必须考虑习惯法所维持的社会秩序。"[③] 法律应该尊重社会生活，继承法应该尊重民间继承习惯，继承习惯属于民法事实判断问题，需要立法者在立法过程中广泛调研，充分论证这些习惯的合法性和合理性，并考虑将不违反法律的通行习惯上升为法律，以避免法律的效力与实效的脱节。立法上存在继承国家法与继承习惯法的冲突。

继承习惯法中的遗产归扣做法符合民法公平原则，应该将其上升为实定法规定。"所谓归扣就是归入和扣除的简称，指在共同继承中为达到公平的目的，在一定条件下，继承人依法将从被继承人生前特种赠与价额归入现存遗产中作为应继财产，并在遗产分割中从该继承人的应继份中扣除。归扣打破了遗产必须是死者身后财产的限制，扩张了实质意义上遗产的范围，对维持共同继承人间的公平，具有重要意义。我国民间长期存在父母生前将重要财产在主要继承人之间分配，父母死亡后已分得财产的继承人就不能或应该少分遗产的习俗，这种习俗其实就是归扣制度。"[④] 生前特别赠与可被视为继承份额的预付。针对生前特别赠与的核算归扣制度不仅有利于在共同继承人之间维持遗产分配的公平，还有利于被继承人的债权人合法权益的保护。根据《民法典》第1161条的规定，我们采取无条件的限定继承而非无限继承的制度。如果被继承人的财产份额在其生前就通过特种赠与或者分家析产而实际上为其继承人所有，在被继承人死亡后，继承人可能采取放弃继承的方式来逃避债务的承担，这就不利于保护被继承人的债权人的利益。因此我们应该妥当处理分家析产习惯对"遗产"范围之界定造成的冲击，设立符合国情的被继承人生前特种赠与财产归扣制度。[⑤]

法定继承顺序上，应该妥当协调国家法和习惯法之间的关系，具体如下：

---

① 转引自高其才主编：《当代中国婚姻家庭习惯法》，法律出版社2012年版，总序第1页。

② ［法］卢梭：《社会契约论》，何兆武译，商务印书馆1980年版，第73页。

③ 梁治平：《清代习惯法：国家与社会》，中国政法大学出版社1996年版，第129页。

④ 张平华：《修改完善〈继承法〉及制定民法典继承编的几个宏观思考》，载梁慧星主编：《民商法论丛》（第49卷），法律出版社2011年版，第437页。另参见王丽萍：《我国〈继承法〉法定继承规定的民间态度——山东省民间继承习惯调查研究》，载《甘肃政法学院学报》2007年第3期。

⑤ 参见李国辉：《以习惯法视角反思〈继承法〉中"遗产"范围之界定》，载高其才主编：《当代中国婚姻家庭习惯法》，法律出版社2012年版，第369-371页。

一方面，应该强调优先保障配偶继承遗产，对配偶的法定继承权给予特别的照顾。在对被继承人遗产处理的过程中，若被继承人的配偶健在，一般不会分割夫妻共同财产，将被继承人的份额转由其继承人继承。在继承父母遗产时，尊敬父母的伦理道德发挥着重要作用，子女会重视健在的一方的亲情及生活保障。《民法典》中对配偶的法定继承权没有给予特别的照顾，对配偶利益的保护主要体现在夫妻共同财产制之上，大多数国家的立法均将配偶的继承权置于继承的重要位置，强调优先保障配偶继承遗产。①日常生活习惯中，“父母一方去世而另一方健在时，子女一般不分故去的一方的遗产，而只是在父母双方都故去的时候才分遗产”②。“只要同居共财的家一直存续，人的死亡是不产生在普遍意义上所称的遗产即离开旧主之手等待确定某种新的归属的那类财产。”③ 或许可将《民法典》第 1153 条第 1 款修改为：“夫妻一方死亡时，不宜从夫妻共同所有的财产中分割出一半为被继承人的遗产，但另一方配偶形成新婚姻关系的或者夫妻另有约定的除外。”

另一方面，在民间继承习惯中，若死者有晚辈直系血亲，死者的父母一般不继承其遗产，被继承人的遗产首先由其晚辈直系血亲继承。据此，是否有必要考虑将父母作为第二顺位的继承人④，值得研究。《民法典》第 1127 条将配偶、子女和父母同列为第一顺序法定继承人，体现夫妻关爱和敬老爱幼。

第六节　继承法的立法变迁

一、从《继承法》到《民法典》继承编

我国《继承法》1985 年 4 月 10 日通过并公布，1985 年 10 月 1 日起施行，2021 年 1 月 1 日废止。《继承法》公布和施行的时间早于《民法通则》。《继承法》被《民法典》继承编替代。从新中国成立后的立法变迁角度看，婚姻法和继承法早于民法通则，身份法立法早于财产法立法。

二、《民法典》继承编的重点问题与核心要义

（一）继承编的重点问题

《民法典》继承编的重点问题是充分尊重被继承人的真实意愿，养老育幼，和睦团

---

① 参见孙若军编著：《继承法学原理与案例教程》，中国人民大学出版社 2008 年版，第 121 页；邹伟、赵传毅：《配偶法定继承权重塑中对婚姻家庭伦理的考量》，载《现代法学》2014 年第 3 期。

② 李国辉：《以习惯法视角反思〈继承法〉中“遗产”范围之界定》，载高其才主编：《当代中国婚姻家庭习惯法》，法律出版社 2012 年版，第 361－362 页。

③ ［日］滋贺秀三：《中国家族法原理》，张建国、李力译，商务印书馆 2013 年版，第 118 页。

④ 参见张玉敏：《法定继承人范围和顺序的确定》，载《法学》2012 年第 8 期。

结。这也是民法典编纂过程中继承编最为人们关注的价值判断问题。

第一，国不与民争利。《民法典》第1160条规定："无人继承又无人受遗赠的遗产，归国家所有，用于公益事业；死者生前是集体所有制组织成员的，归所在集体所有制组织所有。"对无人继承又无人受遗赠的遗产，尚需遵照《民事诉讼法》规定的"认定财产无主案件"特别程序。为与第1160条相适应，《民法典》第1145条第三分句还规定："……没有继承人或者继承人均放弃继承的，由被继承人生前住所地的民政部门或者村民委员会担任遗产管理人。"

第二，充分尊重被继承人的意愿。《民法典》第1125条第2款增加规定对继承人的宽恕制度，有利于亲情修复："继承人有前款第三项至第五项行为，确有悔改表现，被继承人表示宽恕或者事后在遗嘱中将其列为继承人的，该继承人不丧失继承权。"

第三，广义的遗嘱观。《民法典》第29条遗嘱指定监护人制度已经扩大了遗嘱的适用范围。《民法典》第29条规定："被监护人的父母担任监护人的，可以通过遗嘱指定监护人。"遗嘱中还可以对被继承人的骨灰埋葬方式作出安排。

《民法典》第1136条规定："打印遗嘱应当有两个以上见证人在场见证。遗嘱人和见证人应当在遗嘱每一页签名，注明年、月、日。"第1137条规定："以录音录像形式立的遗嘱，应当有两个以上见证人在场见证。遗嘱人和见证人应当在录音录像中记录其姓名或者肖像，以及年、月、日。"

第四，完善遗嘱解释规则。《民法典》继承编删除了公证遗嘱效力优先的规定，切实尊重遗嘱人的真实意愿，也与《民法典》第1142条第3款的遗嘱解释规则体系和谐。《民法典》第1142条规定："遗嘱人可以撤回、变更自己所立的遗嘱。""立遗嘱后，遗嘱人实施与遗嘱内容相反的民事法律行为的，视为对遗嘱相关内容的撤回。""立有数份遗嘱，内容相抵触的，以最后的遗嘱为准。"

第五，因应家庭结构的变化，完善代位继承制度，增加规定被继承人的兄弟姐妹先于被继承人死亡的，由被继承人的兄弟姐妹的子女代位继承。《民法典》第1128条第2款规定："被继承人的兄弟姐妹先于被继承人死亡的，由被继承人的兄弟姐妹的子女代位继承。"

第六，助力老有所养、幼有所长。完善遗赠扶养协议制度，适度扩大扶养人的范围，《民法典》第1158条规定："自然人可以与继承人以外的组织或者个人签订遗赠扶养协议。按照协议，该组织或者个人承担该自然人生养死葬的义务，享有受遗赠的权利。"

《民法典》第1131条对酌情分得适当遗产权利的构成要件作了简化规定："对继承人以外的依靠被继承人扶养的人，或者继承人以外的对被继承人扶养较多的人，可以分给适当的遗产。"权利人不再必须是"缺乏劳动能力又没有生活来源"的人。

《民法典》第1159条细化必留份制度，扩大其适用范围，不再局限于遗嘱继承中："分割遗产，应当清偿被继承人依法应当缴纳的税款和债务；但是，应当为缺乏劳动能力又没有生活来源的继承人保留必要的遗产。"

第七，《民法典》继承编最大的亮点是遗产管理人制度。

《民法典》继承编在"遗产的处理"一章规定了遗产处理的程序和规则，首次确立遗产管理人制度。为确保遗产得到妥善管理、顺利分割，更好地维护继承人、债权人的利益，《民法典》继承编增加规定了遗产管理人制度，明确了遗产管理人的产生方式（第1145～1146条）、职责（第1147条）、未尽职责的民事责任（第1148条）和获得报酬的权利（第1149条）等内容。

遗嘱人最好指定遗嘱执行人，被指定的遗嘱执行人可以是继承人之一或者全体继承人。但遗嘱中不能混淆遗嘱执行人与继承人，要清晰其角色地位。《民法典》第1146条也给法院增加了指定遗产管理人的裁判职责，未来法院需要探索遗产管理人目录清单。《民法典》第1150条将报丧的民间习俗法律化。

（二）继承编的核心要义

继承制度是关于自然人死亡后财富传承的基本制度。1985年第六届全国人民代表大会第三次会议通过了《继承法》。随着人民群众生活水平的不断提高，个人和家庭拥有的财产日益增多，因继承引发的纠纷也越来越多。根据我国社会家庭结构、继承观念等方面的发展变化，《民法典》继承编在《继承法》的基础上，修改完善了继承制度，以满足人民群众处理遗产的现实需要。《民法典》继承编共4章、45条，是整个《民法典》中条文最少的一编。继承编的编订纂修体现了富强、自由价值观。

经济社会、社会家庭结构、继承观念、老龄化等方面的发展变化如何影响《民法典》继承编的编订纂修？继承编如何看待家，如何看待死者为大的观念，如何助力养老需求？

第一，富强价值观在继承编的体现。

继承编回应人民群众不断丰富的家庭财富实际和不断增长的对家庭财富传承的需求，对遗产范围作概括规定。随着人民群众生活水平的不断提高，个人和家庭拥有的财产日益增多，因继承引发的纠纷也越来越多，更需要厘定人和人之间的权利与义务。

（1）采取概括加限制的方式科学界定遗产的范围。《民法典》第1122条规定："遗产是自然人死亡时遗留的个人合法财产。""依照法律规定或者根据其性质不得继承的遗产，不得继承。"司法实践中需要去关注何为"根据其性质不得继承的遗产"？如有限责任公司股权中的人身权、著作权中的人身权、日记内容对应的隐私权。

（2）国不与民争利，藏富于民。《民法典》第1160条规定："无人继承又无人受遗赠的遗产，归国家所有，用于公益事业；死者生前是集体所有制组织成员的，归所在集体所有制组织所有。"该条明确了归国家所有的无人继承又无人受遗赠的遗产的用途。对无人继承又无人受遗赠的遗产，尚需遵照《民事诉讼法》第202条至204条规定的"认定财产无主案件"特别程序。《民法典》第318条存在类似问题。《民事诉讼法》第202条规定："申请认定财产无主，由公民、法人或者其他组织向财产所在地基层人民法院提出。""申请书应当写明财产的种类、数量以及要求认定财产无主的根据。"第203条规定："人民法院受理申请后，经审查核实，应当发出财产认领公告。公告满一年无人认领的，判决认定财产无主，收归国家或者集体所有。"第204条规定："判决认定财产无主后，原财产所有人或者继承人出现，在民法典规定的诉讼时效期间可以对财产提出请求，人民法院审查属实后，应当作出新判决，撤销原判决。"为与《民法典》第

1160 条相适应，第 1145 条第三分句还规定：“没有继承人或者继承人均放弃继承的，由被继承人生前住所地的民政部门或者村民委员会担任遗产管理人。”鉴于无人继承又无人受遗赠的遗产须经认定财产无主程序，而最有动力提起该特别程序的人通常也是无主财产的最终归属主体——国家或者集体，由民政部门代表国家、由村民委员会代表集体所有制组织担任遗产管理人，最为顺理成章。

第二，死者为大的继承观念与充分尊重被继承人的意愿。

死者为大和入土为安是中国人处理死者后事时的基本遵循和观念共识，这也是《民法典》第 10 条所规定的不违背公序良俗原则的习惯。当死者为大和入土为安产生矛盾时，一般应该前者优先。

(1)《民法典》第 1125 条第 2 款增加规定对继承人的宽恕制度：“继承人有前款第三项至第五项行为，确有悔改表现，被继承人表示宽恕或者事后在遗嘱中将其列为继承人的，该继承人不丧失继承权。”清官难断家务事，家和万事兴，《民法典》第 1125 条扩大了被继承人宽恕制度的适用范围；参照适用意思表示的作出方式，丰富了宽恕的作出方式，这拓展了被继承人的自我决定，第 1125 条第 1 款第 3 项至第 5 项规定的行为也就属于相对丧失继承权事由。《继承法意见》第 13 条规定：“继承人虐待被继承人情节严重的，或者遗弃被继承人的，如以后确有悔改表现，而且被虐待人、被遗弃人生前又表示宽恕，可不确认其丧失继承权。”《民法典》第 1125 条将宽恕的适用范围扩大到“伪造、篡改、隐匿或者销毁遗嘱，情节严重”“以欺诈、胁迫手段迫使或者妨碍被继承人设立、变更或者撤回遗嘱，情节严重”。第 1125 条将宽恕的作出方式扩大到“被继承人表示宽恕或者事后在遗嘱中将其列为继承人”。这些立法变化都有利于亲情修复。第 1125 条第 3 款还特别限制宽恕制度，不将其扩大到受遗赠人，受遗赠人具有本条第 1 款所列行为的，丧失受遗赠权。

(2) 遗嘱是个广义概念，不限于对财产的处分。我们要确立广义的遗嘱观。《民法典》第 29 条遗嘱指定监护人制度扩大了遗嘱的适用范围。遗嘱中还可以对被继承人的骨灰埋葬方式作出安排。

(3) 继承编修改了遗嘱效力规则，删除了《继承法》第 20 条第 3 款关于遗嘱效力优先的规定：“自书、代书、录音、口头遗嘱，不得撤销、变更公证遗嘱。”这切实尊重了遗嘱人的真实意愿，也与《民法典》第 1142 条第 3 款的遗嘱解释规则体系和谐。

(4) 完善了遗嘱解释规则。《民法典》第 1142 条规定：“遗嘱人可以撤回、变更自己所立的遗嘱。”“立遗嘱后，遗嘱人实施与遗嘱内容相反的民事法律行为的，视为对遗嘱相关内容的撤回。”“立有数份遗嘱，内容相抵触的，以最后的遗嘱为准。”该条第 1 款用“撤回”代替了“撤销”，第 2 款为新增规定，第 3 款坚持时间在后效力优先的遗嘱解释规则。

(5) 对被继承人债务承担的顺序，《民法典》第 1163 条规定由法定继承人首先负担遗产债务清偿义务，以确保遗产按照被继承人处置遗产的意愿更大限度地保留于遗嘱继承人或受遗赠人处。① 《民法典》第 1163 条规定：“既有法定继承又有遗嘱继承、遗赠

① 参见张鸣起：《民法典分编的编纂》，载《中国法学》2020 年第 3 期，第 24 页。

的，由法定继承人清偿被继承人依法应当缴纳的税款和债务；超过法定继承遗产实际价值部分，由遗嘱继承人和受遗赠人按比例以所得遗产清偿。”

第三，继承编如何看待家？如何因应家庭结构的变化？

《民法典》中的“家”是最具弹性的一个概念，第1045条第3款规定的家庭成员的范围窄于第2款规定的近亲属的范围，第2款规定的近亲属的范围又窄于第1款规定的亲属的范围。第1127条第3至5款进一步扩展了子女、父母和兄弟姐妹的范围。

（1）完善代位继承制度，增加规定被继承人的兄弟姐妹先于被继承人死亡的，由被继承人的兄弟姐妹的子女代位继承。《民法典》第1128条第2款规定：“被继承人的兄弟姐妹先于被继承人死亡的，由被继承人的兄弟姐妹的子女代位继承。”扩大代位继承人范围，以减少遗产无人继承的概率，使私人财产可更大限度地流传于被继承人的亲属中，实现国不与民争利。

（2）第1127条第5款规定的兄弟姐妹，也是广义的概念，不限于血缘亲属。

第四，继承编因应网络时代、自媒体时代的特点，增加了打印、录像等新的遗嘱形式，形成打印遗嘱、录音录像遗嘱等继承新规。

《民法典》第1136条规定：“打印遗嘱应当有两个以上见证人在场见证。遗嘱人和见证人应当在遗嘱每一页签名，注明年、月、日。”《最高人民法院关于适用〈中华人民共和国民法典〉时间效力的若干规定》第15条明确规定：“民法典施行前，遗嘱人以打印方式立的遗嘱，当事人对该遗嘱效力发生争议的，适用民法典第一千一百三十六条的规定，但是遗产已经在民法典施行前处理完毕的除外。”

《民法典》第1137条规定：“以录音录像形式立的遗嘱，应当有两个以上见证人在场见证。遗嘱人和见证人应当在录音录像中记录其姓名或者肖像，以及年、月、日。”

遗嘱的要式性不是为了限制遗嘱人的自由，而是为了最大程度保障遗嘱人的真实意思得到实现。

第五，继承编助力老有所养、幼有所长，完善了遗赠扶养协议制度。

（1）我国老龄化趋势加快，为满足多样化的养老需求，促进老龄产业的发展，更好地实现老有所养，继承编完善了遗赠扶养协议制度，扩大了扶养人的范围，《民法典》第1158条规定自然人可与“继承人以外的组织或者个人”签订遗赠扶养协议，将可签订遗赠扶养协议的组织的范围从“集体所有制组织”扩大为所有继承人之外的各类法人和非法人组织。[①]《民法典》第1158条规定：“自然人可以与继承人以外的组织或者个人签订遗赠扶养协议。按照协议，该组织或者个人承担该自然人生养死葬的义务，享有受遗赠的权利。”

（2）《继承法》第14条规定：“对继承人以外的依靠被继承人扶养的缺乏劳动能力又没有生活来源的人，或者继承人以外的对被继承人扶养较多的人，可以分给他们适当的遗产。”《民法典》第1131条对酌情分得适当遗产权利的构成要件作了简化规定：“对继承人以外的依靠被继承人扶养的人，或者继承人以外的对被继承人扶养较多的人，可以分给适当的遗产。”权利人不再必须是“缺乏劳动能力又没有生活来源”的人，以扩

---

① 参见张鸣起：《民法典分编的编纂》，载《中国法学》2020年第3期，第25页。

大酌分遗产请求权的主体范围，使被继承人之私产更好地用于保障其扶养之人的正常生活。

浙江宁波江北法院“邻居照顾老人分得一半遗产案”的基本案情是：被继承人苏老太早年丧夫，无子女，有个侄子远在外地，邻居老徐照顾她长达三十年，并在苏老太去世后为她操办了后事。苏老太生前曾经申请 40 平方米宅基地用于建房，因面临拆迁，苏老太名下将有上百万元的拆迁款。该款由谁继承发生争议，在村书记的建议下，老徐将村经济合作社列为被告诉至法院。法院受理后追加苏老太的侄子为第三人。案件最终经过调解结案，就百万拆迁款，村经济合作社与苏老太的侄子同意由邻居老徐继承 50%的份额。中国有句古话：远亲不如近邻。本案的老徐照顾邻居老人长达几十年，实在是难能可贵，不管于理于情于法都应予以肯定。而且，《民法典》第 1131 条也规定，继承人以外的对被继承人扶养较多的人，可以分给适当的遗产。这表明本案的调解结果完全符合法律的规定。对于邻居老徐的弘德扬善之举，人民法院应当从弘扬社会主义核心价值观的角度，进行正向激励，树立价值导向。只有这样，善行将更持久，真正实现良法善治，实现老百姓向往的美好生活。[①]

(3)《继承法》第 19 条规定：“遗嘱应当对缺乏劳动能力又没有生活来源的继承人保留必要的遗产份额。”《民法典》第 1159 条细化了必留份制度，扩大了其适用范围，不再局限于遗嘱继承，而是适用于法定继承、遗嘱继承和遗赠等各种原因导致的遗产分割，因此该条不再处于“遗嘱继承和遗赠”一章，而被置于“遗产的处理”一章：“分割遗产，应当清偿被继承人依法应当缴纳的税款和债务；但是，应当为缺乏劳动能力又没有生活来源的继承人保留必要的遗产。”

第六，继承编最大的亮点是遗产管理人制度。

继承编在“遗产的处理”一章规定了遗产处理的程序和规则，借鉴破产管理人制度，首次确立遗产管理人制度。增设遗产管理人制度是《民法典》继承编最大的亮点。改革开放以来，我国经济、社会迅速发展，人民群众积累的财富和可继承的遗产显著增加，财产的形式也日益多样，对可继承遗产的管理和处理诉求也呈现多元化特点。为确保遗产得到妥善管理、顺利分割，更好地维护继承人、债权人的利益，继承编增加规定了遗产管理人制度，明确了遗产管理人的产生方式（第 1145～1146 条）、职责（第 1147 条）、未尽职责的民事责任（第 1148 条）和获得报酬的权利（第 1149 条）等内容。

遗产管理人制度启发我们，遗嘱人最好指定遗嘱执行人，被指定的遗嘱执行人可以是继承人之一或者全体继承人。但遗嘱中不能混淆遗嘱执行人与继承人，要清晰其角色地位。《民法典》第 1146 条也给法院增加了指定遗产管理人的裁判职责。

此外，延续《继承法》第 23 条，《民法典》第 1150 条将报丧的民间习俗法律化：“继承开始后，知道被继承人死亡的继承人应当及时通知其他继承人和遗嘱执行人。继承人中无人知道被继承人死亡或者知道被继承人死亡而不能通知的，由被继承人生前所在单位或者住所地的居民委员会、村民委员会负责通知。”笔者认为，该规定可以作为

---

① 参见《孤寡老人去世留下巨额遗产，法官：照顾她 30 年的邻居可以分一半》，载微信公众号“最高人民法院”2020 年 6 月 22 日，https：//mp. weixin. qq. com/s/Jzpi92tTnHwtZLBeL8bfKg。

保护祭奠利益的重要请求权规范基础之一。

第七，重视《民法典》中围绕继承关系的参照适用条款。

《民法典》第 371 条规定："以遗嘱方式设立居住权的，参照适用本章的有关规定。"第 464 条第 2 款规定："婚姻、收养、监护等有关身份关系的协议，适用有关该身份关系的法律规定；没有规定的，可以根据其性质参照适用本编规定。"第 1001 条规定："对自然人因婚姻家庭关系等产生的身份权利的保护，适用本法第一编、第五编和其他法律的相关规定；没有规定的，可以根据其性质参照适用本编人格权保护的有关规定。"

遗赠扶养协议解除、基于遗赠扶养协议或者其他身份关系协议设立居住权、日记内容中隐私权的继承与保护等等问题，都显示出过往"提取公因式"立法技术对应的总分结合的法律适用方法不足敷用，合同编、人格权编环伺下，《民法典》总则编的"非总则性"特点更加突出。[①] 合同编、人格权编都纷纷想做大做强，兜住其他民事关系法律适用的"底"，也实质架空了总则编。在这个过程中对纷纷做大的分则各编，参照适用方法就至关重要，参照适用方法可以弥补继承编规则的漏洞，但也要避免不合时宜的等量齐观。

第八，对《民法典》继承编立法不完善之处，应该本着最大善意将相关条文尽可能解释得有用和有意义。[②]

第七节　继承法学的内容体系

继承法完成向《民法典》形式上的回归。《民法典》继承编是构建继承法学理论体系的起点和基础。法定继承和遗嘱继承是继承法体系展开的两大支柱。我们要重视对继承法作为身份财产法特殊性和一般性的研究，推动继承法完成向民法的实质回归。

继承法学要结合继承立法和司法，形成调整财产继承关系的中国特色法学学科体系、学术体系、话语体系。我们要加快建构中国自主的继承法学知识体系。继承法学者需要坚持以中国特色社会主义法治理论为指导，立足我国国情和实际，加强对继承法律制度的基础理论和方法论研究，尽快构建体现我国社会主义性质，具有鲜明中国特色、实践特色、时代特色的继承法学理论体系和话语体系。

继承法作为身份法的特殊性主要表现在其调整对象——继承关系中法定继承的身份性和遗嘱继承的死因行为特点，调整对象的这些特殊性也要求相应继承法规范的强行性。继承法的主要立法宗旨是保障家庭财富传承。

继承法学者还需要加大对继承法与民商法其他部门法之间交叉融合和适用衔接的研究。例如，何为继承权，继承权作为民事权利的一般性与特殊性何在？继承权是否可能被侵害，救济方式有何特殊性？因继承取得物权的特殊性何在？继承协议、遗赠扶养协

---

① 参见王雷：《民法典总则编的总则性和非总则性特点及其体系影响》，载《山东大学学报（哲学社会科学版）》2022 年第 5 期。

② 参见王雷：《对〈中华人民共和国民法典（草案）〉的完善建议》，载《中国政法大学学报》2020 年第 2 期。

议如何参照适用《民法典》合同编的有关规定?

研究婚姻家庭法学、继承法学还要注意，每位民法学者心目中都会有一部理想的“民法典”。法律体系不简单等同于法学理论体系。现实中的《民法典》总是充满了很多妥协。立法是个“遗憾的艺术”，对法律规范宜秉持如下解释、适用和完善的立场：一方面，在推进全面依法治国的背景下，法律人共同体应该尊重立法者、尊重实定法权威，尊重立法者在实定法中所体现的价值判断结论，注重法律人的团结协作，应该本着最大善意将实定法条文尽可能解释得有用和有意义，对于实定法条文中有瑕疵、有漏洞之处，应该努力“化腐朽为神奇”、破立结合、善意弥补。另一方面，面对多种可供选取的法律解释方法和法律适用方法时，一般而言，何种法律解释方法和法律适用方法给法律适用者带来的自由裁量权越小，何种方法的妥当程度就相对越高。

本章司法裁判 案例节选

苏某甲诉李某田等法定继承纠纷案①

基本案情：被继承人苏某泉于2018年3月死亡，其父母和妻子均先于其死亡，生前未生育和收养子女。苏某泉的姐姐苏某乙先于苏某泉死亡，苏某泉无其他兄弟姐妹。苏某甲系苏某乙的养女。李某田是苏某泉堂姐的儿子，李某禾是李某田的儿子。苏某泉生前未立遗嘱，也未立遗赠扶养协议。上海市徐汇区华泾路某弄某号某室房屋的登记权利人为苏某泉、李某禾，共同共有。苏某泉的梅花牌手表1块及钻戒1枚由李某田保管中。苏某甲起诉请求，依法继承系争房屋中属于被继承人苏某泉的产权份额，及梅花牌手表1块和钻戒1枚。

争议焦点：苏某泉生前未立遗嘱，也未立遗赠扶养协议，谁有权继承苏某泉的遗产?

裁判结论：苏某甲系苏某泉姐姐苏某乙的养子女，在苏某乙先于苏某泉死亡且苏某泉的遗产无人继承又无人受遗赠的情况下，根据《最高人民法院关于适用〈中华人民共和国民法典〉时间效力的若干规定》第14条，适用《民法典》第1128条第2款和第3款的规定，苏某甲有权作为苏某泉的法定继承人继承苏某泉的遗产。另外，李某田与苏某泉长期共同居住，苏某泉生病在护理院期间的事宜由李某田负责处理，费用由李某田代为支付，苏某泉的丧葬事宜也由李某田操办，相较苏某甲，李某田对苏某泉尽了更多的扶养义务，故李某田作为继承人以外对被继承人扶养较多的人，可以分得适当遗产且可多于苏某甲。对于苏某泉名下系争房屋的产权份额和梅花牌手表1块及钻戒1枚，法院考虑到有利于生产生活、便于执行的原则，判归李某田所有并由李某田向苏某甲给付房屋折价款人民币60万元。

裁判理由：本案是适用民法典关于侄甥代位继承制度的典型案例。侄甥代位继承系民法典新设立的制度，符合我国民间传统，有利于保障财产在血缘家族内部的流转，减少产生遗产无人继承的状况，同时促进亲属关系的发展，引导人们重视亲属亲情，从而

① 本案是最高人民法院发布的13件人民法院贯彻实施民法典典型案例（第一批）之八。

减少家族矛盾、促进社会和谐。本案中，审理法院还适用了遗产酌给制度，即对继承人以外的对被继承人扶养较多的人适当分给遗产，体现了权利义务相一致原则，弘扬了积极妥善赡养老人的传统美德，充分体现了社会主义核心价值观的要求。

教学评析：可以结合本案分析侄甥代位继承制度与遗产酌给制度的法律适用。

本章深度阅读

1. 刘素萍．继承法．北京：中国人民大学出版社，1988.
2. 王利明．继承法修改的若干问题．社会科学战线，2013（7）.
3. 孙若军．继承法学原理与案例教程．北京：中国人民大学出版社，2008.
4. 张平华．修改完善《继承法》及制定民法典继承编的几个宏观思考//梁慧星．民商法论丛：第49卷．北京：法律出版社，2011.
5. 刘耀东．继承法修改中的疑难问题研究．北京：法律出版社，2014.

本章问题与思考

1. 林某育有两子小元和小利。后林某因急病住院，经抢救后写下自书遗嘱，并由值班医生和护士作为见证人，证明其神志清晰后在遗嘱上签名确认。该份遗嘱交由小元保管，不久林某去世。小元在未告知小利的情况下，将遗嘱销毁。小利要求继承林某的遗产，并认为小元因销毁遗嘱的行为而丧失继承权。小元承认保管过林某生前文书并已经销毁，但不承认为遗嘱。[①]

请问：小利的主张能否获得支持？

答题指引：结合《民法典》第1125条第1款第4项的规定作答。

2. 有学者认为："现代继承法不再承认身份继承，只承认财产继承。……继承关系多发生在一定亲属关系人之间，可以说，继承法是以身份关系为基础的，但这不足以说明继承法为身份法。继承法主要是解决遗产归属问题的，虽然遗产通常是在一定亲属关系人中间分配的，但继承法在性质上依然是财产法。"[②] 请分析继承法属于人身法、财产法还是身份财产法。

答题指引：继承法调整因自然人的死亡而引发的财产继承关系，继承法并不调整人身关系。继承法具有鲜明的财产法和身份法结合的特点，可以将之界定为身份财产法，属于广义的身份法。

3. 试举例说明《民法典》继承编的哪些法律规则体现了权利与义务相一致的要求。

答题指引：民法公平原则要求继承人民事权利、义务、责任协调统一。《民法典》第1161条限定继承规则所要求的继承遗产必须和有限清偿死者的债务相统一就是继承人民事权利、义务、责任协调统一的典型体现。《民法典》第1129条、第1130条第3款

---

① 参见《对销毁遗嘱的继承人能否剥夺其继承权?》，载《民主与法制》2013年6月8日。

② 房绍坤、范李瑛、张洪波编著：《婚姻家庭继承法》（第7版），中国人民大学出版社2021年版，第158-159页。

和第4款、第1131条也都是义务与权利相一致的体现。当然，民事权利、义务、责任协调统一原则在继承法中的解释力也非无处不在。

4. 何女士和她的亲妹妹甲这几年挣的钱都是存在她们的母亲账下。前段时间她们的母亲因为疾病去世，她们去找银行，想取出这个钱，但是银行不给取，银行的意思是把钱当作她们母亲的遗产来处理。何女士的母亲一共有三个女儿和一个儿子，但是这个卡里只有何女士和她的妹妹甲存的钱。银行现在要求要取钱的话需要交完百分之四十到六十的税，然后把税后的钱再让何女士他们姐弟四人平分。

请问本案是否涉及继承问题？银行的说法是否妥当？

答题指引：需要先确定何女士母亲遗产的范围，先析产后继承。

5. 2021年1月1日，盐城中院依法审结上诉人王某与被上诉人李某、某保险公司机动车交通事故责任纠纷一案，此案系盐城中院适用《民法典》审结的第一案。2019年12月29日，李某驾驶重型半挂牵引车（某保险公司为该车辆承保公司）与王某才驾驶的电动自行车相撞，致王某才死亡。经交警部门认定，双方负此次事故同等责任。王某才生前无配偶、子女、孙子女、外孙子女，兄弟姐妹、父母、祖父母、外祖父母均已去世。王某才生前居住在侄子王某提供的住所，去世后的丧葬事宜也由王某办理并支出相关费用。王某因索赔未果，遂向一审法院提起诉讼，要求李某以及某保险公司赔偿因王某才死亡造成的丧葬费、误工费、交通费、死亡赔偿金以及精神损害抚慰金等各项损失345 253元。一审法院按照当时的法律规定，以王某不属于法律规定的近亲属，不具备主张死亡赔偿金、精神损害抚慰金诉讼主体资格为由，对于该项主张未予支持。王某不服，遂向盐城中院提起上诉。盐城中院经审理认为：侵权死亡赔偿应当包括相关财产损失赔偿、死亡赔偿金、精神损害赔偿三部分。根据《民法典》第1128条的规定，王某作为王某才适格的代位继承人，向王某才提供生前居住场所，负责其死后丧葬事宜，与王某才存在一定的经济牵连、情感依赖关系。根据死亡赔偿金"遗产继承说"的物质财产属性，决定其可以参照遗产分配处理，侵权人向死者代位继承亲属赔偿死亡赔偿金，亦符合中国社会老百姓的基本伦理道德认知和公平正义的司法理念；反之，则容易滋长"有损不赔""撞了白撞"等不良价值导向，与弘扬社会主义核心价值观相悖。该案结合死亡赔偿金参照遗产处理的物质财产属性，认定符合代位继承人有权向侵权人主张被继承人因交通事故死亡后产生的死亡赔偿金，体现了《民法典》对死者财产应更多流转在血亲家族的基本人文关怀，保障私有财产在血缘家族内部流转，倡导全社会形成尊老爱幼、重视亲情良好风尚的价值导向。

本案中，法院根据死亡赔偿金"遗产继承说"的物质财产属性，决定其可以参照遗产分配处理，侵权人向死者代位继承亲属赔偿死亡赔偿金。请对法院所持此种观点进行评析。

答题指引：死亡赔偿金是对因受害人死亡导致其近亲属在正常情况下所享有的被继承财产减少的赔偿，在法律性质上属于"继承丧失"，应该按照《民法典》规定的法定继承人顺序确定赔偿权利人，但其本身不是自然人死亡时遗留的，不属于遗产。

6. 中国封建王朝最后一代皇帝爱新觉罗·溥仪，写了自传体的书《我的前半生》。这本书由北京群众出版社出版。溥仪夫妻没有子女，他们去世后，该书的版权所有引发争议。《著作权法》第23条第1款规定："自然人的作品，其发表权、本法第十条第一款第五项至第十七项规定的权利的保护期为作者终生及其死亡后五十年，截止于作者死亡后第五十年的12月31日；如果是合作作品，截止于最后死亡的作者死亡后第五十年的12月31日。"另外，一个人的日记，在这个人死亡50年后，是否发表权也就没了，任何人可以去发表这个日记了？对作品如果作者生前明确表示不发表，则死后也不得发表，若未明确表示，发表权受时效限制。有学者认为发表权确实比较特殊，如果作者生前没有明确表示不允许发表，到期后继承人或被遗赠人可以发表。但日记又涉及隐私，所以还需受到人格权的保护，不应简单适用著作权法的规定。张爱玲的《小团圆》就遇到过类似问题，但最后并没有诉讼。《小团圆》为张爱玲的自传小说、遗世之作，张爱玲生前多次更改其稿，至死都没有发表于世。20世纪90年代初，在给好友宋淇夫妇的信中，张爱玲曾说自己并不想出版这本书。1992年，张爱玲给宋淇的信中却写道，自己不会出版《小团圆》，希望对方帮忙销毁它。2009年《小团圆》由其遗产执行人宋以朗（宋淇的儿子）授权出版。

请分析上段材料所提到的不同作品的发表权在作者去世后的保护问题以及作者生前相关遗愿是否应该得到尊重。

答题指引：作品发表权在作者去世后的保护期限为50年，这不能简单适用于涉及隐私保护的日记类作品，这也是对日记类作品作者明示或者可推知遗愿的尊重。

7. 自从2009年7月11日季羡林先生仙逝以来，关于季羡林留在北大和蓝旗营的文物的归属，便争议不休。2001年7月6日季羡林与北大签署了"关于季羡林先生向北京大学捐赠个人所藏图书、手稿、字画等物品的协议书"，协议书写明，季羡林自愿将所藏书籍、手稿、照片、古今字画及其他物品捐赠给北京大学，北京大学也接受了上述捐赠。2008年12月5日，季羡林手书"有几件事情在这里声明一下：一、我已经捐赠北大一百二十万元，今后不再捐赠；二、原来保存在北大图书馆的书籍文物只是保存而已，我从来没说过全部捐赠……"。2008年12月6日，季羡林写下了日期最近的一份委托书。委托书全文为："全权委托我儿子季承全权处理有关我的一切事务。季羡林。戊子冬。2008年12月6日于301医院。"

请分析上段材料中季羡林先生2008年两份手书文件的法律效力。

答题指引：2008年12月5日的声明第2条是对已经完成捐赠的反悔。2008年12月6日的委托书实际是指定季承为遗嘱执行人。

8. 继承人以外的其他人非法侵占被继承人死亡时留下的遗产时，继承人如何寻求法律救济？

答题指引：结合继承回复请求权作答。

9. 谢怀栻先生认为："继承权的性质值得研究。在实行当然继承的国家，继承开始后，继承人立即取得遗产上的各种权利，此时继承人所有的权利即为许多物权、债权等权利的集合，并无所谓另外的继承权。继承未开始时，所谓继承权只是一种期待权。当然，在一定情况下，这种期待权也受保护。可以依继承人与被继承人间的关系，分别称继承权为配偶间的相互继承权、父母子女间的继承权而将之划入各种亲属权之下。这样，就没有位于亲属权之外的与亲属权并列的继承权。""通常所说的继承权与继承法上的各种权利并无另行存在的必要。过去将‘身份权’划分为‘亲属权’与‘继承权’两大类做法并不妥当。”①

有学者建议在“遗嘱自由”名义下为所有遗产移转构建统一的解释模式，从而最大限度地尊重财产拥有者的自由意志：“有遗嘱者，遗产依表达于遗嘱中的意思移转；无遗嘱者，依被继承人可推测的意思移转。……继承权思维固然能够在一定程度上为遗产移转提供法律研究，但该解释进路既非唯一，亦非必要，‘遗嘱自由’即当其任。既然如此，继承权概念可以放弃。”②

请对上述观点进行评析，并谈一谈“继承权”这一概念是否必要。

答题指引：继承权是指自然人依照法律规定或者被继承人所立遗嘱而享有的承受被继承人遗产的权利。继承权是继承法律关系的核心内容。《民法典》第124条第1款规定：“自然人依法享有继承权。”第1120条规定：“国家保护自然人的继承权。”继承权并非纯粹民法学理论上的概念，而是我国《民法典》中的法定概念。

10. 请分析《民法典》继承编与物权编、合同编的适用关系。

答题指引：可以结合《民法典》第230条、第371条、第464条第2款等规定作答。

11. （考研真题改编）继承人放弃继承。

答题指引：根据《民法典》第1124条，继承人在继承开始后、遗产处理前可以根据自己的意志决定接受继承还是放弃继承。

12. （考研真题改编）因继承发生的物权变动。

答题指引：《民法典》第230条规定：“因继承取得物权的，自继承开始时发生效力。”

13. （考研真题改编）论继承权的丧失/继承权丧失的事由。

答题指引：《民法典》第1125条规定继承权丧失制度。

14. 继承权丧失与继承权放弃的差异。

答题指引：对比《民法典》第1124条和第1125条。

15. （法考真题改编）薛某长期沉迷于某网络平台开发的一款网络游戏，某日终于在游戏中练成道具“开天辟地斧”（市值1万元），薛某当日以1.2万元的价格将该道具出卖给另一玩家雷某，约定先付款后交。不料，薛某收到货款后过于兴奋，突发脑出血身亡。经查，薛某的近亲属只有儿子薛小小。对此，下列哪一选项是正确的？（　　）

A. 账户无法登录，网络平台不对薛小小负担任何协助义务

B. 该道具斧头属于网络虚拟财产，薛小小有权继承

C. 因薛某死亡，薛某与雷某转让合同无效

D. 薛小小仅可以继承1.2万元价款，不负担交付该道具斧头的义务

参考答案：B

16. （法考真题改编）甲与乙结婚，女儿丙3岁时，甲因医疗事故死亡，获得60万元赔款。甲生前留有遗书，载明其死亡后的全部财产由其母丁继承。经查，甲与乙婚后

---

① 谢怀栻：《论民事权利体系》，载《法学研究》1996年第2期，第72页。

② 江平主编：《民法学》（第4版），中国政法大学出版社2019年版，第768页（朱庆育教授执笔）。

除共同购买了一套住房外，另有 20 万元存款。下列哪一说法是正确的？（　　）

A. 60 万元赔款属于遗产

B. 甲的遗嘱未保留丙的遗产份额，遗嘱全部无效

C. 住房和存款的各一半属于遗产

D. 乙有权继承甲的遗产

参考答案：C

17.（法考真题改编）甲在乙寺院出家修行，立下遗嘱，将下列财产分配给女儿丙：乙寺院出资购买并登记在甲名下的房产；甲以僧人身份注册的微博账号；甲撰写的《金刚经解说》的发表权；甲的个人存款。甲死后，在遗产分割上乙寺院与丙之间发生争议。下列哪一说法是正确的？（　　）

A. 房产虽然登记在甲名下，但甲并非事实上所有权人，其房产应归寺院所有

B. 甲以僧人身份注册的微博账号，目的是推广佛法理念，其微博账号应归寺院所有

C. 甲撰写的《金刚经解说》属于职务作品，为保护寺院的利益，其发表权应归寺院所有

D. 甲既已出家，四大皆空，为维护宗教事业发展，其个人存款应归寺院所有

参考答案：A

第十章 法定继承

本章重点知识

1. 法定继承是指法律直接规定继承人的范围、继承的先后顺序和遗产分配原则的一种继承方式。

法定继承以一定的人身关系为前提，最能体现继承法身份财产法的特点。法定继承是遗嘱继承缺位时的补充。

2. 我国《民法典》第1127条规定法定继承人的范围和顺序。法定继承人的范围按照血缘关系远近和共同生活关系密切程度等进行确定。

法定继承人的继承顺序是指法律规定的继承开始后法定继承人继承被继承人遗产的先后次序、顺位。

《民法典》第1127条坚持将配偶、父母继续与子女同作为第一顺序法定继承人。

3. 代位继承是指被继承人的子女或者兄弟姐妹先于被继承人死亡时，由被继承人子女的直系晚辈血亲、被继承人的兄弟姐妹的子女，代替被代位继承人的继承顺序取得被继承人遗产的法律制度。《民法典》第1128条对代位继承制度作了重大修改，规定被继承人兄弟姐妹的子女也可以进行代位继承。

转继承又称为再继承，是指继承人在继承开始后、遗产分割前死亡，其所应继承的遗产转给其继承人承受的制度。转继承制度在本质上是前后两个相继的继承。

4. 继承开始后，如果有两个或两个以上的同一顺序法定继承人共同继承，就会发生遗产分配问题。

本章知识逻辑图

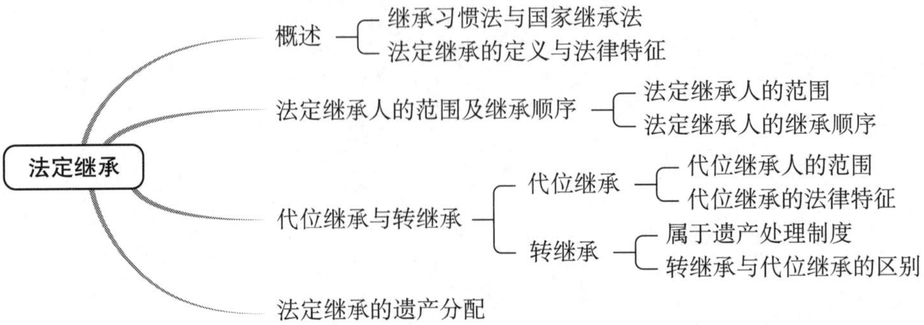

第一节 法定继承制度概述

一、继承习惯法与国家继承法的互动

我国坚持双系继承原则，废除单系继承原则。《民法典》第 1126 条规定："继承权男女平等。"在继承法律实践中，虽然法律上赋予了女儿与儿子平等的继承权，可实际上女儿基本上不继承家产，强调"嫁出去的女儿泼出去的水"，依然遵循着"同居共财"的逻辑。①

日常生活习惯中，"父母一方去世而另一方健在时，子女一般不分故去的一方的遗产，而只是在父母双方都故去的时候才分遗产。这反映出在继承父母遗产时，传统的尊敬父母的伦理道德仍然在发挥着重要作用，子女会重视健在的一方的亲情及其生活保障。……此时子女依法与健在的父母一方同为第一顺序继承人，可以继承故去的父母一方的遗产。但是，在我国原则上实行夫妻财产共有的背景下，如果子女要求继承故去的父母一方的遗产，则必须要对父母的共同财产先予以分割，这不仅会带来很大的麻烦，而且还可能引起子女之间的纠纷甚至反目成仇，更会伤及健在的一方与子女之间血浓于水的亲情。……民众的财产继承并不是按照法律预设的制度那样去运行的，而是按照根植于人们观念中的敬老美德指引下的习惯法规则在运行，而且从实际效果来看，这种习惯法规则是更加贴近民众生活实际的，也是处理民间继承纠纷的更有效的方式"②。

在民间继承纠纷中，实行多元司法，允许法官有条件地灵活适用当地的继承习惯法，以追求法律效果和社会效果的统一。民间继承习惯法与国家继承法之间存在互动关系。正如有学者所言："必须记住法律是特定民族的历史、文化、社会的价值与一般意识形态与观念的集中体现。任何两个国家的法律制度都不可能完全一样。法律是一种文化的表现形式，如果不经过某种本土化的过程，它便不可能轻易地从一种文化移植到另一种文化。"③

二、法定继承的定义与法律特征

法定继承是指法律直接规定继承人的范围、继承的先后顺序和遗产分配原则的一种继承方式。"法定继承是在被继承人没有对其遗产的处理立有遗嘱的情况下，继承人的

---

① 参见强世功：《司法能动下的中国家庭——从最高法院关于〈婚姻法〉的司法解释谈起》，载《文化纵横》2011 年 2 月。

② 李国辉：《以习惯法视角反思〈继承法〉中"遗产"范围之界定》，载高其才主编：《当代中国婚姻家庭习惯法》，法律出版社 2012 年版，第 361－362 页。

③ ［美］格林顿、戈登、奥萨魁：《比较法律传统》，米健、高鸿钧等译，中国政法大学出版社 1993 年版，第 6－7 页。

范围、继承顺序等均按照法律规定确定的继承方式。”①

生活中的家庭财富传承总体上仍以法定继承为主。由于受传统习俗的影响，在实际生活中，绝大多数的家庭仍然习惯于以法定的继承方式继承遗产，从这个意义上讲，我国的继承制度仍是以法定继承为主，以遗嘱继承为辅。法定继承是实际生活中财产继承的主要方式，在继承制度中占有十分重要的地位。② 继承法立法和理论体系上，均以法定继承为根本。“根据日耳曼法的观念，继承法建立在家庭法的基础之上；与此相反，罗马法的观念认为，所有的继承权都建立在死后生效的、公开表示或者推定的个人意志之上。我们已经在意识中和部分习惯中接受了罗马法上的遗嘱自由（Testierfreiheit），并不再违反这一原则。但是如果我们不希望继承法在未来出现问题，就不应继续从个人意志出发进行建构。毋宁说我们必须更多地坚持民族意识中尚未被打破的基本思想：建立在人身权关系上的法定继承才是根本，而赋予个体意志的支配权只是借以组织具体法律规则的手段；在特定的情况下，允许用更符合情境的规范替代适用这些规定——前提是不能逾越某些底线。在家庭的自然结构中，存在着世代延续（Geschlechterfolge）的需要；在社会实体的分工下，空缺须由后继者进行补位。只有在承担世代延续和补充后继者的任务之时，继承法才得以表现出其无比珍贵的社会作用，以及不朽的内在合理性。”③

法定继承制度的法律特征主要包括：

第一，法定继承以一定的人身关系为前提，最能体现继承法身份财产法的特点。法定继承人范围的确定并非立法者的主观任意，而是以被继承人和继承人之间的婚姻、血缘等亲属身份关系的存在为前提。法定继承是亲属身份关系的财产性法律后果，法定继承关系在本质上属于身份性财产关系。④ 例如，婚姻关系因离婚而终止后，男女双方不再是配偶，不再互为第一顺序的法定继承人。如果夫妻一方在离婚冷静期内死亡或者在离婚诉讼期间、法院作出判决之前死亡，夫妻另一方仍为第一顺序的法定继承人。夫妻双方分居期间，一方死亡的，只要双方尚未离婚，另一方仍为第一顺序法定继承人。

第二，法定继承关系内容的强行性特点。法定继承人的范围、继承的先后顺序和遗产分配原则等各方面的内容均具有法定性、强行性特点，除非被继承人生前依法依遗嘱方式改变，其他人都无法改变。“继承法规范的强行性集中表现于法定继承。”⑤

第三，法定继承对遗嘱继承的补充和限制作用。

一方面，法定继承是遗嘱继承缺位时的补充。遗嘱继承的效力优先于法定继承，继承开始后，被继承人未设立遗嘱、遗嘱无效或者遗嘱未处分的部分，也没有遗赠扶养协议的，才发生法定继承。从这个意义上，一直有学者主张将“遗嘱继承和遗赠”规定于“法定继承”之前。⑥《民法典》第 1154 条规定：“有下列情形之一的，遗产中的有关部

---

① 王晨：《关于〈中华人民共和国民法典（草案）〉的说明——2020 年 5 月 22 日在第十三届全国人民代表大会第三次会议上》，http：//www. npc. gov. cn/npc/c30834/202005/50c0b507ad32464aba87c2ea65bea00d. shtml。

② 参见孙若军编著：《继承法学原理与案例教程》，中国人民大学出版社 2008 年版，第 87 页。

③ ［德］奥托·基尔克：《私法的社会使命》，杨若濛译，商务印书馆 2021 年版，第 46 页。

④ 参见孟令志、曹诗权、麻昌华：《婚姻家庭与继承法》，北京大学出版社 2012 年版，第 279 页。

⑤ 孟令志、曹诗权、麻昌华：《婚姻家庭与继承法》，北京大学出版社 2012 年版，第 279 页。

⑥ 参见王利明：《继承法修改的若干问题》，载《社会科学战线》2013 年第 7 期。

分按照法定继承办理：（一）遗嘱继承人放弃继承或者受遗赠人放弃受遗赠；（二）遗嘱继承人丧失继承权或者受遗赠人丧失受遗赠权；（三）遗嘱继承人、受遗赠人先于遗嘱人死亡或者终止；（四）遗嘱无效部分所涉及的遗产；（五）遗嘱未处分的遗产。”

另一方面，法定继承对遗嘱继承也有一定的限制作用。遗嘱继承人只能限制在法定继承人范围之中，《民法典》第 1133 条第 2 款规定：“自然人可以立遗嘱将个人财产指定由法定继承人中的一人或者数人继承。”受遗赠人则属于法定继承人之外的组织或者个人。《民法典》第 1133 条第 3 款规定：“自然人可以立遗嘱将个人财产赠与国家、集体或者法定继承人以外的组织、个人。”法律对法定继承人必留份的保护不能受到遗嘱继承的侵害。

第二节　法定继承人的范围及继承顺序

一、法定继承人的范围

近现代各国在确定法定继承人范围上有“亲属继承无限制主义”和“亲属继承限制主义”两种立法例。实行“亲属继承无限制主义”的国家立法规定的法定继承人范围最广[①]，这种立法例最大限度地保障被继承人的遗产有人继承。而实行“亲属继承限制主义”的国家立法规定的法定继承人范围较窄，仅限于一定范围内的亲属。就限制的亲属范围来说，各国立法例又有不同。[②] 我国《民法典》采取“亲属法定继承限制主义”的立法例。

我国《民法典》第 1127 条规定法定继承人的范围和顺序：“遗产按照下列顺序继承：（一）第一顺序：配偶、子女、父母；（二）第二顺序：兄弟姐妹、祖父母、外祖父母。”“继承开始后，由第一顺序继承人继承，第二顺序继承人不继承；没有第一顺序继承人继承的，由第二顺序继承人继承。”“本编所称子女，包括婚生子女、非婚生子女、养子女和有扶养关系的继子女。”“本编所称父母，包括生父母、养父母和有扶养关系的继父母。”“本编所称兄弟姐妹，包括同父母的兄弟姐妹、同父异母或者同母异父的兄弟姐妹、养兄弟姐妹、有扶养关系的继兄弟姐妹。”第 1129 条规定：“丧偶儿媳对公婆，丧偶女婿对岳父母，尽了主要赡养义务的，作为第一顺序继承人。”《民法典》第 1129 条重视扶养关系在继承活动中的作用。对此，有学者总结指出：“在其他立法例，扶养关系不能成为继承权的依据，而仅可以成为遗产酌给请求权的理由。我国法上的这一制度无疑可以达到鼓励扶养老人、提倡家庭内部互助友爱、和睦团结的作用，也充分符合权利义务相统一的原则。”[③] “在人们的眼里，剥夺一直赡养父母的人的继承权是不合理

---

① 参见《千余幅纳粹掠夺名画重见天日 价值至少 10 亿欧元》，载《金陵晚报》2013 年 11 月 6 日。

② 参见郭明瑞：《完善法定继承制度三题》，载《法学家》2013 年第 4 期。

③ 张平华：《修改完善〈继承法〉及制定民法典继承编的几个宏观思考》，载梁慧星主编：《民商法论丛》（第 49 卷），法律出版社 2011 年版，第 433 页。

的。”[①] 有学者则认为，《继承法》第 12 条（对应《民法典》第 1129 条）不符合按支继承的传统，应该将之修改为：“丧偶儿媳对公、婆或丧偶女婿对岳父、岳母尽了主要赡养义务，没有代位继承人的，为第一顺序继承人。”[②] 丧偶儿媳对公婆，丧偶女婿对岳父母，尽了主要赡养义务的，作为第一顺序继承人。丧偶儿媳对公婆，丧偶女婿对岳父母的“主要赡养义务”属于《民法典》第 985 条所规定的道德义务，而非法律义务，且聚焦于物质赡养。《民法典继承编司法解释一》第 19 条规定：“对被继承人生活提供了主要经济来源，或者在劳务等方面给予了主要扶助的，应当认定其尽了主要赡养义务或主要扶养义务。”[③] 丧偶儿媳对公婆，丧偶女婿对岳父母，尽了主要赡养义务，构成情谊行为。丧偶儿媳与丧偶女婿继承权符合民事权利、义务、责任协调统一的公平原则，体现了法律鼓励的调整方法，是单向继承权，该权利不受其是否再婚的影响，也不影响其子女的代位继承。根据《民法典继承编司法解释一》第 18 条，子女的代位继承和丧偶儿媳与丧偶女婿继承权可以并用。丧偶儿媳对公婆，丧偶女婿对岳父母，尽了主要赡养义务的，其取得的继承权为固有权利，而非“妻承夫分”“按支继承”，且视为通过默示方式与公婆、岳父母达成了遗赠扶养协议，公婆、岳父母不能排斥其继承权。丧偶儿媳对公婆，丧偶女婿对岳父母，尽了主要赡养义务且与公婆、岳父母共同生活的，分配遗产时，可以多分。丧偶儿媳对公婆，丧偶女婿对岳父母，没有达到尽了主要赡养义务的程度，但对公婆、岳父母扶养较多的，可以分给适当的遗产。《民法典》第 1129 条具有法定性，离异后，前儿媳对前公婆，前女婿对前岳父母，尽了主要赡养义务的，可以分给适当的遗产，但不能作为第一顺序继承人。例如，一次性死亡抚恤金是针对死者近亲属的一种抚恤，应参照继承相关法律规范进行处理。对继父母尽到赡养义务的成年继子女属于有扶养关系的继子女，享有继父母死亡抚恤金分配权，同时确定年老患病的遗孀享有更多分配份额。[④]

《民法典继承编司法解释一》第 10 条规定：“被收养人对养父母尽了赡养义务，同时又对生父母扶养较多的，除可以依照民法典第一千一百二十七条的规定继承养父母的遗产外，还可以依照民法典第一千一百三十一条的规定分得生父母适当的遗产。”第 11 条规定：“继子女继承了继父母遗产的，不影响其继承生父母的遗产。”“继父母继承了继子女遗产的，不影响其继承生子女的遗产。”第 12 条规定：“养子女与生子女之间、养子女与养子女之间，系养兄弟姐妹，可以互为第二顺序继承人。”“被收养人与其亲兄弟姐妹之间的权利义务关系，因收养关系的成立而消除，不能互为第二顺序继承人。”第 13 条规定：“继兄弟姐妹之间的继承权，因继兄弟姐妹之间的扶养关系而发生。没有扶养关系的，不能互为第二顺序继承人。”“继兄弟姐妹之间相互继承了遗产的，不影响其继承亲兄弟姐妹的遗产。”

---

① 费孝通：《江村经济》，戴可景译，北京大学出版社 2012 年版，第 70 页。

② 郭明瑞：《完善法定继承制度三题》，载《法学家》2013 年第 4 期。

③ 有学者认为，应该将丧偶儿媳、女婿主要赡养义务理解为全面性赡养，事务处理、保护等要素并非通常存在的范畴，单一精神赡养也可能构成主要赡养义务。参见何丽新、陈昊泽：《养老保障视域下〈民法典〉赡养义务体系化之论》，载《山东大学学报（哲学社会科学版）》2024 年第 1 期，第 176 页。

④ “曾某泉、曾某军、曾某、李某军与孙某学婚姻家庭纠纷案”，最高人民法院 2023 年 1 月 12 日发布的人民法院贯彻实施民法典典型案例（第二批）之十二。

就法定继承制度而言，未来应当进一步扩大继承人的范围。结合我国被继承人近亲属较少的现状及今后的发展趋势来看，有必要适当扩大法定继承人的范围，这有利于尊重被继承人的意愿。因为继承人范围太窄，如果被继承人的亲属较少或者已经死亡，甚至在很多情形下不存在法定继承人，这可能导致被继承人的遗产无人继承，不符合保护私人合法财产的理念。应当增加第三顺序的法定继承人，具体而言，我们可以考虑将四亲等以内的其他亲属作为第三顺序的法定继承人（如叔、伯、姑、舅、外甥、外甥女、侄子女）。[①]

法定继承人的范围按照血缘关系远近和共同生活关系密切程度等进行确定。《民法典》第 1127 条第 5 款规定："本编所称兄弟姐妹，包括同父母的兄弟姐妹、同父异母或者同母异父的兄弟姐妹、养兄弟姐妹、有扶养关系的继兄弟姐妹。"建议对本款"同父异母或者同母异父的兄弟姐妹、养兄弟姐妹"均增加"有扶养关系的"或者仿照第 1130 条第 3 款增加"共同生活的"。没有相互扶养关系、共同生活关系的同父异母、同母异父的兄弟姐妹以及养兄弟姐妹之间相互继承不符合常理。经此限缩解释之后，其他"同父异母或者同母异父的兄弟姐妹、养兄弟姐妹"最多适合作为第三顺位的法定继承人，以避免遗产无人继承。

二、法定继承人的继承顺序

爱之中道，爱有差等，类似地，法定继承有顺序。吾人之爱，本有差等。仁者以天地万物为一体。而万物与人心皆有生意发端处。吾人良知，在相当范围内承认自私为对耳，同情心固为吾人所固有，而自私心亦何莫不然？吾人本来有此二本能的倾向；儒家爱有差等之说，盖即所以调和之。吾人固爱人，但比于所亲，又有差别；盖"君子之于民"，固"仁之而弗亲也"。"君子亲亲而仁民，仁民而爱万物"；此爱之差等也。[②] 法定继承人的继承顺序也建立在爱有差等、差序格局的基础上。

法定继承人的继承顺序是指法律规定的继承开始后法定继承人继承被继承人遗产的先后次序、顺位。继承开始后，并非所有的法定继承人都可以同时继承遗产，而要遵循法律规定的先后顺序，依次继承。法定继承人不得通过约定改变自己或者他人的继承顺序。我国《民法典》第 1127 条第 1 款和第 2 款分别规定："遗产按照下列顺序继承：（一）第一顺序：配偶、子女、父母；（二）第二顺序：兄弟姐妹、祖父母、外祖父母。""继承开始后，由第一顺序继承人继承，第二顺序继承人不继承；没有第一顺序继承人继承的，由第二顺序继承人继承。"第 1129 条规定："丧偶儿媳对公婆，丧偶女婿对岳父母，尽了主要赡养义务的，作为第一顺序继承人。"我国《民法典》对法定继承人的继承顺序是根据血缘关系的亲疏远近、婚姻关系以及法定继承人对被继承人在经济和生活中的依赖程度确定的。"在事先没有习惯又没有遗嘱的地方，就应当认为：……总是

---

① 参见王利明：《继承法修改的若干问题》，载《社会科学战线》2013 年第 7 期。另参见郭明瑞：《完善法定继承制度三题》，载《法学家》2013 年第 4 期。

② 参见冯友兰：《人生，觉解了吗》，人民出版社 2018 年版，第 54－55 页。

血缘较近的人先于较远的人；因为我们永远可以认为亲属愈近、感情也愈厚。”[①]

《民法典》第1127条坚持将配偶、父母继续与子女同作为第一顺序法定继承人。“继承方面的法律深受民族传统和价值理念的影响，在中华民族的传统美德中孝文化占据着重要地位，先于父母死亡的人一般都希望能为父母留下一笔财产以供他们安度晚年，而法定继承制度是对被继承人财产处分意愿的推定，在确定法定继承的顺序时，父母的重要性不容忽视。继承法施行三十多年来，父母为第一顺序继承人的规定得到民众的普遍认可，应当慎重考虑是否修改，以免引起更多的争议。为此，民法典继承编保留了继承法的规定。”[②]“如果不将配偶固定在第一顺序，易产生被继承人死亡后没有子女、父母时，所留遗产便由配偶和与被继承人经济联系不是很密切的兄弟姐妹等共同继承，虽然也可以规定彼此间继承份额的不同，但终究不算合理，也容易产生纠纷。”[③]

“有这样的想法：继承的基础乃是由于死亡而财产成为无主之物，作为无主物，它便归首先占有者所有，而取得占有的多半是亲属，因为他们通常是死者最接近的人。于是为了维持秩序，这种经常发生的偶然事件就通过实定法而上升为规则。殊不知这种想法忽视了家庭关系的本性。”[④]有学者就指出，我国法定继承人的范围较窄和继承顺序较少，对配偶的法定继承权没有给予特别的照顾，我国对配偶利益的保护主要体现在夫妻共同财产制之上，而大多数国家的立法均将配偶的继承权置于继承的重要位置，强调优先保障配偶继承遗产。[⑤]日常生活习惯中，“父母一方去世而另一方健在时，子女一般不分故去的一方的遗产，而只是在父母双方都故去的时候才分遗产。这反映出在继承父母遗产时，传统的尊敬父母的伦理道德仍然在发挥着重要作用，子女会重视健在的一方的亲情及其生活保障”[⑥]。

第三节　代位继承与转继承

一、代位继承

（一）代位继承人的范围

代位继承是指被继承人的子女或者兄弟姐妹先于被继承人死亡时，由被继承人子女的直系晚辈血亲、被继承人的兄弟姐妹的子女，代替被代位继承人的继承顺序取得被继承人遗产的法律制度。

---

① ［英］霍布斯：《利维坦》，黎思复、黎廷弼译，商务印书馆1985年版，第151页。

② 黄薇主编：《中华人民共和国民法典继承编释义》，法律出版社2020年版，第45页。

③ 黄薇主编：《中华人民共和国民法典继承编释义》，法律出版社2020年版，第46页。

④ ［德］黑格尔：《法哲学原理》，范扬、张企泰译，商务印书馆1961年版，第191页。

⑤ 参见孙若军编著：《继承法学原理与案例教程》，中国人民大学出版社2008年版，第121页。

⑥ 李国辉：《以习惯法视角反思〈继承法〉中“遗产”范围之界定》，载高其才主编：《当代中国婚姻家庭习惯法》，法律出版社2012年版，第361－362页。

先于被继承人死亡的子女或者兄弟姐妹称为被代位继承人，代替被代位继承人继承遗产的子女等直系晚辈血亲称为代位继承人。代位继承也称为“间接继承”。

代位继承是法定继承中的一项重要制度。法律设立代位继承制度的立法目的是使被继承人的遗产尽可能在血缘家族内部由晚辈血亲传承，减少产生遗产无人继承的情况，保障继承人直系晚辈血亲的物质生活和经济利益。

《继承法》第 11 条规定：“被继承人的子女先于被继承人死亡的，由被继承人的子女的晚辈直系血亲代位继承。代位继承人一般只能继承他的父亲或者母亲有权继承的遗产份额。”《继承法》代位继承方式的“常态表现即孙子女、外孙子女代替其先死亡的父、母继承祖父母、外祖父母的遗产，其终局结果是使孙子女、外孙子女依法以替代方式成为祖父母、外祖父母的第一顺序继承人”①。《民法典》第 1128 条扩大了代位继承人的范围，新增被继承人兄弟姐妹的子女代位继承的规定，使得外甥、外甥女、侄子女也都可能行使代位继承权。②“在现行继承法的基础上，完善代位继承制度，增加规定被继承人的兄弟姐妹先于被继承人死亡的，由被继承人的兄弟姐妹的子女代位继承。”③《民法典》第 1128 条规定：“被继承人的子女先于被继承人死亡的，由被继承人的子女的直系晚辈血亲代位继承。”“被继承人的兄弟姐妹先于被继承人死亡的，由被继承人的兄弟姐妹的子女代位继承。”“代位继承人一般只能继承被代位继承人有权继承的遗产份额。”

《继承法》将被代位继承人的范围仅限定于被继承人的子女，导致被继承人无第一顺序、第二顺序继承人时，其侄子女、外甥子女不能继承被继承人的遗产。《民法典》第 1128 条对代位继承制度作了重大修改，规定被继承人兄弟姐妹的子女也可以进行代位继承。将兄弟姐妹纳入被代位继承人的范围，可以保障私有财产在家族内部的流转，减少无人继承的状况，引导人们重视亲情，鼓励亲属间相互扶助、养老育幼、共同守望。④《最高人民法院关于适用〈中华人民共和国民法典〉时间效力的若干规定》第 14 条规定：“被继承人在民法典施行前死亡，遗产无人继承又无人受遗赠，其兄弟姐妹的子女请求代位继承的，适用民法典第一千一百二十八条第二款和第三款的规定，但是遗产已经在民法典施行前处理完毕的除外。”

（二）代位继承的法律特征

代位继承的法律特征主要有：

第一，代位继承以被继承人的子女或者兄弟姐妹先于被继承人死亡为前提，代位继承的发生须两个法律事实结合而成：被代位继承人死亡在先，被继承人死亡在后。《民法典继承编司法解释一》第 14 条规定：“被继承人的孙子女、外孙子女、曾孙子女、外

---

① 孟令志、曹诗权、麻昌华：《婚姻家庭与继承法》，北京大学出版社 2012 年版，第 285 页。

② 最高人民法院 2024 年 12 月 3 日发布的继承纠纷典型案例（第一批）之二“被继承人没有第一顺序继承人，且兄弟姐妹先于被继承人死亡的，由兄弟姐妹的子女代位继承——贾某一、张某诉贾某二、贾某三继承纠纷案”，https：//www. court. gov. cn/zixun/xiangqing/449131. html。

③ 王晨：《关于〈中华人民共和国民法典（草案）〉的说明——2020 年 5 月 22 日在第十三届全国人民代表大会第三次会议上》，http：//www. npc. gov. cn/npc/c30834/202005/50c0b507ad32464aba87c2ea65bea00d. shtml。

④ 参见“崔某诉常某遗赠纠纷案”，天津市高级人民法院发布的贯彻实施民法典家事审判典型案例之三，载微信公众号“天津高法”2021 年 11 月 7 日。

曾孙子女都可以代位继承，代位继承人不受辈数的限制。”第 15 条规定：“被继承人的养子女、已形成扶养关系的继子女的生子女可以代位继承；被继承人亲生子女的养子女可以代位继承；被继承人养子女的养子女可以代位继承；与被继承人已形成扶养关系的继子女的养子女也可以代位继承。”

第二，被代位继承人须为享有法定继承权的被继承人的子女或者兄弟姐妹。《民法典继承编司法解释一》第 17 条规定：“继承人丧失继承权的，其晚辈直系血亲不得代位继承。如该代位继承人缺乏劳动能力又没有生活来源，或者对被继承人尽赡养义务较多的，可以适当分给遗产。”

在代位继承人的继承权性质上，有固有权说与代表权说等不同主张。有学者指出，根据代表权说，被代位继承人因违法行为而丧失继承权，使其晚辈直系血亲不能参与继承，由其晚辈直系血亲承受其违法行为的不利后果，代人受过，并不合理。况且，从情感和经济联系上说，我国历有“隔代亲”的传统，通常被代位继承人对被继承人有不法行为，而其晚辈直系血亲与被继承人的亲情并不因此就减弱，因此，于被代位继承人丧失继承权时，依固有权说由被代位继承人的晚辈直系血亲代位继承，更符合被继承人的意愿。所以，被继承人的子女丧失继承权的，其晚辈直系血亲也应能代位继承。[①]《民法典继承编司法解释一》第 17 条对代位继承人继承权的性质采纳代表权说。

第三，代位继承人只能是被代位继承人的晚辈直系血亲，被继承人的子女的晚辈直系血亲不受亲属辈分的限制。《民法典继承编司法解释一》第 14 条规定：“被继承人的孙子女、外孙子女、曾孙子女、外曾孙子女都可以代位继承，代位继承人不受辈数的限制。”笔者认为，虽然《民法典》第 1127 条未将孙子女、外孙子女列为法定继承人，但即使将之列为第二顺位的法定继承人，其在父母作为第一顺位继承人的情况下也不可能实际取得继承既得权，而当没有第一顺位法定继承人时，孙子女、外孙子女作为第二顺位继承人方可取得继承既得权，此时与《民法典》第 1128 条所规定的代位继承的法律效果类似，差别在于代位继承的份额一般以其父亲或者母亲有权继承的遗产份额为限，此份额通常并不等同于其直接继承所可能获得的份额。

第四，代位继承只能适用于法定继承，在遗嘱继承中不适用。被继承人享有遗嘱继承权的子女或者兄弟姐妹若先于被继承人死亡，则会导致遗嘱相应内容失效，不会发生代位继承。

第五，代位继承人不论人数多少，其一般只能取得被代位继承人有权继承的遗产份额。两个以上的代位继承人只能共同分割被代位继承人的应继份，不能与其他处于被代位继承人同一顺序的法定继承人一起平均分割遗产。《民法典》第 1128 条第 3 款规定：“代位继承人一般只能继承被代位继承人有权继承的遗产份额。”《民法典继承编司法解释一》第 16 条规定：“代位继承人缺乏劳动能力又没有生活来源，或者对被继承人尽过主要赡养义务的，分配遗产时，可以多分。”第 18 条规定：“丧偶儿媳对公婆、丧偶女婿对岳父母，无论其是否再婚，依照民法典第一千一百二十九条规定作为第一顺序继承人时，不影响其子女代位继承。”

---

① 参见郭明瑞：《完善法定继承制度三题》，载《法学家》2013 年第 4 期。

二、转继承

（一）转继承属于遗产处理制度

转继承又称为再继承，是指继承人在继承开始后、遗产分割前死亡，其所应继承的遗产转给其继承人承受的制度。本应继承遗产，但在遗产分割前死亡的继承人称为被转继承人，实际接受遗产的人称为转继承人。

转继承属于遗产处理制度，被规定在《民法典》继承编第四章“遗产的处理”。《民法典》第 1152 条规定：“继承开始后，继承人于遗产分割前死亡，并没有放弃继承的，该继承人应当继承的遗产转给其继承人，但是遗嘱另有安排的除外。”与转继承制度类似，《民法典继承编司法解释一》第 38 条还规定了转遗赠制度：“继承开始后，受遗赠人表示接受遗赠，并于遗产分割前死亡的，其接受遗赠的权利转移给他的继承人。”转继承制度在本质上是前后两个相继的继承，其转移的应当是遗产所有权而非继承权。

（二）转继承与代位继承的区别

转继承和代位继承中都存在两个死亡事实，被继承人的遗产都是由其继承人的继承人取得，但两者也存在较大差异：

第一，继承人死亡的时间不同。转继承中被转继承人于被继承人死亡后自己实际取得遗产前死亡，代位继承中被代位继承人先于被继承人死亡。

第二，适用的主体不同。转继承中被转继承人为被继承人的继承人，转继承人为被转继承人的继承人，不限于被转继承人的直系晚辈血亲，因此转继承中也就可能发生被转继承人的应继份额归其直系晚辈血亲和配偶共同继承的情况。代位继承中被代位继承人为被继承人的子女或者兄弟姐妹，代位继承人仅为被代位继承人的直系晚辈血亲，代位继承中不会发生代位继承人与被代位继承人的配偶共同继承的情况。

第三，适用的范围不同。转继承既可以适用于法定继承，也可以适用于遗嘱继承、遗赠乃至遗赠扶养协议等多种场合。代位继承只能适用于法定继承。遗嘱继承人先于被继承人死亡的，不发生代位继承，被继承人需对先于自己死亡的继承人通过遗嘱能够取得的相关遗产另作安排，否则该部分遗产就要按照法定继承处理。

第四，继承的性质不同。转继承是两次继承关系的连续，转继承人直接继承被转继承人所继承到的遗产。代位继承人则代替被代位继承人的顺序和地位，一次性间接地继承被继承人的遗产，具有替补继承的性质。

第五，制度基础不同。转继承的核心基础是转继承人对被转继承人的继承权。代位继承的核心基础是被代位继承人对被继承人的继承权。

第六，体系位置不同。转继承属于遗产处理制度，被规定在《民法典》继承编第四章“遗产的处理”，实际上是连续发生的二次继承。代位继承属于法定继承制度，被规定在《民法典》继承编第二章“法定继承”。

第四节　法定继承的遗产分配

继承开始后，如果有两个或两个以上的同一顺序法定继承人共同继承，就会发生遗产分配问题。

一、法定继承遗产分配的一般规则

法定继承的遗产分配一般应该遵循如下规则：

第一，同一顺序继承人，一般应当均等分配遗产。《民法典》第 1130 条第 1 款规定："同一顺序继承人继承遗产的份额，一般应当均等。"第 5 款规定："继承人协商同意的，也可以不均等。"

第二，特殊情况下考虑到扶养关系和养老育幼、敬老爱幼等因素，可以不均等分配，以体现公序良俗原则和民事权利与义务相协调统一的公平原则之要求。《民法典》第 1130 条第 2、3、4 款分别规定："对生活有特殊困难又缺乏劳动能力的继承人，分配遗产时，应当予以照顾。""对被继承人尽了主要扶养义务或者与被继承人共同生活的继承人，分配遗产时，可以多分。""有扶养能力和有扶养条件的继承人，不尽扶养义务的，分配遗产时，应当不分或者少分。"有扶养能力和有扶养条件的继承人，不尽扶养义务的，分配遗产时，应当不分或者少分。有扶养能力和有扶养条件的继承人，不尽扶养义务符合《民法典》第 1125 条规定的遗弃被继承人情形时，或者达到虐待被继承人情节严重时，其继承权丧失。[①]《民法典》第 1131 条还规定了酌情分得遗产制度。[②]

例如，在"贾某诉李某某继承纠纷案"中，李某某系被继承人曹某某的母亲，年近七十。贾某系曹某某的妻子，双方于 2019 年 6 月 4 日登记结婚。2019 年 8 月 7 日曹某某在所在单位组织的体育活动中突发疾病去世。曹某某的父亲已于之前去世，曹某某无其他继承人。被继承人曹某某去世后，名下遗留房产若干、存款若干元及其生前单位赔偿金、抚恤金若干元。贾某诉请均分曹某某的遗产。法院认为：本案被继承人无遗嘱，应按照法定继承进行遗产分配。对被继承人尽了主要扶养义务或者与被继承人共同生活的继承人，分配遗产时，可以多分。被继承人的母亲将其抚养长大，付出良多，痛失独子，亦失去了照顾其安度晚年的人，理应在遗产分配时予以照顾。结合对子女抚养的付出及贾某与被继承人结婚、共同生活时间、家庭日常贡献等因素，酌定遗产分配比例为：贾某分配 20%，李某某分配 80%。工亡补助金部分不属于遗产范围，被继承人单位

① 参见最高人民法院 2024 年 12 月 12 日发布的继承纠纷典型案例（第二批）之四："继承人不履行赡养义务，遗弃被继承人的，丧失继承权——高某乙诉高小某法定继承纠纷案"，https：//www.court.gov.cn/zixun/xiangqing/449671.html。

② 参见最高人民法院 2024 年 12 月 12 日发布的继承纠纷典型案例（第二批）之三："遗产酌给请求权人有权主张被继承人人身保险合同利益——严某诉某保险公司人身保险合同纠纷案"，https：//www.court.gov.cn/zixun/xiangqing/449671.html。

已考虑实际情况对李某某予以充分照顾，故二人各分配50%。[①]

《民法典继承编司法解释一》在法定继承遗产分配问题上进一步具体化民事权利与义务相协调统一的公平原则。《民法典继承编司法解释一》第16条规定："代位继承人缺乏劳动能力又没有生活来源，或者对被继承人尽过主要赡养义务的，分配遗产时，可以多分。"第19条规定："对被继承人生活提供了主要经济来源，或者在劳务等方面给予了主要扶助的，应当认定其尽了主要赡养义务或主要扶养义务。"第20条规定："依照民法典第一千一百三十一条规定可以分给适当遗产的人，分给他们遗产时，按具体情况可以多于或者少于继承人。"第21条规定："依照民法典第一千一百三十一条规定可以分给适当遗产的人，在其依法取得被继承人遗产的权利受到侵犯时，本人有权以独立的诉讼主体资格向人民法院提起诉讼。"第22条规定："继承人有扶养能力和扶养条件，愿意尽扶养义务，但被继承人因有固定收入和劳动能力，明确表示不要求其扶养的，分配遗产时，一般不应因此而影响其继承份额。"第23条规定："有扶养能力和扶养条件的继承人虽然与被继承人共同生活，但对需要扶养的被继承人不尽扶养义务，分配遗产时，可以少分或者不分。"对被继承人有无尽到扶养义务，或者是否属于生活有特殊困难又缺乏劳动能力的继承人，是判断遗产分配多少的重要标准，体现了继承法律制度的扶养功能。

例如，符合收养实质要件的养父母可认定为保险身故受益人。某人身保险合同的被保险人系养女，但未与收养人即两原告在民政部门办理正式收养关系登记。保单中约定被保险人的身故受益人为继承法规定的法定继承人。保险事故发生后，被保险人无其他继承人。法院根据相关法律规定并结合被保险人投保时的主观意愿、两原告对被保险人实际抚养的事实及公序良俗原则，认定两原告构成《继承法》第14条（《民法典》第1131条）中规定的对被继承人扶养较多的人，可以作为遗产继承人获得身故保险金。法院通过分析保险合同设立指定受益人制度的目的，并在确认《收养法》规定的严格程序要件的基础上，创造性地适用关于适当分配遗产权利人的条文，不仅符合《继承法》的立法本意，体现了权利义务相统一原则，为两原告老年生活提供了经济保障，也符合社会普遍认同的价值观和公序良俗，实现了情、理、法的有机融合，弘扬了良好的社会风尚。这是将社会主义核心价值观融入司法裁判的一件典型案例。[②]

第三，互谅互让、和睦团结。《民法典》第1132条规定："继承人应当本着互谅互让、和睦团结的精神，协商处理继承问题。遗产分割的时间、办法和份额，由继承人协商确定；协商不成的，可以由人民调解委员会调解或者向人民法院提起诉讼。"

二、酌情分得遗产制度

《民法典》第1131条规定酌情分得遗产制度："对继承人以外的依靠被继承人扶养

---

① 本案是2021年2月24日最高人民法院发布的人民法院老年人权益保护十大典型案例之七，https：//www.court.gov.cn/zixun-xiangqing-287711.html。

② 参见"王某某等诉甲保险公司意外伤害保险合同纠纷案"，上海金融法院（2020）沪74民终1251号民事判决书。本案是2020年度上海法院金融商事审判十大案例之一。

的人，或者继承人以外的对被继承人扶养较多的人，可以分给适当的遗产。”继承开始后，没有继承人的，对被继承人没有法定扶养义务但事实上扶养较多的人，符合《民法典》第1131条规定的“可以分给适当的遗产”的条件，遗产的妥善保管与其存在法律上的利害关系，其有权向人民法院申请指定遗产管理人。[①] 酌情分得遗产制度只适用于法定继承[②]，不适用于遗嘱继承、遗赠和遗赠扶养协议。

例如，搭伴养老，即未办理结婚登记便同居生活。这种养老方式是，既不去儿女家养老，也不去养老院养老，而是在相互帮助、搭伴养老的氛围中度过晚年生活。然而，由于搭伴养老并没有办理结婚登记，缺乏相应的法律保障。非婚同居当事人并不在法定继承人的范围之内，不能享有法定继承权。

20世纪90年代初，离婚后的白大爷由外省某市迁至广州市开设了一家私人诊所，女儿阿英则一直跟随前妻在外省某市生活。后来，白大爷在广州市认识了邵阿姨，二人交往后产生感情并同居生活，共同经营诊所。但一直未登记结婚，也未生育子女。2021年9月，白大爷病重，与邵阿姨签订了“夫妻财产协议”，约定将广州市天河区某2处商铺、1个车库以及外省某市某处住宅登记为白大爷所有；广州市天河区某3间商铺和1处住宅登记为邵阿姨所有。2021年10月，白大爷因病去世。因白大爷生前未立遗嘱，邵阿姨与阿英就白大爷的遗产继承发生纠纷。邵阿姨认为其与白大爷之间构成事实婚姻，有权以配偶身份主张享有继承权，遂将阿英诉至法院，要求确认对白大爷的不动产及现金存款362万余元按法定继承处理，即先析出一半夫妻共同财产后再按照邵阿姨与阿英各50%的比例进行分配。阿英则不认可存在事实婚姻关系，她认为尽管邵阿姨长期照顾白大爷，但邵阿姨名下已经有大量资产，其多年付出已经得到充分补偿，且白大爷去世后，邵阿姨利用其保管被继承人银行卡的便利，分多次转出约168万元，故邵阿姨不应再争夺遗产。

经审理，法院认为：邵阿姨与白大爷共度人生20余载，虽无夫妻名分，但二人情深已得到亲友公认。经营诊所期间，白大爷负责治疗病患，邵阿姨从事辅助工作，与白大爷共同创造了巨额财富，故二人在生活上相互照顾、精神上相互关爱、经济上相互供养，从扶养期间、扶养方式和扶养程度等方面判断双方已经形成了相互扶养关系。邵阿姨虽不是法定继承人，但仍可分给适当的遗产。在酌分比例方面，现行法律缺乏统一的适用标准，一般考察酌分权人对遗产取得的贡献度，按优先保护弱势一方的原则，根据其在被继承人家庭中的地位、作用确定，最高可比照但不超过假设酌分权人具有继承人地位时的份额。“夫妻财产协议”反映，邵阿姨名下仍有一定数量的不动产，因此在确定邵阿姨分配遗产比例上，应基于公平原则，考虑邵阿姨已拥有若干财产这一因素。而邵阿姨在控制被继承人账户的情况下，未能对大额支取资金作出合理解释，故应调低其现金分配的比例。综合二人财产情况，根据《民法典》第1131条，法院判决：邵阿姨对白大爷名下的不动产可分得30%的份额，现金部分可分得25%的份额；女儿阿英继承

① 参见“顾某甲、顾某乙、顾某丙申请指定遗产管理人案”，载《最高人民法院公报》2023年第12期，第28-30页。

② 参见姚永忠：《夫妇“收养”孤儿16年未登记：去世留下百万遗产，男孩被判无继承权》，载红星新闻2024年7月6日，https：//i.ifeng.com/c/8azZAvkECsb，最后访问时间：2024年7月7日。

白大爷70%的不动产份额和75%的现金财产份额，并驳回原告邵阿姨的其余诉讼请求。[①]

本章司法裁判 案例节选

邹某蕾诉高某某、孙某、陈某法定继承纠纷案

基本案情：被继承人孙某某与邹某娟登记结婚，生育一女名为孙某蕾，后更名为邹某蕾，即本案原告。孙某某与邹某娟经法院调解离婚。孙某某与陈某某再婚，婚后陈某某与其前夫所生之子陈某（时年2岁）随孙某某共同生活在上海市重庆北路x号，孙某某与陈某某婚姻存续近7年，随后二人协议离婚，离婚协议中明确约定陈某由陈某某继续抚养，孙某某不再承担抚养费用。陈某某与陈某均迁走。后孙某某与刘某某再婚，婚后未生育子女，也没有子女与其共同生活，之后协议离婚。孙某某与被告高某某登记结婚，婚后生育一女名孙某。孙某某于2016年5月3日死亡，其父母均先于其死亡。孙某某留下一处登记在其名下的房产。

争议焦点：孙某某的法定继承人有哪些？孙某某留下的房产应该如何继承？陈某是否符合继承法规定的与被继承人形成扶养关系的继子女？

裁判结论：系争房屋产权由邹某蕾、高某某、孙某按份共有，其中，邹某蕾享有30%份额，高某某享有40%份额，孙某享有30%份额。鉴于高某某长期与孙某某共同生活，对被继承人尽了主要的扶养义务，在分配遗产时，依法可以适当多分。陈某对被继承人孙某某的遗产不享有继承权。

裁判理由：离婚中，作为继父母的一方对受其抚养教育的继子女，明确表示不继续抚养的，应视为继父母与继子女关系自此协议解除。继父母去世时，已经解除关系的继子女以符合继承法中规定的“具有扶养关系的继子女”情形为由，主张对继父母遗产进行法定继承的，人民法院不予支持。陈某2岁时，因生母陈某某与被继承人孙某某结婚，确实与孙某某共同生活，形成事实上的继父子关系，孙某某与陈某某共同抚养教育过陈某，后陈某某与孙某某协议离婚。陈某曾经由孙某某抚养过，但是在其生母陈某某与孙某某离婚时，陈某9岁还尚未成年，且孙某某、陈某某在离婚协议中明确约定陈某由陈某某继续抚养，孙某某不再承担抚养费用。在此情形下，应当认定孙某某不再继续抚养是对原已形成抚养事实的终止，孙某某与陈某之间的继父子关系视为解除，而且，陈某与孙某某的继父子关系解除之后至孙某某病故时，其间长达二十余年之久，双方再无来往。陈某成年后也不存在赡养孙某某的事实。因此，陈某与被继承人孙某某之间虽存在过抚养事实，但因孙某某与陈某生母陈某某离婚后不再抚养陈某，以及陈某成年后未履行赡养义务，本案继承发生时，陈某与被继承人孙某某之间继父子关系已解除，双方的权利义务不复存在，陈某不符合继承法规定的有扶养关系的继子女。[②]

---

① 参见《“搭伴养老”20年，非婚老伴能否分得另一方遗产?》，载人民日报客户端广东频道2023年10月16日，https://wap.peopleapp.com/article/7230712/7072140；“‘搭伴养老’二十年，巨额遗产起纠纷”，载微信公众号“广州市中级人民法院”2023年10月11日，https://mp.weixin.qq.com/s/hjnQzl3CL7oMkHloQ5T1Hg。

② 载《最高人民法院公报》2020年第6期。

教学评析：可以结合《民法典》第1072条第2款和第1127条第3款分析本案。《民法典》第1072条第2款规定："继父或者继母和受其抚养教育的继子女间的权利义务关系，适用本法关于父母子女关系的规定。"第1127条第3款规定："本编所称子女，包括婚生子女、非婚生子女、养子女和有扶养关系的继子女。"

本章深度阅读

1. 黄薇．中华人民共和国民法典继承编释义．北京：法律出版社，2020.
2. 郭明瑞．完善法定继承制度三题．法学家，2013（4）.
3. 崔某诉常某遗赠纠纷案（天津市高级人民法院发布的贯彻实施民法典家事审判典型案例之三，天津市高级人民法院微信公众号"天津高法"2021年11月7日发布）.
4. 王某某等诉甲保险公司意外伤害保险合同纠纷案［上海金融法院（2020）沪74民终1251号民事判决书，2020年度上海法院金融商事审判十大案例］.

本章问题与思考

1. 原告王一，其子王二因工伤死亡，死亡赔偿金35万元，留有房产一套。王一起诉其儿媳张三与其孙子王四，要求继承其子上述财产。诉讼过程中，王一死亡。王一其他子女五人要求参加诉讼。请根据本案例回答下列问题：

（1）王一所要继承的财产尚未继承取得，其子女有无权利对该财产进行继承？如可以继承，如何分配上述财产？

（2）被告张三及王四辩称诉状上的签名非王一所签，被告要求对诉状上的签名进行鉴定。因王一死亡，鉴定部门称由于无法取得真实检材故无法鉴定。如何处理？

（3）王一的子女能否以继承人的身份参加诉讼？案件应当终止审理还是应当以王一的其他子女作为原告继续审理？

（4）王二工伤死亡赔偿金是否属于其遗产范围？对该死亡赔偿金应如何处理？

答题指引：（1）王一所要继承的财产尚未继承取得，其子女有权利对该财产进行继承，这属于转继承。

（2）对被告张三及王四的此项抗辩不予支持。

（3）王一的子女能以继承人的身份参加诉讼，案件应当以王一的其他子女作为原告继续审理。

（4）王二工伤死亡赔偿金不属于其遗产范围，对该死亡赔偿金应由张三、王四、王一取得，王一继承的财产由其继承人转继承。

2. 李华于2000年10月因工伤死亡，当时其妻张虹已经怀孕。为继承李华的遗产，张虹与李华的父母发生纠纷，提起继承诉讼。一审人民法院审理后于2001年1月判决张虹与李华的父母共同继承李华的遗产，三人平均分配李华的遗产。张虹不服一审判决，提起上诉。二审人民法院审理后认为，一审判决应为胎儿保留应继份额，于2001年2月作出改判，将李华的遗产平均分为四份，其中张虹与李华的父母每人各得四分之一，另四分之一保留给胎儿。2001年3月，张虹分娩产下一男婴。该婴儿在出生后三天就因感染肺炎而死亡。李华的父母提起申诉，认为孩子已死，李华的另四分之一遗产应由大家来继承。人民法院审理后认为，孩子出生时是活体，已取得了李华四分之一遗产的所有权，虽然孩子已死，但相应的份额应由孩子的法定继承人也就是张虹来继承。故驳回了李华父母的申诉。①

试结合《民法典》分析该案法律适用的具体依据。

答题指引：《民法典》第1127条、第1155条。

3. 甲女与前夫甲男离婚后与乙男结婚。后乙男患病，甲女离乙男而去，回到甲男之处又与甲男办理了结婚登记，恢复婚姻关系。后乙男死亡，甲女要求继承乙男的遗产。②请根据本案例回答下列问题：

(1) 甲女能否继承乙男的遗产？

(2) 若甲男死亡，甲女能否继承其遗产？甲女能否以自己与甲男共同生活或者对甲男进了主要扶养义务为由主张分得甲男的遗产？

(3) 甲女与甲男前后两段婚姻关系的法律效力如何？为什么？

答题指引：(1) 甲女不能继承乙男的遗产。

(2) 甲女可以继承甲男的遗产。甲女不能以自己与甲男共同生活或者对甲男尽了主要扶养义务为由主张分得甲男的遗产，而只能由此主张在分配遗产时多分。

(3) 甲女与甲男前后两段婚姻关系均有效。

4. 2013年4月，一起36年前错抱婴儿引发的继承纠纷在陕西省宝鸡市金台区人民法院进行了审理。现实生活中，医院里错抱婴儿的事件时有发生。由此，上演了一幕幕的人间悲剧。婴儿错抱，养父母与养子女在不知情的情况下错认为亲生父母子女，被动形成收养关系，却并不具备法律要求的形式要件。那么，婴儿错抱形成的收养关系，能否产生法律效果？养父母死亡后，回到亲生父母身边的养子女，对养父母的财产有没有继承权？③

试分析形成事实上收养关系的养子女能否继承其养父母的遗产。

答题指引：形成事实上收养关系的养子女能继承其养父母的遗产。

5. 为什么《民法典》第1127条第1款将兄弟姐妹、祖父母、外祖父母同列为第二顺序的法定继承人，但却没有将孙子女、外孙子女同列其中？

答题指引：原因在于孙子女、外孙子女依据《民法典》第1128条代位继承。

6. 退休教师老李突发心脏病去世，他去世前，已独自生活很多年。老李的父母、妻子和唯一的姐姐已经先于他去世，因为老李和妻子生前未生育和收养子女，老李的晚年生活主要靠外甥小张照料。由于老李突发疾病去世，他生前未立遗嘱，也未立遗赠扶养协议。④

请问上述事例中，老李名下的房产根据《继承法》应该由谁继承？根据《民法典》

---

① 参见李琴等编著：《婚姻家庭与继承诉讼实务》，广东经济出版社2002年版，第159页。

② 参见郭明瑞：《完善法定继承制度三题》，载《法学家》2013年第4期。

③ 参见《36年前错抱婴儿引发继承奇案》，载《民主与法制》2013年6月28日。

④ 参见王涵：《〈民法典颁布两周年〉系列报道之三：法治柔情，推动家庭关系平等和谐》，载《民主与法制》2022年第19期，第22页。

应该由谁继承？

答题指引：老李名下的房产根据《继承法》应该作为无人继承又无人受遗赠的遗产，归国家所有；根据《民法典》应该由外甥小张继承。

7.（考研真题改编）甲与妻子乙育有一子一女，儿子与其妻丁生有一子戊，儿子于2005年遇车祸死亡。儿子去世后，甲、乙无生活来源，女儿丙拒不赡养，甲、乙主要由再婚的丁供养。甲于2010年3月死亡，留下房屋3间。依照继承法的规定，可以参加第一顺序继承的人有（　　）。

A. 乙

B. 丙

C. 丁

D. 戊

参考答案：ABCD

8.（法考真题改编）2020年8月，甲立公证遗嘱，将自己的两套房子X、Y均由共同生活的儿子张乙继承。2021年3月，女儿张丙投资失败，生活陷入困难，甲将X房赠与张丙，并已过户登记。张乙不满并对甲言语不敬，指桑骂槐。甲失望，后来自书遗嘱，将Y房赠与侄子张丁。2021年8月，甲去世，张乙与张丙、张丁因X、Y房归属发生纠纷，下列正确的是（　　）。

A. 应当由张乙继承

B. 张乙并不因对甲出言不敬，丧失继承权

C. 应当由张丁受赠Y房

D. 甲将X房赠与张丙，系无权处分

参考答案：BC

9.（法考真题改编）黄某育有一子一女——黄伟和黄美。黄某一直与其子黄伟共同生活。黄美与前夫赵某育有一女赵小星，后与卢某再婚，共同抚养卢某与前妻的儿子卢小东至其成年。2021年1月1日，黄美因车祸去世。同年2月1日，黄某因病去世，留下3套商品房。关于黄某的遗产继承，下列哪些说法是正确的？（　　）

A. 卢小东有权继承

B. 黄伟有权继承

C. 赵小星有权继承

D. 卢某当然有权继承

参考答案：BC

10.（法考真题改编）华某再婚后一直大额资助由前夫抚养的儿子华小强，华某的丈夫祝某表示反对，因担心幼女祝娟的健康成长一直隐忍。但严格控制家庭财产支出。1年后，祝某不幸患病离世。遗产为婚前房屋一套和婚后家庭收入现金200万元。关于本案，下列哪一说法是正确的？（　　）

A. 华某无权继承任何财产

B. 祝娟可以继承全部房产

C. 祝娟可以继承现金100万元

D. 华某可就继承遗产现金所得赠与华小强 50 万元

参考答案：D

11.（法考真题改编）徐老头有一独生子英年早逝，儿媳与他共同生活并照顾他。后儿媳与田某再婚，三年前生下儿子小田，一年前儿媳不幸逝世，半年前田某也相继离世。若日后徐老头死亡发生继承，则小田可以（　　）。

A. 代位继承

B. 转继承

C. 无继承权

D. 可适当分得遗产

参考答案：C

12.（法考真题改编）甲（男）与乙（女）结婚，其子小明 20 周岁时，甲与乙离婚。后甲与丙（女）再婚，丙子小亮 8 周岁，随甲、丙共同生活。小亮成年成家后，甲与丙甚感孤寂，收养孤儿小光为养子，视同己出，未办理收养手续。丙去世，其遗产的第一顺序继承人有哪些？（　　）

A. 小明

B. 小亮

C. 甲

D. 小光

参考答案：BC

13.（考研真题改编）我国“有嫁出去的女儿，泼出去的水”的说法，请根据婚姻法、继承法、《民法典》中关于家庭成员之间的权利义务关系的规定对这种说法进行分析。

答题指引：我国实行男女平等的婚姻制度。法定继承中，继承权男女平等。女儿、儿子可以共同作为父母第一顺序的法定继承人。

14.（考研真题改编）代位继承/简述代位继承的构成要件。

答题指引：代位继承是指被继承人的子女或者兄弟姐妹先于被继承人死亡时，由被继承人子女的直系晚辈血亲、被继承人的兄弟姐妹的子女，代替被代位继承人的继承顺序取得被继承人遗产的法律制度。

15.（考研真题改编）代位继承与转继承的区别。

答题指引：第一，继承人死亡的时间不同。第二，适用的主体不同。第三，适用的范围不同。第四，继承的性质不同。第五，制度基础不同。第六，体系位置不同。

16.（考研真题改编）转继承。

答题指引：转继承又称为再继承，是指继承人在继承开始后、遗产分割前死亡，其所应继承的遗产转给其继承人承受的制度。

17.（考研真题改编）甲和乙生了一个孩子丙，后乙死亡，甲把丙留在家给父母照顾，自己出去打工。后结识一女丁，同居期间二者合款买房，登记在甲的名下，在甲和丁前往婚姻登记过程中甲车祸死亡，丁轻伤，丁此时有身孕。丙知道甲有一套房办理了继承公证，将房子转到自己名下，然后和戊签订房屋买卖合同，丁知道后向登记机构申请更正登记，丙不同意，丁进行了异议登记，丙和戊无法过户，戊主张善意取得房屋，丁认为无权处分合同不发生效力。

(1) 房屋买卖合同是否有效?

(2) 戊能否主张善意取得该房屋?

(3) 丁是否能请求分割房屋?

(4) 丁腹中胎儿是否享有继承权?

答题指引：(1) 房屋买卖合同有效。

(2) 戊不能主张善意取得该房屋。

(3) 丁有权请求分割房屋。

(4) 丁腹中胎儿享有继承权。

18. (考研真题改编) 简述法定继承的情形。

答题指引：法定继承是遗嘱继承缺位时的补充。遗嘱继承的效力优先于法定继承，继承开始后，被继承人未设立遗嘱、遗嘱无效或者遗嘱未处分的部分，也没有遗赠扶养协议的，才发生法定继承。《民法典》第1154条规定："有下列情形之一的，遗产中的有关部分按照法定继承办理：(一) 遗嘱继承人放弃继承或者受遗赠人放弃受遗赠；(二) 遗嘱继承人丧失继承权或者受遗赠人丧失受遗赠权；(三) 遗嘱继承人、受遗赠人先于遗嘱人死亡或者终止；(四) 遗嘱无效部分所涉及的遗产；(五) 遗嘱未处分的遗产。"

第十一章　遗嘱继承和遗赠

本章重点知识

1. 遗嘱自由原则及其限制是遗嘱继承中的核心问题。

2. 遗嘱是指自然人生前按照法律规定的方式处分自己的财产权利并于其死亡后发生效力的单方民事法律行为。

3. 法定继承和遗嘱继承是继承法体系展开的两大支柱，是继承的两种具体方式。自然人可以立遗嘱将个人财产指定由法定继承人中的一人或者数人继承，这就使得遗嘱继承和法定继承存在制度交叉，遗嘱继承以法定继承法律制度为前提。

4.《民法典》共规定了自书遗嘱、代书遗嘱、打印遗嘱、录音遗嘱、录像遗嘱、口头遗嘱及公证遗嘱等七种遗嘱形式。

5. 遗赠是指自然人通过立遗嘱将个人财产赠与国家、集体或者法定继承人以外的组织、个人，并于其死后发生法律效力的单方民事法律行为。

6. 必留份是指遗嘱应当为缺乏劳动能力又没有生活来源的继承人保留必要的遗产份额。

7. 遗嘱信托是指被继承人可以通过遗嘱将自己的财产在死后转移给受托人，由受托人为继承人（受益人）的利益而管理、处分信托财产并将相关收益分配给继承人。

本章知识逻辑图

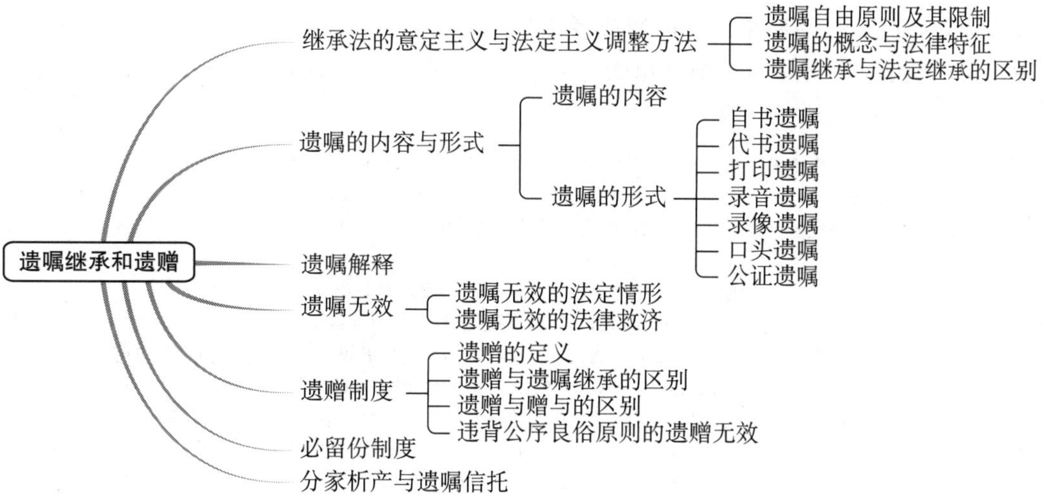

第一节　继承法的意定主义与法定主义调整方法

一、遗嘱自由原则及其限制

“遗嘱继承是根据被继承人生前所立遗嘱处理遗产的继承方式。”① 遗嘱继承是私法自治原则在继承法领域的重要体现。遗嘱自由原则及其限制是遗嘱继承中的核心问题。“继承法具有强行法与任意法双重品格，……继承法中体现被继承人意思自治的主要是与遗嘱制度相关的遗嘱继承、遗赠等内容，而遗嘱继承与遗赠均属于单方法律行为，因而这部分内容可以适用民法总则与法律行为有关的规则，但是，继承法也必须实现一定的社会目标（如家庭伦理、死后抚养等），这些目标的完成有赖于属于强行法的法定继承制度。另外即便是体现当事人意思自治的遗嘱制度，囿于遗嘱是死因、要式法律行为之特点，很多相关规定也属于强行法。总体上，继承法中法律调整方式属于法定主义与法律行为主义相配合的模式。”②

“由于继承制度还承担着维持家庭关系、维护家庭伦理关系的作用，各国法律都对遗嘱进行了限制。……现代各国为保障家庭职能的正常发挥以及维护家庭伦理关系，要求遗嘱人不得任意处分遗产，免除自己对家庭成员的责任，也就是说遗嘱自由普遍受到限制。”③

对遗嘱自由原则的必要限制主要表现为：

第一，《民法典》第 1141 条所规定的必留份制度是对遗嘱自由的必要限制。“承认有权任意订立遗嘱，很容易造成伦理关系的破坏，并引起卑鄙的钻营和同样卑鄙的顺从。……不能把死亡者赤裸裸的直接任性建立为立遗嘱权的原则，尤其如果这种任性违反了家庭的实体性的法。”④ 必留份制度有利于为缺乏劳动能力又没有生活来源的继承人保留必要遗产份额，以实现养老育幼。

第二，遗嘱继承的效力低于遗赠扶养协议，以充分鼓励养老。根据《民法典》第 1123 条的规定，遗嘱继承应当优先于法定继承而适用，即在继承时，首先应考虑被继承人是否立有遗嘱，只有在没有遗嘱或者遗嘱无效时，才适用法定继承。从这个意义上说，法定继承实际上是对遗嘱继承的补充。⑤ 有学者指出在继承法修改过程中，应当将

---

① 王晨：《关于〈中华人民共和国民法典（草案）〉的说明——2020 年 5 月 22 日在第十三届全国人民代表大会第三次会议上》，http：//www. npc. gov. cn/npc/c30834/202005/50c0b507ad32464aba87c2ea65bea00d. shtml。

② 张平华：《修改完善〈继承法〉及制定民法典继承编的几个宏观思考》，载梁慧星主编：《民商法论丛》（第 49 卷），法律出版社 2011 年版，第 427 页。

③ 夏吟兰主编：《婚姻家庭继承法》，中国政法大学出版社 2012 年版，第 258 页。

④ ［德］黑格尔：《法哲学原理》，范扬、张企泰译，商务印书馆 1961 年版，第 191－192 页。

⑤ 实际上，遗嘱有利于消除法定继承方式的很多不便。有学者曾介绍如下事例以作说明：在办理继承权公证的过程中，有遗嘱的话，办理公证会更容易一些，一位朋友在继承他 80 多岁的父母留下的房产时，不得不去河南一个偏远的农村，请当地村委会出具证明，证明自己 110 多岁的爷爷奶奶已经不在人世了。村委会一句话把他打发回来了：“原来你爷爷奶奶那个村子，早就撤销了！”他一听就趴下了：他还没去姥爷姥姥的村子呢，不会也撤销了吧？参见陈凯：《传递财富传递爱》，北京大学出版社 2012 年版，第 15 页。

遗嘱继承规定在法定继承之前。[①] 当然，遗嘱继承的法律效力虽然优于法定继承，但遗嘱继承不能对抗遗赠扶养协议。

第三，限定继承规则也是对遗嘱自由原则的必要限制。《民法典》第 1161 条所规定的限定继承规则是在继承人和被继承人的债权人之间进行的利益衡量，以兼顾对被继承人的债权人债权利益的保护。

第四，《民法典》第 1134 条至第 1139 条所规定的遗嘱要式性要求也是对遗嘱自由原则的重要限制，要式性要求因应遗嘱的死因行为特点，遗嘱要式性有助于保障遗嘱人意思表示内容的完整、明确和真实。

第五，遗嘱和遗赠要受《民法典》第 8 条公序良俗原则和第 153 条第 2 款违背公序良俗的民事法律行为无效规则的限制。在"张某英依与其同居人所立遗嘱诉遗嘱人之妻蒋某芳给付受遗赠的财产案"中，法院认为：黄某所立遗赠是其真实意思表示且形式合法，但该遗赠违反《民法通则》第 7 条的规定，遗赠人黄某基于与原告张某英的非法同居关系而立下有悖于公共秩序、社会公德和违反法律的遗赠，损害了被告蒋某芳依法享有的财产继承权，该遗赠属于无效民事法律行为。[②] 该案件的判决也引起学界持久讨论。

二、遗嘱的概念与法律特征

遗嘱是指自然人生前按照法律规定的方式处分自己的财产权利并于其死亡后发生效力的单方民事法律行为。遗嘱的法律特征主要包括如下方面：

第一，遗嘱属于民事法律事实中的单方民事法律行为。遗嘱人无须征求遗嘱继承人或者受遗赠人的意见，遗嘱人凭借自己的意愿，决定遗嘱的内容。遗嘱也属于无相对人的单方民事法律行为，其不必以其他当事人的知晓为成立条件，可保留一定的秘密性。遗嘱生效前，遗嘱人还可以随时根据自己的意愿变更或者撤回遗嘱。遗嘱继承人、受遗赠人是否接受继承或者遗赠并不影响遗嘱的成立和效力。

第二，遗嘱属于死因民事法律行为。遗嘱在遗嘱人生前成立、死后生效。遗嘱人死亡前，遗嘱继承人、受遗赠人依照遗嘱取得继承期待权。遗嘱是自然人生前对自己财产权利的预先处分。遗嘱须与遗嘱人死亡这一法律事件结合，才能生效。

第三，遗嘱属于要式民事法律行为。遗嘱必须符合法律规定的形式要件才会发生遗嘱人预期的法律效果。遗嘱事关家庭、社会生活秩序的稳定和遗嘱人财产权利的归属，且遗嘱属于死因行为，遗嘱成立和生效之间存在一段时间距离，遗嘱人真实意思只能通过遗嘱查知，为确保遗嘱的真实可靠性以充分尊重遗嘱人的本意，法律对遗嘱有要式性的要求。

第四，遗嘱属于不能由他人代理的财产法律行为。遗嘱人须亲自实施订立遗嘱的行为，遗嘱具有严格的人身专属性，任何形式的遗嘱都应当是遗嘱人亲自进行意思表示，

---

① 参见王利明：《继承法修改的若干问题》，载《社会科学战线》2013 年第 7 期。

② 载《人民法院案例选》2002 年第 2 辑（总第 40 辑），人民法院出版社 2002 年版。

代书遗嘱也只能是遗嘱人意思表示的客观记载，不能反映代书人的意思。《民法典》第1135条所规定的代书遗嘱是由遗嘱人口授他人代为书写的遗嘱。根据《民法典》第1143条第1款，无民事行为能力人、限制民事行为能力人不具备遗嘱能力，其所立遗嘱无效。《民法典继承编司法解释一》第28条规定："遗嘱人立遗嘱时必须具有完全民事行为能力。无民事行为能力人或者限制民事行为能力人所立的遗嘱，即使其本人后来具有完全民事行为能力，仍属无效遗嘱。遗嘱人立遗嘱时具有完全民事行为能力，后来成为无民事行为能力人或者限制民事行为能力人的，不影响遗嘱的效力。"可见，确定遗嘱人的遗嘱能力以订立遗嘱时其民事行为能力状态为标准。无民事行为能力人、限制民事行为能力人的法定代理人无权代理其订立遗嘱。① 《民法典》第35条第1款就规定："监护人应当按照最有利于被监护人的原则履行监护职责。监护人除为维护被监护人利益外，不得处分被监护人的财产。"另外，广义上的遗嘱包括自然人生前对死后一切事务预先作的处理和安排，法律意义上的遗嘱则仅包括自然人生前对死后财产权利的安排，即遗嘱属于财产法律行为。②

中国古代家族法上，遗嘱发挥作用的空间极其有限，通过遗嘱进行家庭财富传承的做法很稀少，中国古代家庭中的遗言聚焦于嘱咐子孙后代团结进取，而非设定子孙后代取得遗产的权利。"父亲如果生前在亲子分割家产时都不能违反兄弟均分的原则的话，那么恐怕通过遗嘱也不得违反这一原则就是当然的了。……违反均分原则的父亲的遗言没有约束力。"③ "父亲的意思被及于全部家产的儿子的承继期待权所制约。"④ "父亲至少在常态下不能剥夺任何一个儿子作为继承人的资格。……父亲的财产不管怎么少也不能少到不合理的那一部分，必须留给作为祭祀资格者的亲生子，这些是自古以来的习惯，与这一习惯相反的那些父亲个人的意思（私志）被认为应是无效的。"⑤ 同居共财下每个人对家产的继承权利具有必然性和确定性，"几乎没有留下无论是谁的某种个人创意或选择余地的性质作为其最大的特色（继承权剥夺的困难、均分原则的坚定等等）"⑥。"同居共财的家族制度一般来说并不把遗产继承法当作必要的。"⑦

三、遗嘱继承与法定继承的区别

法定继承和遗嘱继承是继承法体系展开的两大支柱，是继承的两种具体方式。自然

---

① 参见宋宇、贾晓宁：《家长竟要南京13岁小女孩立遗嘱　将名下祖宅留给今年才出生的弟弟》，载《扬子晚报》2013年4月16日。

② 刘备白帝城托孤属于广义上的遗嘱，但并非法律意义上的遗嘱，因其并非对财产权利的安排，不属于财产法律行为意义上的遗嘱。《三国志·诸葛亮传》记载：章武三年（223年）春，先主于永安病笃，召亮于成都，属以后事，谓亮曰："君才十倍曹丕，必能安国，终定大事。若嗣子可辅，辅之；如其不才，君可自取。"亮涕泣曰："臣敢竭股肱之力，效忠贞之节，继之以死！"先主又为诏敕后主曰："汝与丞相从事，事之如父。"

③ ［日］滋贺秀三：《中国家族法原理》，张建国、李力译，商务印书馆2013年版，第206－207页。

④ ［日］滋贺秀三：《中国家族法原理》，张建国、李力译，商务印书馆2013年版，第225页。

⑤ ［日］滋贺秀三：《中国家族法原理》，张建国、李力译，商务印书馆2013年版，第198、200页。

⑥ ［日］滋贺秀三：《中国家族法原理》，张建国、李力译，商务印书馆2013年版，第324页。

⑦ ［日］滋贺秀三：《中国家族法原理》，张建国、李力译，商务印书馆2013年版，第408页。

人可以立遗嘱将个人财产指定由法定继承人中的一人或者数人继承，这就使得遗嘱继承和法定继承存在制度交叉，遗嘱继承以法定继承法律制度为前提。遗嘱继承和法定继承的区别如下：

第一，发生原因不同。遗嘱继承须满足被继承人死亡和被继承人留有合法遗嘱，法定继承则只以被继承人死亡为发生原因。

第二，体系位置不同。《民法典》继承编将法定继承规定在前（继承编第二章），将遗嘱继承和遗赠规定在后（继承编第三章）。

第三，适用顺序不同。遗嘱继承优先于法定继承适用。根据《民法典》第 1123 条，继承开始后，按照法定继承办理；有遗嘱的，按照遗嘱继承或者遗赠办理；有遗赠扶养协议的，按照协议办理。

第四，调整方法不同。法律对遗嘱继承采取以意定主义为主、以法定主义为辅的调整方法。法定继承则采取法定主义调整方法。“法定继承是立法者对被继承人意愿之推定，而遗嘱继承与遗赠则是被继承人意愿之直接表现。”①

第五，清偿被继承人债务的顺序不同。既有法定继承又有遗嘱继承、遗赠的，先由法定继承人清偿被继承人依法应当缴纳的税款和债务，超过法定继承遗产实际价值部分，由遗嘱继承人和受遗赠人按比例以所得遗产清偿。《民法典》第 1163 条规定：“既有法定继承又有遗嘱继承、遗赠的，由法定继承人清偿被继承人依法应当缴纳的税款和债务；超过法定继承遗产实际价值部分，由遗嘱继承人和受遗赠人按比例以所得遗产清偿。”

第二节　遗嘱的内容与形式

一、遗嘱的内容

（一）遗嘱的内容概述

据《论语·先进第十一》记载，季路问事鬼神。子曰：“未能事人，焉能事鬼？”敢问死。曰：“未知生，焉知死？”国人慎谈后事安排，实际上，“在风和日丽的时候不想到暴风雨，这是人们的共同的短处”②。法律人应该提高遗嘱法律意识，帮助遗嘱人依法订立遗嘱，以如期实现遗嘱人遗产安排的主观意愿。

遗嘱的内容是遗嘱人处分自己财产权利的意思表示。遗嘱的内容应该具体明确，以便于遗嘱的执行。遗嘱的内容一般应该包括如下方面：遗产的范围、名称、数量等遗产清单，遗嘱人所指定的继承人、受遗赠人，遗嘱应当指定遗产的分配方案或者具体份额，遗嘱人可以在遗嘱中对继承人或受遗赠人依法附加一定的义务，遗嘱人还可以在遗

① 李永军主编：《中国民法学》（第 4 卷·婚姻继承），中国民主法制出版社 2022 年版，第 218 页（陈汉教授执笔）。
② ［意］尼科洛·马基雅维里：《君主论》，潘汉典译，商务印书馆 1985 年版，第 117 页。

嘱中指定遗嘱执行人、遗产管理人。①

《民法典》第1133条第1款规定："自然人可以依照本法规定立遗嘱处分个人财产，并可以指定遗嘱执行人。"第1144条规定："遗嘱继承或者遗赠附有义务的，继承人或者受遗赠人应当履行义务。没有正当理由不履行义务的，经利害关系人或者有关组织请求，人民法院可以取消其接受附义务部分遗产的权利。"《民法典继承编司法解释一》第29条规定："附义务的遗嘱继承或者遗赠，如义务能够履行，而继承人、受遗赠人无正当理由不履行，经受益人或者其他继承人请求，人民法院可以取消其接受附义务部分遗产的权利，由提出请求的继承人或者受益人负责按遗嘱人的意愿履行义务，接受遗产。"

（二）遗嘱指定监护

《民法典》第29条规定遗嘱指定监护制度："被监护人的父母担任监护人的，可以通过遗嘱指定监护人。"遗嘱指定监护不同于传统的共同遗嘱。父母有可能通过遗嘱共同指定监护，也有可能先后作出遗嘱指定监护。遗嘱指定监护不同于意定监护，遗嘱指定监护是为他人（被监护人）另行指定监护人，意定监护是提前为自己选定监护人。

遗嘱指定监护扩大了遗嘱的适用范围。遗嘱成为一个广义概念，不限于对财产的处分。我们要确立广义的遗嘱观。通过体系解释可以发现我国《民法典》未将遗嘱局限于个人财产的传承（第1133条），《民法典》第1006条第2款规定遗嘱可以安排人体捐献事宜："完全民事行为能力人依据前款规定同意捐献的，应当采用书面形式，也可以订立遗嘱。"实践中，遗嘱还可以对被继承人的骨灰埋葬方式作出安排。

遗嘱指定监护可以避免在父母双亡的情况下，被监护人一时找不到新的监护人，父母事先通过遗嘱指定监护人实现对被监护人的周到保护。父母子女间血缘最密切、亲情最浓厚，父母最了解被监护人，他们通过遗嘱的方式指定新的监护人，有利于实现被监护人利益的最大化。

遗嘱指定监护可以突破法定监护人的顺序。以未成年人监护为例：被监护人的父母离世前如果未通过遗嘱指定监护人，其死亡后，须根据《民法典》第27条第2款为未成年人确定法定监护人。遗嘱指定监护优先于法定监护，遗嘱指定监护可以突破法定监护人的顺序限制。

通常情况下，由最后行使监护权的父母作出遗嘱指定监护，即后去世一方可变更遗嘱指定的监护人。《民法典总则编司法解释》未对该问题加以规定。《民法典》第31条指定监护制度的适用前提是"对监护人的确定有争议"。被监护人父母中的一方通过遗嘱指定的监护人与另一方通过遗嘱指定的监护人不一致，本质上是遗嘱解释问题，可以通过遗嘱解释解决，此时可以类推适用《民法典》第1142条第3款："立有数份遗嘱，内容相抵触的，以最后的遗嘱为准。"

父或者母一方先死亡，死亡一方通过遗嘱指定其他人担任未成年子女的监护人，此

① 参见"向某琼等人诉张某霞等人执行遗嘱代理协议纠纷案"，载《最高人民法院公报》2004年第1期。

种指定不能发生法律效力，不能通过遗嘱指定监护剥夺有监护能力的另一方监护人的法定监护权，应该由仍在世的父或母担任未成年子女的监护人。[①] 就遗嘱指定监护中被指定人的确定，《民法典总则编司法解释》第 7 条第 2 款规定："未成年人由父母担任监护人，父母中的一方通过遗嘱指定监护人，另一方在遗嘱生效时有监护能力，有关当事人对监护人的确定有争议的，人民法院应当适用民法典第二十七条第一款的规定确定监护人。"家庭是抚养儿童的最佳场所，父母是抚养儿童的最佳人选，这也是法律构建父母子女关系的基础事实。[②] 父母担任未成年子女的法定监护人是无条件的。没有足够充分且正当的理由，不宜否认父母家庭抚养对未成年人成长的优先意义。

父母同时死亡且遗嘱指定的监护人不一致时，如何处理？是直接适用《民法典》第 30 条，可以由被指定人协议谁来担任监护人，协议不成时，由有权机关在尊重被监护人真实意愿的基础上，根据最有利于被监护人的原则指定，还是直接适用《民法典》第 31 条通过指定监护制度解决？笔者认为，第 30 条协议监护适用的前提是"依法具有监护资格的人之间"，父母同时死亡且遗嘱指定的监护人不一致时，发生争议的恰恰是多位被指定的人谁有资格担任监护人，这本质上是对监护人资格确定有争议，应该适用第 31 条指定监护制度解决。《民法典总则编司法解释》未对该问题加以规定。

遗嘱指定监护具有委托合同的性质，遗嘱指定监护中被指定人有同意权，遗嘱指定监护只有经被指定人同意后方可最终产生指定监护的效果。遗嘱指定监护和成年意定监护具有优先于法定监护的效力，但如果被遗嘱指定之人拒绝担任监护人，则根据法定监护的规则确定监护人。遗嘱指定监护情形下，被指定人在遗嘱生效时不同意担任监护人的，类推适用《民法典》第 933 条委托合同任意解除权规则[③]，应该尊重被指定人的意愿，但不影响遗嘱的生效。被指定人在遗嘱生效时不同意担任监护人的，适用《民法典》第 27 条、第 28 条的规定确定监护人。《民法典总则编司法解释》第 7 条第 1 款规定："担任监护人的被监护人父母通过遗嘱指定监护人，遗嘱生效时被指定的人不同意担任监护人的，人民法院应当适用民法典第二十七条、第二十八条的规定确定监护人。"

（三）生前预嘱与遗嘱

生前预嘱不同于《民法典》继承编规定的遗嘱。遗嘱是对个人财产继承方面的预先安排，是遗嘱人对自己财产的处分。生前预嘱则是自然人在意识清醒时对未来在自己可能患有不可治愈的伤病末期或者临终时实施医疗措施的预先决定，生前预嘱是《民法

---

① 2023 年 8 月 22 日，上海市长宁区人民法院审理了"上海首例遗嘱指定监护案"。去世前 6 天，重病的母亲留下代书遗嘱将独子托付给姐姐（孩子的大姨），孩子的父亲仍健在，但患有精神疾病，经鉴定，父亲属于限制民事行为能力人，不具备监护能力。人民法院根据《民法典》第 39 条判决终止父亲（本案的被申请人，居民委员会工作人员作为其诉讼代理人出庭）的监护权，根据《民法典》第 29 条等判决确认本案申请人、男孩的大姨成为其监护人，根据《未成年人保护法》第 43 条判决居民委员会指导、帮助和监督孩子的大姨（新监护人）依法履行监护职责。参见王闲乐：《直击上海首例遗嘱指定监护案：去世前 6 天，重病的她留下遗嘱将独子托付给姐姐》，载上观新闻 2023 年 8 月 23 日，https：//www.jfdaily.com/news/detail？id=645526。

② 参见王慧：《〈民法总则〉撤销父母监护权条款的罅漏与完善》，载《江西社会科学》2017 年第 6 期。

③ 因为遗嘱不属于《民法典》第 464 条第 2 款规定的"有关身份关系的协议"，所以遗嘱指定监护情形下，对合同编有关规定不是参照适用，而是类推适用。

典》第1002条所规定的自然人生命尊严的体现。《民法典》第1002条规定："自然人享有生命权。自然人的生命安全和生命尊严受法律保护。任何组织或者个人不得侵害他人的生命权。"生前预嘱在自然人不可治愈的伤病末期或者临终需要实施医疗措施时生效。2022年6月23日修订后的《深圳经济特区医疗条例》首次规定尊重患者生前预嘱，以更好保护患者的临终决定权。医疗机构在患者不可治愈的伤病末期或者临终时实施医疗措施，应当尊重患者生前预嘱的意思表示。《深圳经济特区医疗条例》第78条赋予生前预嘱法律效力，该条规定："收到患者或者其近亲属提供具备下列条件的患者生前预嘱的，医疗机构在患者不可治愈的伤病末期或者临终时实施医疗措施，应当尊重患者生前预嘱的意思表示：（一）有采取或者不采取插管、心肺复苏等创伤性抢救措施，使用或者不使用生命支持系统，进行或者不进行原发疾病的延续性治疗等的明确意思表示；（二）经公证或者有两名以上见证人在场见证，且见证人不得为参与救治患者的医疗卫生人员；（三）采用书面或者录音录像的方式，除经公证的外，采用书面方式的，应当由立预嘱人和见证人签名并注明时间；采用录音录像方式的，应当记录立预嘱人和见证人的姓名或者肖像以及时间。"

生前预嘱制度有助于自然人意识清醒时预先行使手术、检查、治疗措施知情同意权，维护患者生命尊严，展现医疗活动在救死扶伤之外还有关怀助人的完整品格。医务人员在诊疗活动中应当向患者说明病情和医疗措施。需要实施手术、特殊检查、特殊治疗的，医务人员应当及时向患者具体说明医疗风险、替代医疗方案等情况，并取得其明确同意；不能或者不宜向患者说明的，应当向患者的近亲属说明，并取得其明确同意。

在"张某强、张某珍与张某荣、温某忠、温某人格权纠纷案"① 中，被继承人生前有三位子女，被继承人留下遗嘱，遗产均由老三继承，随后签署授权委托书，授权老三全权处理登记在被继承人名下的房产及所有固定资产。之后，被继承人病重住院，入院后签署患者授权委托书，授权老三作为全权代理人（包括知情权、选择权等），并可签署有关检查治疗方面的同意书。被继承人病危时，老三与医生沟通后，作出放弃医疗的决定，因老三自身也患病，她直接委派自己的丈夫和女儿在"拒绝医疗同意书（成年人）"上患者/法定监护人/委托代理人一栏中签署其二人及老三的名字，主治医生亦在其上签字。被继承人去世后，老大、老二起诉老三及其丈夫、女儿，认为三被告私自决定放弃抢救治疗，剥夺了被继承人的生命权，侵害了二原告的知情权、亲情。法院认为：被告未侵害原告因亲属身份所形成的亲属权益。患者的知情权及决定权系自然人生命权、健康权等的延伸，在患者自身能够且适合行使知情权及决定权的情况下，近亲属没有替代患者本人行使患者知情权和决定权的权利，即其权利行使仅允许在特定的情形下，其权利顺位亦劣后于患者自身。被继承人依法授权委托老三作为自身患者决定权的代理人，在本质上，系对其患者知情权、决定权进而对其生命权、健康权的维护者的选择，患者的自主决定权亦系其人格尊严的体现。在医学措施对于生命的延长已无能为力时，选择有尊严的死亡亦为生命权的应有之义。患者在签委托协议时，即已将其关乎自身生死及健康等重大安危的决断托付给受托人，其背后所展现的是基于家庭和血缘关系

① 北京市第二中级人民法院（2020）京02民终7645号民事判决书。

的信赖。老三在被继承人生命最后时间里作出放弃治疗的决定并不违背其作为受托人的职责，不属于侵害亲属权的行为。老三并未将治疗措施的选择权交由其丈夫和女儿，丈夫和女儿的签字行为只是应医院工作流程、辅助老三完成代理行为的形式流程，老三经医院同意后由丈夫和女儿代为签字的行为并非转委托。患者授权他人代替自己行使知情权和决定权，受托人滥用此种权利侵害患者合法权益时，可以适用《民法典》第 164 条，类推适用《民法典》第 33 条、第 34 条第 3 款、第 35 条第 1 款和第 36 条追究受托人的侵权责任。

二、遗嘱的形式

(一) 遗嘱的法定种类与形式要件

遗嘱是典型的单方民事法律行为，该单方民事法律行为理应受到《民法典》总则编民事法律行为制度的调整，遗嘱是典型的要式行为、死因行为、单方无相对人的行为，遗嘱的形式要求严格，是整个民法制度中对法律行为形式规定最为详尽的部分。① 优士丁尼《法学阶梯》中就曾经记载："遗嘱被这样叫，乃因为它是意思表示的证据。"②

根据《继承法》第 17 条，有效遗嘱的形式只有五种：自书遗嘱、代书遗嘱、录音遗嘱、口头遗嘱及公证遗嘱。《民法典》第 1134 条至第 1139 条在保留原来五种遗嘱形式的基础上，新增加规定了打印遗嘱、录像遗嘱。《民法典》共规定了自书遗嘱、代书遗嘱、打印遗嘱、录音遗嘱、录像遗嘱、口头遗嘱及公证遗嘱等七种遗嘱形式。订立遗嘱须严格遵循关于遗嘱形式要件的规定，符合法定形式要件是认定遗嘱有效的必备条件。违反法定形式要件的遗嘱，不宜认定为有效。《最高人民法院关于为实施积极应对人口老龄化国家战略提供司法服务和保障的意见》(法发〔2022〕15 号) 要求："要依法保护各类遗嘱形式，切实尊重老年人立遗嘱时的真实意愿，保障老年人遗产处分权。依法认定各类遗赠扶养协议效力，满足养老形式多样化需求。"

第一，自书遗嘱是指遗嘱人亲笔书写，签名，注明年、月、日的遗嘱。《民法典》第 1134 条规定："自书遗嘱由遗嘱人亲笔书写，签名，注明年、月、日。"

第二，代书遗嘱是指有两个以上见证人在场见证，由其中一人代书，并由遗嘱人、代书人和其他见证人签名，注明年、月、日的遗嘱。《民法典》第 1135 条规定："代书遗嘱应当有两个以上见证人在场见证，由其中一人代书，并由遗嘱人、代书人和其他见证人签名，注明年、月、日。"

第三，打印遗嘱是指遗嘱人电子书写后打印，有两个以上见证人在场见证，遗嘱人和见证人在遗嘱每一页签名，注明年、月、日的遗嘱。《民法典》第 1136 条规定："打印遗嘱应当有两个以上见证人在场见证。遗嘱人和见证人应当在遗嘱每一页签名，注明

---

① 参见张平华：《修改完善〈继承法〉及制定民法典继承编的几个宏观思考》，载梁慧星主编：《民商法论丛》(第 49 卷)，法律出版社 2011 年版，第 429－430 页。

② 徐国栋：《优士丁尼〈法学阶梯〉评注》，北京大学出版社 2011 年版，第 238 页。

年、月、日。"《最高人民法院关于适用〈中华人民共和国民法典〉时间效力的若干规定》第15条规定："民法典施行前，遗嘱人以打印方式立的遗嘱，当事人对该遗嘱效力发生争议的，适用民法典第一千一百三十六条的规定，但是遗产已经在民法典施行前处理完毕的除外。"《民法典》第1136条没有将打印遗嘱应由谁打印作为一项具体要求。有法院认为："打印遗嘱是以打印形式制作的遗嘱，无论是由遗嘱人本人打印还是他人代为打印，均应认定为打印遗嘱，而不能因为打印人不同而认定为自书遗嘱或者代书遗嘱。"①

第四，录音录像遗嘱是指以录音录像形式立的，有两个以上见证人在场见证，遗嘱人和见证人在录音录像中记录其姓名或者肖像，以及年、月、日的遗嘱。《民法典》第1137条规定："以录音录像形式立的遗嘱，应当有两个以上见证人在场见证。遗嘱人和见证人应当在录音录像中记录其姓名或者肖像，以及年、月、日。"录音录像遗嘱又可以具体化为录音遗嘱、录像遗嘱和录音录像遗嘱三种子类型。录音录像遗嘱以录像机、照相机等可以录制声音和影像的器材录制，这种遗嘱既可以记录遗嘱人的声音，也可以记录遗嘱人的影像，相比于录音遗嘱更为直观，也更容易体现遗嘱人的真实意愿，弥补了以往继承法的空白领域，充分体现了《民法典》对时代发展的回应。② 民事单行法时代，有学者认为如果遗嘱虽然没有采用法定形式，却采用比法定形式更能确保遗嘱人意思真实性的遗嘱形式，如录像遗嘱，则按照当然解释（举轻以明重），应解释为遗嘱成立。③

第五，口头遗嘱是指遗嘱人在危急情况下口头所立，并有两个以上见证人在场见证的遗嘱。危急情况消除后，遗嘱人能够以书面或者录音录像形式立遗嘱的，所立的口头遗嘱无效。《民法典》第1138条规定："遗嘱人在危急情况下，可以立口头遗嘱。口头遗嘱应当有两个以上见证人在场见证。危急情况消除后，遗嘱人能够以书面或者录音录像形式立遗嘱的，所立的口头遗嘱无效。"法律对口头遗嘱的证明标准提出更高要求。《民事诉讼法司法解释》第109条规定："当事人对欺诈、胁迫、恶意串通事实的证明，以及对口头遗嘱或者赠与事实的证明，人民法院确信该待证事实存在的可能性能够排除合理怀疑的，应当认定该事实存在。"《最高人民法院关于民事诉讼证据的若干规定》第86条第1款规定："当事人对于欺诈、胁迫、恶意串通事实的证明，以及对于口头遗嘱或赠与事实的证明，人民法院确信该待证事实存在的可能性能够排除合理怀疑的，应当认定该事实存在。"提高口头遗嘱证明标准的做法是否合适，值得思考。

第六，公证遗嘱是指由遗嘱人经公证机构办理的遗嘱。《民法典》第1139条规定："公证遗嘱由遗嘱人经公证机构办理。"公证遗嘱采取自书遗嘱、代书遗嘱、打印遗嘱、录音录像遗嘱或者口头遗嘱时，须遵循相应遗嘱形式的法定要求。

代书遗嘱、打印遗嘱、录音录像遗嘱和口头遗嘱都须有两个以上的见证人在场见证。④ 不能作为遗嘱见证人之人见证的代书遗嘱、打印遗嘱、录音录像遗嘱和口头遗嘱

---

① 北京法院参阅案例第71号："刘某起与刘某海、刘某霞、刘某华遗嘱继承纠纷案"［2022年北京市高级人民法院审判委员会第24次会议通过，最高人民法院2023年1月12日发布的人民法院贯彻实施民法典典型案例（第二批）之十三］。

② 参见"张某一诉赵某等继承纠纷案"，天津市高级人民法院发布的贯彻实施民法典家事审判典型案例之一，载微信公众号"天津高法"2021年11月7日。

③ 参见李宇：《民法总则要义：规范释论与判解集注》，法律出版社2017年版，第443页。

④ 参见哈米提：《儿子未尽孝父亲把房产赠给邻居 法院判有效》，载中国广播网2014年3月26日。

无效。《民法典》第1140条规定："下列人员不能作为遗嘱见证人：（一）无民事行为能力人、限制民事行为能力人以及其他不具有见证能力的人；（二）继承人、受遗赠人；（三）与继承人、受遗赠人有利害关系的人。"《民法典继承编司法解释一》第24条规定："继承人、受遗赠人的债权人、债务人，共同经营的合伙人，也应当视为与继承人、受遗赠人有利害关系，不能作为遗嘱的见证人。"

合同书可以按指印，遗嘱是否可以按指印？《民法典》第1134条到第1136条关于自书遗嘱、代书遗嘱、打印遗嘱的相关规定中，都要求进行签名，而不能按指印代替。除了签名，遗嘱能否盖个人签名章或者按指印来表明身份？只要能够达到确定身份、认定遗嘱意思的效果，似乎没有必要排斥遗嘱盖个人签名章或者按指印的形式。但立法明确排斥签名之外的其他方式，解释论上宜遵守。遗嘱是要式行为，《民法典》遗嘱形式的有关规定是强制规定和严格规定，明示其一排斥其他，遗嘱人在遗嘱上只盖章或只按指印，遗嘱效力就存在瑕疵。例如，一份代书遗嘱，载明父母遗产只留给小儿子，但代书遗嘱中只有立遗嘱之老人的手印，却没有签字，法院认定该代书遗嘱无效。①

根据《继承法》，公证遗嘱具有优先效力，即无论公证遗嘱的订立时间先后，它都具有优先于其他形式遗嘱的效力。②《继承法》第20条规定："遗嘱人可以撤销、变更自己所立的遗嘱。""立有数份遗嘱，内容相抵触的，以最后的遗嘱为准。""自书、代书、录音、口头遗嘱，不得撤销、变更公证遗嘱。"《继承法意见》第42条规定："遗嘱人以不同形式立有数份内容相抵触的遗嘱，其中有公证遗嘱的，以最后所立公证遗嘱为准；没有公证遗嘱的，以最后所立的遗嘱为准。"这些规定并不合理，应当更多关注行为人的主观意愿，不能赋予公证遗嘱本身效力绝对优先的地位，而应该采取多元化的遗嘱形式。其他形式的遗嘱只要合法有效，都应当可以变更、撤回公证遗嘱。遗嘱制度应当贯彻"时间在后，效力在先"，以遗嘱人最后作出的意思表示来确定遗产的归属；同时，公证遗嘱的办理程序相对复杂，遗嘱人发生意思表示的变化后常因受限于年龄、身体状况等无法前往公证机构设立新的公证遗嘱，因此，常常导致死者在临终前难以通过公证遗嘱来修改其之前的遗嘱，为遗嘱人意思表示的撤回、变更设置了很大的障碍。应当赋予各种遗嘱平等的效力，即以立遗嘱的时间先后来确定其效力，后订立的遗嘱在效力上优于订立在先的遗嘱。③

《民法典》"修改了遗嘱效力规则，删除了现行继承法关于公证遗嘱效力优先的规定，切实尊重遗嘱人的真实意愿"④。《民法典》不再将公证遗嘱作为效力位阶最高的遗嘱类型，不再将公证遗嘱的效力绝对化，在各种遗嘱形式的法律效力对比中，更多强调遗嘱人的真实意思表示，赋予各种遗嘱平等的法律效力，并根据"时间在后，效力在先"规则确定所立时间最后的遗嘱效力最高。

---

① 参见吴振宇、古林：《父母的遗产只留给了小儿子？代书遗嘱中缺失本人签字被判无效》，载微信公众号"南通市中级人民法院"2022年12月22日，https：//mp. weixin. qq. com/s/nd2cayuPDz0dBNB05I0d－g。

② 参见葛晓阳：《我国建成全世界最大的公证遗嘱信息库》，载《法制日报》2014年8月28日。

③ 参见王利明：《继承法修改的若干问题》，载《社会科学战线》2013年第7期。

④ 王晨：《关于〈中华人民共和国民法典（草案）〉的说明——2020年5月22日在第十三届全国人民代表大会第三次会议上》，http：//www. npc. gov. cn/npc/c30834/202005/50c0b507ad32464aba87c2ea65bea00d. shtml。

（二）遗嘱形式的新发展

为保证遗嘱的真实可靠性，自书遗嘱限于遗嘱人亲笔书写、签名并注明日期的遗嘱。自书遗嘱用手写，重点在于“可依据字迹判断真伪”①。遗嘱人如果不是正式制作遗嘱，而仅在日记②、信件③等自书文书中提到死后财产权利的安排，一般不能认定该内容属于自书遗嘱。但若相关自书文书中对死后财产权利的安排具体明确，在没有相反证据否定时，可以认定该文书具有自书遗嘱的效力。《民法典继承编司法解释一》第 27 条规定：“自然人在遗书中涉及死后个人财产处分的内容，确为死者的真实意思表示，有本人签名并注明了年、月、日，又无相反证据的，可以按自书遗嘱对待。”

《民法典》没有规定共同遗嘱，但《遗嘱公证细则》第 15 条规定：“两个以上的遗嘱人申请办理共同遗嘱公证的，公证处应当引导他们分别设立遗嘱。”“遗嘱人坚持申请办理共同遗嘱公证的，共同遗嘱中应当明确遗嘱变更、撤销及生效的条件。”共同遗嘱是指“两个或两个以上的遗嘱人基于共同一致的意思表示，形成的内容共同或相互关联、形式同一的遗嘱类型”④。除具备遗嘱作为单方民事法律行为的特征外，从共同遗嘱人意思表示一致性的角度看，共同遗嘱还属于共同法律行为。⑤ 有法院在共同遗嘱纠纷案件裁判中妥当指出：“遗嘱人生前可变更、撤销其原来所立遗嘱。当遗嘱人死亡，遗嘱生效，遗嘱继承人只能接受继承或放弃继承，而不能撤销、变更已生效的遗嘱。夫妻双方共立遗嘱，约定互为继承人，此时一方死亡，在世的另一方即为遗嘱继承人，其无权撤销、变更共同遗嘱中已生效部分。”⑥ 当前对于共同遗嘱生效较为通行的裁判原则是“一方去世后其订立的遗嘱部分即可发生继承”⑦。婚姻家庭生活实践中，越来越多人选择签婚前协议，女性对婚前协议的接受度更高。⑧ 再婚夫妻经常会在婚前协议中明确双方事先放弃对对方财产的法定继承权，各自财产由各自的父母或子女继承。夫妻相约互相剥夺对方法定继承权的婚前协议约款有效，通过遗嘱（单方行为）都可如此，通过婚前协议（双方行为）更可为之；协议互不继承对方财产，只要不违反《民法典》第 1141 条必留份制度即可。通过单方遗嘱、婚前协议能够实现的互不继承的财富传承安排，通

---

① 《男子打字写遗嘱“不给不孝子女一毛”被判无效》，载中国新闻网 2013 年 3 月 19 日。

② 参见林靖：《“日记遗嘱”合法有效吗?》，载《北京晚报》2012 年 12 月 29 日。

③ 参见陈琼珂：《猝然离世未留财产分配遗嘱 生前日记信件表述是否算数》，载《解放日报》2013 年 8 月9 日。

④ 李永军主编：《中国民法学》(第 4 卷・婚姻继承)，中国民主法制出版社 2022 年版，第 262 页（尹志强教授执笔）。

⑤ 此时，对共同遗嘱，从不同角度观察就会分别对应单方民事法律行为和共同法律行为的不同属性。另参见 Reinhard Bork，Allegemeiner Teil des Bürgerlichen Gesetzbuchs，4. Auflage，2016 Mohr Siebeck Tübingen. Rn. 430. S. 171.

⑥ 张宝华、马德健：《夫妻一方死亡另一方无权撤销已生效共同遗嘱——山东日照中院判决牟乃分与卢振林等遗嘱继承纠纷案》，载《人民法院报》2012 年 8 月 2 日。

⑦ “孙某 1 诉孙某、孙某 2 继承纠纷案——共同遗嘱的效力认定及遗产形态发生变化的继承分析”，北京市海淀区人民法院发布的遗嘱继承纠纷典型案例四，载北京市海淀区人民法院 2023 年 3 月 29 日发布的《遗嘱继承纠纷审判白皮书（2022 年度）》，https：//bjhdfy. bjcourt. gov. cn/article/detail/2023/03/id/7219370. shtml。

⑧ 据齐鲁晚报官方微博 2023 年 12 月 4 日消息，一项关于中国人婚前协议意愿的调查，96.6%的受访者都听说过婚前协议，而完全没接触过的只占 3.4%。此调查筛选出 2 396 名暂未处于婚姻状态的受访者，50.1%的人表示“一定会签”、“很可能会签”和“打算签”。调查将学历背景、年收入、性别等个人情况与签署意愿进行交叉分析，发现大多数情况下，学历、收入越高的人，对待婚姻越谨慎。比起男性，女性对婚前协议的接受度更高。

过共同遗嘱亦可实现。

实践中出现了遗嘱预约登记制度，立遗嘱人还可以由此取得遗嘱证。[①] 遗嘱预约登记制度也符合遗嘱保密性的要求。

对电子遗嘱，司法实践中也存在很多疑难问题。网络电子遗嘱在遗嘱效力[②]和遗嘱的可识别性上往往会存在很多问题。[③] 然而，在遗嘱形式多样化的背景下，只要能够满足遗嘱行为的生效要件，就应当认可其效力。遗嘱有无效力，最重要的是确认遗嘱的真伪，而不是立遗嘱的工具、载体。立法者也应该与时俱进，而非墨守成规。如对电子遗嘱应该采取开放的态度，而不应当固定于传统的形式，继承法应该充分回应社会生活的需求，采取多样化的遗嘱形式。[④] 当然，立法上对这些新的遗嘱形式也应该严格其形式要件，如就打印遗嘱而言，其不像自书遗嘱那样可以相对容易通过笔迹鉴定来印证真伪，打印遗嘱被伪造的风险更高，《民法典》第 1136 条对打印遗嘱设置较自书遗嘱更为严格的形式要件，例如应当有两个以上无利害关系的具有完全民事行为能力的见证人在场见证，遗嘱人和见证人应当在打印遗嘱的每一页上签名并注明年月日，如此，打印遗嘱的证据能力方可获得法律认可。

第三节　遗嘱解释

一、遗嘱解释的方法

确认行为人行为性质为遗嘱，是遗嘱解释的前提。确认当事人是遗嘱继承人还是遗嘱执行人，是遗嘱解释中的重要问题。《民法典》第 1133 条区分遗嘱继承人与遗嘱执行人。遗嘱执行人不见得同时为遗嘱继承人。

在某诗歌体遗嘱中，遗嘱人写道："……房屋自当归妻住，谁想占用都无权；一生清贫少积蓄，省俭攒点过河钱；此款归妻去支配，留给贤妻度余年……"遗嘱人死亡后，其妻子和养子对遗产继承产生争议。法院经审理认为，遗嘱中只明确遗嘱人的妻子对房屋的居住权，并非将所有权处分给妻子，所涉房屋所有权只能按照法定继承办理。[⑤]

《民法典》第 142 条第 2 款规定遗嘱解释的一般方法。《民法典》第 142 条对有相对人的意思表示的解释和无相对人的意思表示的解释采取了表示主义和意思主义的不同立场，分别对应信赖保护和自主决定的不同目标倾向。第 142 条规定："有相对人的意思表示的解释，应当按照所使用的词句，结合相关条款、行为的性质和目的、习惯以及诚信原则，确定意思表示的含义。""无相对人的意思表示的解释，不能完全拘泥于所使用

---

① 参见陈荞：《拨 96156 可免费预约遗嘱登记 登记完成可领〈遗嘱证〉》，载《京华时报》2013 年 6 月 28 日。

② 参见刘婷、陈再：《80 后忙着立遗嘱九成涉及房产 网络立遗嘱无效》，载《重庆晚报》2013 年 6 月 21 日。

③ 参见凌晨：《老人把遗嘱存 5 寸软盘难坏家人 老电脑终未读出》，载《辽沈晚报》2013 年 7 月 3 日。

④ 参见王利明：《继承法修改的若干问题》，载《社会科学战线》2013 年第 7 期。另参见王雷：《我国〈继承法〉修改中应着力协调的三种关系》，载《苏州大学学报（法学版）》2014 年第 4 期。

⑤ 参见陈凯：《传递财富传递爱》，北京大学出版社 2012 年版，第 43－44 页。

的词句，而应当结合相关条款、行为的性质和目的、习惯以及诚信原则，确定行为人的真实意思。”对于无相对人的意思表示，比如遗嘱，解释的目标就在于确定行为人的真实意思，而不是顾及第三人的理性认识。

《民法典》第1142条第3款规定遗嘱解释的特殊方法：“立有数份遗嘱，内容相抵触的，以最后的遗嘱为准。”根据“时间在后”规则确定所立时间最后的遗嘱效力最高。遗嘱人以相同形式或者不同形式立有数份内容相抵触的遗嘱，均以最后所立的遗嘱为准。第1142条第3款宜增加一句话，以完善遗嘱解释规则：“最后一份遗嘱被撤回后，在先遗嘱不能自然恢复，而是应当按照法定继承处理。”《最高人民法院关于适用〈中华人民共和国民法典〉时间效力的若干规定》第23条规定：“被继承人在民法典施行前立有公证遗嘱，民法典施行后又立有新遗嘱，其死亡后，因该数份遗嘱内容相抵触发生争议的，适用民法典第一千一百四十二条第三款的规定。”

立有数份遗嘱，内容相抵触的，以最后的遗嘱为准，但若最后一份遗嘱无效，如何处理？此时是适用法定继承，还是以前一份遗嘱为准？笔者认为，内容相抵触的后一份遗嘱构成对前一份遗嘱的撤回，最后一份遗嘱无效，等于遗嘱人未立合法有效遗嘱，应该适用法定继承。

二、遗嘱的撤回、变更

《民法典》第1142条第1款规定遗嘱的撤回、变更：“遗嘱人可以撤回、变更自己所立的遗嘱。”遗嘱属于死因行为，遗嘱人死亡前，遗嘱未生效，遗嘱人可以撤回遗嘱，也可以变更自己所立的遗嘱。遗嘱的撤回、变更是遗嘱自由原则的体现，事先放弃遗嘱撤回权、变更权的意思表示没有法律约束力。遗嘱的撤回，是遗嘱人在遗嘱生效前取消该遗嘱。遗嘱的变更，是遗嘱人在遗嘱生效前部分修改所立遗嘱。

遗嘱人撤回、变更遗嘱时须具有遗嘱能力，遗嘱的撤回、变更须为遗嘱人的真实意思表示。遗嘱的设立、撤回、变更均不能代理。

撤回、变更遗嘱可以通过明示方式，也可以通过默示方式。以明示方式撤回、变更遗嘱是指遗嘱人通过立新遗嘱撤回、变更旧遗嘱，新遗嘱和旧遗嘱都须采取法定形式，但新遗嘱和旧遗嘱的法定形式不必完全一致。如果撤回、变更旧遗嘱的新遗嘱无效，旧遗嘱的效力是否恢复？比较法上存在不同立法例。笔者认为，无效新遗嘱对应的内容按照法定继承办理。

三、遗嘱撤回的默示方式及其解释

立遗嘱后，遗嘱人实施与遗嘱内容相反的民事法律行为，导致遗嘱相关内容不能执行的撤回。例如，《继承法意见》第39条曾规定，遗嘱人生前的行为与遗嘱的意思表示相反，而使遗嘱处分的财产在继承开始前灭失、部分灭失或所有权转移、部分转移的，构成对遗嘱相关内容的撤回或者部分撤回。《民法典》继承了此规定之精神，于第1142

条第 2 款规定了遗嘱人撤回遗嘱的默示方式："立遗嘱后，遗嘱人实施与遗嘱内容相反的民事法律行为的，视为对遗嘱相关内容的撤回。"

立遗嘱后，遗嘱人实施与遗嘱内容相反的民事法律行为，如遗嘱人对遗嘱所处分的财产进行出卖或者赠与他人。"相反行为不应仅局限于针对特定财产的法律行为，还应涵盖离婚、解除收养关系等其他法律行为。"[①] 遗嘱人实施与遗嘱内容相反的行为不局限于民事法律行为，也可以是事实行为，如遗嘱人损毁遗嘱所处分的财产，遗嘱人销毁遗嘱等，此时可以类推适用《民法典》第 1142 条第 2 款。遗嘱人相反行为不排除事实行为，有学者指出，遗嘱人将遗嘱中已载明由他人继承或者遗赠给他人的房屋拆除，根据《民法典》第 231 条，该房屋所有权消灭，拆除这一事实行为是对遗嘱相关内容的撤回。[②]

《民法典》第 1142 条第 2 款属于拟制规定。从立法技术上，宜区分"认定"和"视为"两种立法术语。完全可以涵摄认定到构成要件事实中的情形，不存在非 A 拟制为 A 的问题，它本身就是 A，此时不宜配置"视为"的拟制规定。《民法典》第 1142 条第 2 款不过是第 140 条第 1 款中默示意思表示的具体表现，不必设置"视为"的拟制规范。[③]

例如，遗嘱继承案件中由于被继承人死亡而无法对遗嘱中的意思表示进行核实，所以对遗嘱之后行为的意思表示的推定以及行为效力的认定成为一个难点问题。遗嘱人在立遗嘱对其名下房产作出处分后，为配合城市更新和旧城改造的政策需要，又针对遗嘱中房屋签订拆迁补偿协议，选择产权调换的补偿方案。在解释该行为是否具有撤回遗嘱的意思表示时，应当以签订拆迁协议这一行为的性质与目的，确定意思表示的含义。该行为的定性应从继承法本意以及民事法律行为意思表示的解释出发，探究遗嘱人订立遗嘱时的内心真意，签订拆迁补偿协议的行为仅为遗嘱人同意配合拆迁、接受拆迁补偿安置的结果，而不应视为遗嘱人积极追求与遗嘱意思表示相反的生前行为，遗嘱处分的财产并未灭失或者发生所有权转移，只是财产形式发生了转化，不适用《民法典》第 1142 条第 2 款的规定。[④]

第四节 遗嘱无效

一、遗嘱无效的法定情形

"人之将死，其言也善。"遗嘱有效除应该符合有关民事法律行为有效的规定之外[⑤]，

---

① 刘征峰：《嗣后财产灭失、相反行为与遗嘱效力》，载《法学研究》2021 年第 5 期，第 62 页。

② 参见肖峰、刘耀东：《中华人民共和国民法典继承编条文释义与疑难适用》，人民法院出版社 2022 年版，第 219 页。

③ 参见王雷：《民法证据规范论：案件事实的形成与民法学方法论的完善》，中国人民大学出版社 2022 年版，第 350－351 页。

④ 参见深圳市中级人民法院发布的 10 起 2020 年度全市法院典型案例（市中级法院篇）之九："张某诉黄某乙、黄某丙等法定继承纠纷案——房屋拆迁补偿协议是否撤销遗嘱的认定"，广东省深圳市中级人民法院（2020）粤 03 民终 20486 号民事判决书。

⑤ 如遗嘱人不得遗嘱中限制遗嘱继承人的婚姻自由，否则就会导致遗嘱无效。参见佳木、张虹：《丈夫临终"雷人"遗嘱引发诉讼》，载《民主与法制》2013 年 5 月 20 日。

还有一系列特别要求体现于《民法典》继承编的相关规定之中。

《民法典》第1143条第1款规定："无民事行为能力人或者限制民事行为能力人所立的遗嘱无效。"现行法将遗嘱能力与一般的民事行为能力等同，立法论上，有学者建议：无行为能力人不应当具有遗嘱能力，其所立的遗嘱应为无效。但对限制行为能力人通过遗嘱处分其遗产的行为，法律不宜一概认定为无效，但应当设置一定的限制。笔者建议借鉴德国的做法，以16岁作为认定遗嘱能力的最低年龄界限。如此规定也可以进一步贯彻私法自治原则，尊重当事人的遗嘱自由。①

《民法典》第1143条第2款、第3款和第4款分别规定："遗嘱必须表示遗嘱人的真实意思，受欺诈、胁迫所立的遗嘱无效。""伪造的遗嘱无效。""遗嘱被篡改的，篡改的内容无效。"这些规定的目的是保证遗嘱人的真实意思表示。②

遗嘱应该符合法定形式要求，如根据《民法典》第1134条，自书遗嘱由遗嘱人亲笔书写，签名，注明年、月、日。③ 也有学者对遗嘱形式问题上严格的司法态度持批评意见。④《民法典》第1135条至第1139条对其他遗嘱形式也都作了严格的要式性规定，违反这些要式性规定，会导致遗嘱无效。例如，"打印遗嘱应当有两个以上见证人在场见证。其他继承人对打印遗嘱见证过程真实性提出异议时，主张打印遗嘱有效一方不能通过申请见证人出庭作证或提供其他有效证据证明两名以上见证人在场见证的，人民法院可以打印遗嘱不符合法律规定的形式要件，认定打印遗嘱无效"⑤。

此外，遗嘱还须根据《民法典》第1141条为缺乏劳动能力又没有生活来源的继承人保留必要的遗产份额。遗嘱也不能处分夫妻共同财产，遗嘱人超出自己财产份额处分其他共同共有人财产对应的遗嘱部分是无效的。⑥《民法典》第1153条规定："夫妻共同所有的财产，除有约定的外，遗产分割时，应当先将共同所有的财产的一半分出为配偶所有，其余的为被继承人的遗产。""遗产在家庭共有财产之中的，遗产分割时，应当先分出他人的财产。"《民法典继承编司法解释一》第26条规定："遗嘱人以遗嘱处分了国家、集体或者他人财产的，应当认定该部分遗嘱无效。"

二、遗嘱无效的法律救济

有学者指出，在我国继承纠纷案件实务领域，超过60%的遗嘱被宣告无效。其中，

---

① 参见王利明：《继承法修改的若干问题》，载《社会科学战线》2013年第7期。

② 参见侯明明：《要分遗产了遗嘱却误当废纸卖了 儿子想找个高手仿写》，载《钱江晚报》2011年4月20日；李铁柱：《画家21亿遗产引出真伪遗嘱》，载《北京青年报》2014年5月30日。

③ 参见潘霁：《遗书没写日期法院判其无效》，载《沈阳日报》2006年8月17日。另参见浙江省金华市中级人民法院（2005）金中民一终字第214号民事判决书。

④ 参见郭明瑞：《论遗嘱形式瑕疵对遗嘱效力的影响——兼论遗嘱形式的立法完善》，载《求是学刊》2013年第2期。

⑤ 北京法院参阅案例第71号："刘某起与刘某海、刘某霞、刘某华遗嘱继承纠纷案"（2022年北京市高级人民法院审判委员会第24次会议通过）。

⑥ 参见陈凯：《传递财富传递爱》，北京大学出版社2012年版，第63-65页。

由律师和公证处办理的遗嘱业务不在少数。[①] 这就涉及在律师或者公证处提供遗嘱专业服务过程中，遗嘱无效，遗嘱受益人的损害如何救济的问题。

根据《律师法》第 54 条，经律师见证的遗嘱因不符合法律规定的形式要件被确认无效，致使遗嘱受益人蒙受经济损失的，律师所在律师事务所应当承担过错赔偿责任。《律师法》第 54 条规定："律师违法执业或者因过错给当事人造成损失的，由其所在的律师事务所承担赔偿责任。律师事务所赔偿后，可以向有故意或者重大过失行为的律师追偿。"遗嘱受益人的请求权规范基础为《民法典》第 1165 条第 1 款和《律师法》第 54 条，律师事务所应该赔偿遗嘱受益人因不能按遗嘱继承而遭受的财产损失。[②] 类似地，《公证法》第 43 条规定："公证机构及其公证员因过错给当事人、公证事项的利害关系人造成损失的，由公证机构承担相应的赔偿责任；公证机构赔偿后，可以向有故意或者重大过失的公证员追偿。""当事人、公证事项的利害关系人与公证机构因赔偿发生争议的，可以向人民法院提起民事诉讼。"

第五节　遗赠制度

一、遗赠制度概述

（一）遗赠的定义

遗赠是指自然人通过立遗嘱将个人财产赠与国家、集体或者法定继承人以外的组织、个人，并于其死后发生法律效力的单方民事法律行为。

《民法典》第 1133 条第 3 款规定："自然人可以立遗嘱将个人财产赠与国家、集体或者法定继承人以外的组织、个人。"

（二）遗赠与遗嘱继承的区别

遗嘱继承和遗赠都是基于被继承人的意愿而分配其遗产，具有一定的共性。遗赠适用《民法典》中有关遗嘱法定形式的规定。遗赠不符合《民法典》规定的遗嘱法定形式要件的，也会出现效力瑕疵。

遗赠与遗嘱继承的区别如下：

第一，受遗赠人和遗嘱继承人的范围不同。对于遗嘱继承和遗赠的关系，我国《民法典》第 1133 条采取"区分承受权利人模式"。依据此种模式，凡是法定继承人以外的人承受权利的，就称为遗赠；凡是法定继承人作为承受权利义务的人，就称为

---

① 参见刘桂明：《从继承到传承：一种使命与责任的创新》，载《民主与法制》2011 年第 32 期。

② 参见"王某富诉三信律师所财产损害赔偿纠纷案"，载《最高人民法院公报》2005 年第 10 期。另参见李罡、郑红艳：《代书遗嘱出错 律师事务所判赔 19 万》，载《北京青年报》2007 年 8 月 31 日，https://news.ifeng.com/c/7fYXVtUu4Ec；王泽鉴：《侵权行为》，北京大学出版社 2009 年版，第 327－330 页。

遗嘱继承。[1]

第二，自然人之外的其他民事主体能否作为受遗赠人或者遗嘱继承人不同。根据《民法典》第1133条，受遗赠人可以是国家、集体或者法定继承人以外的组织、个人，不局限于自然人。遗嘱继承人可以是法定继承人中的一人或者数人，遗嘱继承人只能是法定继承人范围内的自然人。

第三，受遗赠权和遗嘱继承权的行使方式不同。受遗赠人接受遗赠的应当在法定期间内作出接受遗赠的意思表示。遗嘱继承人在继承开始后、遗产处理前，没有表示放弃继承的，视为接受继承。《民法典》第1124条规定："继承开始后，继承人放弃继承的，应当在遗产处理前，以书面形式作出放弃继承的表示；没有表示的，视为接受继承。""受遗赠人应当在知道受遗赠后六十日内，作出接受或者放弃受遗赠的表示；到期没有表示的，视为放弃受遗赠。"

（三）遗赠与赠与的区别

遗赠与赠与都属于无偿民事法律行为。立遗嘱人可以撤回、变更自己所立的遗赠。赠与合同的赠与人在赠与财产的权利转移之前可以撤销赠与，经过公证的赠与合同或者依法不得撤销的具有救灾、扶贫、助残等公益、道德义务性质的赠与合同除外。赠与人的继承人或者受遗赠人不享有赠与人的任意撤销权。赠与人是否行使任意撤销权、受遗赠人是否表示接受遗赠，均只能由其本人作出意思表示。遗赠与赠与也有区别，具体如下：

第一，法律性质不同。遗赠属于单方民事法律行为，赠与属于双方民事法律行为。遗赠属于要式民事法律行为，赠与属于不要式民事法律行为。

第二，是否需要当事人意思表示一致不同。遗赠为单方民事法律行为，立遗嘱人作出单方意思表示，遗赠即可成立，不需要受遗赠人的同意。当然，即便遗赠成立，受遗赠人仍可放弃受遗赠。赠与属于双方合同，需要受赠人表示接受赠与，赠与合同方能成立。

第三，发生法律效力的时间不同。遗赠属于死因行为，立遗嘱人死亡后遗赠才生效，遗嘱人生前，受遗赠人无权请求转移相关财产。赠与属于生前行为，除非法律另有规定或者当事人另有约定，赠与合同自成立时生效。

第四，处分财产的范围不同。遗嘱人应当为缺乏劳动能力又没有生活来源的继承人保留必要的遗产份额。赠与是生前处分财产的合同，法律对赠与财产的范围未作特别规定，如果赠与行为影响赠与人的债权人的债权实现，可适用债权保全中的撤销权制度。

第五，受遗赠人和受赠人的范围不同。受遗赠人的范围是国家、集体或者法定继承人以外的组织、个人。法律对赠与合同中受赠人的范围没有特别限制。

---

① 参见王利明：《继承法修改的若干问题》，载《社会科学战线》2013年第7期；"潘某铎与董某男及第三人段某萱、沈阳市东陵区汪家镇李巴彦村民委员会遗赠、被继承人债务清偿纠纷上诉案"，辽宁省沈阳市中级人民法院（2004）沈民（1）合终字第237号民事判决书，载《中国审判案例要览》（2005年民事审判案例卷）；范献丰等：《独居老人将14万元赠与邻居 儿子告到法院》，载《新闻晚报》2010年2月7日。

二、违背公序良俗原则的遗赠无效

若同居之男女以“旨在酬谢对方满足自己的性欲或旨在决定巩固这种两性关系的继续”[①] 为条件（或目的）而作出给付对方一定财物的约定（甚或是遗赠），理论通说认为此种约定违背善良风俗原则，属于无效约定。[②] 笔者认为这一结论不仅适用于普通非婚同居的男女之间，也适用于已婚男女为婚外同居的情形之中。当然，如果对同居对方作出的给付行为或者约定侵犯了合法配偶共同所有的财产权，则相关给付行为或者约定无效。

《最高人民法院关于适用〈中华人民共和国婚姻法〉若干问题的解释（三）》（征求意见稿）第 2 条曾规定：“有配偶者与他人同居，为解除同居关系约定了财产性补偿，一方要求支付该补偿或支付补偿后反悔主张返还的，人民法院不予支持；但合法婚姻当事人以侵犯夫妻共同财产权为由起诉主张返还的，人民法院应当受理并根据具体情况作出处理。”该条前一分句的规定仅限于“有配偶者与他人同居”的主体情形，对非婚男女同居过程中的此类约定尚未提及，笔者认为应当一并规定。该条后一分句的规定可以解决配偶一方通过青春补偿费或者分手费等形式处分夫妻共同财产的约定之效力问题。当然该条后一分句在适用的主体范围上并不存在该条前一分句的问题，但是在适用的具体事项情形上不应该仅限于对方配偶“为解除同居关系约定了财产性补偿”，笔者认为该一分句理应对一切损害夫妻共同财产的行为皆有适用之可能。不过，征求意见稿中的该规定最终未获保留。

在“张某英依与其同居人所立遗嘱诉遗嘱人之妻蒋某芳给付受遗赠的财产案”中，两审法院均根据违反公序良俗原则判定遗赠无效。[③] 在婚姻关系存续期间，夫妻一方将共同所有财产中的全部或者一半赠与婚外第三者的行为是无效的，因为此时夫妻双方共同所有的财产是不分份额的，在共同共有关系终止以前，夫妻双方对共同所有财产有平等处理权，在非因日常生活需要处理夫妻共同所有财产的过程中，除非第三人构成善意取得，否则相关的擅自处分共同所有财产的行为即属于无效。而在遗嘱继承案件中，应该区分遗赠行为本身和婚外情行为，若同居之男女以“旨在酬谢对方满足自己的性欲或旨在决定巩固这种两性关系的继续”为条件（或目的）而作出给付对方一定财物的遗赠，则此种遗赠违背善良风俗原则，属于无效。除此之外，遗赠行为本身并非当然因为遗嘱人和受遗赠人之间的婚外情行为而无效。[④]

深圳一男子刘某发生前留有两份遗嘱，将其名下价值 4 000 余万元的三套深圳房产留给与其同居 17 年的保姆杨某。刘某发逝世后，杨某持两份遗嘱将刘某发的妻子陈某诉至法庭，要求继承遗嘱所涉房产。2021 年 3 月，深圳市中级人民法院认为，刘某发自

---

① BGHZ 53，369，376.

② Dieter Medicus, *Allgemeiner Teil des BGB*, 9. neu bearbeitete Auflage, 2006 C. F. Müller Verlag Heidelberg, S. 268 - 269.

③ 载《人民法院案例选》2002 年第 2 辑（总第 40 辑）。

④ 参见陈凯：《传递财富传递爱》，北京大学出版社 2012 年版，第 71 页。

书的遗嘱、“房产继承遗嘱书”，既违反了婚姻法相关规定，剥夺了陈某对夫妻共同财产的平等处理权和陈某对刘某发的合法财产继承权，同时，也违反了公序良俗原则。综上，深圳市中级人民法院认为依照《民法总则》第153条第2款关于“违背公序良俗的民事法律行为无效”之规定、第155条关于“无效的或者被撤销的民事法律行为自始没有法律约束力”之规定，刘某发以自书的方式作出的遗赠行为应属无效民事法律行为。[①]

第六节 必留份制度

《民法典》第1141条规定：“遗嘱应当为缺乏劳动能力又没有生活来源的继承人保留必要的遗产份额。”必留份制度是对遗嘱人遗嘱自由的必要限制，以强调遗嘱人的家庭责任和社会责任。我国目前社会福利保障措施尚不健全，家庭还承担着养老育幼、照顾病残弱者的重要职能。必留份是指遗嘱应当为缺乏劳动能力又没有生活来源的继承人保留的必要的遗产份额。坚持必留份制度，规定被继承人必须为一定范围的法定继承人保留一定比例的遗产，目的是维持法定继承制度和亲属关系，并避免继承人突然丧失生活保障。必留份制度实现保护法定继承人中弱势群体权益和尊重被继承人遗嘱自由之间的有效平衡。设立必留份制度，也不是说所有遗产或者绝大部分遗产都留给其家庭成员，必留份制度中特定继承人只是有权获得必要的财产份额。所谓必要的财产份额，仅是指满足相关继承人的基本生活。另外，立法论上，应该将必留份权利人限于子女、配偶，其他人不得作为必留份权利人。[②]

例如，裸捐者要保留其缺乏劳动能力又没有生活来源的继承人的必要遗产份额。《民法典继承编司法解释一》第25条规定：“遗嘱人未保留缺乏劳动能力又没有生活来源的继承人的遗产份额，遗产处理时，应当为该继承人留下必要的遗产，所剩余的部分，才可参照遗嘱确定的分配原则处理。”“继承人是否缺乏劳动能力又没有生活来源，应当按遗嘱生效时该继承人的具体情况确定。”继承人依法享有法定继承权是其取得必留份的前提，必留份是法定继承权的延伸，是对遗嘱人遗嘱自由的法定限制。未按照法律规定保留必留份的遗嘱部分无效，该遗嘱对必留份之外剩余遗产才可参照遗嘱确定的分配原则处理。[③]

“孙女诉请确认爷爷遗嘱无效案”的争议焦点是代位继承制度和必留份制度的适用范围。爷爷生前留遗嘱把所有遗产给女儿，11岁孙女起诉要求重新分割，理由是爷爷的遗嘱违反了民法典规定的“必留份制度”。基本案情：余老伯和妻子王阿婆共育有两子一女，大儿子英年早逝，留下一女小余。2022年5月，余老伯亡故。葬礼上，其女儿出

---

① 参见邓子良、苏国锐：《一男子将价值4 000万3套房产遗赠同居保姆，二审改判无效》，载光明网2022年4月3日，https：//m. gmw. cn/baijia/2022－04/03/1302881212. html。

② 参见王利明：《继承法修改的若干问题》，载《社会科学战线》2013年第7期。

③ 参见最高人民法院2024年12月12日发布的继承纠纷典型案例（第二批）之二：“遗嘱应当为缺乏劳动能力又没有生活来源的继承人保留必要遗产份额——刘某与范小某遗嘱继承纠纷案”，https：//www. court. gov. cn/zixun/xiangqing/449671. html。

示了父亲的遗嘱。原来，余老伯曾于 2018 年 1 月立下自书遗嘱，写明：本人已年老体衰，在世的时间不会太长了，一个儿子已走在我前头，现在老年生活主要由女儿照顾，因此决定将我包括房屋在内的所有财产给女儿继承。该遗嘱由余老伯书写并签名，注明年月日。王阿婆也认可遗嘱的真实性。对此，大儿媳却并不认可，认为自己的女儿作为代位继承人可以依法代位继承余老伯的遗产。此外，根据《民法典》第 1141 条，遗嘱应当为缺乏劳动能力又没有生活来源的继承人保留必要的遗产份额。小余尚未成年，没有生活来源，也没有劳动能力，符合该条法律规定，而余老伯的遗嘱没有为小余保留必要的遗产份额，其遗嘱应当无效。于是，小余将姑姑、叔叔等人诉至法院，要求按照法定继承分割遗产。① 代位继承规定在《民法典》继承编第二章法定继承中，必留份制度规定在第三章遗嘱继承和遗赠中。代位继承是法定继承的组成部分，遗嘱继承中不适用代位继承，遗嘱继承优先于法定继承。遗产分配时的必留份制度考虑的是继承人“缺乏劳动能力又没有生活来源”的情况，而非代位继承人的此种情况。必留份制度适用于遗嘱继承中，保护的对象是遗嘱人的第一、第二顺位“法定继承人”，不包括法定继承中的代位继承人。若遗嘱人的法定继承人先于遗嘱人死亡，不能因其代位继承人缺乏劳动能力又没有生活来源而适用必留份制度。

第七节　分家析产与遗嘱信托

一、分家析产

在古代中国即有分家析产的传统。《史记·商君列传》记载：“民有二男以上不分异者，倍其赋。”“而令民父子兄弟同室内息者为禁。”《唐律疏议·户婚律》“子孙别籍异财”条则规定：“诸祖父母、父母在，而子孙别籍、异财者，徒三年。若祖父母、父母令别籍及以子孙妄继人后者，徒二年。子孙不坐。”

在现代社会，分家制度已经由原来的国家制定法变为习惯法，从法律层面也只能于继承法中寻找与之最相关联的依据。在家产分配过程中，为做到“有凭有据”，当事人往往会签订一份分家协议，即分家单，分家单属于当事人就家产分配达成的决议行为。分家单中除了涉及家产分配，还往往会约定父母赡养问题。

二、遗嘱信托

（一）遗嘱信托的定义与立法目的

实务中也出现通过家族信托、遗嘱信托方式进行分家析产、财富传承的探索。《信

---

① 参见王款：《被误解的遗产“必留份”》，载微信公众号“上海二中院”2024 年 4 月 3 日，https：//mp.weixin.qq.com/s/gPjgkRz_WjwZE1EmaeAytA。

托法》第8条规定："设立信托，应当采取书面形式。""书面形式包括信托合同、遗嘱或者法律、行政法规规定的其他书面文件等。""采取信托合同形式设立信托的，信托合同签订时，信托成立。采取其他书面形式设立信托的，受托人承诺信托时，信托成立。"第13条规定："设立遗嘱信托，应当遵守继承法关于遗嘱的规定。""遗嘱指定的人拒绝或者无能力担任受托人的，由受益人另行选任受托人；受益人为无民事行为能力人或者限制民事行为能力人的，依法由其监护人代行选任。遗嘱对选任受托人另有规定的，从其规定。"《民法典》第1133条第4款规定："自然人可以依法设立遗嘱信托。"信托是一种信任和托付。信托具有资产隔离功能。遗嘱信托是指被继承人通过遗嘱将自己的财产在死后转移给受托人，由受托人为继承人（受益人）的利益而管理、处分信托财产并将相关收益分配给继承人。遗嘱信托属于他益信托，遗嘱信托的受托人负有信义义务。遗嘱信托不同于遗产管理。遗嘱信托的立法目的是弥补继承人理财能力和专业管理能力不足的缺陷，更好地实现财富的传承。遗嘱人还可以通过遗嘱设立慈善信托。

（二）《民法典》与《信托法》中遗嘱信托制度的适用衔接

遗嘱不限于书面形式，遗嘱信托须适用《民法典》对遗赠形式要件的规定。《信托法》第8条第1款要求设立信托应当采取书面形式，第13条第1款又规定设立遗嘱信托应当遵守继承法关于遗嘱的规定。因此，遗嘱信托的形式遵循《民法典》第1134条至第1139条的规定即可。

立法对遗嘱信托成立要件的规定受合同法中心主义的过度影响。根据《信托法》第8条第3款，采取遗嘱形式设立信托的，受托人承诺信托时，信托成立。该规则受合同中心主义的影响，没有意识到遗嘱属于单方民事法律行为，而非双方民事法律行为，遗嘱人作出遗嘱信托，该遗嘱信托即成立，遗嘱人死亡后，该遗嘱信托生效。对遗嘱信托，不存在"受托人承诺信托时，信托成立"的问题。根据《信托法》第13条第2款，遗嘱指定的人拒绝或者无能力担任受托人的，由受益人另行选任受托人；受益人为无民事行为能力人或者限制民事行为能力人的，依法由其监护人代行选任。遗嘱对选任受托人另有规定的，从其规定。因此，受托人承诺并不是遗嘱信托的成立要件。遗嘱信托不同于信托合同。《信托法》第8条第3款第二句存在法律漏洞，应该作目的性限缩解释，将遗嘱从中排除。

受托人承诺与否不影响遗嘱信托的成立。受托人缺位也不影响遗嘱信托的生效。若遗嘱信托中未指定受托人，也未确定受托人的产生机制，按照《信托法》第13条，由受益人指定。如果有多个受益人，且受益人对如何确定受托人达不成一致意见，此时可以类推适用《民法典》第1146条。[①]

立法对遗嘱信托物权变动的规定受财产法中心主义的过度影响。《信托法》第10条规定："设立信托，对于信托财产，有关法律、行政法规规定应当办理登记手续的，应当依法办理信托登记。""未依照前款规定办理信托登记的，应当补办登记手续；不补办的，该信托不产生效力。"根据《民法典》第230条，遗嘱信托自继承开始时发生物权

① 参见张永：《遗嘱信托的规范构成与体系效应》，载《法学》2022年第10期，第116－117页。

变动效力，受托人即刻取得信托财产，不适用《信托法》第 10 条，即便遗嘱信托财产是不动产，也不以登记为物权变动要件。

根据《信托法》第 47 条和第 48 条，受益人不能清偿到期债务的，其信托受益权可以用于清偿债务，但法律、行政法规以及信托文件有限制性规定的除外。受益人的信托受益权可以依法转让和继承，但信托文件有限制性规定的除外。遗嘱信托受益权流转限制条款的对外效力应类推适用《民法典》第 545 条。①

根据《信托法》第 12 条，委托人设立信托损害其债权人利益的，债权人有权申请人民法院撤销该信托。人民法院撤销信托的，不影响善意受益人已经取得的信托利益。债权人申请人民法院撤销该信托时，债权人的申请权，自债权人知道或者应当知道撤销原因之日起 1 年内不行使的，归于消灭。例如，在立遗嘱人生前存在大额未清偿债务而仍然设立遗嘱信托的情形下，债权人可依据《信托法》第 12 条申请法院撤销该信托，从而击穿遗嘱信托，使得相应的信托财产重新被纳入立遗嘱人的责任财产范围，立遗嘱人通过遗嘱信托使资产隔离的计划失败。当然，《民法典》第 1163 条优先于《信托法》第 12 条适用，法定继承、遗嘱继承和遗赠的部分不足以偿债时，债权人方可在其待偿债权范围内依据《信托法》第 12 条请求撤销遗嘱信托。②

不能通过遗嘱信托制度排斥《民法典》第 1141 条必留份制度和第 1155 条应继份制度这两处效力性强制性规定的适用。根据《民法典继承编司法解释一》第 25 条第 1 款，遗嘱人未保留缺乏劳动能力又没有生活来源的继承人的遗产份额，遗产处理时，应当为该继承人留下必要的遗产，所剩余的部分，才可参照遗嘱确定的分配原则处理。若遗嘱信托突破必留份或者应继份的限制，应类推适用《民法典继承编司法解释一》第 25 条第 1 款，将部分信托财产扣回作为必留份或者应继份，剩余部分方作为信托财产以保持遗嘱信托的效力。③

本章司法裁判 案例节选

李某、郭某阳诉郭某和、童某某继承纠纷案④

基本案情： 1998 年 3 月 3 日，原告李某与郭某顺登记结婚。2002 年，郭某顺以自己的名义购买了涉案建筑面积为 45.08 平方米的 306 室房屋，并办理了房屋产权登记。2004 年 1 月 30 日，李某和郭某顺共同与南京军区南京总医院生殖遗传中心签订了人工授精协议书，对李某实施了人工授精，后李某怀孕。2004 年 4 月，郭某顺因病住院，其在得知自己患了癌症后，向李某表示不要这个孩子，但李某不同意人工流产，坚持要生下孩子。5 月 20 日，郭某顺在医院立下自书遗嘱，在遗嘱中声明他不要这个人工授精生下的孩子，并将 306 室房屋赠与其父母郭某和、童某某。郭某顺于 5 月 23 日病故。李某于当年 10 月 22 日产下一子，取名郭某阳。原告李某无业，每月领取最低生活保障金，

① 参见张永：《遗嘱信托的规范构成与体系效应》，载《法学》2022 年第 10 期，第 121 页。
② 参见张永：《遗嘱信托的规范构成与体系效应》，载《法学》2022 年第 10 期，第 121－122 页。
③ 参见张永：《遗嘱信托的规范构成与体系效应》，载《法学》2022 年第 10 期，第 124－125 页。
④ 本案是最高人民法院指导性案例 50 号。

另有不固定的打工收入，并持有夫妻关系存续期间的共同存款 18 705.4 元。被告郭某和、童某某居住在同一个住宅小区的 305 室，均有退休工资。2001 年 3 月，郭某顺为开店，曾向童某某借款 8 500 元。南京大陆房地产估价师事务所有限责任公司受法院委托，于 2006 年 3 月对涉案 306 室房屋进行了评估，经评估房产价值为 19.3 万元。

争议焦点：一是郭某阳是否为郭某顺和李某的婚生子女？二是在郭某顺留有遗嘱的情况下，对 306 室房屋应如何析产继承？

裁判结论：郭某顺因无生育能力，签字同意医院为其妻子即原告李某施行人工授精手术，该行为表明郭某顺具有通过人工授精方法获得其与李某共同子女的意思表示。只要在夫妻关系存续期间，夫妻双方同意通过人工授精生育子女，所生子女均应视为夫妻双方的婚生子女。郭某顺在遗嘱中否认其与李某所怀胎儿的亲子关系，是无效民事法律行为，应当认定郭某阳是郭某顺和李某的婚生子女。涉案的 306 室房屋归原告李某所有；李某于判决生效之日起 30 日内，给付原告郭某阳 33 442.4 元，该款由郭某阳的法定代理人李某保管；李某于本判决生效之日起 30 日内，给付被告郭某和 33 442.4 元、给付被告童某某 41 942.4 元。

裁判理由：遗嘱人以遗嘱处分了国家、集体或者他人财产的，应当认定该部分遗嘱无效。登记在被继承人郭某顺名下的 306 室房屋，是郭某顺与原告李某夫妻关系存续期间取得的夫妻共同财产。郭某顺死亡后，该房屋的一半应归李某所有，另一半才能作为郭某顺的遗产。郭某顺在遗嘱中，将 306 室全部房产处分归其父母，侵害了李某的房产权，遗嘱的这部分应属无效。此外，遗嘱应当为缺乏劳动能力又没有生活来源的继承人保留必要的遗产份额。郭某顺在立遗嘱时，明知其妻子腹中的胎儿而没有在遗嘱中为胎儿保留必要的遗产份额，该部分遗嘱内容无效。遗产分割时，应当保留胎儿的继承份额。因此，在分割遗产时，应当为该胎儿保留继承份额。综上，在扣除应当归李某所有的财产和应当为胎儿保留的继承份额之后，郭某顺遗产的剩余部分才可以按遗嘱确定的分配原则处理。

教学评析：可以结合《民法典》第 1141 条和第 1155 条第一句分析本案。

本章深度阅读

1. 郭明瑞．论遗嘱形式瑕疵对遗嘱效力的影响：兼论遗嘱形式的立法完善．求是学刊，2013（2）.

2. 刘征峰．嗣后财产灭失、相反行为与遗嘱效力．法学研究，2021（5）.

3. 张永．遗嘱信托的规范构成与体系效应．法学，2022（10）.

4. 王雷．我国《继承法》修改中应着力协调的三种关系．苏州大学学报（法学版），2014（4）.

5. 王某富诉三信律师所财产损害赔偿纠纷案．最高人民法院公报，2005（10）；张某英依与其同居人所立遗嘱诉遗嘱人之妻蒋某芳给付受遗赠的财产案．人民法院案例选，2002（2）.

6. 北京法院参阅案例第 71 号：刘某起与刘某海、刘某霞、刘某华遗嘱继承纠纷案

(2022 年北京市高级人民法院审判委员会第 24 次会议通过).

7. 张某一诉赵某等继承纠纷案（天津市高级人民法院发布的贯彻实施民法典家事审判典型案例之一，天津市高级人民法院微信公众号“天津高法”2021 年 11 月 7 日发布).

8. 深圳市中级人民法院发布的 10 起 2020 年度全市法院典型案例（市中级法院篇）之九：张某诉黄某乙、黄某丙等法定继承纠纷案——房屋拆迁补偿协议是否撤销遗嘱的认定［广东省深圳市中级人民法院（2020）粤 03 民终 20486 号民事判决书].

本章问题与思考

1. 遗嘱上只写了年月，没写日，遗嘱是否无效？立遗嘱人没有签名，而是盖签名章或者按指印，遗嘱是否无效？立遗嘱人没有签姓名，而是签了笔名、艺名、网名、译名等，遗嘱是否无效？

答题指引：遗嘱上只写了年月，没写日，遗嘱无效。立遗嘱人没有签名，而是盖签名章或者按指印，遗嘱无效。立遗嘱人没有签姓名，而是签了笔名、艺名、网名、译名等，遗嘱不因此而无效。

2. 被继承人手写了一份遗嘱，字迹很工整，签名的时候和全文字体一致，也很工整。但被继承人日常签名用其他字体，会连笔，相比没那么工整。自书遗嘱里面签名的时候是否必须用日常签名体？这份遗嘱会因为工整的签名而影响效力或者带来证明困难吗？

答题指引：自书遗嘱里面签名并非必须用日常签名体。这份遗嘱不会因为工整的签名而影响效力或者带来证明困难。

3. 如何看待打印遗嘱的法律效力？

答题指引：《民法典》第 1136 条认可打印遗嘱的效力，规定了打印遗嘱的有效要件。

4. 试论述遗嘱自由原则及其限制。

答题指引：遗嘱自由原则及其限制是继承法上重要的价值判断问题。

5. 论述社会变迁与遗嘱形式的多样化发展。

答题指引：社会变迁要求遗嘱形式的多样化。

6. 赵某伟 2005 年在遗嘱中写道：“在赵某伟去世后，东面三间楼房的使用权归妻子刘某澜，西面三间平房也归她。如妻子今后嫁人，三间平房归赵某伟的侄子赵某华所有。”2006 年赵某伟去世。赵某伟的双亲早已相继去世，赵某伟无子女。2007 年刘某澜再婚，这份特殊的遗嘱最终在 2012 年引发了侄子和婶婶间的遗产纠纷。①

试分析该案中遗嘱的法律效力及涉案房屋的最终权利归属。

答题指引：先析产后继承。分析遗嘱中处分给妻子的是“使用权”还是“所有权”。

7. 兄妹三人。哥哥甲去世，无父母妻儿，留有一笔存款于某银行。妹妹乙为唯一的遗嘱继承人（但遗嘱没有公证人），乙想提款，该银行要求必须有公证书或者法院判决书证明其为唯一继承人，公证处答复要公证必须有法院的判决书。甲的弟弟丙已去世，

---

① 参见佳木、张虹：《丈夫临终“雷人”遗嘱引发诉讼》，载《民主与法制》2013 年 5 月 20 日。

留有子女。

问：弟弟丙的子女是否具有继承权？如何向法院要求判决其为唯一继承人？

答题指引：弟弟丙的子女有权代位继承。分析乙的遗嘱继承能否排除丙的子女的代位继承。

8. 几位自然人共同出资成立一个公司，并在该公司章程中规定，任何一位股东死亡后，其股份都不能为其继承人继承，而只能由公司其他股东按照股权比例分配。

请问股东在章程中的此种约定是否有效？

答题指引：自然人合法的私有财产，可以依法继承。股东不能通过章程剥夺股权中财产权的继承。

9. 在一起离婚诉讼中，夫妻双方因房产归属陷入僵局。有一套房在妻子名下，丈夫提出过户给孩子，妻子不肯。妻子的代理律师劝说妻子，即使同意，也得等到二三十年后还完贷款才能过户，对她目前的生活没有影响。女方终于退让，但要求男方写下遗嘱，承诺死后另一套房子也归孩子所有。男方死活不同意，他担心万一未来房子要变卖或置换，以后怎么面对小孩？妻子的代理律师劝他，写这份遗嘱其实没有实质意义，"今天写的，明天就可以变更"，只不过是女方在要一个态度。[①]

请结合《民法典》有关规定分析这起离婚诉讼中夫妻各自的诉求及律师的建议。

答题指引：离婚财产分割协议中的赠与条款不适用赠与人的任意撤销权。遗嘱人可以撤回、变更自己所立的遗嘱。

10. 夫妇合葬是中国重要的丧葬习惯。根据《人民法院报》2018年一则案例分析报道[②]，适当改编以形成基本案情如下：顾某生前有两任丈夫，与前任丈夫曹某育有一子一女，儿子曹甲，1962年曹某亡故。之后顾某与后任丈夫翟某结婚，翟某系入赘到顾某家，婚后育有翟甲等四名子女。曹甲与林某婚后生子曹乙，2003年曹甲过世。2008年9月，顾某立的公证遗嘱载明：其丧事全部由儿子翟甲料理，费用也由翟甲全部承担，任何人不得干涉。顾某还在公证处的录音中表示丧事不要儿媳林某干涉。2013年，顾某后任丈夫翟某去世，2016年8月顾某去世。顾某去世后翟甲负责操办丧事，按风俗丧事操办完毕后，死者骨灰须先单独安葬待冬天再与已过世丈夫合葬，翟甲将骨灰单独安葬于村公墓中。

后曹乙未经翟甲同意将骨灰与其祖父合葬。在当地，"一女二嫁"且后夫系入赘的情形下，女子死后的合葬有"紧前不紧后"之说，曹乙认为遗嘱本身仅指定翟甲负责丧事料理，但并未明确骨灰的合葬问题，那么骨灰安葬应当遵循当地的风俗习惯。

翟甲认为，遗嘱明确丧事由其料理当然包括骨灰的处置，应将骨灰与其父合葬，争执未果遂成诉。诉讼过程中曹乙认为根据"入土为安"的习惯，不宜改变骨灰与其祖父合葬的状况。

根据以上案情，结合《民法典》相关规定和理论，对本案进行"定分止争"，并说

---

① 参见潘轩：《离婚律师的长线战争："所有最终走向决裂的人，曾经都是相爱的"》，载微信公众号"南方周末"2022年9月3日，https://mp.weixin.qq.com/s/ux408vKNmK13tXltxzc7xQ，最后访问时间：2022年9月3日。

② 案例裁判文书参见"练某龙与周某一般人格权纠纷案"，江苏省盐城市中级人民法院（2017）苏09民终4701号民事判决书。

明详细理由，可以结合如下要点展开分析：

(1) 如何看待曹乙和翟甲各自所说的当地习惯？如何看待“死者为大”的丧葬习惯？

(2) 本案是否需要或者可以适用习惯处理？

(3) 如何看待顾某立公证遗嘱载明其丧事全部由儿子翟甲料理的安排？可否由此推定其遗愿？请运用文义解释等方法分析该遗嘱。

(4) 曹乙和翟甲之间是否存在侵权？谁侵害了谁的何种合法权益？二人行为是否构成民法上的自助行为？

(5) 曹乙和翟甲的意见不一致时，是否存在类推适用法定继承人顺序规则的可能？

(6) 如果法院根据两段婚姻关系存续时间长短，等比例分配骨灰分别和已过世的前夫、后夫合葬，您认为是否可以接受？

(7) 曹乙和翟甲对顾某的骨灰均可寄托哀思，法院能否顾及继承人与死者之间的亲疏关系，根据现实生活中“三人一碑”的做法判决顾某、曹某、翟某三人合葬？

(8) 如何评价“在当地，‘一女二嫁’且后夫系入赘的情形下，女子死后的合葬有‘紧前不紧后’之说”？

总结得出您认为合宜的裁判结论并对本案裁判理由按照论证力强弱进行排序展示。

答题指引：夫妻合葬的丧礼习俗在我国由来已久。对死者骨灰的处理，首先，原则上应当按照死者生前的意思表示办理①；其次，由死者的最近亲属根据亲情来行使处分权；最后，风俗习惯并不等同于善良风俗，与我国法律规定相悖的风俗习惯并不能成为司法审判的依据。

某女士生前有过两段婚姻，死后应和哪个丈夫合葬？如何协调“死者为大”和“入土为安”的关系？虽然死者应“入土为安”，且在当地有“一女二嫁”且女子与后夫结合系撑门主户情形下，女子死后的合葬“紧前不紧后”的风俗习惯，但死者近亲属应当充分尊重死者的遗愿，骨灰的安葬地点、安葬方式等不应与死者的遗愿相违背。死者生前立遗嘱指定丧事料理由其与后夫之子全权负责，其他任何人无权干涉。其立遗嘱就是为了避免纠纷发生，丧事料理应包括火化、安葬及之后一系列的事宜。可以推定死者生前立遗嘱的本意是要求百年之后骨灰与后夫合葬。在处理死者的骨灰时，首先应当尊重死者生前的意愿；在死者没有明确意思表示的情况下，才可由其近亲属依善良风俗原则进行合理处分。

“一女二嫁”且后嫁之夫系“招夫养子”的情形下，女子死后骨灰合葬“紧前不紧后”的习俗，根源于男女不平等的封建思想。该习俗体现的是男尊女卑、女子人身依附于男子等陈旧观念，认为女子一旦嫁给男方即失去独立的权利，一生一世都要从属于男方，同时也体现了对“招婿入赘”婚姻关系中男方人格的蔑视。当事人所在地区“紧前不紧后”的合葬习俗，与当代道德风尚相背离，不能视为善良风俗。

---

① 蒋介石的母亲王采玉去世后并没有与丈夫合葬，王氏生前曾对蒋介石谈起自己百年后的坟地，她态度坚决地说：“瑞元，你千万要记住，我将来坟墓不要与父亲合葬。”“余百年后，不必因袭俗礼同穴，以余墓之工事，重惊尔父之灵，当为余营别圹。”李敖：《蒋介石评传》（上），中国友谊出版公司2010年版，第15－17页。

死者的骨灰处分权应由最近亲属据以亲情来行使。从死者骨灰体现近亲属祭奠利益的角度考量，在现实生活中，血缘上的远近往往反映了各近亲属对死者祭奠利益的大小。在近亲属就骨灰安葬协商不成发生争议的情况下，原则上应当确定血缘更近的近亲属作为骨灰的安葬管理人，并以该近亲属提出的合乎善良风俗的安葬方式、安葬地点安葬骨灰，以便能够保护更大的祭奠利益。可以参照法定继承处理近亲属之间骨灰安置争议。①

11.（法考真题改编）甲婚内生育一子乙和一女丙，婚外与丁女同居并致其怀孕，二人分手时丁未告知甲自己怀孕一事，丁生下戊后独立抚养，甲不知戊的存在，戊5岁时甲病危，立下自书遗嘱表示“死后全部遗产由儿子继承”。次年，甲病逝。下列选项正确的是（　　）。

A. 该遗嘱因内容不明而无效

B. 戊有权分得必要遗产份额

C. 遗嘱是无相对人的意思表示

D. 甲所立遗嘱因重大误解可撤销

参考答案：BC

12.（法考真题改编）韩某于2017年3月病故，留有住房1套、存款50万元、名人字画10余幅及某有限责任公司股权等遗产。韩某在2014年所立第一份自书遗嘱中表示全部遗产由其长子韩大继承。在2015年所立第二份自书遗嘱中，韩某表示其死后公司股权和名人字画留给7岁的外孙女婷婷。2017年6月，韩大在未办理韩某遗留房屋所有权变更登记的情况下以自己的名义与陈卫订立了商品房买卖合同。下列哪些选项是错误的？（　　）

A. 韩某的第一份遗嘱失效

B. 韩某的第二份遗嘱无效

C. 韩大与陈卫订立的商品房买卖合同无效

D. 婷婷不能取得某有限责任公司股东资格

参考答案：ABCD

13.（法考真题改编）老夫妇王冬与张霞有一子王希、一女王楠，王希婚后育有一子王小力。王冬和张霞曾约定，自家的门面房和住房属于王冬所有。2012年8月9日，王冬办理了公证遗嘱，确定门面房由张霞和王希共同继承。2013年7月10日，王冬将门面房卖给他人并办理了过户。2013年12月，王冬去世，不久王希也去世。关于住房和出售门面房价款的继承，下列哪一说法是错误的？（　　）

A. 张霞有部分继承权

B. 王楠有部分继承权

C. 王小力有部分继承权

D. 王小力对住房有部分继承权、对出售门面房的价款有全部继承权

① 参见李晓东：《二嫁女去世后骨灰的处置及风俗习惯的司法审查》，载《人民法院报》2018年7月12日，第7版。

参考答案：D

14.（法考真题改编）甲有乙、丙和丁三个女儿。甲于 2013 年 1 月 1 日亲笔书写一份遗嘱，写明其全部遗产由乙继承，并签名和注明年月日。同年 3 月 2 日，甲又请张律师代书一份遗嘱，写明其全部遗产由丙继承。同年 5 月 3 日，甲因病被丁送至医院急救，甲又立口头遗嘱一份，内容是其全部遗产由丁继承，在场的赵医生和李护士见证。甲病好转后出院休养，未立新遗嘱。如甲死亡，下列哪一选项是甲遗产的继承权人？（　　）

A. 乙

B. 丙

C. 丁

D. 乙、丙、丁

参考答案：A

15.（法考真题改编）甲自书遗嘱将所有遗产全部留给长子乙，并明确次子丙不能继承。乙与丁婚后育有一女戊、一子己。后乙、丁遇车祸，死亡先后时间不能确定。甲悲痛成疾，不久去世。丁母健在。下列哪些表述是正确的？（　　）

A. 甲、戊、己有权继承乙的遗产

B. 丁母有权转继承乙的遗产

C. 戊、己、丁母有权继承丁的遗产

D. 丙有权继承、戊和己有权代位继承甲的遗产

参考答案：ACD

16.（法考真题改编）甲育有二子乙和丙。甲生前立下遗嘱，其个人所有的房屋死后由乙继承。乙与丁结婚，并有一女戊。乙因病先于甲死亡后，丁接替乙赡养甲。丙未婚。甲死亡后遗有房屋和现金。下列哪些表述是正确的？（　　）

A. 戊可代位继承

B. 戊、丁无权继承现金

C. 丙、丁为第一顺序继承人

D. 丙无权继承房屋

参考答案：AC

17.（考研真题改编）遗嘱的有效要件。

答题指引：遗嘱是典型的要式行为、死因行为、单方无相对人的行为，这对应了遗嘱的相应有效要件。

18.（考研真题改编）遗赠与遗嘱继承的区别。

答题指引：遗赠与遗嘱继承的区别如下：第一，受遗赠人和遗嘱继承人的范围不同。第二，自然人之外的其他民事主体能否作为受遗赠人或者遗嘱继承人不同。第三，受遗赠权和遗嘱继承权的行使方式不同。

19.（考研真题改编）甲订立遗嘱，载明其居住的房屋所有权由儿子乙继承，但其再婚配偶丙有权在该房屋内永久居住直至身故。后甲身故，丙依据前述遗嘱对甲生前所居住的房屋享有居住权。（答题要求：判断正误，并说明理由）

答题指引：《民法典》第 368 条规定："居住权无偿设立，但是当事人另有约定的除

外。设立居住权的，应当向登记机构申请居住权登记。居住权自登记时设立。”第 371 条规定：“以遗嘱方式设立居住权的，参照适用本章的有关规定。”

20.（考研真题改编）甲被宣告死亡后，妻子乙继承了他名下的一套房产，后来乙又将房产赠与丙并办理了过户登记手续。后来甲被撤销死亡宣告，问甲能否向丙主张返还房屋所有权？

答题指引：《民法典》第 53 条规定：“被撤销死亡宣告的人有权请求依照本法第六编取得其财产的民事主体返还财产；无法返还的，应当给予适当补偿。”“利害关系人隐瞒真实情况，致使他人被宣告死亡而取得其财产的，除应当返还财产外，还应当对由此造成的损失承担赔偿责任。”

21.（考研真题改编）甲与乙系好友。2021 年 1 月 15 日，甲亲笔书写遗嘱一份，签名并注明日期。后甲觉得自己手写的遗嘱字迹潦草，遂找两位同事帮忙将该遗嘱内容打印出来并进行见证。甲和两位同事分别在打印遗嘱上签名并注明日期。打印遗嘱共三页。第一页载明将汽车遗赠给乙，第二页载明以唯一住房为乙设定居住权。第三页载明住房由儿子丙继承。立遗嘱后，甲将两份遗嘱都交给乙保管。

2021 年 5 月 15 日，甲去世，丙系甲的唯一继承人，但不知道甲立有遗嘱。5 月 30 日，丙将甲的汽车和房屋过户登记到自己名下。6 月 15 日，乙得知甲去世，遂向丙表示接受遗赠，要求丙配合申请居住权登记。此时，丙发现打印遗嘱的第二页没有甲的签名，主张打印遗嘱无效，乙没有居住权。

请结合上述材料，回答下列问题并说明理由：

（1）甲的打印遗嘱是否有效？

（2）丙何时取得房屋所有权？

（3）乙是否有权申请办理居住权登记？

答题指引：（1）甲的打印遗嘱无效；

（2）甲死亡时，丙取得房屋所有权；

（3）乙无权申请办理居住权登记。

22.（考研真题改编）何某 2014 年丧偶，其子女甲、乙二人均已工作。2015 年 5 月，何某在邻居张律师的见证下当着甲、乙的面书写了遗嘱：本人去世后，名下两套房产由甲、乙分别继承。同年 6 月，何某因在报纸上读到有关遗产税的新闻，便找来甲、乙二人，与其虚构了房屋买卖文书。2015 年 7 月何某将房产分别过户至甲、乙名下。此后，何某与甲共同生活。2018 年 10 月，何某因遭受甲的虐待，向甲表示撤销遗嘱，并要求甲返还房屋。甲声称何某将房产过户给自己是三年前的事情，过了诉讼时效，拒绝归还房屋。请根据上述材料，回答下列问题并说明理由：

（1）何某是否有权在张律师不在场的情况下撤销遗嘱？

（2）何某将房屋过户给甲三年之后，是否有权要求甲归还房屋？

（3）如甲于 2016 年 6 月将房屋以市价卖给丙并过户，何某是否有权要求丙返还房屋？

答题指引：（1）何某有权在张律师不在场的情况下撤销遗嘱。

（2）何某将房屋过户给甲三年之后，仍有权要求甲归还房屋。《民法典》第 663 条规定：“受赠人有下列情形之一的，赠与人可以撤销赠与：（一）严重侵害赠与人或者赠与人近亲属的合法权益；（二）对赠与人有扶养义务而不履行；（三）不履行赠与合同约定的义务。”“赠与人的撤销权，自知道或者应当知道撤销事由之日起一年内行使。”

（3）如甲于2016年6月将房屋以市价卖给丙并过户，何某无权要求丙返还房屋。

23.（考研真题改编）张三想将遗产设立为信托财产，在现行法律框架下，该如何设立？何时生效，为什么？结合《民法典》《信托法》相关规定进行回答。

答题指引：《民法典》第1133条第4款规定：“自然人可以依法设立遗嘱信托。”《信托法》第8条规定：“设立信托，应当采取书面形式。”“书面形式包括信托合同、遗嘱或者法律、行政法规规定的其他书面文件等。”“采取信托合同形式设立信托的，信托合同签订时，信托成立。采取其他书面形式设立信托的，受托人承诺信托时，信托成立。”第13条规定：“设立遗嘱信托，应当遵守继承法关于遗嘱的规定。”“遗嘱指定的人拒绝或者无能力担任受托人的，由受益人另行选任受托人；受益人为无民事行为能力人或者限制民事行为能力人的，依法由其监护人代行选任。遗嘱对选任受托人另有规定的，从其规定。”遗嘱信托的生效时间涉及《民法典》继承编与《信托法》的适用衔接。

24.甲和乙约定购买一套学区房，约定价款790万元，这套房的市价为800万元。双方约定乙应在2019年3月1日迁出户口。双方在2019年1月4日办理过户登记和交付房屋。但后来乙始终没有办理户口迁出手续，甲多次催告未果，因而对女儿的入学问题心急如焚。后丙（乙的弟弟）向法院起诉，主张乙伪造遗嘱和相关文件，将原本应当由丙单独继承的房屋登记在自己名下。法院在2019年4月1日送达了诉讼文件，甲在4月10日向乙发送邮件：“我为了女儿入学才购买房屋，现在迟迟不能迁出户口，履行没有意义，我们撤销合同吧。”

（1）请分析房屋所有权归属。

（2）请分析甲乙买卖合同效力。

答题指引：（1）房屋所有权在合同撤销前归甲，甲构成善意取得。合同撤销后，房屋所有权归丙。

（2）甲乙买卖合同有效。

25.（考研真题改编）甲乙于2010年1月1日结婚。

（1）甲婚前曾以首付10万元，按揭购买房屋A一套，登记在甲名下，婚后两人共同还贷。

（2）甲婚前设立某有限责任公司，婚后分得红利200万元。

（3）乙婚后购买首饰、名贵衣包等个人专有用品价值近50万元。

（4）婚姻关系存续期间，乙的父母全资购买房屋B一套，登记在乙名下。

（5）甲乙因感情不和，决定分居并签订协议如下：登记在甲名下的夫妻共有房屋C归乙所有。

（6）分居期间，乙的父亲死亡，乙遗嘱继承房屋D一套。

乙起诉离婚，双方就财产问题发生争议，请问前述各项财产当如何分配？

答题指引：（1）房屋A归甲，共同还贷及对应增值部分归甲乙共有。

（2）分得的红利属于夫妻共同财产。

（3）乙婚后购买的首饰、名贵衣包等个人专有用品属于夫妻共同财产。

(4) 房屋B归甲乙双方共同共有。

(5) 房屋C归乙所有。

(6) 房屋D归甲乙双方共同共有。

26.（考研真题改编）下列哪一选项属于所有权的继受取得？（　　）

A. 甲通过遗嘱继承其兄房屋一间

B. 乙的3万元存款得利息1 000元

C. 丙购来木材后制成椅子一把

D. 丁拾得他人搬家时丢弃的旧电扇一台

参考答案：B

第十二章 遗产的处理

本章重点知识

1.《民法典》坚持“当然继承主义”，即继承因被继承人死亡而开始，继承开始后，继承人当然承受遗产，而不必将遗产先归遗产管理人或者遗嘱执行人所有。

2. 遗赠扶养协议优先于遗赠、遗嘱继承和法定继承。遗赠扶养协议优先于遗嘱适用，遗嘱优先于法定继承。

3. 遗产管理人制度是《民法典》继承编的新增规定和最大亮点。

4. 限定继承是指继承人以其所继承遗产的实际价值为限对被继承人依法应当缴纳的税款和债务承担清偿责任。

5. 遗赠扶养协议是被扶养人和扶养人签订的，由扶养人承担被扶养人生养死葬的义务，而被扶养人将全部或者部分财产遗赠给扶养人的协议。遗赠扶养协议不同于遗赠。

6. 赡养协议、遗赠扶养协议、继承协议都属于《民法典》第 464 条第 2 款规定的身份关系协议。

本章知识逻辑图

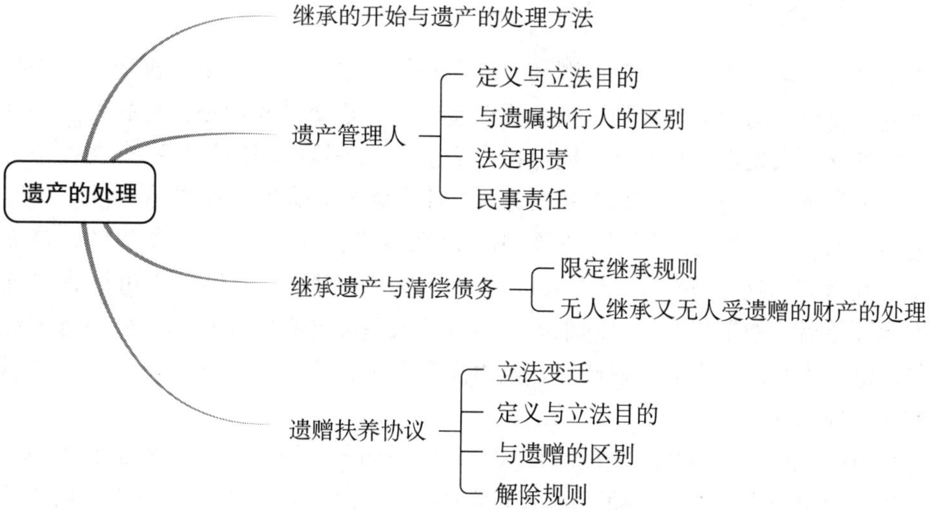

第一节　继承的开始与遗产的处理方法

一、继承的开始

《民法典》坚持“当然继承主义”，即继承因被继承人死亡而开始，继承开始后，继承人当然承受遗产，而不必将遗产先归遗产管理人或者遗嘱执行人所有。

继承开始的时间具有重要意义。《民法典》第1121条规定：“继承从被继承人死亡时开始。”“相互有继承关系的数人在同一事件中死亡，难以确定死亡时间的，推定没有其他继承人的人先死亡。都有其他继承人，辈份不同的，推定长辈先死亡；辈份相同的，推定同时死亡，相互不发生继承。”《民法典继承编司法解释一》第1条规定：“继承从被继承人生理死亡或者被宣告死亡时开始。”“宣告死亡的，根据民法典第四十八条规定确定的死亡日期，为继承开始的时间。”在人身保险合同中，《保险法》第42条第2款规定：“受益人与被保险人在同一事件中死亡，且不能确定死亡先后顺序的，推定受益人死亡在先。”《保险法》第42条第2款是《民法典》第1121条第2款的特别规定。

《最高人民法院关于贯彻执行〈中华人民共和国民法通则〉若干问题的意见（试行）》第177条明确规定：“……继承开始后，继承人未明确表示放弃继承的，视为接受继承，遗产未分割的，即为共同共有……”即遗产在分割之前应为继承人共同共有。

若遗嘱中给某位继承人单独设定居住权，则即便是遗产分割前该居住权也不宜为全体继承人共同共有。

二、因继承取得物权

（一）因继承取得物权的一般规定

为了尽快明确物的归属，在被继承人死亡的特殊情况下应加速物权变动的进程，此时不宜适用物权变动的一般规则，不宜要求遗产物权自交付或者登记时起发生变动，否则就会在被继承人死亡后与继承人取得物权之前出现一段时间间隔，遗产在这个时间段内处于无主状态。《物权法》第29条规定：“因继承或者受遗赠取得物权的，自继承或者受遗赠开始时发生效力。”《民法典》第230条规定：“因继承取得物权的，自继承开始时发生效力。”继承开始后，继承人即取得对遗产的财产权，继承人可以直接支配遗产。继承开始后，如果只有一位继承人，该继承人单独享有财产权利；如果有多位继承人，多位继承人共同共有遗产财产权，经由遗产分配程序，各位继承人可以取得对所继承遗产的单独权利。

《民法典》第230条删除“或者受遗赠”，原因如下：第一，因继承而生的物权变动属于非基于法律行为的物权变动，因受遗赠取得物权属于基于法律行为的物权变动，二者逻辑不同。[①] 第二，遗赠本质上属于赠与关系，受遗赠人应当在知道受遗赠后 60 日内，作出接受或者放弃受遗赠的表示；到期没有表示的，视为放弃受遗赠。接受遗赠后，遗嘱人的遗产方能成为受遗赠人的财产。有学者认为：我国民法采区分遗嘱继承与遗赠的立法模式以及债权形式主义的物权变动模式，遗赠不具有直接导致物权变动的效力而仅具债权效力。遗赠不能与继承并列作为非基于法律行为的物权变动类型。[②]

自 2024 年 5 月 21 日起公布、施行的《不动产登记暂行条例实施细则》第 14 条规定："因继承、受遗赠取得不动产，当事人申请登记的，应当提交死亡证明材料、遗嘱或者全部法定继承人关于不动产分配的协议以及与被继承人的亲属关系材料等，也可以提交经公证的材料或者生效的法律文书。"继承或遗赠房屋不一定需要办理公证[③]，是否办理公证由立遗嘱人自行决定。只要遗嘱是真实合法的，不动产登记机构就不能拒绝办理房产所有权转移登记手续。"国家对不动产实行统一登记制度。统一登记的范围、登记机构和登记办法，由法律、行政法规规定。司法部、建设部《关于房产登记管理中加强公证的联合通知》不属于法律、行政法规、地方性法规、规章的范畴，且与《物权法》、《继承法》、《房屋登记办法》等有关法律法规相抵触，不能成为房屋登记主管部门不履行房屋登记法定职责的依据。"[④]《不动产登记暂行条例实施细则》对继承或者受遗赠取得不动产的权属登记既不强制公证，又不要求过户登记前须经公告且无异议。[⑤]

（二）以遗嘱方式设立居住权

居住权的主要设立方式是居住权合同、遗嘱和法院裁判。居住权采取登记生效主义的物权变动模式，设立居住权的，应当向登记机构申请居住权登记，居住权自登记时设立。但以遗嘱方式设立居住权的，其物权变动适用《民法典》第 230 条的规定，自继承开始时发生效力，不以登记为必要。因遗嘱继承取得不动产所有权者负有配合及时完成居住权登记的义务。

《民法典》第 367 条规定："设立居住权，当事人应当采用书面形式订立居住权合同。""居住权合同一般包括下列条款：（一）当事人的姓名或者名称和住所；（二）住宅的位置；（三）居住的条件和要求；（四）居住权期限；（五）解决争议的方法。"该条从行为规范角度指引我们如何去起草一份居住权合同，该条两款均属于倡导性规范。居住

---

① 参见崔建远：《物权法》（第 5 版），中国人民大学出版社 2021 年版，第 82－83 页。

② 参见刘耀东：《〈民法典〉物权编第 230 条删除"遗赠"的解释》，载微信公众号"法言峰语"2020 年 8 月 24 日，https：//mp. weixin. qq. com/s/qsnAR8YmnUM5ghYnlfSLUA；房绍坤：《论民法典继承编与物权编的立法协调》，载《法学家》2019 年第 5 期，第 77－78 页。

③ 参见杨玉章：《房屋继承登记 不应强制公证》，载《中国国土资源报》2014 年 5 月 14 日。

④ "陈某华诉南京市江宁区住房和城乡建设局不履行房屋登记法定职责案"，载《中华人民共和国最高人民法院公报》2014 年第 8 期。

⑤ 《不动产登记暂行条例实施细则》第 17 条规定："有下列情形之一的，不动产登记机构应当在登记事项记载于登记簿前进行公告，但涉及国家秘密的除外：（一）政府组织的集体土地所有权登记；（二）宅基地使用权及房屋所有权，集体建设用地使用权及建筑物、构筑物所有权，土地承包经营权等不动产权利的首次登记；（三）依职权更正登记；（四）依职权注销登记；（五）法律、行政法规规定的其他情形。""公告应当在不动产登记机构门户网站以及不动产所在地等指定场所进行，公告期不少于 15 个工作日。公告所需时间不计算在登记办理期限内。公告期满无异议或者异议不成立的，应当及时记载于不动产登记簿。"

权合同是《民法典》物权编中的典型合同。当事人可以订立一份独立的居住权合同，也可以在其他合同中约定相关居住权条款。《民法典》第 371 条规定："以遗嘱方式设立居住权的，参照适用本章的有关规定。"以遗嘱方式设立居住权，有助于满足遗嘱人遗产处分多元需求。遗嘱属于单方民事法律行为，遗嘱的形式和效力要适用《民法典》继承编的相关规则。以遗嘱方式设立居住权时，遗嘱中须包含对特定居住利益的承诺，遗嘱不限于书面形式，须对第 367 条第 1 款作变通调适，遗嘱的形式以《民法典》第 1134～1139 条的规定为准。身份关系协议属于与合同并列的双方民事法律行为，居住权一章主要规制基于合同行为引发的居住权变动，基于离婚财产分割协议、遗赠扶养协议等身份关系协议引发的居住权变动也可类推适用《民法典》居住权一章的有关规定。[①] 实践中，若未订立居住权合同，但当事人在诉讼中要求法院设立居住权，其首要条件为需要作为一项独立诉请提出；若未提出该诉请且在法院释明之下仍未提出，根据"不告不理"的基本诉讼原则，则法院无法在诉讼中予以处理。当事人尚未订立居住权合同，法院可依据各方同意设立居住权的意见明确各方可以根据居住权设立的法定要件自行设立居住权。[②]

例如，妻子生前立下遗嘱将房产赠与弟弟，丈夫李先生再婚之前享有居住权。妻子过世数年，妻子的弟弟作为新的房主拟卖房，丈夫如何保障自己的居住权？《民法典》新增居住权这一用益物权。湖北省武汉市的李先生得知后，赶紧带着妻子遗产纠纷案的生效判决，向武汉市洪山区人民法院执行局申请居住权强制执行。2021 年 2 月 26 日，洪山区人民法院作出执行裁定，将该房屋的居住权登记在李先生名下。此案为《民法典》颁布实施后全国首例居住权执行案件。[③]

又如，在"唐某三人诉俞某某返还原物纠纷案"中，案涉房屋原系唐某三人的父亲唐某某与母亲韩某某的夫妻共同财产。2007 年，韩某某去世。2008 年，唐某三人通过继承遗产及接受唐某某的房屋产权赠与，取得案涉房屋所有权，并出具承诺书，承诺：父亲唐某某及其续弦离世前，有终身无偿居住该房屋的权利，但此房只能由唐某某及其续弦居住，其无权处置（出租、出售、出借等），唐某三人无权自行处置该房产。后俞某某与唐某某登记结婚，共同居住案涉房屋。2016 年 1 月，唐某某去世，64 岁的俞某某仍居住在内。同年 6 月，唐某离婚，其以无房居住为由要求入住该房屋，遭俞某某拒绝。唐某三人提起本案诉讼，要求判令俞某某立即返还唐某三人名下的案涉房屋。法院对唐某三人要求俞某某立即返还其名下案涉房屋的请求，不予支持，判决驳回唐某三人的诉讼请求。法院认为唐某三人的承诺应视为赠与人作出赠与房产时所附的赠与义务（附条件的赠与）。在房产已经转移登记至受赠人后，受赠人无权单方撤销承诺，应充分尊重当事人的意思自治。不动产过户后，原物权人继续使用不动产，该种保留房屋居住

① 参见王雷：《对〈中华人民共和国民法典（草案）〉的完善建议》，载《中国政法大学学报》2020 年第 2 期，第 79 页。

② 参见"丁某、田某 1 诉李某、田某 2、田某 3 继承纠纷案——公证遗嘱的适用以及居住权设立"，北京市海淀区人民法院发布的遗嘱继承纠纷典型案例五，载北京市海淀区人民法院 2023 年 3 月 29 日发布的《遗嘱继承纠纷审判白皮书（2022 年度）》，https：//bjhdfy. bjcourt. gov. cn/article/detail/2023/03/id/7219370. shtml。

③ 参见向昱璇、高禛：《〈中国审判〉2021 年度十大典型案例之十：全国首例居住权执行案》，载微信公众号"中国审判"2022 年 2 月 9 日，https：//mp. weixin. qq. com/s/Hrmo7EfcXlAtVf-AE-HA。

使用权的赠与，可视为设立居住权的合同，新产权人亦无权单方撤销该合同。[①]

三、遗产的处理方法

明确遗产的范围，通过析产将个人遗产与他人财产区分开来。不能混淆个人遗产与夫妻共同所有的财产，不能混淆个人遗产与家庭共有的财产。《民法典》第1153条规定："夫妻共同所有的财产，除有约定的外，遗产分割时，应当先将共同所有的财产的一半分出为配偶所有，其余的为被继承人的遗产。""遗产在家庭共有财产之中的，遗产分割时，应当先分出他人的财产。"在法定继承和夫妻共同财产制情形下，夫妻一方死亡后，除有约定的外，遗产分割时，应当先将共同所有的财产的一半分出为生存的配偶所有，该配偶作为第一顺序的法定继承人还可以参与遗产的继承。

遗产的妥善保管是遗产处理的前提。存有遗产的人，应当妥善保管遗产，任何人不得隐匿、侵吞或者争抢。[②]《民法典》第1151条规定："存有遗产的人，应当妥善保管遗产，任何组织或者个人不得侵吞或者争抢。"《民法典继承编司法解释一》第43条规定："人民法院对故意隐匿、侵吞或者争抢遗产的继承人，可以酌情减少其应继承的遗产。"

遗赠扶养协议优先于遗赠、遗嘱继承和法定继承。遗赠扶养协议优先于遗嘱适用，遗嘱优先于法定继承。《民法典》第1123条规定："继承开始后，按照法定继承办理；有遗嘱的，按照遗嘱继承或者遗赠办理；有遗赠扶养协议的，按照协议办理。"法定继承开始后，由第一顺序继承人继承，第二顺序继承人不继承；没有第一顺序继承人继承的，由第二顺序继承人继承。

法定继承情形下，继承人应当本着互谅互让、和睦团结的精神，协商处理继承问题，以维护平等、和睦、文明的婚姻家庭关系。《民法典》第1132条规定："继承人应当本着互谅互让、和睦团结的精神，协商处理继承问题。遗产分割的时间、办法和份额，由继承人协商确定；协商不成的，可以由人民调解委员会调解或者向人民法院提起诉讼。"

遗产分割时，应当保留胎儿的继承份额。《民法典》第1155条规定："遗产分割时，应当保留胎儿的继承份额。胎儿娩出时是死体的，保留的份额按照法定继承办理。"这是《民法典》第16条关于胎儿利益特殊保护的规定在继承法中的具体化。《民法典继承编司法解释一》第31条规定："应当为胎儿保留的遗产份额没有保留的，应从继承人所继承的遗产中扣回。""为胎儿保留的遗产份额，如胎儿出生后死亡的，由其继承人继承；如胎儿娩出时是死体的，由被继承人的继承人继承。"

不得干涉再婚一方对所继承遗产的处分权。《民法典》第1157条规定："夫妻一方死亡后另一方再婚的，有权处分所继承的财产，任何组织或者个人不得干涉。"被继承

---

① 本案是2021年2月24日最高人民法院发布的人民法院老年人权益保护十大典型案例之一，https：//www.court.gov.cn/zixun-xiangqing-287711.html。

② 参见孙思娅：《季羡林一亿元遗产 北大称是公益捐赠》，载《京华时报》2013年5月18日。

人不能通过遗嘱为其配偶设定不得再婚的义务，遗嘱的此种条款因侵害配偶的再婚自由、违背公序良俗原则而无效。

对无法通知的继承人要保留其应继承的份额。《民法典继承编司法解释一》第30条规定："人民法院在审理继承案件时，如果知道有继承人而无法通知的，分割遗产时，要保留其应继承的遗产，并确定该遗产的保管人或者保管单位。"

遗产分割方法有利于物尽其用，兼顾各继承人的利益。《民法典》第1156条规定："遗产分割应当有利于生产和生活需要，不损害遗产的效用。""不宜分割的遗产，可以采取折价、适当补偿或者共有等方法处理。"《民法典继承编司法解释一》第42条规定："人民法院在分割遗产中的房屋、生产资料和特定职业所需要的财产时，应当依据有利于发挥其使用效益和继承人的实际需要，兼顾各继承人的利益进行处理。"

遗产分割时继承人互负瑕疵担保义务，这类似于买卖合同中出卖人对标的物的瑕疵担保义务。继承人分割所得的遗产有瑕疵的，其他继承人应当分担损失。《民法典》第304条第2款规定："共有人分割所得的不动产或者动产有瑕疵的，其他共有人应当分担损失。"

根据遗赠扶养协议、遗赠、遗嘱继承和法定继承这些继承方式处理被继承人的遗产要以被继承人生前债务已经从其遗产中清偿完毕为前提。《民法典》第1159条规定："分割遗产，应当清偿被继承人依法应当缴纳的税款和债务；但是，应当为缺乏劳动能力又没有生活来源的继承人保留必要的遗产。"第1162条规定："执行遗赠不得妨碍清偿遗赠人依法应当缴纳的税款和债务。"第1163条规定："既有法定继承又有遗嘱继承、遗赠的，由法定继承人清偿被继承人依法应当缴纳的税款和债务；超过法定继承遗产实际价值部分，由遗嘱继承人和受遗赠人按比例以所得遗产清偿。"《民法典》第1141条所规定的必留份制度又优先于被继承人债务的清偿。

此外，有学者认为，《继承法》第14条（《民法典》第1131条）所规定的酌情分得遗产权优先于受遗赠权①，以体现养老育幼原则。

涉外继承关系法律适用具有特殊性。根据《最高人民法院关于适用〈中华人民共和国涉外民事关系法律适用法〉若干问题的解释（一）》第1条，继承关系具有下列情形之一的，人民法院可以认定为涉外继承关系：(1) 当事人一方或双方是外国公民、外国法人或者其他组织、无国籍人；(2) 当事人一方或双方的经常居所地在中华人民共和国领域外；(3) 标的物在中华人民共和国领域外；(4) 产生、变更或者消灭民事关系的法律事实发生在中华人民共和国领域外；(5) 可以认定为涉外民事关系的其他情形。《涉外民事关系法律适用法》第31条规定涉外法定继承的准据法："法定继承，适用被继承人死亡时经常居所地法律，但不动产法定继承，适用不动产所在地法律。"第32条规定涉外遗嘱继承的准据法："遗嘱方式，符合遗嘱人立遗嘱时或者死亡时经常居所地法律、国籍国法律或者遗嘱行为地法律的，遗嘱均为成立。"第33条条规定涉外遗嘱效力的准据法："遗嘱效力，适用遗嘱人立遗嘱时或者死亡时经常居所地法律或者国籍国法律。"第34条规定涉外遗产管理等事项的准据法："遗产管理等事项，适用遗产所在地法律。"

---

① 参见马俊驹、余延满：《民法原论》（第4版），法律出版社2010年版，第927页。

第 35 条规定确定涉外无人继承遗产归属的准据法："无人继承遗产的归属，适用被继承人死亡时遗产所在地法律。"

第二节 遗产管理人

一、遗产管理人制度概述

（一）遗产管理人的定义与立法目的

遗产管理人制度是《民法典》继承编的新增规定和最大亮点。"为确保遗产得到妥善管理、顺利分割，更好地维护继承人、债权人利益"①，借鉴破产管理人制度，《民法典》增加规定了遗产管理人制度，明确了遗产管理人的产生方式、职责和权利等内容。《民事诉讼法》在"特别程序"中增加规定"指定遗产管理人案件"，指定遗产管理人案件、撤销遗产管理人资格并依法指定新的遗产管理人案件，均适用特别程序。围绕遗产管理人是否履行法定职责、是否需要承担民事责任的案件，属于民事权益争议，适用普通程序或者简易程序审理，不适用特别程序。"遗产管理人是指经遗嘱指定或者法院指定等方式产生，以实现遗嘱内容为目的的民事主体，具有独立于被继承人和继承人的法律地位。"②

《民法典》第 1145 条规定："继承开始后，遗嘱执行人为遗产管理人；没有遗嘱执行人的，继承人应当及时推选遗产管理人；继承人未推选的，由继承人共同担任遗产管理人；没有继承人或者继承人均放弃继承的，由被继承人生前住所地的民政部门或者村民委员会担任遗产管理人。"③ 根据《民事诉讼法》第 194 条和第 195 条，对遗产管理人的确定有争议，利害关系人可以向被继承人死亡时住所地或者主要遗产所在地基层人民法院申请指定遗产管理人。人民法院受理申请后，应当审查核实，并按照有利于遗产管理的原则，判决指定遗产管理人。

死者无继承人时，其遗产的管理问题一直是继承法上的难题。死者无法定继承人或者遗嘱继承人时，死者的债权人"无人可诉"，难以对遗产主张权利。《民法典》首次规定在死者没有继承人或者继承人均放弃继承时由被继承人生前住所地的民政部门或者村民委员会担任遗产管理人，有效破解了债权人"无人可诉"的现实难题。在死者无其他继承人时，由其生前住所地的民政部门或者村民委员会担任遗产管理人，处理其"身后事"，有助于保护相关权利人的利益，符合公职部门维护公共利益的定位。没有继承人或者继承人均放弃继承的，由被继承人生前住所地的民政部门或者村民委员会担任遗产

---

① 王晨：《关于〈中华人民共和国民法典（草案）〉的说明——2020 年 5 月 22 日在第十三届全国人民代表大会第三次会议上》，http：//www.npc.gov.cn/npc/c30834/202005/50c0b507ad32464aba87c2ea65bea00d.shtml。

② 王葆莳、吴云煐：《〈民法典〉遗产管理人制度适用问题研究》，载《财经法学》2020 年第 6 期，第 51 页。

③ 最高人民法院 2024 年 12 月 3 日发布的继承纠纷典型案例（第一批）之一"坚持和发展新时代'枫桥经验'，实现案结事了人和——王某诉赵某等法定继承纠纷案"，https：//www.court.gov.cn/zixun/xiangqing/449131.html。

管理人，被继承人生前住所地的居民委员会不能担任遗产管理人。

《民法典》实施之后，各地陆续出现民政部门被确定为遗产管理人的案例。“在民政部门担任遗产管理人的方式上，我国《民法典》未规定需以经过诉讼程序作为前提条件，民政部门可以依职权或依申请担任遗产管理人，也可以接受人民法院的指定担任遗产管理人。”①《民法典》第1146条规定：“对遗产管理人的确定有争议的，利害关系人可以向人民法院申请指定遗产管理人。”

2021年11月7日天津高院发布贯彻实施民法典家事审判典型案例之二“刘某申请指定天津市河北区民政局为徐某遗产管理人案”。该案中债务人名下遗留数处房产，死亡后遗产处于无继承人的状态。债权人向法院提起申请，要求指定天津市河北区民政局作为债务人的遗产管理人，由天津市河北区民政局管理债务人遗产并以该遗产偿还其债务。②

《民法典》实施后上海浦东法院首例指定民政部门担任遗产管理人案件中，买房后原房主还没办理过户就去世了，也没有继承人，余下手续怎么办？买房人提起特别程序之诉请求指定原房主生前住所地的民政局为遗产管理人，以便启动遗产处理事宜，打破遗产处理僵局。③

2022年11月2日媒体报道一起“老人离世无继承人遗产归国家案”：上海一位老人一生未婚，无儿无女，父母过世，一直独自居住。三位旁系亲属（堂妹、姑姑、表弟）表示对老人尽到了主要赡养义务，希望分得遗产，但均未提供相应证据。法院认为三人对老人都属于一般的亲戚朋友之间的日常往来，达不到对老人扶养较多的程度，老人也不是非集体所有制组织成员，因此判决老人的遗产属于无人继承又无人受遗赠的遗产，归国家所有，由当地民政部门担任遗产管理人，将其用于公益事业。在“顾某甲、顾某乙、顾某丙申请指定遗产管理人案”④ 中，法院认为，继承开始后，没有继承人的，对被继承人没有法定扶养义务但事实上扶养较多的人，符合《民法典》第1131条规定的“可以分给适当的遗产”的条件，遗产的妥善保管与其存在法律上的利害关系，其有权向人民法院申请指定被继承人生前住所地的民政部门或者村民委员会担任遗产管理人。《民法典》第1131条后段规定，继承人以外的对被继承人扶养较多的人，可以分给适当的遗产。这体现了民事权利、义务、责任协调统一的法治思维，引导人们成为敬老爱老、积极利他的伦理人。

（二）遗产管理人与遗嘱执行人的区别

遗嘱执行人为遗产管理人，但遗产管理人不简单等同于遗嘱执行人，遗产管理人也可以由遗嘱执行人之外的人担任。遗产管理人不简单等同于继承人，继承人有可能担任

---

① 富大鹏、刘剑波、毛林宣、袁波：《北京市民政局〈民政部门担任遗产管理人工作指引〉解读》，载《中国民政》2021年第24期，第53页。

② 参见《天津高院发布贯彻实施民法典家事审判典型案例》，https：//view.inews.qq.com/a/20211108 A05FPS00。

③ 参见曹赟娴：“《民法典》中遗产管理人制度是什么？这起案件告诉你！”，上海高院2022年11月14日发布，https：//mp.weixin.qq.com/s/6MGGZNzS7ms45VbWsBiQQw？scene=25＃wechat_redirect。

④ 载《最高人民法院公报》2023年第12期。该案也被称为“江苏孤寡残疾老人遗产指定管理人案”，被评为2023年度人民法院十大案件之一。

遗产管理人，但能够担任遗产管理人的不局限于继承人。

遗产管理人与遗嘱执行人的区别如下：

第一，产生方式不同。“遗产管理人的产生途径多样，而遗嘱执行人通常依被继承人的遗嘱而产生。”[①] 遗嘱执行人为遗产管理人；没有遗嘱执行人的，继承人应当及时推选遗产管理人；继承人未推选的，由继承人共同担任遗产管理人；没有继承人或者继承人均放弃继承的，由被继承人生前住所地的民政部门或者村民委员会担任遗产管理人。

第二，行为依据不同。遗产管理人的行为依据是《民法典》继承编的相关规定，遗嘱执行人的行为依据是被继承人的遗嘱。

第三，适用范围不同。遗嘱执行人适用于遗嘱继承，遗产管理人适用于法定继承或者遗嘱继承。

第四，权限范围不同。遗产管理人的权限范围是实施与管理遗产有关的必要行为。遗嘱执行人的权限范围根据遗嘱确定。

二、遗产管理人的法定职责

遗产管理人享有实体权利和程序权利。遗产管理人的产生方式不同，不同遗产管理人所享有的权利也不尽相同。“对于遗产管理人制度不明确之处，可类推适用总则编关于代理和合同编关于委托合同的规定，结合遗产管理人的实际情况解释适用。”[②]

遗产管理人的法定职责主要包括清理保管遗产、处理债权债务和分割遗产等。《民法典》第 1147 条规定：“遗产管理人应当履行下列职责：（一）清理遗产并制作遗产清单；（二）向继承人报告遗产情况；（三）采取必要措施防止遗产毁损、灭失；（四）处理被继承人的债权债务；（五）按照遗嘱或者依照法律规定分割遗产；（六）实施与管理遗产有关的其他必要行为。”遗产管理人在遗产管理期间履行遗产管理职责时享有相应的诉权。[③]

遗产管理人有清理遗产并制作遗产清单的义务，立法未规定全体继承人有申报遗产的义务。遗产分割和离婚财产分割具有类似性，也需要一种财产申报制度，各个继承人需要如实向遗产管理人申报自己所控制的遗产情况。[④]

三、遗产管理人的民事责任

《民法典》第 1148 条规定：“遗产管理人应当依法履行职责，因故意或者重大过失造成继承人、受遗赠人、债权人损害的，应当承担民事责任。”第 1149 条规定：“遗产

---

① 张伟主编：《婚姻家庭继承法学》，法律出版社 2021 年版，第 290 页（朱启莉教授执笔）。

② 王葆莳、吴云煐：《〈民法典〉遗产管理人制度适用问题研究》，载《财经法学》2020 年第 6 期，第 51 页。

③ 参见最高人民法院法答网精选答问（第三批）问题 3：遗产管理人是否有独立的诉权?，https：//www.court.gov.cn/zixun/xiangqing/428772.html。

④ 参见叶名怡：《多地出台〈夫妻共同财产申报令〉，想隐瞒财产不可能了?》，载微信公众号“风声 OPINION”2023 年 1 月 19 日，https：//mp.weixin.qq.com/s/XAz5yciUXU81IV3W4S77EA。

管理人可以依照法律规定或者按照约定获得报酬。”《民事诉讼法》第 197 条规定：“遗产管理人违反遗产管理职责，严重侵害继承人、受遗赠人或者债权人合法权益的，人民法院可以根据利害关系人的申请，撤销其遗产管理人资格，并依法指定新的遗产管理人。”指定遗产管理人案件中的利害关系人包括继承人、受遗赠人、债权人。

应当协调《民法典》第 1148 条和第 1149 条之间的关系。第 1149 条明确遗产管理可以是有偿的。应当根据遗产管理的有偿与无偿区分遗产管理人的民事责任，这是遗产管理人监督机制的重要内容。对《民法典》第 1148 条宜作目的性限缩解释：提供无偿遗产管理服务的遗产管理人承担民事责任归责原则是故意或者重大过失，提供有偿遗产管理服务的遗产管理人承担民事责任归责原则是过错。

第三节　继承遗产与清偿债务

一、限定继承规则

（一）限定继承的定义

《民法典》坚持概括继承原则，认为遗产是被继承人生前享有的财产权利和义务的综合体。对被继承人生前遗留的债务[①]，存在如何清偿的问题，根据社会一般观念，存在“父债子还”等类似观念。[②]

遗产债务的承担属于有限责任，而非无限责任，继承人有多人时，多个继承人对被继承人的债权人以遗产范围为限承担连带责任。《民法典》第 1161 条规定限定继承规则：“继承人以所得遗产实际价值为限清偿被继承人依法应当缴纳的税款和债务。超过遗产实际价值部分，继承人自愿偿还的不在此限。”“继承人放弃继承的，对被继承人依法应当缴纳的税款和债务可以不负清偿责任。”第 1162 条规定：“执行遗赠不得妨碍清偿遗赠人依法应当缴纳的税款和债务。”

限定继承是指继承人以其所继承遗产的实际价值为限对被继承人依法应当缴纳的税款和债务承担清偿责任。继承遗产和清偿税款、债务体现了民事权利、义务、责任协调统一的法治原则。[③] 限定继承规则也是对传统“父债子还”“夫债妻还”观念的矫正。

就合同债权债务而言，限定继承并未突破合同相对性原理，继承人并未因此成为合同当事人。房屋承租人死亡的，立法者基于特殊法政策考量，保护共同居住人或者共同经营人的居住利益，实际上突破了合同相对性原理，但共同居住人或者共同经营人并非基于承租人继承人的身份获得法律的特殊保护。《民法典》第 732 条规定：“承租人在房

---

① 参见陈章琦：《楼上跳下自杀男 砸伤楼下散步女》，载《深圳晚报》2013 年 4 月 6 日。

② 参见《老父亲为死去儿子还债 13 年》，载《华商报》2013 年 11 月 20 日；张和平、徐江善：《拾荒老人为死去儿子还债 6 年 称“人死债不烂”》，载浙江在线 2012 年 8 月 16 日。

③ 参见王巍：《七旬父母被判在亡子遗产范围内偿债，养老金账户被查封》，载《新京报》2020 年 6 月 18 日。

屋租赁期限内死亡的，与其生前共同居住的人或者共同经营人可以按照原租赁合同租赁该房屋。”

（二）被继承人债务的清偿顺序

被继承人债务的清偿顺序包括两个方面的问题：一方面，不同继承人对被继承人债务的清偿顺序；另一方面，被继承人不同类型债务的清偿顺序。

清偿遗产债务应先于遗产分割。当遗产已被分割而未清偿债务时，有法定继承又有遗嘱继承和遗赠的，首先由法定继承人用其所得遗产清偿债务；不足清偿时，剩余的债务由遗嘱继承人和受遗赠人按比例用所得遗产偿还；只有遗嘱继承和遗赠的，由遗嘱继承人和受遗赠人按比例用所得遗产偿还。《民法典》第 1163 条规定：“既有法定继承又有遗嘱继承、遗赠的，由法定继承人清偿被继承人依法应当缴纳的税款和债务；超过法定继承遗产实际价值部分，由遗嘱继承人和受遗赠人按比例以所得遗产清偿。”

被继承人有担保的债务优先于普通债务清偿。遗赠扶养协议形成债务，遗赠扶养协议债务在清偿顺序上与被继承人的其他普通债务处于同一顺序，《民法典》第 1123 条规定：“继承开始后，按照法定继承办理；有遗嘱的，按照遗嘱继承或者遗赠办理；有遗赠扶养协议的，按照协议办理。”

继承人中有缺乏劳动能力又没有生活来源的人，即使遗产不足清偿债务，也应为其保留必要的遗产，然后再按限定继承规则清偿债务。这体现了对生存利益的优先保障。《民法典》第 1159 条规定：“分割遗产，应当清偿被继承人依法应当缴纳的税款和债务；但是，应当为缺乏劳动能力又没有生活来源的继承人保留必要的遗产。”

遗赠扶养协议债务、被继承人的其他普通债务、有担保的债务、必留份债务都要劣后于管理遗产形成的继承费用、共益债务（包括遗产管理人的报酬），对此可以类推适用《企业破产法》第 43 条第 1、2、3 款的规定：“破产费用和共益债务由债务人财产随时清偿。”“债务人财产不足以清偿所有破产费用和共益债务的，先行清偿破产费用。”“债务人财产不足以清偿所有破产费用或者共益债务的，按照比例清偿。”管理遗产形成的继承费用的清偿顺序优先于共益债务（包括遗产管理人的报酬）。

二、无人继承又无人受遗赠的遗产的处理

《民法典》第 1160 条规定：“无人继承又无人受遗赠的遗产，归国家所有，用于公益事业；死者生前是集体所有制组织成员的，归所在集体所有制组织所有。”[①] 国家或者集体所有制组织取得无人继承又无人受遗赠的遗产，属于基于法律规定而取得，无须遵循物权变动的一般公示方法。《民法典》完善无人继承遗产的归属制度，明确归国家所有的无人继承遗产应当用于公益事业。[②] 与第 1160 条相适应，《民法典》第 1145 条第四

① 王明：《孤老去世留巨产 没有找到继承人》，载《重庆晚报》2007 年 5 月 8 日。

② 参见王晨：《关于〈中华人民共和国民法典（草案）〉的说明——2020 年 5 月 22 日在第十三届全国人民代表大会第三次会议上》，http：//www. npc. gov. cn/npc/c30834/202005/50c0b507ad32464aba87c2ea65bea00d. shtml。

分句还规定："……没有继承人或者继承人均放弃继承的，由被继承人生前住所地的民政部门或者村民委员会担任遗产管理人。"无人继承又无人受遗赠的遗产，如果被继承人生前为城镇居民，由被继承人生前住所地的民政部门担任遗产管理人；如果被继承人生前是集体所有制组织成员，由被继承人生前住所地的村民委员会担任遗产管理人。民政部门或者村民委员会成为无人继承又无人受遗赠的遗产的受领主体。

无人继承又无人受遗赠的遗产，归国家所有，用于公益事业，何为《民法典》第1160条规定的"公益事业"？《民法典》未予规定，对此可以类推适用《公益事业捐赠法》第3条："本法所称公益事业是指非营利的下列事项：（一）救助灾害、救济贫困、扶助残疾人等困难的社会群体和个人的活动；（二）教育、科学、文化、卫生、体育事业；（三）环境保护、社会公共设施建设；（四）促进社会发展和进步的其他社会公共和福利事业。"

《民法典继承编司法解释一》第41条规定："遗产因无人继承又无人受遗赠归国家或者集体所有制组织所有时，按照民法典第一千一百三十一条规定可以分给适当遗产的人提出取得遗产的诉讼请求，人民法院应当视情况适当分给遗产。"无人继承又无人受遗赠的遗产，无论归国家所有或者为集体所有，死者生前所欠的税款和债务及管理遗产的必要费用，都应该依照概括继承和限定继承规则从遗产中清偿。遗产因无人继承又无人受遗赠归国家或者集体所有制组织所有时，还应当保护《民法典》第1131条中的酌情分得遗产请求权人。

对无人继承又无人受遗赠的遗产，还需遵照《民事诉讼法》第十五章第六节"认定财产无主案件"特别程序。《民事诉讼法》第202条规定："申请认定财产无主，由公民、法人或者其他组织向财产所在地基层人民法院提出。""申请书应当写明财产的种类、数量以及要求认定财产无主的根据。"第203条规定："人民法院受理申请后，经审查核实，应当发出财产认领公告。公告满一年无人认领的，判决认定财产无主，收归国家或者集体所有。"第204条规定："判决认定财产无主后，原财产所有人或者继承人出现，在民法典规定的诉讼时效期间可以对财产提出请求，人民法院审查属实后，应当作出新判决，撤销原判决。"

第四节　遗赠扶养协议与继承协议

一、遗赠扶养协议

（一）遗赠扶养协议制度的立法变迁

《继承法》第31条规定："公民可以与扶养人签订遗赠扶养协议。按照协议，扶养人承担该公民生养死葬的义务，享有受遗赠的权利。""公民可以与集体所有制组织签订遗赠扶养协议。按照协议，集体所有制组织承担该公民生养死葬的义务，享有受遗赠的权利。"《老年人权益保障法》第36条规定："老年人可以与集体经济组织、基层群众性自治组织、养老机构等组织或者个人签订遗赠扶养协议或者其他扶助协议。”“负有扶养义务的组织或者个人按照遗赠扶养协议，承担该老年人生养死葬的义务，享有受遗赠的权利。”

《民法典》“完善遗赠扶养协议制度，适当扩大扶养人的范围，明确继承人以外的组织或者个人均可以成为扶养人，以满足养老形式多样化需求”[①]。《民法典》第 1158 条规定：“自然人可以与继承人以外的组织或者个人签订遗赠扶养协议。按照协议，该组织或者个人承担该自然人生养死葬的义务，享有受遗赠的权利。”

（二）遗赠扶养协议的定义与立法目的

遗赠扶养协议是被扶养人和扶养人签订的，由扶养人承担被扶养人生养死葬的义务，而被扶养人将全部或者部分财产遗赠给扶养人的协议。

遗赠扶养协议制度是具有中国特色的法律制度，开拓了自然人个人养老问题的解决渠道。遗赠扶养协议是在总结“五保”制度的基础上形成和发展起来的自然人依靠自己财力解决养老送终问题的法律方式。

遗赠扶养协议制度为人们提供了行为准则和价值引导，有利于保障老年人“老有所养，老有所依”。[②] 遗赠扶养协议制度能够为那些没有法定赡养义务人或者法定赡养义务人无法实际履行赡养义务的被扶养人提供养老保障。

遗赠扶养协议的内容主要包括扶养人对被扶养人生养死葬的义务，被扶养人的财产于其死后归扶养人所有。[③] 这两项内容不涉及亲情人伦关系的创设，仅为一种财产关系。

（三）遗赠扶养协议与遗赠的区别

遗赠扶养协议不同于遗赠，二者的区别如下：

第一，法律性质不同。遗赠扶养协议属于双方民事法律行为，遗赠属于单方民事法律行为。

第二，有偿、无偿不同。遗赠扶养协议属于有偿民事法律行为，扶养人应当按照约定对被扶养人负担一定的生养死葬义务，否则不得主张受遗赠。遗赠属于无偿民事法律行为。

第三，生效时间不同。遗赠扶养协议属于生前行为，协议一经签订即生效力。遗赠属于死因行为，在遗赠人死亡后才生效力。

第四，主体范围不同。遗赠扶养协议中的扶养人须为继承人以外的有完全民事行为能力的组织或者个人。遗赠中的受遗赠人为国家、集体或者法定继承人以外的组织、个

---

① 王晨：《关于〈中华人民共和国民法典（草案）〉的说明——2020 年 5 月 22 日在第十三届全国人民代表大会第三次会议上》，http：//www. npc. gov. cn/npc/c30834/202005/50c0b507ad32464aba87c2ea65bea00d. shtml。

② 例如，戴某与前夫蔡某签订遗赠扶养协议后，蔡某履行了协议约定的义务，法院认定遗赠扶养协议真实有效，支持蔡某取得房屋的诉讼请求。参见最高人民法院 2024 年 12 月 12 日发布的继承纠纷典型案例（第二批）之一：“扶养人尽到生养死葬义务，有权依据遗赠扶养协议取得遗产——蔡某诉庞小某等遗赠扶养协议纠纷案”，ht-tps：//www. court. gov. cn/zixun/xiangqing/449671. html。

③ 参见《生活照顾不周拿不到押房养老金　成都“以房养老”第一人自称后悔》，载《新快报》2014 年 2 月 22 日。

人，不要求受遗赠人必须为完全民事行为能力人。

第五，是否需要作出接受遗赠的意思表示不同。遗赠扶养协议的扶养人无须在被扶养人死亡后作出接受遗赠的意思表示，扶养人可以依据协议直接取得遗产。遗赠中的受遗赠人必须在法定期限内作出接受遗赠的明确意思表示，否则即为放弃受遗赠权。

第六，适用顺序不同。根据《民法典》第1123条，遗赠扶养协议优先于遗赠适用。

遗赠扶养协议也不同于养老国家救济或者社会救济。《民法典继承编司法解释一》第39条规定："由国家或者集体组织供给生活费用的烈属和享受社会救济的自然人，其遗产仍应准许合法继承人继承。"

（四）遗赠扶养协议的解除规则

遗赠扶养协议属于继承法上的典型合同。[①] 无民事行为能力人或者限制民事行为能力人签订的遗赠扶养协议无效[②]，受欺诈、胁迫签订的遗赠扶养协议无效。伪造的遗赠扶养协议无效。遗赠扶养协议被篡改的，篡改的内容无效。主张遗赠扶养协议存在效力瑕疵情形的当事人须对效力瑕疵对应的事实承担举证责任。

遗赠扶养协议具有很强的人身属性，强调扶养人和被扶养人之间的人身信赖关系。遗赠扶养协议签订后，在被扶养人死亡前，参照适用《民法典》第933条，当事人均有任意解除权。但遗赠扶养协议解除权行使的后果有特殊性，不能参照适用《民法典》第933条第二句，而宜适用《民法典继承编司法解释一》第40条。

《民法典继承编司法解释一》第40条规定："继承人以外的组织或者个人与自然人签订遗赠扶养协议后，无正当理由不履行，导致协议解除的，不能享有受遗赠的权利，其支付的供养费用一般不予补偿；遗赠人无正当理由不履行，导致协议解除的，则应当偿还继承人以外的组织或者个人已支付的供养费用。"根据该规定，遗赠扶养协议的双方当事人均享有对遗赠扶养协议的任意解除权。对遗赠扶养协议解除纠纷，不能适用《民法典》第563条规定的合同法定解除权的判断标准。

立法论上，可以在《民法典》第1158条增加第2、3款规定："遗赠扶养协议当事人可以随时解除协议。遗赠人解除协议的，应偿还扶养人已支付的供养费用。""扶养人无正当理由不履行，致协议解除的，不能享有受遗赠的权利，其支付的供养费用一般不予补偿。"

遗赠扶养协议中的遗赠条款一般在遗赠人死亡时生效，当事人之间也可以约定扶养人先接受财产（遗产），扶养人先接受财产（遗产）后无正当理由不履行扶养义务，致协议解除的，扶养人不能享有受遗赠的权利，遗赠人有权要求扶养人返还财产，扶养人支付的供养费用一般不予补偿。

---

① 参见张平华：《修改完善〈继承法〉及制定民法典继承编的几个宏观思考》，载梁慧星主编：《民商法论丛》（第49卷），法律出版社2011年版，第430-431页。

② 参见邓玲玮：《"老人300万房产赠水果摊主案"，判了》，载微信公众号"澎湃新闻"2023年12月15日，https：//mp. weixin. qq. com/s/Az86S_8SeVc0jZc6Lc8cwA。

二、继承协议

赡养协议、遗赠扶养协议、继承协议都属于《民法典》第464条第2款规定的身份关系协议。《民法典》未规定继承协议的法律效力。

子女对父母有赡养、扶助的法定义务，父母与子女约定以子女放弃家庭共有财产、继承等为条件免除子女赡养义务的，事后能否主张子女履行赡养义务？父母与子女约定免除子女赡养义务的，该约定无效。父母与子女约定以子女放弃家庭共有财产、继承等为条件免除子女赡养义务的，如果协议已履行，可以酌情减轻子女给付赡养费的义务。

类似地，各法定继承人和被继承人达成的关于赡养和遗产继承的继承协议，也应该充分维护被继承人接受赡养的权益。继承协议不是通过放弃继承而不履行赡养义务，而是各个继承人和被继承人之间就如何履行赡养义务和继承遗产达成的协议；继承协议不能有损被继承人接受赡养的权益。这体现了法定主义的调整方法，是身份关系性质所对应养老育幼功能的体现。

抚养义务与赡养义务不构成对待给付，承担赡养义务的前提不是被赡养人先前提供的抚养，即便被赡养人未履行抚养义务在先，赡养义务人也不能行使"先履行抗辩权"。[①] 父母未履行抚养义务不能成为子女不履行赡养义务的理由。

本章司法裁判 案例节选

段某甲、段某乙诉段某丙、段某丁、段某戊、段己分家析产、继承纠纷案[②]

基本案情：被继承人段某、杨某某系夫妻关系，两人生前共生育5名子女，分别是长子段某戊、次子段某丙、长女段某甲、次女段某丁、三女段某乙。其中，段某戊为精神残疾人，残疾等级为一级，其监护人为段某丙及段某丙之子段己。杨某某于2011年8月17日去世，段某于2012年4月12日去世，段某、杨某某的父母均已先于二人去世。

段某生前名下登记有位于北京市崇文区××号楼××单元××号房屋一套，房屋建筑面积为82.38平方米。诉讼中，双方当事人均认可上述房屋为段某和杨某某的遗产，并共同确认涉诉房屋的价值为350万元。

对于涉诉房屋，段某和杨某某在其2010年10月5日共同所立的"遗嘱"中，写明该房屋归段己个人所有，段某戊对该房屋享有居住权，段某丙给予段某甲、段某丁、段某乙三人补偿金每人10万元。段某丙、段己是段某戊的监护人。本遗嘱委托段己为执行人。"遗嘱"上除"杨某某"签名字迹外其余字迹均为段某所写。但段某甲、段某乙认为该"遗嘱"系段某的自书遗嘱，其只能就其个人财产作出处理，对属于杨某某的财

---

① 有学者从法社会学的角度分析父慈子孝，肯定父母子女之间存在一个养老育幼的双务合同，包含对待给付和先履行抗辩权。参见苏力：《大国宪制：历史中国的制度构成》，北京大学出版社2018年版，第132－133页。

② 本案是北京法院参阅案例第20号。

产份额的处分无效；且该遗嘱未给段某戊保留必要的份额，对该部分的处分无效。经法院询问，段某丙同意按照“遗嘱”给付段某甲、段某丁、段某乙三人补偿金每人10万元。另经法院查明，段某丁在段某去世后，收到段某丙给付的10万元，并向段某丙出具收条，写明“根据遗嘱收到拾万元钱，办房屋过户手续协助办理”。

段某甲、段某乙虽对该遗嘱上杨某某签字的真实性不认可，但未申请对杨某某的字迹进行鉴定，亦未提供相反证据予以反驳，故法院认可“遗嘱”上杨某某签字的真实性。

争议焦点：夫妻双方订立遗嘱对夫妻共同财产进行处分，由一方书写遗嘱内容，双方共同签字的，该遗嘱是否有效？

裁判结论：位于北京市崇文区××号楼××单元××号的房屋归被告段己所有；被告段某戊对位于北京市崇文区××号楼××单元××号的房屋有权居住使用；被告段某丙于本判决生效之日起10日内给付原告段某甲、原告段某乙各10万元。

裁判理由：自然人有权设立遗嘱处分个人财产。夫妻双方对于夫妻共同财产，均有权通过订立遗嘱的方式处分其享有的份额。夫妻一方书写遗嘱内容，由双方共同签字，并且处分的是夫妻共同财产的，应当视为夫妻双方基于共同意思表示，共同订立了遗嘱，而并非夫妻一方为另一方代书遗嘱，不受继承法有关代书遗嘱的限制。因此，夫妻双方订立遗嘱对夫妻共同财产进行处分，由一方书写遗嘱内容，双方共同签字的，该遗嘱系基于夫妻双方共同意思表示，应当有效。[①]

教学评析：可以结合本案分析夫妻共同遗嘱与代书遗嘱。

本章深度阅读

1. 郭明瑞．家事法通义．北京：商务印书馆，2022.

2. 房绍坤．论民法典继承编与物权编的立法协调．法学家，2019（5）.

3. 肖峰，刘耀东．中华人民共和国民法典继承编条文释义与疑难适用．北京：人民法院出版社，2022.

4. 王葆莳，吴云煐．《民法典》遗产管理人制度适用问题研究．财经法学，2020（6）.

5. 富大鹏，刘剑波，毛林宣，袁波．北京市民政局《民政部门担任遗产管理人工作指引》解读．中国民政，2021（24）.

本章问题与思考

1. 林某生前育有一子一女小华和小荣。林某去世后留下一套房产，并未立下遗嘱。小华认为小荣已经放弃继承，因小荣在林某生前写下一份“协议书”，内容为：“房产为父亲产权，本人自愿在父亲百年后，该产权归小华所有。”但小荣认为，其认可该协议书中签名的真实性，但表示该放弃行为是在被继承人生前所作，所以应为无效，其享有

① 北京市朝阳区人民法院（2013）朝民初字第11488号民事判决书。

法定继承权。请问小荣的行为能否认定为放弃继承?[①]

答题指引：《民法典》第1124条第1款规定："继承开始后，继承人放弃继承的，应当在遗产处理前，以书面形式作出放弃继承的表示；没有表示的，视为接受继承。"

2. 2005年7月李某一的父亲李某病逝，留下经营积蓄12万元，李某一与其兄弟李某二未进行分割。2006年3月李某一与妻子陈某因感情不和离婚。2006年5月，李某一因遭遇车祸不幸去世。陈某在要求与女儿李娟分割李某一继承的遗产时，遭到李某一兄弟李某二的拒绝。为此，李娟、陈某遂向法院起诉，要求分割遗产。李娟要求继承其祖父李某遗产中属于其父李某一应继承的份额，陈某要求分割李某一遗产中属于自己的部分。[②]

请分析本案中李某留下的12万元遗产应该如何分割。

答题指引：李某一和李某二各得6万元。李某一所得6万元为夫妻共同财产，陈某得4.5万元，李娟得1.5万元。

3. 论基于遗赠的物权变动。

答题指引：遗赠本质上属于赠与关系，受遗赠人应当在知道受遗赠后60日内，作出接受或者放弃受遗赠的表示；到期没有表示的，视为放弃受遗赠。接受遗赠后，遗嘱人的遗产方能成为受遗赠人的财产。

4. 侯耀文先生是相声大师侯宝林先生的二儿子。他还有一个哥哥叫侯耀华。侯耀文在2007年6月23日下午突发心脏病去世，因生前并未留下遗嘱，造成他的两个女儿和他的哥哥侯耀华争夺遗嘱，在当时引起了不小的轰动。侯耀文的哥哥侯耀华本没有权利继承他的遗产，因为死者的兄弟姐妹是第二顺序继承人，而当时侯耀文先生的两个女儿还健在。那为什么还会有纠纷?因为当时侯家有一条家规，就是家人去世后1年内不得分家产。侯耀文去世后1年内不得分家产，所以家产暂时由他的哥哥侯耀华管理。但是1年后，他的两个女儿要遗产的时候，侯耀华竟说没有遗产。而就在侯耀文去世后没多久，侯耀文别墅里的古玩字画就都被侯耀华搬走了。对此答复，侯耀文的两个女儿不满意，一纸诉状将她们的伯伯侯耀华告上法庭，要求侯耀华返还遗产。后来侯耀华说由于侯耀文生前欠了很多债，他把这些古玩字画变卖进行了还债，而且他自己自掏腰包还了不少，只剩下一套空空的别墅。对此侯耀文先生的两个女儿也没有办法，便同侯耀华进行了和解，只接收了一套别墅，事件便以此结束。[③]

请结合"侯耀文遗产继承案"，谈一谈对遗产管理人制度的认识。

答题指引：遗产管理人制度是《民法典》继承编的新增规定和最大亮点。为确保遗产得到妥善管理、顺利分割，更好地维护继承人、债权人的利益，借鉴破产管理人制度，《民法典》增加规定了遗产管理人制度。

5. (法考真题改编)甲与保姆乙约定：甲生前由乙照料，死后遗产全部归乙。乙一直细心照料甲。后甲女儿丙回国，与乙一起照料甲，半年后甲去世。丙认为自己是第一

---

① 参见《如何认定放弃继承?》，载《民主与法制》2013年第13期。

② 参见《离婚后能否分割配偶继承遗产》，载《财经新报》2013年11月22日，第3版。

③ 参见《侯耀文遗产事件》，https://www.sohu.com/a/273869023_120008630。

顺序继承人，且尽了义务，主张甲、乙约定无效。下列哪一表述是正确的？（　　）

A. 遗赠扶养协议有效

B. 协议部分无效，丙可以继承甲的一半遗产

C. 协议无效，应按法定继承处理

D. 协议有效，应按遗嘱继承处理

参考答案：A

6.（考研真题改编）限定继承。

答题指引：限定继承是指继承人以其所继承遗产的实际价值为限对被继承人依法应当缴纳的税款和债务承担清偿责任。

7.（考研真题改编）2014年6月，江苏省徐州市年仅10岁的女孩小玲被亲生父亲性侵害，后其父被判刑11年。小玲生母有残疾，且在异地。检察机关认为，小玲生母对小玲构成遗弃。

铜山区民政局根据铜山区检察院的检察建议，向铜山区法院提起诉讼，要求撤销小玲父母的监护权，另行指定合适监护人。法院判决：(1) 撤销被申请人邵某、王某对小玲的监护权；(2) 指定徐州市铜山区民政局为小玲的监护人。本判决为终审判决。

从法律关系上看，铜山区民政局接管了小玲的监护权。而在实践中，民政局作为一个机构，不可能像真人一样把小玲的吃喝拉撒管起来。因此，继续让小玲在好心人张女士的家中寄养，是最有利于孩子身心健康的选择。通过民政局和临时照料家庭协商，签订了小玲的寄养协议。这样一来，在这个爱心家庭，小玲可以接受到家庭的寄养；从生活上，从精神慰藉上，从心理辅导上，给予小玲关注，民政局全程跟踪，掌握小玲的寄养情况。为此，民政局把小玲列入困境儿童救助，每月提供700元救助金，并安排小玲尽快入学。请回答下列问题：

(1) 铜山区民政局依据何种法律依据，被法院判定充当小玲的监护人的？

(2) 假设20年后，小玲的生父出狱很长一段时间里，生活陷入困境，于是，要求小玲给付赡养费。那么，其要求能得到法院的支持吗？为什么？

答题指引：(1)《民法通则》第16条规定："未成年人的父母是未成年人的监护人。""未成年人的父母已经死亡或者没有监护能力的，由下列人员中有监护能力的人担任监护人：(一) 祖父母、外祖父母；(二) 兄、姐；(三) 关系密切的其他亲属、朋友愿意承担监护责任，经未成年人的父、母的所在单位或者未成年人住所地的居民委员会、村民委员会同意的。""对担任监护人有争议的，由未成年人的父、母的所在单位或者未成年人住所地的居民委员会、村民委员会在近亲属中指定。对指定不服提起诉讼的，由人民法院裁决。""没有第一款、第二款规定的监护人的，由未成年人的父、母的所在单位或者未成年人住所地的居民委员会、村民委员会或者民政部门担任监护人。"《民法典》施行后发生类似案件，则须适用《民法典》的相关规定。

(2) 抚养义务与赡养义务不构成对待给付，承担赡养义务的前提不是被赡养人先前提供的抚养，即便被赡养人未履行抚养义务在先，赡养义务人也不能行使"先履行抗辩

权”。父母未履行抚养义务不能成为子女不履行赡养义务的理由。

8.（考研真题改编）我国民间有一种说法：“父债子还，天经地义。”请运用债的一般原理及继承法的相关规定对其加以辨析。

答题指引：结合债的相对性原理和限定继承原理作答。

第十三章　与死亡有关的其他民法问题

本章重点知识

1. 祭奠权是指近亲属对亡故亲人祭奠、悼念的权利，是基于某种特定亲属身份而享有的民事权益。《民法典》没有规定祭奠权、悼念权。根据公序良俗原则和人格尊严理念，近亲属对死者的孝思追忆观念值得保护，对应的法律概念是祭奠利益或者说悼念利益。祭奠利益发生在死者的近亲属和死者之间，是近亲属对死者的孝思追忆。虽然祭奠利益发生在特定身份关系人之间，但死者并非民事主体，死亡导致近亲属和死者之间的身份关系终止，因此祭奠利益并非身份权利或者身份利益。祭奠利益对应的孝思追忆观念是一种精神性利益，属于《民法典》第 990 条第 2 款规定的基于人格尊严产生的“其他人格利益”。当祭奠利益被侵害时，应当适用人格权编一般人格权保护的有关规定。

2. 死者的近亲属有义务将死者去世的事实通知死者其他近亲属，特别是死者的其他继承人。社会生活中也有报丧的民间习俗。

3. 对死者的遗产通过继承法加以保护和处理，实现财富顺利传承。与死亡有关的民法问题不局限于遗产继承。现代人格权法立法和司法实践也保护死者的人格利益，以维护公序良俗。社会生活和司法实践推动法律的发展。在我国民事司法实践中，先是承认了对死者名誉利益的保护，进而将之上升为司法解释，继而将死者人格利益的保护扩张到名誉利益之外的其他法定范围内的人格利益（《民法典》第 994 条）。

4. 除了死者的人格利益，死者的著作权益也存在民法保护问题，《著作权法》第 22 条和第 23 条有相应规定。

本章知识逻辑图

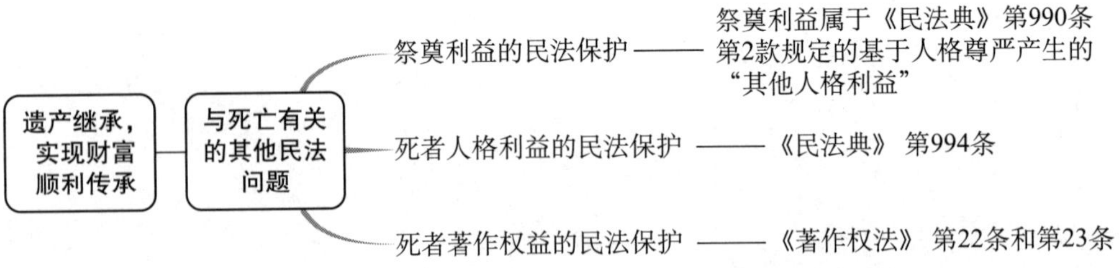

第一节　祭奠利益的民法保护

一、祭奠利益的定义与法律保护

祭祀是孝敬的延伸，我国自古以来重视对老年人的养老送终，所谓“生则养，没则丧，丧毕则祭”。死亡或许不是一个人生命的真正终点，被遗忘才是。对死者的祭祀仪式也体现了慎终追远和孝思追忆的观念，现实生活中此种观念也常会受到他人侵害。有学者将此种慎终追远、孝思追忆的观念概括为“祭奠利益”，认为所谓的祭奠利益（祭奠权）是指死者近亲属所享有的与表达对逝去亲人的思念和敬爱情感的仪式相关的精神利益。[①]

随着民众权利意识的觉醒，祭奠权侵权案件频发。祭奠权是指近亲属对亡故亲人祭奠、悼念的权利，是基于某种特定亲属身份而享有的民事权益。《民法典》没有规定祭奠权、悼念权。根据公序良俗原则和人格尊严理念，近亲属对死者的孝思追忆观念值得保护，对应的法律概念是祭奠利益或者说悼念利益。祭奠利益发生在死者的近亲属和死者之间，是近亲属对死者的孝思追忆。虽然祭奠利益发生在特定身份关系人之间，但死者并非民事主体，死亡导致近亲属和死者之间的身份关系终止，因此祭奠利益并非身份权利或者身份利益。祭奠利益对应的孝思追忆观念是一种精神性利益，属于《民法典》第 990 条第 2 款规定的基于人格尊严产生的“其他人格利益”。当祭奠利益被侵害时，应当适用人格权编一般人格权保护的有关规定。[②]

祭奠利益具有对世效力、绝对性特点，而不像身份权那样具有对人效力、相对性特点。祭奠利益是自由和利益，而非义务和责任，不具有身份权的义务性特点。祭奠利益不具有可公示可识别性，不具有社会典型公开性。

司法裁判中，人民法院大多主张虽然我国法律没有单纯的“祭奠权”这一概念，但其作为一种风俗习惯，也要予以保护，如果当事人遭侵权，可以提起诉讼索赔。祭奠权（祭奠利益）在实质上是基于传统习俗而产生的一种权利，具有较为丰富的内涵，包括亲人死亡情况的知情权、安葬权、墓碑署名权、保持墓碑及坟墓完整权等，对他人祭奠权造成损害的，应当承担相应赔偿责任。[③] 2001 年《最高人民法院关于确定民事侵权精神损害赔偿责任若干问题的解释》第 3 条第 3 项规定：“自然人死亡后，其近亲属因下列侵权行为遭受精神痛苦，向人民法院起诉请求赔偿精神损害的，人民法院应当依法予以

---

① 参见孙维飞：《祭奠纠纷的类案研究》，载《交大法学》2012 年第 1 期。另参见杨仁寿：《法学方法论》，中国政法大学出版社 1999 年版，第一编第一章“诽韩案之启示”，第 3－10 页。

② 有法院在判决中指出，祭奠权等权利应属于身份权的范畴，这种基于特定的身份关系产生的权利，本质是基于身份关系的人格利益，对应的案由为一般人格权纠纷。参见周宏圣、伍梦霞：《未被通知参加奶奶葬礼，孙子怒告叔叔索赔 6 万精神损害抚慰金，法院判了!》，载微信公众号“湖南高院”2023 年 10 月 31 日，https://mp.weixin.qq.com/s/OZFE_l3yh06TQUGTvyhvxg? scene=25#wechat_redirect。

③ 参见高健、卢涛：《法院称“祭奠权”遭侵犯可以索赔 保护风俗习惯》，载《北京日报》2012 年 3 月 29 日。

受理：……（三）非法利用、损害遗体、遗骨，或者以违反社会公共利益、社会公德的其他方式侵害遗体、遗骨。”第 4 条规定：“具有人格象征意义的特定纪念物品，因侵权行为而永久性灭失或者毁损，物品所有人以侵权为由，向人民法院起诉请求赔偿精神损害的，人民法院应当依法予以受理。”

二、侵害祭奠利益的侵权行为

墓碑作为有体物，可以成为所有权的客体。同时，墓碑是立碑人对亡故者的祭奠、哀思的物化，其上承载着立碑人的精神利益。损坏他人所立墓碑，属于侵犯他人财产权的侵权行为，对由此造成的他人精神损害，亦应予以抚慰。[①] 近亲属的名字未被刻到死者墓碑上，也有可能侵害该近亲属寄托哀思的祭奠利益。[②]

吊唁活动可以加强人们之间的社会纽带，举行这种仪式完成了活人对死人，以及所有人对死者家属的责任。这样传统一代代传下去，才不断更新着社会成员间的组合。在死亡所带来的危机打破了生活的常规之后，丧典仪式再一次成为一种团结的力量，重新建立起人们之间共同的感情。[③] 在“李某轩、谭某焕诉王某祭祀权案”中，被告未将死者骨灰存放地址或安葬地点告知原告，致使原告无法祭奠死者，有悖于善良风俗，违背了“民事活动应当尊重社会公德”的规定。[④] 在“魏某平祭奠权纠纷案”中，魏某平的母亲死亡，而两位兄长未“报丧”，姐妹俩以兄长侵犯了她们的祭奠权、悼念权和送终权为由，将兄长告上法庭。人民法院认为，父母去世，子女为其举行葬礼，悼念、祭奠死者，是我国传统行孝的善良风俗，属于我国社会公德的范畴。被告的做法妨碍了原告祭奠其母亲的权利，有悖于善良风俗。[⑤] 笔者认为，死者的近亲属有义务将死者去世的事实通知死者其他近亲属，特别是死者的其他继承人。[⑥] 社会生活中有报丧的民间习俗，实定法上可以找到请求权规范基础。相应地，《民法典》第 1150 条规定：“继承开始后，知道被继承人死亡的继承人应当及时通知其他继承人和遗嘱执行人。继承人中无人知道被继承人死亡或者知道被继承人死亡而不能通知的，由被继承人生前所在单位或者住所地的居民委员会、村民委员会负责通知。”第 1150 条将报丧的民间习俗法定化。进一步

---

① 参见“孟某元等诉孟某传等因未被刻名将其在墓碑上的名字凿除赔偿案”，载《人民法院案例选》2002 年第 3 辑（总第 41 辑），人民法院出版社 2003 年版。

② 参见孟亚生：《祭奠无权 尴尬了谁——南京市中院终审否决“墓碑落款权”引发热议》，载《民主与法制》2013 年第 10 期。

③ 参见林耀华：《金翼——中国家族制度的社会学研究》，庄孔韶、林宗成译，三联书店（香港）有限公司 1990 年版，第 92、113 页。

④ 载《人民法院案例选》2007 年第 4 辑（总第 62 辑），人民法院出版社 2008 年版。

⑤ 参见谢耀军：《母亲去世哥哥不报丧 禹州姐妹俩怒讨祭奠权》，载《今日安报》2006 年 12 月 29 日。“崔某诉崔某芳侵犯祭奠权案”，载《人民法院案例选》2009 年第 1 辑，人民法院出版社 2009 年版。另参见文海宣：《火化父亲遗体未通知弟妹 一家人对簿公堂》，载中国法院网 2014 年 4 月 1 日，http：//www.chinacourt.org/article/detail/2014/04/id/1265727.shtml，最后访问时间：2014 年 4 月 16 日。

⑥ 相关案例，参见周宏圣、伍梦霞：《未被通知参加奶奶葬礼，孙子怒告叔叔索赔 6 万精神损害抚慰金，法院判了!》，载微信公众号“湖南高院”2023 年 10 月 31 日，https：//mp.weixin.qq.com/s/OZFE_l3yh06TQUGTvyhvxg?scene=25#wechat_redirect。

而言，根据民间生活习俗，在自然人生命弥留之际其近亲属也应有机会与其体面地亲情告别。

在“艾某民诉青山殡仪馆丢失寄存的骨灰损害赔偿纠纷案”中，保管人将寄存人交付保管的近亲属骨灰丢失，此时不应该单纯认为保管人仅仅侵害了骨灰所对应的财产权益，保管人实际上也侵害了寄存人对其近亲属骨灰的祭奠、悼念等人身权益。[①]

第二节　死者人格利益的民法保护

对死者的遗产通过继承法加以保护和处理，实现财富顺利传承。现代人格权法立法和司法实践也保护死者的人格利益，以维护公序良俗。“死去元知万事空”，但基于公序良俗原则和文化传承等目的，对死者的特定人格利益和特定著作人身利益应该给予延伸保护。

在我国民事司法实践中，先是承认了对死者名誉利益的保护[②]，进而将之上升为司法解释，继而将死者人格利益的保护扩张到名誉利益之外的其他法定范围内的人格利益。对死者名誉的保护，康德曾经说过：“一个人死了，在法律的角度看，他不再存在的时候，认为他还能够占有任何东西是荒谬的，如果这里所讲的东西是指有形物的话。但是，好名声却是天生的和外在的占有（虽然这仅仅是精神方面的占有），它不可分离地依附在这个人身上。”[③]

1996 年 11 月，浙江省邮票局制作、发行 2 000 套“纪念鲁迅诞辰 115 周年纯金纯银邮票珍藏折”，每册售价 1 115 元。周海婴以被告侵犯“鲁迅肖像权”为由在全国范围内首次提起关于“逝者肖像权”的诉讼。最高人民法院在对本案的答复意见中指出：“公民死亡后，其肖像权应依法保护。任何污损、丑化或擅自以营利为目的使用死者肖像构成侵权的，死者的近亲属有权向人民法院提起诉讼。”[④]

肖像权不属于遗产，不能被继承。肖像权人死亡之后，其所享有的肖像权也随之消灭，不存在对死者肖像权的保护。但以侮辱、诽谤、贬损、丑化或者违反社会公共利益、社会公德的其他方式，侵害死者肖像的，死者的近亲属有权请求赔偿精神损害。[⑤]

社会生活和司法实践推动法律的发展。《民法典》第 994 条系统规定了死者人格利益保护：“死者的姓名、肖像、名誉、荣誉、隐私、遗体等受到侵害的，其配偶、子女、

---

① 载最高人民法院中国应用法学研究所编：《人民法院案例选》，人民法院出版社 1993 年第 3 辑（总第 5 辑），第 83－86 页。

② 参见“陈某琴诉魏锡林、《今晚报》社侵害名誉权纠纷案”，载《最高人民法院公报》1990 年第 2 期。此即著名的“荷花女案”。《最高人民法院关于范应莲诉敬永祥等侵害海灯法师名誉权一案有关诉讼程序问题的复函》[（90）民他字第 30 号]。

③ [德] 康德：《法的形而上学原理——权利的科学》，沈叔平译，商务印书馆 1991 年版，第 118 页。

④ 《最高人民法院关于周海婴诉绍兴越王珠宝金行侵犯鲁迅肖像权一案应否受理的答复意见》[（1998）民他字第 17 号]。另参见周芬棉：《冰心肖像被用于广告三子女起诉索赔百万》，载《法制日报》2012 年 2 月 18 日。

⑤ 参见范静：《杨子荣名誉权案被法院驳回》，载《北京日报》2005 年 3 月 17 日；李奎：《霍元甲之孙向李连杰索名誉权败诉》，载《法制晚报》2006 年 12 月 26 日。

父母有权依法请求行为人承担民事责任；死者没有配偶、子女且父母已经死亡的，其他近亲属有权依法请求行为人承担民事责任。”

第三节 死者著作权益的民法保护

除了死者的人格利益，死者的著作权益也存在民法保护问题，《著作权法》第 22 条和第 23 条有相应规定。

以“《我的前半生》著作权继承归属案”为例，2007 年 9 月 25 日，《人民法院报》在第 4 版对认定溥仪所著《我的前半生》在其继承人李淑贤去世后为无主财产一案，依法发布了北京市西城区人民法院的一则“公告”：“本院受理群众出版社申请上述财产发出认领公告，自公告之日起一年内，如果无人认领，本院将依法判决。”① 溥仪所著《我的前半生》一书著作财产权在 1967 年溥仪去世之后已经按照法定继承方式转移给其第一顺序的继承人——遗孀李淑贤享有了，而溥仪的同胞兄弟并非第一顺序的继承人，不能取得溥仪的遗产。后来 1997 年李淑贤去世，李淑贤生前没有订立遗嘱，也没有法定继承人，著作财产权继承问题到李淑贤为止，此后就应该按无主财产问题处理。

“钱钟书书信拍卖案”显示死者的著作权益和人格权益可能发生交叉。2013 年 5 月 20 日，北京中贸圣佳拍卖公司宣布，60 件钱钟书毛笔书信、13 封杨绛钢笔书信、两人独女钱瑗的 6 封钢笔书信，将在 6 月 21 日公开拍卖。这些信件，是钱钟书、杨绛和钱瑗与原香港《广角镜》月刊总编辑李国强的通信。2013 年 6 月 2 日，杨绛委托律师向北京市第二中级人民法院申请诉前禁令。1 天后，北京市第二中级人民法院作出裁定，责令北京中贸圣佳拍卖公司不得实施侵害钱钟书、杨绛、钱瑗书信手稿著作权的行为。2013 年 6 月 7 日，北京市第二中级人民法院正式受理了原告杨绛诉被告北京中贸圣佳拍卖公司、李国强侵权纠纷民事诉讼案。钱钟书去世后，杨绛作为其唯一法定继承人，有权依法继承其书信的著作财产权，保护其署名权、修改权，行使其发表权。钱瑗去世后，杨绛和钱瑗的丈夫为其法定继承人，由于钱瑗的丈夫明确表示在本案中不主张权利，故杨绛依法有权主张相关权利。书信所有权人在行使所有权的过程中不得侵害书信作者所享有的著作人身权益和著作财产权益，也不得侵害他人在书信中的隐私权益。

本章问题与思考

《民法典》第 185 条规定：“侵害英雄烈士等的姓名、肖像、名誉、荣誉，损害社会公共利益的，应当承担民事责任。”第 994 条规定：“死者的姓名、肖像、名誉、荣誉、隐私、遗体等受到侵害的，其配偶、子女、父母有权依法请求行为人承担民事责任；死者没有配偶、子女且父母已经死亡的，其他近亲属有权依法请求行为人承担民事责任。”

分析《民法典》第 185 条和第 994 条的适用关系。

---

① 邹韧：《〈我的前半生〉著作权谁继承?》，载《中国新闻出版报》2007 年 11 月 27 日。

答题指引：《民法典》第 994 条是死者人格利益保护的一般规定，第 185 条是死者人格利益保护的特别规定。对英雄烈士人格利益保护不局限于其近亲属范围。《民法典》第 185 条及《英雄烈士保护法》第 25 条赋予检察机关通过检察民事公益诉讼保护英雄烈士权益的职责。

后　记

2013 年秋季学期，我在中国青年政治学院法律系开设本科生婚姻家庭法与继承法课程，并写作了民事单行法时代的婚姻家庭法学与继承法学教材的初稿。

2022 年秋季学期、2023 年春季学期，按计划我本应在中国政法大学开设本科生婚姻家庭法与继承法课程。虽然最后没有实际讲授这门课程，但我在备课时完成了民法典时代婚姻家庭法学与继承法学教材的写作。

2023 年秋季学期、2024 年春季学期、2024 年秋季学期、2025 年春季学期，我在中国人民大学法学院开设学硕和法硕打通的婚姻家庭法与继承法课程、本硕打通的婚姻继承法课程、法硕实践选修的婚姻继承法案例分析课程、本科跨学科专业选修的婚姻继承法课程，继续完善了民法典时代婚姻家庭法学与继承法学教材的书稿。

《中国婚姻家庭法学与继承法学》一书的基本立场如下：

在立法层面，婚姻家庭编和继承编成为《民法典》的有机组成部分，身份法完成了向民法形式意义上的回归。《民法典》婚姻家庭编和继承编是构建婚姻家庭法学和继承法学理论体系的起点和基础。《民法典》婚姻家庭编和继承编不是婚姻家庭法和继承法体系化的终点，而是再体系化的起点。

在法律适用和理论体系层面，身份法还须实现向民法实质意义上的回归，使身份法与财产法实现体系融贯，又充分尊重身份法的特殊性，避免财产法中心主义的过度渗透。

我们要重视体系化视角下《民法典》婚姻家庭编的适用衔接、继承编的适用衔接、相关司法解释的适用衔接。本书不仅关注婚姻家庭编、继承编与《民法典》其他各编的适用衔接，还关注婚姻家庭编、继承编与《母婴保健法》《人口与计划生育法》《妇女权益保障法》《未成年人保护法》《家庭教育促进法》《老年人权益保障法》《残疾人保障法》《反家庭暴力法》《信托法》《公益事业捐赠法》《婚姻登记条例》等的适用衔接，实现《民法典》内部和外部身份法的双重体系化。

我们要重视对身份法律行为和身份权利的研究。身份法律行为和身份权利是身份法规范体系化展开的两条红线。从民法学科体系、学术体系、话语体系和法律适用角度，实现身份法律行为和民事法律行为、身份权利和民事权利的体系融贯，使身份法无论在形式上还是在实质上都不再游离于民法之外，实现身份法向民法的实质回归，从而形成调整婚姻家庭关系和继承关系的中国特色法学学科体系、学术体系、话语体系，建构中国自主的婚姻家庭法学和继承法学知识体系。

婚姻家庭法和继承法的特殊性何在？这是中国自主的婚姻家庭法学和继承法学知识体系需要回答的经典难题。

婚姻家庭法作为身份法的特殊性主要表现在其调整对象——婚姻家庭关系的身份共同体性和伦理性。身份共同体性带来婚姻家庭法平衡整体利益和个体利益的难题，伦理性带来婚姻家庭法平衡法律与伦理道德之关系的难题。调整对象的特殊性塑造了婚姻家庭法的独特性，也要求婚姻家庭法相应规范具有强行性。婚姻家庭法的立法宗旨是促进家庭和谐。婚姻家庭受国家保护和重视家庭文明建设是婚姻家庭法学价值体系展开的红线。“家和万事兴”是家庭生活思维和家事法治思维，重视家庭文明建设有利于家庭稳定和谐。

法定继承和遗嘱继承是继承法体系的两大支柱。继承法作为身份法的特殊性主要表现在其调整对象——继承关系中法定继承的身份性和遗嘱继承的死因性。调整对象的这些特殊性也要求继承法相应规范具有强行性。我们要重视对继承法作为身份财产法之特殊性和一般性的研究，推动继承法完成向民法的实质回归。继承法的立法宗旨是保障家庭财富传承。通过遗嘱未雨绸缪，妥当安排身后之事，有助于定分止争，促进家庭和谐。

婚姻家庭法和继承法可以展现《民法典》看待“家”、“协调人与家之间关系”的基本立场，展现中国人对夫妻关系、婚姻家庭关系和家庭财富传承的基本态度：婚姻家庭是一个具有法的意义的伦理爱的温馨港湾，是一个有福同享、有难同当的亲情和财产的身份共同体、伦理共同体和财产共同体。家庭成员特别是夫妻间侧重于整体协同，形成平等和睦、休戚与共、志同道合、忠实互让、敬老爱幼、团结协作的具有人身信赖关系的紧密结合型团体。

家和万事兴，愿天下家庭和美！

王 雷

2025 年 5 月 9 日

于北京市海淀区

图书在版编目（CIP）数据

中国婚姻家庭法学与继承法学 / 王雷著. --北京：中国人民大学出版社，2025.5. --（新时代中国法学系列教材）. --ISBN 978-7-300-33832-3

Ⅰ. D923.5；D923.9

中国国家版本馆 CIP 数据核字第 20257G8R73 号

新时代中国法学系列教材

总主编　王　轶　黄文艺

中国婚姻家庭法学与继承法学

王　雷　著

Zhongguo Hunyin Jiating Faxue yu Jicheng Faxue

出版发行	中国人民大学出版社		
社　　址	北京中关村大街 31 号	**邮政编码**	100080
电　　话	010－62511242（总编室）		010－62511770（质管部）
	010－82501766（邮购部）		010－62514148（门市部）
	010－62511173（发行公司）		010－62515275（盗版举报）
网　　址	http://www.crup.com.cn		
经　　销	新华书店		
印　　刷	天津鑫丰华印务有限公司		
开　　本	787 mm×1092 mm　1/16	**版　　次**	2025 年 5 月第 1 版
印　　张	29 插页 1	**印　　次**	2025 年 5 月第 1 次印刷
字　　数	666 000	**定　　价**	75.00 元

《　　　　　　》※任课教师调查问卷

为了能更好地为您提供优秀的教材及良好的服务，也为了进一步提高我社法学教材出版的质量，希望您能协助我们完成本次小问卷，完成后您可以在我社网站中选择与您教学相关的 1 本教材作为今后的备选教材，我们会及时为您邮寄送达！如果您不方便邮寄，也可以申请加入我社的**法学教师 QQ 群：436438859（申请时请注明法学教师）**，然后下载本问卷填写，并发往我们指定的邮箱（cruplaw@163. com）。

邮寄地址：北京市海淀区中关村大街甲 59 号文化大厦 1202 收

邮　　编：100080

再次感谢您在百忙中抽出时间为我们填写这份调查问卷，您的举手之劳，将使我们获益匪浅！

基本信息及联系方式：※

姓名：__________ 性别：__________ 课程：____________________

任教学校：____________________ 院系（所）：_______________

邮寄地址：____________________ 邮编：__________________

电话（办公）：__________ 手机：__________ 电子邮件：__________

调查问卷：※

1. 您认为图书的哪类特性对您使用教材最有影响力？（　　）（可多选，按重要性排序）

   A. 各级规划教材、获奖教材　　B. 知名作者教材

   C. 完善的配套资源　　D. 自编教材

   E. 行政命令

2. 在教材配套资源中，您最需要哪些？（　　）（可多选，按重要性排序）

   A. 电子教案　　B. 教学案例

   C. 教学视频　　D. 配套习题、模拟试卷

3. 您对于本书的评价如何？（　　）

   A. 该书目前仍符合教学要求，表现不错将继续采用。

   B. 该书的配套资源需要改进，才会继续使用。

   C. 该书需要在内容或实例更新再版后才能满足我的教学，才会继续使用。

   D. 该书与同类教材差距很大，不准备继续采用了。

4. 从您的教学出发，谈谈对本书的改进建议：____________________

____

____

选题征集：如果您有好的选题或出版需求，欢迎您联系我们：

联系人：黄　强　联系电话：010-62515955

索取样书：书名：______________________________

书号：__________________________________

备注：※ 为必填项。